Aktienoptionen als Vergütungselement aus arbeitsrechtlicher Sicht

Schriften zum Wirtschafts- und Medienrecht, Steuerrecht und Zivilprozeßrecht

Herausgegeben von Jürgen Costede
und Gerald Spindler

Band 29

PETER LANG
Frankfurt am Main · Berlin · Bern · Bruxelles · New York · Oxford · Wien

Daniela Stiegel

Aktienoptionen als Vergütungselement aus arbeitsrechtlicher Sicht

Eine Vergütungsform an der Schnittstelle von Arbeits- und Gesellschaftsrecht

PETER LANG
Europäischer Verlag der Wissenschaften

Bibliografische Information der Deutschen Nationalbibliothek
Die Deutsche Nationalbibliothek verzeichnet diese Publikation in der Deutschen Nationalbibliografie; detaillierte bibliografische Daten sind im Internet über <http://www.d-nb.de> abrufbar.

Zugl.: Göttingen, Univ., Diss., 2006

D 7
ISSN 1614-2071
ISBN 978-3-631-55771-6

www.peterlang.de

Vorwort

Die Arbeit hat der Juristischen Fakultät der Georg-August-Universität zu Göttingen im Sommersemester 2005 als Dissertation vorgelegen. Rechtsprechung und Literatur sind bis Dezember 2006 berücksichtigt.

Mein herzlicher Dank gilt zunächst meinem Doktorvater, Herrn Prof. Dr. Hansjörg Otto, der mich stets förderte und unterstützte. Von der Arbeit als wissenschaftliche Mitarbeiterin an seinem Lehrstuhl habe ich fachlich und persönlich in besonderer Weise profitiert.

Bedanken möchte ich mich zudem bei Herrn Prof. Dr. Rüdiger Krause, der meinen Blick auf das Thema dieser Arbeit lenkte und mir in zahlreichen Diskussionen in der Anfangsphase wertvolle Anregungen gab.

Danken möchte ich außerdem all denen, die in unterschiedlicher Weise einen Beitrag zum Gelingen dieser Arbeit beigetragen haben. Zu erwähnen sind insbesondere meine Eltern, die mich stets unterstützten und mir alles zutrauten. Besonders danken möchte ich zudem meinem Mann, Holger Mai, für seine Diskussionsbereitschaft, seine Anregungen und seine vielfältige Unterstützung bei der Fertigstellung des Manuskripts. Neben ihm gilt mein herzlicher Dank schließlich meinem Sohn Felix, der seine Mama zunächst mit dieser Arbeit teilen musste und mich mehr als alles andere motivierte, diese zielgerichtet zu Ende zu führen.

Daniela Stiegel — Göttingen im Januar 2007

Inhaltsübersicht

Erster Teil

Allgemeine Grundlagen sowie gesellschaftsrechtliche und wirtschaftswissenschaftliche Aspekte

Zweiter Teil

Einordnung der Aktienoptionen in das arbeitsrechtliche Vergütungssystem

Dritter Teil

Arbeitsrechtliche Aspekte im Zusammenhang mit der Einführung von Aktienoptionsprogrammen

Vierter Teil

Arbeitsrechtliche Zulässigkeit typischer Programmbedingungen

Fünfter Teil

Zusammenfassung und Schlussbetrachtung

Inhaltsverzeichnis

Zweiter Teil

Einordnung der Aktienoptionen in das arbeitsrechtliche Vergütungssystem

Dritter Teil

Arbeitsrechtliche Aspekte im Zusammenhang mit der Einführung von Aktienoptionsprogrammen

Vierter Teil

Arbeitsrechtliche Zulässigkeit typischer Programmbedingungen

Fünfter Teil

Zusammenfassung und Schlussbetrachtung

Einleitung und Problemstellung

Der Einsatz der Aktienoptionen ist eine relativ neue Form der Vergütung, die von Aktiengesellschaften eingesetzt wird. Diese werden als variabler Teil der laufenden oder als zusätzliche Vergütung gewährt. Bei den Aktienoptionen handelt es sich um Bezugsrechte auf Aktien, die den Arbeitnehmern und Organmitgliedern von der Aktiengesellschaft eingeräumt werden. Sie gewähren den Begünstigten das Recht, unter bestimmten, in dem Aktienoptionsplan festgelegten Bedingungen, eine bestimmte Anzahl von Aktien zu einem vorher festgesetzten Basispreis nach Ablauf einer Wartefrist zu erwerben. Die Option kann nur ausgeübt werden, wenn die Aktie im Ausübungszeitpunkt ein im Plan bestimmtes Erfolgsziel, das i.d.R. in einer vorher festgelegten Kurssteigerung besteht, erreicht hat. Die Begünstigten profitieren von den eingetretenen Kurssteigerungen, weil die Optionen ihnen das Recht einräumen, Aktien unter Marktwert zu beziehen. Ihre Vergütung besteht demzufolge in der Differenz zwischen dem aktuellen Aktienkurs und dem Basispreis abzüglich der Transaktionskosten. Bleibt ein Kursanstieg aus, so kann der Begünstigte die Option ohne weiteres verfallen lassen, weil die Option nur zum Kauf der Aktien berechtigt, aber nicht verpflichtet.[1]

Während diese Vergütungsform zunächst fast nur den Führungskräften der Unternehmen eingeräumt wurde, geht der Trend seit einigen Jahren dahin, Aktienoptionsprogramme für alle Mitarbeiter des Unternehmens aufzulegen. Die hohe Zahl der Unternehmensneugründungen in den Bereichen der Telekommunikation, Informationstechnologie sowie der Pharma- bzw. Biotechnologie, aber auch eine gesetzgeberische Maßnahme, die Einführung des Gesetzes zur Kontrolle und Transparenz im Unternehmensbereich (KonTraG) am 1.5.1998, hat diese Entwicklung beschleunigt.[2] Nach einer Studie des Deutschen Aktieninstituts aus dem Jahre 2001 sind in den genannten Branchen Mitarbeiterbeteiligungssysteme und insbesondere Aktienoptionspläne weit verbreitet.

---

1 *Preis*, Der Arbeitsvertrag, I A 75 Rn. 35; *Zinser/Schimpfky* in: Guski/Schneider, MAB, 3705 Rn. 2.

2 Nachweise zur großen Zahl der Ermächtigungsbeschlüsse zu Aktienoptionsprogrammen nach neuem Recht allein im Jahr 1998 vergl. *Weiß*, WM 1999, 353, 356, Fn. 49.

Danach betrug deren Anteil an den Mitarbeiterbeteiligungsmodellen im sog. IT-Bereich (Internet, Software- und Informationstechnologieunternehmen) zu diesem Zeitpunkt 73 % und im Bereich der Pharma- bzw. Biotechnologieunternehmen 50 %. [3] Die Studie ist daher zu dem Schluss gekommen, dass Aktienoptionspläne der traditionellen Mitarbeiterbeteiligung durch Belegschaftsaktien den Spitzenplatz streitig machen und dass die Aktienoptionen nicht mehr ausschließlich als Instrument der variablen Vergütung der Führungskräfte angesehen werden können.[4] Dieses Ergebnis stimmte mit den Einschätzungen in der Literatur überein, nach deren Untersuchung der Hauptversammlungsbeschlüsse im Jahr 1999 in ca. 60 % der genehmigten Aktienoptionsprogramme auch Mitarbeiter ohne leitende Funktion zum Kreis der Begünstigten zählten.[5] Zur Zeit ist die Gewährung von Aktienoptionen im Bereich der erfolgsorientierten, langfristig verhaltenssteuernden Vergütungssysteme noch die verbreitetste Form.[6]

Seit dem Jahr 2000 haben allerdings die merklich abgekühlte Konjunktur und die damit einhergehend fallenden Börsenkurse, die vor allen Dingen den Bereich der New Economy hart trafen, dazu geführt, dass die anfängliche Euphorie für derartige Programme merklich abgekühlt ist. Denn bei sinkenden Aktienkursen entfällt die mit den Aktienoptionen verfolgte Motivations- und Anreizwirkung. Hinzu kommen die anhaltende Kritik an dieser Vergütungsform als Selbstbedienungselement für Manager sowie neue Bilanzvorschriften, nach denen Aktienoptionen als nicht steuerlich absetzbarer Aufwand bei den Personalkosten zu verbuchen sind. Alle diese Faktoren nehmen den Programmen ihre Attraktivität für die Unternehmen.[7] Für diese Entwicklungen sind Entscheidungen großer Unternehmen wie Microsoft, der Deutschen Telekom und des Daimler-Chrysler-Konzerns symptomatisch, die ihre Programme in den Jahren 2003 bzw. Anfang 2004 einstellten.[8] In vielen anderen börseno-

---

3 Studien des *Deutschen Aktieninstituts* (DAI), Heft 13, Beteiligungssysteme für breite Mitarbeiterkreise, S. 18.

4 Studien des *DAI*, Heft 13, Beteiligungssysteme für breite Mitarbeiterkreise, S. 27.

5 So die Untersuchung von *Feddersen/Pohl*, AG 2001, 26, 30, insbesondere Fn. 40. Dies stimmt auch mit der Einschätzung von *Zinser/Schimpfky* in: Guski/Schneider, MAB, 3705 Rn. 5, und *Wagner*, NJW 2003, 3081, 3084 f. überein.

6 *FAZ* v. 18.12.2004, S. 55.

7 Dazu näher in § 1 V 4.

8 http://www.spiegel.de/wirtschaft/0,1518,256379,00.html [Stand: 9.7.2003]: „Microsoft kippt seine Aktienoptionen"; www.spiegel.de/wirtschaft/0,1518,256368,00.html [Stand: 9.7.2003]: „Auch DaimlerChrysler prüft Ende der Aktienoptionen". http://www.ftd.de/tm/it/10574862952353.html [Stand: 29.3.2004] „Telekom streicht alle Aktienoptionen für Topmanager"; http://www.faz.net/s/Rub13C90B3A6F1F40798BDF78740221CDC/Doc~EB23C7C... [Stand: 10.6.2004] „Daimler schafft Aktienoptionen ab".

tierten Unternehmen gibt es zur Zeit ähnliche Überlegungen. Der Trend geht weg von den langfristig wirkenden Aktienoptionsprogrammen zu mittelfristig wirkenden Anreizsystemen.[9]

Auf der anderen Seite bieten die aktuellen Kursverläufe seit Ende des Jahres 2003 und die derzeit wieder positiv eingeschätzten Entwicklungschancen günstige Rahmenbedingungen für Aktienoptionsprogramme. Ihre praktische Bedeutung wird daher nach wie vor hoch eingeschätzt.[10] Der aktuelle Diskussionsstand lässt sich so beschreiben, dass die Aktienoptionen mit der gleichen Vehemenz verteufelt werden, wie sie zuvor von vielen verlangt wurden.[11] Unter Berücksichtigung der international gebräuchlichen Vergütungsformen glaubt dennoch niemand, dass diese Vergütungsform mit all ihren Vorteilen für die Unternehmen völlig bedeutungslos geworden ist.[12] Aus diesem Grund sind die zahlreichen umstrittenen Fragestellungen, die im Zusammenhang mit Aktienoptionsprogrammen auftreten und bislang fast nur in der Literatur diskutiert wurden, nach wie vor relevant.

Im Zusammenhang mit Aktienoptionsplänen treten eine Vielzahl gesellschafts-, kapitalmarkt- und aktienrechtlicher sowie betriebswirtschaftlicher Probleme auf. Diese allgemeinen Hintergründe werden in den ersten drei Paragrafen erläutert. Neben der Entwicklungsgeschichte werden zur Verdeutlichung der Thematik die beiden Aktienoptionsprogramme der Vossloh AG als typische Beispiele für den Einsatz dieser Vergütungsart als neue Form der Mitarbeiterkapitalbeteiligung vorangestellt. Auf die Regelungen der Programme wird im Verlauf der Arbeit immer wieder zurückgegriffen. Danach werden die verschiedenen Erscheinungsformen dieser Vergütungsart und die daraus resultierenden vertraglichen Beziehungen im Rahmen eines Aktienoptionsprogramms erörtert. Die vertraglichen Beziehungen werden nicht einheitlich beurteilt, sofern die Einräumung der Aktienoptionen ohne eine ausdrückliche arbeitsvertragliche Vereinbarung oder durch die Konzernobergesellschaft erfolgt. § 2 ist den zahlreichen gesellschaftsrechtlichen Problemen gewidmet, die im Zusammenhang mit den verschiedenen Möglichkeiten zur Beschaffung der Aktien auftauchen. Als Abschluss der allgemeinen Grundlagen werden die typischen Bedingungen eines Aktienoptionsprogramms und deren Hintergründe in § 3 geschildert.

---

9 *FAZ* v. 18.12.2004, S. 55.

10 So das Fazit von *Annuß/Lembke*, BB 2003, 2230; *Lipinski/Melms*, BB 2003, 150; *Oetker* in: FS BAG, S. 1017, 1018; *Schnittker/Grau*, BB 2002, 2497; *Wagner*, NJW 2003, 3081, 3084 f.

11 So mit deutlichen Worten *Wiechers*, Anm. zu BGH v. 16.2.2004 - II ZR 316/02, DB 2004, 698.

12 So die *Financial Times Deutschland* v. 20.06.2003 unter Berufung auf Unternehmensberater aus http://www.ftd.de/ub/in/1055680390769.html [Stand: 10.06.2004].

Die aufgezeigte Entwicklung und der Einsatz als neue Form der Mitarbeitervergütung verdeutlichen die Notwendigkeit, diese Vergütungsart unter dem arbeitsrechtlichen Blickwinkel zu untersuchen. In den letzten Jahren hat man sich verstärkt der arbeitsrechtlichen Fragestellungen angenommen, ohne jedoch alle Probleme erfasst und überzeugend gelöst zu haben.

Im zweiten Abschnitt und insbesondere in § 4 werden die Aktienoptionen als Ausgangspunkt in das arbeitsrechtliche Vergütungssystem eingeordnet, die in der Praxis als freiwillige zusätzliche Vergütung oder als variabler Teil der synallagmatischen Vergütung gewährt werden können. Anschließend werden in § 5 die steuer- und sozialversicherungsrechtlichen Folgen der Aktienoptionen als Vergütungselement sowie die sonstigen Auswirkungen auf die Entgeltberechnung im Überblick dargestellt.

Im dritten Teil werden die arbeitsrechtlichen Aspekte im Zusammenhang mit der Einführung von Aktienoptionen untersucht. In § 6 werden die verschiedenen möglichen arbeitsrechtlichen Anspruchsgrundlagen auf Einräumung der Optionen erläutert. Neben der Kompetenz des Betriebsrats zum Abschluss einer Betriebsvereinbarung und der Zulässigkeit entsprechender tarifvertraglicher Regelungen über die Einräumung der Aktienoptionen stellt sich insbesondere die Frage nach den Auswirkungen des arbeitsrechtlichen Gleichbehandlungsgrundsatzes. Dabei taucht erstmals die Problematik auf, ob auch die Hauptversammlung bei ihrer Beschlussfassung daran gebunden ist. Daraus resultiert nicht nur die Verpflichtung, diesen Grundsatz bei der Festlegung des Begünstigtenkreises zu beachten, wie in § 9 noch im Einzelnen erörtert wird. Es stellt sich darüber hinaus die Frage, ob die Hauptversammlung bei einer unsachlichen Differenzierung zum Beschluss einer weiteren bedingten Kapitalerhöhung verpflichtet ist, damit den benachteiligten Mitarbeitern Aktienoptionen eingeräumt werden können. Eine ähnliche Fragestellung ergibt sich im Zusammenhang mit der betrieblichen Mitbestimmung, die in § 7 näher untersucht wird.

§ 7 betrifft die zahlreichen betriebsverfassungsrechtliche Fragestellungen im Zusammenhang mit der Auflegung eines Aktienoptionsprogramme. Dabei geht es hauptsächlich um die Abgrenzung von mitbestimmungsfreien und mitbestimmungspflichtigen Punkten bei der Einführung und Ausgestaltung eines Aktienoptionsprogramms sowie um die Folgen bei der Missachtung des Mitbestimmungsrechts des Betriebsrats. In diesem Bereich tut sich ein Spannungsfeld zwischen Gesellschaftsrecht in Abgrenzung zur betrieblichen Mitbestimmung auf.

In § 8 wird dem bislang nicht näher untersuchten Problem nachgegangen, ob die Aktienoptionen als Vergütungselement arbeitsrechtlich zulässig sind. Im Mittelpunkt steht dabei die Konstellation, in der Aktienoptionen als Ausgleich für ein niedrigeres Grundgehalt eingeräumt werden. Dies führt zu der Fragestellung, in welchem Verhältnis Aktienoptionen zum Fixgehalt zulässiger Weise vereinbart werden können. Da die Aktienoptionsprogramme im Regelfall für das gesamte Unternehmen aufgelegt werden und für alle Arbeitsverhältnisse einheitlich gelten, wirkt sich an dieser Stelle die Änderung der Bereichsausnahme in § 310 Abs. 4 S. 2 BGB durch das Schuldrechtsmodernisierungsgesetz aus. Danach unterliegen vorformulierte Arbeitsverträge nunmehr der Inhaltskontrolle nach den §§ 307 f. BGB. Neben den Grundsätzen der Angemessenheit ist bei der Kontrolle stets das in § 307 Abs. 1 S. 2 BGB normierte Transparenzgebot zu beachten. Vor diesem Hintergrund wird untersucht, auf welcher Rechtsgrundlage die Inhaltskontrolle von erfolgsorientierten variablen Vergütungsbestandteilen basiert und welcher Kontrollmaßstab anzuwenden ist. Dies erfordert zunächst die Klärung, ob das Verhältnis von Aktienoptionen zu Fixgehalt wie bisher auf der Grundlage der allgemeinen Inhaltskontrolle nach § 138 BGB oder der Angemessenheitskontrolle nach § 307 Abs. 1, Abs. 2 Nr. 2 BGB unter dem Gesichtspunkt der unzulässigen Abwälzung des unternehmerischen Risikos zu untersuchen ist. Außerdem sind unter Heranziehung der bisherigen Ergebnisse der Rechtsprechung und der verschiedenen Ansätze in der Literatur Kontrollkriterien und Regelprozentsätze für den zulässigen Anteil der Aktienoptionen an der Gesamtvergütung zu entwickeln.

Den Abschluß dieses Abschnitts über die arbeitsrechtlichen Fragestellung bei Einführung der Aktienoptionen betrifft die Ausgestaltung des Begünstigtenkreises. Dabei geht es um den zulässigen Ausschluss der Mitarbeiter oder deren notwendige Einbeziehung, die sich aufgrund zahlreicher arbeitsrechtlicher Antidiskriminierungsvorschriften und anderer von der Rechtsprechung für den Bereich der freiwilligen Sonderzahlungen entwickelten Grundsätze ergeben können.

Im vierten Abschnitt werden die typischen Klauseln eines Aktienoptionsprogramms auf ihre arbeitsrechtliche Zulässigkeit untersucht. Dazu gehören die Wartefristen bis zur erstmaligen Ausübungsmöglichkeit, Verfügungsbeschränkungen über das Optionsrecht (§ 10), Verfallklauseln bei Beendigung des Arbeitsverhältnisses (§ 11) und Haltefristen für die bezogenen Aktien (§ 12). Die Verfallklauseln und Haltefristen werden als Instrumente der Bindung der Arbeitnehmer an das Unternehmen eingesetzt. Im Bereich der typischen Klauseln eines Aktienoptionsprogramme wirken sich die Änderungen der Schuldrechtsreform besonders stark aus. Im Rahmen einer umfassenden Inhaltskontrolle wird jeweils geklärt, ob und in welchen Grenzen solche typischen Regelungen zulässig sind. Daran schließt sich die Frage an, welche Folgen eine unwirksame Klausel nach sich zieht. In diesem Zusammenhang taucht die Problematik auf, inwieweit die Bindungsklauseln mit den sog. Stichtags- und Rückzahlungsklauseln aus dem Bereich der Sonderzahlungen vergleichbar sind und welche Auswirkungen die unterschiedlichen Anforderungen der Angemessenheits- und allgemeinen Inhaltskontrolle auf den Kontrollmaßstab für die Aktienoptionen als freiwillige Zusatzleistung bzw. synallagmatische Vergütungsform haben müssen.

In § 12 wird erörtert, ob Freiwilligkeits- und Widerrufsvorbehalte im Zusammenhang mit Aktienoptionsprogrammen sinnvoll und zulässig eingesetzt werden können. Bei der Entwicklung des Kontrollmaßstabs wird ebenfalls untersucht, inwieweit die bisherigen Ergebnisse der Rechtsprechung und Literatur zu dieser Thematik auf die Zumutbarkeits- bzw. Angemessenheitskontrolle übertragen werden können.

In § 13 werden Probleme und Lösungsmöglichkeiten erläutert, die im Zusammenhang mit Betriebsübergängen und sonstigen Unternehmensumstrukturierungen auftauchen. Dabei ist zu untersuchen, ob und welche Ansprüche im Zusammenhang mit einem Aktienoptionsprogramm übergangsfähige Rechte sind. Da die Programme für diese Fallgestaltungen teilweise Verfallklauseln enthalten, ist deren Zulässigkeit zu prüfen. Schließlich ist der Frage nachzugehen, ob es für den Erwerber die Möglichkeit einer Vertragsanpassung gibt oder er die Ansprüche der Arbeitnehmer, deren Arbeitsverhältnis übergegangen ist, zu erfüllen hat.

Den Abschluss bilden § 14 und § 15 mit der Zusammenfassung der wesentlichen Ergebnisse und der Schlussbemerkung.

Erster Teil

Allgemeine Grundlagen sowie gesellschaftsrechtliche und wirtschaftswissenschaftliche Aspekte

§ 1 Grundlagen

Vor der Untersuchung der arbeitsrechtlichen Fragestellungen sind zunächst die wirtschaftlichen Hintergründe für die Einführung der Aktienoptionsprogramme, die Entwicklung sowie die verschiedenen Erscheinungsformen dieser Vergütungsform einschließlich der dabei zu unterscheidenden rechtlichen und vertraglichen Beziehungen aufzuzeigen. Als typisches Beispiel für die vertragliche Ausgestaltung dieser Vergütungsform wird das Aktienoptionsprogramm der Vossloh AG aus dem Jahre 2000 dargestellt, die als eines der ersten deutschen Unternehmen ein solches Programm für alle Mitarbeiter eingeführt hat. Den Abschluss der allgemeinen Grundlagen bildet die Darstellung des wirtschaftswissenschaftlichen Hintergrundes und die Auseinandersetzung mit der aktuellen Kritik an den Aktienoptionen.

I. Hintergründe für die Einführung der Aktienoptionsprogramme und deren Entwicklung

Für die Unternehmen in Form der Aktiengesellschaft gibt es verschiedene Beweggründe, Aktienoptionsprogramme aufzulegen und ihre Mitarbeiter in dieser Form zu vergüten.

1. Entwicklung in den USA

Ursprünglich stammt diese Form der unternehmenswertorientierten Vergütung aus den USA, wo bereits seit der Mitte der 50er Jahre Stock Options ausgegeben werden.[1] Aktienoptionspläne wurden in den USA ursprünglich von jungen innovativen aber finanzschwachen „Start-up"-Unternehmen eingeführt, die in ihrer Gründungsphase nicht in der Lage waren, ihren Mitarbeitern die marktüblichen Gehälter zu zahlen. Um dennoch qualifizierte Mitarbeiter für das Unternehmen gewinnen und halten zu können, wurde den Mitarbeitern ein Teil ihres Gehalts in Aktienoptionen als Ausgleich für die niedrige Vergütung angeboten. Diese Vergütungsform ist für Unternehmen in der Startphase in zweierlei Hinsicht von Vorteil. Zum einen werden sie durch die Beteiligung der Mitarbeiter an den erwarteten Unternehmenswert- bzw. Aktienkurssteigerungen für Spitzenkräfte attraktiv. Zum anderen können auf diese Weise die Personalaufwendungen gering gehalten werden, weil für diese Art der Gehaltszahlungen keine Barmittel aufgewendet werden müssen. Die Unternehmen beschaffen die benötigten Aktienoptionen durch eine Kapitalerhöhung vielmehr selbst. Einen weiteren positiven Effekt bringen die in den Programmen geregelten Wartefristen und Verfallklauseln mit sich, die dazu führen, dass die Mitarbeiter an das Unternehmen gebunden werden, weil die Vorteile aus den Aktienoptionen anderenfalls nicht realisiert werden können.[2]

Einige Zeit lang stand für die Unternehmen nicht mehr die Mitarbeiterfindung und -bindung als maßgeblicher Beweggrund für die Auflegung der Aktienoptionsprogramme im Vordergrund, sondern der Shareholder Value Gedanke.[3] Nach dem Shareholder Value Ansatz ist die nachhaltige Steigerung des Unternehmenswertes gemessen an der Erhöhung des Börsenkurses und damit die Wertsteigerung des Aktionärsvermögens das zentrale Ziel der Unternehmensführung.[4] Diesem Ziel dient die Einführung von am Aktienkurs orientierten Vergütungsformen als flankierende Maßnahme.[5] Wegen der unmittelbaren Partizipation der Mitarbeiter an den steigenden Kursen bringen sie Leistungsanreize zur Steigerung des Unternehmenswertes mit sich und dienen damit als Instrument zur Verhaltenssteuerung bzw. zur Motivation.[6] Die veränderte

---

1 *Jäger*, DStR 1999, 28; *Kau/Leverenz*, BB 1998, 2269; *Legerlotz/Laber*, DStR 1999, 1658; *Zinser/Schimpfky in: Guski/Schneider*, MAB, 3705 Rn. 1.

2 *Jäger*, DStR 1999, 28; *Kau/Leverenz*, BB 1998, 2269; *Zinser/Schimpfky in: Guski/Schneider*, MAB, 3705 Rn. 3.

3 *Jäger*, DStR 1999, 28; *Kau/Leverenz*, BB 1998, 2269; *Zinser/Schimpfky in: Guski/Schneider*, MAB, 3705 Rn. 2.

4 *Bernhard/Witt*, ZfB 1997, 85, 87, 89; *Groh*, DB 2000, 2153; *Hüffer*, ZHR 161 (1997), 215, 216; *Mülbert*, ZGR 1997, 129, 131; *Zinser/Schimpfky in: Guski/Schneider*, MAB, 3705 Rn. 4, 13.

5 *Mülbert*, ZGR 1997, 129, 133.

Zielsetzung führte zwischenzeitlich dazu, dass Aktienoptionspläne primär für Vorstandsmitglieder und Mitarbeiter der obersten Führungsebene aufgelegt wurden, denen man entscheidenden Einfluss auf den Aktienkurs zuschreibt.[7]

2. Entwicklung in der Bundesrepublik Deutschland

Diese Entwicklung hielt schließlich in den neunziger Jahren in deutschen Unternehmen ihren Einzug, die diese in den USA und in anderen europäischen Ländern bereits übliche Vergütungsform übernommen haben.[8] Wichtigster Auslöser ist wohl die Übernahme der Shareholder Value Philosophie durch deutsche Manager.[9] Ein weiterer Grund ist die als notwendig erachtete Anpassung an internationale Gepflogenheiten. So erhoffen sich deutsche Aktiengesellschaften mit der Einführung der Aktienoptionsprogramme Erleichterungen bei der Kapitalaufnahme an den internationalen Kapitalmärkten, insbesondere bessere Chancen beim Zugang auf den amerikanischen Markt. Denn gerade amerikanische Investoren und die dort sehr einflussreichen institutionellen Anleger machen ihre Investitionsbereitschaft von einer konsequenten Ausrichtung der Unternehmensführung auf die Wert- und Börsenkurssteigerung des Unternehmens und damit auf die Maximierung des Shareholder Value abhängig. Die Vergütung in Aktienoptionen wird von den Aktiengesellschaften erwartet, weil sie nach Auffassung vieler Investoren eine wertorientierte Unternehmensführung sicher stellt.[10]

Darüber hinaus soll auf diese Weise die Stellung deutscher Unternehmen im internationalen Wettbewerb um qualifizierte Führungs- und Spitzenkräfte verbessert werden.[11] Um solche Kräfte gewinnen und dauerhaft an das Unternehmen binden zu können, wird eine Angleichung an international übliche Vergütungsformen als notwendig angesehen.[12]

---

6 *Bernhardt/Witt*, ZfB 1997, 85, 89; *Hüffer*, ZHR 161 (1997), 215, 216.

7 *Jäger*, DStR 1999, 28; *Kau/Leverenz*, BB 1998, 2269; *Zinser/Schimpfky in: Guski/Schneider*, MAB, 3705 Rn. 2.

8 Z.B. in England, Frankreich, aber auch der Schweiz und den Niederlanden; vergl. dazu *Baums* in: FS *Claussen*, S. 3, 20 ff.; *ders.*, WM 1997, 1825, 1828; *Kohler*, ZHR 161 (1997), 247, 249 f., und speziell zu Frankreich, *Schwarz/Michel*, BB 1998, 489, 493 f.

9 *Jäger*, DStR 1999, 28; *Kau/Leverenz*, BB 1998, 2269; *Legerlotz/Laber*, DStR 19991, 7658; *Zinser/Schimpfky in: Guski/Schneider*, MAB, 3705 Rn. 2.

10 *OLG Stuttgart* v. 12.8.1998, ZIP 1998, 1482, 1483; *Aha*, BB 1997, 2225; *Kohler*, ZHR 161 (1997), 246, 260 f.

11 *Hüffer*, ZHR 161 (1997), 215; *Kohler*, ZHR 161 (1997), 246, 254; *Seibert* in: Pellens, Entlohnungssysteme, 29, 32; *Weiß*, WM 1999, 353; *ders.*, Aktienoptionspläne, S. 103 f.; *Zinser/Schimpfky* in: Guski/Schneider, MAB, 3705 Rn. 6.

12 *OLG Braunschweig* v. 29.7.1998, ZIP 1998, 1585, 1588; *OLG Stuttgart* v. 12.8.1998, ZIP

In letzter Zeit steht speziell bei den Unternehmen im Bereich der New Economy die ursprüngliche Intention der Mitarbeitergewinnung und -bindung in der Gründungsphase sowie der Ausgleich niedriger Vergütung im Vordergrund, was zu einer verstärkten Einführung der Aktienoptionsprogramme in dieser Branche geführt hat.[13] Daneben war eine Zeit lang verstärkt der Trend zu beobachten, dass nicht nur Vorstände und Führungskräfte, sondern auch Mitarbeiter ohne leitende Funktion zu den Begünstigten zählen. Werden Aktienoptionen im Rahmen eines Mitarbeiterbeteiligungsprogramms gewährt, werden sie zumeist als zusätzliche Vergütung neben dem festen Gehalt gezahlt,[14] während sie den Führungskräften einschließlich der Vorstandsmitglieder i.d.R. als variabler Gehaltsbestandteil eingeräumt werden.[15] Eine Ausnahme bilden die Unternehmen, die dem Bereich der New Economy zuzurechnen sind und Aktienoptionen ebenfalls als variablen Vergütungsbestandteil mit allen Mitarbeitern vereinbaren.[16] Während bei der Vergütung der Führungskräfte die Ausrichtung auf eine nachhaltige Steigerung des Unternehmenswertes als Ziel der Unternehmensführung und damit die Anreizwirkung bzw. Verhaltenssteuerung im Vordergrund steht,[17] werden mit dem Einsatz als Mitarbeiterkapitalbeteiligungsform andere Ziele verfolgt. Aktienoptionen werden zwar auch ausgegeben, um die Mitarbeiter am wirtschaftlichen Erfolg des Unternehmens zu beteiligen und zu motivieren, im Rahmen ihrer Möglichkeiten einen aktiven Beitrag zur Unternehmenswertsteigerung zu leisten.[18] Neben diesen eher strategisch ausgerichteten Zielsetzungen stehen aber primär die Mitarbeiterbindung und die Belohnung der Betriebstreue im Vordergrund.[19] Daneben ha-

1998, 1482, 1486; *Kohler*, ZHR 161 (1997), 246, 258; *Kühnberger/Keßler*, AG 1999, 453; *Lutter*, ZIP 1997, 1, 3; *Peltzer*, AG 1996, 307, 313; *Schneider*, ZIP 1996, 1769, 1773; *Schwarz/Michel*, BB 1998, 489, 491.

13 *Lingemann/Diller/Mengel*, NZA 2000, 1191 f. Zu dieser Entwicklung bereits ausführlich in der Einleitung.

14 *Zinser/Schimpfky* in: Guski/Schneider, MAB, 3705 Rn. 11.

15 *Baums* in: FS Claussen, S. 3, 6; *Bernhardt/Witt*, ZfB 1997, 85, 89; *Bühner*, DB 1989, 2181, 2183; *Lingemann/Diller/Mengel*, NZA 2000, 1191 f. *Pellens/Crasselt/Rockholz* in: Pellens, Entlohnungssysteme, 3, 10 ff.

16 *Busch*, BB 2000, 1294, 1296; *Lingemann/Diller/Mengel*, NZA 2000, 1191 f.

17 Vergl. *Weiß*, Aktienoptionspläne, S. 56, 82.

18 Studien des *DAI*, Heft 13, Beteiligungssysteme für breite Mitarbeiterkreise, S. 10; *Feddersen/Pohl*, AG 2001, 26, 30; *Schanz*; NZA 2000, 626; *Umnuß/Ehle*, BB 2002, 1042, 1045; *Zinser/Schinpfky* in: *Guski/Schneider*, MAB, 37075 Rn. 7, 15, sowie der Vorstandsbericht zum Aktienoptionsplan der Volkswagen AG, *BAnz* v. 11.04.1997, S. 4783, wonach auf jedem Arbeitsplatz unternehmerisches Handeln erwartet wird und es daher aus Gründen der Motivation wie auch der Integration erforderlich sei, allen Mitarbeitern einen an der Kurssteigerung der Aktien orientierten Vergütungsbeitrag einzuräumen.

19 Studien des *DAI*, Heft 13, Beteiligungssysteme für breite Mitarbeiterkreise, S. 10 f.; *Busch*, BB 2001, 1469, 1471; *Jäger*, DStR 1999, 28; *Lingemann/Diller/Mengel*, NZA 2000, 1190, 1191; *Schanz*, NZA 2000, 626; *Umnuß/Ehle*, BB 2002, 1041, 1045;

ben deutsche Aktiengesellschaften Aktienoptionsprogramme außerdem aus den erwähnten betriebswirtschaftlichen Gründen eingeführt, um ihre Chancen bei der Kapitalbeschaffung an den internationalen Kapitalmärkten zu verbessern und internationale Investoren zu gewinnen.[20]

Auf diese Entwicklung seit Beginn der neunziger Jahre hat der Gesetzgeber 1998 mit der Änderung des Aktiengesetzes durch die Verabschiedung des Gesetzes zur Kontrolle und Transparenz im Unternehmensbereich (KonTraG)[21] reagiert. Leitmotive des KonTraG sind neben der Öffnung des Gesellschaftsrechtes hin zum Kapitalmarktrecht und der internationalen Harmonisierung der gesellschaftsrechtlichen Instrumentarien insbesondere die gesetzgeberische Begleitung des Shareholder Value Gedankens.[22] Durch das Gesetz wurde u.a. die Einführung der Aktienoptionsprogramme durch Änderung des § 192 Abs. 1 Nr. 3 AktG erleichtert, nach der nunmehr sog. nackte Aktienoptionen im Rahmen eines Aktienoptionsprogramms an die Mitarbeiter und Vorstandsmitglieder ausgegeben werden können. Vor der Gesetzesänderung konnten die Bezugsrechte nach der ganz überwiegenden Auffassung im Gesellschaftsrecht nur in Verbindung mit einer Wandel- oder Optionsanleihe und damit über einen Umweg eingeräumt werden.[23]

II. Beispiel für ein Aktienoptionsprogramm

Um zu verdeutlichen, an welche Bedingungen die Einräumung der Aktienoptionen als Vergütungselement typischer Weise geknüpft sind, werden im Folgenden die Aktienoptionsprogramme der Vossloh AG für Mitarbeiter und für Führungskräfte aus dem Jahr 2000 dargestellt.[24]

Zinser/Schimpfky in: Guski/Schneider, MAB, 3705 Rn. 5 ff., 17.

20 *Aha*, BB 1997, 2225; *Hüffer*, ZHR 161 (1997), 215; *Kallmeyer*, AG 1999, 97; *Kohler*, ZHR 161 (1997), 246, 254; *Schanz*, NZA 2000, 626; *Seibert*, in: Pellens, Entlohnungssysteme, 29, 32; *ders.*, WM 1997, 1; *Weiß*, WM 1999, 352.

21 v. 27.4.1998, BGBl. I 1998, S. 786.

22 *Seibert* in Pellens, Entlohnungssysteme, S. 29, 38 f.; *Zinser/Schimpfky* in: Guski/Schneider, MAB, 3705 Rn. 8.

23 Dazu im einzelnen in § 2 III 2 a.

24 Die Angaben sind der Informationsbroschüre der Vossloh AG über das Mitarbeiterbeteiligungsprogramm bzw. über das Long-Term-Incentiveprogramm für die Führungskräfte des Unternehmens jeweils vom April 2000 entnommen.

1. Kreis der Begünstigten

Im Rahmen des Mitarbeiterbeteiligungsprogramms ist grundsätzlich jeder inländische Mitarbeiter der Vossloh AG bezugsberechtigt, der zum Ausgabezeitpunkt seit mindestens 12 Monaten in einem ungekündigten und aktiven Arbeitsverhältnis zur Vossloh AG bzw. zu einem inländischen Unternehmen, an dem die Vossloh AG mehrheitlich beteiligt ist, steht. Die Teilnahme ist freiwillig.

Die Teilnahme am Long-Term-Incentiveprogramm für Führungskräfte ist ebenfalls von den genannten Anforderungen abhängig. Darüber hinaus werden die Teilnehmer in drei Gruppen (A: Vorstand der Vossloh AG und die Geschäftsführer der Spartenführungsgesellschaften; B: erste Führungsebene der Vossloh AG, Mitglieder der Werksleitungen im Geschäftsbereich Elektro sowie Geschäftsführer der Einzelgesellschaften; C: erste Führungsebene der Unternehmensbereiche Elektro, Verkehrstechnik und Verkehrsservice) eingeteilt und vom Vorstand individuell ernannt.

2. Eigenanteil

Die Teilnahme am Mitarbeiterbeteiligungsprogramm setzt den Kauf von Aktien der Vossloh AG im Wert von rund 511 Euro voraus. Für den Kauf jeder Aktie gewährt die Vossloh AG dem Mitarbeiter drei Bezugsrechte bzw. Aktienoptionen, die zum Kauf je einer weiteren Aktie zu einem vorher festgesetzten Basispreis berechtigen.

Auch die Führungskräfte, die am Incentiveprogramm teilnehmen wollen, müssen zunächst einen Eigenanteil aus ihrem Privatvermögen erbringen. So ist vorgesehen, dass Mitglieder der Gruppe A Aktien im Wert von mindestens 25.565 Euro und maximal 51.129 Euro erwerben. In der Gruppe B belaufen sich die Beträge auf 5.113 Euro bzw. 25.565 Euro und in der Gruppe C auf 5.113 Euro bzw. 12.782 Euro Eigenanteil. Mit den Aktien erhalten die Teilnehmer zehn Optionsrechte pro Aktie, die zum Bezug jeweils einer weiteren Aktie berechtigen.

Die Aktien gewähren dem Inhaber im Hinblick auf Dividende und Stimmrecht die volle Aktionärsstellung. Sie werden jedoch von der Bank, die das Mitarbeiterbeteiligungs- bzw. das Incentiveprogramm abwickelt, mit einem Sperrvermerk in das Depot des Teilnehmers eingebucht und dürfen vor Ausübung des Bezugsrechts nicht verkauft werden. Anderenfalls verfallen die Bezugsrechte im Verhältnis 1:3 bzw. 1:10.

3. Ausübungs- bzw. Basispreis und Erwerbszeiträume

Nach dem Mitarbeiterbeteiligungs- wie auch dem Incentiveprogramm wird der Ausübungs- bzw. Basispreis, den die Mitarbeiter und Führungskräfte bei Ausübung der Optionsrechte für den Erwerb der weiteren Aktien zahlen müssen, bereits bei der Gewährung der Option festgelegt. Dabei wird ein Mittelwert aus den Einheitskursen gebildet, zu denen die Vossloh-Aktie an der Frankfurter Wertpapierbörse während der letzten fünf Handelstage vor dem Ausgabetag der Aktienoptionen gehandelt wurde. Die Vossloh AG behält sich allerdings vor, diesen Basispreis im Falle von Kapitalmaßnahmen anzupassen.

Ferner können die Aktienoptionen nicht beliebig, sondern nur innerhalb bestimmter Zeiträume von den Begünstigten erworben werden: innerhalb von zwei Wochen nach Bekanntgabe des Berichts über das vierte Quartal des Geschäftsjahres, nach der jährlichen Bilanzpressekonferenz, nach der ordentlichen Hauptversammlung oder nach Bekanntgabe des Berichts über das dritte Quartal des Geschäftsjahres der Vossloh AG.[25] Für die Gewährung der Bezugsrechte an die Mitglieder des Vorstandes ist der Aufsichtsrat zuständig, die Einräumung an die übrigen Mitarbeiter und Führungskräfte fällt in die Zuständigkeit des Vorstands.[26]

4. Sperrfrist und Erfolgsziele

Die Teilnehmer an den Programmen können die Aktienoptionen erstmals nach Ablauf einer Sperrfrist von 3 Jahren nach Gewährung ausüben. Außerdem müssen als weitere Voraussetzung bestimmte Erfolgsziele erreicht sein.

In dem Mitarbeiterbeteiligungsprogramm sind ein absolutes und ein relatives Erfolgsziel vorgesehen, von denen eines erreicht sein muss. Nach der absoluten Zielvorgabe muss der Aktienkurs der Vossloh AG zum Zeitpunkt der Ausübung der Aktienoptionen im Vergleich zum Basispreis um mindestens 5 % gestiegen sein. Die Ausübung ist ferner zulässig, wenn sich der Aktienkurs der Vossloh AG ebenso entwickelt hat wie der Börsenindex M-DAX, dem die Aktie angehört.

In dem Incentiveprogramm sind ebenfalls zwei Erfolgsziele vorgegeben, die für die Ausübung kumulativ erreicht sein müssen. Die Teilnehmer der Gruppe B und C können ihre Bezugsrechte nur ausüben, wenn der Aktienkurs im Vergleich zum Basispreis um 15 % gestiegen ist und sich der Aktienkurs am

[25] *BAnz* v. 18.5.1998, 6950, 6951.
[26] *BAnz* v. 18.5.1998, 6950, 6951.

Ausübungstag ebenso entwickelt hat wie der M-DAX. Für die Teilnehmer der Gruppe A ist das absolute Erfolgsziel sogar auf eine Kurssteigerung von 30 % festgelegt, während das relative Erfolgsziel dasselbe ist. Der maßgebliche Vergleichswert für das Erreichen der Erfolgsziele ist jeweils der Schlusskurs der Aktie an dem Tag, an dem die Aktienoptionen ausgeübt werden. Im Falle von Kapitalmaßnahmen hat sich die Vossloh AG wiederum eine Anpassung der Erfolgsziele vorbehalten.

5. Laufzeit der Aktienoptionen, Ausübungszeiträume und Handelsfenster

Für die Aktienoptionen beider Programme ist eine Laufzeit von fünf Jahren vorgesehen. Unter Berücksichtigung der Sperrfrist von drei Jahren beträgt der Ausübungszeitraum damit zwei Jahre.

Der Ausübungszeitraum wird durch sog. Handelsfenster beschränkt. Beide Programme sehen vor, dass die Aktienoptionen nach Ablauf der Sperrfrist und Erreichen der Erfolgsziele nur innerhalb von zwei Wochen nach Bekanntgabe des Berichts über das dritte oder vierte Quartal des Geschäftsjahres, nach der jährlichen Bilanzpressekonferenz oder nach der ordentlichen Hauptversammlung ausgeübt werden können. Werden die Erfolgsziele während der Handelsfenster nicht erreicht, wird der Auftrag zur Ausübung der Aktienoptionen an die depotführende Bank gelöscht. Werden die Erfolgsziele auch nicht während der nachfolgenden Handelsfenster bzw. der übrigen Laufzeit erreicht, so verfallen die nicht ausgeübten Aktienoptionen.

6. Haltefristen für die bezogenen Aktien

Für die bezogenen Aktien sind in den Aktienoptionsplänen keine weiteren Haltefristen vorgesehen. Sie können noch am Ausübungstag oder später an der Börse verkauft werden. Die Programme sehen insbesondere die bargeldlose Ausübung der Bezugsrechte vor. Danach können die am Ausübungstag bezogenen Aktien noch am selben Tag zum aktuellen Börsenkurs verkauft werden, so dass der Teilnehmer in diesem Fall nicht den Basispreis aufbringen muss. Er erhält dafür den aus der Differenz von Basispreis und Aktienkurs resultierenden Gewinn.[27]

---

[27] Dazu noch näher in § 3 II 9 b.

7. Ausschluss der Verfügbarkeit über die Aktienoptionen

Nach dem Mitarbeiterbeteiligungs- und Incentiveprogramm ist die Übertragung, Veräußerung oder Verpfändung der Aktienoptionen ausgeschlossen. Sie sind allerdings vererbbar.

8. Sonstige Regelungen im Zusammenhang mit dem Arbeits- bzw. Dienstverhältnis

Neben den allgemeinen Bedingungen enthalten die beiden Aktienoptionsprogramme besondere Regelungen im Zusammenhang mit dem Arbeits- bzw. Dienstverhältnis.

a) Ausscheiden aus dem Unternehmen

Beim Ausscheiden des Programmteilnehmers infolge Eigenkündigung sollen alle noch nicht eingelösten Bezugsrechte am Tag der Beendigung des Arbeits- bzw. Dienstverhältnisses enden. Gleiches gilt, wenn dem betroffenen Mitarbeiter aus verhaltens- oder personenbedingten Gründen gekündigt wird.

Bei einer betriebsbedingten Kündigung des Mitarbeiters sind hingegen differenzierte Regelungen vorgesehen. Danach sollen die Bezugsrechte, für die am Tag des Ausscheidens aus dem Vossloh-Konzern bereits 2 1/2 Jahre der Sperrfrist abgelaufen sind, noch innerhalb des nächsten Handelsfensters nach Beendigung des Arbeitsverhältnisses ausgeübt werden können. Aktienoptionen, bei denen die Sperrfrist noch nicht so weit abgelaufen ist, sollen hingegen verfallen. Bezugsrechte, die bereits ausgeübt werden können, müssen spätestens im nächsten Handelsfenster ausgeübt werden. Anderenfalls verfallen sie, auch wenn das Erfolgsziel nicht erreicht wird. Gleiches gilt für den Fall, dass ein Werk bzw. eine Unternehmensgruppe aus dem Vossloh-Konzern ausscheiden.

Geht der betroffene Mitarbeiter hingegen in Vorruhe- bzw. Ruhestand oder scheidet er infolge Berufsunfähigkeit aus dem Vossloh-Konzern aus, so läuft das Aktienoptionsprogramm für ihn regulär weiter, und die Aktienoptionen können bis zum Ende der Laufzeit ausgeübt werden. Er wird allerdings nicht mehr bei der Zuteilung neuer Bezugsrechte berücksichtigt.

b) Ruhende, nicht aktive Arbeitsverhältnisse

Gleiches gilt für Mitarbeiter, die sich in Altersteilzeit oder im Erziehungsurlaub, jetzt Elternzeit, befinden sowie für solche, die ihren Wehr- oder Ersatzdienst leisten. In all diesen Fällen sind die betroffenen Mitarbeiter vom Bezug weiterer Aktienoptionen ausgeschlossen.

c) Todesfall des Mitarbeiters

Bei Tod eines Teilnehmers können dessen Erben nach beiden Programmen die Aktienoptionen bis zum Ende der Programmlaufzeit ausüben. Dies allerdings nur, wenn die Sperrfrist entweder vollständig abgelaufen ist oder seit der Ausgabe bereits 2 1/2 Jahre vergangen sind. Andere Aktienoptionen sollen hingegen verfallen.

d) Freiwilligkeitsvorbehalt

In dem Mitarbeiterbeteiligungs- wie auch in dem Incentiveprogramm wird ausdrücklich darauf hingewiesen, dass die Aktienoptionen als freiwillige und einmalige Zusatzleistung der Vossloh AG eingeräumt werden, auf die für die Zukunft kein Rechtsanspruch besteht. Sofern Vorstand und Aufsichtsrat der Vossloh AG beschließen sollten, zukünftig weitere Aktienoptionsprogramme aufzulegen, bestehe für die gegenwärtig begünstigten Mitarbeiter weder ein Anspruch auf Einbeziehung in den Teilnehmerkreis, noch auf die vergleichbare Gestaltung der Programme. Gleiches gelte für die Einräumung vergleichbarer Bezugsrechtsvolumina. Zudem solle keine betriebliche Übung begründet werden.

Damit sind die wesentlichen Bedingungen dargestellt worden, an welche die Aktienoptionen als Vergütungsform typischer Weise geknüpft sind. Im Rahmen dieser Arbeit wird auf diese Punkte bei der Erörterung ihrer rechtlichen Hintergründe der Anschaulichkeit wegen immer wieder zurückzukommen sein.

III. Erscheinungsformen der Aktienoptionen und vertragliche Beziehungen bei der Auflegung der Programme

Bei der Einführung der Aktienoptionsprogramme sind zunächst verschiedene gesellschaftsrechtliche Fragestellungen auseinander zu halten. Zum einen ist zwischen Einräumung und Ausübung der Aktienoptionen und zum anderen zwischen der Beschaffung der Aktien zur Bedienung der Bezugsrechte zu differenzieren. Der zuletzt genannte Aspekt betrifft die sicher zu stellende Pflicht der Aktiengesellschaft, die eingeräumten Bezugsrechte bei ihrer Ausübung durch Übertragung der Aktien erfüllen zu können. Für die Beschaffung der notwendigen Aktien stehen grundsätzlich zwei Wege zur Verfügung. Die Gesellschaft kann bereits ausgegebene und an der Börse gehandelte Aktien zurückerwerben oder neue Aktien im Wege der Kapitalerhöhung beschaffen. Üblicherweise wird bei der Auflegung der Aktienoptionsprogramme der Weg der bedingten Kapitalerhöhung gem. §§ 192 ff. AktG gewählt.[28] Das Recht zum Bezug der Aktien wird den Begünstigten in Form nackter Optionsrechte, sog. nacked warrants oder stock options, nach § 192 Abs. 2 Nr. 3 AktG oder in Verbindung mit einer Wandel- bzw. Optionsschuldverschreibungen nach § 221 Abs. 1 S. 1 AktG eingeräumt.[29]

1. Schlichte bzw. nackte Optionsrechte i.S.v. § 192 Abs. 1 Nr. 3 AktG

Nackte Options- bzw. Bezugsrechte[30] i.S.v. § 192 Abs. 2 Nr. 3 AktG gewähren das Recht, eine bestimmte Anzahl von jungen Aktien der ausgebenden Aktiengesellschaft zu den im Aktienoptionsplan festgelegten Bedingungen, insbesondere innerhalb der vorgegebenen Ausübungszeit und zum festgelegten Basispreis zu erwerben.[31] Bei dem nackten Bezugsrecht handelt es sich um ein

[28] Dazu im einzelnen in § 2 III.

[29] *Feddersen/Pohl*, AG 2002, 26, 27 f.; *Weiß*, Aktienoptionspläne, S. 149.

[30] Diese beiden Begriffe werden in der Praxis weitgehend synonym verwendet, obwohl man streng genommen zwischen einem Bezugsrecht i.S. eines schuldrechtlichen Anspruchs des Berechtigten auf Abschluss eines Zeichnungsvertrages bei nicht hinreichend konkret geregelten Optionsbedingungen und einem Optionsrecht bei genau fixierten Bedingungen unterscheiden müsste. Während der Zeichnungsvertrag im zweiten Fall durch die einseitige Willenserklärung des Berechtigten zustande kommen kann und insoweit ein konkretes Angebot der Gesellschaft vorliegt, gewährt das Bezugsrecht im ersten Fall lediglich einen Anspruch auf Mitwirkung bei Abschluss des Zeichnungsvertrages, der noch der näheren Ausgestaltung bedarf. Es wird daher als Vorvertrag eingeordnet. Dazu *Frey* in: Großkomm AktG, § 192 Rn. 37, 39; *Fuchs*, AG 1995, 433, 440 f., Fn. 63; *Klahold*, S. 101 f. Diese Problematik kann allerdings bei Aktienoptionsprogrammen vernachlässigt werden, da darin die wesentlichen Optionsbedingungen wie der Basispreis, das Erfolgsziel sowie die Ausübungssperre etc. regelmäßig hinreichend konkret geregelt sind, so dass man auch nach der engeren Ansicht in diesen Fällen ein Optionsrecht annehmen kann, so auch *Klahold*, S. 101 f. Aus Zweckmäßigkeitserwägungen im Ergebnis gegen einen Vorvertrag und für ein echtes Optionsrecht *Pulz*, Personalbindung, S. 104 ff.

[31] *Feddersen/Pohl*, AG 2002, 26, 27; *Zinser/Schimpfky* in Guski/Schneider, MAB, 3705 Rn. 11.

rechtsgeschäftliches Bezugsrecht i.S.v. § 187 Abs. 1 bzw. § 198 Abs. 1 AktG, das dem Berechtigten gegen die Gesellschaft einen schuldrechtlichen Anspruch auf Abschluss eines Zeichnungsvertrages über den künftigen Erwerb junger Aktien bzw. der Mitgliedschaft einräumt.[32] Es ist grundsätzlich übertragbar und kann an der Börse selbstständig gehandelt werden. Die Übertragung erfolgt regelmäßig durch Abtretung gem. §§ 398, 413 BGB.[33] Die Verfügungsbefugnis über das rechtsgeschäftliche Bezugsrecht kann aber gem. §§ 399, 413 BGB eingeschränkt oder ganz ausgeschlossen werden.[34] Wie die Vossloh AG[35] schließen die Aktiengesellschaften die Verfügungsbefugnis in den Aktienoptionsplänen regelmäßig aus.[36]

Seit der Änderung des Aktiengesetzes durch das KonTraG im Jahr 1998 werden Bezugsrechte im Rahmen der Mitarbeiterbeteiligungsprogramme überwiegend in Form von nackten Aktienoptionsrechten angeboten. Im Jahr 1999 belief sich ihr Anteil bei der Neuauflage der Aktienoptionsprogramme auf ca. 79 %.[37] Vor der Neuregelung durch das KonTraG sahen die Aktienoptionspläne die Begründung und Ausgabe der Options- bzw. Umtauschrechte in Verbindung mit einer Schuldverschreibung vor. Die Unternehmen emittierten zu diesem Zweck überwiegend Wandelanleihen, vereinzelt auch Optionsanleihen, die in § 221 Abs. 1 S. 1 AktG einheitlich als Wandelschuldverschreibungen bezeichnet werden.[38] Im Jahr 1999 ist der Anteil der Umtauschrechte durch die Ausgabe von Wandelschuldverschreibungen auf 21 % zurückgegangen. Optionsanleihen, die das Bezugsrecht auf Aktien mit einer selbstständigen verzinsten Anleihe verei-

---

32 *Fuchs*, AG 1995, 433, 440; *Hüffer*, AktG, § 198 Rn. 4; *Klahold*, S. 235; *Lutter* in: Kölner Kommentar zum AktG, § 187 Rn. 5 und § 197 Rn. 11; *Pulz*, Personalbindung, S. 105 f. Die Regelungen über Zeichnung und Zeichnungsvertrag sind nur bei Bezug junger Aktien aus einer Kapitalerhöhung anwendbar; über bereits existente Aktien wird hingegen ein Kaufvertrag geschlossen. *Lutter* in: Kölner Kommentar zum AktG, § 185 Rn. 35; § 186 Rn. 112.

33 Optionsrechte sind regelmäßig als Inhaberpapier i.S.v. § 793 BGB verbrieft und können wahlweise nach sachrechtlichen Grundsätzen gem. §§ 929 ff. BGB oder im Wege der Abtretung nach §§ 398, 413 BGB übertragen werden, vergl. *Hüffer*, AktG, § 221 Rn. 53 und § 198 Rn. 6; sowie *Hüffer/MünchKomm*, § 793 Rn. 18 f. Bei den nackten Bezugsrechten handelt es sich um unverbriefte Rechtspositionen, auf welche die §§ 398 ff. anzuwenden sind vergl. *Klahold*, S. 237; *Pulz*, Personalbindung, S. 105 f.

34 *Bungeroth* in: Geßler/Hefermehl/Eckardt/Kropff, AktG, § 187 Rn. 30; *Hüffer*, AktG, § 198 Rn. 6; *Lutter* in: Kölner Kommentar zum AktG, § 187 Rn. 5, § 197 Rn. 11.

35 § 1 II 8.

36 *Hüffer*, AktG, § 198 Rn. 6. So auch die Klauseln in den empfohlenen Mustervereinbarungen über die Ausgestaltung eines Aktienoptionsplans, *Bredow*, DStR 1998, 380, 381; *Preis*, Der Arbeitsvertrag, II A 75 Rn. 33 unter d). Dazu im einzelnen unter § 3 II 2.

37 *Feddersen/Pohl*, AG 2001, 26, 28.

38 *Seibert* in Pellens, Entlohnungssysteme, S. 31, 36; *Spenner*, S. 44 m.w.N.; *Weiß*, Aktienoptionspläne, S. 149, 152 m.N.

nen,[39] sind im Rahmen der Aktienoptionsprogramme nicht mehr ausgegeben worden.[40]

2. Wandelanleihen

Die Wandelanleihe gewährt dem Inhaber das Recht, die Schuldverschreibung und damit seinen Anspruch auf Rückzahlung des Nennbetrages gegen eine bestimmte Anzahl an Aktien der emittierenden Gesellschaft einzutauschen. Im Gegensatz zu den gewöhnlichen Inhaberschuldverschreibungen i.S.v. § 793 BGB verkörpern Wandelanleihen neben einem verzinsten Zahlungsanspruch gegen die Gesellschaft ein besonderes Umtauschrecht auf Aktien. Dieses Recht ist wiederum in dem dazu gehörigen Aktienoptionsplan näher bestimmt und räumt dem Inhaber die Gestaltungsbefugnis ein, durch Abgabe einer Wandlungserklärung seine Gläubigerstellung aufzugeben und Aktionär zu werden. An die Stelle des von der Gesellschaft geschuldeten Zahlungsanspruches tritt dann der Anspruch auf Leistung von Aktien und damit auf Abschluss des Zeichnungsvertrages. Gleichzeitig gilt die Zahlung, die ursprünglich auf die Anleihe erbracht wurde, als Leistung auf die Einlage i.S.v. § 54 Abs. 1 AktG. Der Berechtigte hat also die Alternative, die Anleiheforderung untergehen zu lassen und statt dessen Aktien zu beziehen oder sich den Nennbetrag der Anleihe zuzüglich Zinsen zurückzahlen zu lassen.[41] In den Anleihebedingungen bzw. in den Aktienoptionsprogrammen wird dabei regelmäßig festgelegt, in welchem Verhältnis Wandelanleihen in Aktien umgetauscht werden können und ob und in welcher Höhe bei Umtausch eine Zuzahlung zu leisten ist. Ob sich die Ausübung des Umtauschrechts für den Inhaber der Wandelanleihe lohnt, hängt von der Aktienkursentwicklung ab. Der Umtausch ist günstig, wenn der Aktienkurs über dem Nennbetrag der Anleihe zuzüglich der möglichen Zuzahlung liegt. Anderenfalls ist es sinnvoller, auf die Ausübung des Umtausch- bzw. Bezugsrechts zu verzichten und die Anleihe von der Gesellschaft tilgen zu lassen.[42] Da der Inhaber der Wandelschuldverschreibung das Recht hat, statt der ursprünglich geschuldeten Zahlung die Einräumung von Aktien und damit eine andere Leistung zu fordern, ist das mit dieser Anleihe eingeräumte Umtauschrecht schuldrechtlich als Ersetzungsbefugnis des Gläubigers zu qualifizieren.[43]

---

[39] *Feddersen/Pohl*, AG 2001, 26, 27.

[40] *Feddersen/Pohl*, AG 2001, 26, 29 f.

[41] *Hüffer*, AktG, § 221 Rn. 4 f.; *Karollus* in: Geßler/Hefermehl/Eckardt/Kropff, AktG, § 221 Rn. 11, 19 f., 146; *Klahold*, S. 98 ff.; *Lutter* in: Kölner Kommentar zum AktG, § 221 Rn. 92 ff.

[42] Vergl. *Zöllner*, Wertpapierrecht, § 29 IV 1.

[43] *Klahold*, S. 98; allgemein zur Ersetzungsbefugnis *Palandt/Heinrichs*, § 262 Rn. 9.

Die Wandelanleihe wird regelmäßig als Inhaberschuldverschreibung nach § 793 BGB verbrieft.[44] Sie ist börsenfähig und nach sachenrechtlichen Grundsätzen gem. §§ 929 ff. BGB[45] oder wahlweise im Wege der praktikableren Abtretung gem. §§ 398, 413 BGB übertragbar. Die Eigentumsübertragung der Urkunde richtet sich im letzteren Fall nach § 952 Abs. 2 BGB.[46] Die Verfügungsbefugnis über die Wandelanleihe wird in den Aktienoptionsprogrammen regelmäßig ausgeschlossen.[47] Dabei handelt es sich nicht um aktienrechtliche, sondern lediglich schuldrechtliche Veräußerungssperren i.S.v. § 137 S. 2 BGB, so dass ein Verstoß nicht zur Unwirksamkeit der Übertragung führt.[48]

3. Exkurs: Wertsteigerungsrechte – virtuelle Eigenkapitalinstrumente

Neben Aktienoptionsprogrammen mit echten Eigenkapitalinstrumenten legen viele deutsche Unternehmen Programme auf der Grundlage sog. Wertsteigerungsrechte auf. Zu diesen Unternehmen gehören z.B. die Allianz, Degussa, Eon, die Deutsche Lufthansa, MAN, TUI, SAP, Thyssen Krupp[49] und neuerdings Daimler Chrysler.[50] Dabei handelt es sich um virtuelle Eigenkapitalinstrumente, die Aktien oder Aktienoptionen nachgebildet sind. Statt der Aktien wird den Berechtigten ein schuldrechtlicher Anspruch auf eine Geldzahlung eingeräumt.[51]

Eine Form dieser Wertsteigerungsrechte sind die aktienkursabhängigen Bonuszahlungen (Stock Appreciation Rights).[52] Dabei handelt es sich um arbeits- bzw. dienstvertraglich vereinbarte Bonuszahlungen, die von der Börsenkurssteigerung abhängig gemacht werden. Die Verteilung der von der Aktienkursentwicklung abhängigen Chancen und Risiken werden frei vereinbart.[53] Sie

44 Vergl. *Karollus* in: Geßler/Hefermehl/Eckardt/Kropff, AktG, § 221 Rn. 121 ff.; *Lutter* in: Kölner Kommentar zum AktG, § 221 Rn. 108.

45 Vergl. *Hüffer*, AktG, § 221 Rn. 53; *Karollus* in: Geßler/Hefermehl/Eckardt/Kropff, AktG, § 221 Rn. 121 ff.; *Lutter* in: Kölner Kommentar zum AktG, § 221 Rn. 116.

46 *MünchKomm/Hüffer*, § 793 Rn. 18 f.

47 *Klahold*, S. 88 f.; *Weiß*, Aktienoptionspläne, S. 153 f.

48 *Baeck/Diller*, DB 1998, 1405, 1407; *Klahold*, S. 89 f. Zu dieser Problematik näher in § 3 II 2.

49 *V. der Hagen*, Süddeutsche Zeitung Nr. 160 v. 13./14.7.2002, S. 29.

50 Vergl. http.//www.faz.net/s/Rub13C90B3A6F1F40798BFD784740221CDC/Doc~EB... [Stand: 10.6.2004].

51 *Klahold*, S. 207.

52 *Baums* in: FS Claussen, S. 3, 6; *Bühner*, DB 1989, 2181, 2183; *Feddersen*, ZHR 161 (1997), 269, 285; *Klahold*, S. 207; *Pellens/Crasselt/Rockholtz*, Entlohnungssysteme, S. 3, 13; *Zinser/Schimpfky* in: Guski/Schneider, MAB 3705, Rn. 67.

sind üblicher Weise wie die Aktienoptionsprogramme ausgestaltet, weil mit ihnen dieselbe Wirkung erzielt werden soll und enthalten daher die typischen Optionsbedingungen wie eine Wartefrist bis zu erstmaligen Zahlung und die Erreichung bestimmter Erfolgsziele als Zahlungsvoraussetzung. Die Zahlungen sind zudem von der weiteren Unternehmenszugehörigkeit an einem bestimmten Stichtag abhängig.[54]

Die Vereinbarung der Wertsteigerungsrechte ist eine Alternative zur Auflegung der Aktienoptionsprogramme. Für die Unternehmen hat diese Art der Vergütung den Vorteil, dass mit ihr nahezu dieselben Anreizwirkungen erzielt werden können, ohne dass den Begünstigten Aktien einzuräumen sind. Sie sind daher mit einem weit geringeren administrativen Aufwand verbunden und bedürfen keines besonderen Hauptversammlungsbeschlusses, weil sie nicht zu einer Verwässerung[55] der bestehenden Anteile führen.[56] Für die Begünstigten sind derartige Bonuszahlungen attraktiv, da sie anders als bei Auflegung eines Aktienoptionsprogramms nicht den Ausübungs- bzw. Basispreis aufwenden müssen, um einen möglichen Kursgewinn realisieren zu können.[57] Für das Unternehmen stellen die Zahlungen auf der Grundlage der Wertsteigerungsrechte Personalaufwendungen dar, die anders als die Ausübung der Aktienoptionen nicht mit einem Eigenkapitalzufluss, sondern mit einem Liquiditätsabfluss und einer steuermindernden Belastung des Bilanzgewinns verbunden sind.[58] Die mit der Einräumung der Wertsteigerungsrechte zu erzielende Anreiz- und Identifikationswirkung ist allerdings im Vergleich mit realen Aktienoptionsprogrammen geringer, weil die Mitarbeiter nicht zu Anteilseignern des Unternehmens werden.[59]

---

53 *Bühner*, DB 1989, 2181, 2183; *Feddersen*, ZHR 161 (1997), 269, 285; *Zinser/Schimpfky* in: Guski/Schneider, MAB 3705, Rn. 68.

54 *Klahold*, S. 207 mit Nachweisen für solche Programme; *Menichetti*, DB 1996, 1688, 1691; *Pellens/Crasselt/Rockholtz*, Entlohnungssysteme, S. 3, 13.

55 Dazu näher in § 2 I 2.

56 *Fuchs*, WuB II A. § 221 AktG 1.97, 553, 556; *Menichetti*, DB 1998, 1688, 1691; *Zinser/Schimpfky* in: Guski/Schneider, MAB 3705, Rn. 70.

57 Vergl. *Klahold*, S. 208; *Spenner*, S. 42 f.

58 *Fuchs*, WuB II A. § 221 AktG 1.97, 553, 556; *Klahold*, S. 208; *Pellens/Crasselt/Rockholtz*, Entlohnungssysteme, S. 3, 17; *Zinser/Schimpfky* in: Guski/Schneider, MAB 3705, Rn. 70.

59 *Zinser/Schimpfky* in: Guski/Schneider, MAB 3705, Rn. 70.

IV. Rechtliche und vertragliche Beziehungen bei Einräumung und Ausübung der Aktienoptionen

Zur Verdeutlichung der Bezugspunkte für die arbeits- und gesellschaftsrechtlichen Fragestellungen ist es im Weiteren notwendig, einen Blick auf die unterschiedlichen rechtlichen und vertraglichen Beziehungen zu werfen.

1. Rechtliche Ebenen bei Einführung eines Aktienoptionsprogramms

Bei der Einführung der Aktienoptionsprogramme lassen sich vier rechtliche Ebenen unterscheiden. Eine Ebene betrifft die gesellschafts- bzw. aktienrechtlichen Regelungen zur Beschaffung der Aktien. Eine weitere Ebene bezieht sich auf die Anspruchsbegründung, die sich auf der Grundlage einer arbeits- bzw. dienstvertraglichen Vereinbarung vollzieht. Schließlich sind auf der dritten und vierten Ebene die Einräumung der Aktienoptionen durch den Gewährungs- bzw. Optionsvertrag sowie der Zeichnungsvertrag zu unterscheiden, aufgrund dessen die Aktien nach Ausübung der Aktienoptionen erworben werden.[60]

In dem Aktienoptionsplan sind wie im Programm der Vossloh AG regelmäßig die Einzelheiten für die Teilnahme, den Erwerb und die Ausübung der Optionen sowie weitere Optionsbedingungen näher geregelt.[61] Teile der Optionsbedingungen sind durch den Beschluss der Hauptversammlung zwingend vorgegeben und daher der ersten Ebene zuzuordnen.[62] In diesem Zusammenhang treten eine Reihe gesellschaftsrechtlicher Probleme auf, die im Folgenden Paragraphen erörtert werden.

Soweit es um die Gewährung der Aktienoptionen an Arbeitnehmer und damit deren Vergütung geht, ergänzt und konkretisiert der Vorstand der Aktiengesellschaft die erforderlichen Kapitalbeschlüsse regelmäßig um weitere Optionsbedingungen.[63] Denn für diesen Bereich ist er im Rahmen seiner Geschäftsführungsbefugnis nach §§ 76 Abs. 1, 77 Abs. 1 AktG zuständig.[64]

---

60 Ähnlich *Lingemann/Diller/Mengel*, NZA 2000, 1191, 1192; *Nehls/Sudmeyer*, ZIP 2002, 201, insbesondere Fn. 3.

61 Vergl. Willemsen/*Müller-Bonanni*, ZIP 2003, 1177, 1178.

62 Dazu noch in § 2 III 2, 3.

63 Dazu im einzelnen in § 3.

64 *Frey* in: Großkomm AktG § 192 Rn. 112; *Kau/Leverenz*, BB 1998, 2269, 2272; *Klahold*, S. 72; *Nehls/Sudmeyer*, ZIP 2002, 201; *Weiß*, Aktienoptionspläne, S. 202.

Die nähere Ausgestaltung der Aktienoptionspläne für Vorstandsmitglieder obliegt hingegen dem Aufsichtsrat, in dessen Kompetenzbereich gem. §§ 84 Abs. 1 S. 1, 112 AktG die Ausgestaltung der Vorstandsvergütung fällt.[65]

Die gesamten Optionsbedingungen bilden den Rahmen und die Grundlage der arbeits- bzw. dienstvertraglichen Vergütungszusage. Gleiches gilt für den Gewährungs- sowie den Zeichnungsvertrag. Da der Aktienoptionsplan auf alle Ebenen einwirkt, stellt er das Bindeglied zwischen dem Hauptversammlungsbeschluss und den anderen Vertragsverhältnissen dar.[66] Für die verschiedenen Ebenen sind i.d.R. unterschiedliche Rechtsvorschriften maßgeblich, so dass es zu Kollisionen kommen kann.

Die Aktienoptionen können einen zusätzlichen oder variablen Bestandteil der Vergütung bilden. Daher ergeben sich im Hinblick auf die Anspruchsgrundlage sowie die Optionsbedingungen eine Vielzahl arbeitsrechtlicher Fragestellungen.[67]

Die Einräumung der Aktienoptionen durch den Options- bzw. Gewährungsvertrag und der Erwerb der Aktien durch den Abschluss des Zeichnungsvertrages betrifft grundsätzlich nur gesellschafts-, sachen- bzw. kaufrechtliche Fragestellungen.[68] Zu Überschneidungen kommt es aber, wenn die Aktienoptionen allein durch den Gewährungsvertrag eingeräumt werden, ohne dass zusätzlich eine ausdrückliche arbeitsvertragliche Vereinbarung getroffen wird. Da die Mitarbeiter die Aktienoptionen nur mit Rücksicht auf das Arbeitsverhältnis und ihre Arbeitsleistung erhalten, stellt sich in dieser Konstellation die Frage nach der Anwendung der arbeitsrechtlichen Grundsätze auf den Gewährungsvertrag.[69] Auf diese Fragestellung wird sogleich eingegangen.

---

65 *Frey* in: Großkomm AktG § 192 Rn. 112; *Klahold*, S. 45; *Weiß*, Aktienoptionspläne, S. 203.

66 Vergl. *Lingemann/Diller/Mengel*, NZA 2000, 1191, 1192; *Schnittker/Grau*, BB 2002, 2497, 2498.

67 Vergl. *Nehls/Sudmeyer*, ZIP 2002, 201, 202; *Röder/Göpfert*, BB 2001, 2002, 2003. Zu dieser Differenzierung gelangen ausdrücklich *Bauer/Göpfert/v.Steinau-Steinrück*, ZIP 2001, 1129 f.; *Lembke*, BB 2001, 1469, 1470; *Lingemann/Diller/Mengel*, NZA 2000, 1191, 1192; *Nehls/Sudmeyer*, ZIP 2002, 201 f.

68 Vergl. *Bauer/Göpfert/v. Steinau-Steinrück*, ZIP 2001, 1129, 1130; *Nehls/Sudmeyer*, ZIP 2002, 201, 202; *Lingemann/Diller/Mengel*, NZA 2000, 1191, 1192 f.; *Röder/Göpfert*, BB 2001, 2002.

69 *Nehls/Sudmeyer*, ZIP 2002, 201, 202; *Lingemann/Diller/Mengel*, NZA 2000, 1191, 1194; *Röder/Göpfert*, BB 2001, 2002, 2003.

2. Vertragliche Beziehungen bei der Gewährung der Aktienoptionen

a) Arbeitsvertragliche Grundlage für die Einräumung der Aktienoptionen

Bei der Begründung der Ansprüche auf Einräumung der Aktienoptionen ist zunächst zwischen den Mitarbeitern des Unternehmens einschließlich der Führungskräfte einerseits und den Vorstandsmitgliedern andererseits zu unterscheiden.

aa) Aktienoptionen als Vergütung der Vorstands- und Aufsichtsratsmitglieder

Der Vergütungsanspruch der Vorstandsmitglieder einer Aktiengesellschaft ergibt sich aus §§ 611, 612 BGB i.V.m. dem Anstellungsvertrag. Dieser ist als Dienstvertrag i.S.v. § 611 Abs. 1 BGB, der eine Geschäftsbesorgung i.S.v. § 675 BGB zum Gegenstand hat, einzuordnen. Die Vorstandsmitglieder sind keine Arbeitnehmer, weil sie aufgrund ihrer Organstellung Arbeitgeberfunktion ausüben.[70] Für den Abschluss des Anstellungsvertrages ist gemäß § 84 Abs. 1 S. 1, 5 AktG i.V.m. § 112 AktG der Aufsichtsrat als Vertreter der Aktiengesellschaft zuständig.[71] Die näheren Einzelheiten im Zusammenhang mit den Ansprüchen der Vorstandsmitglieder auf Einräumung der Aktienoptionen als Vergütungsbestandteil und die damit zusammenhängende Fragen nach der Zulässigkeit und Angemessenheit der Vergütungshöhe unter Berücksichtigung von §§ 86 Abs. 1, 87 Abs. 1 AktG werden im Weiteren nicht näher erörtert. Diese Fragestellungen betreffen lediglich das Gesellschaftsrecht und haben keinen Bezug zum Arbeitsrecht.[72] Das Arbeitnehmerschutzrecht wird allerdings teilweise auf die Vorstandsmitglieder angewendet, soweit ihre tatsächliche Stellung arbeitnehmerähnlich ist. So finden z.B. der Gleichbehandlungsgrundsatz oder

---

70 *Hüffer*, AktG, § 84 Rn. 11; *Mertens* in: Kölner Kommentar zum AktG, § 84 Rn. 34 f. Im Übrigen sind nach der herrschenden sog. Trennungstheorie bei den Rechtsbeziehungen zwischen Vorstand und AG zwei Ebenen zu unterscheiden: die kooperationsrechtliche, der die Bestellung zum Vorstandsmitglied als organschaftlicher Akt gemäß § 84 Abs. 1 AktG zuzuordnen ist, sowie die vertragliche, die den Abschluss des Anstellungsvertrags betrifft. Dazu *Hüffer*, AktG, § 84 Rn. 2, 11; *Klahold*, S. 45 f.; *Mertens* in: Kölner Kommentar zum AktG, § 84 Rn. 34 f.; *Spenner*, S. 5.

71 *Hüffer*, AktG, § 84 Rn. 12; *Klahold*, S. 45.

72 Dazu im Einzelnen *Klahold*, S. 45 ff. zu § 86 Abs. 1 AktG und S. 241 ff. zu § 87 Abs. 1 AktG, *Roschmann/Erwe* in: Harrer, MAB, Rn. 224 f., und *Weiß*, Aktienoptionspläne, S. 130 ff.

die Grundsätze zur betrieblichen Übung sowie § 622 BGB auf den Anstellungsvertrag bzw. das Anstellungsverhältnis der Vorstandsmitglieder entsprechende Anwendung.[73]

Nicht näher erläutert wird zudem die Problematik, ob den Mitgliedern des Aufsichtsrats nach der jüngsten BGH-Entscheidung vom 16.2.2004 [74] noch Aktienoptionen als erfolgsorientierte, langfristig verhaltenssteuernde Vergütung eingeräumt werden können.[75]

bb) Arbeitsvertragliche Beziehungen bei Optionseinräumung

Grundsätzlich werden die Ansprüche der Mitarbeiter auf Gewährung der Aktienoptionen gegen die Gesellschaft durch eine arbeitsvertragliche Vergütungsvereinbarung begründet, in der regelmäßig auf das Optionsprogramm und die darin festgelegten Bedingungen verwiesen wird.[76] Letztere werden durch Inbezugnahme Bestandteil des Arbeitsvertrages und unterliegen folglich der arbeitsrechtlichen Kontrolle.[77] Als Rechtsgrundlage der Arbeitnehmeransprüche kommen die typischen arbeitsrechtlichen Anspruchsgrundlagen wie der (Haus-) Tarifvertrag, die Betriebs- bzw. Sprecherausschussvereinbarung, die Gesamtzusage, die betriebliche Übung oder die einzelvertragliche Vereinbarung in Betracht.[78] In dieser individual- bzw. kollektiv rechtlichen Grundlage werden meistens die genauen Einzelheiten im Zusammenhang mit der Vergütung geregelt.[79] Die Regelungen können zusätzlich zu den Bedingungen des Aktienoptionsprogramms den Zeitpunkt und die Anzahl der einzuräumenden Optionen und die Qualifizierung als zusätzliche freiwillige Leistung oder als variabler

---

73 *Hüffer*, AktG, § 84 Rn. 17; *Mertens* in: Kölner Kommentar zum AktG, § 84 Rn. 35 - 37.

74 ZIP 2004, 613 f.

75 Dazu *Fuchs*, JZ 2004, 1185 ff., nach dessen Resümee die vom BGH geäußerten Zweifel an der generellen Zulässigkeit eines Aktienoptionsprogramms für Aufsichtsratsmitglieder nicht gerechtfertigt sind, jedoch in der Praxis zu erheblichen Verunsicherungen geführt haben.

76 Vergl. *Nehls/Sudmeyer*, ZIP 2002, 201; *Schnittker/Grau*, BB 2002, 2497.

77 Im Ergebnis ebenso *Binder*, S. 26 f., 86 ff., der allerdings wenig überzeugend strikt zwischen dem Arbeits- und Gewährungsvertrag trennt. Nach dessen Ansicht sind die Optionsbedingungen lediglich Bestandteil des Gewährungsvertrages, der allein der Kontrolle nach dem Kauf- und Gesellschaftsrecht unterliegt. Wegen des Sachzusammenhangs müssten sie allerdings der arbeitsrechtlichen Kontrolle unterliegen.

78 Vergl. nur *Baeck/Diller*, DB 1998, 1406, 1406 f.; *Legerlotz/Laber*, DStR 1999, 1658 ff.; *Nehls/Sudmeyer*, ZIP 2002, 201; *Schanz*, NZA 2000, 626, 632. Dazu näher in § 6.

79 Vergl. dazu die Mustervereinbarungen speziell für das Management und leitende Angestellte von *Bredow*, DStR 1998, 380 f. und allgemein für Arbeitnehmer *Kau/Leverenz*, BB 1998, 2269, 2273; *Nehls/Sudmeyer*, ZIP 2002, 201; *Preis*, Der Arbeitsvertrag, II A 75 Rn. 33.

Vergütungsbestandteil enthalten. Darüber hinaus können mögliche individuelle Zielvereinbarungen[80] als zusätzliche Erfolgsziele vereinbart werden, die neben einem bestimmten Aktienkurs als anspruchsbegründende Voraussetzung für die Ausübung der Aktienoptionen erreicht werden müssen. Gleiches gilt für Regelungen im Zusammenhang mit der Besteuerung oder technische Fragen für die Ausübung des Optionsrechts und die Finanzierung der Aktienoptionen und der Aktien.[81]

Die besonderen Vergütungsveinbarungen für die Aktienoptionen werden üblicherweise in einer Betriebsvereinbarung, im Arbeitsvertrag oder in einer Zusatzvereinbarung getroffen. Sofern die Einräumung der Aktienoptionen ein variabler Bestandteil der vertraglich geschuldeten Vergütung ist, wird dies regelmäßig bereits bei Abschluss des Arbeitsvertrages oder später in einem Änderungsvertrag vereinbart. Solche Regelungen finden sich häufig in Arbeitsverträgen von Unternehmen, in denen ein deutlich niedrigeres Festgehalt vereinbart wird, das durch die Einräumung der Aktienoptionen als erfolgsorientierter variabler Vergütungsbestandteil ausgeglichen werden soll.[82] Daneben kommt die stillschweigende arbeitsvertragliche Zusage durch Aushändigung des Optionsprogramms in Betracht.[83]

cc) Besonderheiten bei der Optionsgewährung im Konzernverbund

Häufig werden innerhalb von national wie international operierenden Konzernen Aktienoptionsprogramme aufgelegt, bei denen die Mitarbeiter der Tochtergesellschaft an dem Programm der Muttergesellschaft beteiligt werden. Eine entsprechende Regelung findet sich im Aktienoptionsprogramm der Vossloh AG, nach der zum Kreis der Begünstigten auch die Mitarbeiter und Führungskräfte der inländischen Unternehmen zählen, an denen die Gesellschaft mehrheitlich beteiligt ist. Ebenso häufig werden die Mitarbeiter deutscher Tochtergesellschaften in den Aktienoptionsplan der US-amerikanischer Muttergesellschaft einbezogen.[84]

80 Dazu in § 4 II 2 a.

81 *Bauer/Göpfert/v. Steinau-Steinrück*, ZIP 2001, 1129, 1130; *Kau/Leverenz*, BB 1998, 2269, 2273; *Lingemann/Diller/Mengel*, NZA 2000, 1191, 1193 f.; *Nehls/Sudmeyer*, ZIP 2002, 201 f.; *Röder/Göpfert*, BB 2001, 2002, 2003.

82 *Lingemann/Diller/Mengel*, NZA 2000, 1191, 1193; *Röder/Göpfert*, BB 2001, 2002 f.

83 *Bauer/Göpfert/v. Steinau-Steinrück*, ZIP 2001, 1129, 1130; *Röder/Göpfert*, BB 2001, 2002, 2003.

84 Vergl. § 1 II Nr. 1. *Lingemann/Diller/Mengel*, NZA 2000, 1191, 1192.

Die Aktienoptionen können innerhalb des Konzernverbunds auf verschiedene Weise gewährt werden. Nach der bisherigen Praxis werden die Aktienoptionen innerhalb internationaler Konzerne den Mitarbeitern der deutschen Tochtergesellschaft direkt von der Muttergesellschaft eingeräumt.[85] In dieser Konstellation schließt die Konzernobergesellschaft den Optionsvertrag unmittelbar mit den Mitarbeitern der Tochtergesellschaft. Folglich bestehen die vertraglichen Beziehungen nur in diesem Verhältnis. Sofern nicht im Arbeitsvertrag oder einer sonstigen arbeitsvertraglichen Vereinbarung zwischen der Tochtergesellschaft und ihren Arbeitnehmern auf den Aktienoptionsplan der Konzernobergesellschaft Bezug genommen wird, bleibt das Arbeitsverhältnis von dieser Vereinbarung völlig unberührt. In diesem Fall handelt es sich allein um eine motivationsfördernde Leistung der Konzernmutter. Aus dem rechtlich selbstständigen Optionsgewährungsvertrag ergeben sich keinerlei Verpflichtungen der Tochtergesellschaft als Arbeitgeberin. Der Arbeitnehmer kann daher die Ansprüche aus der Vereinbarung grundsätzlich nur gegenüber der vertragsschließenden Konzernobergesellschaft geltend machen, weil diese nicht Bestandteil des Arbeitsverhältnisses mit der Tochtergesellschaft werden.[86]

Der Sachverhalt ist hingegen anders zu beurteilen, wenn der Gewährungsvertrag zwischen der Konzernmutter und dem Mitarbeiter geschlossen wird, und die Tochtergesellschaft darauf im Rahmen einer arbeitsvertraglichen Vergütungsvereinbarung in der Form Bezug nimmt, dass die Leistungen als Entgelt im Rahmen des Arbeitsverhältnisses mit der Tochtergesellschaft gelten sollen. Das ist insbesondere der Fall, wenn die Aktienoptionen als Ausgleich für ein niedriges Grundgehalt eingeräumt werden.[87] Die Vergütung gilt trotz eigener Zielsetzungen der Konzernobergesellschaft als von einem Dritten i.S.v. § 267 BGB gewährt. Der erforderliche Fremdtilgungswille der Konzernobergesellschaft steht dieser Annahme nicht entgegen, weil dafür nicht der innere Wille des Dritten entscheidend ist, sondern es darauf ankommt, wie der Arbeitnehmer als Gläubiger das Verhalten verstehen durfte.[88] Aus der Sicht des Arbeitnehmers erscheint die Leistung aber als Vergütung und damit als Leistung der Tochtergesellschaft als Arbeitgeberin. Liegen diese Voraussetzun-

---

[85] So z.B. der Sachverhalt, der dem Urt. des *LAG* Düsseldorf v. 3.3.1998, NZA 1999, 981 f., zugrunde lag. *Lingemann/Diller/Mengel*, NZA 2000, 1191, 119.

[86] *BAG* v. 12.02.2003, BB 2003, 1068, 1070; *Hessisches LAG* v. 19.11.2001, LAGE § 611 BGB Mitarbeiterbeteiligung Nr. 2; *LAG Düsseldorf* v. 3.3.1998, 981, 982. Ebenso *Annuß/Lembke*, BB 2002, 2230, 2231; *Buhr/Radtke*, BB 2001, 1882; zustimmend *Lembke*, BB 2003, 1071 f.; *Lingemann/Diller/Mengel*, NZA 2000, 1191, 1198; *Schnittker/Grau*, BB 2002, 2497, 2499; zustimmend wohl auch *Willemsen/Müller-Bonanni*, ZIP 2003, 1179, 1180, 1184; a.A. *Lipinski/Melms*, BB 2003, 150, 151 ff.

[87] *Annuß/Lembke*, BB 2003, 2230, 2232 f.; a.A. wohl *Lingemann/Diller/Mengel*, NZA 2002, 1191, 1198.

[88] Vergl. BGH v. 26.10.1978, BGHZ 72, 246, 248 f.; *Palandt/Heinrichs*, § 267 Rn. 3.

gen vor, so bestehen zwischen der Tochtergesellschaft und dem Mitarbeiter im Hinblick auf den Aktienoptionsplan der Muttergesellschaft vertragliche Beziehungen, aus denen Pflichten resultieren können.[89]

Fehlt es an dieser besonderen vertraglichen Vereinbarung zwischen der Tochtergesellschaft und dem Arbeitnehmer, so kann aus dem Optionsgewährungsvertrag zwischen dem konzernverbundenen Unternehmen und dem Arbeitnehmer nicht auf einen arbeitsvertraglichen Anspruch gegen das Tochterunternehmen geschlossen werden. Soweit dies in der Literatur mit Hinweis auf Gratifikationen oder die betriebliche Altersversorgung durch Dritte i.S.v. § 267 Abs. 1 BGB angenommen wird, kann dies nicht überzeugen.[90] Das BAG weist in diesem Zusammenhang zu Recht darauf hin, dass die Konzernobergesellschaft mit der Leistung nicht eine Verbindlichkeit ihrer Tochter erfüllen, sondern konzernangehörige Mitarbeiter motivieren wolle, aktiv an der Steigerung des Aktienkurses und des Konzernergebnisses mitzuwirken.[91] Wegen dieser eigenen Ziele könne man der Konzernobergesellschaft nicht die Absicht zur Umgehung deutscher arbeitsrechtlicher Schutzmechanismen unterstellen.[92] Auch die steuerrechtliche Einordnung als Arbeitsentgelt rechtfertigt nach Ansicht des BAG keine andere Beurteilung,[93] weil die steuerrechtliche Qualifizierung nicht den schuldrechtlichen Verpflichtungsgrund ersetze und dem Arbeitnehmer keinen weiteren Schuldner verschaffen könne.[94] Im Regelfall steht der Optionsgewährungsvertrag mit einem anderen Konzerunternehmen rechtlich selbstständig neben dem Arbeitsvertrag mit der Tochtergesellschaft. Auf diesen Aspekt wird insbesondere noch im Zusammenhang mit der Mitbestimmung des Betriebsrats und dem Betriebsübergang zurück zu kommen sein.

b) Vertrag über die Einräumung der Optionen (Gewährungsvertrag) und dessen rechtliche Einordnung

Der Optionsgewährungsvertrag ist von der arbeitsvertraglichen Anspruchsgrundlage zu unterscheiden. Durch ihn werden den Arbeitnehmern die zugesagten Bezugsrechte eingeräumt.[95] Er ist grundsätzlich als Verfügungsgeschäft

[89] So auch *Annuß/Lembke*, BB 2003, 2230, 2232; ähnlich *Willemsen/Müller-Bonanni*, ZIP 2003, 1177, 1184. Wohl eher ablehnend *Lingemann/Diller/Mengel*, NZA 2000, 1191, 1198.

[90] *Lipinski/Melms*, BB 2003, 150, 152 f.

[91] Vergl. *BAG* v. 12.02.2003, BB 2003, 1068, 1070.

[92] *BAG* v. 12.02.2003, BB 2003, 1068, 1070. Zustimmend *Annuß/Lembke*, BB 2003, 2230, 2231; *Urban-Crell/Manger*, NJW 2004, 125, 126.

[93] So aber *Lipinski/Melms*, BB 2003, 150, 153.

[94] *BAG* v. 12.02.2003, BB 2003, 1068, 1070.

zu qualifizieren, durch den die Verpflichtung aus der arbeitsvertraglichen Zusage erfüllt wird.[96] Der Begriff Gewährungsvertrag wird dabei als Oberbegriff für die Einräumung der Aktienoptionen verwendet. Die rechtliche Einordnung des Vertrages richtet sich danach, auf welche Weise die Bezugs- bzw. Umtauschrechte eingeräumt werden.

aa) Arten der Gewährungsverträge

Reine Optionsrechte, die anders als die Wandelanleihe in der Regel unverbrieft gewährt werden, können dem Begünstigten gem. §§ 398, 413 BGB im Wege eines Abtretungsvertrages übertragen bzw. eingeräumt werden.[97]

Hat die Gesellschaft die Ausgabe einer Wandelanleihe als Inhaberschuldverschreibung gewählt, werden die Rechte aus dieser Schuldverschreibung durch Abschluss eines Begebungsvertrages eingeräumt. Diese ist grundsätzlich auf die Begründung der verbrieften Rechte und auf Übereignung der Schuldverschreibungsurkunde gegen Zahlung des Ausgabebetrags für die Anleihe gerichtet.[98] Der Gewährungsvertrag ist daher nach gesellschafts-, sachen- und kaufrechtlichen Grundsätzen zu beurteilen.

bb) Gewährungsvertrag ohne ausdrückliche, besondere arbeitsrechtliche Vereinbarung

In der Praxis werden durch den Gewährungsvertrag teilweise nicht nur die Aktienoptionen eingeräumt, sondern darüber hinaus die Ansprüche der betroffenen Mitarbeiter begründet und weitere Einzelheiten im Zusammenhang mit der Optionsrechtsausübung geregelt.[99] Sofern die Aktienoptionen als freiwillige zusätzliche Leistung gewährt werden, wird oftmals keine ausdrückliche

95 *Bauer/Göpfert/v. Steinau-Steinrück*, ZIP 2001, 1129, 1130; allgemein zur Begründung des Bezugsrechts im Rahmen einer bedingten Kapitalerhöhung *Hüffer*, AktG, § 198 Rn. 5; *Lingemann/Diller/Mengel*, NZA 2000, 1191, 1194; *Nehls/Sudmeyer*, ZIP 2002, 201, 202; *Röder/Göpfert*, BB 2001, 2002, 2003.

96 So ausdrücklich *Nehls/Sudmeyer*, ZIP 2002, 201, 202.

97 *Klahold*, S. 237. Dazu bereits unter § 1 III 1.

98 *Hueck/Canaris*, § 3 I 2 b; *Hüffer*, AktG, § 221 Rn. 48; *Lutter* in: Kölner Kommentar, § 221 Rn. 113; *Zöllner*, Wertpapierrecht, § 6 IV. Auf die verschiedenen Wertpapierrechtstheorie über die Entstehung des verbrieften Rechts soll nicht eingegangen werden, weil die ganz h.M. heute von der Entstehung durch Begebungsvertrag ausgeht, vergl. dazu im Einzelnen *Hueck/Canaris*, § 3; *MünchKomm/Hüffer*, Vor § 793 Rn. 22 ff.; *Zöllner*, Wertpapierrecht, § 6. Zur Übertragung und Ausstellung der Urkunde vergl. § 1 III 2.

99 So. z.B. die Mustervereinbarung bei *Bredow*, DStR 1998, 380, 381, wonach in einer sog. Optionsrechtsvereinbarung die Bezugsberechtigung des Managers in der Präambel des Vertrages klar gestellt und in § 1 sogleich die Optionsrechte eingeräumt werden. Ähnlich

arbeitsvertragliche Vereinbarung getroffen, sondern zwischen dem Arbeitnehmer und der Gesellschaft als Arbeitgeberin ein Optionsgewährungsvertrag unter Bezugnahme auf das Aktienoptionsprogramm geschlossen.[100] Da in diesem Fall die Anspruchsbegründung und deren Erfüllung in einem Vertrag geregelt werden, stellt sich die Frage, inwieweit der Gewährungsvertrag der arbeitsrechtlichen Kontrolle unterliegt. Zur Klärung können die Grundsätze herangezogen werden, die zur Abgrenzung der gesellschaftsrechtlichen von den arbeitsrechtlichen Fragestellungen bei der allgemeinen Vermögensbeteiligung der Arbeitnehmer entwickelt wurden. Danach ist für einen Arbeitnehmer, der eine Beteiligung am Unternehmen des Arbeitgebers am Markt und unabhängig vom Arbeitsverhältnis erworben hat, das Gesellschafts- bzw. das allgemeine Schuldrecht maßgebend. Wird dem Arbeitnehmer die Beteiligung hingegen mit Rücksicht auf den Bestand seines Arbeitsverhältnisses zu günstigeren als den marktüblichen Konditionen, eingeräumt, so ist jedenfalls die Aufbringung der Mittel dem Arbeitsrecht zuzurechnen. Gleiches gilt für solche Beteiligungen, die mit zusätzlichen vom Arbeitgeber gewährten Mitteln oder aufgrund einer Gehaltsumwandlung gewährt werden.[101] Die Einräumung des Beteiligungsrechts durch den Arbeitgeber wird als Arbeitsentgelt eingeordnet, das der arbeitsrechtlichen Kontrolle unterliegt. Dazu gehören insbesondere das Ob und die Art der Beteiligung, deren Umfang einschließlich des Kurses bzw. Preises sowie der Kreis der Begünstigten. Die Anlage der Mittel, also die rechtliche Ausgestaltung der angebotenen Beteiligungsform sowie die Rechte aus der Beteiligung wie z.B. Stimmrechte werden dagegen dem Gesellschaftsrecht bzw. dem allgemeinen Schuldrecht zugerechnet.[102]

Fraglich ist nun, wie der Gewährungsvertrag auf Einräumung der Aktienoptionen unter Berücksichtigung dieser Grundsätze einzuordnen ist. Zunächst ist festzustellen, dass die Aktienoptionen einen bedingten schuldrechtlichen Anspruch auf den künftigen Erwerb der Mitgliedschaft am Unternehmen einräumen. Der Mitarbeiter erhält den Unternehmensanteil erst nach Ausübung des Optionsrechts mit der Übertragung der Aktie. Folglich ist die Aktienoption als Zwischenstufe zur Unternehmensmitgliedschaft bzw. Vermögensbeteiligung

---

auch die Empfehlung von *Kau/Leverenz*, BB 1998, 2269, 2272 f., wonach bei Gewährung der Optionen die an die Ausübung geknüpften Bedingungen geregelt werden sollten. Ähnlich ist auch die Aktienoptionsrechtsvereinbarung von *Preis*, Der Arbeitsvertrag, II A 75 Rn. 33, gestaltet, wonach der Gewährungsvertrag Einzelheiten zu Ausübung und Verfall der Optionsrechte im Zusammenhang mit der Beendigung des Arbeitsverhältnisses vorsieht.

100 *Nehls/Sudmeyer*, ZIP 2002, 201, 202.

101 *Hanau* in: *Laßmann/Schwark*, ZGR 1985, S. 111, 115; *Lingemann/Diller/Mengel*, NZA 2000, 1191, 1194; *Röder*, NZA 1987, 799, 804.

102 *Hanau* in: *Laßmann/Schwark*, ZGR 1985, S. 111, 115; *Röder*, NZA 1987, 799, 804.

anzusehen. Da die Optionen einen Vermögenswert besitzen,[103] der statt einer Barzahlung als zusätzliche Leistung oder als variable Vergütung allein im Hinblick auf das Arbeitsverhältnis eingeräumt wird, sind die Optionen als arbeitsrechtliches Entgelt einzuordnen.[104] Nach den genannten Grundsätzen unterliegen folglich neben der Einräumung auch die Optionsbedingungen wie der Begünstigtenkreis, der Ausschluss der Übertragbarkeit, die Sperr- und Haltefristen sowie die sonstigen Regelungen im Zusammenhang mit dem Arbeitsverhältnis der arbeitsrechtlichen Kontrolle.[105] Die Vergütung fließt dem Arbeitnehmer zu, wenn ihm die bezogenen Aktien eingeräumt werden. Ab diesem Moment hat er die Möglichkeit, den finanziellen Vorteil durch den Verkauf der Aktien zu realisieren. Sobald der Arbeitnehmer den Unternehmensanteil in Form der Aktie erworben hat, richtet sich die rechtliche Beziehung zur Gesellschaft allein nach dem Gesellschafts- bzw. Aktienrecht. Etwas anderes gilt nur, wenn für die bezogenen Aktien Haltefristen vereinbart worden sind, die den Arbeitnehmer daran hindern, über seine Vergütung in Form des Gesellschaftsanteils frei zu verfügen.[106]

Teilweise wird allerdings vertreten, dass der Gewährungsvertrag nur der allgemein zivilrechtlichen Kontrolle unterliege, weil es sich dabei um ein gesondertes neben dem Arbeitsvertrag stehendes Rechtsverhältnis handele.[107] Diese Ansicht überzeugt nicht, weil sie einerseits den Entgeltcharakter bejaht, auf der anderen Seite aber eine arbeitsrechtliche Überprüfung der Vergütungsregelungen nicht zulassen will.[108] Der Gewährungsvertrag ist jedoch nur als vertragliche Hilfskonstruktion anzusehen, durch welche die Vergütung in Form der Aktienoptionen eingeräumt wird. Daher kann der gesellschaftsrechtliche Charakter des Gewährungsvertrages den Entgeltcharakter nicht verdrängen. Bei einer anderen Sichtweise könnten die arbeitsrechtlichen Schranken durch eine geschickte Wahl der Vergütungsform mühelos umgangen werden. Zudem kann es für den anzuwendenden Prüfungsmaßstab keinen Unterschied machen, ob die Ansprüche auf die Einräumung der Aktienoptionen durch eine arbeits-

---

[103] Dazu noch näher in § 4 III 2 e aa.

[104] Ebenso *Bauer/Göpfer/v. Steinau-Steinrück*, ZIP 2001, 1129, 1130; *Busch*, BB 2000, 1294; *Küttner/Röller*, Personalbuch 2006, Aktienoptionen, Rn. 8; *Lembke*, BB 2001, 1469, 1471; *Lipinsky./Melms*, BB 2003, 150, 151; *Nehls/Sudmeyer*, ZIP 2001, 201, 202 f.; *Röder/Göpfert*, BB 2001, 2001; *Schnittker/Grau*, BB 2002, 2497, 2498; *Tappert*, NZA 2002, 1188, 1189; *Willemsen/Müller-Bonanni*, ZIP 2003, 1177, 1182. Das BAG hat dies zwar offen gelassen, hält es aber für denkbar, dass Aktienoptionen als Vergütung eingeräumt werden, *BAG* v. 12.02. 2003, BB 2003, 1068, 1070.

[105] In diesem Sinne auch *Schnittker/Grau*, BB 2002, 2497 f.; *Tappert*, NZA 2002, 1188, 1189.

[106] Zu dieser Problematik in § 11 XI.

[107] *Willemsen/Müller-Bonanni*, ZIP 2003, 1177, 1181. Ähnlich *MünchArbR/Kreßel*, § 68 Rn. 105.

[108] Vergl. *Willemsen/Müller-Bonanni*, ZIP 2003, 1177, 1181, 1183.

vertragliche Zusage eingeräumt werden, in der auf die Regelungen des Aktienoptionsplans Bezug genommen wird, oder ob lediglich ein Gewährungsvertrag über die Einräumung geschlossen wird. In beiden Verträgen geht es jeweils um die Vergütungsleistung der Arbeitnehmer. Daher ist im Ergebnis festzuhalten, dass der Gewährungsvertrag und die darin enthaltenen Optionsbedingungen auch dann der arbeitsrechtlichen Kontrolle unterliegen, wenn daneben keine ausdrückliche arbeitsvertragliche Zusage vereinbart wird.[109] In dieser Situation ist die Bekanntgabe der Programmbedingungen als stillschweigende arbeitsvertragliche Zusage anzusehen.

c) Zeichnungsvertrag

Von dem Gewährungsvertrag ist der Zeichnungsvertrag zu unterscheiden. Das Options- bzw. Umtauschrecht wird gem. §§ 198 Abs. 1, Abs. 2 AktG durch die Abgabe der Bezugs- bzw. Umtauscherklärung ausgeübt. Letztere ist eine Willenserklärung des Berechtigten auf Abschluss des Zeichnungsvertrages.[110] Sofern eindeutige Anleihebedingungen vorliegen, kann das Umtausch- bzw. Bezugsrecht i.S.v. § 145 BGB als Angebot der Gesellschaft auf Abschluss eines Zeichnungsvertrages ausgelegt werden. Die Abgabe der Bezugs- bzw. Umtauscherklärung stellt dann die Annahme dieses Angebots dar.[111] Bei der Ausgabe der Bezugs- bzw. Umtauschrechte im Rahmen der Aktienoptionsprogramme sind die für den Bezug der Aktien wesentlichen Bedingungen, wie das Bezugs- bzw. Umtauschverhältnis, der Basispreis bzw. die Zuzahlung bei Umtausch, mögliche Sperr- bzw. Wartefristen für die Ausübung der Rechte etc. detailliert geregelt. Daher sind die an die Mitarbeiter ausgegebenen Aktienoptionen regelmäßig als bindendes Angebot der Gesellschaft auf Abschluss des Zeichnungsvertrages anzusehen. Der Zeichnungsvertrag kommt somit unter Berücksichtigung von § 130 Abs. 1 BGB mit Zugang der Bezugs- oder Umtauscherklärung bei der Gesellschaft zustande. Die Erfüllung dieses Vertrages erfolgt nach der Zahlung des Basispreises bzw. einer möglichen Zuzahlung bei Umtausch durch die Einbuchung der Aktien in das Depot des Mitarbeiters.[112]

[109] So im Ergebnis auch *Bauer/Göpfert/v. Steinau-Steinrück*, ZIP 2001, 1129, 1130, die von einer Fortwirkung der arbeitsrechtlichen Bindung nach Begebung der Aktienoptionen ausgehen, sowie *Lingemann/Diller/Mengel*, NZA 2000. 1191, 1194 f., die wegen der Gewährung im Hinblick auf das Arbeitsverhältnis und die Arbeitsleistung zu diesem Schluss kommen.

[110] *Bungeroth* in: Geßler/Hefermehl/Eckardt/Kropff, AktG, § 197 Rn. 29; *Hüffer*, AktG, § 198 Rn. 2; *Lutter* in: Kölner Kommentar zum AktG, § 198 Rn. 5.

[111] *Bungeroth* in: Geßler/Hefermehl/Eckardt/Kropff, AktG, § 198 Rn. 5; *Karollus* in: Geßler/Hefermehl/Eckardt/Kropff, AktG, § 221 Rn. 143, 147; *Hüffer*, AktG, § 198 Rn. 2 f.; § 221 Rn. 5, 7; *Lutter* in: Kölner Kommentar zum AktG, § 198 Rn. 3; § 221 Rn. 137.

Vom Zeichnungsvertrag über junge Aktien ist der Vertrag über die Einräumung bereits im Umlauf befindlicher Aktien zu unterscheiden.[113] Diesen Vertrag erfüllt die Aktiengesellschaft durch Übertragung solcher Aktien, die sie zuvor durch den Rückkauf eigener Aktien nach § 71 Abs. 1 Nr. 2, 8 AktG erworben hat.[114]

V. Wirtschaftswissenschaftlicher Hintergrund und Kritik an der Vergütungsform

Zur Abrundung der Grundlagen ist noch auf die wirtschaftswissenschaftlichen Hintergründe, die zur Einführung der Aktienoptionsprogramme als variabler Vergütungsbestandteil der Vorstandsmitglieder bzw. Führungskräfte und letztlich zur Verabschiedung des KonTraG[115] geführt haben, sowie die Kritik und die jüngsten bilanzrechtlichen Entwicklungen hinzuweisen.

1. Grundzüge der Prinzipal Agent Theorie

Ein theoretischer Ansatz für diese anreizkompatible Vergütungsform ist die Prinzipal Agent Theorie, die sich mit dem Umstand beschäftigt, dass in großen Kapitalgesellschaften das Eigentum am Unternehmen und die Unternehmensleitung auseinanderfallen. Die Aktionäre stellen als Eigentümer das Kapital zur Verfügung. Mit der Unternehmensführung wird hingegen ein professionelles Management beauftragt, das aus Vorstandsmitgliedern und sonstigen Führungskräften besteht. Der Beziehung zwischen den Aktionären als Auftraggebern, den sog. Prinzipalen, und den Führungskräften als deren Stellvertretern, den sog. Agenten, ist eine Interessendivergenz immanent, die man als Principal Agent Konflikt bezeichnet. Während die Aktionäre in erster Linie an einer Maximierung ihres Vermögens interessiert sind, verfolgen die Führungskräfte eigene gegenläufige Interessen, die in der menschlichen Natur begründet sind. So neigen die Führungskräfte zum überhöhten Konsum am Arbeitsplatz wie einer exklusiven Büroausstattung. Sie halten an der eigenen Führungsposition fest und neigen dazu, talentierte Konkurrenz fernzuhalten. Außerdem

---

112 *Kallmeyer*, AG 1999, 97, 99; *Zinser/Schimpfky* in: Guski/Schneider, MAB, 37075, Rn. 33.

113 Vergl. *Röder/Göpfert*, BB 2001, 2002.

114 Dazu näher in § 2 IV.

115 Vergl. *ReGEBegr zum KonTraG*, BT-Drucks. 13/9712, S. 23.

führen sie vermehrt Maßnahmen durch, die in erster Linie dem eigenen Ansehen dienen, z.B. großzügige Spenden für künstlerische oder sportliche Zwecke. Damit geht die geringe Bereitschaft zu aussichtsreicheren aber risikobehafteten Investitionen einher, um einen Rechtfertigungszwang gegenüber den Aktionären bei Eintritt der Risiken oder gar den eigenen Arbeitsplatzverlust zu vermeiden. All dies führt dazu, dass der Kapitaleinsatz nicht in optimaler Weise maximiert wird. Den daraus resultieren finanziellen Nachteil für die Aktionäre bezeichnet man als Agency Kosten.[116]

Weiterhin ist die Delegation der Unternehmensführung mit einem Informationsvorsprung der Führungskräfte verbunden. Erschwerend kommt ein Kontrolldefizit der Aktionäre hinzu, weil es nahezu unmöglich ist, die Handlungen der Unternehmensführung vollständig zu überwachen. Auch die Informationen in den Geschäftsberichten spiegeln die Aktivitäten und Fähigkeiten der Führungsmannschaft nur eingeschränkt wieder, weil zahlreiche externe Faktoren, wie die allgemeine Konjunktur-, Konkurrenzsituation sowie die Preis-, Zins- und Währungsentwicklung Einfluss auf das Ergebnis haben. Aus dieser Informationsasymmetrie eröffnen sich für das Management Handlungsspielräume, die zur Verfolgung der eigenen Interessen genutzt werden können.[117]

Die Principal Agent Theorie befasst sich mit diesen Phänomenen und sucht nach Möglichkeiten und Lösungen zur Überwindung der beschriebenen Agency Probleme. Ein Instrument ist die anreizkompatible Vergütung. Auf diese Weise sollen die Agency Kosten gering gehalten und die Interessen des Managements mit denen der Aktionäre in Einklang gebracht werden. Um dies zu erreichen, müssen die Vergütungsarten die Gewähr dafür bieten, dass das Management seine Vergütung bei einer Erhöhung des Unternehmenswertes verbessern kann.[118] Bei einer börsennotierten Aktiengesellschaft wird davon ausgegangen, dass sich die Wertsteigerung in einer Steigerung des Aktienkurses widerspiegelt,[119] die zur Mehrung des Aktionärsvermögens führt. Die Ausgabe der Aktienoptionen wird vor diesem Hintergrund als anreizkompatible Vergütung der Führungskräfte zur Überwindung der Agency Problematik an-

---

116 *Klahold*, S. 11; *Kühnberger/Keßler*, AG 1999, 453 f.; *Menichetti*, DB 1996, 1688; *Spenner*, S. 20 f.; *Weiß*, Aktienoptionspläne, S. 41 ff., 77, alle jeweils m.w.N.

117 *Kühnberger/Keßler*, AG 1999, 453, 454; *Menichetti*, DB 1996, 1688 f.; *Schwalbach/Graßhoff*, ZfB 1997, 203, 204; *Spenner*, S. 21.; *Weiß*, Aktienoptionspläne, S. 43 ff. jeweils m.w.N.

118 *Klahold*, S. 11; *Kühnberger/Keßler*, AG 1999, 453, 454; *Menichetti*, DB 1996, 1689; *Pellens/Crasselt/Rockholtz* in: Pellens, Entlohnungssysteme, 3, 15, 19; *Schwalbach/Graßhoff*, ZfB 1997, 203, 204; *Spenner*, S. 21 ff.; *Weiß*, Aktienoptionspläne, S. 43, 56 f. jeweils m.w.N.

119 *Mülbert*, ZGR 1997, 129, 132.

gesehen, weil die Ausübung der Optionsrechte um so vorteilhafter ist, je stärker der Aktienkurs der Gesellschaft und damit das Aktionärsvermögen steigt.[120]

2. Shareholder Value Theorie

Eine weitere theoretische Grundlage stellt die Shareholder Value Theorie dar, der verschiedene mathematische Berechnungsmethoden zugrunde liegen.[121] Bei der am Shareholder Value Ansatz ausgerichteten Unternehmensstrategie ist die nachhaltige Steigerung des Unternehmens- bzw. Eigenkapitalwertes oberstes Ziel der Unternehmensführung.[122] Auf dieses Ziel sind alle Entscheidungen, insbesondere die Investitionsentscheidungen auszurichten. Daher sind nur solche Investitionsvorhaben durchzuführen, bei denen eine Rendite zu erwarten ist, die den Marktwert des Eigenkapitals und damit den Unternehmenswert erhöhen. Umgekehrt sind bei einem auf mehreren Geschäftsfeldern tätigen Unternehmen solche Geschäftsbereiche abzustoßen, deren Rendite zu einer Verringerung des Unternehmenswertes führt, und die Unternehmensaktivitäten auf die Kernbereiche zu konzentrieren.[123]

Die Vertreter der Shareholder Value Theorie gehen davon aus, dass der shareholder value des Unternehmens bei einer Aktiengesellschaft dem Marktwert der Aktien entspricht. Übertragen auf börsennotierte Unternehmen bedeutet dies, dass der Börsenkurs der einzelnen Aktie, deren Marktwert und damit den Shareholder Value der Unternehmen widerspiegelt.[124] Daher muss die Vergütung der Führungskräfte an den Aktienkurs gekoppelt werden, um ihnen einen Anreiz zu geben, den Unternehmenswert zu steigern.

Allerdings beruht die Gleichsetzung von Börsenkurs und Wert einer Aktie auf der Annahme eines vollkommenen, informationseffizienten Kapitalmarkts. Dieser setzt voraus, dass alle Marktteilnehmer hinreichend informiert und in der Lage sind, den Marktwert unter Berücksichtigung der zukünftigen Entwicklung des Unternehmens zu bewerten.[125] Daran knüpfen Kritiker an. Dieser Sichtweise wird entgegen gehalten, dass die Annahme eines effizienten Kapitalmarktes gerade fur Deutschland unrealistisch sei,[126] und der Börsenkurs

[120] *Menichetti*, DB 1996, 1688, 1689; *Spenner*, S. 22 f.; *Weiß*, Aktienoptionspläne, S. 56 f.

[121] Vergl. *Busse v. Colbe*, ZGR 1997, 271, 274 ff.

[122] *Busse v. Colbe*, ZGR 1997, 271, 272 f.; *Hüffer*, ZHR 161 (1997), 215, 216; *Kallmeyer*, AG 1999, 97; *Mülbert*, ZGR 1997, 129, 131 f.; *Weiß*, Aktienoptionspläne, S. 124.

[123] *Busse von Colbe*, ZGR 1997, 271, 284; *Mülbert*, ZGR 1997, 129, 132; *Schmidt/Spindler* in: FS *Kübler*, 517, 519; *v. Werder*, ZGR 1998, 69, 71.

[124] *Busse v. Colbe*, ZGR 1997, 271, 284; *Schmidt/Spindler* in: FS Kübler, 517, 518.

[125] *Busse v. Colbe*, ZGR 1997, 271, 274; *Hüffer*, ZHR 161 (1997), 214, 235; *Kallmeyer*, AG 1999, 97, 98; *Schmidt/Spindler* in: FS Kübler, 517, 518; *Spenner*, S. 28; *v. Werder*, ZGR 1998, 69, 87.

nicht ohne weiteres mit dem Shareholder Value des Unternehmens gleichgesetzt werden könne.[127] Als wesentlicher Grund wird die Beeinflussung des Aktienkurses durch verschiedene externe wirtschaftliche und politische Umstände genannt. Solche Faktoren seien die allgemeine Zinsentwicklung, Wechselkursschwankungen, wegen der Exportabhängigkeit der deutschen Wirtschaft insbesondere des Dollarkurses oder allgemeine Konjunktureinflüsse, die den Markt oder die Branche insgesamt betreffen.[128] Deshalb sei der Börsenkurs als alleiniger Maßstab für die Leistungsfähigkeit und Ertragsstärke und damit den Wert eines börsennotierten Unternehmens nur bedingt geeignet. Gleiches gelte für die leistungsabhängige Vergütung, die an den Börsenkurs anknüpft.[129]

Die überwiegende Ansicht in Literatur und Rechtsprechung berücksichtigt diese Phänomene ebenfalls. Sie geht davon aus, dass der Börsenkurs zwar nicht kurzfristig, zumindest aber langfristig ein geeigneter Maßstab für die Wertentwicklung und die Zukunftschancen eines Unternehmens ist, weil über einen längeren Zeitraum kurzfristige Schwankungen aufgrund externer Umstände ausgeglichen werden.[130] Da die Unternehmen verpflichtet sind, kurs- und entwicklungsrelevante Informationen in regelmäßigen Abständen zu veröffentlichen, ist dieser Einschätzung zuzustimmen, nach der der Börsenkurs zumindest langfristig ein Indikator für die Wertentwicklung ist. Daher kann im Folgenden von der Prämisse ausgegangen werden, dass der Aktienkurs über einen Zeitraum von mehreren Jahren den fundamentalen Unternehmenswert widerspiegelt und demnach ein geeigneter Maßstab ist.

---

126 *v. Werder*, ZGR 1998, 69, 87.

127 *Bernhardt/Witt*, ZfB 1997, 85, 94; ähnlich *Kühnberger/Keßler*, AG 1999, 453, 456.

128 *Bernhardt/Witt*, ZfB 1997, S. 85, 94 f.; *Hüffer*, ZHR 161 (1997), 214, 235; *Feddersen*, ZHR 161 (1997), 269, 271; *Peltzer*, AG 1996, 307, 313; *Schneider*, ZIP 1996, 1769, 1771; ausführlich *Weiß*, Aktienoptionspläne, S. 74 ff. mit Darstellung der Theorien über die Effizienz von Kapitalmärkten und ab S. 79 ff. mit einer Einschätzung der deutschen Kapitalmärkte.

129 *Baums* in: FS: Claussen, 3, 12 ff.; *Hüffer*, ZHR 161 (1997), 214, 253 f.; *Feddersen*, ZHR 161 (1997), 269, 271; *Schneider*, ZIP 1996, 1769, 1771.

130 *RegEBegr* zum KonTraG, BT-Drucks. 13/9712, S. 23; *LG Frankfurt* v. 10.2.1997, WM 1997, 473, 476; *LG Stuttgart* v. 30.10.1997, DB 1997, 2421, 2423; *OLG Braunschweig* v. 29.7.1998, ZIP 1998, 1585, 1589; *OLG Stuttgart* v. 12.8.1998, WM 1998, 1585, 1588; *Kallmeyer*, AG 1999, 97, 99; *Kohler*, ZHR 161 (1997), 246, 257; *Martens*, AG 1996, 337, 346; *Pellens/Crasselt/Rockholtz* in: *Pellens*, Entlohnungssysteme, 3, 15; *Weiß*, Aktienoptionspläne, S. 80 f.

3. Aktienoptionen als anreizkompatible Vergütung zur Steigerung des Shareholder-Value

Zu klären bleibt jedoch, inwieweit Aktienoptionen als Vergütungselement zur Steigerung des Shareholder Value beitragen können. So gibt es in den USA zahlreiche empirische Studien, die hinsichtlich der beabsichtigten Wirkung solcher Programme zu höchst unterschiedlichen Ergebnissen kommen.[131] Auch in der Literatur gehen die Meinungen über die Eignung der Aktienoptionsprogramme als anreizkompatible Vergütungsform auseinander.[132] Voraussetzung für eine verhaltenssteuernde Wirkung und damit für die Eignung der Aktienoptionen als anreizkompatible Vergütung ist zunächst, dass der Aktienkurs von den Begünstigten durch individuelle Leistung beeinflusst und nicht beliebig manipuliert werden kann.[133]

a) Eignung des Börsenkurses als Leistungsmaßstab

Die Möglichkeiten der individuellen Einflussnahme sind grundsätzlich begrenzt. Die Entwicklung des Aktienkurses beruht zu einem großen Teil auf externen, unternehmensunabhängigen und von den Führungskräften und sonstigen Mitarbeitern nicht zu beeinflussenden Faktoren. In dem Aktienkurs spiegelt sich daher nicht unmittelbar die Bewertung der Leistungen der Mitarbeiter wieder. Außerdem ist fraglich, ob die Teilnehmer des Kapitalmarkts die Leistung der Mitarbeiter eines Unternehmens zu bewerten vermögen. Somit ist die Eignung der Aktienoptionen als anreizkompatible Vergütungsform zweifelhaft.

Die langfristige Ertragsstärke eines Unternehmens und dessen Wertsteigerung hängen aber entscheidend von den Leistungen des Managements und der übrigen Mitarbeiter ab, so dass sich diese beiden Faktoren zumindest langfristig ebenfalls im Börsenkurs des Unternehmens nieder schlagen. Demzufolge ist die Aktienkursentwicklung ein geeigneter Maßstab für die Qualität und Leistung der Mitarbeiter und speziell des Managements.[134] Außerdem kann durch

---

131 Vergl. dazu *Adams*, ZIP 2002, 1325, 1335 f. m.w.N., der die Wirkung verneint. Differenzierter *Weiß*, Aktienoptionspläne, S. 107 f. mit zahlreichen Nachweisen auf Studien mit unterschiedlichen Ergebnissen.

132 Dafür: *Hüffer*, ZHR 161 (1997), 214, 216; *Klahold*, S. 9 m.w.N.; *Kohler*, ZHR 161 (1997), 246, 257 ff.; *Kühnberg/Keßler*, AG 1999, 453, 455; *Menichetti*, DB 1996, 1688, 1689; *Mülbert*, ZGR 1997, 129, 132 f.; *Pellens/Crasselt*, DB 1998, 217; *Pellens/Crasselt/Rockholtz* in: Pellens, Entlohungssysteme, 3, 14 f. A.A. *Adams*, ZIP 2002, ZIP 2002, 1325, 1335 f.; *Bernhard/Witt*, ZfB 1997, 85, 97.

133 *Kallmeyer*, AG 1999, 97, 98; *Kühnberger/Keßler*, AG 1999, 453, 456; *Pellens/Crasselt/Rockholtz* in: Pellens, Entlohnungssysteme, 3, 14.

134 *Kohler*, ZHR 161 (1997), 246, 257; *v. Rosen* in: FS v. Stein, 369, 379.

eine entsprechende Ausgestaltung der Programme, wie die Anbindung der Ausübungshürden an einen Branchenindex und damit an den Vergleich mit anderen Unternehmen, verhindert werden, dass die Manager und sonstigen Mitarbeitern für Entwicklungen belohnt werden, die nichts mit ihren Leistungen zu tun haben.[135] Für sonstige Mitarbeiter bietet sich zudem eine Kombination mit individuellen Zielvorgaben an.[136]

Demnach kann davon ausgegangen werden, dass Aktienoptionen als aktienkursabhängige Vergütungsform durchaus Anreize vermitteln, die eigene Arbeitsleistung in der Weise einzusetzen und solche Entscheidungen zu treffen, die geeignet sind, den Unternehmenswert im Sinne der Shareholder Value Theorie langfristig zu steigern. Diese Anreizwirkung und Verhaltenssteuerung wirkt sich allerdings primär bei den Vorstandsmitgliedern und sonstigen Führungskräften aus, deren Entscheidung den stärksten und unmittelbarsten Einfluss auf die künftige Wertentwicklung und den Aktienkurs des Unternehmens haben. Der Einfluss der übrigen Mitarbeiter wird mit abnehmender Hierarchieebene immer schwächer.[137]

b) Mangelnde Einflussmöglichkeiten des Einzelnen auf den Börsenkurs

In diesem Zusammenhang wird allerdings kritisch angemerkt, dass der Börsenkurs generell keine Rückschlüsse auf die Beiträge einzelner zum Erfolg des Unternehmens zulasse, sondern vielmehr die Leistung des gesamten Vorstands bzw. der Führungskräfte als Team widerspiegele[138] und nicht den Einfluss der einzelnen Führungskraft berücksichtige.[139] Daher seien die Aktienoptionen keine optimale leistungsgerechte Vergütungsform.[140]

Durch die fehlende unmittelbare Anknüpfung an die individuellen Beiträge des einzelnen Managers wird die durch den Börsenkurs vermittelte Anreizwirkung aber nicht gänzlich konterkariert. Ein Leistungsbezug ist ohne Zweifel erforderlich, wenn die variable Vergütung zu individuellem Verhalten motivieren soll.[141] Auf den ersten Blick fehlt der konkrete Leistungsbezug nach

---

135 *Baums* in: FS Claussen, 3, 13; *Hüffer*, ZHR 161 (1997), 214, 235 f. Dazu näher § 3 I 3 b.

136 Dazu § 4 III 2 e cc.

137 Vergl. *Klahold*, S. 27; *Schanz*, NZA 2000, 626, 630; *Weiß*, Aktienoptionspläne, S. 90 f.

138 *Baums* in: FS Claussen, 3, 12; *Hüffer*, ZHR 161 (1997), 214, 235; *Kohler*, ZHR 161 (1997), 246, 254 f.; *Weiß*, Aktienoptionspläne, S. 87 f.

139 *Pellens/Crasselt/Rockholtz* in: Pellens, Entlohnungssysteme, 3, 15.

140 Kritisch in Bezug auf die individuelle leistungsgerechte Entlohnung *Bernhardt/Witt*, ZfB 1997, 85, 93; *Feddersen*, ZHR 161 (1997), 269, 271; *Schneider*, ZIP 1996, 1769, 1771.

141 *Kühnberger/Keßler*, AG 1999, 453, 456.

der deutschen Unternehmensverfassung, weil die Führungskräfte, insbesondere die Vorstandsmitglieder der Aktiengesellschaft, gem. § 77 Abs. 1 AktG als Kollektiv entscheiden und gemeinsam die Verantwortung tragen. Es besteht daher regelmäßig kein unmittelbarer Zusammenhang zwischen der Leistung und der Belohnung, weil die Teamleistung vergütet wird.[142] Andererseits bringt das Kollegialprinzip auch eine enge Zusammenarbeit und gegenseitige Kontrollmöglichkeiten mit sich, so dass die einzelnen Vorstandsmitglieder die Fähigkeiten der übrigen Kollegen einzuschätzen vermögen. Daher kann Trittbrettfahrerverhalten frühzeitig entgegen gewirkt werden. Zudem besteht die Möglichkeit, individuelle Leistung über die Anzahl der zugeteilten Aktienoptionen oder durch zusätzliche Festlegung von individuellen Leistungszielen zu berücksichtigen.[143] Diese Überlegungen lassen sich auch auf die oberen Führungskräfte und die übrigen Mitarbeitern in den nachfolgenden Hierarchieebenen übertragen, bei denen die ausreichende Kontrolle durch die unmittelbaren Vorgesetzten gewährleistet ist.[144] Aus diesen Gründen kann eine an den Aktienkurs gebundene Vergütungsform wie die Aktienoptionen trotz Belohnung einer Teamleistung eine ausreichend individuelle Anreizwirkung für die einzelne Führungskraft wie auch die sonstigen einzelnen Mitarbeiter entfalten.

c) Manipulationsmöglichkeiten des Börsenkurses

Das Top-Management hat allerdings die Möglichkeit, die Kurse durch Zurückhalten negativer Informationen oder durch falsche positive Signale an den Kapitalmarkt zu beeinflussen und zu manipulieren.[145]

Diese Manipulationsmöglichkeiten können indes durch entsprechende Ausgestaltung der Aktienoptionsprogramme ausgeschlossen werden. Zusätzlich kann die Mitnahme kurzfristiger Kursausschläge durch die Festlegung eines Ausübungspreises verhindert werden, der nicht auf einem bestimmten Tageskurs, sondern wie in den Programmen der Vossloh AG, auf dem Durchschnittkurs der Aktie während eines bestimmten Zeitraums vor Optionsausgabe basiert. Eine weitere Möglichkeit bietet die Festlegung sog. Handelsfenster, wonach die Optionen nur in Zeiträumen maximaler Kapitalmarktinformation nach der Bilanzpressekonferenz oder nach Bekanntgabe der Geschäftszahlen ausgeübt werden können.[146]

---

142 An diesen Punkt knüpft die Kritik von *Bernhardt/Witt*, ZfB 1997, 85, 93 an.

143 *Kohler*, ZHR 161 (1997), 246, 255; *Weiß*, Aktienoptionspläne, S. 88 f.

144 Ähnlich *Weiß*, Aktienoptionspläne, S. 90.

145 *Kühnberger/Keßler*, AG 1999, 453, 457; *Menichetti*, DB 1996, 1688, 1689.

146 Vergl. dazu § 3 I 1 a (Ausübungspreis) und I 5 (Handelsfenster/Ausübungszeiträume).

Außerdem werden durch gezielt gestreute oder zurückgehaltene Informationen allenfalls kurzfristige Kursausschläge hervorgerufen. Eine längerfristig wirkende Manipulation ist wegen der gesetzlichen Informationspflichten der Unternehmen und der Informationskanäle auf den Kapitalmärkten ohne weiteres nicht möglich.[147] Dies zeigen letztlich auch die Skandale bei den US-amerikanischen Konzernen Enron und WorldCom, in denen das Management durch illegale Bilanzfälschung den Aktienkurs zwar über einen längeren Zeitraum nach oben manipulieren konnte, die aber letztlich aufgeflogen sind. Zum anderen können diese Missbrauchsfälle nicht zum Regelfall erklärt werden und die Funktionsfähigkeit der Kapitalmärkte bzw. die Aussagekraft des Aktienkurses eines Unternehmens generell in Frage stellen. Die aufgezeigte Problematik ist vielmehr eine Handlungsaufforderung dafür, Rahmenbedingungen für eine ausreichende Unternehmenskontrolle und den maßvollen Umgang mit Aktienoptionsprogrammen zu schaffen. Sie betrifft jedoch nicht die generelle Eignung der Aktienoptionen als sinnvolle Vergütungsform.[148]

Es ist daher festzuhalten, dass die mit der Ausgabe der Aktienoptionen bezweckte Anreizwirkung durch Manipulationen des Börsenkurses seitens des Managements konterkariert werden kann, und dieser Gefahr durch eine entsprechende Gestaltung der Optionsbedingungen durch die Hauptversammlung entgegen zu wirken ist. Aus diesen Gründen erscheint der Aktienkurs trotz dieser Nachteile grundsätzlich als geeigneter Leistungsmaßstab.

4. Grundsätzliche Kritik an den Aktienoptionen als Vergütungselement

Die Aktienoptionen werden nicht nur im Hinblick auf ihre Anreizwirkung kritisiert, sondern darüber hinaus generell als Vergütungsform abgelehnt. Diese Kritik bezieht sich primär auf die Vergütung der Vorstandsmitglieder und Führungskräfte. So wird seit jeher vor der Gefahr der Selbstbedienung und der drohenden Übervergütung des Managements gewarnt. Wie berechtigt diese Bedenken sind, zeigen die jüngsten Bilanzskandale und Unregelmäßigkeiten in den USA. Vor diesem Hintergrund ist die Bilanzierung der Aktienoptionen als Personalkosten gefordert worden, zu denen die Unternehmen bislang weder in den USA noch in der Bundesrepublik Deutschland zwingend verpflichtet sind. Diese Gesichtspunkte werden im Folgenden erläutert.

---

147 Ähnlich *Weiß*, Aktienoptionspläne, S. 99 f. in bezug auf die Manipulationsmöglichkeiten durch Aktienrückkäufe.

148 Dazu unter § 1 V 4.

a) Gefahr der Selbstbedienung

Der Selbstbedienungsvorwurf gegen deutsche Aktienoptionspläne resultiert aus der aktienrechtlichen Kompetenzverteilung für die Vergütung der Vorstandsmitglieder und der übrigen Mitarbeiter. Nach §§ 76 Abs. 1, 77 AktG entscheidet der Vorstand im Rahmen seiner Leitungsmacht und Geschäftsführungsbefugnis über die Einführung und die nähere Ausgestaltung der Aktienoptionsprogramme als Vergütung für alle Arbeitnehmer einschließlich der Führungskräfte. Für die Vorstandsvergütung ist hingegen gem. §§ 84 Abs. 1 S. 5, 112 AktG der Aufsichtsrat zuständig. Nach Ansicht der Kritiker besteht bei einem einheitlichen Aktienoptionsprogramm für Vorstandsmitglieder und die übrigen Mitarbeiter die Gefahr, dass die Vorstände ihre eigene Vergütung faktisch beeinflussen. Die Entscheidung des Aufsichtsrats über die Optionsvergabe könne präjudiziert werden, wenn der Vorstand die Programmbedingungen für die übrigen Mitarbeiter zeitgleich festlege, insbesondere die Anzahl der Bezugsrechte und den Ausübungspreis bestimme. Zudem könne er den Ausgabezeitpunkt der Options- bzw. Umtauschrechte als wertbildenden Faktor bestimmen.[149]

Dagegen wird allerdings eingewandt, dass eine solche Selbstbedienungsgefahr nicht gegeben sei, solange die letzte Entscheidung für die Ausgabe der Optionsrechte und die Ausgestaltung der Pläne für die Vorstandsmitglieder bei den Aufsichtsratsmitgliedern verbleibe. Diese hätten die Optionsbedingungen für die Vorstandsmitglieder selbst bei einheitlichen Programmbedingungen nach freiem Ermessen zu bestimmen.[150] Auch die Rechtsprechung sieht keine faktische Beeinflussung der Entscheidungsfreiheit des Aufsichtsrats, wenn der Vorstand die Programmbedingungen für die übrigen Mitarbeiter des Unternehmens vorab und zeitgleich festlegt. Der Aufsichtsrat habe eigene Pflichten zu erfüllen und die Bedingungen sorgfältig zu prüfen. Verletzte er diese, so seien daran Schadensersatzansprüche geknüpft. Er habe gegebenenfalls nur teilweise zuzustimmen, auf Abänderungen zu drängen oder die Zustimmung insgesamt zu versagen. Allein die der Entscheidungskompetenz innewohnende abstrakte Missbrauchsmöglichkeit reiche nicht aus, um eine Beeinflussung anzunehmen.[151]

Dieser Gefahr kann durch eine Trennung der Aktienoptionsprogramme für die Vorstandsmitglieder und die übrigen Mitarbeiter entgegen gewirkt werden.[152]

---

149 *Baums* in: FS Claussen, 3, 15, 39; *Hüffer*, ZHR 161 (1997), 214, 232 f.; *Klahold*, S. 181; *Menichetti*, DB 1996, 1688, 1692.

150 *Kohler* ZHR 161 (1997), 246, 265 f.; *Schneider*, ZIP 1996, 1769, 1773.

151 *LG Frankfurt* v. 10.2.1997, WM 1997, 473, 475; *LG Stuttgart* v. 30.10.1997, DB 1997, 2421, 2424; *OLG Braunschweig* v. 29.7.1998, ZIP 1998, 1585, 1586; *OLG Stuttgart* v. 12.8.1998, ZIP 1998, 1482, 1485 f.; zustimmend *Jäger*, DStR 1999, 28, 29; *Zeidler*, NZG 1998, 789, 792 f.

Eine weitere Möglichkeit zur Missbrauchseindämmung besteht darin, die Festlegung des Ausgabezeitpunkts wie auch der weiteren Optionsbedingungen für das Programm der übrigen Mitarbeiter an die Zustimmung des Aufsichtsrats zu binden. Dies kann die Hauptversammlung gem. § 111 Abs. 5 S. 2 AktG im Rahmen des Zustimmungs- oder Ermächtigungsbeschlusses festlegen.[153]

Von beiden Möglichkeiten hat die Vossloh AG Gebrauch gemacht. Mit der Auflegung eines Mitarbeiterbeteiligungs- und Incentiveprogramms hat sie die Programme für Mitarbeiter und Vorstandsmitglieder bzw. Führungskräfte getrennt. Darüber hinaus hat sie die Ermächtigung des Vorstands für die Ausgabe der Bezugsrechte wie auch die Festlegung der weiteren Einzelheiten des Mitarbeiterbeteiligungsprogramms an die Zustimmung des Aufsichtsrats gebunden.[154]

b) Übervergütung

Der weitere Vorwurf bezieht sich auf die Gefahr der Übervergütung. Hintergrund sind die aus den USA bekannt gewordenen spektakulären Fälle, in denen Spitzenmanagern durch Stock Options exorbitante Vergütungen erzielt haben, die ein Vielfaches ihrer fixen Vergütung ausmachten.[155] Im Übrigen hat die Einführung der Stock Options als Vergütungsbestandteil dazu geführt, dass die Bezüge amerikanischer Spitzenmanager bis zum Jahr 2000 um durchschnittlich 340 % auf 11 Millionen Dollar gestiegen sind und der Verdienst eines Topmanagers im Vergleich zu dem eines Arbeiters 1980 das 80fache und im Jahr 2000 das 531fache betrug.[156] Dieser Vorwurf ist nicht nur vor dem Hintergrund der anhaltenden kritischen öffentlichen Diskussionen in den USA und der Bundesrepublik gegen überhöhte Managervergütungen, „gierige Vorstände und den ganz normalen Größenwahn in den Führungsetagen“,[157] sondern auch im Hinblick auf § 87 Abs. 1 S. 1 AktG problematisch. Danach hat der Aufsichtsrat

[152] *Hüffer*, ZHR 161 (1997), 214, 236.

[153] *Klahold*, S. 178 ff.; *Krieger*/MünchHdb. GesR IV, § 63 Rn. 27; *Lutter*, ZIP 1997, 1, 7.

[154] *BAnz* v. 16.5.1998, 6950, 6951.

[155] Beispiele finden sich bei *Baums* in: FS für Claussen, 3, 4; *Kohler*, ZHR 161 (1997), 246, 255; ausführlich *Weiß*, Aktienoptionspläne, S. 10 f. sowie aus jüngerer Zeit bei *Dettmer/Fleischhauer/Jung/Reiermann* in: Der Spiegel Nr. 28 v.8.7.2002, 84, 95.

[156] *Dettmer/Fleischhauer/Jung/Reiermann* in: Der Spiegel Nr. 28 v.8.7.2002, 84, 95. Zu dieser Entwicklung auch *Weiß* Aktienoptionspläne, S. 8 ff. jeweils m.w.N.

[157] Als Beispiel für die anhaltend kritischen Pressemeldungen nach den Enron- und WorldCom-Skandalen sei nur *Dettmer/Fleischhauer/Jung/Reiermann* in: Der Spiegel Nr. 28 v.8.7.2000, 84, 88 genannt sowie die Kritik an den Aktienoptionsprogrammen der DaimlerCrysler AG sowie der Deutschen Telekom und den Vorstandsvergütungen in den USA von *Adams*, ZIP 2002, 1325, 1328 ff., 1333. Dazu auch *Bernhardt/ Witt*, ZfB 1997, 85, 96; *Weiß*, Aktienoptionspläne, S. 7 ff. mit der Darstellung der Kritik in den USA in den 90ziger Jahren.

darüber zu wachen, dass die Gesamtbezüge der Vorstandsmitglieder in einem angemessenen Verhältnis zu Aufgaben und Lage der Gesellschaft stehen. Die Vorschrift bezweckt den Schutz der Gesellschaft, der Gläubiger, der Aktionäre sowie den ihrer Arbeitnehmer vor übermäßigen Vorstandsbezügen.[158] Bei der Beurteilung der Angemessenheit der Gesamtbezüge sind alle Leistungen zu berücksichtigen, die dem Vorstandsmitglied im Hinblick auf seine Tätigkeit gewährt werden, mithin auch der Wert der Optionsrechte und der Vermögenszuwachs bei Ausübung der Option.[159] Die Beurteilung selbst steht im Ermessen des Aufsichtsrats. Dabei spielen eine Vielzahl von Faktoren wie die Aufgabenstellung, die Qualifikation, die Dauer der Unternehmenszugehörigkeit und der Marktwert eine Rolle.[160] Zudem kann ein Vergleich mit der Vergütungspraxis anderer vergleichbarer Aktiengesellschaften wichtige Anhaltspunkte für die Angemessenheitsprüfung liefern.[161] Allein aus der Vielschichtigkeit des Angemessenheitsmaßstabs ist zu ersehen, dass es sich um eine sehr komplexe Fragestellung handelt, bei deren Einschätzung dem Aufsichtsrat ein großer Ermessenspielraum zusteht. Es wird daher angeregt, bei der Auflegung der Aktienoptionsprogramme Vorkehrungen zu treffen, um die Angemessenheit zu wahren. Zum einen wird vorgeschlagen, jährlich einen Höchstbetrag für die Gesamtvergütung festzulegen, bei deren Erreichen der Ausübungs- bzw. Basispreis erhöht oder weitere Bezugsrechte nicht mehr gewährt werden.[162] Daneben wird es für sinnvoll erachtet, den Bezug zur Lage der Gesellschaft durch die Anbindung der Erfolgsziele an einen Markt- oder Branchenindex zu verstärken, um auf diese Weise die Auswirkung von Faktoren zu beschränken, die auf allgemeinen Einflüssen beruhen.[163] Von dieser Möglichkeit machen viele Deutsche Unternehmen wie z.B. die Lufthansa und die Deutsche Börse AG bereits Gebrauch, die ihre Vergütungsprogramme auf der Basis des eigenen Aktienkurses am Vergleich mit der Konkurrenz oder an Branchenindizes orientieren.[164]

---

158 *Hüffer*, AktG, § 87 Rn. 1.

159 *Adams*, ZIP 2002, 1325, 1338; *Baums* in: FS für Claussen, 3, 30 f.; *Hüffer*, ZHR 161 (1997), 214, 235; *Krieger*/MünchHdb. GesR IV, § 63 Rn. 27.

160 *Adams*, ZIP 2002, 1325, 1338; *Baums* in: FS für Claussen, 3, 30 f.; *Hüffer*, AktG, § 87 Rn. 2.

161 *Baums* in: FS für Claussen, 3, 30; *Hüffer*, ZHR 161 (1997), 214, 233; *Weiß*, Aktienoptionspläne, S. 137 f. mit dem Hinweis, dass dies selbstverständlich nicht zu einer Übernahme amerikanischer Verhältnisse führen darf. Sehr kritisch dazu Adams, ZIP 2002, 1325, 1338, der von einem ohnehin verzerrten Markt bei der Vergütung von Vorstandsmitgliedern ausgeht.

162 *Baums* in: FS für Claussen, 3, 30 f.; *Hüffer*, ZHR 161 (1997), 214, 235; für eine Fixierung im Anstellungsvertrag *Semler* in: FS Budde, 599, 610. Kritisch zu dieser sog. Deckelung der Bezüge *Klahold*, S. 216; *Weiß*, Aktienoptionspläne, S. 140 f. m.w.N.

163 *Hüffer*, ZHR 161 (1997), 214, 235 f.

164 Vergl. *Financial Times Deutschland* v. 10.07.2003 unter http://www.ftd.de/tm/it/1057486298098.html [Stand: 10.6.2004].

Es ist somit festzuhalten, dass beim Einsatz der Aktienoptionen für das Topmanagement die Gefahr der Übervergütung besteht, dieser aber durch entsprechende Ausgestaltung der Programmbedingungen sowie Vereinbarungen in den Dienst- bzw. Arbeitsverträgen entgegen gewirkt werden kann und sollte. Beim Einsatz als Vergütungselement für die Mitarbeiter unterhalb der Führungsebene tritt dieses Problem nicht auf, da dieser Gruppe der Bezugsberechtigten regelmäßig weniger Optionsrechte eingeräumt werden. Nach dem Aktienoptionsprogramm der Vossloh AG erhält der einzelne Arbeitnehmer z.B. nur einen Bruchteil der Aktienoptionen, die den Vorständen und übrigen Führungskräften eingeräumt werden. Für das Mitarbeiterbeteiligungsprogramm sind Bezugsrechte für 150.000 Inhaberaktien vorgesehen, im Rahmen des Incentiveprogramms werden hingegen Optionen für 720.000 Aktien ausgegeben.[165]

c) Bilanzmanipulationen in jüngerer Zeit

Aber auch bei optimaler Ausgestaltung der Optionsprogramme lassen sich illegale Bilanzmanipulationen nicht gänzlich verhindern, wie sie in den USA bei dem Energiekonzern Enron oder dem Telekommunikationskonzern WorldCom aufgetreten sind. Sie führten dazu, dass Milliardenverluste über einen längeren Zeitraum verschleiert und die Höhe des Aktienkurses nach oben manipuliert werden konnte.[166] Als Hauptursache wird die alleinige Ausrichtung der Unternehmensführung auf die Shareholder Value Theorie sowie die Ausgabe der Aktienoptionen angesehen. Sie führten dazu, dass das Management ein Interesse daran habe, die Aktienkurse kurzfristig nach oben zu treiben, um persönlich möglichst hohe Gewinne zu erwirtschaften.[167]

Derartige Missbrauchsfälle sind hierzulande noch nicht bekannt geworden. Zudem liegen die Bezüge deutscher Manager deutlich unter den Gehältern in den USA.[168] Die Höhe der Vorstandsbezüge ist aber auch in Deutschland in

165 *BAnz* v. 18.5.1998, S. 6950, 6951.

166 Vergl. dazu *Schwarz/Holland*, ZIP 2002, 1661, 1664 f. Bei Enron hat man Verluste auf neue gegründete Partnerunternehmen ausgelagert und Scheingewinne von rund einer Milliarde Dollar ausgewiesen. Diese Praxis führte zum Zusammenbruch des Unternehmens und zur Beantragung des Gläubigerschutzes im Dezember 2002. Der Telefonkommunikationskonzern WorldCom hat Ausgabe als Investitionen statt als laufende Kosten verbucht und auf diese Weise einen höheren Gewinn ausgewiesen.

167 *Dettmer/Fleischhauer/Jung/Reiermann* in: Der Spiegel Nr. 28 v. 8.7.2002; *Schwarz/Holland*, ZIP 2002, 1661, 1665.

168 *V. der Hagen* in: Süddeutsche Zeitung Nr. 160 v. 13./14.7.02, S. 29; *Jäger*, DStR 1999, 28; *Lutter*, ZIP 1997, 1, 3; *Weiß*, Aktienoptionspläne, S. 92 f.; *Zeidler*, NZG 1998, 1 f.

der letzten Zeit ins Gerede gekommen.[169] Diese Entwicklungen machen deutlich, dass man die Aktienoptionen als Vergütungsform maßvoll einsetzen sollte. Auf diese Weise kann vermieden werden, dass das persönliche Interesse der Begünstigen an einer Aktienkurssteigerung um jeden Preis gegenüber der Wahrung der Unternehmensinteressen an einer sukzessiven, substantiellen Wertsteigerung überwiegt.

Im Übrigen ist die Problematik der Bilanzmanipulationen primär ein Problem nicht ausreichender interner Unternehmenskontrolle. Sie hat in den USA am 30.7.2002 zum Erlass des „Sarbanes-Oxley Act of 2002" geführt, der u.a. eine strengere Regulierung der Vergütung des Managements, insbesondere mit Aktienoptionen, vorsieht. Ferner sind darin Sanktionen festgelegt. So sind die Chief Executive Officer und Chief Financial Officer zur Rückerstattung sämtlicher Boni, Aktienoptionen und Gewinne aus dem Verkauf von Aktien aus den letzten zwölf Monaten vor der ersten Veröffentlichung der fehlerhaften Abschlüsse verpflichtet.[170] Ähnliche Regelungen könnten in der Bundesrepublik mit den Begünstigten in den dienst- bzw. arbeitsvertraglichen Anspruchsgrundlagen vereinbart werden.

d) Ausweisung der Aktienoptionen in der Bilanz

Schließlich ist noch auf die aktuelle Diskussion über die Bilanzierung der Aktienoptionen hinzuweisen. Diese betrifft den Umstand, dass Aktienoptionen, die als Vergütung auf der Grundlage einer bedingten Kapitalerhöhung[171] gewährt werden, nicht in den Bilanzen der Unternehmen auftauchen. Ohne auf die Einzelheiten der Bilanzierungsfragen nach deutschem und amerikanischen Recht näher einzugehen,[172] ist jedenfalls festzuhalten, dass eine Bilanzierung der Aktienoptionen nach dem HGB nicht vorgesehen ist, weil die Ausgabe auf der Grundlage einer bedingten Kapitalerhöhung regelmäßig nicht zum Liquiditätsabfluss führt.[173] Als Personalaufwendungen sind lediglich die Kosten im Zusammenhang mit Entwurf, Programmauflegung und Verwaltung in der Gewinn- und Verlustrechnung zu erfassen. Die wirtschaftlichen Belastungen, die auf der Differenz zwischen Basispreis und dem aktuellen Börsenkurs beruhen, tragen die Altaktionäre, deren Anteil am Gesellschaftsvermögen mit der Ausgabe neuer Aktien geringer wird.[174] Auch die amerikanischen Bilan-

---

169 *Adams*, ZIP 2002, 1325 ff.; *v. der Hagen* in: Süddeutsche Zeitung Nr. 160 v. 13./14.7.2002, S. 29.

170 Dazu im einzelnen *Schwarz/Holland*, ZIP 2002, 1661, 1666.

171 Dazu unter § 2 III.

172 Vergl. dazu die vergleichende Darstellung bei *Ackermann/Suchan*, BB 2002, 1497, 1502 f.

173 Dazu noch § 2 III.

zierungsregeln „Generally Accepted Accounting Standards" (GAAP) enthalten eine Ausnahmeregelung, nach welcher der Zeitwert der Aktienoptionen nicht als Personalkosten in die Gewinn- und Verlustrechnung mit aufzunehmen ist. Von dieser Regelung machen die meisten Unternehmen Gebrauch.[175] Es ist wird angenommen, dass allein US-amerikanische Unternehmen aus diesem Grund ihre Ertragslage in den vergangenen Jahren um durchschnittlich 10 bis 15 % zu hoch angaben.[176] Analysten haben allein für das Jahr 2002 ermittelt, dass die Gewinne der 500 größten Unternehmen deswegen um rund 30 % zu hoch ausgewiesen worden sind.[177] Ähnlich wird die Situation bei europäischen Unternehmen eingeschätzt. Daher wird sowohl in den USA wie in der Bundesrepublik Deutschland eine Änderung der Bilanzierungsvorschriften gefordert, wonach die Aktienoptionen künftig ausnahmslos als Personalaufwand in die Gewinn- und Verlustrechnung mit eingehen sollen, um eine weitere Aufblähung der Gewinne zu vermeiden.[178]

Als Reaktion ist am 20.02.2004 in London von dem mit der Formulierung von Bilanznormen befassten International Accounting Standards Board (IASB) beschlossen worden, dass Unternehmen, die nach den International Reporting Standards (IFRS) bilanzieren, ihre Aktienoptionen künftig als Aufwand ausweisen müssen. Von dieser Regelung sind Konzernabschlüsse aller kapitalmarktorientierten Unternehmen vom Jahr 2005 an betroffen, die nicht nach dem US-GAAP bilanzieren. Nach dem neuen Standard sind die Unternehmen verpflichtet, Aktienoptionen und andere aktienkursorientierte Vergütungssysteme in dem Geschäftsjahr, in dem sie gewährt werden, mit ihrem Zeitwert zu bilanzieren. Letzterer ist z.B. nach der Black/ Scholes-Formel[179] zu berechnen. Von der Neuregelung sind zahlreiche deutsche Unternehmen betroffen, denn bis auf eine Ausnahme verfügen alle Dax-Unternehmen über von dieser Regelung betroffene aktienkursbezogene Vergütungsmodelle.[180] Abweichungen ergeben sich dann allerdings bei der steuerlichen Bewertung. Nach § 5 Abs. 1 S. 1 EStG gilt für deutsche Unternehmen das sog. Maßgeblichkeitsprinzip. Darunter versteht man den Grundsatz, dass die nach den Vorschriften des HGB aufgestellte Handelsbilanz auch für die Steuerbilanz maßgeblich ist. Wegen

---

174 *Ackermann/Suchan*, BB 2002, 1497, 1502. Zum Verwässerungseffekt unter § 2 I 2.

175 *Ackermann/Suchan*, BB 2002, 1497, 1502 f.

176 Bei Unternehmen der Internet-, Software- und Biotechnologiebranche wird sogar von einer Überzeichnung der ausgewiesenen Gewinne von bis zu 35 % ausgegangen.

177 *FAZ* v. 21.02.2004, Nr. 44, S. 11.

178 *Adams*, ZIP 2002, 1325, 1336; *Dettmer/Fleischhauer/Jung/Reiermann* in: Der Spiegel Nr. 28 v. 8.7.2002, S. 84, 97; *Enzweiler* in: Financial Times v. 15.6.2000, S. 1; *v. der Hagen* in: Süddeutsche Zeitung Nr. 160 v. 13./14.7.2002, S. 29.

179 Dazu noch in § 2 III 2 e bb.

180 *FAZ* v. 21.02.2004, Nr. 44, S. 11.

§ 6 EStG i.V.m. den Abschreibungsvorschriften in § 7 EStG wird dieses Prinzip durch eine Reihe zwingender steuerrechtlicher Sondervorschriften durchbrochen, die einen abweichenden Ansatz oder eine abweichende Bewertung verlangen. Zu Durchbrechungen kommt es zudem, wenn Unternehmen ihre Bilanz auf der Grundlage internationaler Bilanzstandstandards aufstellen, denen das Maßgeblichkeitsprinzip nicht zugrunde liegt. Die auf der Grundlage dieser Standards wie dem IAS/IFRS oder dem US-GAAP aufgestellte Gewinn- und Verlustrechnung der Unternehmen, die in vielen Punkten auf einer im Vergleich mit der handelsrechtlichen Gewinnermittlung unterschiedlichen Bewertungsgrundlage erfolgen, ist für die deutsche Steuerbilanz bislang nicht maßgeblich.[181] Obgleich das Unternehmen die Aktienoptionen in der Bilanz nach dem IAS/IfRS Standard als Aufwendungen ausweisen muss, kann es diese Kosten steuerlich nicht als Aufwand geltend machen. Denn nach den handelsrechtlichen Vorschriften sind die Aufwendungen für die Aktienoptionen, die auf einer fiktiven Bewertung des Optionswerts beruhen, nicht als Kosten in die Gewinn- und Verlustrechnung einzustellen. Daher werden die Aktienoptionen künftig für deutsche Unternehmen weniger attraktiv.[182] Die Neuregelungen der IFRS werden als eine der wesentlichen Ursachen genannt, wegen der die Bedeutung der Aktienoptionsprogramme für die Unternehmen weiter abnehmen wird.[183]

5. Resümee

Die vorangegangenen Erörterungen haben gezeigt, dass die Aktienoptionen als anreizkompatible Vergütungsform zur Steigerung des Unternehmenswerts und zur Überwindung des Principal Agent Konflikts eingesetzt werden. Hintergrund ist die Prämisse, dass der Aktienkurs zumindest langfristig den Unternehmenswert widerspiegelt. Der Aktienkurs kann allerdings durch das Management manipuliert und in die Höhe getrieben werden. Solchen Gefahren ist durch eine entsprechende langfristige und wirtschaftlich angemessene Ausgestaltung der Optionsbedingungen bei Laufzeit, Wartefristen, Erfolgszielen, Basispreis sowie Ausübungszeiträume und vor allen Dingen durch einen maßvollen Einsatz dieser Vergütungsform Rechnung zu tragen.[184]

181 Zur aktuellen Diskussion, ob das Maßgeblichkeitsprinzip wegen der Internationalisierung der Rechnungslegung beibehalten werden sollte z.B. *Hüttemann*, BB 2004, 203, 206 m.w.N.

182 Vergl. *FAZ* v. 21.2.2004, Nr. 44, S. 11; Die *WELT* v. 30.03.2004 unter http://www.welt.de/data/2004/03/30/258185.html?prx=1 [Stand: 10.6.2004].

183 So das Prüfungs- und Beratungsunternehmen Price Waterhouse Coopers in: *FAZ* v. 18.12.2004, S. 55.

184 Dazu im einzelnen in § 3.

Beim Einsatz dieser Vergütungsform ist außerdem die Kontrolle durch den Aufsichtsrat zur Vermeidung von Missbräuchen unerlässlich. Daher empfiehlt es sich, die Ausgestaltung der Aktienoptionsprogramme wie auch den Ausgabezeitpunkt der Bezugsrechte nicht allein der Entscheidung des Vorstands zu überlassen, sondern zusätzlich von der Zustimmung des Aufsichtsrats abhängig zu machen.

Trotz dieser Möglichkeit eines sinnvollen Einsatzes dieser Vergütungsform sind die aktuellen Rahmenbedingungen für solche Programme derzeit nicht sehr attraktiv. Dazu trägt neben den schleppenden Börsenkursen und der damit einher gehenden geringen Anreizwirkung für die Mitarbeiter wegen der ausbleibenden Kurssteigerungen insbesondere die aktuelle Änderung der International Financial Reporting Standards bei. Letztere führen dazu, dass die Aktienoptionen als Aufwendungen nach den Internationalen Accounting Standards (IAS) in den Bilanzen ausgewiesen werden müssen und den Unternehmensgewinn reduzieren. Nach deutschem Steuerrecht kann das Unternehmen diese Aufwendungen wegen des Maßgeblichkeitsprinzips steuerlich nicht als Kosten geltend machen. Da die Aktienoptionen in der Bilanz nunmehr aufgeführt werden müssen, entfällt ein bislang mit dieser Vergütungsform verbundener wesentlicher Vorteil.[185] Wie in der Einleitung erwähnt, ist aber nicht zu erwarten, dass Aktienoptionsprogramme nunmehr völlig an Bedeutung verlieren. Nach den Boomzeiten ist lediglich mit einer Normalisierung und einem maßvollen Einsatz zu rechnen.

[185] So die Einschätzung der Deutschen Schutzvereinigung für Wertpapierbesitz, die solche Programme schon immer scharf kritisierte, in Die *WELT* v. 30.3.2004 unter http://www.welt.de/data/2004/03/30/258185.html?prx=1 [Stand: 10.6.2004].

§ 2 Möglichkeiten und Voraussetzungen der Aktienbeschaffung zur Bedienung der Aktienoptionen – gesellschaftsrechtliche Grundlagen

Mit der Aktienoption wird den Mitarbeitern das Recht eingeräumt, bei Ausübung Aktien zu bestimmten in dem Aktienoptionsplan festgelegten Bedingungen zu erwerben. Damit korrespondiert die einseitige Verpflichtung der Gesellschaft, die zugesagte Anzahl an Aktien bei Ausübung der Aktienoptionen einzuräumen. Sie befindet sich daher in einer Stillhalteposition.[1] Die Mitarbeiter sind hingegen nicht verpflichtet, die Aktienoptionen auszuüben, sondern können sie bei einer schlechten Kursentwicklung verfallen lassen. Daher ist bei Auflegung des Aktienoptionsprogramms ungewiss, in welchem Umfang die Aktiengesellschaft durch die Ausübung der Optionen in Anspruch genommen werden wird. Zur Absicherung dieser Verpflichtung bzw. zur Beschaffung der Aktien, die zur Bedienung der Bezugsrechte erforderlich sind, stehen der Aktiengesellschaft nach dem Aktiengesetz mehrere Möglichkeiten zur Verfügung.

I. Ordentliche Kapitalerhöhung

Die Grundform zur Beschaffung neuer Aktien eines Unternehmens ist die ordentliche Kapitalerhöhung, bei der das Eigenkapital durch die Ausgabe junger Aktien aufgestockt wird. Fraglich ist aber, ob sie zur Bedienung der Aktienoptionsprogramme geeignet ist.

---

1 *Schanz*, NZA 2000, 626, 629.

1. Allgemeine Grundsätze

Die ordentliche Kapitalerhöhung ist von der Hauptversammlung gem. § 182 Abs. 1 S. 1 AktG durch einen Kapitalerhöhungsbeschluss mit notwendiger 3/4 Mehrheit des dabei vertretenen Grundkapitals zu beschließen. Gem. § 182 Abs. 1 S. 4 AktG führt sie durch die Ausgabe neuer Aktien zur Erhöhung des Grundkapitals.

Da bei der Auflegung eines Aktienoptionsprogramms im Zeitpunkt der Beschlussfassung noch nicht feststeht, in welchem Umfang neue Aktien durch die Mitarbeiter gezeichnet werden, ist im Erhöhungsbeschluss lediglich ein Mindest- und/oder Höchstbetrag anzugeben.[2] Bei einem Beschluss mit offenem Erhöhungsbetrag ist nach allgemeiner Auffassung eine bestimmte, zeitlich eng begrenzte Zeichnungsfrist festzulegen, obwohl dies in § 189 AktG, wonach die Kapitalerhöhung unverzüglich durchzuführen ist, nicht vorgegeben wird. Nach einer Auffassung ist diese Zeichnungsfrist auf sechs Monaten zu begrenzen.[3] Als Begründung wird angeführt, dass Vorstand und Aufsichtsrat anderenfalls das Ende der Zeichnungsfrist bestimmen und Einfluss auf den tatsächlichen Umfang der Kapitalerhöhung nehmen könnten.[4]

2. Gesetzliches Bezugsrecht der Altaktionäre und Verwässerungseffekt

Durch die Ausgabe junger Aktien ändert sich der Anteil der Altaktionäre am Grundkapital. Als Folge verringert sich neben dem Anteil ihrer Beteiligung am Gesellschaftsvermögen und Gewinn auch ihre relative Stimmrechtsquote. Dies bezeichnet man als Verwässerungseffekt.[5] Aus diesem Grund steht ihnen gem. § 186 Abs. 1 S. 1 AktG grundsätzlich ein gesetzliches Bezugsrecht auf junge Aktien zu, dass jedoch gem. §§ 186 Abs. 3, Abs. 4 AktG durch die Hauptversammlung ausgeschlossen werden kann.

Der Bezugsrechtsausschluss wäre auch bei der Ausgabe der Aktienoptionen an die Mitarbeiter erforderlich, weil die Altaktionäre in diesem Fall eine Verwässerung ihres Anteils am Grundkapital der Gesellschaft in Kauf nehmen müssen.

---

2 Vergl. *Hefermehl/Bungeroth* in: Geßler/Hefermehl/Eckardt/Kropff, § 182 Rn. 52 f.; speziell zu den Aktienoptionsprogrammen *Kau/Leverenz*, BB 1998, 2269, 2273; *Hüffer*, AktG, § 182 Rn. 11 f.; *Lutter* in: Kölner Kommentar zum AktG, § 182 Rn. 17.

3 So z.B. *Lutter* in: Kölner Kommentar zum AktG, § 182 Rn. 17.

4 *Hefermehl/Bungeroth* in: Geßler/Hefermehl/Eckardt/Kropff, § 182 Rn. 55; *Hüffer*, AktG, § 182 Rn. 12; *Lutter* in: Kölner Kommentar zum AktG, § 182 Rn. 17.

5 Vergl. *OLG Stuttgart* v. 12.8.1998, ZIP 1998, 1482, 1486.

3. Eignung für die Durchführung eines Aktienoptionsprogramms

Die ordentliche Kapitalerhöhung gilt zur Beschaffung der Aktien im Rahmen eines Aktienoptionsprogramms für Mitarbeiter als ungeeignet. Zum einen sind die Aktienoptionsprogramme auf eine nachhaltige Bindung der Mitarbeiter und daher entsprechend langfristig ausgelegt. Dieses Ziel wird durch die Vereinbarung von Mindestwartefristen gesichert, innerhalb derer die Optionen noch nicht ausgeübt werden können.[6] Da die Zeichnungsfrist im Rahmen einer ordentlichen Kapitalerhöhung mit offenem Höchstbetrag aber auf sechs Monate begrenzt ist, dürfen die Wartefristen diesen Zeitraum nicht überschreiten. Daher besteht bei dieser Form der Aktienbeschaffung nicht die Möglichkeit, die langfristige Bindung durch entsprechende Wartefristen sicher zu stellen.

Außerdem fehlen bei der ordentlichen Kapitalerhöhung Sondervorschriften für die Ausgabe an Mitarbeiter. Dies hat zur Folge, dass das gesetzliche Bezugsrecht der Aktionäre im Kapitalerhöhungsbeschluss ausdrücklich ausgeschlossen werden muss. Ohne an dieser Stelle näher auf die formellen und materiellen Voraussetzungen für den Bezugsrechtsausschluss einzugehen, sei nur darauf hingewiesen, dass damit für die Gesellschaft ein hohes Anfechtungsrisiko verbunden ist und dies neben einem erhöhten Begründungsaufwand zu Unwägbarkeiten führt.[7]

II. Beschaffung der Aktien zur Bedienung der Aktienoptionen aufgrund einer genehmigten Kapitalerhöhung

Eine weitere Möglichkeit der Aktienbeschaffung stellt die genehmigte Kapitalerhöhung gem. §§ 202 ff. AktG dar. Im Unterschied zur ordentlichen Kapitalerhöhung überträgt die Hauptversammlung bei dieser Variante dem Vorstand die Entscheidung über das „Ob“ und den Zeitpunkt der Durchführung der Kapitalerhöhung.[8]

---

6 *Kau/Leverenz*, BB 1998, 2269, 2273; ähnlich *Klahold*, S. 134 f.; *Portner*, DStR 1997, 786; *Zinser/Schimpfky* in: Schneider/Guski, MAB, 3705, Rn. 31.

7 So *Kau/Leverenz*, BB 1998, 2269, 2273; *Portner*, DStR 1997, 786; *Zinser/Schimpfky* in: Schneider/Guski, MAB, 3705, Rn. 31. Zu den formellen und materiellen Voraussetzungen des Bezugsrechtsausschlusses ausführlich unter § 2 III 2 d, f.

8 *Hefermehl in:* Geßler/Hefermehl/Eckardt/Kropff, § 202 Rn. 1; *Hüffer*, AktG, § 202 Rn. 2, 20; *Lutter* in: Kölner Kommentar zum AktG, § 202 Rn. 2.

Nach § 202 Abs. 1 AktG ist zunächst ein Beschluss der Hauptversammlung erforderlich, durch den der Vorstand für einen Zeitraum von fünf Jahren ermächtigt wird, das Grundkapital der Gesellschaft durch die Ausgabe von Aktien zu erhöhen. Der Kapitalerhöhungsbeschluss muss nach § 202 Abs. 1, Abs. 2 S. 1 AktG neben der genauen Angabe der Dauer der Ermächtigung einen konkret bezifferten Nennbetrag enthalten, bis zu dem das Grundkapital erhöht werden darf.[9]

Auch bei dieser Art der Kapitalerhöhung ist wegen des Verwässerungseffekts gem. § 203 Abs. 1 AktG i.V.m. § 186 AktG das Bezugsrecht der Altaktionäre zu beachten. Für die Durchführung gelten wegen der Verweisung in § 203 Abs. 1 AktG dieselben Regelungen wie bei der ordentlichen Kapitalerhöhung.

Anders als bei den Vorschriften für die ordentliche Kapitalerhöhung ist in § 204 Abs. 4 AktG die Ausgabe von Aktien an Arbeitnehmer der Gesellschaft ausdrücklich vorgesehen. Durch die Vorschrift soll die Ausgabe von Aktien an Arbeitnehmer zu Vorzugskonditionen als Sozialleistung des Unternehmens erleichtert werden.[10] Die besondere Erleichterung bezieht sich auf die materiellen Anforderungen an den Ausschluss des Bezugsrechts der Altaktionäre,[11] so dass dieser wesentliche Nachteil der ordentlichen Kapitalerhöhung wegfällt. Dies gilt allerdings nur für die Ausgabe der Arbeitnehmeraktien. Vorstandsmitglieder, die keine Arbeitnehmer im Sinne des Aktiengesetzes sind,[12] fallen nicht unter diese Regelung, so dass für diesen Begünstigtenkreis dieselben Schwierigkeiten bestehen wie bei der ordentlichen Kapitalerhöhung.

Ein weiterer Nachteil ist die Beschränkung der Ermächtigung des Vorstandes auf fünf Jahre. Innerhalb dieses Zeitraums nach Beschlussfassung müssten die Aktienoptionen ausgeübt und die jungen Aktien bezogen werden. Da viele Programme eine Laufzeit von bis zu zehn Jahren aufweisen, wird diese Einschränkung den Bedürfnissen der Praxis nicht gerecht.[13]

---

9 *Hefermehl in:* Geßler/Hefermehl/Eckardt/Kropff, § 202 Rn. 12, 14; *Hüffer*, AktG, § 202 Rn. 11 f.; *Lutter* in: Kölner Kommentar zum AktG, § 202 Rn. 11, 13.

10 *Hefermehl in:* Geßler/Hefermehl/Eckardt/Kropff, § 202 Rn. 22; *Hüffer*, AktG, § 202 Rn. 23; *Lutter* in: Kölner Kommentar zum AktG, § 202 Rn. 25.

11 Dazu im einzelnen *Hefermehl in:* Geßler/Hefermehl/Eckardt/Kropff, § 202 Rn. 22 f.; *Hüffer*, AktG, § 202 Rn. 23, 27; *Lutter* in: Kölner Kommentar zum AktG, § 202 Rn. 28: Die Erleichterung beziehe sich in erster Linie auf die im Rahmen der materiellen Kontrolle vorzunehmende Interessenabwägung, wonach der Bezugsrechtsausschluss grundsätzlich geeignet, erforderlich und verhältnismäßig sein müsse. Dem Gesetz sei zu entnehmen, dass der mit der Ausgabe der Arbeitnehmeraktien verfolgte Zweck gegenüber den Interessen der überstimmten Aktionärsminderheit grundsätzlich vorrangig sei. Mit der Einfügung des § 202 Abs. 4 AktG habe der Gesetzgeber die Ausgabe von Belegschaftsaktien als materielle Rechtfertigung anerkannt, so dass eine konkrete Interessenabwägung nicht mehr erforderlich sei.

12 Dazu bereits unter § 1 IV 2 a aa.

Von Nachteil ist weiterhin, dass die Aktienrechte erst mit der Eintragung der durchgeführten Kapitalerhöhung wirksam entstehen. Durch die Ausübung des Bezugsrechts wird demnach noch keine aktienrechtliche Mitgliedschaft erworben. Aus ökonomischen Gründen werden solche Eintragungen typischerweise in einem sog. Sammelverfahren vorgenommen, wenn die ausgegebenen Optionen nahezu vollständig ausgeübt wurden. Daher kann zwischen der Ausübung des Optionsrechts und der Entstehung des individuellen Aktienrechts u.U. eine längere Zeitspanne liegen, [14] weshalb dieser Weg zur Beschaffung der Aktien seit Inkrafttreten des KonTraG nicht mehr gewählt wird.[15]

III. Beschaffung der Aktien zur Bedienung der Aktienoptionen aufgrund einer bedingten Kapitalerhöhung

Eine weitere Möglichkeit zur Bedienung der Aktienoptionen stellt die bedingte Kapitalerhöhung gem. §§ 192 ff. AktG dar. Sie unterscheidet sich von der ordentlichen Kapitalerhöhung dadurch, dass ihre Durchführung davon abhängt, ob und in welchem Umfang von den Umtausch- oder Bezugsrechten auf die neuen Aktien Gebrauch gemacht wird. Die Ausübung ist ungewiss, weil die Berechtigten die neuen Aktien erwerben können, aber nicht müssen.[16] Die Umtausch- oder Bezugsrechte können den Arbeitnehmern und Vorstandsmitgliedern in Form nackter Optionsrechte nach § 192 Abs. 2 Nr. 3 AktG sowie in Form der Wandelanleihen oder in Verbindung mit einer Optionsanleihe i.S.v. § 192 Abs. 2 Nr. 1 AktG eingeräumt werden. Die zuletzt genannte Variante ist praktisch bedeutungslos geworden und wird daher nicht näher erläutert.[17]

---

13 *Hüffer*, ZHR 161 (1997), 214, 221; *Klahold*, S. 136; *Martens*, AG 1996, 337, 346; *Portner*, DStR 1997, 786, 787; *Schaefer*, NZG 1999, 531, 533; *Weiß*, Aktienoptionspläne, S. 195; *Zinser/Schimpfky* in: Schneider/Guski, MAB, 3705 Rn. 32.

14 *Kau/Leverenz*, BB 1998, 2269, 2273; *Klahold*, S. 136; *Martens*, AG 1996, 337, 346 f.; *Portner*, DStR 1997, 786, 787; *Schaefer*, NZG 1999, 531, 533; *Weiß*, Aktienoptionspläne, S. 194 f.; *Zinser/Schimpfky* in: Schneider/Guski, MAB, 3705 Rn. 32.

15 *Feddersen/Pohl*, AG 2001. 26, 33.

16 *Bungeroth* in: Geßler/Hefermehl/Eckardt/Kropff, § 192 Rn. 1; *Hüffer*, AktG, § 192 Rn. 2; *Seibert* in: Pellens, Entlohnungssysteme, 29, 36.

17 Vergl. *Feddersen/Pohl*, AG 2001, 26, 28, 30, die dies damit begründen, dass die Mitarbeiterbeteiligungsprogramme regelmäßig nicht auf die Beschaffung von Fremdkapital abzielen und Einrichtung des Anleiheteils neben dem eigentlichen motivationsfördernden Bezugsrecht technisch zu aufwendig und zu unhandlich sei.

1. Allgemeine Grundlagen und Eignung zur Bedienung der Aktienoptionsprogramme

Für die Durchführung der bedingten Kapitalerhöhung ist gem. § 192 Abs. 1 AktG zunächst ein Hauptversammlungsbeschluss erforderlich, dessen inhaltliche Anforderungen in § 193 Abs. 2 AktG geregelt sind. Nach Eintragung des Beschlusses in das Handelsregister können die Bezugs- bzw. Umtauschrechte wirksam begründet werden.[18] Die Ausübung dieser Rechte erfolgt nach §§ 192 Abs. 5, 198 AktG durch Abgabe der Bezugs- bzw. Umtauscherklärung und führt zum Abschluss des Zeichnungsvertrages.[19] Nach Abschluss des Zeichnungsvertrages und Leistung des vollen Gegenwertes erfolgt gem. § 199 AktG die Ausgabe der Aktien an die Erwerber. Im Gegensatz zur ordentlichen oder genehmigten Kapitalerhöhung wird das Grundkapital gem. § 200 AktG mit Ausgabe jeder Bezugsaktie unmittelbar um den Nennbetrag erhöht. Die Eintragung in das Handelsregister hat daher bei der bedingten Kapitalerhöhung nur deklaratorische Wirkung.[20] Die Durchführung der bedingten Kapitalerhöhung wie auch der Bezug der Aktien ist zudem zeitlich nicht befristet. Wegen der fehlenden Befristungsregelungen und der deklaratorischen Eintragung hält man die bedingte Kapitalerhöhung im Gegensatz zur ordentlichen bzw. genehmigten Kapitalerhöhung zur Bedienung der Optionen im Rahmen der langfristig angelegten Aktienoptionsprogramme für besonders geeignet.[21]

2. Ausgabe der Wandelanleihen gem. §§ 192 Abs. 2 Nr. 1, 221 AktG

Neben der Beschaffung der Aktien im Wege der bedingten Kapitalerhöhung müssen zudem die Umtauschrechte begründet werden.

a) Situation vor Inkrafttreten des Gesetzes zur Kontrolle und Transparenz im Unternehmensbereich

Zur Begründung der Bezugs- bzw. Umtauschrechte zur Umsetzung der Aktienoptionsprogramme und der bedingten Kapitalerhöhung wählten die meisten

18 Insoweit ist auf die Ausführungen zum Optionsgewährungsvertrag unter § 1 IV 2 b zu verweisen.

19 Zum Zeichnungsvertrag vergl. § 1 IV 2 c.

20 *Bungeroth* in: Geßler/Hefermehl/Eckardt/Kropff, § 192 Rn. 3; *Hüffer*, AktG, § 192 Rn. 4, § 201 Rn. 2 f.; *Lutter* in: Kölner Kommentar zum AktG, Vorb. § 192 Rn. 6.

21 *Seibert* in: Pellens, Entlohnungssysteme, 29, 36; *Schanz*, NZA 2000, 626, 630.

Aktiengesellschaften vor Inkrafttreten des KonTraG die Ausgabe von Wandelanleihen, seltener von Optionsanleihen.[22] In Rechtsprechung und Literatur wird die Ausgabe von Umtausch- bzw. Bezugsrechten an Vorstandsmitglieder und die übrigen Mitarbeiter zu diesem Zweck nahezu einhellig für aktienrechtlich zulässig gehalten,[23] obgleich Wandel- bzw. Optionsanleihen traditionell Finanzierungsinstrumente zur Beschaffung von Fremdkapital sind.[24] Die Kopplung der Umtausch- bzw. Bezugsrechte mit einer Anleihe ist im Vergleich mit der Einräumung nackter Optionsrechten umständlich, weil die Schuldverschreibung lediglich als Vehikel dient, um den formalen Anforderungen der §§ 221, 192 Abs. 1 Nr. 1 AktG zu genügen.[25] Vor der Gesetzesänderung ist dies allerdings die einzig rechtlich zulässige Möglichkeit gewesen, um Vorstandsmitgliedern einer Aktiengesellschaft Bezugsrechte einzuräumen.[26] Denn die Ausgabe nackter Optionsrechte war nach ganz überwiegender Ansicht von den §§ 221, 192 Abs. 2 Nr. 1 AktG a.F. nicht umfasst.[27]

Für die Ausgabe der Aktienoptionen an die übrigen Arbeitnehmer stellte sich die Situation ähnlich dar. Zwar gab es mit § 192 Abs. 2 Nr. 3 AktG a.F. eine Vorschrift, nach der Bezugsrechte an Arbeitnehmer gegen Einlagen aus Geldforderungen gewährt werden konnten, die ihnen aus Gewinnbeteiligungen zustanden. Wegen dieser engen Voraussetzung hatte diese Regelung jedoch keine praktische Bedeutung.[28] Die Gesellschaften wählten zur Bedienung der Akti-

[22] *Weiß*, Aktienoptionspläne, S. 52; *ders.* WM 1999, 353, 354; *Zeidler*, NZG 1999, 789, 790.

[23] *LG Frankfurt* v. 10.2.1997, WM 1997, 473, 475; *LG Stuttgart* v. 30.10.1997, DB 1997, 2421, 2422 f.; *OLG Braunschweig* v. 29.7.1998, ZIP 1998, 1585, 1586; *OLG Stuttgart* v. 12.8.1998, ZIP 1998, 1482, 1484 f. In der Literatur z.B.: *Aha*, BB 1997, 2225, Fn. 8; *Baums* in: FS Claussen. S. 3, 36 f.; *Hüffer*, ZHR 161 (1997), 214, 222; *Kallmeyer*, AG 1999, 97, 100; *Martens*, AG 1996, 337, 347; *Schneider*, ZIP 1996, 1769, 1773; *Weiß*, Aktienoptionspläne, S. 158 ff. m.w.N.; *Zeidler*, NZG 1998, 790, 791 f. m.w.N.
Eine andere Ansicht hat zunächst *Lutter* in: Kölner Kommentar zum AktG, § 203 Rn. 18, vertreten, und ihm folgend *LG Braunschweig* v. 11.3.1998, DB 1998, 667, 668, die jeweils das Gesellschaftsinteresse an der Einführung dieser Vergütungsform verneinten. *Lutter* ist jedoch von dieser Ansicht abgerückt, ZIP 1997, 1, 2 f.

[24] *Hüffer*, AktG, § 221 Rn. 2; *Lutter* in: Kölner Kommentar zum AktG, § 221 Rn. 10.

[25] So ausdrücklich *Baums* in: FS Claussen, S. 3, 37.

[26] Vergl. *Baums* in: FS Claussen, S. 3, 36; *Hüffer*, ZHR 161 (1997), S. 214, 222 f.

[27] *LG Stuttgart* v. 30.10.1997, DB 1997, 2421, 2423; *Baums* in: FS Claussen, S. 3, 36. Tendenziell ablehnend *Bungeroth* in: Geßler/Hefermehl/Eckardt/Kropff, § 192 Rn. 29; *Hüffer*, ZHR 161 (1997), 214, 223; *Lutter* in: Kölner Kommentar zum AktG, § 192 Rn. 9; *Martens*, AG 1989, 69, 71, 73.
Für die Zulässigkeit nackter Optionen hingegen: *Fuchs*, AG 1995, 433, 439 ff.; *Karollus* in: Hefermehl/Geßler/Eckardt/Kropff, § 221 Rn. 27 f.; *Steiner*, WM 1990, 1776 ff.; *Wohlfahrt/Brause*, WM 1997, 397, 398. Dazu ausführlich *Klahold*, S. 122 ff. und *Weiß*, Aktienoptionspläne, S. 158 ff. jeweils m.w.N.

[28] *RegEBegr zum KonTraG*, BT-Drucks. 13/9712, S. 23; *Hüffer*, ZHR 161 (1997), S. 214,

enoptionsprogramme für ihre Mitarbeiter ebenfalls den Weg über die Ausgabe von Wandelschuldverschreibungen.[29]

Nach der Gesetzesänderung räumen die Aktiengesellschaften den Begünstigten weiterhin Umtauschrechte ein. Im Jahr 1999 betrug der Anteil der Wandelanleihen an den von den Unternehmen aufgelegten Aktienoptionsprogrammen für Mitarbeiter rund 23 %. Dies entspricht auch den Vorstellungen des Gesetzgebers, nach denen dieser Form der bedingten Kapitalerhöhung zur Bedienung der Optionsprogramme weiterhin zulässig sein soll.[30]

b) Anforderungen an den Inhalt des Kapitalerhöhungsbeschlusses nach §§ 192, 193 AktG

Sofern die bedingte Kapitalerhöhung durch die Ausgabe der Wandelanleihen durchgeführt werden soll, sind für den Hauptversammlungsbeschluss die Anforderungen in den §§ 192, 193 AktG zu beachten. Nach § 193 Abs. 2 Nr. 1 AktG ist zunächst die Festlegung des Zwecks der bedingten Kapitalerhöhung erforderlich, der sich aus § 192 Abs. 2 Nr. 1 AktG ergibt. Danach können im Rahmen einer bedingten Kapitalerhöhung Umtauschrechte ausgegeben werden. Ferner ist nach § 193 Abs. 2 Nr. 2 AktG der Kreis der Bezugsberechtigten im Beschluss bestimmbar festzusetzen.[31] Im Rahmen der Aktienoptionsprogramme ist der Kreis der erwerbsberechtigten Mitarbeiter bzw. Vorstandmitglieder jedoch nicht die Verteilung im einzelnen zu benennen.[32] Nach § 193 Abs. 2 Nr. 3 AktG ist darüber hinaus der Wandlungspreis oder dessen Berechnungsgrundlagen zu beschließen, der dem Ausübungs- oder Basispreis entspricht.[33] Ferner sind das Umtauschverhältnis sowie die Höhe einer möglichen Zuzahlung bei Ausübung des Umtauschrechts im Beschluss festzulegen. Der Wandlungspreis muss lediglich bestimmbar sein und kann dem Börsenkurs an einem bestimmten Stichtag entsprechen.[34] Von dieser Möglichkeit wird in Aktienoptionsprogrammen regelmäßig Gebrauch gemacht, da die Höhe des Basispreises von künftigen Faktoren wie dem Börsenkurs zum Zeitpunkt der Einräumung des Umtauschrechts abhängt.[35] Außerdem ist der maximale Erhöhungsbetrag zu

---

222 f.; *Martens*, AG 1996, 337, 346; *Seibert* in: Pellens, Entlohnungssysteme, 29, 37, Fn. 30.

29 So z.B. das Programm der Volkswagen AG, das sich an alle tariflichen Mitarbeiter richtete, *BAnz* v. 11.4.1997, S. 4783 f.

30 *RegEBegr zum KonTraG*, BT-Drucks. 13/9712, S. 23.

31 *Baums* in: FS Claussen, S. 3, 43; *Hüffer*, AktG, § 193 Rn. 5.

32 Vergl. *Baums* in: FS Claussen, S. 3, 43.

33 *Baums* in: FS Claussen, S. 3, 43.

34 *Baums* in: FS Claussen, S. 3, 43; *Bungeroth* in: Geßler/Hefermehl/Eckardt/Kropff, § 193 Rn. 13; *Lutter* in: Kölner Kommentar zum AktG, § 193 Rn. 11.

beschließen.[36] Die nähere inhaltliche Ausgestaltung der Umtauschrechte ist demgegenüber fakultativ.[37] Von diesen Möglichkeiten wird bei der Auflegung der Aktienoptionsprogramme durch die Festlegung von Wartefristen bis zur erstmaligen Ausübung der Optionsrechte und der maximalen Laufzeit des Programms Gebrauch gemacht.[38]

c) Einordnung und Inhalt des Ermächtigungsbeschluss nach § 221 AktG

Von dem Erhöhungsbeschluss gem. § 192 AktG ist der Zustimmungs- bzw. Ermächtigungsbeschluss nach § 221 AktG zu unterscheiden, durch den der Vorstand zur Ausgabe der Wandelanleihen ermächtigt wird. Beide Beschlüsse können miteinander verbunden und einheitlich zur Abstimmung gestellt werden.[39] Im Gegensatz zum Erhöhungsbeschluss ist der Beschluss nach § 221 AktG keine Satzungsänderung, sondern die Billigung einer Geschäftsführungsmaßnahme.[40] Er kann als Zustimmungsbeschluss zur Durchführung einer konkret geplanten Maßnahme oder als Ermächtigung für die Durchführung zu einem späteren Zeitpunkt, nach § 221 Abs. 2 S. 1 AktG maximal für fünf Jahre, erteilt werden.[41] Die Ermächtigungsfrist ist ein zwingender Bestandteil des Beschlusses.[42] Die Hauptversammlung hat daneben noch die Art der Anleihe und deren Gesamtnennbetrag festzusetzen, wobei die Angabe eines Emissionshöchstbetrages ausreicht.[43]

In der Praxis werden darüber hinaus die gesamten Anleihebedingungen wie etwa Zinssatz, Laufzeit der Anleihe, deren Ausgabekurs sowie Umtauschverhältnis und Optionspreis festgelegt.[44] Ob die Anleihebedingungen zum notwendi-

---

35 *Baums* in: FS Claussen, S. 3, 43; Klahold, S. 175.

36 *Bungeroth* in: Geßler/Hefermehl/Eckardt/Kropff, § 193 Rn. 23; *Hüffer*, AktG, § 193 Rn. 4; *Lutter* in: Kölner Kommentar zum AktG, § 193 Rn. 6.

37 *Bungeroth* in: Geßler/Hefermehl/Eckardt/Kropff, § 193 Rn. 25; *Hüffer*, AktG, § 193 Rn. 4; *Lutter* in: Kölner Kommentar zum AktG, § 192 Rn. 25.

38 *Klahold*, S. 37 f.; *Weiß*, Aktienoptionspläne, S. 120 m.w.N.

39 *Frey* in: Großkomm AktG § 192 Rn. 55; *Hüffer*, AktG, § 192 Rn. 13.

40 *Hüffer*, AktG, § 221 Rn. 9; *Karollus* in: Geßler/Hefermehl/Eckardt/Kropff, § 221 Rn. 46, 49; *Lutter* in: Kölner Kommentar zum AktG, § 221 Rn. 38.

41 *Hüffer*, AktG, § 221 Rn. 9; *Karollus* in: Geßler/Hefermehl/Eckardt/Kropff, § 221 Rn. 50 ff.

42 *Hüffer*, AktG, § 221 Rn. 10, 13; *ders.* ZHR 161 (1997), 214, 225; *Karollus* in: Geßler/Hefermehl/Eckardt/Kropff, § 221 Rn. 53 f.

43 *Hüffer*, AktG, § 221 Rn. 10; *ders.*, ZHR 161 (1997), 214, 225; *Karollus* in: Geßler/Hefermehl/Eckardt/Kropff, § 221 Rn. 60.

44 *Hüffer*, ZHR 161 (1997), 214, 225 f.

gen Inhalt des Hauptversammlungsbeschlusses gehören, ist allerdings umstritten.[45]

Ausgangspunkt für die unterschiedlichen Ansichten zum Beschlussinhalt für Aktienoptionsprogramme sind die Vorschriften in § 221 Abs. 4 i.V.m. § 186 Abs. 3, Abs. 4 AktG, nach denen das Bezugsrecht der Aktionäre auf die Wandelanleihen nur unter bestimmten Bedingungen ausgeschlossen werden kann. Ein solcher Bezugsrechtsausschluss ist im Rahmen der Aktienoptionsprogramme für Mitarbeiter bzw. Vorstandsmitglieder ebenfalls erforderlich.[46] Er ist gem. § 186 Abs. 3 S. 1 i.V.m. § 221 Abs. 4 S. 2 AktG notwendiger Bestandteil des Hauptversammlungsbeschlusses nach § 221 AktG.[47]

Vor diesem Hintergrund wird in der Literatur vertreten, dass die Hauptversammlung auch die wesentlichen Kernbereiche des Aktienoptionsprogramms selbst festlegen müsse, weil nur so die Erforderlichkeit und Angemessenheit des Bezugsrechtsausschlusses sicher gestellt werden könne. Der Beschluss müsse aus sich heraus kontrollierbar sein. Daher müsse darin der begünstigte Personenkreis, der Bezugskurs, die Wartefrist bis zur Ausübung des Umtausch- bzw. Bezugsrechts sowie die Erfolgsziele festgelegt werden.[48] Dieser Ansicht ist die Rechtsprechung teilweise gefolgt.[49]

Nach a. A. ist die Festlegung der Programmbedingungen im Hauptversammlungsbeschluss nach § 221 AktG fakultativ. Die Hauptversammlung kann also die Anleihe- bzw. Programmbedingungen näher ausgestalten, jedoch gehören diese Angaben nicht zum notwendigen Beschlussinhalt.[50]

Der Streit ist wegen der bislang in der Praxis üblichen Beschlussfassung von untergeordneter Bedeutung. Die Kompetenzverteilung des Aktiengesetzes spricht allerdings eher für die zuletzt genannte Ansicht, weil die Geschäftsführungsbefugnis danach beim Vorstand liegt. Die Aktionäre sollen lediglich vor der möglichen Begründung neuer Mitgliedschaftsrechte und der drohenden Verwässerung ihrer Anteile ohne ihr Einverständnis geschützt werden.[51] Ihre Interessen

---

45 Vergl. *Hüffer*, ZHR 161 (1997) S. 214, 225 m.w.N.

46 Dazu im einzelnen unter § 2 III 2 f bb.

47 *Hüffer*, AktG, § 221 Rn. 40.

48 *Lutter*, ZIP 1997, 3, 5 f.

49 *OLG Braunschweig* v. 29.7.1998, ZIP 1998, 1585, 1589; *OLG Stuttgart* v. 12.8.1998, wonach die Hauptversammlung die Eckdaten des Programms festzulegen habe, wozu die Ermächtigung, deren Dauer, die Wahl zwischen Wandel- und Optionsanleihe, der begünstigte Personenkreis, der Emissionshöchstbetrag, der Bezugskurs und die sonstigen wesentlichen Zuwendungsmodalitäten gehören.

50 *LG Stuttgart* v. 30.10.1997, DB 1998, 2421, 2424; *Hüffer*, AktG, § 221 Rn. 10; *ders.*, ZHR 161 (1997), S. 214, 225; *Weiß*, WM 1999, 353, 355; *ders.*, Aktienoptionspläne, S. 184 ff.

51 So *Hüffer*, AktG, § 221 Rn. 38; *ders.*, ZHR 161 (1997), S. 214, 225 f.; *Karollus* in:

werden aber durch die sonstigen Informationspflichten des Vorstands ausreichend geschützt.[52] Die Festlegung der Anleihe- bzw. Programmbedingungen ist daher zum fakultativen Inhalt des Beschlusses zu zählen.

d) Formelle Anforderungen an den Ausschluss des Bezugsrechts der Aktionäre auf die Wandelanleihen

Nach § 221 Abs. 4 AktG ist bei der Ausgabe der Wandelanleihen im Rahmen eines Aktienoptionsprogramms der Ausschluss der Bezugsrechte der Aktionäre erforderlich. Dieser bezieht sich allerdings nicht auf junge Aktien aus der Kapitalerhöhung, weil für diese das Bezugsrecht bereits kraft Gesetzes ausgeschlossen ist.[53]

Der Bezugsrechtsausschluss unterliegt bestimmten formellen und materiellen Anforderungen. Wegen der Verweisung in § 221 Abs. 4 S. 2 AktG sind die formellen Erfordernisse in § 186 AktG zu beachten. Neben einem Hauptversammlungsbeschluss, der den Voraussetzungen in § 186 Abs. 3 S. 1, 2 AktG entsprechen muss, ist nach § 186 Abs. 4 S. 1 AktG zusätzlich die Absicht zum Ausschluss der Wandlungsrechte unter Berücksichtigung der Grundsätze in § 124 Abs. 1 BGB ordnungsgemäß bekannt zu geben. Zusätzlich ist gem. § 186 Abs. 4 S. 2 AktG ein Vorstandsbericht über die Gründe für den Bezugrechtsausschluss vorzulegen. Letzterer soll der Hauptversammlung als Grundlage für eine sachgerechte Entscheidung dienen.[54]

e) Anforderungen an den Vorstandsbericht und damit zusammenhängende Probleme

Bei der Auflegung der Aktienoptionsprogramme hat dieser Vorstandsbericht eine besondere Bedeutung erlangt, da er zusammen mit der fehlenden materiellen Rechtfertigung des Bezugsrechtsausschlusses, die zugleich noch erörtert wird, regelmäßig Gegenstand der Anfechtungsklagen der Hauptversammlungsbeschlüsse war.

Geßler/Hefermehl/Eckardt/Kropff, § 221 Rn. 76; *Lutter* in: Kölner Kommentar zum AktG, § 221 Rn. 44.

52 Im Ergebnis ebenso *Weiß*, WM 1999, 353, 355.

53 *Baums* in: FS Claussen, S. 3, 42.

54 *BGH* v. 19.4.1982, BGHZ 83, 319, 326; *Hüffer*, AktG, § 186 Rn. 23; § 221 Rn. 41.

aa) Allgemeine Anforderungen

Durch den Bericht soll die Hauptversammlung in die Lage versetzt werden, die Interessen der Gesellschaft an der Ausgabe der Wandelanleihen mit Bezugsrechtsausschluss gegenüber anderen Alternativen zu bewerten, die Nachteile, insbesondere den Verwässerungseffekt, für die ausgeschlossenen Aktionäre zu erkennen und beides gegeneinander abzuwägen.[55] Es besteht weitgehend Einigkeit, dass sich die Angaben im Vorstandsbericht auf die Darstellung der Tatsachen beziehen müssen, die für die Beurteilung der materiellen Rechtfertigung des Bezugsrechtsausschlusses erforderlich sind. Daher sollen den Aktionären die Einzelheiten des Programms erläutert werden, auf denen die Prognose des Vorstands beruht, dass das Programm in seiner konkreten Ausgestaltung die angestrebte Unternehmenswertsteigerung erwarten lässt. [56] In dem Bericht sollen folglich das Gesellschaftsinteresse, insbesondere die von dem Aktienoptionsprogramm erwartete Anreiz-, Motivations- und Bindungswirkung und deren erwartete positive Auswirkung auf die Steigerung des Unternehmenswertes kurz und präzise erläutert werden.[57]

bb) Besonderheiten im Zusammenhang mit der Darstellung des Verwässerungseffekts

Auf der anderen Seite geht es darum, den Verwässerungseffekt so konkret wie möglich deutlich zu machen.[58] Dazu gehört die Begründung der wesentlichen Eckpunkte des Aktienoptionsprogramms. Sie umfassen Angaben über den Umfang der Kapitalerhöhung, den möglichen Ausgabebetrag für die Wandelanleihen, den begünstigten Personenkreis, den Ausübungs- bzw. Basispreis, die Erfolgsziele, das Umtausch- bzw. Bezugsverhältnis, die Sperrfrist sowie die Dauer der Maßnahme.[59] Die Daten sind erforderlich, um mit Hilfe betriebswirtschaftlicher Optionspreisformeln wie der sog. Black/Scholes-Formel, den Wert der Optionsrechte, auf den die Aktionäre bei Ausschluss des Bezugrechts verzichten müssen, und damit den Verwässerungseffekt zu berechnen. Vereinfacht dargestellt ist der Wert einer Aktienoption von fünf Variablen

---

55 Vergl. *BGH* v. 19.4.1982, BGHZ 83, 319, 326; *OLG Braunschweig* v. 29.7.1998, ZIP 1998, 1585, 1590; *Baums* in: FS Claussen, S. 3, 42; *Hüffer*, ZHR 161 (1997), 214, 229.

56 *Hüffer*, ZHR 161 (1997), 214, 228 f.

57 Vergl. *OLG Braunschweig* v. 29.7.1998, ZIP 1998, 1585, 1590; *Weiß*, Aktienoptionspläne, S. 190.

58 *Baums* in: FS Claussen, S. 3, 41

59 *LG Stuttgart* v. 30.10.1997, DB 1997, 2421, 2424; *OLG Braunschweig* v. 29.7.1998, ZIP 1998, 1585, 1590; *OLG Stuttgart* v. 12.8.1998, ZIP 1998, 1482, 1490; *Baums* in: FS Claussen, S. 3, 42; *Weiß*, Aktienoptionspläne, S. 188.

abhängig. Dazu gehören neben dem aktuellen Kurs der Aktie, der Basis- bzw. Ausübungspreis, die Wandlungs- bzw. Optionslaufzeit, ein risikoloser Zinssatz (z.B. für eine Staatsanleihe), sowie die sog. Volatilität, unter der man die Standardabweichung des Aktienkurses und damit das Ausmaß der Unsicherheit im Hinblick auf die künftige Wertentwicklung versteht. Die Werte werden in der Black/Scholes-Formel zueinander in Bezug gesetzt.[60]

Es wird allerdings nicht einheitlich beurteilt, ob der Vorstandsbericht die Berechnung bzw. den Wert der Bezugsrechte enthalten soll. In den bislang ergangenen Entscheidungen haben die Gerichte die Angabe der wesentlichen Eckpunkte der Aktienoptionsprogramme und deren Erläuterung sowie eine allgemeine Darlegung des Verwässerungseffekts ohne nähere Berechnung für ausreichend gehalten. Die Angabe des Wertes der Umtauschrechte wird für die Prüfung der sachlichen Rechtfertigung nicht für erforderlich gehalten.[61]

Es ist aber davon auszugehen, dass der Unternehmensleitung die Zahlen vorliegen und bei entsprechenden Nachfragen mitgeteilt werden, weil man die Zustimmung der Hauptversammlung schließlich nicht gefährden will. Für den Vorstandsbericht als Grundlage für den Ermächtigungsbeschluss stellt sich die Situation ohnehin anders dar. Da der Vorstand zur Durchführung der Maßnahme zu einen späteren Zeitpunkt ermächtigt wird, ist eine genaue Festlegung der Konditionen, insbesondere des Ausübungsbetrags, nicht möglich und sinnvoll. Im Vorstandsbericht können dann lediglich die in dem Ermächtigungsbeschluss geregelten Ausgabekonditionen erläutert werden.[62]

f) Materiell Anforderungen an den Ausschluss des Bezugsrechts

Neben diesen formalen Anforderungen bedarf der Ausschluss des Bezugsrechts im Rahmen der Ausgabe von Wandelschuldverschreibungen der sachlichen

[60] Vergl. *Knoll*, ZIP 1998, 413, 414, mit einer genauen Darstellung der betriebswirtschaftlichen Berechnungsmethode, insbesondere der Formel. Sowie allgemein *Weiß*, Aktienoptionspläne, S. 188 i.V.m. S. 176; Zinser/Schimpfky in: Guski/Schneider, MAB, 3705, Rn. 56 ff.

[61] *LG Stuttgart* v. 30.10.1997, DB 1997, 2421, 2424; *OLG Braunschweig* v. 29.7.1998, ZIP 1998, 1585, 1590; *OLG Stuttgart* v. 12.8.1998, ZIP 1998, 1482, 1490 f.; zustimmend *Jäger*, DStR 1999, 28, 33. A. A. *LG Braunschweig* v. 11.3.1998, DB 1998, 666, 667, wonach sich die Berichtspflicht auf die reale wirtschaftliche Tragweite des Programms, den Gesamtumfang, dem Gesamtwert und die damit verbunden Vorteile, also den Wert des Bezugsrechts beziehe. In diesem Sinne auch *Knoll*, ZIP 1998, 413, 415; *Weiß*, Aktienoptionspläne, S. 188 f.; *ders.* WM 1999, 353, 356; *Zeidler*, NZG 1998, 789, 798. Ähnlich *Baums* in: FS Claussen, S. 3, 42; *Hüffer*, ZHR 161 (1997), 214, 229 f.

[62] *LG Stuttgart* v. 30.10.1997, ZIP 1997, 2421,2424; *OLG Stuttgart* v. 12.8.1998, ZIP 1998, 1482, 1490; ähnlich *Karollus* in: Geßler/Hefermehl/Eckardt/Kropff, AktG, § 221 Rn. 60 sowie *Weiß*, Aktienoptionspläne, S. 192.

Rechtfertigung. Dieser Punkt ist besonders problematisch, weil damit eine umfassende Interessenabwägung und ein hoher Begründungsaufwand verbunden sind, die regelmäßig einen Angriffspunkt bilden. In der Vergangenheit sind zahlreiche Aktienoptionsprogramme aus diesen Gründen angefochten worden.

aa) Diskussionsstand über den Kontrollmaßstab

Obwohl dem Gesetz diese Voraussetzung nicht ausdrücklich zu entnehmen ist, hat die Rechtsprechung im sog. Kali und Salz-Urteil diese besonderen materiellen Voraussetzungen für die Ausgabe junger Aktien im Rahmen einer ordentlichen Kapitalerhöhung entwickelt und dies mit der Schwere des Eingriffs in die Mitgliedschaftsrechte der Aktionäre, insbesondere der Beeinträchtigung der Stimm- und Beteiligungsrechte sowie der Vermögensinteressen infolge der Verwässerungsgefahr begründet. Danach muss der Bezugsrechtsausschluss einem im Gesellschaftsinteresse liegenden Zweck dienen, zur Erreichung dieses Zwecks geeignet und erforderlich sowie bei Abwägung der relevanten Interessen insgesamt verhältnismäßig sein.[63] Gleiches gilt für den Ausschluss der Bezugsrechte im Rahmen einer bedingten Kapitalerhöhung, in deren Folge Wandelanleihen ausgegeben werden. Der Ausschluss bedarf nach einhelliger Ansicht ebenfalls der sachlichen Rechtfertigung in der genannten Form, weil in vergleichbarer Weise in die Aktionärsrechte eingegriffen wird.[64]

Von diesen Voraussetzungen ist der BGH in seiner sog. Siemens-Nold-Entscheidung für den Fall einer genehmigten Kapitalerhöhung abgewichen und hat diese unter erleichterten materiellen Voraussetzungen für zulässig gehalten.[65] Danach soll es für die Durchführung einer genehmigten Kapitalerhöhung ausreichen, dass die Maßnahme der Hauptversammlung bei Erteilung der Ermächtigung allgemein und in abstrakter Form bekannt gegeben wird. Der Vorstand müsse erst bei Ausübung der Ermächtigung prüfen, ob der Bezugsrechtsausschluss im wohlverstandenen Interesse der Gesellschaft liege.[66] Der

---

63 Grundlegend *BGH* v. 13.3.1978, BGHZ 71, 40, 46 (Kali und Salz); v. 19.4.1982, BGHZ 83, 319, 321; v. 7.3.1994, BGHZ 125, 239, 241. Dies entspricht auch der ganz h.M. in der Literatur: *Hefermehl/Bungeroth* in: Geßler/Hefermehl/Eckardt/Kropff, § 186 Rn. 104 f.; *Hüffer*, AktG, § 186 Rn. 25; *ders.* ZHR 161 (1997), 214, 227 ff.; *Lutter* in. Kölner Kommentar zum AktG, § 186 Rn. 59 ff. jeweils m.w.N.

64 *OLG Braunschweig* v. 29.7.1998, ZIP 1998, 1585, 1587 f.; *OLG Stuttgart* v. 12.8.1998, ZIP 1998, 1482, 1486; *Hüffer*, AktG, § 221 Rn. 42; *Jäger*, DStR 1999, 28, 31; *Klahold*, S. 149 f.; *Weiß*, WM 1999, 353, 354; *Zeidler*, NZG 1999, 789, 790.

65 So die Einschätzung von *Weiß*, WM 1999, 353, 354 f. m.w.N.; *Zeidler*, NZG 1999, 789, 795.

66 *BGH* v. 23.6.1997, ZIP 1997, 1499, 1501.

BGH hat damit die Anforderungen an die Berichtspflicht des Vorstandes herabgesetzt und den Kontrollzeitpunkt für die Interessenüberprüfung auf die Ausnutzung der Hauptversammlungsermächtigung verlagert.[67] Außerdem hat man auf das Erfordernis einer strengen Verhältnismäßigkeitsprüfung verzichtet.[68] Seit dieser Entscheidung wird diskutiert, ob man diese Grundsätze und damit den weniger strengen Kontrollmaßstab auf den Bezugsrechtsausschluss zur Durchführung der Aktienoptionsprogramme übertragen kann. Die bislang dazu ergangene Rechtsprechung ist uneinheitlich,[69] hat die Frage im Ergebnis aber dahin stehen lassen und die Programme an Hand des strengeren Maßstabs kontrolliert.[70] In der Literatur lehnt man die Anwendung des erleichterten Kontrollmaßstabs in diesen Fällen allerdings aus guten Gründen ab. Es wird zu Recht darauf hingewiesen, dass der Entscheidung des BGH mit der Finanzierung von Unternehmens- und Beteiligungserwerben eine besondere Fallgestaltung zugrunde lag, die nicht ohne weiteres auf den Bezugsrechtsausschluss zur Durchführung der Aktienoptionsprogramme übertragen werden könne.[71] Im Ergebnis ist somit davon auszugehen, dass die dargestellten Erleichterungen beim Bezugsrechtsausschluss nach § 221 Abs. 4 S. 2 i.V.m. § 186 Abs. 3 AktG nicht zur Anwendung kommen.

Weiterhin wird in diesem Zusammenhang diskutiert, ob nicht wegen der Verweisung in § 221 Abs. 4 S. 2 AktG auf die Regelung in § 186 Abs. 3 S. 4 AktG von einer erleichterten sachlichen Rechtfertigung auszugehen ist. Danach ist der Bezugsrechtsausschluss zulässig, wenn die Kapitalerhöhung 10 % des Grundkapitals nicht übersteigt und der Ausgabebetrag den Börsenpreis nicht wesentlich unterschreitet.[72] Diese Diskussion kann allerdings im Ergebnis

67 *Weiß*, WM 1999, 353, 355.

68 Vergl. *LG Stuttgart* v. 30.10.1997, DB 1997, 2421, 2423; *Weiß*, WM 1999, 353, 354 f.; ders. Aktienoptionspläne, S. 168 f. m.w.N.; *Zeidler*, NZG 1999, 789, 795.

69 *LG Stuttgart* v. 30.10.1997, 2421, 2423, meint, der Bezugsrechtsausschluss müsse nur den herabgestuften Anforderungen genügen. *LG Braunschweig* v. 11.3.1998, DB 1998, 666, 667 f. wendet den weniger strengen Kontrollmaßstab ohne Begründung an, verneint allerdings das Interesse der Gesellschaft an der Einführung solcher Programme. *OLG Braunschweig* v. 29.7.1998, ZIP 1998, 1585, 1587 f., 1590, wendet bei der Überprüfung des Bezugsrechtsausschlusses den strengeren Maßstab an, lässt aber bei den Anforderungen an den Vorstandsbericht die in der Siemens-Nold-Entscheidung aufgestellten Anforderungen genügen. Nach *OLG Stuttgart* v. 12.8.1998, ZIP 1482, 1487 ist die Anwendung der Siemens-Nold-Grundsätze in solchen Fällen zweifelhaft.

70 *LG Stuttgart* v. 30.10.1997, 2421, 2423 f.; *OLG Braunschweig* v. 29.7.1998, ZIP 1998, 1585, 1587 ff.; *OLG Stuttgart* v. 12.8.1998, ZIP 1482, 1486 f.

71 *Klahold*, S. 149 ff.; *Weiß*, Aktienoptionspläne, S. 169 f.; *Zeidler*, NZG 1998, 789, 795.

72 Vergl. zum Streitstand *OLG Braunschweig* v. 29.7.1998, 1585, 1587, das einer analogen Anwendung grundsätzlich zustimmt, diese Frage aber letztlich dahin stehen lässt sowie *Hüffer*, ZHR 161 (1997), 214, 226 f.; *Klahold*, S. 152 f.; *Weiß*, WM 1999, S. 353, 354; *ders.*, Aktienoptionspläne, S. 162 ff.; *Zeidler*, NZG 1999, 789, 790 jeweils m.w.N.

dahin stehen, weil es im Rahmen der Aktienoptionsprogramme an dem Erfordernis eines marktgerechten Börsenpreises fehlen wird. Den Mitarbeitern werden die Umtauschrechte regelmäßig unentgeltlich oder zu besonders günstigen Konditionen eingeräumt. Sie sind daher nicht mit den am Markt gehandelten Wandelanleihen vergleichbar, so dass eine allgemeine sachliche Rechtfertigung erforderlich ist.[73]

Im Ergebnis ist also festzuhalten, dass der Bezugsrechtsausschluss nach § 221 Abs. 4 S. 2 i.V.m. § 186 Abs. 3 AktG für Wandelanleihen, die zur Durchführung eines Aktienoptionsprogramms ausgeben werden, einer strengen Verhältnismäßigkeitsprüfung zu unterziehen ist.

bb) Verhältnismäßigkeitsprüfung

Die Ausgabe der Wandelanleihen an Arbeitnehmer bzw. Vorstandsmitglieder der Gesellschaft im Rahmen eines Aktienoptionsprogramms ist demnach nur sachlich gerechtfertigt, wenn sie im Interesse der Gesellschaft liegt, zur Erreichung des angestrebten Ziels geeignet und erforderlich ist und dazu in einem angemessenen Verhältnis steht.

(1) Gesellschaftsinteresse

Im Gesellschaftsinteresse liegt eine Maßnahme, wenn sie nach den tatsächlichen Verhältnissen aus einer sachbezogen abwägenden Sicht der Gesellschaftsorgane im Zeitpunkt der Beschlussfassung als unternehmensdienlich erscheint. Sie muss also geeignet sein, den Gesellschaftszweck zu fördern.[74] Für die Beurteilung soll eine Plausibilitätskontrolle ausreichen, da es nicht Aufgabe der Gerichte sein könne, eine eigene Einschätzung an die Stelle der Meinungs- und Willensbildungsorgane der Gesellschaft zu setzen.[75] Der Gesellschaft muss ein gerichtlich nicht nachprüfbarer Kernbereich unternehmerischen Beurteilungsermessens verbleiben. [76]

---

[73] So *Weiß*, WM 1999, 353, 354; *ders.*, Aktienoptionspläne, S. 164 f., und im Ergebnis *Hüffer*, ZHR 161 (1997), 214, 226 f.; *Klahold*, S. 152 f.; *Zeidler*, NZG 1999, 789, 790.

[74] *BGH* v. 13.3.1978, BGHZ 71, 40, 50; *Bungeroth* in: Geßler/Hefermehl/Eckardt/Kropff, AktG, § 186 Rn. 112; *Hüffer*, AktG, § 186 Rn. 26; *ders.*, ZHR 161 (1997), 214, 227.

[75] *BGH* v. 13.3.1978, BGHZ 71, 40, 49 f.; *OlG Braunschweig* v. 29.7.1998, ZIP 1998, 1585, 1588; *OLG Stuttgart* v. 12.8.1998, ZIP 1998, 1482, 1486; *Hüffer*, ZHR 161 (1997), 214, 227 f.

[76] *Bungeroth* in: Geßler/Hefermehl/Eckardt/Kropff, AktG, § 186 Rn. 107.

Das Gesellschaftsinteresse an der Einführung der Aktienoptionsprogramme wird aus verschiedenen Gründen angenommen. Beim Einsatz als Vergütungselement von Vorstandsmitgliedern und Managern wird auf die Gepflogenheiten auf dem internationalen Markt für Führungskräfte verwiesen, weil die Ausgabe von Aktienoptionsscheinen als Vergütungsanteil dort üblich sei.[77] Sofern deutsche Unternehmen ihre Position im Wettbewerb um qualifizierte Führungskräfte verbessern wollten, müssten sie sich dieser Vergütungspraxis anpassen. Wegen der z.T. erheblichen Wertentwicklung der Aktienoptionen könnten auf diese Weise qualifizierte Führungskräfte gewonnen und an das Unternehmen gebunden werden.[78] Als weiterer Aspekt wird die Steigerung des Unternehmenswertes bzw. des Shareholder Value gemessen an dem Aktienkurs genannt. Durch die Einführung dieses anreizkompatiblen Vergütungssystems würden die Führungskräfte in besonderer Weise motiviert, den Aktienkurs und damit den Unternehmenswert nachhaltig zu steigern.[79]

Daneben wird auch das Interesse an der Einführung dieser Programme für alle Mitarbeiter eines Unternehmens bejaht. Über ein solches Aktienoptionsprogramm der Volkswagen AG hatte das OLG Braunschweig zu entscheiden. Dabei ging es um einen Hauptversammlungsbeschluss, der den Vorstand zur Ausgabe der Wandelanleihen an Vorstandsmitglieder, Führungskräfte und tarifliche Mitarbeiter ermächtigen sollte. Die Zeichnung der Wandelanleihen wurde an den Erwerb sog. Zeitwertpapiere geknüpft.[80] Diese Papiere können die Mitarbeiter etwa gegen die Einlösung von Arbeitszeitguthaben oder Überstunden erwerben.[81]

Nach Ansicht des Gerichts liegt die Teilnahme tariflicher Mitarbeiter an dem Aktienoptionsprogramm im Gesellschaftsinteresse. Zwar stelle das Programm kein besonders wirksames Instrument zur Steigerung der Leistungsbereitschaft im herkömmlichen Sinne dar, weil den Arbeitnehmern die Vorteile aus dem Programm und damit die Belohnung ihrer individuellen Anstrengungen am Arbeitsplatz nur zeitlich verzögert zu gute kämen. Der Vorstand der Volkswa-

77 Zur Verbreitung von Stock Options im Ausland: *Kohler*, ZHR 161 (1997), 246, 249 f.

78 *LG Frankfurt*, WM 1997, 473, 475; *OLG Braunschweig* v. 29.7.1998, ZIP 1998, 1585, 1588; *OLG Stuttgart* v. 12.8.1998, ZIP 1998, 1482, 1486; *Klahold*, S. 155 f.; *Lutter*, ZIP 1991, 1, 3; *Schneider*, ZIP 1996, 1769, 1773; *Schwarz/Michel*, BB 1998, 489, 490; *Weiß*, Aktienoptionspläne, S. 170, 103 f.; *Zeidler*, NZG 1998, 789, 795.

79 *OLG Braunschweig* v. 29.7.1998, ZIP 1998, 1585, 1588; *Baums* in: FS Claussen, S. 3, 40; *Hüffer*, ZHR 161 (1997), 214 227 f.; *Kallmeyer*, AG 1999, 97, 98 f.; *Klahold*, S. 155 f.; *Lutter*, ZIP 1991, 1, 4; *Martens*, AG 1996, 337, 347; *Weiß*, Aktienoptionspläne, S. 170, 56 f.

80 Zum Sachverhalt vergl. OLG Braunschweig v. 29.7.1998, ZIP 1998, 1585 sowie LG Braunschweig v. 11.3.1998, DB 1998, 666.

81 Ausführung von *LG Braunschweig* v. 11.3.1998, DB 1998, 666.

gen AG habe allerdings plausibel darauf hingewiesen, dass die positiven psychologischen Auswirkungen des Programms mit berücksichtigt werden müssen, die sich nicht betragsmäßig beziffern ließen. So könne die Identifizierung mit dem Unternehmen günstig beeinflusst werden. Darüber hinaus werde durch eine breite Mitarbeiterbeteiligung die Bindung der Mitarbeiter an das Unternehmen erhöht, weil der einzelne Arbeitnehmer davon ausgehe, dass die Gesellschaft langfristig das Wohl der Belegschaft im Auge habe. Schließlich sei auch nachvollziehbar, dass der Aktienoptionsplan die Deckung des Personalbedarfs fördere, indem Anreize zum Eintritt in das Unternehmen sowie zum Verbleib gegeben würden. Gleichzeitig werde die Anwesenheit der Mitarbeiter gefördert.[82]

Im Kern kann der Begründung somit entnommen werden, dass die Ausgabe von Umtauschrechten auf Aktien an Arbeitnehmer unterhalb der Führungsebene wegen der damit beabsichtigten Bindungs- und Motivationswirkung unternehmensdienlich ist und daher im Gesellschaftsinteresse liegt.

(2) Eignung

Aktienoptionsprogramme werden als geeignete Instrumente zur Motivations- und Leistungsförderung aller Mitarbeiter angesehen. Dementsprechend wird der Bezugsrechtsausschluss, der die Einräumung der Wandelanleihen an die Mitarbeiter erst ermöglicht, grundsätzlich als geeignet angesehen, um diese Ziele zu erreichen.[83]

Da der Börsenkurs zumindest langfristig die Leistungsfähigkeit, Ertragsstärke und den Wert des börsennotierten Unternehmens wiederspiegelt,[84] ist die

---

82 *OLG Braunschweig* v. 29.7.1998, ZIP 1998, 1585, 1588. Zustimmend *Zeidler*, NZG 1998, 789, 795 f.
Dadurch wurde die vorinstanzliche Entscheidung des LG Braunschweig v. 11.3.1998, DB 1998, 666, 668 f. aufgehoben. Darin war das Gesellschaftsinteresse verneint worden, weil allein die abstrakten Vorteile von Aktienoptionsprogrammen für die Gesellschaft nicht ausreichend seien, sondern vielmehr sich konkret abzeichnende, wahrscheinliche Vorteile gegeben sein müssten.
In der Literatur stieß diese Entscheidung einstimmig auf Zustimmung, vergl. *Klahold*, S. 156 f.; *Weiß*, Aktienoptionspläne, S. 170 f.; *Zeidler*, NZG 1998, 789, 796.

83 Ähnlich *OLG Braunschweig* v. 29.7.1998, ZIP 1998, 1585, 1588; im Ergebnis auch *OLG Stuttgart* v. 12.8.1998, ZIP 1482, 1486 f.; *Klahold*, S. 157; *Schwarz/Michel*, BB 1998, 489, 490; *Weiß* Aktienoptionspläne, S. 171 f.; *Zeidler*, NZG 1998, 789, 795 f.

84 *RegEBegr zum KonTraG*, BT-Drucks. 13/9712, S. 23; *LG Frankfurt* v. 10.2.1997, WM 1997, 473, 476; *LG Stuttgart* v. 30.10.1997, ZIP 1997, 2421, 2423; *OLG Braunschweig* v. 29.7.1998, ZIP 1998, 1585, 1589; *OLG Stuttgart* v. 12.8.1998, ZIP 1482, 1488 f.; *Kohler*, ZHR 161 (1997), 246, 257. Kritisch zum Börsenkurs als Anknüpfungspunkt *Feddersen*,

Vergütungsform ebenfalls geeignet, das Management zu einer langfristigen Steigerung des Unternehmenswerts zu motivieren.[85]

(3) Erforderlichkeit

Der Bezugrechtsausschluss muss erforderlich sein und es darf daher kein milderes und ebenso effizientes Mittel geben, das die Aktionäre weniger schwer beeinträchtigt und den angestrebten Zweck in gleicher Weise fördert.[86]

Die Erforderlichkeit des Bezugrechtsausschlusses wird bejaht, weil sich anderenfalls die Ausgabe der Wandelanleihen an die Vorstandsmitglieder und Mitarbeiter nicht realisieren ließe.[87] Darüber hinaus hält die ganz überwiegende Ansicht die Ausgabe der Wandelanleihen im Rahmen der Aktienoptionsprogramme im Vergleich mit anderen erfolgsorientierten Vergütungsformen für das mildeste und zur Erreichung der dargestellten Zwecke am besten geeignete Mittel. Dies wird damit begründet, dass die bislang üblichen gewinnabhängigen Tantiemen auf Parametern eines bestimmten Geschäftsjahres beruhen, die der Vorstand und die übrigen Führungskräfte selbst beeinflussen könnten. Die Aktienoptionspläne dienten demgegenüber als Motivation zur langfristigen Steigerung des Unternehmenswertes und nicht nur der kurzfristigen Gewinnmaximierung.[88] Die Ausgabe der Wandelanleihen auf der Grundlage einer bedingten Kapitalerhöhung belaste außerdem im Gegensatz zur Zahlung der Tantiemen oder sonstiger erfolgsabhängiger Vergütungsformen nicht die Liquidität des Unternehmens und führe nicht zu gewinnschmälernden Kosten, die in die Gewinn- und Verlustrechnung eingingen.[89] Gleiches gelte für den Vergleich mit schuldrechtlichen Nachbildungen[90] oder dem Ankauf eigener Aktien

---

ZHR 161 (1997). 269, 271 f.; *Schneider*, ZIP 1996, 1769, 1771; *Peltzer*, AG 1996, 307, 313.

85 Vergl. *Seibert* in: Pellens, Entlohnungssysteme, 29, 45.

86 Vergl. *BGH* v. 19.4.1982, BGHZ 83, 319, 321; v. 7.3.1994, BGHZ 125, 239, 244; *Baums* in: FS Claussen, S. 3, 40; *Bungeroth* in: Geßler/Hefermehl/Eckardt/Kropff, AktG, § 186 Rn. 113; *Hüffer*, AktG, § 186 Rn. 27; *Lutter* in: Kölner Kommentar zum AktG, § 186 Rn. 62.

87 *OLG Braunschweig* v. 29.7.1998, ZIP 1998, 1585, 1588; *OLG Stuttgart* v. 12.8.1998, ZIP 1998, 1482, 1487.

88 *OLG Braunschweig* v. 29.7.1998, ZIP 1998, 1585, 1588; *Lutter*, ZIP 1997, 1, 3 f., *ähnlich Menichetti*, DB 1996, 1688, 1689; zustimmend *Weiß*, Aktienoptionspläne, S. 172.

89 *OLG Braunschweig* v. 29.7.1998, ZIP 1998, 1585, 1588; *OLG Stuttgart* v. 12.8.1998, ZIP 1998, 1482, 1486; *Baums* in: FS Claussen, S. 3, 40 f.; *Feddersen/Pohl*, AG 2001, 26, 28; *Lutter*, ZIP 1997, 1, 3; *Schwarz/Michel*, BB 1998, 489, 490; *Weiß*, Aktienoptionspläne, S. 172. Dieses Argument verliert hat aber mit der Änderung der Bilanzierungsrichtlinien an Gewicht verloren, vergl. dazu § 1 IV 4 d.

90 Dazu bereits in § 1 III 3.

nach § 71 Abs. 2 Nr. 2, 8 AktG, die zwar nicht zu einer Verwässerung der Mitgliedschaftsrechte führen, dafür aber ebenfalls den Bilanzgewinn belasteten.[91] Aus all diesen Gründen wird im Ergebnis die Erforderlichkeit nachvollziehbar angenommen.[92]

(4) Verhältnismäßigkeit im engeren Sinne

Der Bezugrechtsausschluss muss schließlich noch verhältnismäßig sein. Im Rahmen dieser Prüfung ist eine Abwägung zu treffen, ob die für die Aktiengesellschaft zu erwartenden Vorteile unter Berücksichtigung der nachteiligen Folgen für die Aktionäre angemessen sind und die Nachteile überwiegen.[93] Diese bestehen für die Aktionäre in der Verwässerung ihrer Anteile, also in der verhältnismäßigen Beeinträchtigung ihrer Stimm- und Beteiligungsrechte sowie der Verringerung ihres Anteils am Gesellschaftsvermögen.[94] Die Vorteile liegen in der zu erwartenden Steigerung des Unternehmenswertes und der Aktienrendite.[95]

Für den Umfang der Angemessenheitskontrolle hat sich eine vermittelnde Ansicht durchgesetzt, die von einem kontrollfreien Kernbereich der unternehmerischen Entscheidung ausgeht und die Eckpunkte des Aktienoptionsprogramms einer Plausibilitätskontrolle unterziehen will.[96] Im Rahmen dieser Kontrolle

---

91 *Baums* in: FS Claussen, S. 3, 40; *Feddersen/Pohl*, AG 2001, 26, 28; *Klahold*, S. 160; *Weiß*, Aktienoptionspläne, S. 173; *Zeidler*, NZG 1998, 789, 796.

92 So im Ergebnis *OLG Braunschweig* v. 29.7.1998, ZIP 1998, 1585, 1588; *OLG Stuttgart* v. 12.8.1998, ZIP 1998, 1482, 1487; *Hüffer*, ZHR 161 (1997), 214, 228; *Weiß*, Aktienoptionspläne, S. 173; *Zeidler*, NZG 1998, 789, 796.

93 *BGH* v. 13.3.1978, BGHZ 71, 40, 46; *Hefermehl/Bungeroth* in: Geßler/Hefermehl/Eckardt/Kropff, AktG, § 186 Rn. 114; *Hüffer*, AktG, § 186 Rn. 28; *Jäger*, DStR 1999, 28, 32.

94 *OLG Braunschweig* v. 29.7.1998, ZIP 1998, 1585, 1589; *Baums* in: FS Claussen, S. 3, 41; *Hüffer*, ZHR 161 (1997), 14, 229; *Lutter* in: Kölner Kommentar zum AktG, § 186 Rn. 58.

95 *Baums* in: FS Claussen, S. 3, 41; *Hüffer* ZHR 161 (1997), 214, 229.

96 *LG Frankfurt* v. 10.2.1997, WM 1997, 473, 476; *LG Stuttgart* v. 30.10.1997, ZIP 1997, 2421, 2423 f.; *OLG Braunschweig* v. 29.7.1998, ZIP 1998, 1585, 1588 f.; *OLG Stuttgart* v. 12.8.1998, ZIP 1482, 1487; ähnlich *Hüffer*, ZHR 161 (1997), 214, 229; *Jäger*, DStR 1999, 28, 32; *Klahold*, S. 163 f.; ähnlich *Lutter*, ZIP 1997, 1, 5; *Weiß*, WM 1999, 353, 355; *ders.*, Aktienoptionspläne, S. 174 f. jeweils mit eingehender Darstellung des Meinungsstands.
Demgegenüber vertritt *Baums* in: FS Claussen, S. 3, 41 die Ansicht, es sei zu prüfen, ob die angestrebte Aktienkurs- bzw. Aktienrenditesteigerung nicht auch ohne den besonderen Anreiz der Aktienoptionsvergabe an die Führungskräfte erreicht werden könne. Dieser Standpunkt wird allerdings zu recht deshalb kritisiert, weil eine solche Überprüfung auf eine Richtigkeitskontrolle und Wertung der unternehmerischen Entscheidung hinaus

kommt der Beeinträchtigung der Beteiligungs- und Stimmrechtsquote nur eine untergeordnete Bedeutung zu, da sich diese Quoten regelmäßig nur um geringe Prozentpunkte verändern.[97] Entscheidend soll allein die Verwässerung der Vermögensanteile sein. Der Verwässerungseffekt ist allerdings nur schwer zu berechnen, weil der Kurszuwachs im Zeitpunkt des Hauptversammlungsbeschlusses und damit die Unternehmenswertsteigerung bei Ausübung des Umtauschrechts noch nicht feststeht.[98] Man geht daher aus Praktikabilitätsgründen davon aus, dass der Verwässerungseffekt zu vernachlässigen ist, wenn der Ermächtigungsrahmen der bedingten Kapitalerhöhung zur Bedienung der Umtausch- bzw. Wandlungsrechte nicht mehr als 10 % vom Grundkapital beträgt. Nach der gesetzlichen Wertung in § 186 Abs. 3 S. 4 AktG könne dies als legitime Beeinträchtigung der Aktionärsrechte angesehen werden, so dass man innerhalb dieser Grenze von einem Überwiegen der Vorteile ausgehen dürfe.[99] In die Verhältnismäßigkeitsprüfung sind zudem die Eckpunkte des Aktienoptionsprogramms einzubeziehen.[100] Kontrolliert werden insbesondere Ausübungspreis, Erfolgsziele, Sperrfristen und Ausübungszeiträume. Dabei wird die Anknüpfung des Wandlungspreises und der Erfolgsziele an den Börsenkurs am Ausgabetag für sachgerecht gehalten.[101] Eine zusätzliche Verknüpfung mit einem Markt- oder Branchenindex wird zwar für sinnvoll, aber nicht für erforderlich gehalten.[102] Als Ausübungshürde wird eine fixe Steigerung des Aktienkurses von mindestens 10 % bei einer Laufzeit des Programms

liefe, die anhand unsicherer Zukunftsprognosen zu treffen wäre, so *Klahold*, S. 163 f.; *Weiß*, Aktienoptionspläne, S. 174 f.

97 Vergl. *OLG Braunschweig* v. 29.7.1998, ZIP 1998, 1585, 1589. So ausdrücklich *Baums* in: FS, Claussen, S. 3, 41; *Kohler*, ZHR 161 (1997), 269, 263 f. mit Rechenbeispielen; Weiß, Aktienoptionspläne, S. 175 f.

98 *Baums* in: FS, Claussen, S. 3, 41; *Hüffer*, ZHR 161 (1997), 214 229; Weiß, Aktienoptionspläne, S. 178.

99 *OLG Braunschweig* v. 29.7.1998, ZIP 1998, 1585, 1588; ähnlich *Hüffer*, ZHR 161 (1997), 214 229; *Jäger*, DStR 1999, 28, 32; *Kohler*, ZHR 161 (1997), 269, 264.

100 *Hüffer*, ZHR 161 (1997), 214, 229; *Lutter*, ZIP 1997, 1, 5.

101 *LG Frankfurt* v. 10.2.1997, WM 1997, 472, 476; *LG Stuttgart* v. 30.10.1997, DB 1997, 2412, 2423; *OLG Braunschweig* v. 29.7.1998, ZIP 1998, 1585, 1589; *OLG* Stuttgart v. 12.8.1998, ZIP 1998, 1482, 1488.

102 *RegEBegr zum KonTraG*, BT-Drucks. 13/9712, S. 24; *LG Frankfurt*, v. 10.2.1997, WM 1997, 472, 476; *LG Stuttgart* v. 30.10.1997, DB 1997, 2412, 2423; *OLG Braunschweig* v. 29.7.1998, ZIP 1998, 1585, 1589; *OLG* Stuttgart v. 12.8.1998, ZIP 1998, 1482, 1488; *Hüffer* ZHR 161 (1997), 214, 228; *Lutter*, ZIP 1997, 1, 6; *Weiß*, Aktienoptionspläne, S. 183, nach dessen Ansicht der Ausübungspreis eher aus psychologischen Gründen und wegen der erleichterten Kommunikation des Programms an den Börsenkurs geknüpft werde, um auf diese Weise einen möglichst hohen Motivationseffekt zu erreichen. Strenger *Baums* in: FS Claussen, S. 3, 40, nach dessen Ansicht bei einem Verzicht auf die Anbindung an einen Index die Gründe dafür dargelegt werden müssen. Allgemein dazu bereits in § 1 V 3.

von mindestens fünf Jahren für erforderlich gehalten.[103] Zulässig sollen auch flexible Ausübungshürden sein, die den Vorstand ermächtigen, in der Zukunft andere Prozentzahlen als Bedingung für die Ausübung des Wandlungsrechts festzulegen, um so auf Kapitalmarktentwicklungen reagieren zu können.[104] Als Sperr- bzw. Wartfrist bis zur erstmaligen Umtauschmöglichkeit wird eine Frist von mindestens zwei, i.d.R. drei Jahren für erforderlich gehalten, damit sich die Bindungs-, Motivations- und Anreizwirkung angemessen entfalten kann.[105] Als Alternative zur Erreichung der langfristigen Wirkung kann eine Haltefrist für die erworbenen Aktien festgesetzt oder eine Kombination aus Sperr- und Haltefristen gewählt werden.[106] Werden diese Eckpunkte eingehalten, so ist der Bezugsrechtsausschluss für die Ausgabe der Wandelanleihen im Rahmen eines Aktienoptionsprogramms als verhältnismäßig und damit gerechtfertigt anzusehen.

g) Zusammenfassung

Trotz der Neuregelung durch das KonTraG und der dadurch geschaffenen Möglichkeit, im Rahmen der Aktienoptionsprogramme nackte Optionsrechte auszugeben, ist weiterhin die Ausgabe der Wandelanleihen in Verbindung mit einer bedingten Kapitalerhöhung zur Durchführung dieser Programme rechtlich zulässig.

Dafür ist gem. § 192 Abs. 2 Nr. 1 AktG ein satzungsändernder Kapitalerhöhungsbeschluss erforderlich. Nach § 193 Abs. 2 Nr. 1 bis 3 AktG hat die Hauptversammlung in diesem Beschluss neben dem maximalen Betrag der Kapitalerhöhung den Zweck der Ausgabe der Umtauschrechte, den Kreis der Begünstigten, den Wandlungspreis und das Umtauschverhältnis sowie die Höhe einer möglichen Zuzahlung festzulegen. Die Festlegung der Anleihe- bzw. Programmbedingungen gehört zum fakultativen Inhalt des Beschlusses und kann

---

103 *LG Frankfurt*, v. 10.2.1997, WM 1997, 472, 476 (10 %, Laufzeit 10 Jahre); *OLG Braunschweig* v. 29.7.1998, ZIP 1998, 1585, 1590 (10 %, 5 Jahre Laufzeit); *LG Stuttgart* v. 30.10.1997, DB 1997, 2421, 2423 f. und *OLG Stuttgart* v. 12.8.1998, ZIP 1998, 1482, 1489 (15 %, Laufzeit 10 Jahre). So auch *Lutter*, ZIP 1997, 1, 6; zustimmend *Jäger*, DStR 1999, 28, 32; *Weiß*, Aktienoptionspläne, S. 182; *Zeidler*, NZG 1998, 789, 797.

104 *OLG Stuttgart* v. 12.8.1998, ZIP 1998, 1482, 1489; so auch *Lutter*, ZIP 1997, 1, 6, wonach im Beschluss nur der Mindesterfolg festgelegt werden muss.

105 Vergl. *RegEBegr zum KonTraG*, BT-Drucks. 13/9712, S. 24; *LG Stuttgart* v. 30.10.1997, DB 1997, 2412, 2423; *OLG Braunschweig* v. 29.7.1998, ZIP 1998, 1585, 1590; *OLG* Stuttgart v. 12.8.1998, ZIP 1998, 1482, 1489; *Baums* in: FS Claussen, 3, 10, 18; *Kohler*, ZHR 161 (1997), 246, 248; *Lutter*, ZIP 1997, 1, 6; *Weiß*, Aktienoptionspläne, S. 184; *Zeidler*, NZG 1998, 789, 797.

106 Vergl. *Feddersen/Pohl*, AG 2002, 26, 29; *Weiß*, Aktienoptionspläne, S. 184.

den zuständigen Vergütungsorganen überlassen werden. Die Hauptversammlung muss darüber hinaus gem. § 221 Abs. 4 S. 2 i.V.m. § 186 AktG das Bezugsrecht der Aktionäre auf die Wandelanleihe ausschließen. Der Ausschluss erfordert gem. § 221 Abs. 5 S. 2 i.V.m. 186 Abs. 5 S. 2 AktG einen formellen Vorstandsbericht, in dem die Gründe für den Ausschluss und die damit für die Aktionäre verbundenen Nachteile dargestellt werden müssen. Der Ausschluss der Bezugsrechte muss materiell gerechtfertigt sein. Dies ist nur gegeben, wenn die mit der Ausgabe der Umtauschrechte an die Begünstigten verfolgten Ziele im Gesellschaftsinteresse liegen und der Ausschluss für die Erreichung dieser Ziele geeignet, erforderlich und verhältnismäßig im engeren Sinne ist. Letzteres ist der Fall, wenn die mit dem Ausschluss verbundenen Nachteile der Aktionäre, insbesondere die Verwässerung ihrer Anteile, durch die Vorteile aufgewogen werden. Bei Auflegung eines Aktienoptionsprogramms hält der Bezugsrechtsausschluss der Inhaltskontrolle regelmäßig stand, wenn das Grundkapital im Rahmen der bedingten Kapitalerhöhung nicht um mehr als 10 % erhöht wird, und das Umtauschrecht erst ab einer Steigerung des Aktienkurses von 10 % nach Ablauf einer Wartefrist von mindestens zwei Jahren ausgeübt werden kann. Da der Hauptversammlungsbeschluss wie auch der Vorstandsbericht über den Ausschluss des Bezugsrechts gem. § 243 Abs. 1 AktG anfechtbar sind, hat der Vorstand der Gesellschaft diese Maßnahme besonders sorgfältig zu begründen und bei der Vorbereitung der Beschlussvorlage die als zulässig angesehenen Programmeckpunkte zu beachten.

3. Beschaffung der Aktien durch die Ausgabe von nackten Optionen

Wegen der komplizierten Beschlussfassung und den Anfechtungsrisiken hat sich der Gesetzgeber zur Änderung des § 192 Abs. 2 Nr. 3 und Abs. 3 AktG sowie der Neueinfügung von § 192 Abs. 2 Nr. 4 AktG durch das KonTraG entschlossen. Danach ist die Ausgabe nackter Optionsrechte an Arbeitnehmer und Mitglieder der Geschäftsführung der ausgebenden Gesellschaft und der mit ihr verbundenen Unternehmen ausdrücklich zulässig.[107] Die Ausgabe der Bezugsrechte kann nach neuer Rechtslage durch eine bedingte Kapitalerhöhung bedient werden. Anders als bisher muss die Kapitalerhöhung nicht mehr gegen Einlage von Geldforderungen aus Gewinnbeteiligungen erfolgen.[108]

---

107 Vergl. *Hüffer*, AktG, § 193 Rn. 16; *Seibert* in: Pellens, Entlohnungssysteme, 29, 37.

108 Zusammenfassend zu den Änderungen *Hüffer*, AktG, § 192 Rn. 15 f.; *Weiß*, Aktienoptionspläne, S. 210 f.; *ders.*, WM 1999, 353, 356.

Seit der Gesetzesänderung werden im Rahmen der Mitarbeiterbeteiligungs- bzw. Aktienoptionsprogramme weit überwiegend Bezugrechte in Form nackter Aktienoptionsrechte angeboten. Die Zahl entsprechender Aktienoptionsprogramme für Vorstandsmitglieder und Mitarbeiter stieg bereits unmittelbar nach Inkrafttreten der Änderung innerhalb kürzester Zeit stark an.[109] Im Jahr 2000 betrug ihr Anteil an den aufgelegten Programmen 79 %.[110]

a) Kreis der Begünstigten

Zum begünstigten Personenkreis können alle Personen gehören, die gegenwärtig in einem Arbeits- bzw. Dienstverhältnis mit der Aktiengesellschaft stehen. Dies sind neben den Vorstandsmitgliedern als Mitglieder der Geschäftsführung, alle Arbeitnehmer, einschließlich der Führungskräfte, der Auszubildenden und der Heimarbeitnehmer. Dazu gehören jedoch nicht ehemalige Arbeitnehmer wie Betriebsrentner oder ehemalige Vorstandsmitglieder.[111] Außerdem können die Arbeitnehmer und die Mitglieder der Geschäftsführung verbundener Unternehmen i.S.v. § 15 AktG, also der Tochtergesellschaften, einbezogen werden.

Vom begünstigten Personenkreis sind allerdings die Aufsichtsratsmitglieder ausgeschlossen, da sie nicht zur Geschäftsführung gehören. Nach der Begründung des Regierungsentwurfs müssten die Aufsichtsratsmitglieder andernfalls die nach § 193 Abs. 2 Nr. 4 AktG verbleibenden Einzelheiten für sich selbst festsetzen.[112] Der Ausschluss wird in der Literatur nicht befürwortet,[113] ist aber durch den BGH jüngst bestätigt worden.[114]

Nach dem Hauptversammlungsbeschluss der Vossloh AG gehören alle inländischen Mitarbeiter oder Führungskräfte der Vossloh AG und die der mit ihr i.S.v. §§ 15 ff. AktG verbundenen Unternehmen zum begünstigten Personenkreis.[115]

---

109 *Weiß*, WM 1999, 353, 356 mit zahlreichen Nachweisen.

110 *Feddersen*, AG 2001, 26, 28 m.w.N. Diese Entwicklung hält nach *Ackermann/Suchan*, BB 2002, 1497, weiterhin an.

111 *RegEBegr zum KonTraG*, BT-Drucks. 13/9712, S. 24; *Frey* in: Großkomm AktG § 192 Rn. 95 f.; *Hüffer*, AktG, § 192 Rn. 19.

112 *ReEBegr* zum KonTraG, BT-Drucks. 13/9712, S. 24

113 Tendenziell *Hüffer*, ZHR 161 (1997), 214, 244; *ders.* AktG, § 221 Rn. 21. Für eine solche Vergütung des Aufsichtsrats *Seibert* in: Pellens, Entlohnungssysteme, 29, 42 f.; *Weiß*, Aktienoptionspläne, S. 212, 197 ff.; *ders.* WM 1999, 353, 357.

114 *BGH* v. 16.2.2004, ZIP 2004, 613, 614 f. Zustimmend *Lenenbach*, EwiR § 71 AktG 1/2004, 413, 414; *Meyer/Ludwig*, ZIP 2004, 940, 942 f.

115 *BAnz* v. 28.5.1998, S. 6950, 6061.

b) Zustimmungs- bzw. Ermächtigungsbeschluss gem. § 192 Abs. 2 Nr. 3 AktG

Die Ausgabe der Bezugsrechte erfolgt nach § 192 Abs. 2 Nr. 3 AktG alternativ im Wege eines Zustimmungs- oder Ermächtigungsbeschlusses.[116] Bei einem Ermächtigungsbeschluss ermächtigt die Hauptversammlung den Vorstand, das Aktienoptionsprogramm mit dem im Hauptversammlungsbeschluss festgelegten Eckdaten zu einem späteren Zeitpunkt aufzulegen. In diesem Fall entscheidet der Vorstand nach pflichtgemäßem Ermessen, ob und zu welchem Zeitpunkt den Mitarbeitern die Bezugsrechte auf Aktien eingeräumt werden. Auf diese Weise wird dem Vorstand hinsichtlich der Auflegung und des Durchführungszeitpunkts ein flexibler Handlungsspielraum eingeräumt.[117] Der Hauptversammlungsbeschluss kann darüber hinaus die Zustimmung des Aufsichtsrats zum Vorstandsbeschluss vorsehen.[118] Bei einem Zustimmungsbeschluss ist der Vorstand verpflichtet, den Aktienoptionsplan im zeitlichen Zusammenhang mit dem Hautversammlungsbeschluss umzusetzen. Diese Beschlussform ist in der Praxis eher die Ausnahme.[119] Auch die Vossloh AG hat den Weg über den Ermächtigungsbeschluss gewählt und die Ausgabe der Bezugsrechte an die Zustimmung des Aufsichtsrats gebunden.[120]

c) Höchstgrenzen der bedingten Kapitalerhöhung, § 192 Abs. 3 AktG

Die Höchstbeträge einer bedingten Kapitalerhöhung zum Zweck der Ausgabe der Bezugsrechte sind in § 192 Abs. 3 AktG geregelt. Danach darf der Nennbetrag des bedingten Kapitals grundsätzlich nicht die Hälfte bzw. 10 % des zum Beschlusszeitpunkt vorhandenen Grundkapitals übersteigen. Die Höhe des Grundkapitals kann allerdings schwanken, weil in die Berechnung des zulässigen Erhöhungsbetrages frühere noch nicht ausgeschöpfte und für andere Zwecke bestimmte bedingte Kapitalerhöhungen mit einzubeziehen sind.[121]

---

[116] *Frey* in: Großkomm AktG § 192 Rn. 110; *Hüffer*, AktG, § 192 Rn. 22.

[117] *RegEBegr zum KonTraG*, BT-Drucks. 13/9712, S. 24.

[118] *Frey* in: Großkomm AktG § 192 Rn. 112.

[119] *Frey* in: Großkomm AktG § 192 Rn. 110 f.; *Hüffer*, AktG, § 192 Rn. 22; *Krieger*/Münch-Hdb. GesR IV, § 63 Rn. 33.

[120] *BAnz* v. 18.5.1998, S. 6950, 6951.

[121] *Hüffer*, AktG, § 192 Rn. 23 f.

d) Anforderung und Inhalt an den Kapitalerhöhungsbeschluss gem. § 193 Abs. 2 AktG

In § 193 Abs. 2 AktG ist der von der Hauptversammlung zu beschließende notwendige Inhalt des Kapitalerhöhungsbeschlusses festgelegt.

aa) Regelungen nach § 193 Abs. 2 Nr. 1 bis 3 AktG

In § 193 Abs. 2 Nr. 1 bis 3 AktG sind allgemeine Regeln enthalten, wonach der Beschluss den Zweck der Kapitalerhöhung, den Kreis der Bezugsberechtigten und den Ausgabebetrag einschließlich des Bezugsverhältnisses sowie den Höchstbetrag der bedingten Kapitalerhöhung und die Aktienart enthalten muss.[122]

Nach dem Hauptversammlungsbeschluss der Vossloh AG wird z.B. das Grundkapital der Gesellschaft um bis zu 750.000 DM durch die Ausgabe von bis zu 150.000 Stück auf den Inhaber lautender Stammaktien zum Zwecke der Gewährung von Bezugsrechten an inländische Mitarbeiter der Vossloh AG einschließlich der mit i.S.v. §§ 15 ff. AktG verbundenen Unternehmen bzw. um bis zu 3.600.000 DM durch die Ausgabe von bis zu 720.000 Aktien an inländische Führungskräfte einschließlich der mit ihr verbundenen Unternehmen bedingt erhöht.

Ein weiteres wesentliches Element eines jeden Aktienoptionsprogramms stellt der Ausgabe- oder Basispreis i.S.v. § 193 Abs. 2 Nr. 3 AktG dar. Nach den beiden Programmen der Vossloh AG soll die Ausgabe der Aktien zum Mittelwert der Einheitskurse der Aktie an der Frankfurter Wertpapierbörse in den letzten fünf Handelstagen vor der Ausgabe der Optionen erfolgen.[123] Dabei berechtigt jedes Optionsrecht zum Bezug einer Aktie, so dass sich ein Bezugsverhältnis von 1:1 ergibt.[124] Weiterhin findet sich in dem Beschluss der Hinweis, dass die bedingte Kapitalerhöhung jeweils nur insoweit durchgeführt wird, wie Bezugsrechte gewährt und durch die Berechtigten ausgeübt werden. Darüber hinaus wird der Vorstand ermächtigt, mit Zustimmung des Aufsichtsrats die weiteren Einzelheiten der bedingten Kapitalerhöhung und ihrer Durchführung festzusetzen.[125]

---

[122] Vergl. *RegEBegr zum KonTraG*, BT-Drucks. 13/9712, S. 23.
[123] *BAnz* v. 18.5.1998, 6950, 6952. Vergl. § 1 II 3.
[124] *BAnz* v. 18.5.1998, 6950, 6952. Vergl. § 1 II 2.
[125] *BAnz* v. 18.5.1998, S. 6950, 6951.

bb) Regelungen im Hauptversammlungsbeschluss nach § 193 Abs. 2 Nr. 4 AktG

Der Beschluss muss im Fall der bedingten Kapitalerhöhung durch die Ausgabe von Bezugsrechten den besonderen Anforderungen des durch das KonTraG neu eingefügten § 193 Abs. 2 Nr. 4 AktG genügen.

Im Beschluss ist zunächst die Aufteilung der Bezugsrechte auf Mitglieder der Geschäftsführung und der Arbeitnehmer festzulegen, die bei der Einbeziehung verbundener Unternehmen aus bis zu vier Gruppen bestehen können.[126] Nach dem Beschluss der Vossloh AG sind alle inländischen Mitarbeiter der Gesellschaft und ihrer Tochterunternehmen zur Teilnahme am Mitarbeiterbeteiligungsprogramm berechtigt. Die Teilnehmer am Incentiveprogramm werden in drei Gruppen von Führungskräften eingeteilt, die näher aufgeschlüsselt und nach Geschäftsbereichen und Führungsebenen beschrieben werden. Ihre Zahl wird mit rund 70 Personen beziffert. Von der Aufteilung sind auch die Mitarbeiter und Führungskräfte der verbundenen Unternehmen erfasst.[127]

Ein weiteres Beispiel bildet die Aufteilung im Hauptversammlungsbeschluss der Axitron AG. Danach verteilt sich das Gesamtvolumen der Bezugsrechte zu 10 % auf den Vorstand und zu 70 % auf die Mitarbeiter sowie bis zu 5 % auf die Mitglieder der Geschäftsführung verbundener Unternehmer und bis zu 15 % auf deren Mitarbeiter.[128]

Der Beschluss muss als weitere wichtige Eckpunkte die Erfolgsziele, die Wartezeit und die Erwerbs- und Ausübungszeiträume festlegen. Anders als bei der Ausgabe der Wandelanleihen haben die Anteilseigener bei der Ausgabe nackter Optionen die in § 193 Abs. 2 Nr. 4 AktG aufgeführten wesentlichen Eckdaten festzulegen. Die Aufzählung ist allerdings nicht abschließend, so dass die Hauptversammlung wahlweise weitere Bedingungen festlegen kann.[129] Ihre Festsetzung erfolgt anderenfalls durch die für die Vergütung zuständigen Organe. Die angesprochenen zwingend zu beschließenden Klauseln sowie weitere mögliche Regelungsgegenstände eines Aktienoptionsprogramms werden in § 3 noch näher erläutert.

---

[126] *RegEBegr zum KonTraG*, BT-Drucks. 13/9712, S. 23 f.; *Frey* in: Großkomm AktG § 193 Rn. 59; *Hüffer*, AktG § 193 Rn. 9; *Weiß*, Aktienoptionspläne, S. 215 f.; *ders.*, WM 1999, 353, 357.

[127] *BAnz* v. 18.5.1998, 6950, 6951.

[128] *BAnz* v. 13.4.1999, 6154.

[129] *OLG Stuttgart* v. 13.5.2001, AG 2001, 540, 543; *Hüffer*, AktG § 193 Rn. 8; *Weiß*, WM 1999, 353, 357.

e) Entbehrlichkeit eines formellen Bezugsrechtsausschlusses

Bei der Gewährung nackter Optionsrechte im Rahmen einer bedingten Kapitalerhöhung ist das Bezugsrecht der Aktionäre kraft Gesetzes ausgeschlossen. Anders als bei der Ausgabe der Wandelanleihen, auf die nach den §§ 186 Abs. 3, 221 Abs. 4 S. 2 AktG ein Bezugsrecht der Aktionäre besteht, fehlt es für die Ausgabe nackter Optionsrechte in § 192 Abs. 2 Nr. 3 AktG an einer entsprechenden Anordnung. Folglich ist der formelle Ausschluss der Bezugsrechte durch die Hauptversammlung bei der Einräumung nackter Optionsrechte an die Mitarbeiter nicht erforderlich.[130]

f) Streitstand zur Erforderlichkeit der besonderen materiellen Rechtfertigung des Beschlusses

Nicht einheitlich wird dagegen beurteilt, ob der Erhöhungsbeschluss wegen des faktischen Ausschlusses der Bezugsrechte der Aktionäre auf seine sachliche Rechtfertigung überprüft werden muss und einer materiellen Beschlusskontrolle unterliegt.[131] Die Regierungsentwurfsbegründung enthält insoweit nur den Hinweis, dass ein allgemeines Bezugsrecht bei einer bedingten Kapitalerhöhung der Natur der Sache nach ausgeschlossen ist.[132]

In der Literatur wird daher vertreten, dass bei der Ausgabe nackter Optionsrechte im Wege der bedingten Kapitalerhöhung eine Verhältnismäßigkeitsprüfung und damit eine Kontrolle der sachlichen Rechtfertigung erforderlich ist, weil die Ausgabe nackter Optionen zur Verwässerung führen könne und in ihren materiellen Auswirkungen dem Bezugrechtsausschluss gleiche.[133]

---

130 So *LG Stuttgart* v. 9.10.2000, BB 2000, 2220; *OLG Suttgart* v. 16.3.2001, AG 2001, 540 f.; *RegEBegr zum KonTraG*, BT-Drucks. 13/9712, S. 24 und die überwiegende Auffassung in der Literatur: *Frey* in: Großkomm AktG, § 192 Rn. 117; *Hüffer*, AktG, § 192 Rn. 18; *ders.* ZHR 161 (1997), 239, 214; *Krieger*/MünchHdb. GesR IV, § 63 Rn. 35; *Kühnberg/Keßler*, AG 1999, 453, 461; *Seibert* in: Pellens, Entlohnungssysteme, 29, 47; *Weiß*, Aktienoptionspläne, S. 225; *ders.* WM 1999, 353, 359.
Kritisch dazu *Lutter* ZIP 1997, 1, 7 f., der die Regelung in dieser Form vor dem Hintergrund des Art. 29 der zweiten gesellschaftsrechtlichen Kapitalrichtlinie (77/191/EWG) für EG-rechtlich unzulässig hält. Zur Darstellung des Streits *Weiß*, Aktienoptionspläne, S. 222 f.

131 Zur materiellen Beschlusskontrolle einer bedingten Kapitalerhöhung im Wege der Ausgabe von Wandelschuldverschreibungen unter § 2 III 2 f.

132 *RegEBegr zum KonTraG*, BT-Drucks. 13/9712, S. 24.

133 *Lutter*, ZIP 1997, 1, 9; *ders.* EWiR 1999, 195 f.; im Ergebnis wohl auch *Frey* in: Großkomm AktG, § 192 Rn. 125; ohne Begründung, Kallmeyer, AG 1999, 97, 100; *Zeidler*, NZG 1998, 789, 794.

Nach der ganz überwiegenden Ansicht unterliegt der Hauptversammlungsbeschluss keiner materiellen Kontrolle im Sinne einer Angemessenheitsprüfung,[134] weil dem gesetzlich vorgesehenen Eingriff in die Mitgliedschaftsrechte bereits die gesetzgeberische Abwägung der widerstreitenden Interessen zugrunde liege. Die Neufassung des § 192 Abs. 2 Nr. 3 AktG sei gerade Ausdruck einer gesetzgeberischen Abwägungsentscheidung. Der auf dieser Rechtsgrundlage ergehende Hauptversammlungsbeschluss trage daher bei Einhaltung des gesetzlich vorgegebenen Rahmens seine sachliche Rechtfertigung bereits in sich.[135]

Für diese Sichtweise spricht, dass in der Regierungsbegründung das Gesellschaftsinteresse an der Einführung der Aktienoptionsprogramme unter dem Gesichtspunkt einer nachhaltigen Förderung der Unternehmensentwicklung ausdrücklich anerkannt wird und die Einführung der Programme erleichtert werden soll. Um Missbräuche durch die begünstigten Organe zu vermeiden, hat man den Anteilseignern die Kompetenz eingeräumt, die wesentlichen Eckpunkte des Programms selbst festzulegen.[136] Wegen dieser Intention des Gesetzgebers und der verstärkten Einbeziehung der Eigentümer spricht einiges für eine geänderte gesetzgeberische Konzeption, nach der die richterliche Angemessenheitskontrolle der unternehmerischen Entscheidung auf die rechtlich handhabbarere Überprüfung der Transparenz von Entscheidungsvorgängen und formalen Beschlussinhalten verlagert werden soll.[137] Es bleibt damit also nur zu überprüfen, ob die formellen Voraussetzungen von § 193 AktG erfüllt sind.[138] Demzufolge ist davon auszugehen, dass bei Ausgabe nackter Optionsrechte im Rahmen einer bedingten Kapitalerhöhung der Hauptversammlungsbeschluss keiner weiteren materiellen Beschlusskontrolle unterliegt.

---

134 *OLG Suttgart* v. 16.3.2001, AG 2001, 540 f.; *Hüffer*, AktG, § 192 Rn. 18; *Krieger*/MünchHdb. GesR IV, § 63 Rn. 36; *Kühnberg/Keßler*, AG 1999, 453, 460 f.; *Lingemann/Wasmann*, BB 1998, 853, 861, Fn. 175; *Weiß*, Aktienoptionspläne, S. 235; *ders.* WM 1999, 353, 359.

135 So *Weiß*, Aktienoptionspläne, S. 226 ff., 235; *ders.*, WM 1999, 353, 359 jeweils m.w.N. In diesem Sinne auch *OLG Stuttgart* v. 13.6.2001, AG 2001, 540 f. für Programme mit einem den aktuellen Aktienkurs nicht wesentlich unterschreitenden Basispreis. Ähnlich *Hüffer*, AktG, § 192 Rn. 18, nach dessen Ansicht die sachliche Rechtfertigung bei nicht überdimensionierten Programmen regelmäßig gelingen wird.

136 *RegEBegr zum KonTraG*, BT-Drucks. 13/9712, S. 23.

137 *Weiß*, Aktienoptionspläne, S. 233; *ders.* WM 1999, 353, 359 f.

138 Vergl. *OLG Stuttgart* v. 13.6.2001, AG 2001, 540, 541.

g) Erforderlichkeit eines Vorstandsberichts und kritische Auseinandersetzung mit den dazu vertretenen Ansichten

In diesem Zusammenhang ist außerdem umstritten, ob wegen der verstärkten Kontrollbefugnis der Hauptversammlung und der Transparenz der Entscheidungsvorgänge weiterhin der Vorstandsbericht erforderlich ist.

Anders als bei der bedingten Kapitalerhöhung durch die Ausgabe von Wandelschuldverschreibungen, bei welcher der Vorstandsbericht wegen der Verweisung des § 221 Abs. 4 S. 2 AktG auf § 186 S. 2 AktG erforderlich ist, fehlt es an einer entsprechenden Regelung. Aus diesem Grund gehen die Rechtsprechung und die überwiegende Ansicht in der Literatur davon aus, dass für die Beschlussfassung über die Ausgabe nackter Optionsrechte im Rahmen einer bedingten Kapitalerhöhung ein formeller Vorstandsbericht nicht erforderlich sei.[139]

Die Gegenansicht verweist demgegenüber auf die Verwässerungsgefahr bzw. die Notwendigkeit des materiellen Bezugsrechtsausschlusses und will die Vorschriften über den Vorstandsbericht analog anwenden.[140]

Dagegen spricht die Begründung des Regierungsentwurfs, die den Vorstandsbericht nicht erwähnt.[141] Außerdem ist eine entsprechende Änderung nicht vorgenommen worden, obwohl im Laufe des Gesetzgebungsverfahrens vorgeschlagen wurde, eine Korrektur des Entwurfes vorzunehmen und die Beibehaltung der obligatorischen Berichtspflicht durch eine entsprechende Verweisung sicher zu stellen.[142] Daher wird zu Recht darauf verwiesen, dass es an einer planwidrigen Regelungslücke fehle, die Voraussetzung für eine Analogie ist.[143] Zudem ist das Informationsbedürfnis der Hauptversammlung durch die Bekanntgabe der Beschlussinhalte sowie das allgemeine Auskunftsrecht nach § 131 AktG hinreichend sicher gesellt.[144] Außerdem wird der Vorstand die Erhöhung regelmäßig ausführlich begründen müssen und eventuelle Nachfragen schon allein deshalb beantworten, weil er die Zustimmung der Hauptversammlung zur

---

139 *LG Stuttgart* v. 9.10.2000, BB 2000, 2220; *OLG Stuttgart* v. 13.6.2001, AG 2001, 540, 542; *OLG Koblenz* v. 16.5.2002, ZIP 2002, 1845, 1848; *Claussen*, DB 1998, 177, 186; *Hüffer*, AktG § 192 Rn. 16; *Kühnberg/Keßler*, AG 1999, 453, 461; *Seibert* in: Pellens, Entlohnungssysteme, 29, 47; *Weiß*, Aktienoptionspläne, S. 236 f.; *ders.* WM 1999, 353, 360.

140 *Lutter*, ZIP 1997, 1, 9; *ders.*, EWiR 1999, 195; *Zeidler*, NZG 1998, 789, 797.

141 *RegEBegr zum KonTraG*, BT-Drucks. 13/9712, S. 24. Befürwortend *Claussen*,DB 1998, 177, 186; *Martens*, AG Sonderheft 1996, 83, 90.

142 So *Schwarz/Michel*, BB 1998, 489, 492.

143 *OLG Stuttgart* v. 13.6.2001, AG 2001, 540, 542; *Weiß*, Aktienoptionspläne, S. 236 f.; *ders.* WM 1999, 353, 360.

144 So *Weiß*, S. 236 f.; *ders.* WM 1999, 353, 360.

Durchführung der Maßnahme benötigt.[145] Durch den Wegfall des Vorstandsberichts wird das Risiko von Anfechtungsklagen verringert und mehr Rechtsicherheit bei der Auflegung der Aktienoptionsprogramme geschaffen.[146] Daher ist mit der überwiegenden Ansicht davon auszugehen, dass die Vorlage eines Vorstandsberichts bei der Beschlussfassung über die Ausgabe nackter Optionsrechten im Rahmen einer bedingten Kapitalerhöhung nicht erforderlich ist.

h) Umfang des Auskunftsrechts

Allerdings wird von einigen Stimmen bezweifelt, ob man das Anfechtungsrisiko auf diese Weise tatsächlich verringen kann, weil nach § 131 AktG eine Auskunftspflicht des Vorstands bestehe, deren Verletzung ebenfalls zur Anfechtung des Hauptversammlungsbeschlusses berechtige.[147] Streitpunkt ist die Frage, ob sich das Auskunftsrecht nach § 131 AktG auf die Angabe des wirtschaftlichen Werts der Optionen bzw. des wirtschaftlichen Gesamtwerts der Aktienoptionsprogramme bezieht. In der Literatur wird teilweise die Ansicht vertreten, die Kenntnis über den Wert der Bezugsrechte sei unabdingbare Voraussetzung für eine ausgewogene Entscheidung, weil die Aktionäre anderenfalls nicht in der Lage seien, die Vor- und Nachteile des Aktienoptionsprogramms abzuwägen.[148] Dagegen wird allerdings überzeugend vorgebracht, dass die Hauptversammlung anders als nach der alten Rechtslage nicht über den Ausschluss des Bezugrechts entscheide. Sie müsse daher keine Abwägung über die Vor- und Nachteile des Aktienoptionsprogramms und insbesondere darüber treffen, worauf sie bei einem Ausschluss ihres Bezugrechts verzichte. Der wirtschaftliche Wert der Optionen könne allenfalls von Bedeutung sein, sofern ein Bezugsrecht bestehe. Auch die Verwässerungsgefahr erfordere keinen entsprechenden Informationsanspruch, weil die Altaktionäre nach der gesetzlichen Regelung in § 192 Abs. 3 AktG einen Verwässerungseffekt bis zu 10 % hinzunehmen hätten.[149]

---

[145] Vergl. *RegEBegr zum KonTraG*, BT-Drucks. 13/9712, S. 24.

[146] So die Einschätzung von *Kühnberg/Keßler*, AG 1999, 453, 461; *Seibert* in: *Pellens*, Entlohnungssysteme, 29, 47; *Weiß*, S. 239; *ders.* WM 1999, 353, 360. Die *RegEBegr zum KonTraG*, BT-Drucks. 13/9712, S. 23, deutet nur an, dass die Beschlussfassung nach dem herkömmlichen Weg rechtlich aufwendig und wenig transparent sei.
Kritisch zum Wegfall des Vorstandsberichts, *Jäger*, DStR 1999, 28, 34; ähnlich *Kühnberg/Keßler*, AG 1999, 453, 461, sowie *Weiß*, Aktienoptionspläne, S. 239; *ders.*, WM 1999, 353, 360, die die zugunsten der Aktionäre bestehenden Transparenz- und Offenlegungsvorschriften als nicht ausreichend ansehen. Die Änderungen in § 160 Abs. 1 Nr. 3, 5 AktG und § 285 Nr. 9a HGB bildeten kein ausreichendes Äquivalent für den Wegfall der Berichtspflicht.

[147] *Weiß*, Aktienoptionspläne, S. 239; *ders.*, WM 1999, 353, 360, vergl. dazu bereits § 2 II f bb (3).

[148] *Lutter*, EWiR 1999, 195 f.; *Zeidler*, NZG 1998, 789, 798.

i) Zusammenfassung

Nach der Änderung des Aktiengesetzes durch das KonTraG besteht für Aktiengesellschaften die Möglichkeiten, ihren Mitarbeitern und Vorstandsmitgliedern Bezugsrechte direkt als nackte Aktienoptionen einzuräumen. Die zur Bedienung der Optionen notwendigen Aktien können durch eine bedingte Kapitalerhöhung gem. § 192 Abs. 2 Nr. 3 AktG beschafft werden. Dies erfordert einen Beschluss der Hauptversammlung in Form eines Zustimmungs- oder Ermächtigungsbeschlusses. Die Höhe der bedingten Kapitalerhöhung ist nach § 192 Abs. 3 AktG auf 10 % des zum Zeitpunkt der Beschlussfassung vorhandenen Grundkapitals beschränkt. Die Hauptversammlung hat darüber hinaus die in § 193 Abs. 2 Nr. 1 bis 4 AktG enumerativ aufgeführten Eckpunkte des Aktienoptionsprogramms zu beschließen. Dazu gehören insbesondere die Festlegung des Begünstigtenkreises, des Basispreises für die zu beziehenden Aktien sowie der Erfolgsziele, die für die Ausübung erreicht werden müssen. Im Gegensatz zu den übrigen Formen der bedingten Kapitalerhöhung muss die Hauptversammlung das Bezugsrecht der Aktionäre auf die Aktienoptionen nicht formell ausschließen. Aus diesem Grund sind weder eine besondere materielle Rechtfertigung dieses Ausschlusses noch ein förmlicher Vorstandsbericht als Entscheidungsgrundlage für die Aktionäre erforderlich, die in der Vergangenheit bei der Auflegung solcher Programme regelmäßig Gegenstand von Anfechtungsklagen der Aktionäre waren.

4. Vor- und Nachteile der Ausgabe von Wandelschuldverschreiben und nackten Bezugsrechten

Die Aktiengesellschaft hat also bei der Auflegung eines Aktienoptionsprogramms die Wahl, die zur Bedienung notwendigen Aktien im Wege der bedingten Kapitalerhöhung durch die Ausgabe einer Wandelanleihe oder nackter Optionsrechte zu beschaffen. Es stellt sich daher die Frage, welche Kriterien bei der Wahl einer dieser beiden Varianten eine Rolle spielen.

Die Ausgabe der Wandelanleihen kann für das Unternehmen vorteilhaft sein, weil die Hauptversammlung bei der Art der bedingten Kapitalerhöhung nicht die in § 193 Abs. 2 Nr. 4 AktG aufgeführten Eckdaten beschließen muss. Aus diesem Grund besteht für die Gesellschaft ein größerer Gestaltungsspielraum.[150] So wird es als Vorteil angesehen, dass bei der Ausgabe der Wandel-

[149] *OLG Stuttgart* v. 13.6.2001, AG 2001, 540, 542.

[150] *Weiß*, WM 1999, 353, 363; *ders.*, Aktienoptionspläne, S. 258 f.

anleihen eine kürzere Wartefrist als die von zwei Jahren bis zur Erstausübung der Umtauschrechte festgelegt werden kann. Die langfristige Wirkung könne alternativ durch eine Kombination aus Warte- und Haltefristen für die umgetauschten Aktien erzielt werden. Eine solche Konstruktion kann aus steuerlichen Gründen für die begünstigten Mitarbeiter von Vorteil sein, da die Grundlage der Besteuerung die Differenz zwischen dem Basispreis und dem Marktpreis der Aktien ist.[151] Demzufolge ist es bei steigenden Kursen für die Begünstigten steuerlich günstiger, wenn sie die Option bereits zu einem früheren Zeitpunkt ausüben können.[152] Ein weiterer Aspekt kann der Fremdkapitalbedarf der Gesellschaft sein, da durch die Ausgabe der Anleihen günstig Fremdkapital aufgenommen werden kann.[153]

Der Hauptnachteil dieser Möglichkeit zur Beschaffung der Aktien wird allerdings im Prozessrisiko gesehen. Dass der Gesichtspunkt der Rechtssicherheit eine entscheidende Rolle spielt, zeigt die Entwicklung nach Inkrafttreten des KonTraG. Danach wählten im Jahr 1999 insgesamt 79 % der Gesellschaften bei der Auflage ihres Aktienoptionsprogramms den Weg über die Ausgabe von nackten Optionen, während sich nur 21 % für die Ausgabe von Umtauschrechten entschieden.[154]

IV. Beschaffung der Aktien zur Bedienung der Aktienoptionen durch den Rückerwerb eigener Aktien

Als weiterer Weg zur Bedienung der nackten Aktienoptionen kommt der Rückerwerb eigener, bereits emittierter Aktien in Betracht. Zwar ist der Erwerb eigener Aktien nach deutschem Aktienrecht grundsätzlich verboten, Ausnahmen finden sich jedoch in § 71 Abs. 1 AktG.[155]

1. Erwerb eigener Aktien nach § 71 Abs. 1 Nr. 2 AktG

Als Grundlage für den Erwerb eigener Aktien zur Bedienung der Aktienoptionen kommt § 71 Abs. 1 Nr. 2 AktG in Betracht. Danach dürfen Aktien zur

[151] Dazu noch in § 5 I.
[152] *Feddersen/Pohl*, AG 2001, 26, 29.
[153] Vergl. *Feddersen/Pohl*, AG 2001, 26, 30; *Seibert* in: Pellens, Entlohnungssysteme, 29, 36 f.
[154] *Feddersen/Pohl*, AG 2001, 26, 28; ähnlich *Weiß*, Aktienoptionspläne, S. 259.
[155] *Hüffer*, AktG, § 71 Rn. 1, 3.

Ausgabe an Personen erworben werden, die in einem Arbeitsverhältnis zur Aktiengesellschaft oder einem mit ihr verbundenen Unternehmen stehen. Hinter dieser Ausnahmevorschrift stehen ebenfalls sozialpolitische Zielsetzungen. Dadurch soll die Beteiligung der Arbeitnehmer am Produktivvermögen und an „ihrem“ Unternehmen besonders gefördert werden.[156] Der Gesellschaft wird so die Möglichkeit eingeräumt, Belegschaftsaktien auszugeben, um die Verbundenheit der Mitarbeiter mit dem Unternehmen zu stärken.[157] Der Rückerwerb eigener Aktien auf der Grundlage dieser Vorschrift zur Bedienung der Aktienoptionsprogramme ist allerdings in mehrfacher Hinsicht problematisch.

Die Ausnahmeregelung bezieht sich nur auf Personen, die in einem Arbeitsverhältnis zur Aktiengesellschaft stehen und damit auf Arbeitnehmer i.S. des Arbeitsrechts, nicht aber auf Organmitglieder wie Vorstands- oder Aufsichtsratsmitglieder. Diese üben teilweise Arbeitgeberfunktion aus und sind wegen ihrer herausragenden, weisungsfreien Stellung nicht als Arbeitnehmer einzuordnen.[158] Die Aktienbeschaffung nach dieser Vorschrift scheidet folglich aus, wenn Vorstandsmitglieder in den Genuss der Leistung kommen sollen.

Darüber hinaus wird diskutiert, ob die Beschaffung eigener Aktien zur Bedienung der Aktienoptionen überhaupt zulässig ist. Als Begründung gegen die Zulässigkeit wird darauf verwiesen, dass die Ausübung der Umtausch- und Bezugsrechte bereits kein Erwerbsgeschäft i.S. des § 71 Abs. 1 Nr. 2 AktG sei.[159] Zudem stehe der Sinn und Zweck der Vorschrift dem Rückkauf der Aktien zur Bedienung der Optionsprogramme entgegen, weil bei der Einführung der Aktienoptionsprogramme die Anreizfunktion zur Leistungssteigerung im Vordergrund stehe und nicht die Förderung der Unternehmensbeteiligung.[160] Letzteres trifft aber auf solche Programme nicht zu, durch welche die Aktienoptionen als zusätzliche Leistung an die Mitarbeiter des Unternehmens eingeräumt werden. Gerade die üblichen Wartezeiten und Verfallklauseln machen deutlich, dass die Mitarbeiterbindung ein entscheidendes Motiv für die Einführung dieser Vergütungsform ist.[161] Die überwiegende Auffassung geht

---

156 *Hefermehl/Bungeroth* in: Geßler/Hefermehl/Eckardt/Kropff, AktG, § 71 Rn. 62; *Lutter* in: Kölner Kommentar AktG, § 71 Rn. 34; *Umnuß/Ehle*, BB 2002, 1042, 1043; *Weiß*, Aktienoptionspläne, S. 242

157 *Hefermehl/Bungeroth* in: Geßler/Hefermehl/Eckardt/Kropff, AktG, § 71 Rn. 62.

158 Ständige Rechtsprechung *BGH* v. 11.7.1953, BGHZ 10, 187, 191; v. 29.1.1981, BGHZ 79, 291, 292; *Hefermehl/Bungeroth* in: Geßler/Hefermehl/Eckardt/Kropff, AktG, § 71 Rn. 77; *Hüffer*, ZHR 161, (1997), 214, 220; *Lutter* in: Kölner Kommentar AktG, § 71 Rn. 41 f.; *Umnuß/Ehle*, BB 2002, 1042, 1043; *Weiß*, Aktienoptionspläne, S. 240 ff.

159 *Hüffer*, ZHR 161 (1997), 214, 220 f.; in diesem Sinne auch *Klahold*, S. 191 f. Dagegen jedoch *Umnuß/Ehle*, BB 2002, 1042, 1043; *Weiß*, Aktienoptionspläne, S. 242 f., nach deren Auffassung die Vorschrift keine derartige Beschränkung enthalte.

160 *Weiß*, Aktienoptionspläne, S. 243.

im Ergebnis folglich zu Recht davon aus, dass Aktien zur Bedienung der Bezugsrechte im Rahmen eines Mitarbeiteraktienoptionsprogramms durch den Aktienrückkauf nach § 71 Abs. 1 Nr. 2 AktG beschafft werden können.[162]

Die Entscheidung über den Erwerb eigener Aktien obliegt als Maßnahme der Geschäftsführung grundsätzlich dem Vorstand. Ein Hauptversammlungsbeschluss ist daneben nicht erforderlich.[163]

Der Rückkauf eigener Aktien ist allerdings mit einem erheblichen Liquiditätsabfluss verbunden. Außerdem sind die erworbenen Aktien gem. § 71 Abs. 3 S. 2 AktG innerhalb eines Jahres nach Erwerb an die Arbeitnehmer auszugeben. Demzufolge wird diese Form der Aktienbeschaffung als weniger geeignetes Instrument zur Bedienung der langfristig angelegten Aktienoptionsprogramme angesehen.[164]

2. Erwerb eigener Aktien nach § 71 Abs. 1 Nr. 8 AktG

Der Rückkauf eigener Aktien zur Bedienung der Aktienoptionsprogramme ist außerdem auf der Grundlage von § 71 Abs. 1 Nr. 8 AktG möglich, der durch das KonTraG neu eingefügt wurde.[165] Diese Regelung ist allgemein zur Erleichterung des Eigenerwerbs von Aktien eingeführt worden und nicht auf einen bestimmten Zweck beschränkt. Ausgeschlossen ist nach § 71 Abs. 1 Nr. 8 S. 2 AktG lediglich der Handel in eigenen Aktien.[166] Die Verweisung in § 71 Abs. 1 Nr. 8 S. 4, 2. Halbs. AktG bezieht sich speziell auf die Bedienung der Aktienoptionen, so dass der Erwerb eigener Aktien zu diesem Zweck unproblematisch zulässig ist.[167]

---

161 Ebenso *Umnuß/Ehle*, BB 2002, 1042, 1045.

162 So im Ergebnis auch *Kühnberg/Keßler*, AG 1999, 453, 460; *Schaefer*, NZG 1999, 531, 532; *Schanz*, NZA 2000, 626, 629; *Seibert* in: Pellens, Entlohnungssysteme, 29, 32; *Umnuß/Ehle*, BB 2002, 1042, 1044 ff.

163 So im Ergebnis *Ackermann/Suchan*, BB 2002, 1497, 1498; *Umnuß/Ehle*, BB 2002, 1042, 1046. A.A. *Claussen*, DB 1998, 177, 180, nach dessen Auffassung trotz fehlender Verweisung § 71 Abs. 2 Nr. 8 AktG anzuwenden ist.

164 *Portner*, DStR 1997, 786; *Schaefer*, NZG 1999, 531, 532; *Schanz*, NZA 2000, 626, 629; *Seibert* in: Pellens, Entlohnungssysteme, 29, 35.

165 v. 27.4.1998, BGBl. I, S. 786.

166 *RegEBegr zum KonTraG*, BT-Drucks. 13/9712, S. 13.

167 *RegEBegr zum KonTraG*, BT-Drucks. 13/9712, S. 14; *Umnuß/Ehle*, BB 2002, 1042, 1044; *Weiß*, Aktienoptionspläne, S. 246.

a) Begünstigter Personenkreis

Im Unterschied zu § 71 Abs. 1 Nr. 2 AktG umfasst der Kreis der möglichen Begünstigten neben den Arbeitnehmern auch Vorstandsmitglieder und Mitglieder der Geschäftsführung verbundener Unternehmen, nicht aber Aufsichtsratsmitglieder. Letzteres ergibt sich aus der Verweisung auf § 193 Abs. 2 Nr. 4 AktG.[168] Diese Sichtweise ist jüngst durch den BGH bestätigt worden.[169]

b) Inhalt des Ermächtigungsbeschlusses nach § 71 Abs. 1 Nr. 8 AktG

Der Erwerb eigener Aktien nach dieser Alternative ist nach § 71 Abs. 1 Nr. 8 S. 1 AktG nur auf der Grundlage eines Ermächtigungsbeschlusses durch die Hauptversammlung möglich. Damit wird der Hauptversammlung die Kompetenz für diese Maßnahme zugewiesen, die den Vorstand zum Erwerb ermächtigen muss.[170]

Im Beschluss ist zunächst die Ermächtigungsfrist konkret festzulegen, die gem. § 71 Abs. 1 Nr. 8 S. 1 AktG auf 18 Monate begrenzt ist. Diese Höchstfrist bezieht sich nur auf den Erwerbsvorgang nicht jedoch auf das Halten der eigenen Aktien. Weiterhin sind der niedrigste und höchste Gegenwert zu bestimmen, der für den Erwerb aufgewendet werden darf, wobei eine relative Anbindung an den künftigen Börsenkurs möglich ist. Schließlich hat die Hauptversammlung das Erwerbsvolumen vorzugeben, das 10 % des Grundkapitals nicht übersteigen darf. Anders als nach § 71 Abs. 2 S. 2 AktG wird nicht auf den Bestand eigener Aktien, sondern auf das Erwerbsvolumen abgestellt.[171] Durch die Festlegung der Erwerbsschranke soll die Gefahr missbräuchlicher Kursmanipulationen einerseits beschränkt und andererseits genügend Handlungsspielraum belassen werden.[172]

aa) Bedeutung der Verweisung auf §§ 186 Abs. 3, Abs. 4 AktG

Gem. § 71 Abs. 1 Nr. 8 S. 4, 1. Halbs. AktG kann die Hauptversammlung eine andere, als die in § 71 Abs. 1 Nr. 8 S. 2, 3 AktG vorgesehene gleichmäßige

---

168 *RegEBegr zum KonTraG*, BT-Drucks. 13/9712, S. 13; *Krieger*/MünchHdb. GesR IV, § 63 Rn. 37; *Weiß*, Aktienoptionspläne, S. 247.

169 BGH v. 16.2.2004, ZIP 2004, 613, 614 f., zustimmend *Meyer/Ludwig*, ZIP 2004, 941 ff. m.w.N. zum Meinungsstand.

170 *Hüffer*, AktG § 71 Rn. 19 d.

171 *RegEBegr zum KonTraG*, BT-Drucks. 13/9712, S. 13; *Hüffer*, AktG § 71 Rn. 19 e.

172 *Martens*, AG 1996, 337, 338 f.

Veräußerung der Aktien über die Börse beschließen. Dies ist der Fall, sofern die eigenen Aktien im Rahmen eines Aktienoptionsprogramms den Arbeitnehmern zum Erwerb angeboten werden. Weil dadurch das Bezugrecht der Aktionäre faktisch ausgeschlossen wird, sieht § 71 Abs. 1 Nr. 8 S. 5 AktG die entsprechende Anwendung der §§ 186 Abs. 3 und Abs. 4 AktG vor. Daher hat die Hauptversammlung neben der Ermächtigung des Vorstands zum Erwerb eigener Aktien zur Bedienung der Aktienoptionen den Ausschluss des Andienungsrechts der Aktionäre zu beschließen. Demzufolge ist ein Vorstandsbericht i.S.v. § 186 Abs. 4 S. 3 AktG als Entscheidungsgrundlage erforderlich. Darüber hinaus muss der Ausschluss der Andienungsrechte materiell gerechtfertigt sein.[173]

Nach anderer Auffassung soll diese Verweisung wegen der Regelung in § 193 Abs. 2 Nr. 4 AktG teleologisch in der Weise zu reduzieren sein, dass die Bestimmungen über den Bezugsrechtsausschluss bei Aktienrückkäufen zur Bedienung der Aktienoptionsprogramme nicht anzuwenden sind. Der Gesetzgeber habe vielmehr zwischen Aktienrückkäufen zur Bedienung solcher Programme und anderen Zwecken differenzieren wollen.[174] Angesichts der eindeutigen Verweisung auf § 186 Abs. 2, Abs. 4 AktG überzeugt dies nicht. Danach ist davon auszugehen, dass nach der Intention des Gesetzgebers die Verweisung auf § 186 AktG stets und § 193 AktG nur im Zusammenhang mit Aktienoptionsprogrammen anzuwenden ist. Demzufolge ist mit der ganz herrschenden Meinung davon auszugehen, dass bei der Beschaffung der Aktien zur Bedienung der Aktienoptionsprogramme durch den Rückkauf eigener Aktien nach § 71 Abs. 1 Nr. 8 AktG das Andienungsrecht der Aktionäre gem. § 186 Abs. 3, Abs. 4 AktG auszuschließen ist, und dabei die besonderen formellen und materiellen Voraussetzungen des Ausschlusses einzuhalten sind.[175]

---

173 *RegEBegr zum KonTraG*, BT-Drucks. 13/9712, S. 14; *Ackermann/Suchan*, BB 2002, 1497, 1499; *Hüffer*, AktG § 71 Rn. 19 m; *Kau/Leverenz*, BB 1998, 2269, 2274; *Kühnberg/Kessler*, AG 1999, 453, 460; *Schanz*, NZA 2000, 626, 629 Fn. 23; *Unmuß/Ehle*, BB 2002, 1042, 1044.

174 *Weiß*, WM 1999, 353, 363 f.; *ders.*, Aktienoptionspläne, S. 249 ff. Ähnlich *Krieger*/MünchHdb. GesR IV, § 63 Rn. 38, der von der Bedeutungslosigkeit der Verweisung ausgeht, aber der Praxis Bezugrechtsausschluss und Vorstandsbericht empfiehlt. In diesem Sinne auch *Seibert* in:Pellens, Entlohnungssysteme, 29, 35, Fn. 18, nach dessen Ansicht § 71 Nr. 8 nur auf § 193 Abs. 2 Nr. 4 und nicht kumulativ noch auf § 186 AktG verweise.

175 Vergl. dazu die Ausführungen zur Wandelanleihe in § 2 III e, f.

bb) Sonstige Besonderheiten im Zusammenhang mit Aktienoptionsprogrammen

Wegen der Verweisung auf § 193 Abs. 2 Nr. 4 AktG muss die Hauptversammlung im Ermächtigungsbeschluss zudem die Aufteilung der Bezugsrechte, Erfolgsziele, Erwerbs- und Ausübungszeiträume sowie die Wartezeit für die erstmalige Ausübung der Bezugsrechte festlegen. Die weiteren Einzelheiten können wiederum im Beschluss oder durch die zuständigen Vergütungsorgane mit oder ohne Zustimmung des Aufsichtsrats festgelegt werden.[176] Die Verweisung bezieht sich allerdings nicht auf § 193 Abs. 2 Nr. 3 AktG und damit auf die Festlegung des Ausübungs- bzw. Basispreises.[177] Diese Festlegung gehört daher wegen der Regelung in § 71 Abs. 1 Nr. 8 S. 5 AktG anders als nach § 193 Abs. 2 Nr. 3 AktG nicht zum notwendigen Inhalt des Ermächtigungsbeschlusses.[178] Dadurch wird den zuständigen Vergütungsorganen ein weiter Gestaltungsspielraum eingeräumt. So ist z.B. die nachträgliche Anpassung der Optionsbedingungen eines laufenden Programms in den Grenzen des Verhältnismäßigkeitsgrundsatzes grundsätzlich zulässig, wenn die Optionen wegen einer schlechten Kursentwicklung oder allgemeinen Baisse wertlos und damit unattraktiv sind. Denkbar ist außerdem eine Formulierung im Ermächtigungsbeschluss, wonach der Ausübungspreis zwar festgesetzt wird, nachträglich aber eine Anpassung an die allgemeine Börsenkursentwicklung durch die zuständigen Vergütungsorgane bei einer unvorhergesehenen Kursentwicklung vorbehalten werden soll.[179] Im Vergleich mit dem notwendigen Beschlussinhalt bei der bedingten Kapitalerhöhung nach den §§ 192 Abs. 2 Nr. 3, 193 Abs. 2 AktG ergeben sich somit einige Abweichungen.

3. Vergleich der beiden Rückerwerbsmöglichkeiten

Mit den Regelungen in § 71 Abs. 1 Nr. 2, Nr. 8 AktG zum Rückerwerb eigener Aktien stehen der Aktiengesellschaft also zwei weitere Wege zur Bedienung eines Aktienoptionsprogramms für ihre Mitarbeiter offen. Die Vorgehensweise nach § 71 Abs. 1 Nr. 2 AktG hat den Vorteil, dass kein Bezugsrechtsausschluss

---

[176] *RegEBegr zum KonTraG*, BT-Drucks. 13/9712, S. 13; *Hüffer*, AktG § 71 Rn. 19 m; *Weiß*, Aktienoptionspläne, S. 252.

[177] *Krieger*/MünchHdb. GesR IV, § 63 Rn. 37. Darin sieht z.B. *Weiß*, Aktienoptionspläne, S. 248 f., eine Lücke und die Gefahr einer möglichen nachträglichen missbräuchlichen Anpassung des Ausübungspreises und daher die gesetzgeberische Konzeption eines einheitlichen Schutzniveau im Vergleich mit der bedingten Kapitalerhöhung gefährdet.

[178] *Ackermann/Suchan*, BB 2002, 1497, 1499; *Weiß*, Aktienoptionspläne, S. 248 f.; a.A. ohne nähere Begründung *Krieger*/MünchHdb. GesR IV, § 63 Rn. 37.

[179] *Ackermann/Suchan*, BB 2002, 1497, 1500.

nach § 186 Abs. 3, Abs. 4 AktG erforderlich ist und damit dieser Unsicherheitsfaktor wegfällt.[180] Im Vergleich dazu hat der Erwerb nach § 71 Abs. 1 Nr. 8 AktG allerdings den Vorteil, dass die Vorstandsmitglieder mit in den Begünstigtenkreis einbezogen werden können, während die erste Alternative auf die Arbeitnehmer beschränkt ist. Zudem muss die Gesellschaft die Aktien nicht innerhalb eines Jahres an die Berechtigten ausgeben, sondern kann sie länger halten. Daher ist diese Beschaffungsmöglichkeit für die längerfristig ausgelegten Aktienoptionsprogramme, bei denen allein die Wartezeit bis zur ersten Ausübung der Bezugsrechte mindestens zwei Jahre beträgt, eher geeignet.[181]

V. Vergleich des Rückerwerbs eigener Aktien mit der bedingten Kapitalerhöhung und Resümee

Die vorangegangenen Erörterungen haben gezeigt, dass den Aktiengesellschaften insgesamt vier Grundformen zur Beschaffung der Aktien zur Verfügung stehen, mit denen die Aktienoptionsprogramme bedient werden können. Diese können außerdem miteinander kombiniert werden. Abschließend sollen noch einige Aspekte aufgezeigt werden, die bei der Wahl der Beschaffungsmöglichkeit eine Rolle spielen.

Der Eigenerwerb von Aktien ist für die Gesellschaft dann von Vorteil, wenn ihr Eigenkapital zu hoch ist. Dadurch wird das auf dem Markt gehandelte Aktienmaterial verknappt und Kurspflege betrieben. Gleichzeitig kann so der Gefahr feindlicher Übernahmen vorgebeugt werden. Ferner ist die mit dem Rückerwerb verbundene mögliche Kurssteigerung von Vorteil für die Aktionäre. Die damit zurückgegebene Liquidität stellt überdies im Vergleich zu der Änderung der Dividendenhöhe eine leichter und flexibler handhabbare Alternative dar. Außerdem kann mit dem Rückkauf eigener Aktien durch Gewinnrücklagen u.U. eine bessere Verzinsung als mit anderen Anlageformen auf dem Kapitalmarkt erzielt werden. Letzteres ist insbesondere der Fall, wenn die Eigenkapitalrendite des Unternehmens höher ist als die marktübliche Rendite.[182] Ein weiterer Vorteil ergibt sich aus steuerlicher Sicht, da die damit verbundenen Kosten, wie Zinsen und Kursverluste, steuerlich als Aufwand geltend gemacht werden

---

180 So auch *Umnuß/Ehle*, BB 1998, 1042, 1046.

181 *Seibert* in: Pellens, Entlohungssysteme, 29, 35.

182 So die Zusammenstellung in der *RegEBegr zum KonTraG*, BT-Drucks. 13/9712, S. 13, sowie bei *Kauz/Leverenz*, BB 1998, 2269, 2274.

können.[183] Für die Aktionäre hat diese Art der Aktienbeschaffung den Vorteil, dass der Erwerb eigener Aktien im Gegensatz zur bedingten Kapitalerhöhung nicht zu einer Verwässerung ihrer Anteile führt.[184] Die Beschaffung eigener Aktien nach § 71 Abs. 1 Nr. 8 AktG ist schließlich zur Bedienung der Aktienoptionsprogramme interessant, weil sich die Verweisung nach S. 5 gerade nicht auf § 193 Abs. 2 Nr. 3 AktG bezieht. Dies hat zur Folge, dass der Basispreis für die zu beziehenden Aktien nicht im Hauptversammlungsbeschluss festgelegt werden muss. Dadurch wird die Möglichkeit eingeräumt, den Ausübungspreis nachträglich an die allgemeine Börsenkursentwicklung anzupassen und zu verhindern, dass laufende Programme wegen der unvorhergesehenen Entwicklung bedeutungslos werden.

Der Rückerwerb eigener Aktien weist allerdings im Vergleich mit der bedingten Kapitalerhöhung auch eine Reihe von Nachteilen auf. Da Ausübungszeitpunkt wie auch die Anzahl der ausgeübten Option ungewiss sind, muss die Gesellschaft eine nicht unerhebliche Menge an Aktien über einen längeren Zeitraum vorhalten. Diese Vorhaltung ist mit erheblichen Kosten und Kursrisiken verbunden. Da die Aktien zum regulären, vorher nicht kalkulierbaren Börsenkurs erworben werden müssen, führt der Rückerwerb zu einem erheblichen Liquiditätsabfluss.[185] Wegen des höheren administrativen und finanziellen Aufwands ist diese Art der Aktienbeschaffung für die meisten Unternehmen im Vergleich mit der bedingten Kapitalerhöhung uninteressant. Letztere führt bei Ausübung der Optionen darüber hinaus zum Kapitalzufluss. Dies ist insbesondere für junge Unternehmen von Vorteil, die nicht mit fixen Gehaltskosten belastet werden und bei Ausübung zusätzlich noch Eigenkapital erhalten.

Wie empirische Untersuchungen aus dem Jahr 1999 zeigen, haben 87 % der Gesellschaften ihre Aktienoptionsprogramme mit einer bedingten Kapitalerhöhung unterlegt. Bei etwa 9 % der Unternehmen basieren die Programme, wie das der Vossloh AG,[186] neben der bedingten Kapitalerhöhung gleichzeitig auf dem Rückerwerb eigener Aktien. Nur 4 % der Gesellschaften wählten allein

---

183 *Schaefer*, NZG 1999, 531, 532; *Schanz*, NZA 2000, 626, 629; *Seibert* in: Pellens, Entlohnungssysteme, 29, 34.

184 *Schaefer*, NZG 1999, 531, 532; *Umnuß/Ehle*, BB 2002, 1042, 1045 f.; *Weiß*, Aktienoptionspläne, S. 261.

185 *Ackermann/Suchan*, BB 2002, 1497, 1498; *Kau/Leverenz*, BB 1998, 2269, 2274; *Schaefer*, NZG 1999, 531, 532; *Schanz*, NZA 2000, 626, 629; *Seibert* in: Pellens, Entlohnungssysteme, 29, 34 f.; *Weiß*, Aktienoptionspläne, S. 261.

186 *BAnz* v. 18.5.1998, 6950, 6952 f.

den Weg über den Rückkauf eigener Aktien.[187] Damit traf sowohl die Vorstellungen des Gesetzgebers wie auch die Einschätzung der Literatur, dass sich die Praxis mehrheitlich für das maßgeschneiderte Instrument der bedingten Kapitalerhöhung nach §§ 192 Abs. 2 Nr. 3, 193 Abs. 2 AktG entscheiden würde.[188] Angesichts des finanziellen Aspekts verwundert diese Entwicklung nicht.

187 *Feddersen/Pohl*, AG 2001, 26, 33.

188 *RegEBegr zum KonTraG*, BT-Drucks. 13/9712, S. 23; *Schaefer*, NZG 1999, 531, 532; *Seibert* in: Pellens, Entlohungssysteme, 29, 35; *Weiß*, WM 1999, 353, 363.

§ 3 Typische Bedingungen in Aktienoptionsprogrammen und deren Hintergründe

Die im Folgenden zu erläuternden typischen Programmbedingungen eines Aktienoptionsprogramms finden sich typischer Weise im Programm, dem Gewährungsvertrag über die Aktienoptionen oder in der arbeitsvertraglichen Anspruchsgrundlage.[1] Sie werden regelmäßig durch Inbezugnahme zum Bestandteil der arbeitsvertraglichen Vergütungsvereinbarung.[2]

I. Optionsbedingungen nach § 193 Abs. 2 Nr. 3, 4 AktG

Sofern ein Aktienoptionsprogramm auf der Grundlage einer bedingten Kapitalerhöhung nach § 192 Abs. 2 Nr. 3 AktG aufgelegt wird, sind die im Folgenden näher zu erläuternden notwendigen Bestandteile nach § 193 Abs. 2 Nr. 3, 4 AktG zwingend von der Hauptversammlung festzulegen. Werden andere Wege zur Beschaffung der Aktien gewählt, so werden diese Punkte zwar ebenfalls geregelt, allerdings mit dem Unterschied, dass sie – mit Ausnahme des Erwerbs eigener Aktien nach § 71 Abs. 1 Nr. 8 AktG – nicht zwingender Bestandteil des Hauptversammlungsbeschlusses sein müssen. In diesen Fällen werden die Konditionen üblicherweise von den zuständigen Vergütungsorganen bzw. ihren Stellvertretern festgesetzt.

1. Ausübungs- bzw. Basispreis

Der Ausgabebetrag bzw. Ausübungspreis, zu dem die Bezugsaktien erworben werden können, muss nach den gesetzlichen Anforderungen lediglich bestimm-

[1] Zu den vertraglichen Beziehungen vergl. § 1 IV 2.

[2] Dazu näher bereits in § 1 IV 1 und 2 b bb.

bar sein.[3] Auf diese Weise erhalten die Gesellschaften einen Gestaltungsspielraum, der eine flexible Reaktion auf allgemeine Börsenkursentwicklungen erlaubt.[4]

So ist es zulässig, auf den Börsenkurs zum Zeitpunkt der Hauptversammlung oder der Ausgabe der Optionsrechte als festen Ausgabebetrag abzustellen. Dabei kann entweder der Tageskurs oder zum Ausgleich zufälliger Kursbewegungen der Mittelwert mehrerer Börsentage zugrundegelegt werden,[5] wie dies im Programm der Vossloh AG zu finden ist. Als weitere mögliche Variante kann die Gesellschaft den Ausübungspreis mit einem zusätzlichen prozentualen Aufschlag vorsehen.[6] Zulässig ist auch eine umgekehrte Variante, bei der auf den Kurs bei Ausübung der Optionsrechte oder auf einen zeitnahen Durchschnittskurs abgestellt wird, der dann jeweils um einen Performanceabschlag vermindert wird. Für den Performanceabschlag kann man auf unterschiedliche Berechnungsmethoden zurückgreifen, die sich beispielsweise an Daten des Rechnungswesens wie dem Gewinn pro Aktie oder der Entwicklung anderer Referenzindizes wie dem Deutschen Aktienindex (DAX) orientieren. Bei der zuletzt genannten Methode ist die bessere Wertentwicklung der Aktie im Vergleich zum DAX oder anderen Indizes in dem gleichen Referenzzeitraum und damit im Vergleich zur durchschnittlichen Entwicklung anderer Unternehmen maßgeblich. Diese relative Performance wird durch den Performanceabschlag honoriert, der zu einem günstigeren Ausübungs- bzw. Basispreis führt.[7] Variable Ausgabekurse haben den Vorteil, dass sie auch bei sinkenden Kursen motivierende Wirkung entfalten können, weil die allgemeine schlechte Entwicklung in der Branche berücksichtigt wird.[8]

---

3 *Ackermann/Suchan*, BB 2002, 1497, 1498; *Hüffer*, AktG, § 193 Rn. 6; *Weiß*, Aktienoptionspläne, S. 213, *ders.* WM 1999, 353.

4 *Ackermann/Suchan*, BB 2002, 1497, 1499.

5 *Frey* in: Großkomm AktG § 193 Rn. 53 f.; *Klahold*, S. 31 unter Bezugnahme auf verschiedene Aktienoptionspläne; *Lutter*, ZIP 1997, 1, 6; *Seibert* in: Pellens, Entlohnungssysteme, S. 31, 42; *Weiß*, Aktienoptionspläne, S. 118 f. mit zahlreichen Programmnachweisen sowie S. 213.

6 *Ackermann/Suchan*, BB 2002, 1497, 1498.

7 *Aha*, BB 1997, 2225, 2226 mit einem Berechnungsbeispiel in Fn. 30; *Bredow*, DStR 1998, 380, 381; *Claussen*, WM 1997, 1825, 1827; *Frey* in: Großkomm AktG § 193 Rn. 53; *Klahold*, S. 31, 33 f. m.w.N. im Anhang; *Seibert* in: Pellens, Entlohnungssysteme, 29, 43; *Weiß*, Aktienoptionspläne, S. 118 m.w.N. aus der Praxis in Fn. 446, S. 213, Fn. 847.

8 *Ackermann/Suchan*, BB 2002, 1497, 1499; *Frey* in: Großkomm AktG, § 193 Rn. 53.

2. Aufteilung der Bezugsrechte

Bei Auflegung eines Aktienoptionsprogramms sollen die Optionsrechte mindestens auf zwei Gruppen, nämlich die Arbeitnehmer sowie die Mitglieder der Geschäftsführung aufgeteilt werden. Bei der Auflegung innerhalb eines Konzerns können entsprechend bis zu vier Gruppen festzulegen sein.[9] Hintergrund dieser Regelung ist die Abgrenzung der Vergütungszuständigkeit von Vorstand und Aufsichtsrat sowie die Vermeidung der Selbstbegünstigung. Der Entscheidungsspielraum der zuständigen Organe bezieht sich nicht auf die Verteilung der einzelnen Anteile auf die verschiedenen Personengruppen, sondern ist auf die Bestimmung der Gruppenkontingente beschränkt.[10] Wie die beiden Aktienoptionsgramme der Vossloh AG zeigen, werden üblicherweise Aktienoptionspakete eingeräumt, die nach Hierarchiestufen abgestuft sind.[11]

3. Erfolgsziele/Ausübungshürden

Weiteres wesentliches Element sind die Erfolgsziele bzw. Ausübungshürden, die nach § 193 Abs. 2 Nr. 4 AktG zwingend festzulegen sind. Hintergrund der Regelung sind Erfahrungen mit älteren Aktienoptionsprogrammen, in denen teilweise keine Erfolgsziele vorgegeben waren, so dass die Berechtigten ihre Optionsrechte nach Ablauf der Sperrfrist ausüben konnten.[12] Daran ist nachvollziehbar kritisiert worden, dass von solchen Programmgestaltungen kein ausreichender Anreiz bzw. keine Motivation zur Steigerung des Unternehmenswerts ausgehe. Ohne Vorgabe eines Mindesterfolgs seien die Programme zur Verhaltenssteuerung wenig geeignet.[13] Die gesetzliche Regelung hat solchen Programmgestaltungen jetzt einen Riegel vorgeschoben. Die Festsetzung der Erfolgsziele erfordert auf der anderen Seite Augenmaß. Sie müssen einerseits hoch genug bemessen sein, um eine optimale Anreiz- bzw. Motivationswirkung zu entfalten. Andererseits kann ein zu hoch gewähltes Erfolgsziel zu Frustrationseffekten führen oder das Management zu besonders spekulativen und risikobehafteten Geschäften verleiten. Insoweit bietet sich die Orientierung an der durchschnittlichen Performance der Branche an.[14]

---

9 *Weiß*, WM 1999, 353, 357.

10 *Klahold*, S. 246; *Weiß* WM 1999, 353, 357.

11 Dazu bereits oben in § 2 III 3 e bb. Zu den arbeitsrechtlichen Problemen im Zusammenhang mit der Festlegung des Begünstigtenkreises in § 9.

12 *Klahold*, S. 31 f. mit zahlreichen Nachweisen in Fn. 14; *Weiß*, S. 119, Fn. 448.

13 *Lutter*, ZIP 1997, 1, 6; *Menichetti*, DB 1996 1688, 1690 mit Berechnungsbeispielen.

14 *Aha*, BB 1997, 2225, 2227; *Feddersen/Pohl*, AG 2001, 26, 31.

a) Absolute Kursziele und deren Schwächen

In der Praxis finden sich einige Programme mit absoluten Kurszielen, die allein an die Börsenkursentwicklung des ausgebenden Unternehmens anknüpfen. Diese sehen Aktienkurssteigerungen von 2,5 bis 25 % als Voraussetzung für die Ausübung des Optionsrechts vor.[15] Im Mitarbeiterarbeiterprogramm der Vossloh AG ist ebenfalls die Erreichung eines absoluten Kursziels als Ausübungshürde vorgesehen. Dabei ist u.a. eine 5-prozentige Kurssteigerung im Vergleich zum Basispreis gewählt worden, der sich wiederum nach einem Durchschnittskurs während eines Referenzzeitraums bestimmt. Die Verwendung des Durchschnittskurses dient als Mittel zum Ausgleich von zufälligen, tagesbedingten Kursschwankungen.

Die Verwendung absoluter Kursziele ist mit Hinweis auf die Gefahr von Mitnahmegewinnen, sog. Windfall Profits, auf Kritik gestoßen. Darunter versteht man Aktienkursentwicklungen, die nicht unmittelbar auf die Bewertung des Unternehmens durch den Markt und auf die Leistung der Begünstigten zurückzuführen sind. Sie beruhen entweder auf internen (endogenen) Faktoren wie Übernahmeangeboten und Privatisierungsentscheidungen oder externen (exogenen) Faktoren wie der allgemeinen Zinsentwicklung, Wechselkursschwankungen oder Konjunktureinflüssen, die die Branche oder den Markt insgesamt betreffen. In diesen Fällen entwickelt sich der Aktienkurs günstig, ohne dass dies auf den besonderen Leistungen des Managements oder der übrigen Mitarbeiter beruht.[16] Aus diesem Grund wird der Aktienkurs allein als bedingt tauglicher Indikator für die Wertentwicklung des Unternehmens angesehen.[17]

Nach der Intention des Gesetzgebers ist die Verwendung absoluter Kursziele allerdings nach dem Inkrafttreten des KonTraG weiterhin zulässig.[18]

b) Relative Erfolgsziele und deren Vor- und Nachteile

Als alternative Zielvorgabe zur Vermeidung dieser Mitnahmegewinne kommt die Anknüpfung an die Entwicklung des Aktienkurses im Vergleich zu einem Branchen- oder Gesamtmarktindex und damit die Verwendung relativer

---

15 *Feddersen/Pohl*, AG 2000, 26, 31; *Frey* in: Großkomm AktG § 193 Rn. 64; *Klahold*, S. 32 m.w.N. in Fn. 17; sowie die Angaben bei *Pellens/Crasselt/Rockholtz* in: Pellens Entlohnungssysteme, S. 3, 21 ff.; *Weiß*, Aktienoptionspläne, S. 119 mit zahlreichen Nachweisen in Fn. 449.

16 *Baums* in: FS: Claussen, S. 3, 12 f.; *Bernhardt/Witt*, ZfB 1997, 85, 94 f.; *Feddersen*, ZHR 161 (1997), 269, 271; *Klahold*, S. 32 f.; *Schneider*, ZIP 1996, 1769, 1771; *Zinser/Schimpfky* in: Guski/Schneider, MAB, Rn. 44.

17 *Bernhardt/Witt*, ZfB 1997, 85, 94; *Feddersen*, ZHR 161 (1997), 269, 271.

18 *RegEBegr zum KonTraG*, BT-Drucks. 13/9712, S. 24.

Ausübungshürden in Betracht. Dies bezeichnet man als sog. Benchmarking.[19] Als Vergleichsmaßstäbe werden üblicherweise DAX, TecDax, M-Dax; Euro-Stoxx-50 oder ein vom Unternehmen selbst zusammengestellter Branchenindex herangezogen.[20] Bei der Bestimmung der Erfolgsziele wird die Entwicklung des Aktienkurses über einen Referenzzeitraum mit der des entsprechenden Indices verglichen. Das Optionsrecht kann erst dann ausgeübt werden, wenn sich der Aktienkurs des Unternehmens ebenso so gut wie oder aber besser als der Vergleichsindex entwickelt hat.[21] Der Vorteil dieser variablen, relativen Erfolgsziele besteht darin, dass die Ausübungshürde und damit die Motivations- und Anreizwirkung auch bei allgemein fallenden Kursen erreicht werden kann, wenn sich das Unternehmen im Vergleich besser entwickelt hat.[22] Das relative Erfolgsziel im Mitarbeiterprogramm der Vossloh AG knüpft an dem M-DAX an, in dem die Gesellschaft notiert ist. Nach der Regelung können die Aktienoptionen auch ausgeübt werden, wenn sich der Aktienkurs mindestens ebenso gut wie der M-Dax entwickelt hat.

Möglich und zulässig ist zudem die Kombination relativer und absoluter Erfolgsziele,[23] wie dies z.B. im Incentiveprogramm der Vossloh AG geregelt ist. Danach können die Optionen erst ausgeübt werden, wenn der Aktienkurs gegenüber dem Basispreis um 30 % gestiegen ist und sich darüber hinaus mindestens ebenso gut wie der M-Dax entwickelt hat.[24] Durch die Verwendung relativer Erfolgsziele können unternehmensexterne Einflüsse heraus gefiltert und Zufallsgewinne bei allgemein haussierender Börse und gleichzeitiger schlechterer Entwicklung des Unternehmens gegenüber dem Branchendurchschnitt vermieden werden.[25] Dennoch wird in der Gesetzesbegründung die Verwendung relativer Kurshürden lediglich empfohlen und den Unternehmen somit ein Wahlrecht eingeräumt.[26] Dies beruht darauf, dass die Anknüpfung an einen

---

19 *Baums* in: FS Claussen, S. 3, 13; *Klahold*, S. 33 f.; *Menichetti*, DB 1996, 1688, 1690 f.; *Schanz*, NZA 2000, 626, 630; *Weiß*, Aktienoptionspläne, S. 119 m.w.N. in Fn. 451.

20 *Feddersen/Pohl*, AG 2001, 26, 31; *Weiß*, Aktienoptionspläne, S. 119 f.

21 *Klahold*, S. 33 f.; *Weiß*, Aktienoptionspläne, S. 119.

22 *OLG Koblenz* v. 16.5.2002, ZIP 2002, 1845, 1847; *Frey* in: Großkomm AktG § 193 Rn. 65; ähnlich *Schanz*, NZA 2000, 626, 630; *Weiß*, WM 1999, 353, 358; *Zinser/Schimpfky* in: Schneider, MAB, 3705, Rn. 44.

23 Vergl. *RegEBegr zum KonTraG*, BT-Drucks. 13/9712, S. 24, in der auf die Möglichkeit einer zusätzlichen Anbindung an einen Aktienindex neben der an den Aktienkurs des Unternehmens hingewiesen wird. Sowie *Kohler*, ZHR 161 (1997), 246, 260; *Weiß*, Aktienoptionspläne, S, 218; *Zinser/Schimpfky* in: Schneider, MAB, 3705, Rn. 36.

24 *BAnz* v. 18.5.1998, 6950, 6952; vergl. § 1 II 4.

25 *RegEBegr zum KonTraG*, BT-Drucks. 13/9712, S. 24; im Ergebnis: *Baums* in: FS Claussen, 3, 12 f. 40; *Hüffer*, ZHR 161 (1997), 214, 235 f.; *ders.*, AktG, § 193 Rn. 9; *Kohler*, ZHR 161 (1997), 246, 260; *Seibert* in: Pellens, Entlohnungssysteme, 29, 44 f.; *Weiß*, Aktienoptionspläne, S. 96. Eine andere Auffassung vertritt nur Aha, BB 1997, 2225, 2227, der die Anknüpfung an einen Branchenindex grundsätzlich ablehnt.

Brachenindex nicht für alle Unternehmen ein geeignetes Erfolgsziel ist. So wird vorgebracht, ein Branchenvergleich sei oftmals kaum möglich, weil viele Unternehmen in verschiedenen Bereichen tätig seien und daher kaum einer bestimmten Branche zugerechnet werden könnten.[27] Vergleichprobleme dieser Art könnten sich auch bei international operierenden Unternehmen und Fehlen eines repräsentativen Branchenindexes ergeben.[28]

Festzuhalten bleibt, dass die relativen Erfolgsziele grundsätzlich geeignet sind, Mitnahmegewinne zu vermeiden und die Messung des Unternehmenserfolgs zu verfeinern. Daher enthalten die meisten Aktienoptionsprogramme relative Kursziele.[29]

c) Sonstige Erfolgsziele, insbesondere Bilanzwerte

Erfolgsziele können zudem ausschließlich oder in Kombination mit relativen oder absoluten Kurzielen an Bilanzparameter und Renditezielen wie dem Gewinn pro Aktie anknüpfen.[30] Die Wahl dieser Erfolgsziele empfiehlt sich für Programme, bei denen der Begünstigtenkreis auf die Mitarbeiter unterhalb der Vorstandsebene ausgedehnt wird. Da deren Einfluss auf den Aktienkurs nur sehr gering ist, bietet sich als Alternative die Orientierung am Ergebnis der einzelnen Geschäftsbereiche oder der Erreichung persönlicher Zielvorgaben an. Auf diese Weise können die Aktienoptionen zielgenauer und gerechter eingesetzt werden.[31]

Allerdings wird bei der Anknüpfung an Bilanzparameter kritisch angemerkt, dass sie zum einen weniger transparent und den Begünstigten im Vergleich mit der Anbindung an den Aktienkurs schlechter vermittelbarer seien.[32] Zum anderen werden die Bilanzergebnisse als Indikator für eine erfolgreiche Unternehmensführung allgemein kritisch betrachtet, weil bei der Aufstellung der Bilan-

26 *RegEBegr zum KonTraG*, BT-Drucks. 13/9712, S. 24.

27 *Aha*, BB 1991, 2225, 2227; *Weiß*, WM 1999, 353, 358; *Zinser/Schimpfky* in: Schneider, MAB, 3705, Rn. 36.

28 *Baums*, in: FS Claussen, S. 3, 13; ähnlich *Kohler* ZHR 161, 1997, 246, 259; *Weiß*, Aktienoptionspläne, S. 94 f.; *ders.*, WM 1999, 353, 358

29 Nach *Feddersen/Pohl*, AG 2001, 26, 31, verwendeten 57 % der Unternehmen im Rahmen der im Jahr 1999 aufgelegten Aktienoptionsprogramme relative Erfolgsziele. Ähnlich *Weiß*, Aktienoptionspläne, S. 218 m.z.N.

30 *BeschlEmpf des Rechtausschusses*, BT-Drucks. 13/10038, S. 26; *Frey* in: Großkomm AktG § 193 Rn. 67; *Klahold*, S. 35 f. mit Beispiel aus der Praxis; *Seibert* in: Pellens, Entlohnungssysteme, 29, 45 f.; *Weiß*, Aktienoptionspläne, S. 119, Fn. 452; S. 218 mit Nachweisen in Fn. 863 f. sowie 847.

31 *Frey* in: Großkomm AktG § 193 Rn. 67; *Seibert* in: Pellens, Entlohnungssysteme, 29, 46.

32 *Seibert* in: Pellens, Entlohnungssysteme, 29, 46.

zen die Gefahr von Manipulation und wegen verschiedener Ansatz- und Bewertungswahlrechte bei der Bilanzaufstellung gewisse Gestaltungsspielräume bestehen.[33] Außerdem beziehe sich das Rechnungswesen auf in der Vergangenheit liegende Abrechnungsperioden und sei daher kurzfristig orientiert, während die Aktienoptionsprogramme allgemein auf die künftige langfristige Wertentwicklung abstellten.[34] Diese Aspekte sind von der Hauptversammlung bei der Wahl der Erfolgsziele zu berücksichtigen. Die gesetzliche Formulierung ist allerdings bewusst offen gewählt und räumt den Unternehmen auch in diesem Bereich einen großzügigen Gestaltungsspielraum ein.[35] Daher ist die Festlegung solcher Ausübungshürden, die jährlich um einen bestimmten Prozentsatz ansteigen und darüber hinaus an indexbezogene Hürden anknüpfen ebenso möglich wie zusätzliche persönliche Zielvereinbarungen.[36]

4. Wartezeit

Zwingend festzulegen ist ferner die Wartezeit, nach deren Ablauf die Optionsrechte erstmals ausgeübt werden können. Nach dem Klammerzusatz in § 193 Abs. 2 Nr. 4 AktG muss diese Frist mindestens 2 Jahre betragen. Hintergrund der Regelung ist die Gefahr, dass anderenfalls nur kurzfristig kurssteigernde Entscheidungen getroffen werden, die zu einer schnellen, aber nicht nachhaltig währenden Aktienkurssteigerung führen und zum prompten, gewinnbringenden Verkauf der bezogenen Aktien genutzt werden. Diesem möglichen Kurzfristdenken kann man nach allgemeiner Ansicht durch die Festsetzung einer Wartefrist entgegen wirken.[37] Sie dient der Verhaltenssteuerung und soll Anreiz zu einer langfristig orientierten Unternehmenspolitik geben. Sie sollte aus diesem Grund nicht zu kurz bemessen sein.[38]

---

[33] *Baums* in: FS Claussen, S. 3, 11; *Klahold*, S. 36, 20; *Seibert* in: Pellens, Entlohnungssysteme, 29, 46; *Weiß*, Aktienoptionspläne, S. 69.

[34] *Klahold*, S. 36; *Kohler*, ZHR 161 (1997), 246, 258 f.; *Weiß*, Aktienoptionspläne, S. 67.

[35] Vergl. *BeschlEmpf des Rechtausschusses*, BT-Drucks. 13/10038, S. 26; *Frey* in: Großkomm AktG, § 193 Rn. 61.

[36] Dazu *Bühner*, DB 1989, 2181, 2184 f., mit einer jährlich steigenden Zuzahlung als Beispiel; *Klahold*, S. 34 f.; *Weiß*, Aktienoptionspläne, S. 119 mit zahlreichen Nachweisen in Fn. 450; *Zinser/Schimpfky* in: Schneider, MAB, 3705, Rn. 44. Dazu noch näher in § 4 II 2.

[37] *Aha*, BB 1997, 2225, 2226; *Baums* in: FS Claussen, 3, 9 f.; *Bernhardt/Witt*, ZfB 1997, 85, 90; *Menichetti*, DB 1996, 1688, 1691; *Zinser/Schimpfky* in: Guski/Schneider, MAB, Rn. 45.

[38] *RegEBegr zum KonTraG*, BT-Drucks. 13/9712, S. 24; auch *Aha*, BB 1997, 2225, 2226; *Frey* in: Großkomm AktG, § 193 Rn. 73; *Weiß*, Aktienoptionspläne, S. 120, 217; *Zinser/Schimpfky* in: Schneider, MAB, 3705, Rn. 45.

In der Regierungsbegründung wird in der Regel eine Wartefrist von 3 Jahren für angemessen gehalten, die nur in Ausnahmefällen wie bei sehr innovativen Unternehmen mit kurzen Produktzyklen unterschritten werden sollte. Aus Gründen der Flexibilität hat man jedoch auf eine ausdrückliche gesetzliche Regelung dieser Frist verzichtet und sie nur auf mindestens 2 Jahre festgelegt.[39] Auch in der Literatur hält man überwiegend eine Mindestwartezeit bzw. Sperrfrist von 3 Jahren für angemessen.[40] Wegen der Rücksichtnahme auf unternehmensspezifische Besonderheiten lässt die gesetzliche Regelung durchaus Raum für längere Wartezeiten. Davon hat z.B. die D. Logistics AG Gebrauch gemacht, deren Programm eine Wartezeit von fünf Jahren vorsieht.[41] In der Praxis sind zudem gestaffelte Wartezeiten in den Aktienoptionsprogrammen gewählt worden, wonach jeweils ein Drittel der Aktienoptionen nach zwei, drei und vier Jahren ausgeübt werden kann.[42] Nach dem Inkrafttreten des KonTraG entschieden sich allerdings zwei Drittel der Unternehmen für die gesetzliche Mindestsperrfrist von zwei Jahren.[43]

5. Ausübungszeiträume

Die Hauptversammlung hat darüber hinaus die Zeiträume festzulegen, innerhalb derer die Aktienoptionen von den Begünstigten ausgeübt werden dürfen, und in denen der Aktiengesellschaft die Bezugserklärungen über die neuen Aktien zugehen müssen.[44] Es wird empfohlen, diese Ausübungszeiträume oder -fenster möglichst in Phasen zu legen, in denen der Kapitalmarkt umfassend informiert wird. Dies ist etwa nach der Veröffentlichung von Geschäfts- bzw. Zwischenberichten, der Bilanzpressekonferenz oder der Hauptversammlung der Fall. Auf diese Weise soll die missbräuchliche Ausnutzung von Insiderinformationen minimiert werden.[45] Die Insiderproblematik ist darin begründet, dass insbesondere Vorstandsmitglieder und leitende Mitarbeiter, teilweise aber auch

---

39 *RegEBegr zum KonTraG*, BT-Drucks. 13/9712, S. 24.

40 *Baums* in: FS Claussen, S. 3, 10; *Hüffer*, AktG, § 193 Rn. 9; *Lutter*, ZIP 1997, 1, 6; ähnlich *Zinser/Schimpfky* in: Schneider, MAB, 3705, Rn. 44 (2 bis 5 Jahre). *Aha*, BB 1997, 225, 2226 hält hingegen eine Laufzeit von 2 Jahren für angemessen.

41 *BAnz* v. 17.8.2000, S. 6410.

42 So z.B. im Programm der SAP AG, *BAnz* v. 3.4.2002, S. 6793 sowie der Evotec AG, *BAnz* v. 10.5.2001, S. 9196.

43 *Feddersen/Pohl*, AG 2001, 26, 32 sowie *Pulz*, Personalbindung, S. 68 f. mit zahlreichen Nachweisen im Anhang ab S. 206 ff.

44 *Frey* in: Großkomm AktG, § 193 Rn. 71.

45 *RegEBegr zum KonTraG*, BT-Drucks. 13/9712, S. 24; *Kau/Leverenz*, BB 1998, 2269, 2272; *Klahold*, S. 37 f.; *Schaefer*, NZG 1999, 531, 534; *Seibert* in: Pellens, Entlohnungssysteme, 24, 44 f.; *Weiß*, WM 1999, 353, 358; *Zinser/Schimpfky* in: Schneider, MAB, 3705, Rn. 45.

die übrigen Mitarbeiter Zugang zu aktuellen Unternehmensdaten haben. Daher besteht die Gefahr, dass sie diesen Wissensvorsprung vor der Veröffentlichung negativer Unternehmensinformationen, die geeignet sind, die Kursentwicklung negativ zu beeinflussen, finanziell zu ihrem Vorteil ausnutzen.[46] Diesem möglichen Insidermissbrauch kann durch Festlegung kurzer Ausübungszeiträume nach Bekanntgabe von Unternehmensdaten vorgebeugt werden.[47]

Der Erwerb bzw. die Veräußerung der Aktien in Ausnutzung des Insiderwissens wird zwar grundsätzlich durch das Insiderverbot nach § 14 Abs. 1 Nr. 1 WpHG sanktioniert. Allerdings gilt diese Vorschrift nur für bereits zum Handel am Kapitalmarkt zugelassene Aktien und Optionsscheine. Die auf der Grundlage einer bedingten Kapitalerhöhung neu begebenen Optionsscheine wie auch deren Ausübung fallen nicht in den Schutzbereich dieser Norm. Das Insiderverbot greift erst bei der Veräußerung der bezogenen jungen Aktien.[48] Die Festlegung der Zeitfenster für die Ausübung der Optionsrechte ist eine effektive Möglichkeit, um Insidermissbrauch zu verhindern.

In dem Programm der Vossloh AG ist die Ausübung der eingeräumten Optionen durch die Vorgabe sog. Handelsfenster ebenfalls auf bestimmte Zeiträume maximaler Kapitalmarktinformation beschränkt.

6. Erwerbszeiträume

Zeitlich vor den Ausübungszeiträumen liegen die Erwerbszeiträume, die Beginn und Ende der Frist bezeichnen, innerhalb derer die Bezugsrechte gezeichnet bzw. die Optionsrechte erworben werden können. Dabei besteht für die Unternehmen die Möglichkeit, die Aktienoptionen in mehreren Tranchen auszugeben. In diesem Fall muss der Hauptversammlungsbeschluss die entsprechenden Ausübungszeiträume zumindest bestimmbar enthalten.[49] Die gestückelte Ausgabe wird empfohlen, um Sondereinflüsse auf den Aktienkurs und deren Aus-

[46] *RegEBegr zum KonTraG*, BT-Drucks. 13/9712, S. 24; *Feddersen*, ZHR 161 (1997), 269, 293; *Klahold*, S. 38; *Menichetti*, DB 1996, 1688, 1692; *Schaefer*, NZG 1999, 531, 533 f.; *Zinser/Schimpfky* in: Schneider, MAB, 3705, Rn. 47.

[47] So auch *Aha*, BB 1997, 2225, 2226; *Baums* in: FS: Claussen, S. 3, 18, 45 f.; *Feddersen*, ZHR 161 (1997), 269, 292; *Frey* in: Großkomm AktG, § 193 Rn. 71; *Klahold*, S. 38 mit Beispiel in Fn. 45; *Kühnberg/Keßler*, AG 1999, 453, 461; *Menichetti*, DB 1996, 1688, 1692; *Schaefer*, NZG 1999, 531, 533 f.; *Weiß*, Aktienoptionspläne, S. 221 f.; *ders.* WM 1999, 353, 358; *Zinser/Schimpfky* in: Schneider, MAB, 3705, Rn. 44.

[48] *Feddersen*, ZHR 161 (1997), 269, 290 ff.; *Frey* in: Großkomm AktG, § 193 Rn. 72; *Kühnberg/Keßler*, AG 1999, 453, 461 f.; *Schaefer*, NZG 1999, 531, 534; *Seibert* in: Pellens, Entlohnungssysteme, 29, 43; *Schneider*, ZIP 1997, 1769, 1175; *Zinser/Schimpfky* in: Schneider, MAB, 3705, Rn. 47.

[49] *RegEBegr zum KonTraG*, BT-Drucks. 13/9712, S. 24; *Frey* in: Großkomm AktG § 193

wirkungen auf die Festlegung des Basispreises bzw. der Erfolgsziele zu verhindern.[50] Gleichzeitig ist auf diese Weise eine Anpassung des Ausübungspreises an die aktuelle Entwicklung an den Börsen sicher gestellt, sofern sich dieser wie bei den meisten Programmen nach dem aktuellen Kurs am Ausgabetag der Optionen bestimmt.[51]

Bei Erwerb der Optionsrechte kann es ebenfalls zu Problemen wegen Insiderwissens der Begünstigten kommen. Legt die Hauptversammlung keine Erwerbszeiträume fest, so kann die Verwaltung im Rahmen eines Ermächtigungsbeschlusses durch die geschickte Wahl des Zeichnungszeitpunkts für die Optionsrechte eine Phase niedriger Aktienkurse ausnutzen, um günstige Ausübungsbzw. Basispreise zu erreichen. Das Vorgehen wäre zwar kein Verstoß gegen das Insiderverbot nach § 14 Abs. 1 WpHG, ist aber dennoch als Insidermissbrauch zu qualifizieren. Dieser Gefahr kann durch die Festlegung von kurzen Erwerbszeiträumen in Phasen maximaler Kapitalmarktinformation vorgebeugt werden.[52] Eine solche Regelung ist jedoch nicht zwingend.[53]

7. Sonderpunkt: Laufzeit der Aktienoptionsprogramme

Nach der Regelung in § 193 Abs. 2 AktG muss die maximale Laufzeit der Aktienoptionen im Erhöhungsbeschluss nicht zwingend festgelegt werden, obgleich diese Bedingung als wesentlicher Faktor für das Wertentwicklungspotential der Aktienoptionen angesehen wird. [54] Daher ist nach Ansicht einiger Vertreter in der Literatur auch der letzte Ausübungszeitraum festzulegen und damit gleichzeitig das Ende der Optionslaufzeit zu fixieren.[55] Andere gehen hingegen davon aus, dass die Ausübungszeiträume zulässig als jährlich wiederkehrendes Ereignis definiert werden könnten, was zu einer unendlich langen Laufzeit der Programme führen würde. Eine maximale Laufzeit gebe es nicht.[56] Dieser Streit ist allerdings unbedeutend, da in der Praxis regelmäßig eine maximale

Rn. 69; *Seibert* in: Pellens, Entlohnungssysteme, 29, 43; *Weiß*, Aktienoptionspläne, S. 216.

50 *Baums* in: FS Claussen, S. 3, 16; *Weiß*, Aktienoptionspläne, S. 216.

51 Dazu bereits in § 3 I 1.

52 *Baums* in: FS Claussen, S. 3, 16; *Frey* in: Großkomm AktG, § 193 Rn. 69; *Menichetti*, BB 1996, 1688, 1692; *Weiß*, Aktienoptionspläne, S. 216.

53 *Frey* in: Großkomm AktG, § 193 Rn. 69 f.

54 *Klahold*, S. 246 Fn. 45; *Kohler*, ZHR 161 (1997), 246, 267; *Weiß*, Aktienoptionspläne, S. 220; *ders.* WM 1999, 353, 358; *Zinser/Schimpfky* in: Schneider, MAB, 3705, Rn. 45.

55 *Weiß*, Aktienoptionspläne, S. 220; *ders.* WM 1999, 353, 358 f.

56 *Frey* in: Großkomm AktG, § 193 Rn. 72, 69.

Laufzeit der Programme in den Hauptversammlungsbeschluss aufgenommen wird. Anderenfalls würde der Handlungsspielraum für die Auflegung weiterer Programme eingeschränkt.[57] So wurden im Jahr 2000 Aktienoptionspläne mit einer durchschnittlichen Laufzeit von 6,5 Jahren aufgelegt. Rund 41 % der Unternehmen wählten, in Anlehnung an die in § 84 Abs. 1 S. 5 AktG geregelte Dauer der Vorstandsanstellungsverträge, eine Laufzeit von 5 Jahren. Rund 60 % der Unternehmen entschieden sich für eine Frist von bis zu 10 Jahren.[58] Die Laufzeit des Mitarbeiterbeteiligungs- bzw. Incentiveprogramms der Vossloh AG ist auf 5 Jahre festgelegt, was sich aus der Regelung der Ausübungsfristen ergibt.[59]

II. Weitere übliche Bedingungen der Aktienoptionsprogramme

Neben den gesetzlich vorgegebenen Regelungsgegenständen, enthalten Aktienoptionsprogramme üblicher Weise weitere Bedingungen, die von der Hauptversammlung freiwillig beschlossen werden können. Wahlweise hat die Gesellschaft die Möglichkeit, sie von den für die Vergütung zuständigen Organen, also Vorstand oder Aufsichtsrat, festlegen zu lassen.[60]

In dem Hauptversammlungsbeschluss der Vossloh AG findet sich z.B. für das Mitarbeiterbeteiligungsprogramm folgende Regelung: „Der Vorstand wird mit Zustimmung des Aufsichtsrates ermächtigt, die weiteren Einzelheiten des Mitarbeiterbeteiligungsprogramms festzulegen." Gleiches ist für das Incentiveprogramm für Vorstandsmitglieder und Führungskräfte bestimmt worden. Zur Festlegung der Bedingungen, die Vorstandsmitglieder betreffen, ist allerdings allein der Aufsichtsrat ermächtigt.[61] Eine Aufzählung der weiteren Bedingungen, die nicht zwingend durch die Hauptversammlung festzulegen sind, findet sich in der Begründung des Regierungsentwurfs. Darin werden etwa Mindesthaltefristen, Verkaufssperren und Bindungsfristen für Mitarbeiter, das Zeichnungs- und Ausübungsverfahren, die Unübertragbarkeit der Optionen, die Verpfändbarkeit, die Dividendenberechtigung, Einzelfragen bei Ausscheiden, Eintritt in den Ruhestand und Todesfall des Bezugsberechtigten so-

---

[57] Auf diesen Umstand weist auch *Frey* in: Großkomm AktG, § 193 Rn. 69 hin.

[58] *Feddersen/Pohl*, AG 2001, 26, 32. Dazu auch Weiß, Aktienoptionspläne, S. 221 m.w.N.

[59] Vergl. *BAnz* v. 16.5.1998, 6950, 6951; § 1 II 5.

[60] *RegEBegr zum KonTraG*, BT-Drucks. 13/9712, S. 24;. *Frey* in: Großkomm AktG, § 193 Rn. 75; *Hüffer*, AktG § 193 Rn. 8; *Weiß*, Aktienoptionspläne, S. 222; *Zinser/Schimpfky* in: Schneider, MAB, 3705, Rn. 39.

[61] *BAnz* v. 16.5.1998, S. 6950, 6951.

wie die Kündigung durch die Gesellschaft genannt.[62] Diese Bedingungen werden üblicherweise bei Durchführung der Aktienoptionsprogramme durch die zuständigen Vergütungsorgane mit den Begünstigten vereinbart. Sie sind entweder Gegenstand der arbeitsvertraglichen Vergütungsvereinbarung oder des Gewährungsvertrages.[63] Wegen ihrer besonderen arbeitsrechtlichen Relevanz, werden sie im Folgenden näher erörtert.

1. Haltefristen bzw. Veräußerungsfenster für die bezogenen Aktien

Die Regierungsbegründung nennt zunächst Mindesthaltefristen und Verkaufssperren als möglichen freiwilligen Regelungsgegenstand.

a) Hintergrund für solche Regelungen

Hintergrund für die Festlegung der Halte- bzw. Veräußerungsfristen für die bezogenen Aktien ist die Insiderproblematik. Diese betrifft, wie bereits angedeutet,[64] nicht nur die Ausübung der Optionsrechte, sondern auch die spätere Veräußerung der bezogenen Aktien. Sofern diese in Ausnutzung von Insiderkenntnissen erfolgt, stellt dies einen Verstoß gegen § 14 Abs. 1 Nr. 1 WpHG dar.[65] Um Kollisionen mit dem Insiderrecht zu vermeiden, wird vorgeschlagen, kurze Handelzeiträume bzw. Handelsfenster für die bezogenen Aktien des Unternehmens zu bestimmen, die wiederum auf Zeitpunkte maximaler Kapitalmarktinformation fallen sollen.[66] Damit würden gleichzeitig kurzfristige Gewinnstrategien verhindert und der langfristige Leistungsanreiz verstärkt. Indem den Begünstigten durch eine derartige Regelung verwehrt bleibe, kurzfristige Kursgewinne unmittelbar nach Optionsausübung zu realisieren, würden sie durch die Übernahme des Kursrisikos mit ihrem eigenen Vermögen zu einer nachhaltigen Wertsteigerung motiviert.[67]

Andererseits wird in diesem Zusammenhang auch darauf hingewiesen, dass die Haltefristen für die Betroffenen ein zusätzliches Risiko mit sich bringen,

---

62 *RegEBegr zum KonTraG*, BT-Drucks. 13/9712, S. 24.

63 Vergl. dazu § 1 IV 1 a bb, b.

64 Vergl. § 3 I 5.

65 Vergl. dazu *Feddersen*, ZHR 161, 1997, 269, 293 f.; *Schneider*, ZIP 1996, 1769, 1775.

66 *Feddersen*, ZHR 161, 1997, 269, 294 f.; *Kühnberg/Keßler*, AG 1999, 453, 462; *Schaefer*, NZG 1999, 531, 534; *Weiß*, Aktienoptionspläne, S. 121. Zur arbeitsrechtlichen Zulässigkeit vergl. § 11 XI 1.

67 Baums in: FS Claussen, S. 3, 10; *Klahold*, S. 39; *Menichetti*, DB 1996, 1688, 1691; *Zinser/Schimpfky* in: Schneider, MAB, 3705, Rn. 44.

da der für den Erwerb der Bezugsaktien aufzubringende Geldbetrag oft sehr erheblich sei. Mit der Festlegung der Veräußerungssperren werde die Liquidität der Mitarbeiter erheblich gebunden. Es bestehe aber häufig der Wunsch, den Ausübungspreis und die anfallenden Steuern durch den sofortigen Verkauf der Aktien finanzieren zu können. Die Festlegung von Haltefristen berge damit die Gefahr in sich, dass ein Aktienoptionsprogramm für Mitarbeiter unterhalb der Vorstandsebene nicht sehr attraktiv erscheine und nicht ausreichend akzeptiert werde. Als Kompromiss wird daher vorgeschlagen, die Haltefristen nur auf eine kleinere Teilmenge von Aktien zu beziehen.[68]

In der Regel werden keine Haltefristen in Aktienoptionsprogrammen vereinbart. Die Programme sehen vielmehr vor, dass die Begünstigten die bezogenen Aktien sofort weiterveräußern können.[69] Das Aktienoptionsprogramm der Vossloh AG sieht keine Haltefristen bzw. Handelzeiträume für die bezogenen Aktien vor.[70]

b) Rechtliche Einordnung der Veräußerungssperren bzw. Haltefristen

Eine solche Beschränkung kann für die Übertragung der Inhaberaktien nicht durch die Satzung und damit einen Beschluss der Hauptversammlung festgelegt werden. Sie würde eine nach Aktienrecht unzulässige Einschränkung der Verkehrsfähigkeit darstellen. Danach können die rechtlichen Möglichkeiten zur Übertragung der Mitgliedschaftsrechte an der Aktiengesellschaft, abgesehen von der Vinkulierung der Namensaktien nach § 68 Abs. 2 AktG, in keiner Weise durch die Satzung eingeschränkt werden.[71] Dies ergibt sich aus dem Charakter der §§ 53a bis 75 AktG, in dem die Rechtsverhältnisse zwischen der Aktiengesellschaft und den Gesellschaftern abschließend und zwingend geregelt sind. Sie können durch die Satzung weder abgeändert noch ergänzt werden.[72] Folglich wäre die Regelung in einer Satzung, nach der die Aktien nicht vor Ablauf einer

---

68 So *Seibert* in: Pellens, Entlohnungssysteme, 29, 47. Auf diese Problematik weist auch *Baums* in: FS Claussen, S. 3, 17 sowie *Bredow*, DStR 1998, 380, 382 (381) hin, der dies daher nur als Alternative bei seiner Mustervereinbarung aufführt. Zur arbeitsrechtlichen Zulässigkeit vor diesem Hintergrund vergl. § 11 XI 1.

69 So *Klahold*, S. 39. Auch der Musteroptionsrechtsvereinbarung bei *Preis*, Der Arbeitsvertrag, II A 75 Rn. 33 ist eine derartige Vereinbarung nicht zu entnehmen. Ebenso *Weiß*, Aktienoptionspläne, S. 120 f. m.N. in Fn. 464.

70 § 1 II 6.

71 *BayOLG* v. 24.11.1998, DB 1998, 214 f.; *Hüffer*, AktG, § 68 Rn. 10; *Lutter* in: Kölner Kommentar zum AktG, Anh. § 68 Rn. 25.

72 *BayOLG* v. 24.11.1988, DB 1988, 214, 215.

bestimmten Frist veräußert werden dürfen und anderenfalls an die Aktiengesellschaft zurückzuübertragen sind, aktienrechtlich unzulässig bzw. nichtig.[73]

Schuldrechtliche Veräußerungsbeschränkungen werden demgegenüber als Gegenstand des Dienst- bzw. Arbeitsvertrages oder des Aktienkaufvertrages für zulässig gehalten. Durch sie verpflichtet sich der Mitarbeiter, die Aktien nicht vor Ablauf einer bestimmten Frist zu veräußern und sie anderenfalls an die Gesellschaft zurückzuübertragen. Dabei handelt es sich um rein schuldrechtliche Veräußerungsbeschränkungen i.S.v. § 137 S. 1 BGB, die gem. § 137 S. 2 BGB die Wirksamkeit der Übertragung der Aktie als Verfügungsgeschäft nicht berühren, sondern lediglich mit einer schuldrechtlichen Sanktion, z.B. einer Vertragsstrafe belegt werden können.[74]

2. Veräußerungs- und Verpfändungssperren für die Aktienoptionen und ähnliche Klauseln

Daneben wird in den Programmbedingungen, wie bei der Vossloh AG,[75] regelmäßig die Möglichkeit zur Übertragung und Veräußerung der Optionsrechte sowie deren Verpfändung ausgeschlossen.[76] Hintergrund der Regelungen ist die mit den Aktienoptionsprogrammen beabsichtigte langfristige Anreiz- und Bindungswirkung. Diese Ziele würden unterlaufen werden, wenn der Inhaber die Aktienoptionen vorher bei einer günstigen Kursentwicklung über die Börse verkaufen könnte.[77] Gleiches gilt für sonstige Übertragungen oder Verpfändungen der Aktienoptionen. In diesen Fällen könnte der Begünstigte den durch die Aktienoptionen verkörperten Wert vorzeitig realisieren und kurzzeitige günstige Kursentwicklungen mitnehmen. Aus diesen Gründen wird empfohlen, daneben auch Kurssicherungsgeschäfte (gegenläufiges Hedgegeschäft durch den Kauf einer Put- bzw. Verkaufsoption) oder andere Geschäfte, mit denen die

---

73 Vergl. *BayOLG* v. 24.11.1988, DB 1988, 214.

74 *BayOLG* v. 24.11.1988, DB 1988, 214, 216; *Baeck/Diller*, DB 1998, 1405, 1407; *Klahold*, S. 89 f.; *Küttner/Röller*, Personalbuch 2006, Aktienoptionen, Rn. 5; *Legerlotz/Laber*, DStR 1999, 1658, 1663; ausführlich zu dieser Problematik *Pulz*, Personalbindung, S. 87 ff.; *Schanz*, NZA 2000, 626, 634. Zur arbeitsrechtlichen Zulässigkeit solcher Klauseln im einzelnen § 11 XI. Vergl. zur Einräumung der Aktien durch Begebungsvertrag § 1 IV 2 c.

75 Vergl. § 1 II 7.

76 *Baeck/Diller*, DB 1998, 1405, 1407; so die Mustervereinbarung bei *Bredow*, DStR 1998, 380, 381; *Kau/Leverenz*, BB 1998, 2269, 2270; *Klahold*, S. 38 f.; ebenso die Aktienoptionsrechtsvereinbarung bei *Preis*, Der Arbeitsvertrag, II A 75 Rn. 33; *Pulz*, Personalbindung, S. 102 f.; *Weiß*, Aktienoptionspläne, S. 121.

77 *Baeck/Diller*, DB 1998, 1405, 1407; *Baums* in: FS Claussen, S. 3, 17; *Klahold*, S. 38 f.; *Kohler*, ZHR 161 (1997), 246, 252; *Legerlotz/Laber*, DStR 1999, 1658, 1663.

Kaufoption wirtschaftlich glatt gestellt und das finanzielle Risiko abgesichert werden kann, in den Optionsbedingungen auszuschließen.[78]

Anders als für die Aktien enthält das Aktiengesetz keine rechtliche Grundlage, welche die Verkehrsfähigkeit der Aktienoptionen abschließend regelt. Da die bei den Haltefristen dargestellten Grundsätze speziell auf die Übertragung der Mitgliedschaft an einer Aktiengesellschaft zugeschnitten sind, sind sie nicht zwingend auf die Aktienoptionen zu übertragen. Letztere räumen lediglich das Recht auf eine Mitgliedschaft ein und sind eine Vorstufe zum Erwerb der Aktien. Daher kann die Übertragbarkeit der Aktienoptionen anders als die der Aktien grundsätzlich bereits im Hauptversammlungsbeschluss ausgeschlossen und damit durch die Satzung beschränkt werden.[79] Da die Aktienoptionen einen rein schuldrechtlichen Anspruch auf Abschluss eines Zeichnungsvertrages einräumen,[80] sind die Veräußerungssperren wie bei den Aktien als rein schuldrechtliche Vereinbarungen zwischen der Aktiengesellschaft und dem Optionsinhaber anzusehen. Sie werden durch die Einbeziehung der Programmbedingungen in den Gewährungsvertrag oder aufgrund einer ausdrücklichen Formulierung Vertragsinhalt.[81] Anders als bei den Aktien, deren Verkehrsfähigkeit nicht eingeschränkt werden darf, spricht bei den Aktienoptionen nichts dagegen, eine solche Vereinbarung als Verfügungsbeschränkung i.S.v. § 399 2. Alt. BGB anzusehen. Die hätte zur Folge, dass die Übertragung der Option unwirksam wäre.[82] Zur Verstärkung des Verbots kann bei einem Verstoß der Verfall der Optionsrechte angeordnet werden.[83]

78 Mustervereinbarung von *Bredow*, DStR 1999, 380, 381; *Baums* in: FS Claussen, S. 3, 17 f.; *Klahold*, S. 39, sowie die Aktienoptionsvereinbarung von *Preis*, Der Arbeitsvertrag, II A 75 Rn. 33.

79 So *Frey* in: Großkomm zum AktG, § 193 Rn. 76; a.A. ohne nähere Begründung *Pulz*, Personalbindung, S. 103.

80 So ausdrücklich *Lembke*, BB 2001, 1469, 1470. Gleiches gilt übrigens auch für die Umtauschrechte bei der Einräumung von Wandelschuldverschreibungen, vergl. § 1 III 2.

81 So ebenfalls *Baeck/Diller*, DB 1998, 1404, 1407; *Legerlotz/Laber*, DStR 1999, 1658, 1663; *Schanz*, NZA 2000, 626, 634. Zur Zulässigkeit solcher Klauseln aus arbeitsrechtlicher Sicht in § 10 III.

82 So im Ergebnis *Pulz*, Personalbindung, S. 106, 103 f., mit Hinweis auf die h.M. zur Wirkung des vereinbarten Abtretungsverbots nach § 399 (dazu *MünchKomm/Roth*, § 399 Rn. 36 m.w.N.). A.A. *Baeck/Diller*, DB 1998, 1404, 1407; *Legerlotz/Laber*, DStR 1999, 1658, 1663, *Schanz*, NZA 2000, 626, 634, die davon ausgehen, dass die Veräußerung bei Aktien und Aktienoptionen gleichermaßen wirksam ist und allenfalls mit Sanktionen belegt werden kann.

83 *Bredow*, DStR 1998, 380, 381; *Preis*, Der Arbeitsvertrag, II A 75 Rn. 33.

3. Bindungs- bzw. Verfallklauseln

Weiterhin werden in der Begründung zum Regierungsentwurf Bindungsfristen für Mitarbeiter sowie verschiedene Einzelfragen im Zusammenhang mit der Beendigung des Dienst- bzw. Arbeitsverhältnisses des Optionsinhabers als weitere Bedingungen genannt, die durch die Hauptversammlung oder die zuständigen Vergütungsorgane festgesetzt werden können bzw. sollen.[84]

Unter den Begriff der Bindungsklauseln fallen eine Vielzahl typischer Regelungen in einem Aktienoptionsprogramm, die der Bindung der Vorstandsmitglieder und sonstigen Mitarbeiter an das Unternehmen dienen. Dazu gehören die Wartefristen i.S.v. § 193 Abs. 2 Nr. 4 AktG und die Haltefristen für die bezogenen Aktien. Dem gleichen Ziel dienen die Veräußerungssperren für die Aktienoptionen sowie die Koppelung der Ansprüche mit dem Bestand des Arbeitsverhältnisses durch die Verfallklauseln. Letztere führen dazu, dass die eingeräumten Aktienoptionen bei Ausscheiden aus dem Unternehmen verfallen. Ähnliche Auswirkungen haben die Rückgewährklauseln, welche die Rückübertragung der bezogenen Aktien bei Ausscheiden vor Ablauf der Haltefrist anordnen.[85] Neben der Bindungswirkung sind die Anreizwirkung und Verhaltenssteuerung Gründe für die Vereinbarung der Verfallklauseln, weil es dem Optionsinhaber nach dem Ausscheiden nicht mehr möglich ist, weiterhin durch seinen Arbeitseinsatz zum Erfolg des Unternehmens beizutragen.[86] Daher enthalten Aktienoptionsprogramme üblicherweise folgende Regelungen für die verschiedenen Fälle der Beendigung des Arbeitsverhältnisses.

a) Verfall der Aktienoptionen bei Ausscheiden aus dem Arbeitsverhältnis

In der Regel wird in den Programmen der Verfall der Optionsrechte bei Beendigung des Dienst- oder Arbeitsverhältnisses angeordnet.[87] Dabei wird hinsichtlich der Gründe, die zur Beendigung des Arbeitsverhältnisses führen können, und des Beendigungszeitpunkts differenziert.

[84] *RegEBegr zum KonTraG*, BT-Drucks. 13/9712, S. 24.

[85] *Baeck/Diller*, DB 1998, 1405, 1407; *Feddersen*, ZHR 161 (1997), 269, 272; *Klahold*, S. 41; *Lembke*, BB 2001, 1469, 1473; *Legerlotz/Laber*, DStR 1999, 1658, 1664; *Mechlem/Melms*, DB 2000, 1614, 1615.

[86] *Klahold*, S. 40.

[87] *Baeck/Diller*, DB 1998, 1405, 1407; *Bauer/Göpfert/Steinau-Steinrück*, ZIP 2001, 1129, 1130; *Busch*, BB 2000, 1294, 1296; *Bredow*, DStR 1999, 380, 381 f.; Klahold, S. 41; *Küttner/Röller*, Personalbuch 2006, Aktienoptionen, Rn. 6; *Legerlotz/Laber*, DStR 1999, 1658, 1664; *Preis*, Der Arbeitsvertrag, II A 75 Rn. 33; *Schanz*, NZA 2000, 626, 634. Zur arbeitsrechtlichen Zulässigkeit in § 7 III.

aa) Regelung bei Beendigung des Arbeitsverhältnisses

Der Verfall der Aktienoptionen ist regelmäßig vorgesehen, wenn das Dienst- oder Arbeitsverhältnis des Optionsinhabers durch eine Eigenkündigung beendet wird oder die Gesellschaft das Arbeitsverhältnis aus wichtigem Grund kündigt.[88] Gleiches wird üblicherweise für die Beendigung aufgrund einer verhaltens- bzw. betriebsbedingten Kündigung der Gesellschaft oder für die einvernehmliche Beendigung durch Auflösungsvertrag vereinbart.[89]

Teilweise sehen die Programme wie das der Vossloh AG[90] differenzierte Lösungen vor. Während die Bezugsrechte bei Eigenkündigung durch den Optionsinhaber oder bei der Beendigung durch eine personen- oder verhaltensbedingte Kündigung sofort verfallen, tritt der Verfall bei Beendigung durch eine betriebsbedingte Kündigung erst ein, wenn die Optionen im nächsten Handelsfenster nicht ausgeübt werden.[91] Gebräuchlich sind außerdem Klauseln, welche die Ausübung der Aktienoptionen vom Fortbestand eines ungekündigten Arbeitsverhältnisses zu einem bestimmten Stichtag abhängig machen.[92]

bb) Rückzahlung des Eigenanteils

Überwiegend werden die Aktienoptionen den Begünstigten unentgeltlich eingeräumt.[93] Sofern dies nicht der Fall ist, finden sich in den Programmen Regelungen, nach denen der investierte Betrag zurückzuerstatten ist. Eine ähnliche Regelung sieht das Programm der Vossloh AG vor. Danach besteht die Investition für die Einräumung der Aktienoptionen im Erwerb von Stammaktien. Diese müssen bis zur Ausübung der Optionen im Depot der Mitarbeiter verbleiben. Anderenfalls verfallen die Optionsrechte. Nach dem Verfall der Optionsrechte werden mit Mitteln aus dem Privatvermögen erworbene Aktien anteilig entsperrt.[94] Mit der Entsperrung nach dem Verfall der Optionen können die Mitarbeiter über die als Teilnahmevoraussetzung erworbenen Aktien wieder frei verfügen.

---

88 *Baeck/Diller*, DB 1998, 1405, 1407; *Bauer/Göpfert/Steinau-Steinrück*, ZIP 2001, 1129, 1130; *Bredow*, DStR 1999, 380, 381 f.; *Legerlotz/Laber*, DStR 1999, 1658, 1664; *Preis*, Der Arbeitsvertrag, II A 75 Rn. 33.

89 *Bauer/Göpfert/Steinau-Steinrück*, ZIP 2001, 1129, 1130; *Busch*, BB 2000, 1294, 1296; *Röder/Göpfert*, BB 2001, 2002, 2003 f.

90 Vergl. § 1 II 8 a.

91 Ebenso *Lembke*, BB 2001, 1469, 1473 f., für Aktienoptionen, die nicht als variabler, arbeitsleistungsbezogener Bestandteil der Vergütung gewährt werden.

92 *Kohler*, ZHR 161 (1997), 246, 252 f., unter Hinweis auf das Programm des Daimler Benz-Konzerns; *Lembke*, BB 2001, 1469, 1473.

93 *Ackermann/Suchan*, BB 2002, 1497; *Lingemann/Diller/Mengel*, NZA 2000, 1191, 1195.

94 Vergl. § 1 II 2.

b) Rückübertragungspflicht für die bezogenen Aktien und Rückzahlung des investierten Betrags

In Verbindung mit den Veräußerungssperren für bereits bezogene Aktien finden sich in den Programmen Regelungen, wonach die bezogenen Aktien bei Beendigung des Arbeitsverhältnisses durch Kündigung an die Gesellschaft zurück zu übertragen sind.[95] Auch hierbei handelt es sich aus den genannten Gründen um eine rein schuldrechtliche Verpflichtung und nicht um eine aktienrechtliche Verfügungsbeschränkung. Es kann daher nicht vereinbart werden, dass die Aktien automatisch an die Gesellschaft zurückfallen. Der Verfall kann allenfalls an Sanktionen geknüpft werden, sofern sich der betroffene Mitarbeiter weigert, die bezogenen Aktien zur Verpflichtung und nicht um eine aktienrechtliche Verfügungsbeschränkung. Es kann daher nicht vereinbart werden, dass die Aktien automatisch an die Gesellschaft zurückfallen. Der Verfall kann allenfalls an Sanktionen geknüpft werden, sofern sich der betroffene Mitarbeiter weigert, die bezogenen Aktien zurückzuübertragen. Gleiches gilt, wenn er sie anderweitig veräußert hat.[96]

4. Regelungen im Zusammenhang mit der Beendigung des Arbeitsverhältnisses durch Ruhestand und ähnliche Fälle

a) Ruhestandsregelungen

Nach den Programmen der Vossloh AG können nicht ausgeübte Aktienoptionen bis zum Ende der Laufzeit von den Mitarbeitern eingelöst werden, deren Dienst- bzw. Arbeitsverhältnis infolge des Eintritts in den Ruhestand oder Vorruhestand endet. Gleiches gilt für die Fälle der Altersteilzeit.[97]

Hintergrund für die andere Handhabung ist die unterschiedlich zu bewertende Ausgangslage. Während durch die Festlegung der Verfallklauseln bei Kündigung die Bindung an das Unternehmen gestärkt werden soll, geht es in den Fällen, in denen der Mitarbeiter in den Ruhestand eintritt, um die Belohnung der längstmöglich erwiesenen Betriebstreue. Einen weiteren Grund stellt die mit den Programmen beabsichtigte Anreizwirkung dar. Auf diese Weise soll sicher gestellt werden, dass der Optionsinhaber auch noch nach dem Eintritt in den Ruhestand Interesse an einer Steigerung des Unternehmenswertes bzw. des

95 Zur arbeitsrechtlichen Zulässigkeit in § 11 XI 2.
96 Vergl. § 3 II 2. Zur arbeitsrechtlichen Zulässigkeit in § 11 XI.
97 Vergl. § 1 II 8 a, c.

Aktienkurses hat. Der betroffene Mitarbeiter soll noch in der Phase vor seinem Ausscheiden langfristig wirkende Entscheidungen nicht gegenüber kurzfristig erfolgswirksamen Maßnahmen vernachlässigen, indem er für seine Leistungen über den Zeitpunkt des Ausscheidens hinaus belohnt wird.[98]

b) Todesfall

Bei der Beendigung des Arbeitsverhältnisses durch den Tod des Mitarbeiters spielen demgegenüber soziale Aspekte der Fürsorge zugunsten der Hinterbliebenen der Mitarbeiter eine Rolle, die ebenfalls zur Gewinnung und Bindung von Mitarbeitern beitragen können. Insoweit enthalten die Programme allerdings unterschiedliche Bedingungen. So sieht das Programm der Vossloh AG vor, dass die Erben die Optionsrechte bis zum Ende der Laufzeit ausüben können, sofern bei Eintritt des Todes bereits 2,5 Jahre der Sperrfrist abgelaufen sind, andere Optionen sollen verfallen.[99] Teilweise wird empfohlen, die Vererbbarkeit der Aktienoptionen auszuschließen und deren Verfall festzulegen.[100]

c) Erziehungsurlaub, Wehr- und Ersatzdienst

Außerdem enthält das Programm der Vossloh AG besondere Bedingung für Arbeitsverhältnisse, die aufgrund des Erziehungsurlaubs, jetzt Elternzeit, oder des Wehr- bzw. Ersatzdienstes der Begünstigten ruhen. In dem Programm wird klar gestellt, dass die Optionsrechte in diesen Fällen nicht verfallen, sondern weiterhin ausgeübt werden können.

5. Stichtagsklauseln

Im Zusammenhang mit der Beendigung des Arbeitsverhältnisses werden auch Stichtagsklauseln verwendet.[101] Ein Beispiel für eine solche Regelung bildet die Bedingung im Programm der Vossloh AG, wonach Bezugsrechte nur an Mitarbeiter vergeben werden, die seit mindestens 12 Monaten in einem ungekündigten Arbeitsverhältnis stehen.[102]

---

98 *Baums* in: FS *Claussen*, S. 3, 19 f.

99 Vergl. § 1 II 8 c.

100 *Bredow*, DStR 1999, 380, 381.

101 Zur arbeitsrechtlichen Zulässigkeit in § 9 X 3.

102 Vergl. § 1 II 1. Zur arbeitsrechtlichen Zulässigkeit und den Hintergründen in § 9 X.

6. Verwässerungsschutzklauseln

Weiterhin ist in dem Beschluss der Vossloh AG wie auch in der Begründung des Regierungsentwurfs die Anpassung der Bedingungen für den Fall zwischenzeitlicher Kapitalerhöhungen oder der Ausgabe von Wandel- oder Optionsrechten angesprochen. Dabei handelt es sich um Verwässerungsschutzklauseln, die bei Durchführung der genannten Maßnahmen vor Ausübung der Optionsrechte verhindern sollen, dass die Wandel- bzw. Optionsrechte infolge einer in diesem Fall drohenden Kursbeeinflussung und der Verringerung der Beteiligungsquote am Unternehmen an Wert verlieren. Darüber hinaus verändern sich die für die Festlegung der Programmbedingungen relevanten Umstände.[103] Zur Abwendung der verwässerungsbedingten Auswirkungen ist es üblich, in solchen Fällen den Ausübungspreis für die zu beziehenden Aktien zu ermäßigen und die Möglichkeit einer solchen Anpassung in den Aktienoptionsplänen zu regeln.[104] Eine entsprechende Regelung, wonach der Basispreis im Falle von Kapitalmaßnahmen entsprechend angepasst werden kann, enthält auch das Programm der Vossloh AG.[105]

7. Eigenanteil der Begünstigten

Sofern ein Aktienoptionsprogramm wie das der Vossloh AG die Programmteilnahme von der Leistung eines eigenen finanziellen Beitrags abhängig macht,[106] sind dafür die näheren Bedingungen festzulegen. Diese umfassen zum einen die genaue Art und Höhe des Eigenanteils sowie die Fragen der technischen Abwicklung. Hinsichtlich der Art und Höhe des Eigenanteils hat die Gesellschaft einen großen Gestaltungsspielraum. Es besteht die Möglichkeit, die Teilnahme wie die Vossloh AG vom Erwerb einer bestimmten Anzahl von unternehmenseigenen Aktien abhängig zu machen, für die eigene Mittel aufgebracht werden müssen.[107] Durch den möglichen Verlust des eigenen finanziellen Einsatzes soll die vom Einsatz der Aktienoptionen ausgehende Motivationswirkung zusätzlich gesteigert werden.[108] Daneben können auch andere Zielsetzungen verfolgt werden, wie das Aktienoptionsprogramm der Volkswagen AG zeigt. Die Teilnahme an diesem Programm setzt den Erwerb sog. Zeitwertpapiere voraus.[109]

---

[103] *Baums* in: FS für Claussen, S. 3, 19; *Klahold*, S. 40; *Lutter*, ZIP 1997, 1, 7. Zum Verwässerungseffekt im Allgemeinen *Karollus* in: Geßler/Hefermehl/Eckardt/Kropff, § 221 Rn. 172; *Hüffer*, AktG, § 221 Rn. 61.

[104] *Bredow*, DStR 1999, 380, 382; *Weiß*, Aktienoptionspläne, S. 121.

[105] Vergl. § 1 II 3.

[106] Vergl. § 1 II 2.

[107] *Küttner/Röller*, Personalbuch 2006, Aktienoptionen, Rn. 4.

[108] *Küttner/Röller* a.a.O.; *Weiß*, Aktienoptionspläne, S. 122.

Auf diese Weise sollen Vorruhestandsregelungen sowie ein geordneter Personalabbau unter Vermeidung von Konfliktpotentialen und damit eine geordnete Steuerung des Personalbedarfs gefördert werden.[110]

8. Dividendenberechtigung

Als weiterer Punkt wird in der Begründung zum Regierungsentwurf die Regelung der Dividendenberechtigung angeregt. In den Programmen der Vossloh AG findet sich jeweils der Hinweis, dass die Dividende für die als Teilnahmevoraussetzung erworbenen Aktien sofort frei verfügbar ist.[111]

9. Regelungen im Zusammenhang mit der technischen Abwicklung der Aktienoptionsprogramme

Ferner wird empfohlen, Regelungen über die technische Abwicklung, das Verfahren der Zeichnung und die Ausübung der Bezugsrechte sowie über die Einrichtung eines Stock Option Kontos mit Depot und Bankprovision zu treffen. Insoweit kann wieder auf die detailreichen Regelungen in den Programmen der Vossloh AG verwiesen werden.[112]

a) Technische und finanzielle Abwicklung im Zusammenhang mit der Gewährung der Aktienoptionen

Danach müssen die Teilnehmer an den Aktienoptionsprogrammen bis zu einem bestimmten Termin eine Teilnahmeerklärung abgeben, nach deren Eingang bei der Bank, welche die Programme verwaltet, ein Konto und ein Depot eröffnet werden. Für den Kauf der Aktien als Eigenanteil entstehen zunächst weder Kontoführungs- noch Depotgebühren. Diese fallen erst nach der Entsperrung dieser Aktien an. Der von den Teilnehmern aufzubringende Betrag für den

---

109 *BAnz* Nr. 68 v. 11.4.1997, S. 4783. Allerdings sieht dieses Programm nicht die Ausgabe nackter Bezugsrechte, sondern die einer Wandelanleihe vor.

110 So die Begründung von *OLG Braunschweig* v. 29.7.1998, ZIP 1998, 1585, 1588 f.

111 Informationsbroschüre der Vossloh AG über das Mitarbeiterbeteiligungsprogramm für die Mitarbeiter bzw. über das Long-Term-Incentiveprogramm für die Führungskräfte des Unternehmens jeweils vom April 2000, S. 4.

112 Informationsbroschüre der Vossloh AG über das Mitarbeiterbeteiligungsprogramm für die Mitarbeiter bzw. über das Long-Term-Incentiveprogramm für die Führungskräfte des Unternehmens jeweils vom April 2000, S. 4, 8, 9.

Erwerb der Vossloh Aktien wird im Rahmen des Mitarbeiterbeteiligungsprogramms mit dem Gehalt verrechnet, während die Teilnehmer des Incentiveprogramms den Betrag überweisen müssen. Die als „Eintrittskarte" erworbenen Aktien werden in das Depot eingebucht und mit einem Sperrvermerk gekennzeichnet. Die Aktien werden erst entsperrt, wenn die mit ihnen verbundenen Bezugsrechte ausgeübt oder verfallen sind.

b) Technische und finanzielle Abwicklung im Zusammenhang mit der Ausübung der Aktienoptionen – bargeldlose Optionsausübung

Die Ausübung der Bezugsrechte erfolgt durch einen schriftlichen Auftrag an die depotführende Bank. Er gilt nur für das jeweilige Handelsfenster bis zur Erreichung des Erfolgsziels.

Als besondere Regelung ist zudem die Möglichkeit der bargeldlosen Optionsausübung zu erwähnen, welche die Vossloh AG den Teilnehmern einräumt.[113] Im Regelfall muss der Mitarbeiter bei Ausübung der Option den Basispreis aus seinen eigenen Mitteln aufbringen und erhält dafür im Gegenzug die Aktien. Da keine Haltefristen vereinbart sind, kann er diese sofort an der Börse verkaufen und einen möglichen Kursgewinn realisieren. Bei der bargeldlosen Optionsausübung muss der Mitarbeiter keine eigenen Mittel aufwenden, sondern kann lediglich so viele Aktien kaufen, wie er durch den Gewinn aus dem Verkauf eigener Aktien finanzieren könnte. Als Alternative wird die Barauszahlung des fiktiven Kursgewinns angeboten.[114] Mit Hilfe solcher Regelungen werden Aktienoptionsprogramme insbesondere für Mitarbeiter unterhalb der Vorstands- und Führungskräfteebene attraktiv, denen häufig nicht die finanziellen Mittel für den Erwerb einer größeren Anzahl an Aktien zur Verfügung stehen. Eine solche Regelung bietet sich also für Aktienoptionsprogramme an, die für alle Mitarbeiter des Unternehmens aufgelegt werden und tragen zu deren Akzeptanz bei.

III. Schlußbemerkung

Bei den dargestellten Bedingungen handelt es sich um eine Reihe üblicher Klauseln in Aktienoptionsprogrammen. Da die Gesellschaften jeweils auf ihre

[113] Informationsbroschüre der Vossloh AG über das Mitarbeiterbeteiligungsprogramm für die Mitarbeiter bzw. über das Long-Term-Incentiveprogramm für die Führungskräfte des Unternehmens jeweils vom April 2000, S. 6.

[114] *Küttner/Röller*, Personalbuch 2006, Aktienoptionen, Rn. 3.

Bedürfnisse abgestimmte Klauseln wählen bzw. entwickeln, ist diese Aufstellung keinesfalls abschließend. Gerade für Bedingungen, die nicht von § 193 AktG erfasst sind, besteht ein großer Gestaltungsspielraum. Die Grenzen der zulässigen Gestaltungsmöglichkeiten werden neben den behandelten gesellschaftsrechtlichen Vorgaben vor allen Dingen durch das Arbeitsrecht gezogen. Aus diesem Grund werden die Klauseln in den folgenden Abschnitten auf ihre arbeitsrechtliche Zulässigkeit untersucht.

Zweiter Teil

Einordnung der Aktienoptionen in das arbeitsrechtliche Vergütungssystem

§ 4 Vergütungsbestandteile im Überblick

Zur Einführung in die arbeitsrechtliche Problematik erfolgt eine Bestandsaufnahme der praktizierten Vergütungsformen unter Einordnung der Aktienoptionen in dieses System. Wie bereits in der Einleitung erörtert wurde, werden die Aktienoptionen in unterschiedlicher Weise als Vergütung eingesetzt. Als Grundformen sind der Einsatz als zusätzliche Vergütung und als variabler Bestandteil zu unterscheiden.

I. Einleitung

Die arbeitsrechtlichen Darstellungen über die Vergütung sind weder von der verwendeten Terminologie[1] noch von der Einteilung[2] her einheitlich. Insbesondere die zusätzlich zu der üblichen Vergütung gewährten Sonderzuwendungen,

---

1 Vergl. dazu die Terminologie in: *ErfK/Preis*, § 611 BGB Rn. 487 ff.; *MünchArbR/Hanau*, § 62 Rn. 1: Arbeitsentgelt; *Schaub*, Arbeitsrecht, § 66 Rn. 1: Arbeitsvergütung; *Staudinger/Richardi*, § 611 Rn. 556: Rn. 556: Vergütung; *Zöllner/Loritz*, § 15 Abs. 1, S. 185: Arbeitsentgelt.

2 *MünchArbR/Hanau*, § 62 Rn. 7; § 69, § 70, differenziert hinsichtlich der Vergütung einerseits zeitlich nach laufenden, leistungsbezogenen und ergebnisbezogenen Entgelten sowie Gratifikationen, andererseits nach anderen Entgelten als Geld; differenziert in den §§ 66 ff. und 75 ff. zwischen Vergütung und Sonderformen der Vergütung wie Provisionen, Tantiemen, Gewinnbeteiligungen, Gratifikationen etc.; *Staudinger/Richardi* unterscheidet zunächst bei der Vergütung nach dem Gegenstand (Rn. 567 ff.) und der Bemessung

die in der Praxis in sehr unterschiedlichen Formen vorkommen, werden in Rechtsprechung und Schrifttum uneinheitlich charakterisiert und bezeichnet.[3]

Im Folgenden wird der Begriff Vergütung angelehnt an die Formulierung in § 611 BGB als Bezeichnung der Gegenleistung für die Arbeitsleistung verwendet. Die Vergütungspflicht ist die Hauptleistungspflicht des Arbeitgebers. Sie steht im Gegenseitigkeitsverhältnis oder Synallagma mit der Arbeitspflicht des Arbeitnehmers.[4] Der Arbeitgeber zahlt den Lohn, damit ihm der Arbeitnehmer seine Arbeitskraft zur Verfügung stellt, der Arbeitnehmer arbeitet andererseits um der Vergütung willen.[5] Freiwillige geldwerte Leistungen wie etwa Gratifikationen zur Honorierung der Betriebstreue, Jubiläumsgelder oder die betriebliche Altersversorgung werden zwar im Hinblick auf das bestehende Arbeitsverhältnis und für die vom Arbeitnehmer im Betrieb erbrachte Arbeit gewährt, ihnen fehlt aber wegen der Anknüpfung an andere Gründe das unmittelbare Gegenseitigkeitsverhältnis zur Arbeitsleistung.[6] Trotzdem haben all diese Sonderzahlungen Entgelt- bzw. Vergütungscharakter und sind nicht lediglich ein Geschenk des Arbeitgebers.[7] Im Folgenden wird daher der Begriff der Vergütung in einem weit verstandenen Sinne für alle vermögenswerten Leistungen des Arbeitgebers im Hinblick auf das Arbeitsverhältnis verwendet, unabhängig davon, ob sie im Synallagma zur Arbeitsleistung stehen oder nicht. Dazu zählen insbesondere auch sonstige vermögenswerte Vorteile wie Sach- und Dienstleistungen, die Zuwendung von Rechten oder zinsverbilligte Arbeitgeberdarlehen.[8] Das arbeitsrechtliche Vergütungssystem wird im Folgenden nach laufendenden sowie variablen erfolgsbezogenen Vergütungen, Sonderzahlungen und der Mitarbeiterbeteiligung eingeteilt.

[Zeitlohn (Rn. 575 ff.) und Leistungsentgelten (Rn. 577 ff.)], den Vergütungszuschlägen (Rn. 602 ff.) sowie den Sondervergütungen (Rn. 633 ff.); *Zöllner/Loritz*, § 15 V, S. 191 ff. teilt nach den Formen des Arbeitsentgeltes wie z.B. Geld- und Naturallohn, Zeit- und Leistungslohn, Akkordlohn, Provision und Gratifikationen ein.

3 *Gaul*, Sonderleistungen und Fehlzeiten, S. 16.

4 *MünchArbR/Hanau*, § 62 Rn. 1; *Ricken*, NZA 1999, 236, 238; *Staudinger/Richardi*, § 611 Rn. 553; *Zöllner/Loritz* § 15 Abs. 1, S. 185 f.

5 *Zöllner/Loritz*, § 11 II 4, S. 153.

6 *BAG* v. 16.3.1994 AP Nr. 162 zu § 611 BGB Gratifikation unter 3. b bb, cc; *MünchArbR/Hanau*, § 62 Rn. 2; *Staudinger/Richardi*, § 611 Rn. 555.

7 *BAG* v. 18.1.1978, AP Nr. 92 zu § 611 BGB; v. 16.3.1994, AP Nr. 162 zu § 611 BGB Gratifikation unter 3. b cc; *MünchArbeitsR/Hanau*, § 69 Rn. 1; *ders.* DB 1992, 213.

8 *MünchArbR/Hanau*, § 62 Rn. 5

II. Formen der laufenden Vergütung

Als laufende Vergütung wird die Gegenleistung bezeichnet, die regelmäßig in Geld für einen bestimmten Abrechnungszeitraum gezahlt wird und im Gegenseitigkeitsverhältnis zur Arbeitspflicht steht.[9] Hinsichtlich der Bemessungsgrundlage ist zwischen Zeit- und Leistungsvergütung zu unterscheiden.[10]

1. Zeitvergütung

Die zeitabhängige Vergütung wird unabhängig vom Arbeitsergebnis nach der tatsächlich geleisteten Arbeitszeit berechnet,[11], die üblicherweise in Tarifverträgen oder Einzelarbeitsverträgen geregelt ist.[12]

2. Leistungsvergütung

Den Gegensatz zur Zeitvergütung bildet die Leistungsvergütung, bei der die Menge oder die Qualität der geleisteten Arbeit und damit das Arbeitsergebnis Anknüpfungspunkte der Vergütung sind.[13] In den letzten Jahren hat die Bedeutung der auf die betrieblichen Besonderheiten abgestimmten Leistungsvergütung stark zugenommen, weil sie als Beitrag zur Verbesserung der Ertragslage des Unternehmens angesehen wird.[14] Für die Leistungsermittlung stehen grundsätzlich verschiedene Methoden zur Verfügung. Bei der Erbringung von Dienstleistungen kommen die persönliche Leistungsbeurteilung durch den Vorgesetzten und der Abschluss von Zielvereinbarungen als Komponenten für die Festsetzung der Leistungszulage in Betracht. Bei der persönlichen Leistungsbeurteilung ordnet der Vorgesetzte die Leistungen des Arbeitnehmers nach verschiedenen Kriterien einer von mehreren Leistungszulagengruppe zu, die zuvor in einem Bewertungskatalog festgelegt worden sind, und nach denen sich die Höhe der Zulage richtet.[15]

---

[9] Den Gegensatz dazu bildet die Naturalvergütung, bei der sonstige geldwerte Vorteile gewährt werden, z.B. Deputate in der Land- und Forstwirtschaft, die Überlassung einer Werkswohnung oder eines Dienstwagens zur privaten Nutzung als Gegenleistung für die Dienste. Vergl. dazu *Gaul*, Sonderleistungen und Fehlzeiten, S. 33., *Schaub*, Arbeitsrecht § 66 Rn. 1 ff.; *Staudinger/Richardi*, § 611 Rn. 569 ff.; *Zöllner/Loritz*, § 15 I, § 15 V 1.

[10] *Erman/S.Edenfeld*, § 611 Rn. 435 ff., 439 ff.; *Zöllner/Loritz*, § 15 V 2.

[11] *MünchArbR/Kreßel*, § 66 Rn. 7; *Staudinger/Richardi*, § 611 Rn. 575; *Zöllner/Loritz*, § 15 V 2.

[12] *MünchArbR/Hanau*, § 62 Rn. 8.

[13] *Staudinger/Richardi*, § 611 Rn. 578; *Zöllner/Loritz*, § 15 V. 2.

[14] *Bahnmüller*, Mitbestimmung 1/2/1999, 17, 19.

[15] *MünchArbR/Kreßel*, § 66 Rn. 9 und zu den Einzelheiten § 67 Rn. 98 ff.

Derzeit zeichnet sich ein Trend zu persönlichen Zielvereinbarungen ab, die sowohl bei gewerblichen Arbeitnehmern, Angestellten als auch bei Führungskräften eingesetzt werden und die Höhe der Vergütung vom Erreichen der Vorgaben abhängig machen.[16] Bei der Zielvereinbarung legen der Vorgesetzte und der Mitarbeiter im Gespräch quantitative und qualitative Ziele fest, die der Arbeitnehmer am Ende eines bestimmten Zeitabschnittes erreichen soll. Nach Ablauf der entsprechenden Periode werden die Ergebnisse in einem weiteren Mitarbeitergespräch besprochen und an einem zuvor gemeinsam festgelegten Beurteilungssystem gemessen. Die Höhe der Zulage hängt vom Grad der Zielereichung ab und wird ebenfalls in dem Gespräch festgelegt.[17] Davon verspricht man sich eine bessere Steuerung und Kontrolle des Leistungsverhaltens und eine schnelle Anpassung an wechselnde betriebliche Gegebenheiten. Darüber hinaus will man den Leistungslohn durch die Selbstverpflichtung der Arbeitnehmer auf die Leistungsziele stärker legitimieren.[18] Daneben soll die persönliche Leistung des einzelnen Mitarbeiters honoriert und die Zusammenarbeit zwischen Vorgesetzten und Mitarbeitern durch den offenen Dialog in den Zielvereinbarungsgesprächen verbessert werden.[19] Außerdem sollen solche Vereinbarungen der Identifikation der Mitarbeiter mit den konkreten Zielen dienen und deren Eigeninitiative, Verantwortungsbereitschaft und Leistungsmotivation fördern.[20] Das Konzept der Zielvereinbarung ist folglich darauf ausgelegt, die unternehmerischen Ziele auf die einzelnen Hierarchien herunterzubrechen und das Leistungsziel für den einzelnen Mitarbeiter zu konkretisieren. Es wird allerdings bemängelt, dass in der Praxis in vielen Fällen keine echten Vereinbarungen getroffen, sondern den Mitarbeitern die Zielerwartungen lediglich mitgeteilt werden.[21]

---

16 *Bahnmüller*, Mitbestimmung 1/2/1999, 17, 19.

17 *Köppen*, DB 2002, 374; *MünchArbR/Kreßel*, § 66 Rn. 9; § 67 Rn. 120; *Zoellner*, AuA 1992, 216 f.

18 *Bahnmüller*, Mitbestimmung 1/2/1999, 17, 19 f.; *Kurdelbusch*, Mitbestimmung 6/2001, 22, 23.

19 *Köppen*, DB 2002, 374 sowie die Begründung der mg technologies ag für die Einführung eines leistungs- und erfolgsorientierten Vergütungssystems unter http://www.mg-ag.de/mg/karriere/content/arbeiten_ver.shtm, [Stand: 17.07.2001].

20 *Köppen*, DB 2002, 374; *Zoellner*, AuA 1992, 216, 218.

21 Vergl. *Kurdelbusch*, Mitbestimmung 6/2001, 22, 24.

3. Einordnung der Aktienoptionen

Da die Aktienoptionen nicht regelmäßig, sondern pro Programm einmalig oder in mehreren Tranchen an wenigen Terminen im Jahr ausgegeben werden,[22] sind sie grundsätzlich nicht als Zeitvergütung zu qualifizieren. Anders sind nur die Fälle zu beurteilen, in denen die Aktienoptionen in regelmäßigen kürzeren Zeitabständen als synallagmatische Vergütung eingeräumt werden.[23] Zwar enthalten die Erfolgsziele der Aktienoptionen, die für den Bezug der Aktien erreicht sein müssen, teilweise persönliche Zielvereinbarungen, jedoch nur in Kombination mit Aktienkurszielen.[24] Daher scheidet die Charakterisierung als reine an die persönliche Leistung anknüpfende Zulage aus.

III. Variable erfolgsorientierte Vergütungsformen

Die nächste Gruppe erfasst variable erfolgsorientierte Vergütungsformen, die als Komponente der üblichen Vergütung neben einem fixen Grundgehalt gewährt werden. Dabei handelt es sich um flexible Entgeltregelungen, die Gegenleistung für die erbrachte Arbeitsleistung und damit Bestandteil der synallagmatischen arbeitsvertraglichen Vergütung sind. Solche Regelungen sind aufgrund der Vertragsfreiheit grundsätzlich zulässig, weil es Sache der Parteien des Arbeitsverhältnisses ist, welche Leistung sie als Gegenstand des Synallagmas bestimmen.[25] Die Grenzen für die Vereinbarungen bilden die allgemeinen Vorschriften wie § 138 BGB und für vorformulierte Verträge § 307 BGB.[26]

1. Provisionen

Die klassische Form der erfolgsorientierten variablen Vergütung ist die Provision. Sie ist nach den §§ 87 bis 87c HGB die typische Vergütungsform für Handelsvertreter.[27] Sie kann aber mit jedem anderen Arbeitnehmer arbeitsvertraglich vereinbart werden und tritt dann neben das Festgehalt.[28] Formen

---

[22] Zu den Erwerbszeiten vergl. § 3 I 6.
[23] Zu dieser Möglichkeit zugleich in § 4 III 2 e aa.
[24] Zu den kombinierten Erfolgszielen unter § 3 I 3 c.
[25] *MünchArbR/Hanau*, § 62 Rn. 91; *Ricken*, NZA 1999, 236, 238.
[26] Dazu später in § 8.
[27] *Gaul*, Sonderleistungen und Fehlzeiten, S. 18; *MünchArbR*/Kreßel, § 68 Rn. 4.
[28] *Erman/S.Edenfeld*, § 611 Rn. 451; *Gaul*, Sonderleistungen und Fehlzeiten, S. 18; *Schaub*, Arbeitsrecht, § 76 Rn. 10.

der Provision sind die Abschluss-, Vermittlungs- und Umsatzprovision.[29] Die Abschluss- und Vermittlungsprovision ist eine leistungsbezogene wie auch erfolgsabhängige Vergütungsform,[30] weil sie nicht allein auf die Arbeitsleistung, sondern auch auf den Gegenwert für Produkte oder Dienstleistungen abstellt.[31] Die Umsatzprovision ist hingegen eine Beteiligung der Provisionsberechtigten am Wert sämtlicher Geschäfte eines Unternehmens oder einer Abteilung unabhängig von ihrer Eigenleistung[32] Sie wird als Gewinnbeteiligung eingeordnet,[33] obgleich sie nicht allein den wirtschaftlichen Erfolg des Unternehmens repräsentiert, aber auch als eine Mischform zwischen Tantieme und Provision[34] oder als eigenständige Sonderzuwendung.[35]

In diese Kategorie lassen sich die Aktienoptionen, die nicht für einzelne Geschäftsvorgänge gewährt werden, jedoch nicht einordnen.

2. Erfolgs- bzw. ertragsorientierte Vergütungsformen

Im Gegensatz zu den Provisionen, die vom Bruttowert der einzelnen Geschäfte berechnet werden, bezieht sich die Gruppe der erfolgs- bzw. ertragsorientierten Vergütungsformen auf den gesamten Geschäftserfolg des Unternehmens.[36] Vergütungsformen, die unabhängig von der konkreten Arbeitsleistung des Arbeitnehmers an die Ertragslage des Unternehmens anknüpfen und diesen am Geschäftsgewinn bzw. am wirtschaftlichen Erfolg des Unternehmens teilhaben lassen,[37] werden von den Unternehmen in den letzten Jahren verstärkt eingesetzt.[38]

---

29 *Schaub*, Arbeitsrecht, § 76 Rn. 1; *Staudinger/Richardi*, § 611 Rn. 595.

30 *BAG* v. 12.1.1973 AP Nr. 4 zu § 87 a HGB unter I 1; v. 21.2.1974 AP Nr. 81 zu § 611 BGB Gratifikation unter 3; *Erman/S.Edenfeld*, § 611 Rn. 449.

31 *MünchArbR/Kreßel*, § 68 Rn. 1; *Schaub*, Arbeitsrecht, § 76 Rn. 1; *Staudinger/Richardi*, § 611 Rn. 595 f.

32 *Erman/S.Edenfeld*, § 611 Rn. 449; *MünchArbR/Kreßel*, § 68 Rn. 2; *Schaub*, Arbeitsrecht, § 76 Rn. 2.

33 *Luhmann/Zach*, S. 126 f.; ähnlich *Erman/S.Edenfeld*, § 611 Rn. 449: je nach vertraglicher Ausgestaltung Gewinnbeteiligung oder gratifikationsähnliche Zahlung.

34 *MünchArbR/Kreßel*, § 68 Rn. 91; *Schaub*, Arbeitsrecht, § 77 Rn. 3.

35 *Lipke*, Gratifikationen, S. 152.

36 *MünchArbR/Kreßel*, § 68 Rn. 86; *Lipke*, Gratifikationen, S. 152; *Staudinger/Richardi*, § 611 Rn. 597; *Zöllner/Loritz*, § 15 6., S. 195.

37 *HzA/Lipke* Gruppe 3 Rn. 39; *Luhmann/Zach*, S. 113; *MünchArbR/Kreßel*, § 86 Rn. 86; *Rieble/Gutzeit*, JBArbR. Bad. 37, S. 41 f.; *Schanz*, NZA 2000, S. 626, 627.

38 *Bahnmüller*, Mitbestimmung 1/2/1999, 17, 20; *Kurdelbusch*, Mitbestimmung 6/2001, 22, 23. Allerdings liegt Deutschland bislang im europäischen Vergleich mit Frankreich und Großbritannien, wo 51 % bzw. 28 % der Unternehmen eine solche Vergütungsform anbieten, mit bislang 12 % zurück (laut iwd Nr. 47 S. 4 f. v. 23.11.2000, allerdings mit Stand 1995/96).

a) Systematische Einordnung

Die erfolgs- bzw. ertragsabhängige Vergütung wird überwiegend als Vertragsbestandteil eingeordnet, der das übliche Arbeitsentgelt ergänzt.[39] Bei der systematischen Einordnung ist allerdings danach zu differenzieren, ob diese Vergütungsform als variabler Teil der Vergütung oder, wie dies bislang eher die Regel ist, zusätzlich neben der laufenden Fixvergütung[40] gewährt wird. Sofern die erfolgs- bzw. ertragsabhängige Vergütung variabler Teil des üblichen Entgelts ist, wird sie nach den Grundsätzen der Rechtsprechung regelmäßig den Vergütungsbestandteilen zugeordnet, die in das Gegenseitigkeitsverhältnis von Arbeitsleistung und Vergütung einbezogen sind.[41] Ob durch die erfolgs- bzw. ertragsabhängige Vergütung unmittelbar die Arbeitsleistung abgegolten werden soll und damit ein Gegenseitigkeitsverhältnis zwischen beiden besteht, ist regelmäßig durch Auslegung der arbeitsvertraglichen Grundlage (Einzelarbeitsvertrag, Gesamtzusage, Betriebsvereinbarung oder Tarifvertrag) zu ermitteln.[42] Auch das BAG hat in zwei Entscheidungen die Gewinn- bzw. Umsatzbeteiligungen ausdrücklich von einer nicht arbeitsleistungsbezogenen Gratifikation[43] und damit von einer nicht synallagmatischen Vergütungsform abgegrenzt.[44]

Im Umkehrschluss kann man den Entscheidungen die Aussage entnehmen, dass die Arbeitsleistung und die Einräumung solcher Vergütungsformen, die neben festen monatlichen Bezügen eine Beteiligung am Erfolg bzw. Ertrag vorsehen, regelmäßig nicht im Gegenseitigkeitsverhältnis stehen. Diese grundlegende Einordnung ist für die arbeitsrechtliche Beurteilung von entscheidender Bedeutung, wie sich im Folgenden immer wieder zeigen wird.

---

39 *BAG* v. 12.12.1956, AP Nr. 1 zu § 74 HGB unter 2; v. 8.9.1998 - 9 AZR 273/97 -, AP Nr. 2 zu § 611 BGB Tantieme unter II 3 a; v. 8.9.1998 - 9 AZR 223/97 -, AP Nr. 6 zu § 87a HGB unter 1; *LAG Baden Württemberg* v. 31.3.1969, BB 1969, 627 f.; *LAG Berlin*, v. 7.10.1975, DB 1976, 636; *HzA/Lipke*, Gruppe 3 Rn. 39; *MünchArbR/Kreßel*, § 68 Rn. 87. A.A. *Ricken*, NZA 1999, 236, 238 ff., der unter der Vergütung im arbeitsrechtlichen Sinne nicht eine Leistung des Arbeitgebers versteht, der das Arbeitsverhältnis als solches als Geschäftsgrundlage zugrunde liegt, sondern grundsätzlich nur eine solche, die im Synallagma mit der Arbeitsleistung i.S.v. § 611 BGB steht. Er will daher eine von der konkreten Arbeitsleistung abstrahierte Erfolgsbeteiligung nicht als synallagmatische Vergütung einordnen. Dazu noch unter § 4 III 2 e bb.

40 *HzA/Lipke* Gruppe 3 Rn. 39 zur Gewinnbeteiligung; *MünchArbR/Kreßel*, § 68 Rn. 87; *Ricken*, NZA 1999, 236, 240 zur Gewinnbeteiligung; *Wagner*, BB 1997, 150.

41 *BAG* v. 8.9.1998 - 9 AZR 273/97 -, AP Nr. 2 zu § 611 BGB Tantieme unter II 3 a; v. 8.9.1998 - 9 AZR 223/97 -, AP Nr. 6 zu § 87a HGB unter 1.

42 *BAG* v. 8.9.1998 - 9 AZR 273/97 -, AP Nr. 2 zu § 611 BGB Tantieme unter II 2.

43 Dazu noch in § 4 IV 2, 4.

44 AP Nr. 2 zu § 611 BGB Tantieme unter 2 und Nr. 6 zu § 87a HGB unter II 3 a.

b) Kreis der Begünstigten und Zielsetzung der Vergütungsform

Zu den Begünstigten der erfolgs- bzw. ertragsorientierten Vergütungsformen zählen bislang eher die Führungskräfte, seltener die gesamte Belegschaft.[45] Dies hängt mit der Zielsetzung zusammen. Mit der Einräumung will man die Mitarbeiter für die Ertragslage des Unternehmens interessieren und dazu motivieren, aktiv an einer Steigerung des Geschäftserfolges mitzuwirken.[46] Der Anteil der Führungskräfte am Unternehmenserfolg ist allerdings eher messbar, weil sie im Vergleich mit der übrigen Belegschaft regelmäßig größeren und unmittelbareren Einfluss auf die wirtschaftliche Entwicklung haben.[47]

Auf der anderen Seite hat sich aber die Erkenntnis durchgesetzt, dass die Anbindung eines Vergütungsanteils an den wirtschaftlichen Erfolg für die Unternehmen viele Vorteile hat. Auf diese Weise wird die Vergütung in wirtschaftlich schwierigen Zeiten automatisch ohne Regelungen der Arbeitsvertragsparteien oder ohne Änderungskündigung angepasst. Diese Vergütungsform räumt dem Unternehmen also die Möglichkeit ein, die Personalkosten zu flexibilisieren und an die Ertragslage anzubinden.[48] Deswegen schlagen einige Autoren vor, die erfolgs- bzw. ergebnisorientierten Vergütungen zukünftig nicht mehr als Zusatzvergütung, sondern als Bestandteil der normalen Vergütung für alle Arbeitnehmer des Unternehmens zu vereinbaren.[49] Darüber hinaus will man mit Hilfe dieser Vergütungsform der möglichen Unzufriedenheit der Beschäftigten über das Missverhältnis zwischen der Entwicklung ihres Realeinkommens und des Unternehmensgewinns entgegen wirken, indem man sie direkt am Unternehmenserfolg beteiligt.[50] Dies soll wiederum zur Motivation und Identifikation der Mitarbeiter mit den Unternehmenszielen beitragen und zudem Verständnis und Interesse an der wirtschaftlichen Entwicklung wecken.

Als Beispiel ist die mg technologies ag zu nennen, die eine erfolgs- und leistungsabhängige Vergütung für alle Beschäftigten eingeführt hat. Laut Information des Unternehmens soll dadurch zum einen die Motivation und Identifikation der Mitarbeiter mit den Unternehmenszielen und deren Beteiligung

---

[45] *Gaul*, Sonderleistungen und Fehlzeiten, S. 19; *HzA/Lipke*, Gruppe 3 Rn. 39; *Loritz*, RdA 1998, 257, 258; *Schaub*, Arbeitsrecht, § 77 Rn. 1; *Zöllner/Loritz*, § 15 V 6.

[46] Vergl. *Schaub*, Arbeitsrecht, § 77 Rn. 1; *Rieble/Gutzeit*, JbArbR, Bd. 37, S. 41; *Wagner*, BB 1997, 150; *Zöllner/Loritz*, § 15 V 6.

[47] *Rieble/Gutzeit*, JbArbR, Bd. 37, S. 41, 44.

[48] *Bahnmüller*, Mitbestimmung 1/2/1999, 17, 20; *MünchArbR/Kreßel*, § 86 Rn. 88; *Rieble/Gutzeit*, JbArbR, Bd. 37, S. 42; *Wagner*, BB 1997, 150.

[49] *Loritz*, RdA 1998, 257, 258; *Wagner*, BB 1997, 150; *ders.*, Kapitalbeteiligungen, Rn. 193.

[50] *Bahnmüller*, Mitbestimmung 1/2/1999, 17, 20.

am Unternehmenserfolg verstärkt werden, und andererseits ein Vergütungssystem angewendet werden, das der wirtschaftlichen Lage des Unternehmens Rechnung trägt.[51]

c) Bezugsgrößen erfolgs- bzw. ertragsorientierter Vergütungsformen

Anknüpfungspunkte dieser Vergütungsformen können verschiedene Messgrößen der Unternehmensentwicklung sein. Für die Bemessung werden traditionelle Ergebnisgrößen wie der Jahresüberschuss, die Dividende oder der Umsatz herangezogen. Als Maßstab können daneben Rentabilitätskennzahlen wie der Gewinn je Aktie, Cash Flow, die Gesamtkapitalrentabilität (Return on Investment = ROI) oder die Eigenkapitalrentabilität (Return on Equity = ROE) gewählt werden.[52] Bei den zuletzt genannten Rentabilitätskennzahlen wird eine Ergebnisgröße (Gewinn, Jahresüberschuss, Cash Flow) zu einer Kapital- oder Vermögensgröße (Eigenkapital, Fremdkapital) ins Verhältnis gesetzt.[53] Darüber hinaus werden verschiedene wertorientierte Kennzahlen des internationalen Rechnungswesens als Basis für die wertorientierte Entlohnung eingesetzt.[54] Dazu gehören Kennzahlen der betriebswirtschaftlichen dynamischen Investitionsrechnung wie der sog. Discounted Cash Flow.[55] Bei diesen Berechnungsmethoden werden die zukünftigen Zahlungsströme zwischen dem Unternehmen und der Umwelt prognostiziert und die voraussichtlich zu erzielenden Einzahlungsüberschüsse, der sogenannte Zukunftserfolg, ermittelt.[56] Diese Kennzahlen dienen als Kontrollinstrumente zur Erfolgsbeurteilung von Unternehmen, Geschäftsbereichen oder Investitionsvorhaben.[57] Erfolgs- bzw. ertragsorientierte Vergütungsformen können also an den Erfolg des Unternehmens oder kleinerer Einheiten anknüpfen.

---

[51] Vergl. http://www.mg-ag.de/mg/karriere/content/arbeiten_ver.shtm, [Stand: 17.7.2001].

[52] *Baums* in: FS Claussen, S. 3, 6; *Klahold*, S. 18; *Pellens/Crasselt/Rockholz* in: Pellens, Entlohnungssysteme, S. 3, 13; *Schanz*, NZA 2000, 626, 627; *Wagner*, BB 1997, 150, 155; *Weiß*, Aktienoptionspläne, S. 67 ff. Zur Berechnung dieser Rentabilitätskennzahlen *Wöhe*, S. 1089 ff.

[53] *Wöhe*, S. 1089.

[54] *Pellens/Crasselt/Rockholtz* in: Pellens, Entlohnungssysteme, S. 3, 7 f., 13.

[55] Vergl. zu diesem Begriff § 1 V 2.

[56] Vergl. *Busse v. Colbe*, ZGR 1997, 271, 272 f.; *Mülbert*, ZGR 1997, 129, 133.

[57] *Pellens/Crasselt/Rockholz* in: Pellens, Entlohnungssysteme, 3, 6 f.; *Loritz*, RdA 1998, 257, 259.

d) Kombinierte erfolgs- und leistungsabhängige Vergütungsformen

In der Praxis kommen wegen der mannigfaltigen Gestaltungs- und Kombinationsmöglichkeiten eine Vielzahl betrieblich ausgehandelter kombinierter leistungs- und ertragsorientierter Vergütungssysteme vor.[58]

aa) Leistungs- und erfolgsorientierte Vergütung bei der mg technologies ag

Ein Beispiel ist die von mg technologies ag gewährte leistungs- und erfolgsorientierte Vergütung, die aus verschiedenen Komponenten besteht.[59] Die als Zieleinkommen bezeichnete Gesamtvergütung setzt sich neben einem Festgehalt aus einem Erfolgs- und einem Leistungsanteil zusammen. Als Kennzahl für die Bemessung des Erfolgsanteils dient der ROI,[60] wodurch jeder einzelne Mitarbeiter am Erfolg des gesamten Unternehmens beteiligt wird. Für den leistungsabhängigen Teil der Vergütung werden in Zielvereinbarungsgesprächen zwischen Vorgesetzten und Mitarbeitern konkrete Ziele festgelegt, die im Laufe des Jahres erreicht werden sollen. Auf diese Weise kann der Mitarbeiter die Höhe seiner Vergütung selbst beeinflussen. Die leistungsabhängige Komponente kann bis zu 10 % des jährlichen Festgehalts betragen; weitere 10 % kommen hinzu, wenn der ROI der jeweiligen Geschäftseinheit den vorher festgelegten Zielwert erreicht.[61]

bb) Leistungs- und ertragsorientierte Vergütung bei der Bayer AG

Bei der Bayer AG hatten sich Unternehmensleitung und Betriebsrat Ende 1999 auf eine Neuregelung der freiwilligen übertariflichen Zahlungen geeinigt. Diese Zahlungen sollten einerseits den Unternehmenserfolg und andererseits die individuelle Leistung der Mitarbeiter stärker berücksichtigen.[62] Für die variable Einkommenskomponente wird eine bestimmte Summe vom Unternehmen bereit gestellt, deren Gesamtvolumen an den Brutto-Cashflow[63] gebunden ist. Die

---

58 *Kurdelbusch*, Mitbestimmung 6/2001, 22, 23.

59 Vergl. http://www.mg-ag.de/mg/karriere/content/arbeiten_ver.shtm, [Stand: 17.7.2001].

60 Der ROI ist eine Kennzahl für die Rendite des in einem Unternehmen eingesetzten Kapitals.

61 Entnommen aus Mitbestimmung 6/2001, 25.

62 Vergl. http://www.baynews.bayer.de/BayNews/baynews.nsf/ID/NT0000D48A, [Stand: 17.07.2001]

Vergabe an die Mitarbeiter richtet sich nach deren Leistung im abgelaufenen Geschäftsjahr, die durch die Vorgesetzten mit Hilfe verschiedener Kriterien beurteilt und einer Beurteilungsstufe zugeordnet wird. Auf diese verschiedenen Beurteilungsstufen wird wiederum das Gesamtvolumen aufgeteilt. Die Höhe der Zulage richtet sich für die Mitarbeiter jeweils nach der Stufe, in die ihre Leistung eingeordnet wird.[64]

e) Aktienoptionen

Im Anschluss ist nun zu klären, unter welchen Voraussetzungen die Aktienoptionen als erfolgs- bzw. ertragsorientierte Vergütungsform anzusehen sind und welche Gemeinsamkeiten bzw. Unterschiede sie im Vergleich mit den anderen aufweisen.

aa) Einordnung als Arbeitsvergütung

An anderer Stelle ist bereits darauf hingewiesen worden, dass die Aktienoptionen als Arbeitsvergütung einzuordnen sind, weil sie einen vermögenswerten Vorteil darstellen.[65] Obwohl die Optionen bei der Einräumung oder bei einer negativen Kursentwicklung, in deren Folge der Aktienkurs unter den Basispreis sinkt, fast oder völlig wertlos sind, sind sie dennoch als Vermögenswert anzusehen. Den Mitarbeitern wird dadurch eine Gewinnchance eingeräumt, die sich im Regelfall mit zunehmendem Zeitablauf realisiert. Bis zum Ende der Optionslaufzeit besteht die Möglichkeit, die Option gewinnbringend auszuüben. Dass die Optionen im Einzelfall wertlos verfallen können, nimmt ihnen ebenso wenig den Entgeltcharakter wie den übrigen Gewinnbeteiligungsformen. Diese werden in Rechtsprechung und Literatur ebenfalls als Arbeitsentgelt eingeordnet,[66] obgleich sie bei ungünstiger wirtschaftlicher Entwicklung wertlos sind. Der Vergütungscharakter wird zudem durch die gesetzliche Anerkennung von Aktienoptionen als erfolgsorientierte Vergütungsform in § 192 Abs. 2 Nr. 3 AktG bestätigt.[67]

---

63 Der Cash Flow bezeichnet vereinfacht ausgedrückt die Summe der Einzahlungsüberschüsse des Unternehmens. Vergl. dazu oben § 4 III 2 c.

64 Entnommen aus: Mitbestimmung 6/2001, 25.

65 Vergl. § 1 IV 2 b bb.

66 *BAG* v. 12.12.1956, AP Nr. 1 zu § 74 HGB unter 2, 3; v. 8.9.1998, AP Nr. 2 zu § 611 BGB Tantieme unter II 3 a; *LAG Berlin* v. 7.10.1975, DB 1976, 636 sowie *HzA/Lipke* Gruppe 3, Rn. 39.

67 *Lembke*, BB 2001, 469, 1471.

bb) Einordnung als synallagmatische Vergütung i.S.v. § 611 BGB

Als nächster Punkt ist zu klären, ob die Aktienoptionen als erfolgsorientierte Vergütungsform in das arbeitsvertragliche Austauschverhältnis von Arbeitsleistung und Vergütungspflicht eingebaut und damit als im Gegenseitigkeitsverhältnis stehende Vergütungsform vereinbart werden können. Bei der Beantwortung dieser Frage ist unter Berücksichtigung der Rechtsprechung zu den erfolgsorientierten Vergütungsformen wie folgt zu differenzieren: Die Arbeits- bzw. Dienstvertragsparteien können eine Vereinbarung treffen, nach der sich die übliche Vergütung aus einem fixen und einem variablen Vertragsbestandteil zusammen setzt, und der variable Bestandteil erfolgsbezogen ausgestaltet ist. In diesem Fall sind beide Bestandteile in das Austauschverhältnis „Arbeit gegen Lohn" einbezogen und stellen die synallagmatische Vergütung i.S.v. § 611 BGB dar.[68]

Zu klären bleibt, unter welchen Umständen die Aktienoptionen als synallagmatische Vergütungsform anzusehen sind, sofern die Arbeitsvertragsparteien darüber keine ausdrückliche Vereinbarung getroffen haben. Nach der Rechtsprechung ist die Einordnung als variabler oder zusätzlicher Vergütungsbestandteil durch Auslegung zu ermitteln, wenn die Parteien über Art und Inhalt der Gesamtvergütung keine Regelung getroffen, sondern lediglich die Zahlung einer erfolgs- bzw. leistungsorientierten Vergütung vereinbart haben. Einen Anhaltspunkt soll die für diese Arbeits- bzw. Dienstleistung gezahlte übliche Vergütung liefern. Sofern das gezahlte Fixgehalt darunter liege, könne angenommen werden, dass der variable Bestandteil Teil der synallagmatischen Vergütung sei, weil der Mitarbeiter anderenfalls nicht hinreichend entlohnt würde.[69]

Nach einer weiteren Auffassung in der Literatur ist bei den Gewinnbeteiligungen grundsätzlich danach zu differenzieren, ob diese unmittelbar an den Arbeitserfolg des einzelnen Mitarbeiters oder einer Arbeitsgruppe anknüpfen. Denn eine von der Leistungspflicht des Arbeitnehmers abstrahierte Gewinnbeteiligung könne nicht alleiniger oder überwiegender Bestandteil einer synallagmatischen Verknüpfung sein.[70] Eine solche Vergütung sei regelmäßig als zusätzliche Leistung außerhalb des Gegenseitigkeitsverhältnisses anzusehen.[71]

Bezogen auf die Aktienoptionen als unternehmenswertorientierte Vergütungsform sind demnach folgende Grundsätze festzuhalten: Sofern die Parteien

68 Vergl. *BAG* v. 8.9.1998, AP N 2 zu § 611 BGB Tantieme unter II 3 a.

69 Vergl. *BAG* v. 12.12.1956, AP Nr. 1 zu § 74 HGB unter 2. Zu dieser Interpretation gelangen auch *Lembke*, BB 2001, 1469, 1471 sowie *Ricken*, NZA 1999, 236, 237.

70 *Ricken*, NZA 1999, 236, 240.; dem folgend *Lembke*, BB 2001, 1469, 1470 f.

71 *Ricken*, NZA 1999, 236, 241.

die Aktienoptionen ausdrücklich als variablen, erfolgsorientierten Bestandteil der üblichen Vergütung vereinbaren, sind sie als Teil der synallagmatischen Vergütung i.S.v. § 611 BGB einzuordnen. Findet sich in der arbeitsvertraglichen Zusage kein Hinweis, ist im Zweifel von einer freiwilligen zusätzlichen Vergütung außerhalb des Gegenseitigkeitsverhältnisses auszugehen. Zu einem anderen Ergebnis gelangt man nur, wenn das Fixgehalt weit unter der üblichen Vergütung liegt, die in der Branche üblicher Weise für eine vergleichbare Arbeits- oder Dienstleistung gezahlt wird. Gleiches gilt, wenn mit dem Mitarbeiter neben den unternehmensbezogenen Zielen persönliche Zielvereinbarungen als Voraussetzungen für die Zuteilung oder Ausübung der Optionen vereinbart wurden. In solchen Fallgestaltungen sind die Aktienoptionen auch ohne ausdrücklichen Hinweis in der arbeitsvertraglichen Zusage oder dem Gewährungsvertrag im Zweifel als synallagmatische Vergütung einzuordnen.[72]

cc) Auswirkungen der systematischen Einordnung am Beispiel der Fehlzeiten

Für die Aktienoptionen als erfolgsorientierte Vergütungsform sind die folgenden arbeitsrechtlichen Grundsätze anzuwenden:

Im Gegenseitigkeitsverhältnis stehende Erfolgsbeteiligungen werden regelmäßig durch die laufende tatsächliche Arbeitsleistung in einem bestimmten Zeitraum, für den sie gewährt werden, und den damit verbundenen Beitrag des Begünstigten zum wirtschaftlichen Erfolg des Unternehmens verdient.[73] Der Auszahlungszeitpunkt ist indes unerheblich und regelt nur die Fälligkeit des Anspruchs. Üblich ist eine Auszahlung am Ende des Geschäftsjahres.[74] Daraus folgt, dass der Zahlungsanspruch nur entsteht, wenn der Arbeitnehmer zum wirtschaftlichen Erfolg des Unternehmens beigetragen hat und ausgeschlossen ist, wenn in dem entsprechenden Zeitraum keine Arbeitsleistung und kein Beitrag erbracht wurde. Hintergrund dieser Regel sind die allgemeinen Rechtsgrundsätze in § 326 Abs. 1 S. 1, 2. Halbs. BGB i.V.m. § 441 Abs. 3 BGB. Danach wird der Arbeitgeber teilweise von seiner Vergütungspflicht befreit, sofern der Arbeitnehmer ohne sein Verschulden gehindert ist, die geschuldete Arbeitsleistung über den gesamten Bezugszeitraum zu erfüllen und diese daher infolge Zeitablaufs wegen des Dauerschuldcharakters des Arbeitsverhältnisses nach § 275 Abs. 1 BGB teilweise unmöglich wird. In dieser Konstellation gilt also der Grundsatz „ohne Arbeit kein Lohn".[75] Folglich führen Zeiten ohne tatsächliche Arbeitsleistung dazu, dass der Anspruch auf die Erfolgsbeteiligung

[72] Im Ergebnis ebenso *Lembke*, BB 2001, 1469, 1471.

[73] *BAG* v. 8.9.1998, AP Nr. 2 zu § 611 BGB Tantieme unter I 3.

[74] *BAG* v. 8.9.1998, AP Nr. 6 zu § 87 a HGB unter I 1.

bzw. die Aktienoptionen kraft Gesetzes anteilig gekürzt wird. Etwas anderes gilt allerdings für Fehlzeiten, in denen der Vergütungsanspruch trotz Nichtleistung der Arbeit besteht. So besteht nach Ansicht des BAG ein gewisser Bezug zwischen der Arbeitsleistung des Arbeitnehmers und dem Geschäftsergebnis, wenn der Arbeitgeber zur Entgeltfortzahlung im Krankheitsfall verpflichtet ist. In diesem Fall sei der Anspruch auf Zahlung der Erfolgsbeteiligung gerechtfertigt.[76] Dieser Aussage ist der Grundsatz zu entnehmen, dass die Erfolgsbeteiligung ungekürzt zu gewähren ist, wenn der Arbeitgeber während der Fehlzeiten auf Grund gesetzlicher, tariflicher oder sonstiger Regelungen zur Entgeltfortzahlung verpflichtet ist. Zu diesen Fehlzeiten gehören wegen § 3 Abs. 1 EFZG die unverschuldete krankheitsbedingte Arbeitsunfähigkeit. Mit Blick auf §§ 3, 4, 6, 8 MuSchG zählen dazu zudem die Ausfallzeiten infolge der Beschäftigungsverbote nach dem Mutterschutzgesetz.[77] Denn nach § 11 Abs. 1 MuSchG ist der Arbeitgeber für diese Zeiten verpflichtet, Mutterschutzlohn zu zahlen. Für die Zeiten vor und nach der Entbindung hat der Arbeitgeber nach § 14 Abs. 1 MuSchG in Ergänzung zur Zahlung des Mutterschaftsgelds durch die gesetzlichen Krankenkassen einen Zuschuss zu leisten. Die Zahlungen sollen jeweils die Einkommenseinbußen infolge der Beschäftigungsverbote ausgleichen.

Diese Grundsätze sind auf die Aktienoptionen als synallagmatische Vergütungsform zu übertragen, so dass Fehlzeiten unter Berücksichtigung von § 326 Abs. 1 BGB grundsätzlich zur Kürzung oder zum Wegfall der Ansprüche[78] auf die Einräumung der Aktienoptionen oder Rückforderung bereits eingeräumter Optionen führen. In Anwendung der o.g. Grundsätze gilt dies allerdings nicht für Fehlzeiten, in denen die Gesellschaft zur Entgeltfortzahlung bzw. zu Leistungen nach dem MuSchG verpflicht ist. Diese müssen außer Betracht bleiben und wirken sich nicht auf den Umfang der Ansprüche im Zusammenhang mit den Aktienoptionen aus.[79]

---

75 Vergl. *BAG* v. 8.9.1998, AP Nr. 2 zu § 611 BGB Tantieme unter II 3 a (1), b, allerdings noch zu §§ 275 Abs. 1, 323 Abs. 1 BGB a.F. Allgemein dazu *Otto*, ArbeitsR, Rn. 332 f.; *Lindemann*, AuR 2002, 81 f.

76 *BAG* v. 8.9.1998, AP Nr. 2 zu § 611 BGB Tantieme unter II 3.

77 Zur Kürzung infolge dieser Fehlzeiten noch näher in § 5 III 1, 3.

78 Zum begünstigten Personenkreis und Ausschlussmöglichkeiten noch näher in § § 9 VIII 1, 9 IX 1.

79 In diesem Sinne wohl auch *Lembke*, BB 2001, 1469, 1472.

dd) Einsatz als erfolgsorientierte bzw. leistungsbezogene Vergütungsart und die damit verfolgten Ziele im Vergleich zu den sonstigen Formen

Nach diesen systematischen Überlegungen werden im Folgenden die Hintergründe für den Einsatz von Aktienoptionen als erfolgsorientierte Vergütungsform beschrieben. Üblicher Weise gewähren die Unternehmen ihren Mitarbeitern die Aktienoptionen als zusätzliche Leistung neben der festen Vergütung. Außerhalb der Vergütung der Führungskräfte werden die Optionen als erfolgsorientierte synallagmatische Vergütungsform vorwiegend in neu gegründeten „Start-up"-Unternehmen eingesetzt, die zur Branche der Informations-, Bio- oder Gentechnologie gehören. In diesem Bereich wird diese Vergütungsform eingesetzt, um hochqualifizierte Fachkräfte gewinnen zu können, die für den Erfolg solcher Unternehmen unerlässlich sind. Auf diese Weise werden die im Branchenvergleich niedrigen Anfangsgehälter in der Startphase durch einen variablen Anteil kompensiert. Beruht das Aktienoptionsprogramm auf einer bedingten Kapitalerhöhung,[80] so ist die Wahl dieser Vergütungsform für das Unternehmen in mehrfacher Hinsicht von Vorteil. Zum einen wird es wegen der in Aussicht gestellten Partizipation an den künftigen Wertsteigerungen für Mitarbeiter attraktiv, ohne dass zusätzlich ertrags- und liquiditätsmindernde Gehälter gezahlt werden müssen. Zum anderen fließt dem Unternehmen bei Ausübung der Optionen und Bezug der Aktien gegen Zahlung des Basispreises zusätzliches Eigenkapital zu.[81]

Ein Beispiel bildet die im Sommer 1997 gegründete GPC Genome Pharmaceutical AG, die jedem Mitarbeiter in den ersten beiden Gründungsjahren ein Kompensationspaket anbot, das sich aus einem individuell aushandelbaren Fixgehalt und zusätzlichen Aktienoptionen zusammensetzte.[82]

Darüber hinaus werden mit der Einführung dieser Vergütungsform weitere Ziele verfolgt, die nicht nur für Unternehmen in der Startphase von Interesse sind. Diese betreffen die mit der Ausgabe von Aktienoptionen bezweckte Anreiz- und Motivationswirkung. Denn die Verknüpfung der Vergütungshöhe mit dem Aktienkurs und die Festlegung der Erfolgsziele[83] soll das Interesse der Mitarbeiter an einer positiven wirtschaftlichen Entwicklung des Unternehmens wecken. Infolgedessen sollen die Mitarbeiter motiviert werden, durch den eigenen Arbeitseinsatz ihren Teil zur langfristigen Steigerung des Unternehmenswerts beizutragen, der sich im Aktienkurs widerspiegelt, und gleich-

[80] Vergl. § 2 III.
[81] Dazu bereits in § 1 I 2.
[82] *Rossette* in: Elektronik, 07/1998, S. 152 ff.
[83] Vergl. § 3 I 3.

zeitig ihr Einkommen zu maximieren. Da der Einfluss der Mitarbeiter auf die Unternehmenswertentwicklung in den unteren Hierarchieebenen kaum vorhanden ist, wird die Motivationswirkung durch die Partizipation am Erfolg des Unternehmens in erster Linie psychologisch erzielt. Außerdem besteht die Möglichkeit, die Erfolgsziele in der arbeitsrechtlichen Anspruchsgrundlage oder im Gewährungsvertrag mit persönlichen Zielvorgaben oder dem Erfolg der Organisationseinheit, in dem der Begünstigte tätig ist, zu kombinieren und auf diese Weise die Einräumung oder die Ausübung der Aktienoptionen von der individuellen Leistung des einzelnen Mitarbeiters abhängig zu machen.[84]

Im Gegensatz zu den sonstigen erfolgsbezogenen Vergütungsformen, die allein am Unternehmenserfolg orientiert sind, finden sich in den Aktienoptionsbedingungen üblicherweise Wartezeiten bis zur erstmaligen Ausübungsmöglichkeit in Kombination mit Veräußerungssperren für die Aktienoptionen sowie Verfallregelungen für den Fall des Ausscheidens aus dem Unternehmen.[85] Gegenüber den sonstigen erfolgsorientierten Vergütungsformen kann daher mit den Aktienoptionen gleichzeitig die Bindung der Mitarbeiter an das Unternehmen verstärkt werden. Beim Einsatz als synallagmatische Vergütungsform steht allerdings die Vergütung der Arbeitsleistung im Vordergrund, während die genannten Aspekte als positive Nebeneffekte einzuordnen sind.

3. Schlussbemerkung

Die vorangegangenen Erörterungen haben gezeigt, dass die Aktienoptionen als synallagmatische Vergütungsform einzuordnen sein können, wenn sie nach der arbeitsvertraglichen Zusage oder dem Gewährungsvertrag als variabler Teil der regulären Vergütung neben einem fixen Bestandteil gewährt werden. Wegen der Anbindung an den Aktienkurs, der langfristig den Unternehmenserfolg widerspiegelt, sind sie grundsätzlich als erfolgsorientierte Vergütungsform anzusehen. Sie können als erfolgs- und leistungsbezogene Vergütung kombiniert werden, indem die Aktienkurssteigerung mit einer Zielvereinbarung für die begünstigten Mitarbeiter als Erfolgsziel verknüpft wird. Sie dienen wegen der in Aussicht gestellten Beteiligung am Unternehmenserfolg als Anreiz zur Leistungssteigerung und daneben der Bindung an das Unternehmen. Im Gegensatz zu herkömmlichen erfolgsorientierten Vergütungsformen führen die Aktienoptionen nicht zum Abfluss von Liquidität.

---

84 *Nehls/Sudmeyer*, ZIP 2002, 201, 202; Zu den kombinierten Erfolgszielen bereits in § 3 I 3 c.

85 Zu den üblichen Bedingungen bereits in § 3 I 4 Wartezeiten, II 2 Veräußerungssperren, II 3 Bindungsklauseln. Zur arbeitsrechtlichen Zulässigkeit noch in §§ 10, 11.

IV. Freiwillige Sonderzahlungen

Eine weitere bedeutende Vergütungsgruppe bilden die verschiedenen freiwilligen Sonderzahlungen. Sie werden den Arbeitnehmern typischer Weise zusätzlich zur laufenden Vergütung gezahlt und unterscheiden sich untereinander durch den begünstigten Personenkreis, den Auszahlungszeitpunkt und vor allen Dingen durch die mit der Zahlung verfolgten Zwecke. Im Folgenden wird untersucht, ob und wie die Aktienoptionen in diese Vergütungsgruppe einzuordnen sind.

1. Einleitung

Sehr viele Unternehmen bzw. Betriebe gewähren den Arbeitnehmern neben der laufenden Vergütung zusätzlich freiwillige Sonderzahlungen auf der Grundlage tarifvertraglicher, betrieblicher oder individualrechtlicher Regelungen. Sie sind trotz der freiwilligen Zahlung durch den Arbeitgeber nicht als Schenkung, sondern als Entgelt zu qualifizieren.[86] Der Arbeitgeber trifft bei dieser Art der Leistungen grundsätzlich frei die unternehmerische Entscheidung, ob und in welchem Umfang er den Arbeitnehmern eine zusätzliche Vergütung gewähren will. Unter bestimmten Voraussetzungen erwerben die Arbeitnehmer allerdings einen verbindlichen Anspruch, so dass der Arbeitgeber wegen des Grundsatzes der Vertragstreue die zweiseitig begründeten Rechte nicht ohne weiteres durch eine einseitige Entscheidung beschränken oder aufheben kann.[87]

Vorweg ist zu erwähnen, dass nach der Neufassung der Bereichsausnahme in § 310 Abs. 4 S. 2 BGB Vereinbarungen über die Sonderzahlungen, die auf der Grundlage einer einzelvertraglichen vorformulierten Leistungszusage gewährt werden, grundsätzlich der Inhaltskontrolle nach den §§ 307 ff. BGB unterliegen.[88] Die besonderen Anforderungen der Angemessenheitskontrolle sind bei der Regelung der Sonderzahlungen zu beachten.

Den Sonderzahlungen liegen in der Praxis vielfältige und uneineinheitliche vertragliche Konstruktionen und Bezeichnungen zugrunde. Eine systematische

---

86 *BAG* v. 18.1.1978, AP Nr. 92 zu § 611 BGB Gratifikation; v. 16.3.1994 AP Nr. 162 zu § 611 BGB Gratifikation unter 3 b cc; *Erman/S.Edenfeld*, § 611 Rn. 453; *Hanau/Vossen*, DB 1992, 513, 514; *Lipke/Vogt/Steinmeyer*, Rn. 1; *Schaub*, Arbeitsrecht, § 78 Rn. 9; *ders.* ZIP 1994, 921, 923; *Staudinger/Richardi*, § 611 Rn. 634.

87 *Krauß*, S. 18 m.w.N.

88 BGBl. I v. 29.11.2001, Nr. 61/2001, S. 3138 ff. § 23 Abs. 1 AGBG wurde mit Wirkung vom 1.1.2001 durch das Schuldrechtsmodernisierungsgesetz aufgehoben. Zur Inhaltskontrolle im Einzelnen noch in § 5 II 2 sowie § 7 III 3.

Einordnung erfolgt auf der Grundlage der mit der Leistung verfolgten Zwecke. Teilweise haben sie ausschließlich die zusätzliche Entlohnung erbrachter Arbeit zum Gegenstand, so dass sie sich von der üblichen Vergütung allein durch den Fälligkeitszeitpunkt unterscheiden. Durch andere soll hingegen allein die Betriebstreue honoriert werden. In der Regel liegen den Sonderzahlungen aber mehrere Zwecke zugrunde. Am häufigsten kommen in der Praxis solche Leistungen vor, mit denen sowohl die Arbeitsleistung zusätzlich vergütet als auch die Betriebstreue honoriert werden soll.[89]

Angesichts der vielfältigen vertraglichen Ausgestaltung der Sonderzahlungen bereitet die Feststellung des mit ihnen verfolgten Zwecks oftmals Schwierigkeiten. Die genaue Einordnung ist besonders dann erforderlich, wenn die Regelung bestimmter Sachverhalte in der vertraglichen Zusage fehlt und nicht durch Auslegung der Anspruchsvoraussetzungen zu ermitteln ist. Solche Fragen betreffen z.B. den Anspruch auf die anteilige Leistung bei Beginn bzw. Beendigung des Arbeitsverhältnisses während des Bezugzeitraumes, Kürzungen oder Anspruchswegfall bei Fehlzeiten oder Ruhen des Arbeitsverhältnisses sowie die Zulässigkeit von Freiwilligkeits- oder Widerrufsvorbehalten, Rückzahlungsklauseln oder Stichtagsregelungen in der vertraglichen Zusage. Für die Klärung dieser Fragen ist die systematische Einordnung der Sonderzahlungen entscheidend. Es besteht weitgehend Einigkeit, dass für die Ermittlung des Leistungszwecks primär von den Anspruchsvoraussetzungen und nachrangig von der Bezeichnung auszugehen ist.[90] Mittlerweile hat sich die folgende Einteilung herausgebildet:

2. Arbeitsleistungsbezogene Sonderzahlungen

Eine Gruppe der freiwilligen Leistungen bilden die arbeitsleistungsbezogenen Sonderzahlungen, mit denen ausschließlich die im Bezugszeitraum geleistete Arbeit zusätzlich vergütet wird.

---

89 *ErfK/Preis*, § 611 Rn. 663, 670; *Gaul*, Sonderleistungen und Fehlzeiten, S. 68 ff.; *ders.* DB 1994, 494, 496 f., 569; *Hanau/Vossen*, DB 1992, 213 f.; *HzA/Lipke*, Gruppe 3 Rn. 1, 7 f.; *MünchArbR/Hanau*, § 69 Rn. 1 f., 23, 33; *Schwarz*, NZA 1996, 571, 573; *Sowka*, NZA 1993, 783.

90 *BAG* v. 11.11.1971, AP Nr. 71 zu § 611 BGB Gratifikation; v. 8.11.1978, AP Nr. 107 zu § 611 BGB Gratifikation unter II 1; v. 18.3.1981 AP Nr. 100 zu § 611 BGB Gratifikation unter 3; v. 24.10.1990, AP Nr. 135 zu § 611 BGB Gratifikation unter II 2 c; v. 10.1.1991, AP Nr. 136 zu § 611 BGB Gratifikation unter II 2 a, und v. 13.6.1991, EzA § 611 BGB Gratifikation, Prämie Nr. 86 unter II 2 a; *Gaul*, BB 1994, 495, 496 ff. mit zahlreichen Beispielen aus der Rechtsprechung; *Hanau/Vossen*, DB 1992, 213, 214; *HzA/Lipke*, Gruppe 3 Rn. 17; *MünchArbR/Hanau*, § 69 Rn. 5 ff. mit Beispielen; *Schwarz*, NZA 1997, 571, 573; *Schaub*, Arbeitsrecht, § 78 Rn. 8; *ders.*, ZIP 1994, 921, 924.

a) Systematische Einordnung und allgemeine Grundsätze für Fehlzeiten

Sofern mit der Zahlung kein über die Vergütung der Arbeitsleistung hinausgehender Zweck verfolgt wird, sind die Sonderzahlungen nach Ansicht des BAG in das Austauschverhältnis von Leistung und Gegenleistung eingebaut und als Entgelt im engeren Sinne einzuordnen.[91] Die Sonderzahlung werde durch die laufende Arbeitsleistung „pro rata temporis" verdient und oftmals später, z.B. am Jahresende, ausgezahlt. Damit verschiebe sich allein die Fälligkeit auf einen späteren Zeitpunkt.[92]

Diese systematische Einordnung führt für die Behandlung der Fehlzeiten, in denen die Arbeitsleistung nicht erbracht wird, zu der Konsequenz, dass die allgemeinen Rechtsgrundsätze zur Anwendung kommen und daher der Grundsatz „ohne Arbeit kein Lohn" gilt.[93] Fehlzeiten führen auch ohne ausdrückliche Regelung in den Leistungsbedingungen dazu, dass der Anspruch des Arbeitnehmers auf die Sonderzahlung kraft Gesetzes proportional[94] gemindert wird.[95] Etwas anderes gilt nur für die Ausfallzeiten, in denen der Vergütungsanspruch trotz Nichtleistung der Arbeit besteht. Nach der Rechtsprechung sind arbeitsleistungsbezogene Sonderzahlungen für Zeiten ohne tatsächliche Arbeitsleistung ungekürzt zu gewähren, wenn das Entgelt auf Grund gesetzlicher, tariflicher oder sonstiger Regelungen fortzuzahlen ist.[96]

---

[91] *BAG* v. 24.10.1990, AP Nr. 135 zu § 611 Gratifikation unter II 2 a; v. 19.4.1995, AP Nr. 173 zu § 611 BGB Gratifikation unter II. 3, 4; v. 11.10.1995, AP Nr. 132 zu § 613a BGB unter II 2); v. 17.4.1996, AP Nr. 24 zu § 611 BGB Kirchendienst unter 4 f aa; *Gaul*, BB 1994, 565; *Hanau/Vossen*, DB 1992, 213; *MünchArbR/Hanau*, § 69 Rn. 2: *Schaub*, ZIP 1994, 921, 923; *Schiefer*, NZA 1993, 1015, 1017; *Schwarz*, NZA 1996, 571, 573.

[92] *BAG* v. 24.10.1990 AP Nr. 135 zu § 611 BGB Gratifikation unter II 2; v. 19.4.1995 AP Nr. 173 zu § 611 BGB Gratifikation unter II 2; v. 11.10.1995 AP Nr. 132 zu § 613a BGB unter II 2 d; v. 17.4.1996 AP Nr. 24 zu § 611 BGB Kirchendienst; LAG Frankfurt v. 10.3.1992 LAGE Nr. 13 zu § 611 BGB Gratifikation; *MünchArbR/Hanau* § 69 Rn. 2 f.

[93] *BAG* v. 21.3.2001, BB 2001, 1363, 1364 unter II 2 b; *Gaul*, BB 1994, 565; *Hanau/Vossen*, DB 1992, 213, 215; *Schaub*, ZIP 1994, 921, 925.

[94] Bei Jahresleistungen entsprechend der rechnerischen Verteilung auf das Jahr unter Berücksichtigung des Jahresurlaubs und sonstigen Feiertagen müsste die Leistung um 1/220 pro Fehltag bzw. 1/12 pro Monat gemindert werden, vergl. *MünchArbR/Hanau*, § 69 Rn. 20.

[95] St. Rspr. vergl. *BAG* v. 21.3.2001, AP Nr. 1 zu § 4 b EntgeltFG unter II 2 a zu Fehlzeiten infolge Krankheit; v. 25.11.1998, AP Nr. 212 zu § 611 BGB Gratifikation unter II 2 zu Fehlzeiten wegen Mutterschutzes; v. 19.4.1995, AP Nr. 173 zu § 611 BGB Gratifikation unter II 3 zu Fehlzeiten wegen Erziehungsurlaubs.

[96] *BAG* v. 10.5.1995, AP Nr. 174 zu § 611 BGB Gratifikation unter II 4 a; *EuGH* v. 21.10.1999, AP Nr. 14 zu § 119 EG-Vertrag unter Ziffer 41, 48.

b) Indizien für die arbeitsleistungsbezogenen Sonderzahlungen

Indizien für die Einordnung als arbeitsleistungsbezogene Sonderzahlungen sind Formulierungen in den Leistungszusagen, nach denen die Zahlung in Anerkennung geleisteter Dienste gewährt oder im Eintritts- oder Austrittsjahr bzw. bei Fehltagen lediglich anteilig eingeräumt wird. Gleiches gilt für Regelungen, nach denen die Leistung bei Ruhen des Arbeitsverhältnisses während des Bezugszeitraums anteilig gemindert wird.[97] Ein schwächeres Indiz ist indes die Bezeichnung als 13. Monatsgehalt.[98]

3. Sonderzahlungen zur Belohnung oder Förderung der Betriebstreue

Seltener sind demgegenüber Sonderzahlungen, die ausschließlich als Belohnung erwiesener Betriebstreue und/oder als Anregung zu künftiger Betriebstreue gewährt werden.[99]

a) Systematische Einordnung und allgemeine Grundsätze

Da der Arbeitgeber mit dieser Art der freiwilligen Leistungen ausschließlich die Betriebstreue honorieren oder fördern will, steht diese Art der Sonderzahlungen nicht im unmittelbaren Austauschverhältnis zur geleisteten Arbeit. Der Anspruch auf die Sonderzahlung hängt allein vom Bestand des Arbeitsverhältnisses ab. Diese Zahlungen werden als Entgelt im weiteren Sinne eingeordnet.[100] Da allein der Bestand des Arbeitsverhältnisses ausschlaggebenden ist, führen weder berechtigte noch unberechtigte Fehlzeiten zur Kürzung oder zum Wegfall des Anspruchs.[101] Auch Zeiten, in denen das Arbeitsverhältnis

97 *Gaul*, BB 1994, 494, 497 m.w.N.; *MünchArbR/Hanau*, § 69 Rn. 6.

98 *BAG* v. 24.10.1990 AP Nr. 135 zu § 611 BGB Gratifikation unter II 2; v. 19.4.1995 AP Nr. 173 zu § 611 BGB Gratifikation unter II 2; v. 25.11.1998 AP Nr. 212 zu § 611 BGB Gratifikation unter II 1, 2; *Erman/S.Edenfeld*, § 611 Rn. 453; *Gaul*, BB 1994, 494, 495; *MünchArbR/Hanau*, § 69 Rn. 6; *Schaub*, § 78 Rn. 6.

99 *BAG* v. 18.1.1978 AP Nr. 92, 93 zu § 611 Gratifikation; v. 29.8.1979, AP Nr. 102 zu § 611 BGB Gratifikation unter 2; v. 25.4.1991, AP Nr. 138 zu § 611 BGB Gratifikation unter II 3 f.; *Gaul*, BB 1994, 494, 496 f. und 565, 566; *Hanau/Vossen*, DB 1992, 213; *MünchArbR/Hanau*, § 69 Rn. 23; *Schaub*, ZIP 1994, 921, 924; *Schiefer*, NZA 1993, 1015, 1017; *Schwarz*, NZA 1996, 571, 573; *Sowka*, NZA 1993, 783.

100 *BAG* v. 24.10.1990, AP Nr. 135 zu § 611 BGB Gratifikation unter II 2 b; v. 16.3.1994 AP Nr. 162 zu § 611 BGB Gratifikation unter 3 b bb; *Gaul*, BB 1994, 565, 566; *Hanau/Vossen*, DB 1992, 213; *MünchArbR/Hanau*, § 69 Rn. 23.

101 *Hanau/Vossen*, DB 1992, 213, 216; *Sowka*, NZA 1993, 783, 784.

wie infolge der Elternzeit oder des Wehrdienstes lediglich ruht, lassen den Anspruch auf die Leistung unberührt. Eine Kürzung darf nur bei ausdrücklicher Vereinbarung erfolgen.[102] Auf der anderen Seite entsteht bei Ausscheiden vor Ablauf des Bezugszeitraums ohne ausdrücklich anders lautende Vereinbarung kein zeitanteiliger Anspruch.[103] Die Begründung, Beendigung oder Suspendierung des Arbeitsverhältnisses während des Bezugszeitraums wirken sich ohne anderslautende Regelung in den Leistungsbedingungen grundsätzlich nicht auf die Leistungshöhe aus.[104]

b) Indizien für die Sonderzahlungen zur Belohnung der Betriebstreue

Ob der Arbeitgeber eine freiwillige Leistung allein im Hinblick auf die Betriebstreue gewährt, ist wiederum durch Auslegung der Leistungszusage zu ermitteln. Indizien für diese Form der Sonderzahlungen sind Regelungen, nach denen der Anspruch oder dessen Höhe allein von der Dauer der Betriebszugehörigkeit abhängt.[105] Typische Voraussetzungen sind der ununterbrochene Bestand des Arbeitsverhältnisses während des gesamten Bezugszeitraumes oder an einem bestimmten Stichtag, die Erfüllung einer bestimmten Wartezeit oder Staffelungen der Leistungshöhe nach Dauer der Betriebszugehörigkeit. Zur Förderung der künftigen Betriebstreue wird der Anspruch regelmäßig vom rechtlichen Fortbestand des Arbeitsverhältnisses über den Bezugszeitraum hinaus abhängig gemacht, indem die Zahlung nur bei Bestand eines ungekündigten Arbeitsverhältnisses bei Fälligkeit oder an einem bestimmten Stichtag erfolgt oder zurückzuzahlen ist, sofern der Arbeitnehmer vor einem bestimmten Stichtag ausscheidet.[106]

---

[102] Vergl. *BAG* v. 23.8.1990, AP Nr. 1 zu § 1 TVG Tarifverträge: Keramikindustrie unter II 2 b; *MünchArbR/Hanau*, § 69 Rn. 31.

[103] *BAG* v. 24.10.1990, AP Nr. 135 zu § 611 BGB Gratifikation unter II 2 d m.w.N.; *Gaul*, BB 1994, 494, 497 und 565, 566; *Hanau/Vossen*, DB 1992, 213, 216; *MünchArbR/Hanau*, § 69 Rn. 24, 31.

[104] *Gaul*, BB 1994, 565, 566; *MünchArbR/Hanau*, § 69 Rn. 31.

[105] *BAG* v. 18.1.1978, AP Nr. 92 zu § 611 BGB Gratifikation; v. 29.8.1979, AP Nr. 102 zu § 611 BGB Gratifikation unter 2.

[106] *BAG* v. 18.1.1978, AP Nr. 92 zu § 611 BGB Gratifikation; v. 24.10.1990, AP Nr. 135 zu § 611 BGB Gratifikation unter II 2 m.w.N.; v. 25.4.1991, AP Nr. 138 zu § 611 BGB Gratifikation unter II 3 f.; *Gaul*, BB 1994, 494, 497; *MünchArbR/Hanau*, § 69 Rn. 24.

4. Gemischte Sonderzahlungen für Arbeitsleistung und Betriebstreue

Die dritte Gruppe bilden die Sonderzahlungen mit Mischcharakter, die in der Praxis am häufigsten vorkommen. Mit ihnen wird sowohl die erbrachte Arbeitsleistung, die auch eine individuelle, erfolgsbezogene sein kann, als auch die Betriebstreue vergütet.[107] Das BAG und Teile der Literatur ordnen diese Art der Vergütung ebenfalls als Entgelt im weiteren Sinne ein.[108] Die Verknüpfung von Arbeitsleistung und Betriebstreue als kumulative Anspruchsvoraussetzung wird wegen des Grundsatzes der Vertragsfreiheit als zulässig angesehen, weil der Arbeitgeber berechtigt ist, die Voraussetzungen für die von ihm gewährten freiwilligen Leistungen zu bestimmen.[109]

a) Systematische Einordnung

Den gemischten Sonderzahlungen fehlt nach Ansicht des BAG das Synallagma zur geleisteten Arbeit.[110] Denn die Anknüpfung an andere wesentliche Voraussetzungen als die Erbringung der geschuldeten Arbeitsleistung hebe dieses Gegenseitigkeitsverhältnis auf.[111] Da der Arbeitgeber mit der Zahlung gerade beide oder mehrere Zwecke verfolgen wolle, komme zudem weder eine systematische Aufspaltung der Leistung in einen innerhalb und außerhalb des Gegenseitigkeitsverhältnisses liegenden Teils,[112] noch eine Einordnung nach dem überwiegenden Leistungszweck[113] in Betracht.[114]

---

107 *BAG* v. 15.2.1990, AP Nr. 15 zu § 611 BGB Anwesenheitsprämie unter II 4; v. 10.1.1991, AP Nr. 136 zu § 611 BGB Gratifikation unter II 2 a, d; v. 7.11.1991 EzA § 611 BGB Gratifikation, Prämie Nr. 87 unter II 1; v. 16.3.1994, AP Nr. 162 zu § 611 BGB Gratifikation unter 3 b aa; *Gaul*, BB 1994, 494, 497.; *Hanau/Vossen*, DB 1992, 213 f.; *MünchArbR/Hanau*, § 69 Rn. 33; *Schaub*, ZIP 1994, 921, 924; *Schiefer*, NZA 1993, 1015, 1018; *Schwarz*, NZA 1996, 571, 573; *Sowka*, NZA 1993, 783.

108 *BAG* v. 21.10.1990, AP Nr. 135 zu § 611 BGB Gratifikation unter II 2 b; v. 10.1.1991, AP Nr. 136 zu § 611 BGB Gratifikation unter II 2 a; v. 13.6.1991 EzA § 611 BGB Gratifikation, Prämie Nr. 86 unter II 1; v. 7.11.1991 EzA § 611 BGB Gratifikation, Prämie Nr. 87 unter II 1.

109 Vergl. *BAG* v. 15.2.1990, AP Nr. 15 zu § 611 BGB Anwesenheitsprämie unter 4 a; v. 30.3.1994, AP Nr. 161 zu § 611 BGB unter II 1; *Gaul*, BB 1994, 565, 567 und 565, 568; *MünchArbR/Hanau*, § 69 Rn. 34.

110 *BAG* v. 10.1.1991, AP Nr. 136 zu § 611 BGB Gratifikation unter II 2 a; BAG v. 16.3.1994, AP Nr. 162 zu § 611 BGB Gratifikation unter 3 a bb.

111 Vergl. *BAG* v. 10.5.1995, AP Nr. 174 zu § 611 BGB Gratifikation unter II 4 b; *Gaul*, BB 1994, 565, 568; *Krauß*, S. 108 f.

112 *Gaul* BB 1994, 565, 569; *Krauß*, S. 108.

113 So aber *Gaul*, Sonderleistungen und Fehlzeiten, S. 199 ff.; *ders.* BB 1994, 565, 569 ff.; *MünchArbR/Hanau*, § 69 Rn. 10.

b) Indizien für gemischte Sonderzahlungen

Mischtatbestände sind anzunehmen, wenn die Sonderzahlungen unter kombinierten Voraussetzungen gewährt werden. Der Anspruch kann z.B. davon abhängen, dass ein ungekündigtes Arbeitsverhältnis bis zum Ende des Bezugszeitraums besteht und innerhalb dieses Zeitraums die Arbeitsleistung in bestimmtem Umfang erbracht wird.[115] Auch die Bezeichnung als Gratifikation,[116] die oftmals als Oberbegriff für freiwillige Zahlungen verwendet wird,[117] oder als Weihnachtsgeld sind Indizien für eine gemischte Sonderzahlung. Sie deuten darauf hin, dass mit der Leistung neben den geleisteten Diensten die Betriebstreue belohnt und gefördert werden soll. Die Zahlung des Weihnachtsgelds ist daneben ein Beitrag zu den vermehrten Ausgaben der Arbeitnehmer im Zusammenhang mit dem Weihnachtsfest.[118] Kennzeichen für einen Mischtatbestand soll zudem die Vereinbarung eines Widerrufsvorbehalts sein.[119]

c) Grundsätze zur Kürzung der Sonderzahlungen bei Fehlzeiten

Im Zusammenhang mit den gemischten Sonderzahlungen stellt sich ebenfalls die Frage, ob Fehlzeiten zu einer Minderung oder gar zum Ausschluss des Anspruchs führen. Obwohl für diesen Bereich wegen der fehlenden synallagmatischen Verknüpfung dieselben Grundsätze gelten müssten wie für Sonderzahlungen zur Belohnung der Betriebstreue, gehen die Ansichten auseinander.

---

[114] *BAG* 24.10.1990, AP Nr. 2 zu § 1 TVG Tarifverträge: Glasindustrie unter II 3 c; v. 10.1.1991, AP Nr. 136 zu § 611 BGB Gratifikation unter II 2 d; *Krauß*, S. 108 f.

[115] *Hanau/Vossen*, DB 1992, 213, 215.

[116] *BAG* v. 26.4.1990, AP Nr. 4 zu § 77 BetrVG Nachwirkung unter II 2 a (1); v. 10.1.1991, AP Nr. 136 zu § 611 BGB Gratifikation unter II 2 a; v. 13.6.1991, EzA § 611 Gratifikation, Prämie Nr. 86 unter II 1; *Gaul*, BB 1994, 494, 498 m.w.N.; *MünchArbR/Hanau*, § 69 Rn. 6; *Schwarz*, NZA 1996, 571, 573; *Schaub*, Arbeitsrecht, § 78 Rn. 8; *ders.* ZIP 1994, 921, 924.

[117] Vergl. z.B. *BAG* v. 16.3.1994, AP Nr. 162 zu § 611 BGB Gratifikation unter 3 b bb; *Erman/S.Edenfeld*, § 611 BGB Rn. 453; *HzA/Lipke*, Gruppe 3 Rn. 1; *Schaub*, Arbeitsrecht, § 78 Rn. 4; *Staudinger/Richardi*, § 611 Rn. 635; *Zöllner* § 15 7., S. 195.

[118] BAG v. 25.4.1991, AP Nr. 137 zu § 611 BGB Gratifikation unter II 2 c; v. 30.3.1994, AP Nr. 61 zu § 611 BGB Gratifikation unter II 2; *Gaul*, BB 1994, 494, 498; *MünchArbR/Hanau*, § 69 Rn. 6, 8. Die Bezeichnung ist allerdings nur schwaches Indiz. Enthält die Leistungszusage keine weiteren Voraussetzungen, die für die Belohnung der Betriebstreue sprechen, hat das BAG eine bloße Fälligkeitsregelung und damit eine arbeitsleistungsbezogene Sonderzahlung angenommen. Vergl. *BAG* v. 13.6.1991, EzA § 611 BGB Gratifikation, Prämie Nr. 86 unter II 2 b; v. 21.12.1994 EzA § 611 BGB Gratifikation, Prämie Nr. 119 unter II 2 b; kritisch dazu *MünchArbR/Hanau*, § 69 Rn. 8; LAG Düsseldorf v. 24.1.1990, LAGE Nr. 3 zu § 611 BGB unter 3.

[119] So z.B. *BAG* v. 10.5.1995, AP Nr. 174 zu § 611 BGB Gratifikation unter II 4 b; *Kania*, DB 1998, 2418; *MünchArbR/Hanau*, § 62 Rn. 106. Dazu im einzelnen in § 12.

aa) Allgemeine Grundsätze

Nach Ansicht der Rechtsprechung, die in der Literatur stark kritisiert wird,[120] führen Zeiten ohne tatsächliche Arbeitsleistung grundsätzlich weder zur Kürzung noch zum Ausschluss der Ansprüche auf Sonderzahlungen mit Mischcharakter. Etwas anderes gelte nur, wenn die Arbeitsvertrags- oder Tarifvertragsparteien bzw. die Betriebspartner eine entsprechende, eventuell im Weg der Auslegung zu ermittelnde Vereinbarung getroffen haben. Das BAG betont in Abkehr zu seiner früheren Rechtsprechung, dass Sonderzahlungen mit Mischcharakter nicht die ungeschriebene Anspruchsvoraussetzung zugrunde liege, nach der im Bezugszeitraum tatsächlich gearbeitet werden müsse.[121] Entgegen anderer Auffassungen in der Literatur gebe es kein allgemeines Rechtsprinzip, das die anteilige Kürzung der gemischten Sonderzahlung rechtfertige, wenn die Arbeitsleistung während des Bezugszeitraums teilweise nicht erbracht wurde. Gleiches gelte für den Verfall der Ansprüche, wenn im Bezugszeitraum nicht oder nicht nennenswert gearbeitet worden sei.[122]

bb) Besondere Fallkonstellationen

Zeiten ohne tatsächliche Arbeitsleistung während des Bezugszeitraums führen demzufolge nach Ansicht der Rechtsprechung nur zu einer Kürzung oder dem Verfall des Anspruchs auf die gemischte Sonderzahlung, wenn sich aus der Leistungszusage eine entsprechende Vereinbarung der Vertragsparteien ergibt. Für Klauseln in Formularverträgen ist bei der Auslegung die Unklarheitenregel in § 305c Abs. 2 BGB und das Transparenzgebot in § 307 Abs. 1 S. 2

---

120 Die Kritik knüpft vor allem daran an, dass die mit den gemischten Sonderzahlungen verfolgte Belohnung der Betriebstreue und Arbeitsleistung nicht erreicht würde, wenn während des Bezugszeitraums keine tatsächliche Arbeitsleistung erbracht werde. Wegen der kumulativen Verknüpfung müssten beide Voraussetzungen erfüllt sein. Die Höhe des Anspruchs sei wie bei arbeitsleistungsbezogenen Sonderzahlungen zu berechnen. Daher bedürfe es keiner ausdrücklichen Vereinbarung, um etwa im Fall des ruhenden Arbeitsverhältnisses eine anteilige Minderung vorzunehmen. Der Anspruch entstehe lediglich „pro rata temporis" entsprechend dem Umfang der tatsächlich erbrachten Arbeitsleistung. So *Gaul*, Anm. zu BAG v. 24.3.1993, EzA zu § 611 BGB Gratifikation, Prämie Nr. 102, Bl. 7, 14 ff.; ähnlich *Hanau/Gaul*, Anm. zu BAG Nr. 156 zu § 611 BGB Gratifikation unter 3; *Henssler*, gem. Anm. EzA zu § 611 BGB Gratifikation, Prämie Nr. 89, 80 Bl. 9, 13 ff., allerdings mit der Einschränkung, dass im gesamten Bezugszeitraum nicht gearbeitet werde; *Schwarz*, NZA 1996, 571, 574; *Sowka*, NZA 1993, 783, 784.

121 Vergl. *BAG* v. 5.8.1992, AP Nr. 143 zu § 611 BGB Gratifikation unter II 2; v. 16.3.1994, AP Nr. 162 zu § 611 BGB Gratifikation unter 3 b ee.

122 *BAG* v. 24.10.1990, AP Nr. 2 zu § 1 TVG Tarifverträge: Glasindustrie unter II 3 c; v. 5.8.1992, AP Nr. 143 zu § 611 BGB Gratifikation unter II 3; v. 16.3.1994, AP Nr. 162 zu § 611 BGB Gratifikation unter 3 b cc.

BGB zu beachten. Diese Grundsätze gelten insbesondere für das ruhende Arbeitsverhältnis infolge des Erziehungsurlaubs, jetzt der Elternzeit,[123] des Zivil- oder Wehrdienstes[124] oder eines Arbeitskampfes.[125] Die Kürzung oder der Ausschluss der Sonderzahlung ist in diesen Situationen nur zulässig, wenn dies in der Leistungszusage vereinbart wurde.[126] In der Leistungszusage kann darüber hinaus geregelt werden, dass der Anspruch infolge krankheitsbedingter Fehlzeiten generell und unabhängig davon gekürzt wird, ob ein Entgeltfortzahlungsanspruch besteht.[127] Zweifelhaft ist aber, ob eine Kürzungsregelung für Ausfallzeiten infolge der Beschäftigungsverbote nach dem MuSchG getroffen werden kann. Eine solche Vereinbarung verstößt möglicher Weise gegen das Diskriminierungsverbot des Art. 141 EG-Vertrag, weil nach Ansicht des EuGH Fehlzeiten infolge der Beschäftigungsverbote nach dem MuSchG als Beschäftigungszeiten gelten, wenn eine Arbeitgeberleistung Vergütung für die bereits geleistete Arbeit sein soll. Das BAG hat Kürzungsregelungen bislang für zulässig erachtet.[128] Mit Blick auf die neuere Rechtsprechung des EuGH ist diese Sichtweise aber problematisch, weil auch die gemischten Sonderzahlung die Arbeitsleistung zusätzlich vergüten.[129]

---

[123] *BAG* v. 24.10.1990, AP Nr. 2 zu § 1 TVG Tarifverträge: Glasindustrie unter II 3 c; v. 25.5.1995, AP Nr. 175 zu § 611 BGB Gratifikation unter II 4; v. 5.4.2000, AP Nr. 223 zu § 611 BGB Gratifikation unter 2 b. Im Übrigen geht das BAG in ständiger Rechtsprechung davon aus, dass das Arbeitsverhältnis in Zeiten des Erziehungsurlaubs gesetzlich ruht, vergl. *BAG* v. 10.2.1993, AP Nr. 7 zu § 15 BErzGG unter II 2 b; v. 25.5.1995, AP Nr. 175 zu § 611 BGB Gratifikation unter II 3; v. 12.1.2000, AP Nr. 223 zu § 611 BGB unter II 2 b.

[124] Vergl. § 1 Abs. 1 ArbPlSchG bzw. § 78 ZGD. So auch *Lipke/Vogt/Steinmeyer*, Rn. 152 i.V.m. Rn. 141.

[125] Währenddessen werden die Arbeits- und Vergütungspflicht als Hauptleistungspflichten aus dem Arbeitsverhältnis suspendiert, vergl. *BAG* (GS) v. 21.4.1971, AP Nr. 43 zu Art. 9 Abs. 3 GG unter III C 1; *MünchArbeitsR/Otto*, § 288 Rn. 2 m.w.N.

[126] Wegen des Diskriminierungsverbots in Art. 9 Abs. 3 S. 2 GG und § 612 a BGB sowie des allgemeinen arbeitsrechtlichen Gleichbehandlungsgrundsatzes sind allerdings nur solche Kürzungsvereinbarungen für Arbeitskämpfe zulässig, die allgemein und nicht speziell für den Arbeitskampf eine proportionale Kürzung vorsehen, vergl. *BAG* v. 31.10.1995, AP Nr. 140 zu Art. 9 GG Arbeitskampf unter II; v. 3.8.1999, AP Nr. 156 zu Art. 9 GG Arbeitskampf unter II; *MünchArbR/Hanau*, § 69 Rn. 43, 21 f.; *MünchArbR/Otto*, § 287 Rn. 58 f.

[127] Vergl. *BAG* v. 26.10.1994, AP Nr. 15 zu § 611 BGB Anwesenheitsprämie unter II 4 b; v. 26.10.1994, AP Nr. 18 zu § 611 BGB Anwesenheitsprämie unter II 2 sowie § 4 a EFZG.

[128] *BAG* v. 12.7.1995, AP Nr. 182 zu § 611 BGB Gratifikation unter II 2. In diesem Sinne auch *BAG* v. 24.2.1999 unter II 2 b, wonach eine Kürzung wegen Mutterschutzzeiten mit dem Anspruch auf Mutterschaftsgeld gem. § 14 Abs. 1 MuSchG unproblematisch für zulässig erachtet wurde.

[129] Nach *EuGH* v. 21.10.1999, AP Nr. 14 zu Art. 119 EG-Vertrag unter Ziffer 41 - 43 stellt der Ausschluss von der Gewährung der Sonderzahlung ohne Berücksichtigung der Mutterschutzzeiten einen Verstoß gegen Art. 119 EGV dar. Gleiches gelte auch für eine

5. Aktienoptionen als freiwillige Sonderzahlungen

Im Anschluss ist zu klären, ob auch Aktienoptionen als freiwillige Sonderzahlungen einzuordnen sind. In Abgrenzung zur Gewährung der Aktienoptionen als erfolgsorientierte Vergütungsform ist dies anzunehmen, sofern sie den Arbeitnehmern über die übliche Vergütung hinaus als zusätzliche freiwillige Leistung gewährt werden.[130]

a) Einordnung der Aktienoptionen in das System der Sonderzahlungen

Wie bei den übrigen Formen der freiwilligen Leistungen ist bei der Einordnung in das System der Sonderzahlungen auf den Zweck abzustellen, der mit der Leistung verfolgt wird. Mit der Einräumung der Aktienoptionen auf Mitarbeiterebene werden einerseits Motivations- und Leistungsanreize und andererseits die Bindung an das Unternehmen bezweckt. Der Anreizwirkung dient die Festlegung der Erfolgsziele.[131] Die Bindungswirkung wird durch die Koppelung der Ansprüche an den Bestand des Arbeitsverhältnisses und die Wartefristen bis zur erstmaligen Ausübungsmöglichkeit der Optionen erreicht. Auf diese Weise wird zur künftigen Betriebstreue angehalten.[132] Durch Haltefristen für die bezogenen Aktien kann die Bindungswirkung verstärkt werden.[133] Die Betriebstreue in der Vergangenheit wird dadurch honoriert, dass die Teilnahme am Optionsprogramm regelmäßig eine bestimmte Dauer der Betriebszugehörigkeit voraussetzt. Daneben spielt auch die zusätzliche Vergütung der Arbeitsleistung eine Rolle, die das Unternehmen für qualifizierte Mitarbeiter attraktiv machen soll. Mit der Einräumung der Optionen werden also die klassischen Zwecke verfolgt, die auch das Motiv für die Gewährung gemischter Sonderzahlungen sind. Folglich haben die den Mitarbeitern eines Unternehmens zusätzlich eingeräumten Aktienoptionen den Charakter freiwilliger gemischter Sonderzuwendungen. Da sie nicht ausschließlich für die erbrachte Arbeitsleistung gewährt werden, sondern mit ihnen im gleichen Umfang die Bindung

---

anteilige Kürzung, a.a.O. Ziffer 51.

130 *Bauer/Göpfert/Steinau-Steinrück*, ZIP 2002, 1129, 1130; *Kau/Kukat* BB 1999, 2505, 2508; *Lingemann/Diller/Mengel*, NZA 2000, 1191, 1193; *MünchArbR/Kreßel*, § 69 Rn. 105; *Nehls/Sudmeier*, ZIP 2002, 201, 202; *Röder/Göpfert*, BB 2001, 2002, 2003.

131 Vergl. § 3 I 3.

132 Zur arbeitsrechltichen Zulässigkeit der Klauseln in § 10, § 11.

133 Vergl. *Kau/Kukat*, BB 1999, 2505, 2508; *Küttner/Röller*, Personalbuch 2006, Aktienoptionen, Rn. 5; *Zinser/Schimpfky* in: Schneider/Guski, MAB, Rn. 17. Dazu im einzelnen in § 11 XI.

der Mitarbeiter bezweckt wird, sind sie unter Berücksichtigung der dargestellten Grundsätze für die systematische Einordnung als Vergütungsbestandteil außerhalb des Gegenseitigkeitsverhältnisses und somit als nicht synallagmatisches Arbeitsentgelt im weiteren Sinne einzuordnen.[134]

Dieses Ergebnis bestätigt zusätzlich die Kriterien, die für eine Einordnung als erfolgsorientierten synallagmatischen Vergütungsbestandteil sprechen. Denn die Aktienoptionen sind nur dann als arbeitsleistungsbezogene Zuwendung und damit als erfolgsorientierter Vergütungsbestandteil einzuordnen, wenn sie als Ausgleich für ein geringeres Festgehalt dienen. Dies ist nur bei einer ausdrücklichen Vereinbarung der Vertragsparteien anzunehmen, die sich auch durch Auslegung ergeben kann. Für eine solche Vereinbarung sprechen etwa die auffällig geringe Höhe des fixen Vergütungsanteils und die Vorgabe von Erfolgszielen mit individuellem Leistungsbezug.[135] Sofern der Vergütungsvereinbarung eine solche Regelung nicht zu entnehmen ist, weisen die Optionsbedingungen wie die Erfolgsziele und die Verfallklauseln bei Beendigung des Arbeitsverhältnisses darauf hin, dass mit der Einräumung eine typische gemischte Zielsetzung verfolgt wird. Einerseits soll die Arbeitsleistung am Unternehmenserfolg orientiert zusätzlich vergütet werden und andererseits ist die Bindung des Arbeitnehmers an das Unternehmen beabsichtigt. Eine andere Einordnung ist regelmäßig nur möglich, wenn aus der Vergütungsvereinbarung ausdrücklich der Parteiwille hervorgeht, dass die Bindungswirkung nur untergeordneter Nebenzweck ist und die Vergütung der Arbeitsleistung im Vordergrund steht. Nur in dieser Situation wird man wegen des entsprechenden Parteiwillens das unmittelbare Austauschverhältnis der Aktienoptionen als Vergütung der Arbeitsleistung und damit die Einordnung als arbeitsleistungsbezogene Sonderleistung annehmen können. Anderenfalls ist unter Anwendung der Grundsätze der Rechtsprechung von der Gleichwertigkeit beider Zielsetzungen auszugehen.

b) Rechtliche Auswirkungen dieser Einordnung

Diese Einordnung hat die Konsequenz, dass einige der in der Einleitung aufgeworfenen arbeitsrechtlichen Fragestellungen wie die Zulässigkeit der Bindungsklauseln, die zulässige Vereinbarung eines Freiwilligkeits- oder Widerrufvorbehalts oder die Zulässigkeit der Verfallklauseln unter Berücksichtigung der

[134] Die Rechtsprechung ordnete eine Erfolgsbeteiligung wegen der Bedingungen in der Leistungszusage rechtlich als Gratifikation, die einer gemischten Sonderzahlung entspricht, ein, *BAG* v. 21.2.1974, BB 1974, 695. So im Ergebnis auch *Kau/Kukat*, BB 1999, 2505, 2508; *Lembke*, BB 2001, 1469, 1471.

[135] Vergl. § 4 III 2 e bb.

für die gemischten Sonderzahlungen entwickelten Grundsätze zu untersuchen sind.[136]

An dieser Stelle ist bereits festzuhalten, dass der Anspruch unter Berücksichtung der Grundsätze des BAG für Zeiten ohne tatsächliche Arbeitsleistung wegen der fehlenden synallagmatischen Verknüpfung nicht automatisch, sondern nur bei entsprechender Vereinbarung entfällt. Daher führen Ausfallzeiten wegen Inanspruchnahme der Elternzeit, der Absolvierung des Zivil- oder Wehrdienstes oder der Teilnahme an einem Arbeitskampf grundsätzlich nicht zur Kürzung oder gar zum Wegfall der Ansprüche auf die Gewährung der Aktienoptionen. Gleiches gilt für krankheitsbedingte Ausfallzeiten sowie solche infolge der Beschäftigungsverbote nach dem Mutterschutzgesetz.[137]

c) Zulässige Kürzungsregeln wegen Fehlzeiten

Auf der anderen Seite folgt daraus, dass Kürzungs- bzw. Ausschlussvereinbarungen grundsätzlich getroffen werden können oder sich möglicherweise durch Auslegung der Optionsbedingungen bzw. der arbeitsvertraglichen Anspruchsgrundlage ergeben. Bei der Auslegung der Kürzungs- oder Ausschlussvereinbarungen ist aber die Unklarheitenregelung in § 305 c Abs. 2 BGB und das Transparenzgebot nach § 307 Abs. 1 S. 2 BGB zu beachten. Danach gehen mögliche Zweifel bei der Auslegung zu Lasten des Arbeitgebers. Entsprechende Klauseln müssen deutlich gefasst sein und klar diejenigen Ausfallzeiten benennen, auf die sie sich beziehen.

aa) Kürzungsregelungen für die Fälle des ruhenden Arbeitsverhältnisses und krankheitsbedingte Fehlzeiten

Unter Berücksichtigung der Rechtsprechung zu den gemischten Sonderzahlungen ist also grundsätzlich eine Vereinbarung zulässig, wonach Zeiten, in denen Erziehungsurlaub in Anspruch genommen wird, zur anteiligen Minderung oder zum Wegfall des Anspruchs[138] auf die Aktienoptionen führen. Die Klauseln verstoßen insbesondere nicht gegen höherrangiges Recht wie ex Art. 119 bzw. jetzt

[136] Zu dieser Schlussfolgerung kommen auch *Baeck/Diller*, DB 1998, 1407 ff.; *Busch*, BB 2000, 1294 f.; 1296; *Legerlotz/Laber*, DStR 1999, 1658, 1661 ff.; *Lembke*, BB 1469, 1471.

[137] Im Ergebnis ebenso, aber ohne systematische Begründung *Baeck/Diller*, DB 1998, 1405, 1409; *Legerlotz/Laber*, DStR 1999, 1658, 1662.

[138] Zum Ausschluss aus dem Begünstigtenkreis der Aktienoptionsprogramme § 9 VII 2 a.

Art. 141 EG-Vertrag und die Richtlinie Nr. 75/175,[139] Art. 3, 6 GG, § 15 Abs. 3 BErzGG[140] oder den allgemeinen arbeitsrechtlichen Gleichbehandlungsgrundsatz.[141]

Die anteilige Kürzung des Anspruchs auf die Aktienoptionen ist nach diesen Grundsätzen zudem für die sonstigen Fälle des ruhenden Arbeitsverhältnisses zulässig. Speziell für arbeitskampfbedingte Ruhezeiten und die Beteiligung am Arbeitskampf sind unter Berücksichtigung der Diskriminierungsverbote und des Gleichbehandlungsgrundsatzes Kürzungsvereinbarungen unzulässig, weil sie die Streikbereitschaft beeinflussen können. Zulässig sind lediglich solche Regelungen, die für alle Fälle des ruhenden Arbeitsverhältnisses generell eine proportionale Kürzung vorsehen.[142] Entsprechendes gilt für die Anspruchskürzung bei Einräumung der Aktienoptionen.[143]

Darüber hinaus hält die Rechtsprechung entsprechende Kürzungsvereinbarungen für krankheitsbedingte Fehlzeiten einschließlich der Zeiträume mit Entgeltfortzahlungsansprüchen für zulässig. Der Gesetzgeber hat dies nunmehr

---

[139] *BAG* v. 28.9.1994, AP Nr. 165 zu § 611 BGB Gratifikation unter 2; v. 24.5.1994, AP Nr. 175 zu § 611 BGB Gratifikation unter II 4 jeweils zu § 119 EWG-Vertrag mit der Begründung, dass ein Verstoß nicht vorliege, weil die unterschiedliche Behandlung der Arbeitnehmergruppen Männer und Frauen auf objektiven Faktoren beruhe, die nichts mit der Diskriminierung aufgrund des Geschlechts zu tun haben. § 119 EWG-Vertrag verbiete keine vertraglichen oder tariflichen Bestimmungen, nach denen zusätzliche Entgeltleistungen während des ruhenden Arbeitsverhältnisses nicht gezahlt werden müssen, wenn der Arbeitgeber von der Entgeltzahlungspflicht befreit sei. Ähnlich *EuGH* v. 21.10.1999, AP Nr. 14 zu Art. 119 EG-Vertrag unter Ziffer 43,44, 55, wonach es Art. 119 EWG-Vertrag, Art. 11 Abs. 2 lit. B RL 92/85, § 2 Abs. 4 Anh. RL 96/34/EG nicht verbieten, im Erziehungsurlaub die Gewährung einer Gratifikation zu verweigern, wenn diese nur von der Voraussetzung abhänge, dass sich der Arbeitnehmer zum Zeitpunkt der Gewährung in einem aktiven Beschäftigungsverhältnis befinde.

[140] *BAG* v. 24.11.1993, AP Nr. 158 zu § 611 BGB Gratifikation unter II 3 a, d, e, wonach ein Verstoß gegen § 15 Abs. 3 BErzGG ausscheidet, weil die Regelung nicht über das hinausgehe, was sich für andere Vergütungsbestandteile aus dem BErzGG ergebe. Art. 3 Abs. 2, Abs. 3 GG sei nicht verletzt, weil der Unterschied zwischen ruhendem und nicht ruhendem Arbeitsverhältnis so gewichtig sei, dass eine unterschiedliche Regelung für zusätzliche Leistungen gerechtfertigt sei. Art. 6 Abs. 4 GG begründe keinen Anspruch auf Arbeitsentgelt für Zeiten, in denen das Arbeitsverhältnis ruhe.

[141] Nach *BAG* v. 12.1.2000, AP Nr. 223 zu § 611 BGB Gratifikation unter II 2 b, scheidet ein Verstoß gegen den arbeitsrechtlichen Gleichbehandlungsgrundsatz aus, weil sich der sachliche Grund für die Differenzierung aus dem Zweck der Leistung ergibt.

[142] Vergl. *BAG* v. 31.10.1995, AP Nr. 140 zu Art. 9 GG Arbeitskampf unter II; v. 3.8.1999, AP Nr. 156 zu Art. 9 GG Arbeitskampf unter II.

[143] Von der pauschalen Zulässigkeit solcher Kürzungsvereinbarungen in den genannten Fallgestaltungen gehen allerdings *Baeck/Diller*, DB 1998, 1405, 1409; *Legerlotz/Laber*, DStR 1999, 1658, 1662, aus. Zum vollständigen Ausschluss aus dem Begünstigtenkreis § 9 VII 2 b.

in § 4 a EFZG für Sonderzahlungen mit Mischcharakter ausdrücklich anerkannt. Danach sind in den Grenzen von § 4 a S. 2 EFZG sogar Vereinbarungen zulässig, die nicht nur eine anteilige, sondern eine überproportionale Kürzung gemischter Sonderzahlungen bei Arbeitsunfähigkeit infolge Krankheit vorsehen.[144] Folglich können entsprechende Vereinbarungen für krankheitsbedingte Fehlzeiten bei der Gewährung der Aktienoptionen als gemischte Sonderzuwendung auch getroffen werden.[145]

bb) Kürzungsregelungen für Fehlzeiten infolge der Beschäftigungsverbote nach dem Mutterschutzgesetz

Für Fehlzeiten infolge der Beschäftigungsverbote nach dem MuSchG kann nach Ansicht des BAG in der arbeitsvertraglichen Zusage bestimmt werden, dass diese sich anspruchsmindernd oder anspruchsausschließend[146] auf die Sonderzahlung mit Mischcharakter auswirken. Dies wird auf einen Vergleich mit der Entgeltfortzahlung im Krankheitsfall gestützt. Die Entgeltsicherung im Krankheitsfall umfasse nach dem Lohnausfallprinzip nur den Verdienst während der Zeit der Arbeitsunfähigkeit, sichere aber nicht den allgemeinen Lebensstandard des Arbeitnehmers. Es widerspreche daher nicht dem Schutzzweck der Normen über die Entgeltfortzahlung, wenn Fehlzeiten zur Kürzung einer Jahressonderzahlung führten. Da nicht erkennbar sei, warum die Entgeltsicherung der schwangeren Arbeitnehmerinnen während der Mutterschutzfristen eine weitergehende Schutzfunktion zukommen solle, könne auch für diese Zeiten eine entsprechende Kürzungsvereinbarung getroffen werden.[147]

Zweifelhaft ist aber, ob die Kürzungsvereinbarung mit Art. 119, jetzt Art. 141 EG-Vertrag und mit §§ 7, 1 i.V.m. §§ 2 Abs. 1 Nr. 2, 3 Abs. 1 Allgemeines Gleichbehandlungsgesetz (AGG) vereinbar ist. Nach Ansicht des EuGH sind Mutterschutzzeiten infolge der Beschäftigungsverbote den Beschäftigungszeiten gleichzustellen, sofern mit der Gratifikation die geleistete Arbeit vergütet wird. Sonst würde eine Arbeitnehmerin allein aufgrund ihrer Eigenschaft als

---

144 *BAG* v. 15.12.1999, AP Nr. 221 zu 611 BGB Gratifikation unter II 1, 2 b, wonach es sogar auf die Ursache der Erkrankung nicht ankommen soll.

145 Im Ergebnis ebenso *Baeck/Diller*, DB 1998, 1405, 1409; *Legerlotz/Laber*, DStR 1999, 1658, 1662. Zum vollständigen Ausschluss von erkrankten Arbeitnehmern aus dem Kreis der Begünstigten vergl. § 9 VIII 2.

146 Dazu § 9 IX 2.

147 *BAG* v. 12.7.1995, AP Nr. 182 zu § 611 BGB Gratifikation unter II 2. In diesem Sinne auch BAG v. 24.2.1999 unter II 2 b, wonach eine Kürzung wegen Mutterschutzzeiten mit dem Anspruch auf Mutterschaftsgeld gem. § 14 Abs. 1 MuSchG unproblematisch für zulässig erachtet wurde.

Arbeitnehmerin diskriminiert, weil die Beschäftigungszeiten ohne die Schwangerschaft angerechnet worden wären. Der vollständige Ausschluss wie auch die anteilige Kürzung für Mutterschutzzeiten verstoße gegen Art. 119 EGV.[148]

Es ist weiter davon auszugehen, dass diese Grundsätze auch für gemischte Sonderzahlungen gelten. Dafür spricht, dass der EuGH den Begriff des Entgelts i.S.v. ex Art. 119 EGV, jetzt Art. 141 EGV, sehr weit fasst. Darunter sollen insbesondere Weihnachtsgratifikationen fallen, die vom Arbeitgeber freiwillig und überwiegend oder ausschließlich als Anreiz für zukünftige Dienstleistungen und zur Förderung der Betriebstreue eingeräumt werden.[149] Da die gemischten Sonderzahlungen ebenfalls zu diesem Zweck gewährt werden, sind sie ebenfalls als Entgelt i.S.d. Vorschrift anzusehen.

Diese Aussagen stehen allerdings im Widerspruch zur bisherigen Rechtsprechung des BAG, nach der für gemischte Sonderzahlungen Kürzungsvereinbarungen für Mutterschutzzeiten zulässig sind. Das BAG hat dies jüngst ausdrücklich offen gelassen und eine tarifliche Regelung, die zum Anspruchsausschluss für die Mutterschutzzeiten führte, wegen des Verstoßes gegen Art. 6 Abs. 4 GG für unwirksam gehalten. Wegen des Grundgesetzverstoßes sei der Gemeinschaftsrechtsverstoß unerheblich, auf den die Vorinstanz abgestellt hatte.[150]

Aus den zuvor genannten Gründen ist jedoch davon auszugehen, dass Mutterschutzzeiten bei arbeitsleistungsbezogenen wie gemischten Sonderzahlungen unter Berücksichtigung von Art. 141 EGV generell als Beschäftigungszeiten anzuerkennen sind. Dies würde zudem eine unmittelbare Benachteiligung i.S.v. §§ 3 Abs. 1, 2, Abs. 1 Nr. 2 AGG und damit ein Verstoß gegen das Benachteiligungserbot gem. §§ 7, 1 AGG darstellen. Daher sind Regelungen in Aktienoptionsprogrammen, die eine anteilige Kürzung der Sonderzahlung für diese Zeiten vorsehen, unzulässig.[151] Außerdem werden diese Zeiten nicht von allgemeinen Regelungen erfasst, die eine Anspruchskürzung bei Ausfallzeiten vorsehen.

---

148 EuGH v. 21.10.1999, AP Nr. 14 zu Art. 119 EG-Vertrag unter Ziffer 41 – 43, 51.

149 EuGH v. 21.10.1999, AP Nr. 14 zu Art. 119 EG-Vertrag unter Ziffer 24; dazu *Schiefer*, NZA-RR 2001, 561, 567, welcher der Ansicht ist, dass noch nicht abschließend geklärt sei, ob Mutterschutzzeiten kürzend in Ansatz gebracht werden können.

150 *BAG* v. 20.8.2002, AP Nr. 10 zu Art. 6 GG unter I 2, 3.

151 Andere Ansicht mit Verweisung auf die bisherige BAG Rechtsprechung *Baeck/Diller*, DB 1998, 1405, 1409; *Legerlotz/Laber*, DStR 1999, 1658, 1662.

d) Schlussbemerkung

Die systematische Einordnung und die weiteren Untersuchungen einzelner arbeitsrechtlicher Fragestellungen haben gezeigt, dass die Gewährung von Aktienoptionen als zusätzliche Vergütung wegen den damit verfolgten primären Zwecken den Charakter einer Sonderzuwendung mit Mischcharakter hat. Da mit den Aktienoptionen in dieser Konstellation nicht ausschließlich die Arbeitsleistung zusätzlich vergütet werden soll, handelt es sich dabei um eine Vergütungsform, die außerhalb des Gegenseitigkeitsverhältnisses steht. Sofern die arbeitsvertragliche Zusage oder der Gewährungsvertrag keine eindeutigen Hinweise enthält, sind die Aktienoptionen wegen der kombinierten Zielsetzung im Zweifel als gemischte Sonderzahlung und nicht als erfolgsorientierter synallagmatischer Vergütungsbestandteil einzuordnen. Aus diesem Grund sind darauf grundsätzlich die arbeitsrechtlichen Grundsätze anzuwenden, die bislang für die nicht synallagmatischen gemischten Sonderzahlungen bzw. das Arbeitsentgelt im weiteren Sinne entwickelt wurden. Bei der weiteren Untersuchung der arbeitsrechtlichen Fragestellungen wird auf diese Grundsätze immer wieder zurückzukommen sein.

V. Mitarbeiterbeteiligung

Eine weitere Form der zusätzlichen Arbeitgeberleistungen im arbeitsrechtlichen Vergütungssystem bilden die verschiedenen Mitarbeiterbeteiligungsprogramme der Unternehmen.

1. Zielsetzungen und Beteiligungsmodelle

Mit den Mitarbeiterbeteiligungsprogrammen werden verschiedene Ziele verfolgt. Sie dienen als Motivation zur Steigerung der Produktivität und des Arbeitseinsatzes der Mitarbeiter. Außerdem sollen Bewusstein und Verständnis für die wirtschaftliche Situation des Unternehmens sowie dessen Stellung im Wettbewerb gefördert werden.[152] Die Beteilung am Produktivvermögen soll zu einer intensiveren Identifikation mit dem Unternehmen führen. Auf diese Weise

[152] Studien des *DAI*, Heft 13, Beteiligungssysteme für breite Mitarbeiterkreise, S. 11; *Claussen*, WM 1997, 1825, 1829; *Feddersen/Pohl*, AG 2001, 26, 31; *Jäger*, DStR 1999, 28; *Schanz*, NZA 2000, 626; *Umnuß/Ehle*, BB 2002, 1041, 1045; *Zinser/Schimpfky* in: Guski/Schneider, MAB, 3705 Rn. 5, 16.

will man die Betriebstreue fördern, Fehlzeiten abbauen und der Mitarbeiterfluktuation entgegen wirken. Daneben soll die eigenverantwortliche Vermögensbildung gefördert und eine zusätzliche Altersversorgung geschaffen werden.[153] Man will außerdem möglichen Befürchtungen der Belegschaft entgegen wirken, dass das Management die Interessen der Mitarbeiter zugunsten der Aktienkurssteigerung und des eigenen Profits nicht mehr beachtet.[154] Schließlich spielen auch Kosten- und Finanzierungsgesichtspunkte eine Rolle. Durch die verschiedenen Formen der Mitarbeiterbeteiligung werden Personalkosten flexibilisiert und an den wirtschaftlichen Erfolg des Unternehmens geknüpft. Gleichzeitig kann Liquidität eingespart und die Kapitalstruktur verbessert werden.[155] Zur Finanzierung der verschiedenen Beteiligungsformen müssen die Mitarbeiter i.d.R. eigene finanzielle Mittel aufbringen.

Bei der Mitarbeiterbeteiligung sind Erfolgs- und Kapitalbeteiligungsmodelle üblich. Im Rahmen der Erfolgsbeteiligungsmodelle wird den Mitarbeitern neben der üblichen Vergütung eine vom Unternehmenserfolg abhängige Zuwendung eingeräumt, die sich an dem in der Handels- oder Steuerbilanz ausgewiesenen Gewinn, dem Umsatz, der Produktivitätssteigerung, Kosteneinsparungen oder anderen Faktoren orientiert.[156] Diese Formen der Mitarbeiterbeteiligungen sind im Grundsatz mit den bereits dargestellten erfolgsorientierten Vergütungsformen identisch, die außerhalb des Gegenseitigkeitsverhältnisses zusätzlich zum Gehalt gewährt werden.[157] Daher ergeben sich diesbezüglich keine Besonderheiten.

Bei den Kapitalbeteiligungsmodellen unterscheidet man Fremd- und Eigenkapitalbeteiligungsmodelle. In der Praxis gebräuchliche Fremdkapitalbeteiligungsformen sind etwa Mitarbeiterdarlehen, stille Beteiligungen sowie Genussrechte. Sie zeichnen sich dadurch aus, dass die Mitarbeiter dem Unternehmen Kapital zur Verfügung stellen und dafür eine Verzinsung bzw. Gewinnbeteiligung erhalten. Die Modelle haben den Vorteil, dass sie von allen Unternehmen unabhängig von der Rechtsform eingesetzt werden können.[158]

Zu den Eigenkapitalmodellen gehören GmbH-Anteile, Belegschaftsaktien und neuerdings Aktienoptionen.[159]

153 *Schanz*, NZA 2000, 626; *Zinser/Schimpfky* in: Guski/Schneider, MAB, 3705 Rn. 19.

154 Studien des *DAI*, Heft 13, Beteiligungssysteme für breite Mitarbeiterkreise, S. 10; Kau/Leverenz, BB 1998, 2269.

155 *Balz* in: Guski/Schneider, MAB 3120, Rn. 11; *v. Rosen/Leven* in: Harrer, MAB, Rn. 3 ff.; *Schanz*, S. 626; *Wagner*, NJW 2003, 3081, 3082.

156 *Hebig/Zacharias*, Rn. 7; *v. Rosen/Leven* in: Harrer, MAB, Rn. 28 f.; *Schanz*, NZA 2000, 626, 627.

157 Vergl. § 4 III 2 e.

158 *Drechsler* in: Guski/Schneider, MAB, 6110, Rn. 2; *v. Rosen/Leven* in: Harrer, MAB, Rn. 12; *Schanz*, NZA 2000, 626, 627.

2. Belegschaftsaktien

Bei den Belegschaftsaktien handelt es sich um gewöhnliche Aktien der Gesellschaft, die den Mitarbeitern üblicherweise zu einem Vorzugskurs und unter Vereinbarung einer Sperrfrist angeboten werden. Die Differenz zwischen dem höheren Börsenkurs und dem niedrigeren Kaufpreis ist ein steuer- und sozialversicherungspflichtiger vermögenswerter Vorteil. Oftmals erhält der Mitarbeiter im Rahmen sog. Aktienkaufpläne die Möglichkeit, über einen bestimmten Zeitraum in regelmäßigen Abständen Aktien des Unternehmens zu erwerben.[160] Die mit den Belegschaftsaktien verbundenen Rechte und Pflichten ergeben sich ohne Besonderheiten aus dem Aktiengesetz.[161] Sie umfassen Verwaltungsrechte wie das Teilnahmerecht an (§ 118 Abs. 1 AktG) und die Stimmrechte in der Hauptversammlung (§ 12 Abs. 1 S. 1 AktG),[162] sowie bestimmte Kontrollbefugnisse und Informationsrechte (§ 125 Abs. 2 i.V.m. §§ 121 Abs. 3, 124 Abs. 1 S. 1 AktG), die durch die Anfechtungsbefugnis nach § 245 AktG gesichert sind. Zum anderen gewähren sie Vermögensrechte wie das Recht auf Dividende (§ 58 Abs. 4 AktG) und das gesetzliche Bezugsrecht auf Teilnahme an Kapitalerhöhungen (§ 188 Abs. 1 S. 1 AktG).

Die Belegschaftsaktien sind die beliebteste Form der Mitarbeiterkapitalbeteiligung. Dies liegt zum einen daran, dass die Aktiengesellschaft als Publikumsgesellschaft ihrer Natur nach auf einen großen und häufig wechselnden Gesellschafterkreis ausgerichtet ist. Die Ausgabe von Gesellschaftsanteilen an die Arbeitnehmer ist daher eine weniger einschneidende Maßnahme als z.B. bei der Einräumung von GmbH-Anteilen.[163] Damit korrespondiert die hohe Verkehrsfähigkeit der Aktien, welche die Mitarbeiter nach Ablauf einer eventuell vereinbarten Sperrfrist ohne Mitwirkung der Gesellschaft über die Börse wieder veräußern können. Zudem ist diese Form der Mitarbeiterbeteiligung sehr transparent, weil der Wert der Anteile durch den Aktienkurs an der Börse und damit durch den Kapitalmarkt bestimmt wird und jederzeit erkennbar ist.[164]

---

159 *Drechsler* in: Guski/Schneider, MAB, 6110 Rn. 5; *Hebig/Zacharias*, Rn. 26, 34; v. *Rosen/Leven* in: Harrer, MAB, Rn. 9 f.; Schanz, NZA 2000, 626, 627 f.

160 *Balz* in: Guski/Schneider, MAB 3120, Rn. 11; *Roschmann/Erwe* in: Harrer, MAB, Rn. 14, 173.

161 *Balz* in: Guski/Schneider, MAB 3120, Rn. 11; *Drechsler* in: Guski/Schneider, MAB, 6240 Rn. 33; *Hebig/Zacharias*, Rn. 71; *Knepper*, ZGR 1985, 419 f.; *Roschmann/Erwe* in: Harrer, MAB, Rn. 174.

162 Allerdings besteht gem. § 12 Abs. 1 S. 2 AktG auch die Möglichkeit, stimmrechtslose Vorzugsaktien auszugeben, die gem. § 139 Abs. 1 AktG mit einem Dividendenvorzug verbunden sein müssen, der regelmäßig in einer Mehrdividende besteht, vergl. *Hüffer*, AktG, § 139 Rn. 4 ff.

163 Vergl. *Balz* in: Guski/Schneider, MAB 3120, Rn. 18; *Roschmann/Erwe* in: Harrer, MAB, Rn. 16; *Schanz*, NZA 2000, 626, 628.

Die Ausgabe der Belegschaftsaktien ist für die Unternehmen in mehrfacher Hinsicht interessant. Neben der Verbesserung der Eigenkapitalstruktur und Liquiditätslage[165] wird dadurch eine breite Streuung des Aktienbestands erreicht und der Konzentration in den Händen wenige Großaktionäre entgegen gewirkt. Auf diese Weise wird nicht nur dem Verkauf größerer Aktienpakete und den damit verbunden Kursschwankungen, sondern auch der massiven Einflussnahme der Großinvestoren auf die Geschäftsführung vorgebeugt.[166] Ein zusätzlicher positiver Aspekt ist das Anlageverhalten der Belegschaftsaktionäre, die tendenziell langfristig orientierte Anleger sind. Dies trägt ebenfalls zur Stabilität des Aktienkurses bei.[167]

Darüber hinaus wird durch die unmittelbare Beteiligung am Unternehmen eine sehr hohe Motivations- und Identifikationswirkung erzielt, sofern den Mitarbeitern in demselben Umfang Verwaltungsrechte eingeräumt werden wie den anderen Aktionären.[168]

Aus Sicht der Mitarbeiter ist die Belegschaftsaktie eine attraktive Beteiligungsform und Vermögensanlage. Über die Kursentwicklung partizipieren die Mitarbeiter nicht nur am Jahreserfolg, sondern an der Wertentwicklung des Unternehmens.[169] Nicht selten erlangen die überlassenen Aktien im Laufe der Jahre einen beachtlichen Vermögenswert infolge erheblicher Kurszuwächse, die weit über dem Kapitaleinsatz liegen.[170] Die Dividendenansprüche sind hingegen eher von untergeordneter Bedeutung. Auf der anderen Seite gehen die Mitarbeiter mit dem Kauf der Belegschaftsaktien das volle Kursrisiko ein, das im ungünstigsten Fall der Insolvenz den gesamten investierten Betrag erfassen kann. Ein weiterer Nachteil liegt in der Höhe des Kapitaleinsatzes. Eine attraktive Rendite kann regelmäßig nur bei Erwerb mehrerer Aktien erzielt werden und erfordert daher bei Einstieg in diese Anlageform einen gewissen Kapitaleinsatz, der das Budget der Mitarbeiter oftmals übersteigt. Abhilfe kann zwar die Finanzierung des Kaufpreises schaffen, die aber naturgemäß mit gewissen Kosten und vor allen Dingen Risiken verbunden ist.[171]

---

164 *Drechsler* in: Guski/Schneider, MAB, 6240 Rn. 34; *Hebig/Zacharias*, Rn. 72; *Roschmann/Erwe* in: Harrer, MAB, Rn. 16; *Schanz*, NZA 2000, 626, 628.

165 Vergl. *Knepper*, ZGR 1985, 419, 420 f., 427; *Peez*, Belegschaftsaktien, S. 52 f.; *Schanz*, NZA 628, 628.

166 Ähnlich *Schanz*, NZA 2000, 626, 628.

167 *Knepper*, ZGR 1985, 419, 428; *Schanz*, NZA 2000, 626, 628.

168 *Balz* in: Guski/Schneider, MAB 3120, Rn. 18; *Schanz*, NZA 2000, 626, 628.

169 *Balz* in: Guski/Schneider, MAB 3120, Rn. 18; *Roschmann/Erwe* in: Harrer, MAB, Rn. 16.

170 *Knepper*, ZGR 1985, 419, 426.

171 *Roschmann/Erwe* in: Harrer, MAB, Rn. 177; *Schanz*, NZA 2000, 626, 628.

3. Aktienoptionen im Vergleich

Als Alternative zur Ausgabe der Belegschaftsaktien legen die börsennotierten Unternehmen seit Ende der neunziger Jahre verstärkt Aktienoptionsprogramme als eine neue Form der Mitarbeiterbeteiligung auf.

Im Gegensatz zu den Belegschaftsaktien erhalten die Mitarbeiter bei der Ausgabe der Aktienoptionen keinen Anteil am Unternehmen, sondern lediglich das Recht, eine vereinbarte Anzahl von Anteilen zu einem festgelegten Basispreis nach Ablauf einer Wartezeit erwerben.[172]

Wie bei den Belegschaftsaktien führt die Ausgabe der Aktienoptionen nicht zum Liquiditätsabfluss für das Unternehmen. Bei entsprechender Aktienkursentwicklung und Ausübung der Optionen gegen Zahlung des Basispreises kommt es vielmehr zum unbefristeten Zufluss von Eigenkapital und infolge der Erhöhung des Grundkapitals zu einer Verbesserung der Kapitalstruktur, sofern nicht der Weg über den Rückerwerb eigener Aktien zur Beschaffung gewählt wurde. Anders als bei den Belegschaftsaktien ist jedoch ungewiss, ob und zu welchem Zeitpunkt der Kapitalzufluss erfolgt.

Man geht im Vergleich mit den anderen rein erfolgsbezogenen Beteiligungsformen davon aus, dass mit der Ausgabe der Aktienoptionen eine höhere und nachhaltigere Anreiz- und Motivationswirkung zu erzielen ist, weil die Wertentwicklung der Optionen unmittelbar an den Unternehmenswert gebunden ist. Wegen der besonderen Hebelwirkung der Aktienoptionen nimmt man dies sogar im Vergleich mit den Belegschaftsaktien an.[173] Ausgangspunkt dieser Überlegung ist der Optionswert, der regelmäßig nur einem Bruchteil des Ausgabepreises einer Aktie entspricht. Bei gleichem Kapitaleinsatz kann eine höhere Anzahl an Optionen erworben werden. Auf der anderen Seite profitiert aber der Inhaber der Optionen prozentual in gleicher Weise von Kurssteigerungen und erzielt demnach denselben Wertzuwachs wie der Inhaber einer Aktie. Allerdings muss der Arbeitnehmer pro Aktie mehr Kapital investieren bzw. ein ungleich höherer Kapitaleinsatz erbringen, um dieselbe Rendite wie beim Erwerb der Optionen erzielen zu können.[174] Bei den Aktienoptionsprogrammen kommt als weiterer Vorteil hinzu, dass dei Unternehmen ihren Mitarbeitern die Optionen i.d.R. kostenlos einräumen und auf diese Weise, die Hebelwirkung noch verstärkt wird.[175] Die Attraktivität der Aktienoptionsprogramme

---

[172] Vergl. dazu Einleitung, S. 1 und zu den Zielsetzungen § 4 V 1.

[173] *Roschmann/Erwe*, MAB, Rn. 177; *Schanz*, NZA 2000, 626, 628; *Pellens/Crasselt*, DB 1998, 217, 218, mit Rechenbeispielen; *Zinser/Schimpfky* in: Guski/Schneider, MAB, 3705 Rn. 15.

[174] *Bühner*, DB 1989, 2181, 2184; *Zinser/Schimpfky* in: Guski/Schneider, MAB, 3705 Rn. 15.

kann zudem durch die Möglichkeit der bargeldlosen Ausübung der Optionen und der Verrechnung der Gewinne mit den Ausübungspreisen gesteigert werden, wie dies im Programm der Vossloh AG vorgesehen ist.[176] Daher kann mit der Einführung von Aktienoptionsprogrammen bei geringem finanziellen Einsatz der Mitarbeiter eine attraktive Hebelwirkung und damit eine starke Motivationswirkung erzielt werden.

Im Gegensatz zum Kauf von Belegschaftsaktien übernehmen die Mitarbeiter überdies nicht das volle Kursrisiko. Bei Verfall der Optionen verlieren sie zwar im ungünstigsten Fall den von ihnen aufgebrachten Eigenanteil, die jedoch nur einen Bruchteil des Aktienkaufpreises beträgt. Daher liegen Chance und Risiko beim Einsatz von Aktienoptionen ebenfalls nahe beieinander, allerdings nur mit geringem finanziellen Risiko.[177] Deswegen besteht im Gegensatz zum Einsatz von Belegschaftsaktien nicht in gleichem Umfang die Gefahr, dass sich die Verluste demotivierend auswirken. Möglichen Frustrationseffekten kann zudem durch entsprechende Ausgestaltung der Optionsbedingungen entgegen gewirkt werden. Mögliche Mittel sind die Ausgabe in mehreren Tranchen zu einem jeweils an die Marktsituation angepassten Basispreis oder die Anbindung an relative Erfolgsziele mit einem Performanceabschlag, durch welche die bessere Entwicklung im Vergleich mit anderen Unternehmen honoriert wird.[178]

Im Gegensatz zu den Belegschaftsaktien kann die Anreizwirkung wegen der verschiedenen Gestaltungsmöglichkeiten der Erfolgziele insgesamt differenzierter gesteuert werden. Auf diese Weise wird sicher gestellt, dass die Mitarbeiter nur bei der effektiven Steigerung des Unternehmenswertes und nicht schon bei zufälligen Kurssteigerungen aufgrund externer Faktoren eine zusätzliche Vergütung in Form der Ausübungsgewinne erhalten.[179] Zudem zielt die Ausgabe der Aktienoptionen im Gegensatz zu den anderen Formen nicht auf eine Beteiligung am kurzfristigen Jahreserfolg ab. Die Mitarbeiter sollen vielmehr von einer dauerhaften Steigerung des Unternehmenswerts profitieren, der sich nach Ablauf der Wartefristen und Erreichen der Erfolgsziele im Aktienkurs widerspiegelt. Durch die langfristige Ausrichtung sollen die Begünstigten dazu motiviert werden, mit ihrer Arbeitsleistung zur langfristigen Steigerung des Unternehmenswerts beizutragen.

---

[175] Ähnlich *Balz* in: Guski/Schneider, MAB 3120, Rn. 16.
[176] Vergl. dazu § 3 II 9 b.
[177] Vergl. *Kohler*, ZHR 161 (1997), 246, 255 f.; *Kühnberg/Keßler*, AG 1999, 453, 455.
[178] Dazu im ausführlich in § 3 I 3 b und § 3 I 6.
[179] Vergl. *Baums* in: FS Claussen, 3, 7 f.

4. Systematische Einordnung der Mitarbeiterbeteiligungsformen in das Vergütungssystem

Den Ausgangspunkt für die systematische Einordnung der Mitarbeiterbeteiligungsmodelle in das arbeitsrechtliche Vergütungssystem bildet der eingangs definierte Vergütungsbegriff.[180] Danach ist jeder geldwerte Vorteil einschließlich der Zuwendung von Rechten als Vergütung anzusehen. Daher sind die Zinsen für das Mitarbeiterdarlehen bzw. die Gewinnausschüttung im Rahmen der stillen Beteiligung oder eines Genussrechts als Vergütungsteile einzuordnen. Bei den Eigenkapitalbeteiligungsmodellen stellt demgegenüber der Gesellschaftsanteil als vermögenswertes Recht die Vergütung dar, während Gewinnausschüttung und Dividende nur eine Folge dieser Rechte sind. Sie gehören nicht mehr zur Vergütung, sondern sind rein gesellschaftsrechtlicher Natur.[181] Bei der Auflegung eines Aktienoptionsprogramms ist die Einräumung der Bezugsrechte und der darin verkörperte Vermögenswert als Vergütung einzuordnen.

Im Ergebnis ist daher festzuhalten, dass alle Mitarbeiterbeteiligungsmodelle im Hinblick auf das Arbeitsverhältnis gewährt werden und daher als Vergütung einzuordnen sind. Da sie unabhängig von der konkreten Arbeitsleistung und zusätzlich zur üblichen laufenden Vergütung gewährt werden, sind sie überdies als nicht synallagmatische Vergütungsformen anzusehen.

Wegen der identischen Zielsetzung[182] und der systematischen Einordnung als Leistung außerhalb des Gegenseitigkeitsverhältnisses besteht folglich kein Unterschied, ob die Aktienoptionen im Rahmen eines Mitarbeiterbeteiligungsprogramms oder als gemischte Sonderzahlung ausgegeben werden. Demzufolge spielt die genaue Zuordnung für die rechtliche Beurteilung keine entscheidende Rolle. Die Anforderungen an die vertragliche Ausgestaltung der Leistungszusage und die Rechtsfolgen hängen vielmehr von der systematischen Einordnung als Vergütungsleistung innerhalb oder außerhalb des Synallagmas ab. Die beiden Ausformungen werden daher im Folgenden unter dem Begriff freiwillige Zusatzleistung des Arbeitgebers zusammen gefasst.

---

[180] Vergl. § 4 I.

[181] Zu dieser Abgrenzung bereits § 1 IV 2 b bb.

[182] Dazu bereits § 4 V 1.

§ 5 Steuer- und Sozialversicherungsrechtliche Folgen

Mit der Einräumung der Aktienoptionen als Vergütung sind eine Reihe steuer- und sozialversicherungsrechtlicher Folgen verbunden. Die Einräumung wirkt sich zudem bei der Berechnung zahlreicher besonderer Vergütungsansprüche bzw. Ersatzleistung im Zusammenhang mit dem Arbeitsverhältnis aus. Diese besonderen Fragestellungen werden im Folgenden im Überblick dargestellt.

I. Steuerrechtliche Auswirkungen für die Arbeitnehmer

Bei der Einräumung unentgeltlicher oder vergünstigter Aktienoptionen handelt es sich nach allgemeiner Auffassung aus steuerrechtlicher Sicht um Arbeitslohn, weil diese vermögenswerte Leistung einen Vorteil i.S.v. § 19 Abs. 1 EStG darstellt, der für die Beschäftigung in einem privaten Dienstverhältnis gewährt wird.[1] Gleiches gilt, wenn die Optionen nicht durch den Vertragsarbeitgeber, sondern eine Konzernobergesellschaft eingeräumt werden und diese dabei als Leistungsmittlerin fungiert.[2] Etwas anderes gilt nur, wenn sich die Ansprüche der Arbeitnehmer auf Gewährung der Aktienoptionen gegen die Konzernobergesellschaft selbst richten.[3]

Die Lohnbesteuerung knüpft nach § 11 Abs. 1 EStG i.V.m. § 38 Abs. 2 S. 2 EStG an den Zufluss des Arbeitslohns. Auf welchen Zeitpunkt im Zusammenhang mit der Einräumung von Aktienoptionen als Zuflusszeitpunkt abzustellen ist, ist allerdings umstritten. Insofern haben sich zwei wesentliche Standpunkte herausgebildet.

---

1 *BFH* v. 24.10.2001 - I R 100/98 -, DB 2001, 1173; v. 24.1.2002 - I 119/98 -, DB 2001, 1176; *Portner*, DB 2002, 235; *Simons/Knoll/Portner*, DB 2002, 2070.

2 *BFH* a.o.O.; *Portner* a.a.O.

3 *BFH* v. 4.4.2006 - VI R 11/03 unter II b.

Eine Auffassung geht grundsätzlich von einer Anfangsbesteuerung aus und stellt als Zuflusszeitpunkt auf die Einräumung der Optionen ab. Die steuerliche Bemessungsgrundlage soll sich nach dem Wert der Optionen richten, der finanzmathematisch z.B. mit Hilfe der Black/Scholes-Formel zu ermitteln ist.[4]

Die Gegenansicht, die der Praxis der Finanzverwaltung entspricht, geht für nicht handelbare Optionen grundsätzlich von der Endbesteuerung aus und stellt auf die Ausübung des Optionsrechts als Zuflusszeitpunkt ab. Der zu versteuernde Arbeitslohn soll in der Differenz zwischen dem Börsenpreis der Aktien am Verschaffungstag und den Aufwendungen des Arbeitnehmers für die bezogenen Aktien liegen, zu denen insbesondere der Basispreis gehört.[5] Als Zuflusszeitpunkt wird dabei die Ausbuchung der Aktien aus dem Depot des Arbeitgebers oder des von ihm zur Abwicklung eingesetzten Kreditinstituts gesehen.[6] Nach Auffassung der Finanzverwaltung gilt die Endbesteuerung allerdings nur für nicht handelbare Optionen. Da die Möglichkeit zur Übertragung bzw. zum Verkauf der eingeräumten Optionen in den Aktienoptionsprogrammen üblicherweise ausgeschlossen wird,[7] ist diese Art der Besteuerung in den allermeisten Fällen maßgeblich. Eine Anfangsbesteuerung, die sich auf den Wert des Optionsrechts bezieht, wird nur ausnahmsweise angewendet, wenn das eingeräumte Optionsrecht an der Börse handelbar ist.[8]

Ohne im einzelnen auf die steuerrechtlichen Meinungsverschiedenheiten einzugehen, ist vor diesem Hintergrund jedenfalls festzuhalten, dass das Unternehmen bei Ausübung der Optionen im Regelfall verpflichtet ist, die auf den Optionsgewinn anfallende Einkommensteuer an das zuständige Finanzamt abzuführen. Dies gilt ab 2004 auch dann, wenn die Aktienoptionen von der Konzernobergesellschaft als Leistungsmittlerin eingeräumt worden sind, weil solche Zuflüsse Dritter den Lohnsteuerabzug gem. § 38 Abs. 1 S. 2 EStG auslösen, wenn der Arbeitgeber sie kannte oder kennen musste. Letzteres ist nach dem

---

4 *Bredow*, DStR 1998, 380, 382; *Kau/Leverenz*, BB 1998, 2269, 2270 f.; *Neyer*, BB 1999, 130, 131 ff.; *Peltzer*, AG 1996, 307, 314 f.; *Portner*, DStR 1997, 1876, 1877 und zuletzt abgewandelt in DB 2002, 235, 236 f., die dafür plädiert, als Bemessungsgrundlage im Ausübungszeitpunkt nicht den Optionsgewinn, sondern den Optionswert im Begebungszeitpunkt heranzuziehen.

5 *BFH* a.o.O. und der darauf gründende Erlass des Finanzministeriums NW v. 27.3.2003 – S. 2323 – 109 VP3, abgedruckt bei Streck/Mack/Schwedhelm, AG 2003, 679; Bestätigt durch *BFH* v. 12.10.2006 – VI B 12/06; *Feddersen*, ZHR 161 (1997), 269, 280 ff.; *Kessler/Strnad*, BB 2000, 644 m.w.N.; *Küttner/Thomas*, Personalbuch 2006, Aktienoptionen, Rn. 15; *Simons/Knoll/Portner*, DB 2002, 2070 f.

6 Erlass des Finanzministeriums a.a.O.

7 Zu den Hintergründen § 3 II 2 und zur arbeitsrechtlichen Zulässigkeit noch § 10 III.

8 Erlass des Finanzministeriums a.a.O., ebenso *Feddersen*, ZHR 161 (1997), 269, 281 f. Gegen eine solche Differenzierung *Küttner/Thomas*, Personalbuch 2006, Aktienoptionen, Rn. 18.

Gesetz insbesondere für i.S.v. § 15 AktG verbundene Unternehmen anzunehmen.[9]

II. Sozialversicherungsrechtliche Auswirkungen

Aktienoptionen sind außerdem als sozialversicherungspflichtiges Entgelt einzustufen. Unter diesen Begriff fallen alle Arten von Einnahmen aus einem Beschäftigungsverhältnis, unabhängig davon, ob sie einmalig oder laufend oder von Dritten gewährt werden.[10] Folglich gelten sowohl Aktienoptionen, die einmalig als freiwillige Zusatzleistung wie auch solche, die laufend als synallagmatische Vergütung eingeräumt werden, als sozialversicherungsrechtliches Entgelt. Gleiches gilt für die Aktienoptionen, die von der Konzernobergesellschaft als Dritte eingeräumt werden.

In Anlehnung an die steuerrechtliche Behandlung haben die Spitzenverbände der Sozialversicherungsträger beschlossen, den geldwerten Vorteil der Aktienoptionen erst in dem Monat, in dem die Optionen ausgeübt und Aktien bezogen werden, zu berücksichtigen. Sofern der geldwerte Vorteil erst nach Abschluss des Beschäftigungsverhältnisses zufließt, soll er dem letzten Entgeltabrechnungszeitraum im laufenden Kalenderjahr zugeordnet werden. Sofern das Arbeitsverhältnis bereits im Vorjahr geendet hat, soll der Ausübungsgewinn nur dann der Beitragspflicht unterliegen, wenn er vor Ablauf des ersten Quartals im Kalenderjahr anfällt.[11]

Nach anderer Auffassung ist diese Absprache mangels einer Rechtsgrundlage abzulehnen. Ausschlaggebend müsse die Erbringung der Arbeitsleistung sein. Vor diesem Hintergrund soll es auf den Einräumungszeitpunkt ankommen, so dass der Wert des Optionsrechts bei Einräumung als Bemessungsgrundlage für die Beitragsberechnung gilt.[12] Dieser Sichtweise ist allerdings entgegen zu halten, dass die Aktienoptionen in der Regel nicht am Ende, sondern zu Beginn einer Vergütungsperiode eingeräumt werden, damit der Arbeitnehmer seine Arbeitsleistung dafür bzw. seinen Beitrag zur Kurssteigerung noch erbringen muss. Anderenfalls könnten die Optionen ihre Anreizwirkung nicht entfalten.[13]

9 *Küttner/Thomas*, Personalbuch 2006, Aktienoptionen, Rn. 32; zu dieser Problematik *Spatscheck/Ehnert*, AG 2003, 679.

10 *KassKomm-Seewald*; § 14 SGB IV Rn. 8, 62.

11 Besprechung der Spitzenverbände der Sozialversicherungsträger v. 26./27.6.1999, WzS 1999, 250.

12 *Küttner/Schlegel*, Personalbuch 2006, Aktienoptionen, Rn. 35 ff.

13 Vergl. § 11 V 5 a.

Daher muss diese Ansicht bei konsequenter Anwendung ihrer Grundsätze ebenfalls zu dem Ergebnis kommen, dass nicht der Zeitpunkt der Gewährung der Optionsrechte entscheidend sein kann. Zum Zufluss der Vergütung kommt es frühestens bei Ausübung der Option, weil der Arbeitnehmer danach in der Lage ist, den Kursgewinn als vermögenswerten Vorteil zu realisieren. Folglich kann man erst zu diesem Zeitpunkt vom Zufluss der Einnahmen ausgehen. Im Ergebnis spricht daher nichts gegen die Praxis der Sozialversicherungsträger, die sich an die steuerrechtliche Behandlung anlehnt. Demzufolge entsteht die Beitragspflicht üblicherweise bei Ausübung der Optionen und ist an dem Optionsgewinn zu bemessen. Eine Ausnahme muss sich wiederum für handelbare Optionen ergeben, bei denen für die Besteuerung auf den Zeitpunkt der Einräumung abgestellt wird. Die Beitragshöhe ist dann an Hand des Börsenkurses für die Optionen zu bemessen.[14]

III. Sonstige Auswirkungen auf die Entgeltberechnung

Die Einräumung der Aktienoptionen kann sich zudem auf die Berechnung von anderen Leistungen im Zusammenhang mit dem Arbeitsverhältnis auswirken.

1. Entgeltfortzahlung im Krankheitsfall und Krankengeld

Fraglich sind zunächst die Auswirkungen auf die Entgeltfortzahlung im Krankheitsfall nach § 3 Abs. 1 EFZG. Die Höhe dieses Anspruchs bemisst sich nach § 4 Abs. 1 EFZG, wonach dem Arbeitnehmer das Arbeitsentgelt fortzuzahlen ist, was ihm für seine regelmäßige Arbeitszeit zusteht. Darunter fällt nach § 4 Abs. 1 S. 1 EFZG die fortlaufend gezahlte Vergütung, zu der nach § 4 a Abs. 1 S. 1 EFZG weder Aufwendungsersatzleistung noch Mehrarbeitsverdienste zählen.[15]

Sofern die Aktienoptionen als synallagmatische Vergütungsform eingeräumt werden, sind sie unabhängig vom Zeitpunkt ihrer Einräumung bzw. ihrer Fälligkeit als laufende Entgeltleistung und nicht als zusätzliche Leistung i.S.v. § 4a EFZG einzuordnen.[16] Denn die abweichende Fälligkeit der Leistung kann

[14] Ebenso *Küttner/Schlegel*, Personalbuch 2006, Aktienoptionen, Rn. 38.

[15] Vergl. *ErfK/Dörner*, § 4 EFZG Rn. 15 ff.

[16] A.A. *Bauwens*, S. 142, nach dessen Auffassung die Aktienoptionen generell nicht unter diesen Entgeltbegriff fallen.

nicht dazu führen, dass man sie nicht als regelmäßige Vergütungsleistung ansieht. Für diese Sichtweise sprechen die Grundsätze zu den arbeitsleistungsbezogenen Sonderzahlungen, die nach der Rechtsprechung auch in Zeiten ohne tatsächliche Arbeitsleistung ungekürzt zu gewähren sind, wenn das Entgelt auf Grund gesetzlicher, tariflicher oder sonstiger Regelungen fortzuzahlen ist.[17] Demzufolge sind die Aktienoptionen auch dann einzuräumen, wenn der Arbeitnehmer im Gewährungszeitpunkt krankheitsbedingt fehlt.

Gleiches gilt für die Einräumung von Aktienoptionen als freiwillige zusätzliche Leistung. In dieser Konstellation sind sie zwar nicht als laufendes Entgelt i.S.v. § 4 Abs. 1 S. 1 EFZG einzuordnen. Der Arbeitnehmer erfüllt aber dennoch die Anspruchsvoraussetzung für die Einräumung, die regelmäßig allein an den Bestand des Arbeitsverhältnisses anknüpfen. Letzteres wird durch die arbeitsunfähigkeitsbedingte Abwesenheit nicht berührt wird, so dass dem Betroffenen die Aktienoptionen ebenfalls in vollem Umfang einzuräumen sind.[18] Es ist allerdings eine Vereinbarung zulässig, nach der die Ansprüche in diesen Fällen in den Grenzen des § 4a EFZG anteilig für die Fehlzeiten gekürzt werden.[19] Ohne eine ausdrückliche Vereinbarung besteht der Anspruch auf die Optionsgewährung hingegen unverändert fort.

Anders stellt sich die Situation allerdings nach Ablauf der Sechswochenfrist dar. In diesem Fall ist der Arbeitgeber nicht mehr zur Entgeltfortzahlung verpflichtet. Der Arbeitnehmer hat gem. § 44 SGB V lediglich einen Anspruch auf die Zahlung von Krankengeld gegen seine Krankenkasse. Für die Berechnung des Krankengeldes, das nach § 47 Abs. 1 S. 1 SGB V nur 70 % des regelmäßigen Arbeitsentgeltes beträgt, ist nach § 47 Abs. 2 S. 1 SGB V das in den letzten vier Wochen vor der Arbeitsunfähigkeit erzielte Entgelt entscheidend. Sofern die Aktienoptionen als synallagmatische Vergütungsform eingeräumt werden, entfällt der Anspruch auf die Gewährung demzufolge, wenn der Arbeitnehmer im Fälligkeitszeitpunkt bereits länger als sechs Wochen erkrankt ist. Er ist aber anteilig bei der Berechnung des Krankengeldes zu berücksichtigen.[20] Den Wert hat man wiederum mathematisch nach der Black/Scholes-Formel[21] zu berechnen.

---

[17] Vergl. § 4 IV 2 a.

[18] Im Ergebnis ebenso *Bauwens*, S. 141 f.

[19] Dazu bereits in § 4 IV 5 c aa.

[20] Im Ergebnis ebenso *Küttner/Schlegel*, Personalbuch 2006, Aktienoptionen, Rn. 41.

[21] Vergl. § 2 III 2 e bb.

2. Urlaubsentgelt nach § 11 BUrlG

Eine weitere Ausnahme von dem Grundsatz „ohne Arbeit keinen Lohn" stellt § 11 BUrlG dar. Nach dieser Vorschrift ist dem Arbeitnehmer für die Dauer seines Erholungsurlaubs sein durchschnittlicher Arbeitsverdienst, gemessen an den letzten dreizehn Wochen vor dem Urlaubsantritt, weiterzuzahlen. Dazu zählen jedenfalls die Leistungen, die im unmittelbaren Austauschverhältnis mit der Arbeitsleistung stehen. Daher sind die Aktienoptionen in die Berechnung mit einzubeziehen, wenn sie als Vergütungsform gewährt werden und bleiben unberücksichtigt, wenn sie als zusätzliche Leistung einzuordnen sind. Diese Fragestellung ist allerdings nur theoretischer Natur, weil die Urlaubszeiten bei der Leistungseinräumung nicht als Ausfallzeiten berücksichtigt werden. Würden sich urlaubsbedingte Fehlzeiten anspruchsmindernd auswirken, so wäre dies ohnehin nicht mit dem Maßregelungsverbot in § 612a BGB vereinbar und daher unzulässig,[22] gleich ob es sich bei den Optionen um eine freiwillige Zusatzleistung oder einen synallagmatischen Vergütungsbestandteil handelt. Demzufolge wird der Anspruch auf Einräumung von Aktienoptionen durch urlaubsbedingte Fehlzeiten nicht berührt.[23]

3. Mutterschutzlohn und Zuschuss zum Mutterschaftsgeld

Eine besondere Art der Entgeltfortzahlung für Fehlzeiten infolge der Beschäftigungsverbote nach dem Mutterschutzgesetz sind der Mutterschutzlohn nach § 11 MuSchG und der Zuschuss zum Mutterschaftsgeld nach § 14 MuSchG. Beide Leistungen berechnen sich aus dem Durchschnittsverdienst der letzten dreizehn Wochen vor Beginn der Schwangerschaft bzw. vor Beginn der Schutzfristen. In diese Berechnungen müssen die Aktienoptionen allerdings nicht mit einbezogen werden, weil der Anspruch der Arbeitnehmerinnen während dieser Zeit nicht ausgeschlossen ist und wegen Art. 141 EG-Vertrag bzw. § 611a BGB auch nicht ausgeschlossen werden kann.[24] Folglich bleibt der Anspruch der Arbeitnehmerinnen auf Gewährung der Aktienoptionen während dieser Zeit unberührt.

---

[22] Vergl. *Wilken*, S. 292, 308, wonach der Anwendungsbereich des Maßregelungsverbots auch für berechtigte Fehlzeiten eröffnet ist.

[23] Im Ergebnis ebenso *Bauwens*, S. 142.

[24] Zu dieser Problematik noch § 9 IX sowie § 4 IV 5 c bb.

4. Berechnung der Abfindung bei Kündigung

Wird das Arbeitsverhältnis i.S.v. § 1 Abs. 2 S. 1 KSchG betriebsbedingt gekündigt und erhebt der Arbeitnehmer keine Klage, so kann ihm bei entsprechender Zusage durch den Arbeitgeber nach § 1a Abs. 1 S. 1 KSchG ein Anspruch auf eine Abfindung zustehen. Das gleiche gilt, wenn das Arbeitsverhältnis auf Antrag des Arbeitnehmers oder des Arbeitgebers nach § 9 Abs. 1 S. 1 KSchG durch Urteil aufgelöst wird. Die Höhe der Abfindungen richtet sich dann nach § 1a Abs. 2 S. 1 KSchG oder § 10 Abs. 1 KSchG, die auf die Monatsverdienste des Arbeitnehmers abstellen. Als Monatsverdienst gilt nach § 10 Abs. 3 KSchG, auf den auch § 1a Abs. 2 S. 2 KSchG verweist, was dem Arbeitnehmer bei der für ihn maßgebenden regelmäßigen Arbeitszeit in dem Monat, in dem das Arbeitsverhältnis endet, an Geld und Sachbezügen zusteht. Dazu zählen die monatliche Grundvergütung und alle sonstigen Zuwendungen mit Entgeltcharakter. Als sonstige Zuwendungen werden Tantieme, Jahresabschlussvergütungen und das 13. Monatsgehalt verstanden. Sofern eine Leistung für einen längeren Zeitraum gewährt wird, ist sie bei der Ermittlung des Monatsgehalts anteilig zu berücksichtigen.[25]

Umstritten ist allerdings, ob auch die Gratifikationen wie Jubiläumszahlungen und Weihnachtsgratifikationen in die Berechnung des Monatsverdienstes einzubeziehen sind.[26] Die dazu vertretenen Ansichten unterscheiden im Ergebnis danach, ob es sich um eine synallagmatische Leistung handelt. Nach § 10 Abs. 3 KSchG ist in die Berechnung des Monatsverdienstes alles einzubeziehen, was dem Arbeitnehmer an Geld und Sachbezügen zusteht. Demzufolge gibt der Wortlaut der Vorschrift keinen Anlass, die Ansprüche auf nicht synallagmatische Arbeitgeberleistungen aus der Berechnung herauszunehmen. Entscheidend ist allein der Vergütungscharakter der Leistung. Vor dem Hintergrund dieser Formulierung ist es allenfalls gerechtfertigt, Leistungen unter Freiwilligkeitsvorbehalt von der Berechnung auszunehmen, weil der Arbeitnehmer auf diese keinen Anspruch erwirbt und sie ihm folglich nicht i.S.v. § 10 Abs. 3 KSchG zustehen.[27]

Aus diesen Gründen sind die Aktienoptionen bei der Berechnung der Abfindung zu berücksichtigen, gleich ob sie zusätzlich oder als Teil der synallagmatischen Vergütung eingeräumt worden sind und unabhängig davon, ob sie infolge der Beendigung des Arbeitsverhältnisses verfallen. Etwas anderes gilt nur für Ansprüche auf die Gewährung der Optionen, wenn für sie im Programm

---

[25] *APS/Biehl*, § 10 KSchG Rn. 16.

[26] Dafür *ErfK/Ascheid*, § 10 KSchG Rn. 3; *Schaub*, Arbeitsrecht, § 141 Rn. 29. Dagegen *APS/Biehl*, § 10 KSchG Rn. 18; *KR-Spilger*, § 10 KSchG Rn. 33.

[27] Vergl. § 12 II.

oder der arbeitsvertraglichen Anspruchsgrundlage ein Freiwilligkeitsvorbehalt vereinbart wurde.[28] Der Berechnung ist wiederum der Wert der Optionen zugrunde zu legen, der nach der Black/Scholes-Formel zu ermitteln ist. Für den Berechnungszeitraum ist nach § 1a KSchG konsequenter Weise auf den Ablauf der Kündigungsfrist und für §§ 9, 10 KSchG auf den Zeitpunkt der Entscheidung durch Urteil abzustellen.

28 Ähnlich *Bauwens*, S. 143 f., der allerdings unproblematisch alle Ansprüche im Zusammenhang mit den Aktienoptionen in die Berechnung mit einbeziehen will.

Dritter Teil

Arbeitsrechtliche Aspekte im Zusammenhang mit der Einführung von Aktienoptionsprogrammen

§ 6 Arbeitsrechtliche Anspruchsgrundlagen und damit zusammenhängende Fragen

I. Einzelvertragliche Vereinbarung

Als Rechtsgrundlage für die Ansprüche der Arbeitnehmer auf Gewährung der Aktienoptionen kommt zunächst eine einzelvertragliche Vereinbarung in Betracht.

1. Allgemeines

Eine solche kann entweder, wie etwa bei Neubegründung des Arbeitsverhältnisses, im Arbeitsvertrag oder als ergänzende Regelung getroffen werden.[1] Aufgrund dieser Vereinbarung verpflichtet sich das Unternehmen, dem Mitarbeiter die zugesagten Bezugsrechte zu den vereinbarten Konditionen einzuräumen. Die einzelvertragliche Zusage kann individuell mit dem Arbeitnehmer oder als vorformulierte arbeitsvertragliche Einheitsregelung getroffen werden, die dann

---

1 *Baeck/Diller*, DB 1998, 1405, 1406; *Küttner/Röller*, Personalbuch 2006, Aktienoptionen Rn. 9; *Legerlotz/Laber*, DStR 1999, 1658, 1660; *Schanz*, NZA 2000, 626, 632; *Tepass* in: Harrer, MAB, Rn. 359. Dazu auch § 1 IV 2 a bb und cc.

der AGB-Kontrolle unterliegt.[2] Sie ist zudem nach § 2 Abs. 1 Nr. 6 NachwG schriftlich zu dokumentieren, weil nach dieser Vorschrift die Zusammensetzung des Entgelts in eine dem Arbeitnehmer auszuhändigende Niederschrift aufzunehmen ist. Zu dokumentieren sind die Aufteilung des Gesamtgehalts in fixen und variablen Bestandteil, freiwillige Sonderzahlungen und sonstige Entgeltbestandteile.[3] Nach § 1 NachwG gilt diese Regelung für alle Arbeitnehmer einschließlich der leitenden Angestellten. Bei einer Vielzahl einheitlicher Vertragsregelungen liegt eine kollektive Regelung vor, so dass bei der Einführung der Aktienoptionen die Mitbestimmungsrechte des Betriebsrats zu beachten sind.[4] Die Verträge können bereits geschlossen werden, bevor die Hauptversammlung die Auflegung des Aktienoptionsprogramms sowie die Beschaffung der Aktien beschlossen hat.[5] Die Verpflichtung zur Einräumung der Optionen wird durch den Abschluss des Gewährungsvertrages als Verfügungsgeschäft erfüllt.[6] Teilweise wird über die Einräumung der Aktienoptionen nur ein Gewährungsvertrag ohne zusätzliche ausdrückliche arbeitsrechtliche Vereinbarung geschlossen, in dem alle sonstigen Fragestellungen geregelt werden, die das Arbeitsverhältnis betreffen.[7] Von dem Vertrag über die Einräumung der Optionen ist der Zeichnungsvertrag zu unterscheiden, der die Grundlage für die Übertragung der Aktien bildet, die den Arbeitnehmern bei Ausübung des Bezugsrechts eingeräumt werden.[8]

2. Besonderheiten bei der Zusage von Aktienoptionen als synallagmatischer Vergütungsbestandteil

Bei der Einräumung der Aktienoptionen auf einzelvertraglicher Grundlage sind zahlreiche Rechtsfragen zu beachten, die im Folgenden untersucht werden. Die einzelvertragliche Vereinbarung von Aktienoptionen als synallagmatische erfolgsorientierte Vergütungsform ist nur zulässig, sofern die Vergütung nicht in einem Tarifvertrag oder in einer Betriebsvereinbarung geregelt ist.[9] Wird das betroffene Arbeitsverhältnis von einem normativ geltenden Tarifvertrag

---

2 Dazu *MünchArbR/Richardi*, § 12 Rn. 42; *Otto*, ArbR, Rn. 156; *ErfK/Preis*, § 611 BGB Rn. 256 f.

3 Vergl. *ErfK/Preis*, § 2 NachwG Rn. 17 f.

4 *Baeck/Diller*, DB 1998, 1405, 1406; *Lingemann/Diller/Mengel*, NZA 2000, 1191, 1197; *Schanz*, NZA 2000, 626, 632. Dazu noch § 7 II.

5 Zur notwendigen Mitwirkung der Hauptversammlung vergl. § 2 III, Abs. 4.

6 Zur Rechtsnatur bereits in § 1 IV 2 b aa.

7 Dazu bereits in § 1 IV 2 b bb.

8 Vergl. § 1 IV 2 c.

9 Zu dieser Problematik noch ausführlich in § 6 II 1.

erfasst oder ist die Vergütung für das betroffene Unternehmen in einer Betriebsvereinbarung festgelegt, können diese kollektiven Regelungen nicht durch Individualvertrag abgelöst werden, es sei denn, sie enthalten entsprechende Öffnungsklauseln. Das Günstigkeitsprinzip findet wegen der ungewissen Wertentwicklung der Aktienoptionen und wegen des Vergütungszuflusses zu einem späteren Zeitpunkt keine Anwendung.[10] Stehen kollektivrechtliche Regelungen nicht entgegen, ist eine einzelvertragliche Vereinbarung über die Einräumung der Aktienoptionen als erfolgsorientierte synallagmatische Vergütungsform hingegen zulässig.

a) Änderungsvertrag bei bestehenden Arbeitsverhältnissen

Bei bestehenden Arbeitsverhältnissen ist dies in Form eines Änderungsvertrages möglich, in dem die Arbeitsbedingungen, hier die Vergütung, einvernehmlich abgeändert werden können. Eine solche Änderung kann nach der Rechtsprechung auch konkludent vereinbart werden. Dies sei der Fall, wenn der Arbeitnehmer das Arbeitsverhältnis widerspruchslos fortsetzt, nachdem ihm das Änderungsangebot des Arbeitgebers zugegangen ist. Die Fortsetzung sei aber gemäß §§ 133, 157 BGB nur als Annahme der Vertragsänderung anzusehen, wenn sie sich unmittelbar im Arbeitsverhältnis auswirke. Würden ihre Folgen nicht hervortreten, liege keine konkludente Annahmeerklärung vor.[11] Vor diesem Hintergrund ist eine konkludente Vereinbarung durch die Einräumung der Aktienoptionen, die mit einer Kürzung der fixen Vergütung einher geht, ebenfalls denkbar. In diesem Fall wirkt sich die angetragene Vertragsänderung unmittelbar auf die Vergütung und damit auf das Arbeitsverhältnis aus. Die abweichende Zusammensetzung und die veränderte Höhe der Gesamtvergütung sind für den Arbeitnehmer aus der Gehaltsabrechung ohne weiteres ersichtlich. Setzt er in dieser Situation das Arbeitsverhältnis widerspruchslos fort, so wird dies von Seiten des Unternehmens regelmäßig als Annahme der Vertragsänderung angesehen werden dürfen. Will er die Änderung verhindern, so muss der Arbeitnehmer der angetragenen Vertragsänderung folglich widersprechen.[12] Anderenfalls gilt die neue Vergütungsvereinbarung, wonach ein Teil der fixen Vergütung durch Aktienoptionen ersetzt wird.

---

10 Dazu noch in § 8 II 1. Ebenso *Busch*, BB 2000, 1294, Fn. 5; a.A. *Bauwens*, S. 123.

11 *BAG* v. 1.8.2001, AP Nr. 20 zu § 157 BGB unter I 1 b bb (2).

12 So auch *Bauwens*, S. 119.

b) Änderung aufgrund einer einseitigen Entscheidung des Arbeitgebers

Darüber hinaus stellt sich die Frage, ob der Arbeitgeber diese Vergütungsform einseitig einführen kann.

aa) Änderungsvorbehalt

Dies kommt zunächst bei vereinbartem Änderungsvorbehalt im Arbeitsvertrag in Betracht, der dem Arbeitgeber ein einseitiges Leistungsbestimmungsrecht z.B. in Form eines Widerrufsvorbehalts für Vergütungsbestandteile einräumt. Inwieweit ein solcher Vorbehalt für synallagmatische Vergütungsbestandteile überhaupt zulässig ist, soll an dieser Stelle nicht näher erörtert werden.[13] Im Übrigen dürften Vergütungsvereinbarungen, in denen sich der Arbeitgeber bei gleichbleibender Arbeitspflicht einseitig die Änderung der Vergütung vorbehält, in der Praxis eher selten sein. Jedenfalls ist eine Regelung, nach der sich der Arbeitgeber den Widerruf von Teilen der synallagmatischen Vergütung vorbehält, i.d.R. nicht zulässig.[14] Gleiches muss für eine Vereinbarung gelten, durch die sich der Arbeitgeber vorbehält, die fixe Vergütung durch einen variablen Bestandteil zu ersetzen, weil dies im ungünstigsten Fall zu erheblichen Gehaltskürzungen und damit zu einem Eingriff in den Kernbereich des Arbeitsverhältnisses führen kann.[15] Änderungsvorbehalte, die dem Arbeitgeber unter bestimmten Voraussetzungen ein einseitiges Leistungsbestimmungsrecht zur Änderung des bestehenden Vergütungssystems einräumen, können auch in Tarifverträgen oder Betriebsvereinbarungen vereinbart werden. Denkbar ist eine Tarifnorm, die dem Arbeitgeber die Möglichkeit einräumt, 10 % der tariflichen Vergütung an den Unternehmenserfolg anzuknüpfen. Die Vereinbarung solcher Öffnungsklauseln wird zur Zeit im Zusammenhang mit flexibleren Arbeits- und Entgeltbedingungen diskutiert.

bb) Änderungskündigung

Häufiger dürfte der Arbeitgeber indes vor der Frage stehen, ob er Aktienoptionen als erfolgsorientierten variablen Vergütungsbestandteil durch Änderungskündigungen unabhängig von der Mitwirkung der einzelnen Arbeitnehmer einheitlich im Unternehmen einführen kann.

---

13 Dazu ausführlich später in § 12 V 2 c.

14 Vergl. § 12 V 2 c allgemein zum Widerrufsvorbehalt und c aa, bb für Aktienoptionen.

15 Zum möglichen Eingriff in den Kernbereich und den Folgen vergl. § 12 V 2 c.

(1) Allgemeine Grundsätze

Eine Änderungskündigung ist die Beendigung des bestehenden Arbeitsvertrages verbunden mit dem Angebot, das Arbeitsverhältnis zu geänderten Arbeitsbedingungen fortzusetzen.[16] Sofern das Arbeitsverhältnis nach §§ 1 Abs. 1, 23 Abs. 1 KSchG unter den Anwendungsbereich des Kündigungsschutzgesetzes fällt, hat der Arbeitnehmer nach § 2 S. 1 KSchG die Wahl, ob er die Änderung der Arbeitsbedingungen entweder vorbehaltlos annimmt und zu diesen Bedingungen weiterarbeitet oder ob er sie ablehnt. Im ersten Fall wird das Arbeitsverhältnis zu den geänderten Arbeitsbedingungen fortgesetzt. Bei Ablehnung erlischt es nach Ablauf der Kündigungsfrist, es sei denn, der Arbeitnehmer erhebt gegen die Beendigung binnen drei Wochen nach Zugang der Änderungskündigung erfolgreich Kündigungsschutzklage.[17] Er hat darüber hinaus die Option, die Änderung der Arbeitsbedingungen unter dem Vorbehalt anzunehmen, dass sie nicht i.S.v. § 1 Abs. 2 S. 1, Abs. 2 S. 1, 3 KSchG sozial ungerechtfertigt ist. Den Vorbehalt muss er gem. § 2 S. 2 KSchG spätestens bis zum Ablauf der Kündigungsfrist oder binnen drei Wochen nach Zugang der Kündigung erklären. Er muss zudem innerhalb dieses Zeitraums Kündigungsschutzklage erheben, weil die Änderung der Arbeitsbedingungen anderenfalls nach § 4 S. 1, 2 i.V.m. § 7 KSchG als sozial gerechtfertigt gilt und der Vorbehalt erlischt.

In diesem Kontext ist ebenfalls zu beachten, dass die Kündigung der Arbeitsbedingungen, die Gegenstand zwingender tariflicher Normen sind, nach §§ 13 Abs. 3 KSchG, § 4 TVG i.V.m. § 134 BGB unwirksam ist, wenn nicht eine entsprechende Öffnungsklausel besteht.[18] Denn zwingende tarifliche Vergütungsregelungen können nicht durch die Änderungskündigung nachteilig abgeändert werden. Dies gilt wegen der in § 77 Abs. 4 S. 1 BetrVG angeordneten zwingenden Wirkung auch für Vergütungsregelungen in Betriebsvereinbarungen.[19] Besonderheiten ergeben sich für Arbeitsverhältnisse, die kraft Vereinbarung unkündbar sind und nur durch außerordentliche Kündigung beendet werden können sowie für jene, für die der besondere Kündigungsschutz gilt. Diesen Fragestellungen wird allerdings nicht näher nachgegangen.

---

[16] Vergl. *Otto*, ArbeitsR, Rn. 282.

[17] *MünchArbR/Berkowsky*, § 145 Rn. 11.

[18] *BAG* v. 10.2.1999, AP Nr. 3 zu § 2 KSchG 1969 unter B II 2 a, b; *Krause*, DB 1995, 574 f.

[19] *Krause*, DB 1995, 574, 575.

(2) Anforderungen an eine betriebsbedingte Änderungskündigung

Bei erklärtem Vorbehalt und anhängiger Kündigungsschutzklage hängt die Wirksamkeit der Änderungskündigung davon ab, ob die Änderung der Arbeitsbedingungen sozial gerechtfertigt ist. Die Einführung der Aktienoptionen als variabler erfolgsorientierter Vergütungsbestandteil und die dadurch bedingte Änderung des bestehenden Vergütungssystems kann aus betriebsbedingten Gründen gerechtfertigt sein.

Ohne auf die umstrittene Dogmatik, insbesondere den Prüfungsmaßstab für die Änderungskündigung und deren Auswirkungen auf den Bereich der betriebsbedingten Änderungskündigung im Einzelnen einzugehen,[20] soll unter Berücksichtigung der bisherigen Rechtsprechung der Frage nachgegangen werden, unter welchen Voraussetzungen eine solche soziale Rechtfertigung in Betracht kommt.

Das BAG hatte bereits mehrfach über Fälle zu entscheiden, in denen der Arbeitgeber durch Entgeltkürzung die Personalkosten des Unternehmens bei gleichbleibender Arbeitsleistung durch Änderungskündigungen senken wollte, um auf diese Weise die Wettbewerbsfähigkeit und Rentabilität des Betriebes bzw. einzelner Abteilungen zu verbessern oder Entlassungen vorzubeugen. Bei dieser Form der Änderungskündigung ist nach Ansicht des Gerichts besonders zu berücksichtigen, dass der Arbeitgeber erheblich in das arbeitsvertragliche Verhältnis von Leistung und Gegenleistung eingreift.[21] Eine Änderungskündigung könne daher nur sozial gerechtfertigt, wenn sie durch dringende betriebliche Erfordernisse bedingt und vom Arbeitnehmer billigerweise hinzunehmen ist. Dies könne bei einem unrentablen Betrieb ohne beabsichtigte weitere Rationalisierungsmaßnahmen der Fall sein, wenn durch die Senkung der Personalkosten die Stilllegung des Betriebes bzw. eines Betriebsteils oder die Reduzierung der Belegschaft verhindert werden kann und soll.[22] Ein dringendes betriebliches Erfordernis sei erst anzunehmen, wenn keine milderen Mittel in

---

[20] Zur Darstellung des Streitstands, ob für die Änderung der Arbeitsbedingungen ein dringendes betriebliches Erfordernis allein für die Änderung vorliegen muss und die strengeren Voraussetzungen für eine Beendigungskündigung nicht gegeben sein müssen, so die Änderungstheorie, oder ob in diesem Fall die Beendigungskündigung gerechtfertigt sein müsste, so die Beendigungstheorie, und welche Folgen sich daraus für die betriebsbedingte Änderungskündigung ergeben, vergl. *MünchArbR/Berkowsky*, § 145 Rn. 40 ff. (zum Prüfungsmaßstab), 46 ff. (zu den Folgen für die betriebsbedingte Kündigung) jeweils mit weiteren Nachweisen. Zum Prüfungsmaßstab für betriebsbedingte Kündigungen *Hromadka*, NZA 1996, 1, 8 ff.; *Otto* in: FS Stahlhacke, S. 395, 407.

[21] *BAG* v. 16.5.2002, AP Nr. 69 zu § 2 KSchG 1969 unter B II 3.

[22] *BAG* v. 20.3.1986, AP Nr. 14 zu § 2 KSchG 1969 unter IV 3 a; v. 11.10.1989, AP Nr. 47 zu § 1 KSchG 1969 Betriebsbedingte Kündigung unter II 2 b; v. 12.11.1998, AP Nr. 51 zu § 2 KSchG 1969 unter B I 1, 2; v. 16.5.2002, AP Nr. 69 zu § 2 KSchG 1969 unter

Betracht kommen wie etwa die Absenkung freiwilliger Zulagen, Rationalisierungsmaßnahmen und sonstige Einsparungsmöglichkeiten.[23] Die Entscheidung des Arbeitgebers, die Personalkosten durch Änderungskündigungen zu senken, sei im Gegensatz zu den darauf beruhenden Maßnahmen keine unüberprüfbare unternehmerische Entscheidung.[24] Jener müsse vielmehr darlegen und beweisen, dass nach vernünftigen, objektiv nachvollziehbaren betriebswirtschaftlichen Maßstäben ein Wegfall von Arbeitsplätzen unvermeidbar wäre, wenn die Veränderung der Vergütungsstruktur zum Nachteil der Arbeitnehmer nicht in der geplanten Weise durchgeführt werde.[25] Die Änderung muss Teil einer Gesamtplanung oder eines unternehmerischen Konzepts sein, das die Zielsetzung hat, späteren Entlassungen vorzubeugen.[26] Das BAG verlangt als Nachweis die Vorlage eines Sanierungsplans,. aus dem die Finanzlage des Betriebs, der Anteil der Personalkosten, die Auswirkungen der erstrebten Kostensenkung hervorgehen und in dem begründet wird, warum andere Maßnahmen nicht in Betracht kommen.[27]

Vor diesem Hintergrund verneinte das BAG die Wirksamkeit einer Änderungskündigung, durch die der Arbeitgeber den fixen Bestandteil der Gesamtvergütung reduzieren und den leistungsbezogenen Provisionsbestandteil von 13,5 % auf 17 % aufstocken wollte. Als Grund für die Maßnahme führte er an, die Senkung der Personalkosten sei notwendig, um die Konkurrenzfähigkeit zu gewährleisten. Das BAG ließ diese Begründung nicht gelten, weil eine akute Gefahr für die Arbeitsplätze oder eine Existenzgefährdung des Betriebes und damit ein dringendes betriebliches Erfordernis für die Änderung nicht erkennbar sei.[28]

B II 3. Ebenso *MünchArbR/Berkowsky*, § 145 Rn. 62 ff.; *Gaul*, DB 1998, 1913, 1916; *Hromadka*, NZA 1996, 1, 13; *Krause*, DB 1995, 574, 576 ff. Kritisch hingegen *Buchner* in: FS Kraft, S. 33, 36 f., nach dessen Ansicht die Anpassung des Entgelts nicht erst bei drohender Gefährdung des Betriebes oder der Arbeitsplätze durch Änderungskündigung zulässig sein sollte, sondern bereits bei einer wesentlichen Änderung der Verhältnisse, auf denen die Zusage beruht.

23 *BAG* v. 12.11.1998, AP Nr. 51 zu § 2 KSchG 1969 unter B I 4; v. 20.1.2000, AP Nr. 40 zu § 103 BetrVG unter II 2 c; v. 27.9.2001, NZA 2002, 750, 754.

24 *BAG* v. 20.3.1986, AP Nr. 14 zu § 2 KSchG 1969 unter IV 2 a, b; v. 16.5.2002, AP Nr. 69 zu § 2 KSchG 1969 unter B II 3.

25 *MünchArbR/Berkowsky*, § 145 Rn. 64.

26 *Gaul*, DB 1998, 1913, 1916; *Hromadka*, NZA 1996, 1, 10; *Krause*, DB 1995, 574, 578 f.

27 *BAG* v. 16.5.2002, AP Nr. 69 zu § 2 KSchG 1969 unter B II 3.

28 *BAG* v. 20.3.1986, AP Nr. 14 zu § 2 KSchG 1969 unter IV 3 c.

(3) Übertragung der Grundsätze auf die Einführung von Aktienoptionen als variabler Vergütungsbestandteil zur Senkung der Personalkosten

Vor diesem Hintergrund stellen sich für die Einführung der Aktienoptionen als variablen Vergütungsbestandteil zwei grundlegende Probleme. Die Absenkung des fixen Vergütungsanteils führt vorerst zur Reduzierung der Gesamtvergütung. Zum Zeitpunkt der Optionsausgabe ist ungewiss, ob die Vergütung durch eine positive Aktienkursentwicklung ausgeglichen oder erhöht wird. Im ungünstigsten Fall kommt es bei ersatzlosem Verfall der Aktienoptionen zu einer Reduzierung der Gesamtvergütung.[29] Das BAG hat die Aufstockung des Provisionsanteils und damit des leistungsbezogenen Vergütungsbestandteils zu Lasten der fixen Vergütung als nachteilige Änderung angesehen. Diesen Schluss muss man auch für die Einführung der Aktienoptionen als variablen Vergütungsbestandteil ziehen, wenn damit die Reduzierung des fixen Anteils verbunden ist. Aus diesem Grund ist für solche Maßnahmen der Anwendungsbereich des Änderungskündigungsschutzes eröffnet.[30] Dass dem Arbeitnehmer dadurch gleichzeitig die Chance eingeräumt wird, den fixen Bestandteil auszugleichen und sogar eine höhere Vergütung zu erzielen, ist unbeachtlich. Dies zeigt wiederum die Entscheidung über die Erhöhung des Provisionsanteils zu Lasten der Fixvergütung, weil in diesem Fall dem betroffenen Arbeitnehmer ebenfalls die Möglichkeit eingeräumt wurde, die zunächst eintretende Kürzung seiner Vergütung auszugleichen. Da es sich um eine leistungsbezogene Vergütungsform handelt, kann der Arbeitnehmer darauf sogar selbst Einfluss nehmen, während dies bei Einräumung eines unternehmenserfolgsbezogenen Vergütungsbestanteils wie den Aktienoptionen regelmäßig nicht der Fall ist. Die Wertentwicklung dieses Vergütungsanteils hängt nicht von seiner Arbeitsleistung, sondern von der Unternehmensführung und vielen weiteren Faktoren außerhalb seines Einflussbereichs ab. Daher muss eine Änderungskündigung zur Einführung der Aktienoptionen als synallagmatischer Vergütungsbestandteil erst Recht sozial gerechtfertigt und durch ein dringendes betriebliches Erfordernis bedingt sein. Folglich muss die Einführung der Aktienoptionen zur Senkung der Personalkosten erforderlich sein, um die Stilllegung oder die Reduzierung Belegschaft zu verhindern. Außer in Sanierungsphasen dürfte es dem Unternehmen bei unverändertem Arbeitsablauf und –umfang Schwierigkeiten bereiten, darzulegen und zu beweisen, dass ohne die Einführung dieser Vergütungsform nach betriebswirtschaftlichen Maßstäben ein Wegfall von Arbeitsplätzen unvermeidbar ist. In allen anderen Fällen fehlt es indes am dringenden betrieblichen Erfordernis für die Einführung dieser erfolgsorientierten

[29] Vergl. § 8 II 2 d bb.

[30] Ebenso *Bauwens*, S. 121 f.; *Legerlotz/Laber*, DStR 1999, 1658, 1660.

variablen Vergütungsform, so dass entsprechende Änderungskündigungen nicht gerechtfertigt und folglich unwirksam wären.[31]

(4) Abweichende Auffassung zu aktienkursorientierten Vergütungsformen mit Stellungnahme

Nach anderer Ansicht handelt es sich bei der Einführung aktienkursorientierter Vergütungsformen um eine unternehmerische Entscheidung, mit der verschiedene Ziele erreicht werden sollen. Ihre Durchführung führe zur Änderung des bisherigen Vergütungssystems. Diese Entscheidung sei lediglich daraufhin zu untersuchen, ob sie offenbar unsachlich, unvernünftig oder willkürlich sei. Letzteres sei wegen der Gewinnaussichten grundsätzlich abzulehnen. Außerdem sollen die Arbeitnehmer die Entscheidung billigerweise hinnehmen müssen, weil sie zu einer höherwertigen Gesamtvergütung führe.[32]

Diese Auffassung übersieht, dass die Einführung der aktienkursorientierten Vergütungssysteme zu Lasten eines fixen Vergütungsbestandteils nicht zwingend zu einer Erhöhung der Gesamtvergütung führt. Sie kann auch mit Verlusten und damit mit einer Entgeltreduzierung verbunden sein. Sie übersieht zudem die Anforderungen, die an eine Änderungskündigung zu stellen sind, weil das BAG in dem Entschluss zur Veränderung bzw. Kürzung der Vergütung, die nicht mit weiteren Organisationsmaßnahmen einher geht, nicht nur eine eingeschränkt überprüfbare unternehmerische Entscheidung sieht. Darin liege vielmehr das Motiv für die Änderungskündigung, das in vollem Umfang zu kontrollieren sei.[33] Die unternehmerische Entscheidung darf danach nicht allein darin bestehen, die Kündigung auszusprechen und Personalkosten zu sparen.[34] Bei der Substitution der fixen Vergütung durch einen variablen erfolgsorientierten Bestandteil ist die Kosteneinsparung aber ein ausschlaggebendes Motiv, das durch die Änderungskündigung umgesetzt werden soll. Gerade Unternehmen in der Gründungs- oder Sanierungsphasen setzten diese Vergütungsform ein, um die Personalkosten niedrig zu halten oder einzusparen.[35] Folglich müssen die Änderungskündigungen in diesen Fällen sozial gerechtfertigt sein. Diese Auffassung ist daher abzulehnen.

---

[31] Diese Auffassung teilt im Grundsatz auch *Otto* in: FS Stahlhacke, S. 395, 407, für die Rechtfertigung einer betriebsbedingten Massenänderungskündigung mit der Begründung, dass es bei fehlendem Arbeitsmangel oder ohne Verzicht auf übliche Arbeiten regelmäßig an einem betriebsbedingten Grund fehlen dürfte.

[32] *Bauwens*, S. 122.

[33] So ausdrücklich *BAG* v. 20.3.1986, AP Nr. 14 zu § 2 KSchG 1969 unter IV 2 a, b.

[34] *Gaul*, DB 1998, 1913; *Krause*, DB 1995, 574, 576.

[35] Vergl. § 4 III 2 e dd.

cc) Abschließende Stellungnahme zur Möglichkeit der Änderungskündigung

Im Regelfall kann demnach die Einführung der Aktienoptionen als variabler Teil der synallagmatischen Vergütung für bestehende Arbeitsverhältnisse nicht durch Änderungskündigungen einseitig durchgesetzt werden, weil es regelmäßig an einer Gefährdung des Betriebes oder einzelner Arbeitsplätze bei Beibehaltung des bisherigen Vergütungssystems fehlen wird. Gleichwohl wird man die Möglichkeit einer betriebsbedingten Änderungskündigung entgegen der Rechtsprechung nicht auf Fälle beschränken müssen, in denen die Existenz des Betriebes oder der Bestand der Arbeitsverhältnisse akut gefährdet ist und alle milderen Mittel wie sonstige Rationalisierungsmaßnahmen und Einsparungsmöglichkeiten ausgeschöpft wurden. Für die Einführung dieser Vergütungsform im Weg der Änderungskündigung sollte ausreichen, dass die Änderung des Vergütungssystems Teil einer unternehmerischen Gesamtkonzeption ist, durch die der Bestand des Betriebes oder einzelner Arbeitsplätze langfristig gesichert werden soll.[36] Die Anwendung eines weniger strengen Maßstabes für die Feststellung des dringenden betrieblichen Erfordernisses ist auch deshalb gerechtfertigt, weil es in diesen Fällen nicht zum bloßen Wegfall eines fixen Vergütungsbestandteils kommt, sondern dieser durch einen variablen Anteil kompensiert wird, der mit Gewinnchancen für den Arbeitnehmer verbunden ist. Dieser Gesichtspunkt ist bei der Überprüfung des dringenden betrieblichen Erfordernisses wie auch der Zumutbarkeit der Änderung für den Arbeitnehmer zu berücksichtigen. Wegen der rechtlichen Unsicherheiten sollte allerdings der Weg über die einvernehmliche Vertragsänderung gewählt werden. Eine Einführung gegen den Willen der Arbeitnehmer empfiehlt sich ohnehin nicht, weil in diesen Fällen die mit der Ausgabe der Aktienoptionen beabsichtigte Motivations- und Anreizwirkung nicht erreicht werden kann.

c) Zusammenfassung zu den individualrechtlichen einseitigen Änderungsmöglichkeiten des bestehenden Vergütungssystems

Zusammenfassend ist somit festzuhalten, dass der Arbeitgeber das bestehende Vergütungssystem vor dem Hintergrund des Grundsatzes, dass einmal geschlossene Verträge einzuhalten sind, nur durch Änderungsvertrag modifizieren darf. Aktienoptionen können allerdings auf diese Weise nur dann als variabler Teil der synallagmatischen Vergütung vereinbart werden, wenn die Vergütung nicht in einem Tarifvertrag oder einer Betriebsvereinbarung zwingend festgelegt ist.

---

[36] Vergl. *Krause*, DB 1995, 574, 587 f.

Eine Änderungskündigung zu diesem Zweck ist mangels dringender betrieblicher Erfordernisse regelmäßig nicht sozial gerechtfertigt. Bei Unternehmen in Sanierungs- oder Startphasen kann sich die Situation anders darstellen, wenn durch die Einführung der Aktienoptionen als kostensenkende Maßnahme die drohende Betriebsstillegung oder Entlassungen der Belegschaft vermieden werden kann. Gleiches gilt, wenn die Einführung dieses Vergütungssystem als Teil einer unternehmerischen Gesamtkonzeption dazu dienen soll, den Bestand des Betriebes oder einzelner Arbeitsplätze langfristig zu sichern.

3. Folgen fehlender Beschlussfassung der Hauptversammlung

Weitere Probleme tauchen bei der einzelvertraglichen Zusage auf Gewährung der Aktienoptionen auf, wenn die für die Durchführung des Programms erforderlichen Beschlüsse im Vereinbarungszeitpunkt noch nicht vorlagen, und die Hauptversammlung die Beschlussfassung ablehnt oder aus sonstigen Gründen nicht durchführt.

a) Rechtliche Ausgangslage unter Berücksichtigung der aktienrechtlichen Kompetenzverteilung

Nach der Kompetenzverteilung im Aktienrecht obliegt die Entscheidung über die Beschaffung der Aktien zur Bedienung der Bezugsrechte im Wege der bedingten Kapitalerhöhung nach §§ 192 Abs. 1, Abs. 2 Nr. 3, 193 Abs. 2 Nr. 4 AktG oder des Rückkaufs eigener Aktien nach § 71 Abs. 1 Nr. 2, 8 AktG der Hauptversammlung.[37] Für die Durchführung der Programme und die Abschlüsse der notwendigen Verträge ist hingegen der Vorstand zuständig, dem gem. §§ 76 Abs. 1, 77 Abs. 1 AktG die Geschäftsführungsbefugnis zusteht. Davon ist auch die Entscheidung über die Einführung der Aktienoptionen als erfolgsorientierte variable Vergütungsform umfasst. Darüber hinaus ist dieser aufgrund seiner umfassenden gesetzlichen Vertretungsmacht befugt, mit den Mitarbeitern des Unternehmens entsprechende Vereinbarungen über die Gewährung der Aktienoptionen zu treffen.[38] Der Vorstand ist dabei zwar an den Inhalt des Kapitalerhöhungsbeschlusses gebunden und darf Bezugsrechte

[37] Vergl. § 2 III, IV.

[38] Vergl. *Hüffer*, ZHR 161 (1997), 214, 224 allerdings nur bezogen auf die Ausgabe von Umtausch- bzw. Bezugsrechten i.V.m. einer Wandel- bzw. Optionsanleihe. Ebenso für Aktienoptionen *Klahold*, S. 259 i.V.m. S. 87 m.w.N.

nur nach Maßgabe dieses Beschlusses einräumen.[39] Er kann aber bereits vor einer entsprechenden Beschlussfassung der Hauptversammlung rechtsgeschäftlich wirksam Bezugsrechte mit den Begünstigten begründen. Das Bezugsrecht entsteht jedoch gem. § 197 S. 1 AktG erst mit der Eintragung des Kapitalerhöhungsbeschluss im Handelsregister.[40]

Aus diesen Regelungen des Aktienrechts folgt, dass die Hauptversammlung nicht verpflichtet ist, einen Beschluss über eine bedingte Kapitalerhöhung oder den Rückkauf eigener Aktien zu fassen, weil der Vorstand entsprechende vertragliche Verpflichtungen eingegangen ist.[41] Dies würde der Entscheidungsautonomie der Hauptversammlung widersprechen, die aus der aktienrechtlichen Kompetenzverteilung hervor geht.[42] Andererseits wird dadurch deutlich, dass die Geschäftsführungsbefugnis und Vertretungsmacht des Vorstands im Außenverhältnis nicht einschränkbar ist. Dieser überschreitet nur im Verhältnis zur Hauptversammlung seine Befugnisse, nicht aber seine Vertretungsmacht im Außenverhältnis.[43] Folglich sind entsprechende Vereinbarungen über die Gewährung der Bezugsrechte zwischen Vorstand und Dritten bzw. Mitarbeitern unabhängig von der Beschlussfassung der Hauptversammlung wirksam und für die Aktiengesellschaft verbindlich.[44] Allerdings stehen solche Vereinbarungen regelmäßig unter dem Vorbehalt bzw. der aufschiebenden Bedingung, dass die Hauptversammlung die Erhöhung beschließt und der Beschluss eingetragen wird.[45] Ohne Beschlussfassung ist es der Aktiengesellschaft rechtlich unmöglich, bei Ausübung der Bezugsrechte den Vertrag auf Lieferung der Aktien und damit ihre vertraglichen Verpflichtungen zu erfüllen. Zudem statuiert § 199 Abs. 1 AktG für diesen Fall ein Erfüllungsverbot.[46]

---

[39] *Krieger*/MünchHdb. GesR IV, § 57 Rn. 29.

[40] So die heute überwiegende Ansicht: *Frey* in: Großkommentar zum AktG, § 193 Rn. 13; *Hüffer*, AktG, § 193 Rn. 3 i.V.m. § 197 Rn. 5; *Krieger*/MünchHdb. GesR IV, § 57 Rn. 29; *Lutter* in: Kölner Kommentar zum AktG, § 197 Rn. 3 f., 9 f.; a.A. *Schilling*, Großkommentar zum AktG, 3 Aufl., § 193 Anm. 3.

[41] *Frey* in: Großkommentar zum AktG, § 193 Rn. 13; *Hüffer*, AktG, § 193 Rn. 3, allerdings nur zur bedingten Kapitalerhöhung. Entsprechendes muss wegen der gleichen Ausgangslage auch für die Beschlussfassung nach § 71 Abs. 1 Nr. 2, 8 AktG gelten.

[42] So im Ergebnis aber ohne Begründung auch *Röder/Göpfert*, BB 2001, 2002, 2003.

[43] *Hüffer*, ZHR 161 (1997), 214, 224 f., insbesondere Fn. 44 m.w.N.; *Klahold*, S. 259 i.V.m. S. 87.

[44] *Hüffer*, AktG, § 119 Rn. 11 f.; *ders.*, ZHR 161 (1997), 214, 224 f., insbesondere Fn. 44 m.w.N.; *Lutter* in: Kölner Kommentar zum AktG, § 197 Rn. 8 mit dem allgemeinen Hinweis, dass in solchen Konstellationen die Grundsätze über den Missbrauch der Vertretungsmacht zur Unwirksamkeit der Vereinbarung entsprechend § 177 BGB führen können.

[45] *Frey*, Großkommentar zum AktG, § 193 Rn. 13; *Hüffer*, AktG, § 197 Rn. 5; *Krieger*/MünchHdb. GesR IV, § 57 Rn. 29; *Lutter* in: Kölner Kommentar zum AktG, § 197 Rn. 10.

b) Mögliche Rechtsfolgen und Vertragsgestaltungen

In der Regel wird die Aktiengesellschaft ohne die von Hauptversammlung nach § 193 Abs. 2 Nr. 4 AktG zwingend festzulegenden Kernelemente wohl keinen Aktienoptionsplan auflegen und entsprechende Gewährungsverträge über die Einräumung der rechtsgeschäftlichen Bezugsrechte abschließen.[47] Daher wird es nur in Ausnahmefällen dazu kommen, dass der Vorstand vor der Beschlussfassung Gewährungsverträge über die Bezugsrechte abschließt, etwa wenn er die Beschlussvorlagen bereits ausgearbeitet hat und die Zustimmung der Hauptversammlung als reine Formsache ansieht. Es stellt sich dann die Frage, welche Rechtsfolgen diese Fallgestaltung nach sich zieht, die aus der Kompetenzordnung und Vertretungsmacht des Aktienrechts resultiert.

aa) Vereinbarung ohne Hinweis auf noch ausstehende Aktienoptionsprogramme

Sofern die Aktiengesellschaft mit dem Mitarbeiter ohne Hinweis auf die noch ausstehende Beschlussfassung der Hauptversammlung eine arbeitsrechtliche Vereinbarung auf Gewährung der Aktienoptionen nach Maßgabe eines entsprechenden Programms trifft,[48] kann die Aktiengesellschaft bei Ausübung der Bezugsrechte den Zeichnungsvertrag nicht erfüllen und die zugesagten Aktien einräumen.[49] In diesem Fall kommen wegen der Unmöglichkeit der versprochenen Leistung Ansprüche der Arbeitnehmer auf Schadensersatz statt der Leistung gem. §§ 280 Abs. 1, Abs. 3, 283 BGB in Betracht.[50]

---

46 *Lutter* in: Kölner Kommentar zum AktG, § 197 Rn. 8. Zu den vertraglichen Beziehung und speziell zum Zeichnungs- bzw. Kaufvertrag über Aktien § 1 IV 2 c.

47 Vergl. *Lingemann/Diller/Mengel*, NZA 2000, 1191, 1193.

48 Zur arbeitsrechtlichen Vereinbarung dieser Vergütungsform vergl. § 1 IV 2 a.

49 Zu den Verträgen vergl. § 1 IV 2 b, c.

50 Vergl. *Lutter* in: Kölner Kommentar zum AktG, § 197 Rn. 8, der allgemein auf die Schadensersatzpflicht gegenüber den Bezugsberechtigten und die Regressansprüche der Aktiengesellschaft gegen Vorstand bzw. Aufsichtsrat nach §§ 93, 116 AktG verweist. Anderer Auffassung ist *Frey* in: Großkommentar zum AktG, § 193 Rn. 13, nach dessen Ansicht die Hauptversammlungsautonomie erfordert, dass sie auch die wirtschaftliche Freiheit behält und daher bei einer abweichenden Entscheidung keine Schadensersatzansprüche der Gesellschaft entgegen stehen dürfen. Diese Auffassung ist zum einen im Hinblick auf die ebenso schutzwürdigen Interessen der Vertragspartner fraglich, die sich auf die umfassende Vertretungsbefugnis des Vorstands verlassen können müssen. Zum anderen wird diese Gefahr wegen der Regressansprüche der Gesellschaft gegen den Vorstand relativiert.

bb) Aufschiebend bedingte arbeitsvertragliche Zusage

In der Praxis werden die Mitarbeiter üblicher Weise darauf hingewiesen, dass das Unternehmen beabsichtigt, das Programm nach entsprechender Beschlussfassung durch die Hauptversammlung oder nach erfolgtem Börsengang aufzulegen. Die Vereinbarungen enthalten i.d.R. den Hinweis, dass der Mitarbeiter an einem Mitarbeiterbeteiligungsprogramm der Gesellschaft nach Maßgabe und unter den Bedingungen eines von der Hauptversammlung noch zu beschließenden Programms beteiligt wird. Eine solche Vereinbarung ist als aufschiebend bedingte arbeitsvertragliche Zusage auf die künftige Gewährung der Aktienoptionen nach Maßgabe des noch aufzulegenden Aktienoptionsplans zu sehen.[51] In diesem Fall scheiden Schadensersatzansprüche bei Nichteintritt der Bedingung aus, weil die Leistungspflicht der Gesellschaft nach § 158 Abs. 1 BGB erst gar nicht entsteht. Etwas anderes gilt nach § 162 Abs. 1 BGB nur bei treuwidriger Verhinderung des Bedingungseintritts durch die Gesellschaft, weil die Bedingung dann als eingetreten gilt.[52] Dass entsprechende Pläne von dem Unternehmen nicht voran getrieben werden, um Mitarbeitern die Aktienoptionen vorzuenthalten, ist angesichts der davon ausgehenden demotivierenden Wirkung nur schwer vorstellbar. Sofern die Hauptversammlung die Zustimmung aus wirtschaftlichen Gründen verweigert, scheidet ein treuwidriges Verhalten der Aktiengesellschaft aus.

cc) Aufschiebend bedingte arbeitsvertragliche Zusage mit Abgeltungsvereinbarung

In solchen Fällen dürfte es regelmäßig im Interesse des Unternehmens liegen, für die betroffenen Mitarbeiter einen anderweitigen finanziellen Ausgleich zu gewähren, um sie trotz der nicht gewährten Aktienoptionen zu motivieren und zu binden. Vor diesem Hintergrund wird vorgeschlagen, in die arbeitsvertragliche Zusage eine Abgeltungsvereinbarung aufzunehmen. Danach soll sich das Unternehmen unter Verzicht auf die zugesagten Rechte als Ausgleich zur Zahlung einer Barabfindung oder einer Vertragsstrafe verpflichten, falls bis zu einem bestimmten Stichtag kein entsprechendes Mitarbeiterbeteiligungsprogramm aufgelegt worden oder die Börsennotierung nicht erfolgt ist.[53]

---

51 So im Ergebnis auch *Bauer/Göpfert/v. Steinau-Steinrück*, ZIP 2001, 1129, 1130; *Röder/Göpfert*, BB 2001, 2002, 2003.

52 Vergl. *Röder/Göpfert*, BB 2001, 2002, 2003.

53 *Röder/Göpfert*, BB 1998, 2002, 2006.

4. Vertragliche Gestaltungsmöglichkeiten für den Fall des Ausbleibens der prognostizierten Aktienkursentwicklung

Eine ähnliche Situation ergibt sich, wenn die prognostizierte Aktienkursentwicklung nicht eintritt und die erwartete Vergütungshöhe mit den Aktienoptionen nicht erzielt werden kann. Es stellt sich die Frage, welche für die Parteien interessengerechten einzelvertraglichen Vereinbarungen für diesen Fall getroffen werden können. Um Vergütungseinbrüchen bei stark negativer Kursentwicklung entgegen zu wirken, wird empfohlen, ein bestimmtes Zielgehalt festzulegen und für den Fall, dass der Erlös aus Aktienoptionen und Festgehalt einen bestimmten Prozentsatz dieser Größe nicht erreicht, eine Sonderzahlung zuzusagen. Davon könne eventuell noch ein Risikozuschlag als Ausgleich für die mit den Aktienoptionen verbundene Gewinnchance abgezogen werden.[54] Diese Ausgleichszahlungen sind für die Unternehmen mit zusätzlichen Personalkosten und mit einem Liquiditätsabfluss verbunden, der durch die Auflegung der Aktienoptionsprogramme eigentlich vermieden werden sollte. Auf der anderen Seite geht von den enttäuschten Vergütungserwartungen bei Verzicht auf einen Teil der üblichen Vergütung eine derart starke demotivierende Wirkung aus, die nur durch Ausgleichszahlungen zu kompensieren ist. Zudem wird den Mitarbeitern mit einer solchen Regelung ein Teil des übergewälzten wirtschaftlichen Risikos wieder abgenommen. Solche Ausgleichszahlungen werden bei der Überprüfung der Zulässigkeit standardisierter Vereinbarungen im Rahmen der AGB-Inhaltskontrolle zu berücksichtigen sein.[55] Es empfiehlt sich für die Unternehmen bei der Einführung der Aktienoptionen als variabler Teil der synallagmatischen Vergütung derartige Vereinbarungen zu treffen und sich zu Ausgleichszahlungen bei unvorhersehbaren negativen Börsen- und Kursentwicklungen zu verpflichten.

II. Gesamtzusage

Als weitere Rechtsgrundlage für die Zusage der Aktienoptionen kommt die Gesamtzusage in Betracht. Darunter fällt eine an alle oder eine bestimmte Gruppe von Mitarbeitern gerichtete schriftliche oder formlose Willenserklärung des Arbeitgebers, durch die ein Vorteil, insbesondere eine zusätzliche Leistung versprochen wird.[56] Schon aus der Definition folgt, dass diese Anspruchsgrundlage

---

[54] Vergl. *Röder/Göpfert*, BB 1998, 2002, 2006.

[55] Dazu § 6 II 2 d cc.

nur geeignet ist, wenn Aktienoptionen als freiwillige Zusatzleistung eingeräumt werden. In diesen Fall wird der Anspruch durch gleichlautende oder formlose Mitteilungen an die Mitarbeiter begründet. Eine solche Mitteilung kann eine Informationsbroschüre sein, in der über die Einführung und die Einzelheiten des Programms informiert wird.[57] Da es sich um eine kollektive Regelung handelt, sind die Mitbestimmungsrechte des Betriebsrats zu beachten.[58] Die dogmatische Begründung der Gesamtzusage ist im einzelnen umstritten. Während sie nach einer Auffassung eine einseitig verpflichtende, nicht zugangsbedürftige Erklärung darstellt,[59] sieht die herrschende Meinung darin ein Vertragsangebot des Arbeitgebers, das der Annahme durch die Arbeitnehmer bedarf.[60] Nach Ansicht des BAG ist allerdings bei lediglich vorteilhaften Leistungen im Gegensatz zu verschlechternden Änderungsangeboten[61] gem. § 151 S. 1 BGB keine ausdrückliche Annahmeerklärung erforderlich.[62] Weil die Kürzung des fixen Vergütungsbestandteils für die Arbeitnehmer keine günstige Vertragsänderung darstellt, scheidet die Gesamtzusage aus diesem Grund als Anspruchsgrundlage für Aktienoptionen als variabler Vergütungsbestandteil aus.[63]

Da die Gesamtzusage Bestandteil des Arbeitsvertrages wird, kann der Arbeitgeber die zugesagten Leistungen nur noch einseitig abändern oder zurücknehmen, wenn er sich den Widerruf der Leistung vorbehalten hat.[64] Folglich kann auch eine Aktiengesellschaft bei entsprechender Anspruchsbegründung ohne Änderungsvertrag nicht auf die Auflegung eines als freiwillige zusätzliche Leistung angekündigten Aktienoptionsprogramms verzichten oder ein laufendes Programm einstellen.

---

56 *Baeck/Diller*, DB 1998, 1404, 1406; *Legerlotz/Laber*, DStR 1999, 1658, 1660; allgemein *Otto*, ArbR, Rn. 158; *Schanz*, NZA 2000, 627, 632; *Tepass* in: Harrer, MAB, Rn. 358.

57 Vergl. *Schanz*, NZA 2000, 627, 632.

58 *Baeck/Diller*, DB 1998, 1405, 1406; *Legerlotz/Laber*, DStR 199, 1658, 1660; *Schanz*, NZA 2000, 626, 632. Dazu in § 7 II 3.

59 *Hilger*, Das betriebliche Ruhegeld, S. 51 ff. Dagegen *MünchArbR/Richardi*, § 12 Rn. 39 f., der in der einseitigen kollektiven Gestaltungsmacht des Arbeitgebers einen Widerspruch zum geltenden Recht der betrieblichen Mitbestimmung sieht.

60 *Otto*, ArbR, Rn. 158; *ErfK/Preis*, § 611 BGB Rn. 259; *MünchArbR/Richardi*, § 12 Rn. 38, 40.

61 *LAG Berlin* v. 9.3.2001, NZA-RR 2001, 491.

62 *BAG* v. 13.3.1975, AP Nr. 167 zu § 242 Ruhegeld unter I 1 a.

63 Vergl. § 6 I 2 a.

64 Vergl. *BAG* v. 15.6.1995 AP Nr. 1 zu § 611 BGB Personalrabatt unter 2; *ErfK/Preis*, § 611 BGB Rn. 259.

III. Betriebliche Übung

Sofern ein Unternehmen mehrfach hintereinander Aktienoptionsprogramme auflegt und den Mitarbeitern Aktienoptionen als freiwillige Zusatzleistung einräumt, können Ansprüche auf Fortgewährung dieser Leistung aus betrieblicher Übung entstehen.

1. Allgemeines

Ob diese arbeitsrechtliche Anspruchsgrundlage auf Gewohnheitsrecht, vertraglicher Vereinbarung oder auf einem Vertrauenstatbestand beruht, ist umstritten.[65] Es besteht jedoch weitgehend Einigkeit, dass durch die regelmäßige gleichförmige vorbehaltlose Gewährung bestimmter an sich nicht geschuldeter Leistungen unabhängig von einem entsprechenden Verpflichtungswillen eine rechtliche Bindung des Arbeitgebers entsteht. Daraus muss aber geschlossen werden können, dass der Arbeitgeber dieses Verhalten auch in Zukunft fortsetzt. Dies wird i.d.R. angenommen, wenn eine freiwillige Zuwendung vorbehaltlos in drei auf einander folgenden Jahren gewährt wird.[66] Die rechtliche Bindungswirkung soll nach neuerer Rechtsprechung nicht entstehen, wenn die Leistung für den Arbeitnehmer erkennbar in unterschiedlicher Höhe gezahlt wird.[67] Ist ein Anspruch der Arbeitnehmer aufgrund betrieblicher Übung entstanden, so kann sich der Arbeitgeber von der Verpflichtung grundsätzlich nur durch Änderungsvertrag oder Änderungskündigung lösen.[68] Will der Arbeitgeber seine künftige Bindung ausschließen, so muss er dies bei Einräumung der Leistung etwa durch einen Freiwilligkeitsvorbehalt deutlich machen. Dadurch wird die Entstehung einer betrieblichen Übung verhindert.[69] Als Alternative

---

[65] Vergl. dazu im einzelnen *Otto*, ArbR, Rn. 160; *ErfK/Preis*, § 611 BGB Rn. 261 f.; *MünchArbR/Richardi*, § 13 Rn. 5 ff.

[66] Ständige Rechtsprechung seit *BAG* v. 6.3.1956, AP Nr. 3 zu § 611 BGB Gratifikation; v. 13.11.1986, AP Nr. 27 zu § 242 BGB Betriebliche Übung unter II 3 a *Otto*, ArbR, Rn. 159; *ErfK/Preis*, § 611 BGB Rn. 261 f.; *MünchArbR/Richardi*, § 13 Rn. 1, 20.

[67] *BAG* v. 28.2.1996, AP Nr. 192 zu § 611 BGB Gratifikation unter II 2 a.

[68] *Otto*, ArbR, Rn. 160; *ErfK/Preis*, § 611 BGB Rn. 266. Nach Ansicht des *BAG* v. 26.3.1997, AP Nr. 50 zu § 242 BGB Betriebliche Übung unter II 3 b, sowie v. 4.5.1999, AP Nr. 55 zu § 242 BGB Betriebliche Übung unter II 2, 3, kommt zudem die Ablösung durch eine andere „negative" betriebliche Übung in Betracht, wenn die Arbeitnehmer der dreimaligen Änderung (in Form der Einfügung eines Freiwilligkeitsvorbehalts) einer bisherigen betrieblichen Übung nicht widersprechen.

[69] Vergl. nur *BAG* v. 5.6.1996, AP Nr. 193 zu § 611 BGB Gratifikation unter II 1; v. 26.3.1997, AP Nr. 50 zu § 242 BGB Betriebliche Übung unter II 4; *ErfK/Preis*, § 611 Rn. 263; *MünchArbR/Richardi*, § 13 Rn. 23 f. Zum Freiwilligkeitsvorbehalt im Einzelnen in § 12 IV.

bietet sich die Vereinbarung eines Widerrufvorbehalts an, durch den sich der Arbeitgeber das Recht vorbehält, sich künftig einseitig von der Verpflichtung durch Ausübung des Widerrufsrechts zu lösen.[70]

2. Eignung als Anspruchsgrundlage für Aktienoptionen

Grundsätzlich kommt eine betriebliche Übung für die Aktienoptionen als Anspruchsgrundlage nur in Betracht, wenn diese als freiwillige Zusatzleistung gewährt werden. Dies folgt daraus, dass eine für die Arbeitnehmer nachteilige betriebliche Übung dann nicht begründet werden kann, wenn dem Arbeitgeber für den Regelungsgegenstand kein einseitiges Leistungsbestimmungs- oder Weisungsrecht zusteht.[71] Bei der Einführung von Aktienoptionen als synallagmatischem Vergütungsbestandteil, durch den ein Teil der fixen Vergütung ersetzt wird, würde der Arbeitgeber einseitig in das Verhältnis der arbeitsvertraglichen Hauptleistungspflichten eingreifen. Dies ist nicht von seinem arbeitsvertraglichen Weisungsrecht umfasst.[72] Auch ein Leistungsbestimmungsrecht besteht regelmäßig nicht.[73] Eine entsprechende Änderung ist somit grundsätzlich nur einvernehmlich möglich.

Sofern die Aktienoptionen als freiwillige Leistung gewährt werden, ist ebenfalls fraglich, ob überhaupt ein Anspruch aufgrund betrieblicher Übung entstehen kann.[74] Es wird zu Recht darauf hingewiesen, dass bei der Ausgabe der Bezugsrechte die Höhe der Leistung und damit die Gleichförmigkeit des Arbeitgeberverhaltens problematisch ist, die nach der Rechtsprechung Anspruchsvoraussetzung ist. An einer gleichförmigen Leistung fehlt es offensichtlich, wenn das Unternehmen den Mitarbeitern aufgrund verschiedener Programme jeweils eine unterschiedliche Anzahl an Aktienoptionen zu unterschiedlichen Konditionen einräumt. Da sich Basispreis und Erfolgsziele jeweils an den Aktienkursen zum Ausgabezeitpunkt orientieren, die starken Schwankungen unterliegen,[75] ist dies regelmäßig der Fall. Selbst wenn Anzahl und Konditionen unverändert

---

70 *MünchArbR/Richardi*, § 13 Rn. 24. Zum Widerrufsvorbehalt ausführlich in § 12 V 2, 3.

71 *MünchArbR/Richardi*, § 13 Rn. 29 f.

72 Vergl. *BAG* v. 12.12.1984 AP Nr. 6 zu § 2 KSchG 1969 unter II 3 b.

73 Vergl. § 6 I 2 b bb (1).

74 Von dieser Möglichkeit gehen zunächst *Bauwens*, S. 118; *Legerlotz/Laber*, DStR 1999, 1658, 1660; *Tepass* in: Harrer, MAB Rn. 369 aus und empfehlen daher die Vereinbarung eines entsprechenden Vorbehalts im Rahmen der Bekanntmachung des Aktienoptionsprogramms.

75 In diesem Sinne auch *Baeck/Diller*, DB 1998, 1404, 1407; *Lingemann/Diller/Mengel*, NZA 2000, 1191, 1194; *Schanz*, NZA 2000, 626, 633, Fn. 54.

geblieben sind, so ist jedenfalls der Wert der Optionen, der an die schwankenden Börsenkurse gekoppelt ist, nie derselbe.[76] Aufgrund dieser Umstände ist eine gleichförmige Leistung bei mehrfacher Einräumung von Aktienoptionen nicht vorstellbar. Fehlt es aber an der Gleichförmigkeit, so kann allein aus der mehrfachen Leistungsgewährung nicht geschlossen werden, dass sich der Arbeitgeber in dem demselben Umfang und derselben Art und Weise für die Zukunft binden will. Die unterschiedlichen Konditionen der Programme machen gerade deutlich, dass der Arbeitgeber das „Wie" der Ausgabe von den wirtschaftlichen Gegebenheiten zum Ausgabezeitpunkt abhängig macht.

Trotz dieser Hintergründe wird allgemein empfohlen, bei der Gewährung der Aktienoptionen die Freiwilligkeit der Leistung und den fehlenden Bindungswillen eindeutig klar zu stellen.[77] Einer solchen Klarstellung bedarf es allerdings nicht, wenn die Aktienoptionen auf der Grundlage einer nach § 77 Abs. 5 BetrVG ordentlich kündbaren Betriebsvereinbarung zugesagt werden. Durch die Wahl dieser Anspruchsgrundlage wird deutlich, dass der Arbeitgeber keine Verpflichtung eingehen will, von der er sich nur durch Änderungskündigung oder Änderungsvertrag lösen kann.[78] In dieser Fallgestaltung scheidet die betriebliche Übung wegen des fehlenden Verpflichtungswillens ebenfalls aus.[79]

Im Ergebnis ist daher festzuhalten, dass die betriebliche Übung regelmäßig als Anspruchsgrundlage für die Zusage von Aktienoptionen ausscheidet.

IV. Gleichbehandlungsgrundsatz

Eine weitere mögliche arbeitsrechtliche Anspruchsgrundlage auf Einräumung der Aktienoptionen ist der allgemeine arbeitsrechtliche Gleichbehandlungsgrundsatz.[80]

---

[76] Im Ergebnis so auch *Lingemann/Diller/Mengel*, NZA 2000, 1191, 1194.

[77] *Baeck/Diller*, DB 1998, 1404, 1407; *Lingemann/Diller/Mengel*, NZA 2000, 1191, 1194; *Schanz*, NZA 2000, 626, 633, Fn. 54.

[78] Vergl. *BAG* v. 24.1.1996, AP Nr. 8 zu § 77 BetrVG 1972 Tarifvorbehalt unter II 2.

[79] So auch *Baeck/Diller*, DB 1998, 1405, 1407; *Tepass* in: Harrer, MAB, Rn. 369.

[80] Allgemein *ErfK/Preis*, § 611 BGB Rn. 734; *Otto*, ArbR, Rn. 165; zu den Aktienoptionen *Tepass* in: Harrer, MAB Rn. 360.

1. Allgemeines

a) Rechtsgrundlage

Die Rechtsgrundlage dieses Anspruchs wird nicht einheitlich beurteilt. So gehen Rechtsprechung und die überwiegende Ansicht im Schrifttum davon aus, dass der allgemeine arbeitsrechtliche Gleichbehandlungsgrundsatz inzwischen gewohnheitsrechtlich anerkannt ist und im Recht der betrieblichen Altersvorsorge in § 1 b Abs. 1 S. 4 BetrAVG eine eigene Anspruchsgrundlage findet.[81] Nach anderer Auffassung verbietet § 75 Abs. 1 S. 1 BetrVG dem einzelnen Arbeitgeber unsachliche Differenzierungen bei der Durchführung personeller Maßnahmen.[82] Hinsichtlich der Voraussetzungen und der Rechtsfolge des Anspruchs besteht dennoch weitgehend Einigkeit.

b) Anwendungsbereich für Vergütungsvereinbarungen

So ist der Anwendungsbereich des arbeitsrechtlichen Gleichbehandlungsgrundsatzes im Vergütungsbereich erst eröffnet, wenn der Arbeitgeber Leistungen nach einem erkennbaren und generalisierenden Prinzip zusätzlich gewährt und dafür bestimmte Voraussetzungen oder einen bestimmten Zweck festlegt. Für individuell ausgehandelte Vergütungsvereinbarungen hat der Grundsatz der Vertragsfreiheit Vorrang.[83] Diese Regeln gelten sowohl für synallagmatische Leistungen als auch für solche außerhalb des Gegenseitigkeitsverhältnisses.[84]

Fraglich ist nun, ob der Gleichbehandlungsgrundsatz bei der Zusage auf Einräumung der Aktienoptionen ebenfalls gilt. Der Kreis der Begünstigten wird in einem Aktienoptionsprogramm nach einem generalisierenden Prinzip festgelegt. Nach Maßgabe dieses Plans werden mit den Mitarbeitern arbeitsvertragliche Vereinbarungen getroffen, in denen die Einräumung der Aktienoptionen zugesagt wird.[85] Dies ist anzunehmen, wenn die Aktienoptionen nach dem

---

81 Ständige Rechtsprechung, vergl. *BAG* v. 25.1.1984, AP Nr. 67 zu § 242 BGB Gleichbehandlung unter II 1; v. 25.4.1995, AP Nr. 25 zu § 1 BetrAVG Gleichbehandlung unter B II 1; *Boemke*, NZA 1993, 532, 536; *ErfK/Preis*, § 611 BGB Rn. 713; *MünchKomm/Müller-Glöge*, § 611 BGB Rn. 1122; abweichend *MünchArbR/Richardi*, der diesen zusätzlich auf den Normenvollzug und das Gebot der Verteilungsgerechtigkeit stützt.

82 *Otto*, Personale Freiheit, S. 28 f.; ders., ArbR, Rn. 165.

83 Ständige Rechtsprechung z.B. *BAG* v. 27.7.1988, AP Nr. 83 zu § 242 BGB Gleichbehandlung unter II 2 b; v. 15.2.2001, AP Nr. 176 zu § 242 BGB Gleichbehandlung unter I 1 a; *ErfK/Preis*, § 611 BGB Rn. 715, 720; *Otto*, ArbR Rn. 167; *MünchArbR/Richardi*, § 14 Rn. 37.

84 Vergl. *BAG* v. 06.12.1995, AP Nr. 187 zu § 611 BGB Gratifikation unter II 2 b; v. 17.11.1998, AP Nr. 162 zu § 242 BGB Gleichbehandlung unter III 1 a; *MünchArbR/Richardi*, § 14 Rn. 12 f.

Programm einer Arbeitnehmergruppe mit bestimmten vergleichbaren Merkmalen etwa allen Mitarbeitern der Forschungsabteilung oder des Vertriebs eingeräumt werden. Gleiches gilt, wenn allgemeine Kriterien für die Einräumung vorgegeben werden wie eine bestimmte Dauer der Betriebszugehörigkeit oder die Anzahl der einzuräumenden Optionen. Auf diese Fallgestaltungen ist der arbeitsrechtliche Gleichbehandlungsgrundsatz anzuwenden. Haben die zuständigen Vergütungsorgane oder Mitarbeiter nach dem Aktienoptionsplan bei der Einräumung einen Ermessenspielraum, und setzt die Programmteilnahme die Erfüllung individueller Leistungsmerkmale oder sonstiger Kriterien wie z.B. eine für das Unternehmen besonders wichtige Qualifikation voraus, so ist die Einräumung der Aktienoptionen als Individualabrede einzuordnen, für die der arbeitsrechtliche Gleichbehandlungsgrundsatz nicht gilt. Anders stellt sich die Situation allerdings dar, wenn die Einräumung trotz dieser Vorgabe faktisch nach einem generalisierenden Prinzip erfolgt.[86] Soweit in der Literatur für die Anwendung des Gleichbehandlungsgrundsatzes danach differenziert wird, ob die Optionen im bestehenden Arbeitsverhältnis oder bei Eintritt in das Unternehmen ausgegeben werden, überzeugt dies nicht.[87] Auch mit neu eintretenden Arbeitnehmern können vergleichbare Vereinbarungen getroffen werden. Entscheidend für die Eröffnung des Anwendungsbereichs ist allein der Inhalt der arbeitsvertraglichen Zusagen.

Diese Erwägungen zeigen, dass der arbeitsrechtliche Gleichbehandlungsgrundsatz sowohl bei der Festlegung des Kreises der Bezugsberechtigten wie auch bei der Verteilung der Aktienoptionen eine Rolle spielen kann.[88] Er ist daher bei der Gewährung der Aktienoptionen als Vergütungsbestandteil zu beachten.[89]

c) Inhalt des Gleichbehandlungsgrundsatzes

Allgemein formuliert gebietet der arbeitsrechtliche Gleichbehandlungsgrundsatz dem Arbeitgeber, Arbeitnehmer oder Gruppen von Arbeitnehmern, die sich in gleicher oder vergleichbarer Lage befinden, gleich zu behandeln. Er verbietet ihm andererseits, einzelne Arbeitnehmer innerhalb einer Gruppe willkürlich schlechter zu stellen oder eine sachfremde Gruppenbildung. Etwas

[85] Vergl. § 1 IV 2 a bb, cc.

[86] Für die Anwendung des Gleichbehandlungsgrundsatzes bei der planmäßigen Vergabe von Aktienoptionen ohne diese Differenzierung *Lembke*, BB 2001, 1469, 1471.

[87] *Busch*, BB 2000, 1294, 1295.

[88] In diesem Sinne auch *Lingemann/Diller/Mengel*, NZA 2000, 1191, 1196.

[89] Im Ergebnis ebenso *Baeck/Diller*, DB 1998, 1405, 1408; *Legerlotz/Laber*, DStR 1999, 1658, 1660; *Lemke*, BB 2001, 1469, 1471; *Schanz*, NZA 2000, 626, 633; *Tepass* in: Harrer, MAB Rn. 361.

anderes gilt jeweils nur, wenn die Differenzierungen sachlich gerechtfertigt sind. Daran fehlt es, wenn sich aus dem Zweck der Leistung keine billigenswerten Gründe für die Ungleichbehandlung ergeben.[90]

Folglich kann sowohl der Ausschluss bestimmter Arbeitnehmer wie auch die Einräumung einer unterschiedlichen Anzahl an Aktienoptionen nur aus sachlichen Gründen erfolgen.[91] Solche Gründe können etwa die Dauer der Unternehmenszugehörigkeit oder das Prioritätsprinzip bei einem begrenzten Kontingent an auszugebenen Optionen sein.

d) Rechtsfolgen

Die Verletzung des Gleichbehandlungsgebots kann zu Ansprüchen der Arbeitnehmer auf die ihnen vorbehaltene, aber anderen Arbeitnehmern gewährte Leistung und damit zu einer Anpassung nach oben führen.[92] Kommt es zur Erweiterung des berechtigten Personenkreises aufgrund des Gleichbehandlungsgebots, so kann dies eine erhebliche Ausdehnung des vom Arbeitgeber ursprünglich festgelegten Leistungsumfangs zur Folge haben.[93] Dem kann sich der Arbeitgeber in der Regel für die Vergangenheit auch nicht entziehen, weil eine andere Form der Gleichbehandlung, z.B. die Rückforderung der den anderen Arbeitnehmern gewährten Leistungen aus rechtlichen Gründen wie der Entreicherung nach § 818 Abs. 3 BGB, tariflichen Ausschlussfristen oder der Verjährung i.d.R. ausgeschlossen ist.[94] Allenfalls für die Zukunft kann der Arbeitgeber im Rahmen seiner Gestaltungsmöglichkeiten entscheiden, ob er die Gleichbehandlung durch eine Anpassung nach unten oder nach oben erreichen

90 Ständige Rechtsprechung, vergl. nur *BAG* v. 27.7.1988, AP Nr. 83 zu § 242 BGB Gleichbehandlung unter II 2 b; v. 18.9.2001, AP Nr. 179 zu § 242 BGB Gleichbehandlung unter 2 a jeweils mit weiteren Nachweisen; *ErfK/Preis*, § 611 BGB, Rn. 730.

91 Zu Festlegung des Begünstigtenkreises näher in § 9 I.

92 *BAG* v. 11.9.1974, AP Nr. 39 zu § 242 BGB Gleichbehandlung unter I 1 c; v. 30.11.1982, AP Nr. 54 zu § 242 BGB Gleichbehandlung unter II 1 b; *ErfK/Preis*, § 611 BGB Rn. 749; *Otto*, ArbR, Rn. 176. Nicht einheitlich wird allerdings beurteilt, ob es sich bei dem Leistungsanspruch um einen Erfüllungsanspruch, so die h.M.: *BAG* v. 28.7.1992, AP Nr. 18 zu § 1 BetrAVG Gleichbehandlung unter B II 2; v. 23.4.1997 AP Nr. 22 zu §§ 23, 23 BAT Zulagen unter 2 b bb; *ErfK/Preis*, § 611 BGB Rn. 749; *Zöllner/Loritz*, § 17 Abs. 5 1, oder einen Schadensersatzanspruch handelt, der ein Verschulden des Arbeitgebers voraussetzt, so *MünchArbR/Richardi*, § 14 Rn. 36.

93 *MünchArbR/Richardi*, § 14 Rn. 39; *Tepass* in: Harrer, MAB Rn. 360.

94 Nur ausnahmsweise kommen stufenweise Übergangsregelungen für den Abbau der Ungleichbehandlung in Betracht, wenn z.B. die Gruppenbildung in Rechtsprechung und Lehre streitig war, vergl. *BAG* v. 25.1.1984, AP Nr. 66 zu § 242 BGB Gleichbehandlung unter II 1, 2; *ErfK/Preis*, § 611 BGB Rn. 750; *MünchArbR/Richardi*, § 14 Rn. 39.

will.[95] Die Wahrung des Gleichbehandlungsgrundsatzes ist hingegen kein betriebsbedingter Grund, der eine Änderungskündigung sozial rechtfertigt.[96]

Daher führt die nicht gerechtfertigte Ungleichbehandlung im Rahmen eines Aktienoptionsprogramms regelmäßig zu einem Anspruch der übergangenen Mitarbeiter auf Einräumung der Optionen.

2. Bindung der Hauptversammlung an den Gleichbehandlungsgrundsatz

Im Zusammenhang mit dem Gleichbehandlungsgrundsatz stellt sich die Frage, ob die Hauptversammlung bei einem Verstoß und dem daraus resultierenden Anspruch auf die vorenthaltene Leistung verpflichtet ist, eine Aufstockung des Aktienoptionsprogramms zu beschließen. Dies kann notwendig werden, wenn die Aktiengesellschaft keine weiteren Optionen ausgeben kann, weil die Höhe des von der Hauptversammlung beschlossenen bedingten oder für den Rückkauf eigener Aktien genehmigten Kapitals ausgeschöpft ist, und die Optionen nicht mehr bedient werden können.

Als Ausgangspunkt ist festzuhalten, dass die Aktiengesellschaft und ihre Organe wie jede andere natürliche oder juristische Person an die Rechtsordnung gebunden sind. Dies gilt für die Hauptversammlungsbeschlüsse, wie die Vorschriften über die Nichtigkeit und Anfechtbarkeit dieser Beschlüsse in den §§ 241 ff. AktG zeigen. Daraus folgt, dass die Hauptversammlung als Organ der Aktiengesellschaft im Rahmen ihres Kompetenzbereichs grundsätzlich an den arbeitsrechtlichen Gleichbehandlungsgrundsatz als Element der Rechtsordnung gebunden ist.

Es stellt sich somit die Frage, in wessen Kompetenzbereich die Festlegung des begünstigten Personenkreises für Aktienoptionsprogramme fällt. Anders als bei der einzelvertraglichen Zusage „ungedeckter" Aktienoptionen durch den Vorstand[97] handelt es sich bei der Festlegung des begünstigten Personenkreises um eine Maßnahme, für welche die Hauptversammlung nach § 193 Abs. 2 Nr. 4 AktG zuständig ist.

Allerdings sollen durch die Hauptversammlung nur die Eckpunkte eines Aktienoptionsprogramms festgelegt werden.[98] Daher würde es bei großen Publikumsgesellschaften den Rahmen und die Möglichkeiten der Hauptversammlung

---

95 *BAG* v. 13.11.1985, AP Nr. 136 zu Art. 3 GG; *ErfK/Preis*, § 611 BGB Rn. 750, 752.
96 *BAG* v. 1.7.1999, AP Nr. 53 zu § 2 KSchG 1969 unter II 2 d.
97 Zu dieser Problematik bereits unter § 6 I 3 a.
98 So ausdrücklich *RegEBegr zum KonTraG*, BT-Drucks. 13/9712, S. 23.

sprengen, wenn sie differenziert diejenigen Arbeitnehmergruppen des Unternehmens festlegen müsste, denen Aktienoptionen gewährt werden sollen. Wie im Fall der Vossloh AG gibt die Hauptversammlung gewöhnlich nur den groben Rahmen vor, in dem sie einen bestimmten Höchstbetrag für die Ausgabe von Aktien zur Bedienung der Bezugsrechte beschließt, die an die inländischen Mitarbeiter des Unternehmens ausgegeben werden.[99] Die Festlegung der Arbeitnehmergruppen und der Abschluss entsprechender arbeitsrechtlicher Zusagen sowie der Gewährungsverträge fällt damit gem. §§ 76 Abs. 1, 77 Abs. 1 AktG in den Kompetenzbereich des Vorstands. Jener entscheidet im Rahmen seiner Geschäftsführungsbefugnis letztlich, welche einzelnen Arbeitnehmergruppen diese Form der Vergütung erhalten sollen. In diesen Fällen resultiert ein Verstoß gegen den arbeitsrechtlichen Gleichbehandlungsgrundsatz aus der Sphäre des Vorstandes. Aus diesem Grund müssen dieselben Grundsätze zur Anwendung kommen wie in den sonstigen Fällen, in denen der Vorstand die Aktiengesellschaft im Außenverhältnis wirksam verpflichtet, jedoch im Innenverhältnis zur Hauptversammlung seine Kompetenzen überschreitet.[100] Es besteht folglich keine Verpflichtung der Hauptversammlung, einen entsprechenden Beschluss zur Bedienung der Aktienoptionen zu fassen, die als Folge des Verstoßes gegen den arbeitsrechtlichen Gleichbehandlungsgrundsatz an die übergangenen Mitarbeiter ausgegeben werden müssen.

Hat die Hauptversammlung allerdings einen detaillierten Beschluss gefasst, in dem genau festgelegt ist, dass die Mitarbeiter des Vertriebs oder der Forschungsabteilungen Aktienoptionen erhalten sollen, so ist ihr ein dabei auftretender Verstoß gegen den Gleichbehandlungsgrundsatz, z.B. infolge der Ungleichbehandlung innerhalb der Gruppen, unmittelbar zuzurechnen. Unter Anwendung der zuvor entwickelten Grundsätze wird man in dieser Situation eine Pflicht der Hauptversammlung annehmen müssen, einen entsprechenden Beschluss über die Erweiterung des ursprünglichen Aktienoptionsprogramms zu fassen und eine weitere bedingte Kapitalerhöhung zu diesem Zweck zu beschließen. In diesem Fall hat die Hauptversammlung selbst gegen die Vorgaben der Rechtsordnung verstoßen. Auf der Grundlage dieses Beschlusses sind den übergangenen Mitarbeitern von der Verwaltung Aktienoptionen zu identischen Konditionen anzubieten.

Die Erweiterung ist nur dann ausgeschlossen, wenn für die Auflegung der Aktienoptionsprogramme bereits die 10 % Grenze des § 192 Abs. 3 AktG ausgeschöpft ist und aus diesen Gründen eine Beschlussfassung aktienrechtlich unzulässig ist.[101]

---

99 Vergl. § 2 III 3 e aa.

100 Dazu oben § 6 I 3 a.

101 Vergl. dazu § 2 III 2 b und 3 d.

3. Mögliche Rechtsfolgen eines Verstoßes gegen den arbeitsrechtlichen Gleichbehandlungsgrundsatz bei ausgeschöpftem Kontingent an Aktienoptionen

Für die beiden beschriebenen Fallgestaltungen, in denen keine entsprechende Pflicht zur Beschlussfassung der Hauptversammlung besteht, stellt sich die Frage nach den Rechtsfolgen. Grundsätzlich gewährt der Verstoß gegen den arbeitsrechtlichen Gleichbehandlungsgrundsatz den betroffenen Mitarbeitern einen Anspruch auf die Leistung und damit auf Einräumung der Optionen, den die Gesellschaft jedoch nicht in dieser Form erfüllen kann. Insoweit bietet sich ein Vergleich mit der Rechtsprechung des BAG zur betrieblichen Altersversorgung an. Danach muss der Arbeitgeber einem Arbeitnehmer das Ruhegeld zahlen, das ein vergleichbarer Kollege erhält, wenn der Ausschluss des Betroffenen aus dem betrieblichen Versorgungswerk gegen den arbeitsrechtlichen Gleichbehandlungsgrundsatz verstößt und es keine andere Möglichkeit gibt, den Verstoß zu beseitigen.[102] Der Arbeitgeber muss den betroffenen Mitarbeiter so stellen, wie er stünde, wenn er wie die übrigen beschäftigten Arbeitnehmer versichert worden wäre. Soweit das aufgrund der Versorgungsbestimmungen nicht mehr möglich ist, muss der Arbeitgeber eine entsprechende Versorgung auf anderem Weg verschaffen, gegebenenfalls durch Selbsteintritt. Der Verstoß soll nur die Verpflichtung zur Verschaffung einer Zusatzversorgung begründen, nicht notwendig den Versorgungsweg.[103]

Überträgt man diese Grundsätze auf die hier zu untersuchende Fragestellung, so kommt man zu dem Schluss, dass die Aktiengesellschaft ebenfalls zu einem finanziellen Ausgleich verpflichtet ist, um den Erfüllungsanspruch derjenigen Arbeitnehmer erfüllen zu können, die unter Verstoß gegen den arbeitsrechtlichen Gleichbehandlungsgrundsatz von der Gewährung der Aktienoptionen ausgeschlossen worden sind. Da die Aktiengesellschaft wegen der fehlenden Beschlussfassung der Hauptversammlung ebenfalls nicht in der Lage ist, die Aktienoptionen und damit die Leistung zu gewähren, muss sie einen entsprechenden finanziellen Ausgleich auf einem anderen Weg schaffen. Insoweit bietet sich ersatzweise die Auflegung eines Programms mit Wertsteigerungsrechten bzw. virtuellen Aktienoptionen an. Diese sind den Aktienoptionen nachempfunden und räumen dem Berechtigten nach Ablauf der Wartefrist statt der Aktien einen schuldrechtlichen Anspruch auf eine Bonuszahlung in Höhe der Differenz zwischen Aktienkurs und Basispreis ein.[104] Die Konstruktion stellt damit eine Möglichkeit dar, den Verstoß gegen den Gleichbehandlungsgrundsatz fi-

[102] *BAG* v. 25.5.1995, AP Nr. 25 zu § 1 BetrAVG Gleichbehandlung unter B II 1.
[103] *BAG* v. 25.5.1995, AP Nr. 25 zu § 1 BetrAVG Gleichbehandlung unter B II 4.
[104] Vergl. dazu § 1 III 3.

nanziell zu kompensieren. Darüber hinaus hat der betroffene Arbeitnehmer die Wahl, ob er die Geldmittel zum Erwerb von Aktien seines Unternehmens über die Börse verwendet. Er wird damit so gestellt, wie er bei Ausübung der Aktienoption stünde. In diesem Fall müsste er ebenfalls den Basispreis zum Erwerb der Aktie aufwenden und hätte anschließend die Alternative, die Aktien zu halten oder sofort über die Börse zu verkaufen und den Gewinn zu realisieren.

V. Betriebsvereinbarung

Eine weitere mögliche Anspruchsgrundlage für die Gewährung der Aktienoptionen ist die Betriebsvereinbarung. Sie ist im Gegensatz zu den bislang erörterten Anspruchsgrundlagen nicht für jeden Betrieb und für alle Arbeitnehmer geeignet, weil sie das Bestehen eines Betriebsrats voraussetzt. Zum anderen kann sie nach § 5 Abs. 3 Nr. 3 BetrVG nicht für leitende Angestellte und damit nicht für die Führungskräfte des Unternehmens abgeschlossen werden. Sofern in solchen Unternehmen das Bedürfnis nach einer einheitlichen Regelung besteht, kommt als alternative Anspruchsgrundlage zu den arbeitsvertraglichen Einheitsregelungen die Gesamtzusage in Betracht.[105] Für Führungskräfte bietet sich zudem der Abschluss einer Richtlinie mit dem Sprecherausschuss gem. § 38 SprAuG an, sofern ein solcher im Unternehmen besteht.[106]

1. Funktionale Zuständigkeit bzw. Regelungskompetenz der Betriebspartner für die Gewährung von Aktienoptionen

Die Anspruchsbegründung durch Betriebsvereinbarung ist allerdings nur zulässig, wenn die funktionale Zuständigkeit bzw. Regelungskompetenz des Betriebsrats für die Einräumung der Aktienoptionen an die Arbeitnehmer besteht. Anders als bei einzelvertraglichen Vereinbarungen gilt für den Abschluss der Betriebsvereinbarungen nicht der Grundsatz der Vertragsfreiheit. Sie können nur über solche Gegenstände geschlossen werden, die nach dem Gesetz der Zuständigkeit des Betriebsrats unterliegen.[107] Fraglich ist somit, aus welchen Normen des Betriebsverfassungsgesetzes sich die Zuständigkeit des Betriebsrates zur Gewährung der Aktienoptionen als Vergütungsbestandteil

105 *Schanz*, NZA 2000, 626, 632; *Tepass* in: Harrer, MAB Rn. 358.
106 Dazu noch in § 7 VI.
107 *Fitting*, § 77 Rn. 45; *Richardi*, BetrVG, § 77 Rn. 50, 64, 66.

ableiten lässt. Bei der Klärung der Zuständigkeit ist zunächst danach zu differenzieren, ob die Aktienoptionen als freiwillige Zusatzleistung oder als variabler Bestandteil der synallagmatischen Vergütung eingeräumt werden sollen.

a) Zuständigkeit des Betriebsrats für die Einräumung der Aktienoptionen als freiwillige Zusatzleistung

Für die Zuständigkeit des Betriebsrates im Zusammenhang mit der Einführung der Aktienoptionen als freiwillige Sonderzahlung oder im Rahmen eines Mitarbeiterbeteiligungsprogramms kommen §§ 87 Abs. 1 Nr. 10, 88 Nr. 3 BetrVG in Betracht. Beide Normen begründen die funktionale Zuständigkeit des Betriebsrats.[108]

aa) Zuständigkeit nach § 87 Abs. 1 Nr. 10 BetrVG

§ 87 Abs. 1 Nr. 10 BetrVG räumt dem Betriebsrat ein umfassendes Mitbestimmungsrecht in Fragen der betrieblichen Lohngestaltung ein.

(1) Aktienoptionen als Lohn i.S.v. § 87 Abs. 1 Nr. 10 BetrVG

Unter den Begriff des Lohnes fällt nicht nur die synallagmatische Vergütung, die als unmittelbare Gegenleistung für die Arbeitsleistung gewährt wird, sondern jede vermögenswerte Arbeitgeberleistung, die im Rahmen eines Arbeitsverhältnisses gezahlt wird.[109] Dazu zählen die freiwilligen Leistungen wie Sonderzahlungen, Gewinn- und Ergebnisbeteiligungen einschließlich der Aktienoptionen[110] sowie Leistungen zur Förderung der Vermögensbildung[111] wie Mit-

[108] Die Reichweite der Regelungsbefugnis der Betriebspartner ist umstritten, da die h.M. von einer umfassenden Befugnis zur Wahrnehmung der Arbeitnehmerinteressen über die gesetzlichen Beteiligungsrechte in sozialen, personellen und wirtschaftlichen Angelegenheiten hinaus ausgeht, soweit sie nur den Betrieb und seine Arbeitnehmer betreffen. Die Grenze bildet § 77 Abs. 3 BetrVG, vergl. *Fitting*, § 77 Rn. 45; *Kreutz*, GK-BetrVG, § 77 Rn. 85 m.w.N.; *MünchArbR/Matthes*, § 327 Rn. 50; a.A. *Richardi*, BetrVG, § 77 Rn. 66 ff. jeweils m.w.N. Man ist sich jedoch einig, dass die funktionale Zuständigkeit mitbestimmungspflichtige und -freie Angelegenheiten i.S.v. §§ 87, 88 BetrVG umfasst, vergl. *Richardi*, § 77 Rn. 67.

[109] *BAG* v. 16.9.1986 AP Nr. 17 zu § 77 BetrVG 1972 unter C IV 3; *ErfK/Kania*, § 87 BetrVG, Rn. 96; *Fitting*, § 87 Rn. 412; *MünchArbR/Matthes*, § 341 Rn. 8; *Oetker* in: FS BAG, S. 1017, 1024; *Richardi*, BetrVG. § 87 Rn. 734, 739, 741 f.

[110] Vergl. *LAG Nürnberg*, v. 22.1.2002, NZA-RR 2002, 247, 248; ebenso *Fitting*, § 87 Rn. 415; *Oetker* in: FS BAG, S. 1017, 1024 f.; *Oetker* in: FS BAG, S. 1017, 1024 f.; *Wiese*, GK-BetrVG, § 87, Rn. 823.

arbeiterbeteiligungsmodelle.[112] Demzufolge ist die Einräumung der Aktienoptionen als freiwillige Sonderzahlungen wie auch im Rahmen eines Mitarbeiterbeteilungsprogramms als Lohn i.S.d. Vorschrift anzusehen.

Gegen den Entgeltcharakter der Aktienoptionen, die auf der Grundlage einer bedingten Kapitalerhöhung ausgegeben werden, wird allerdings vorgebracht, die Ausübung stelle keine Leistung des Arbeitgebers dar. Sie werde allein auf Kosten der Aktionäre eingeräumt, welche die Beteiligung am Unternehmen infolge der Verwässerung ihrer Anteile finanzierten.[113] Diese Sichtweise überzeugt aus zweierlei Gründen nicht. Zum einen kommt es allein auf den Zweck der Leistung an. Für den Anwendungsbereich des Mitbestimmungstatbestands ist entscheidend, dass die Vergütungsleistung im Hinblick auf das Arbeitsverhältnis erbracht wird. Dies gilt unabhängig davon, ob sie als Gegenleistung für die Arbeitsleistung eingeräumt wird oder ob durch sie andere Verhaltensweisen des Arbeitnehmers entlohnt werden sollen.[114] Zum anderen übersieht diese Ansicht, dass nach § 267 BGB eine Leistung grundsätzlich sogar durch Dritte erbracht werden kann, wenn die Vergütung nicht höchstpersönlich zu erbringen ist. Zur Leistung verpflichtet ist und bleibt aber die Aktiengesellschaft als Arbeitgeberin, die mit der Einräumung der Aktienoptionen dieser vertraglichen Verpflichtung nachkommen will.

(2) Einführung der Aktienoptionen als Frage der betrieblichen Lohngestaltung

Die Kompetenz nach § 87 Abs. 1 Nr. 10 BetrVG setzt weiterhin voraus, dass die Einführung von Aktienoptionen unter den Tatbestand der betrieblichen Lohngestaltung fällt. Der Mitbestimmung unterliegt die Festlegung abstrakt-genereller kollektiver Grundsätze, nach denen im Einzelfall die Vergütung der Arbeitnehmer ermittelt wird. Mitbestimmungspflichtig ist nur die Struktur der Vergütung, nicht deren Höhe oder die individuelle Lohngestaltung.[115] Zu

[111] Allgemein: *MünchArbR/Matthes*, § 341 Rn. 10; *Richardi*, BetrVG, § 87 Rn. 736 ff.; *Wiese*, GK-BetrVG, § 87, Rn. 823, 826, 828.

[112] Von der Eröffnung des Anwendungsbereichs bei der Einführung der Mitarbeiter(kapital)beteiligungsmodelle gehen ausdrücklich *Hanau* in: *Laßmann/Schwark*, ZGR 1985, S. 111, 120; *Oetker* in: FS BAG, S. 1017, 1025 f.; *Röder*, NZA 1987, 799, 804; *Wiese*, GK-BetrVG, § 87 Rn. 830, aus.

[113] *Kau/Kukat*, BB 1999, 2505; 2508.

[114] Vergl. *LAG Nürnberg* v. 22.1.2002, NZA-RR 2002, 247, 248, wonach das Mitbestimmungsrecht ausgelöst werde, wenn die Leistung unter Einschaltung des arbeitgebenden Unternehmens an die Mitarbeiter erbracht würden. Ebenso *Bauwens*, S. 126; *Oetker* in: FS BAG, S. 1017, 1027 f.; *Richardi*, BetrVG, § 87 Rn. 741.

[115] Ständige Rechtsprechung z.B. *BAG* v. 22.1.1980, AP Nr. 3 zu § 87 BetrVG 1972 Lohnge-

den Fragen der betrieblichen Lohngestaltung zählt die Aufstellung der Entlohnungsgrundsätze, die das System der Entgeltbemessung betreffen. Darunter fällt die Einführung einer erfolgsbezogenen Vergütung.[116] Darüber hinaus ist stets die Verteilung der Vergütung mitbestimmungspflichtig.[117]

Überträgt man dies auf die Gewährung der Aktienoptionen als freiwillige zusätzliche erfolgsorientierte Leistung, so betrifft deren Einführung als neue Vergütungsform für Teile der Belegschaft die Aufstellung kollektiver Entlohnungsgrundsätze. Mit dem begünstigten Mitarbeiterkreis werden die Verteilungsgrundsätze festgelegt. Aus der Mitbestimmungspflicht folgt, dass Arbeitgeber und Betriebsrat grundsätzlich im Rahmen der nach § 87 Abs. 1 Nr. 10 BetrVG eingeräumten Kompetenzen eine Betriebsvereinbarung über die Einführung der Aktienoptionen als freiwillige Zusatzleistung abschließen können. Ohne an dieser Stelle bereits auf die Einzelheiten über den Umfang des Mitbestimmungsrechts bei vermögenswerten Arbeitgeberleistungen einzugehen, sei darauf hingewiesen, dass dieses Recht bei der Einführung von freiwilligen Zusatzleistungen eingeschränkt ist und sich nicht auf die Einführung und die Höhe bestimmter Vergütungsleistungen bezieht.[118] Die Kompetenzen des Betriebsrats auf Grundlage dieser Norm sind daher auf die mitbestimmungspflichtigen Gegenstände bei der Einführung der Aktienoptionsprogramme als freiwillige Zusatzleistung beschränkt.

bb) Zuständigkeit nach § 88 BetrVG

Darüber hinaus eröffnet § 88 BetrVG für die Betriebspartner die Möglichkeit, freiwillig und einvernehmlich Betriebsvereinbarungen über Angelegenheiten abzuschließen, die nicht mitbestimmungspflichtig sind. Für die Aktienoptionen kommt insbesondere § 88 Nr. 3 BetrVG als Kompetenznorm für den Abschluss einer freiwilligen Betriebsvereinbarung in Betracht.

---

staltung unter II 1 c. Zustimmend *ErfK/Kania*, § 87 BetrVG Rn. 100, 103; *Fitting* § 87 Rn. 417, 441 f.; *Richardi*, BetrVG, § 87 Rn. 751, 768; *Wiese*, GK-BetrVG, § 87, Rn. 808 f., 895; a.A. hinsichtlich der Lohnhöhe nur *DKK/Klebe*, BetrVG, § 87 Rn. 254 ff., der das Mitbestimmungsrecht auch auf die generelle Bestimmung der Entgelthöhe beziehen will.

[116] *BAG* v. 6.12.1988, AP Nr. 37 zu § 87 BetrVG 1972 Lohngestaltung unter III 4 a; *Fitting*, § 87 Rn. 426; *Richardi*, BetrVG, § 87 Rn. 752 f.; *Wiese*, GK-BetrVG, § 87, Rn. 919.

[117] *Fitting*, § 87 Rn. 432.

[118] Dazu ausführlich in § 7 II 2.

(1) Überwiegende Auffassung zur funktionalen Zuständigkeit

Die Vorschrift eröffnet für Arbeitgeber und Betriebsrat eine umfassende funktionale Zuständigkeit zur Regelung sozialer Angelegenheiten und enthält eine nicht abschließende Aufzählung der regelbaren Gegenstände.[119] Darunter fallen Regelungen über freiwillige Sonderzahlungen des Arbeitgebers, über die Art und Höhe des Arbeitsentgelts sowie über Unternehmens- und Mitarbeiterbeteiligungen.[120] Zu diesen Gegenständen werden Vereinbarungen über die Einführung von Unternehmensbeteiligungen einschließlich der Aktienoptionen im Rahmen von Mitarbeiterbeteiligungsprogrammen gerechnet. Sie werden auf § 88 Nr. 3 BetrVG gestützt.[121]

Nach dieser Vorschrift können die Betriebspartner Maßnahmen zur Förderung der Vermögensbildung unabhängig von den in § 2 Abs. 1 5. VermBG genannten Anlagearten regeln.[122] Aus dieser weiten Kompetenz zur Regelung der Vermögensbildung folgt, dass die Einräumung der Aktienoptionen im Rahmen von Mitarbeiterbeteiligungsprogrammen unter § 88 Nr. 3 BetrVG fällt.

(2) Ablehnende Ansicht zur funktionalen Zuständigkeit mit Stellungnahme

Eine andere Auffassung geht indes davon aus, dass jede Gewinnbeteiligung der Mitarbeiter über die Arbeitsentgelte üblicher Art hinausgehe. Sie sei Inhalt und Ausdruck einer besonderen gesellschaftsrechtsähnlichen, unternehmensrechtlichen Beteiligung, für welche die Regelungskompetenz der Betriebspartner entfalle.[123] Dem ist entgegen zu halten, dass unter Berücksichtigung des Wortlauts und des Gesamtzusammenhangs der Vorschrift alle vermögenswerten Leistungen des Arbeitgebers durch freiwillige Betriebsvereinbarungen regelbar sind.

---

119 Dies ergibt sich aus dem Zusatz 'insbesondere'. So die ganz h.M. *BAG* v. 7.11.1989, AP Nr. 46 zu § 77 BetrVG 1972 unter C I 2; *DKK/Däubler*, § 88 Rn. 1; *ErfK/Kania*, § 88 BetrVG, Rn. 1; *Fitting*, § 88 Rn. 2 f.; *MünchArbR/Matthes*, § 327 Rn. 50 f., der dies mit einem Umkehrschluss aus § 77 Abs. 3 BetrVG begründet; *Richardi*, BetrVG, § 88 Rn. 6; *Wiese*, GK-BetrVG, § 88, Rn. 7.

120 *ErfK/Kania*, § 88 BetrVG, Rn. 2; *Legerlotz/Laber*, DStR 1999, 1658, 1659; *Röder*, NZA 1987, 799, 805; *Wiese*, GK-BetrVG, § 88, Rn. 8, 12.

121 *Baeck/Diller*, DB 1998, 11405; 1406; *Legerlotz/Laber*, DStR 1999, 1658, 1659; *Oetker* in: FS BAG, S. 1017, 1024; *Schanz*, NZA 2000, 626, 632; *Tepass* in: Harrer, MAB, Rn. 355 f.

122 *BAG* v. 28.11.1989, AP Nr. 89 zu § 88 BetrVG 1972 unter II 1 b; *Däubler* in: DKK, § 88 Rn. 13; *ErfK/Kania*, § 88 BetrVG Rn. 6; *Fitting*, § 88, Rn. 24; *Hanau*, ZGR 1985, 111, 118; *ders.* in: MünchArbR, § 70 Rn. 23; *Loritz*, ZTR 2002, 258, 260; *Richardi*, BetrVG, § 88 Rn. 28. A.A. *Bauwens*, S. 112.

123 *Vollmer*, S. 108. Ähnlich *Ricken*, NZA 1999, 236, 241 f.

Sie müssen lediglich auf der Grundlage des Arbeitsverhältnisses erbracht werden und dem Arbeitsrecht zuzurechnen sein. Für eine Differenzierung nach üblichen und über diesen Rahmen hinausgehenden Vergütungsregelungen bestehen keine Anhaltspunkte.[124] Deswegen ist diese Sichtweise abzulehnen.

Im Ergebnis ist daher von einer entsprechenden Regelungskompetenz der Betriebspartner für die Einführung von Aktienoptionen als zusätzliche Vergütungsleistung nach § 88 Nr. 3 BetrVG auszugehen.

cc) Zwischenbetrachtung zur funktionalen Zuständigkeit

Für die Zuständigkeit zur Regelung der Aktienoptionsprogramme als freiwillige Zusatzleistungen ist daher festzuhalten, dass sich die Regelungskompetenz sowohl aus § 87 Abs. 1 Nr. 10 BetrVG wie auch aus § 88 Nr. 3 BetrVG ergibt.[125] Probleme können sich ergeben, weil bei der Regelung der Aktienoptionen in Betriebsvereinbarungen auf der Grundlage von § 87 Abs. 1 Nr. 10 BetrVG nicht alle Gegenstände der zwingenden Mitbestimmung unterliegen. Dazu gehören insbesondere die Punkte, die sich auf das Volumen der Leistung beziehen.[126] Trotz dieses Umstands ist von einer umfassenden funktionalen Zuständigkeit der Betriebspartner zur Regelung der Ansprüche auf Einräumung der Aktienoptionen auszugehen. Denn es ist i.d.R. unpraktikabel und schwierig, diesen einheitlichen Lebensvorgang in eine mitbestimmungspflichtige und mitbestimmungsfreie Vereinbarungen aufzuteilen, sofern sich der Arbeitgeber auf eine solche Regelung einlässt.[127] Bei der Frage der Mitbestimmungsrechte des Betriebsrats nach § 87 Abs. 1 Nr. 10 BetrVG ist jedoch hinsichtlich der einzelnen Regelungen zu differenzieren.[128]

b) Funktionale Zuständigkeit des Betriebsrats für die Einführung der Aktienoptionen als variablen synallagmatischen Vergütungsbestandteil

Bei der Einführung von Aktienoptionen als variabler synallagmatischer Vergütungsbestandteil kommt als Zuständigkeitsnorm wieder § 87 Abs. 1

---

[124] *Hanau* in: *Laßmann/Schwark*, ZGR 1985, S. 111, 118.

[125] Ebenso *Richardi*, § 88 Rn. 31, speziell zu den Maßnahmen zur Förderung der Vermögensbildung.

[126] Zu dieser Problematik ausführlich in § 7 II 3 c.

[127] Vergl. *ErfK/Kania*, § 77 BetrVG, Rn. 14 f., der diese Arten als teilmitbestimmte Betriebsvereinbarungen bezeichnet.

[128] Dazu noch in § 7 II 5.

Nr. 10 BetrVG in Betracht. Wegen des in § 87 Abs. 1 Eingangssatz BetrVG normierten Tarifvorbehalts bzw. in § 77 Abs. 3 BetrVG normierten Tarifvorrangs können nur diejenigen Unternehmen eine Betriebvereinbarung mit diesem Regelungsgegenstand abschließen, deren Arbeitnehmer nicht unter den Geltungsbereich eines einschlägigen Tarifvertrages fallen. Die Möglichkeit besteht außerdem, wenn die Aktienoptionen als übertarifliche Leistungen oder nur außertariflichen Angestellten eingeräumt werden.[129] Nur in diesen Fällen steht dem Betriebsrat für die Festlegung eines allgemeinen Vergütungssystems das Mitbestimmungsrecht nach § 87 Abs. 1 Nr. 10 BetrVG zu.[130]

Die Einführung der Aktienoptionen als Vergütungsform betrifft die Aufstellung von Entlohnungsgrundsätzen. Bei Einführung eines synallagmatischen Vergütungssystems, das eine Kombination aus einem fixen und variablen Bestandteil vorsieht, ist nicht nur die Gestaltung des Entgeltsystems mitbestimmungspflichtig. Der Betriebsrat ist zudem bei der Festlegung des Verhältnisses dieser beiden Bestandteile zu beteiligen. Nach Ansicht des BAG berührt dieses Verhältnis in besonderer Weise die Lohngerechtigkeit und erfordert einen Ausgleich der unterschiedlichen Interessen. Während der Arbeitgeber an einem möglichst hohen variablen Anteil interessiert sei, komme es den Arbeitnehmern aus Gründen der Existenzsicherung auf einem möglichst hohen fixen Bestandteil an. Daher gehöre die Festlegung dieses Verhältnisses jedenfalls zu den Fragen der betrieblichen Lohngestaltung.[131]

Überträgt man diese Grundsätze auf die Einführung der Aktienoptionen als variable Vergütungsform, so ist sowohl deren Einführung wie auch die Festlegung des Verhältnisses von fixen und variablen Bestandteil mitbestimmungspflichtig nach § 87 Abs. 1 Nr. 10 BetrVG. Die Einführung betrifft die Aufstellung von Entlohnungsgrundsätzen und die Festlegung des Verhältnisses Fragen der betrieblichen Lohngestaltung. Folglich beruht die Kompetenz der Betriebspartner zum Abschluss einer Betriebsvereinbarung über die Einführung der Aktienoptionen als variablen synallagmatischen Vergütungsbestandteil grundsätzlich auf § 87 Abs. 1 Nr. 10 BetrVG.[132]

Im Übrigen sind Betriebsvereinbarungen über die Art und Höhe der Vergütung nach h.M. von der allgemeinen und umfassenden Zuständigkeit der Betriebspartner zur Regelung der sozialen Angelegenheiten in § 88 BetrVG umfasst.

---

[129] *ErfK/Kania*, § 87 BetrVG, Rn. 105 f.; *Richardi*, BetrVG, § 87 Rn. 780. Zum Verhältnis von § 87 Abs. 1, Eingangssatz und § 77 Abs. 3 BetrVG noch in § 8 V 2 c.

[130] *ErfK/Kania*, § 87 BetrVG, Rn. 106; *Fitting*, § 87 Rn. 425.

[131] *BAG* v. 6.12.1988, AP Nr. 37 zu § 87 BetrVG 1972 Lohngestaltung unter III 4 b, so auch *Fitting*, § 87 Rn. 426; *Richardi*, BetrVG, § 87 Rn. 750.

[132] Zu den Einzelheiten hinsichtlich des Umfangs des Mitbestimmungsrechts in § 7 II 3.

Aus diesen Gründen ist von der funktionalen Zuständigkeit der Betriebspartner zur Regelung der Aktienoptionen als variabler synallagmatischer Vergütungsbestandteil durch eine Betriebsvereinbarung auszugehen.

2. Reichweite und Grenzen der Regelungskompetenz des Betriebsrates

Diese funktionelle Zuständigkeit ist jedoch in verschiedener Hinsicht begrenzt.

a) Begrenzung der Regelungsbefugnis zur Einführung der Aktienoptionen als Vergütungsform durch das Günstigkeitsprinzip

Dies ergibt sich zum einen aus der Funktion der Betriebsvereinbarung. Ihre besondere Bedeutung liegt darin, dass sie nach § 77 Abs. 4 S. 1 BetrVG unmittelbar und zwingend für alle Arbeitnehmer des Betriebes i.S.v. § 5 Abs. 1 BetrVG gilt. Da diese unabhängig von ihrem Willen in den Regelungsbereich der Betriebsvereinbarung fallen, wird sie auch als Fremdbestimmungsordnung für den Betrieb bezeichnet.[133] Daraus folgt zum einen, dass der Betriebsrat nur im Rahmen seiner zuvor erläuterten funktionalen Zuständigkeit handeln darf. Zum anderen stellt sich die Frage, ob durch die Betriebsvereinbarung für die Arbeitnehmer ungünstigere Regelungen getroffen werden können. Diese Problematik taucht auf, wenn das bestehende Vergütungssystem verändert und Aktienoptionen als variabler, erfolgsbezogener Vergütungsbestandteil zu Lasten eines fixen Anteils eingeführt werden sollen.

aa) Verschlechterung oder Ablösung arbeitsvertraglicher Vergütungsregelungen durch nachfolgende Betriebsvereinbarungen

Eine solche Änderung ist für die betroffenen Arbeitnehmer ungünstiger. Wegen der ungewissen Aktienkursentwicklung und der davon abhängigen Wertentwicklung der Aktienoption lässt sich regelmäßig nicht sicher feststellen, ob die Einführung eines solchen variablen Vergütungsbestandteils gegenüber dem ursprünglichen Fixgehalt vorteilhafter ist. Zudem ist problematisch, dass die Vergütung dem Arbeitnehmer erst bei Ausübung der Aktienoption und damit

[133] *Richardi*, BetrVG, § 77 Rn. 53.

sehr viel später zur Verfügung steht als das regelmäßig monatlich fällig werdende Fixgehalt.[134] Sofern die Vergütung in einer arbeitsvertraglichen Einzelabrede geregelt ist, steht dieser Änderung der bisherigen Arbeitsbedingungen durch eine nachfolgende Betriebsvereinbarung das Günstigkeitsprinzip entgegen.[135]

Demzufolge könnten Aktienoptionen nicht durch eine Betriebsvereinbarung als variable Vergütung eingeführt werden, wenn gleichzeitig ein fixer Bestandteil ersetzt wird. Da diese Vergütungsregelung für den Arbeitnehmer regelmäßig ungünstiger ist, wäre eine Betriebsvereinbarung mit einer entsprechenden Vergütungsregelung als verschlechternde, ablösende Betriebsvereinbarung einzuordnen. Auf diese Weise kann ein bestehendes Vergütungssystem nicht geändert werden. Etwas anderes gilt nur, wenn die Arbeitsverträge eine entsprechende Öffnungsklausel enthalten, nach der die bisherigen Regelungen durch Betriebsvereinbarungen abgelöst werden können.[136] Das Günstigkeitsprinzip steht einer Betriebsvereinbarung außerdem nicht entgegen, wenn sie einen Anspruch auf die Einräumung von Aktienoptionen als übertarifliche synallagmatische Leistung begründet. In diesem Fall treten die Optionen als variabler Bestandteil neben die Grundvergütung. Ist der Abschluss einer Betriebsvereinbarung ausgeschlossen, bleibt dem Arbeitgeber nur die Möglichkeit, das Vergütungssystem mit Hilfe individualrechtlicher Mittel wie dem Änderungsvertrag und der Änderungskündigung zu ändern.

bb) Verschlechterung der in einer Betriebsvereinbarung geregelten Vergütung durch eine nachfolgende Betriebsvereinbarung

Die Problematik stellt sich hingegen nicht, wenn die synallagmatische Vergütung in einer Betriebsvereinbarung geregelt ist. Eine bestehende Betriebsvereinbarung kann ohne weiteres durch eine nachfolgende aufgehoben oder geändert werden. Durch die neue Betriebsvereinbarung werden dann die bisherigen Regelungen auch zu Ungunsten der Arbeitnehmer ersetzt. Bei Eingriff in bestehende Rechte und Anwartschaften müssen allerdings die Grundsätze der Verhältnismäßigkeit und des Vertrauensschutzes beachtet werden.[137]

---

[134] Dazu im Einzelnen noch in § 8 II 1.

[135] Vergl. *BAG* v. 16.9.1986, AP Nr. 17 zu § 77 BetrVG 1972 unter C III 2, 3; v. 7.11.1989, AP Nr. 46 zu § 77 BetrVG 1972 unter C II 1; *Fitting*, § 77 Rn. 196; *Kreutz*, GK-BetrVG, § 77 Rn. 254, 235 m.w.N.; *Richardi*, BetrVG, § 77 Rn. 151; *Leinemann*, DB 1985, 1394, 1395 f.; *Reuter*, RdA 1991, 193, 197 f. Dazu noch § 8 II 1.

[136] *BAG* v. 12.8.1982, AP Nr. 4 zu § 77 BetrVG 1972 unter II 4 a; v. 16.9.1986, AP Nr. 17 zu § 77 BetrVG 1972 unter B II 1 c; *Fitting*, § 77 Rn. 198; *Kreutz*, GK-BetrVG, § 77, Rn. 261, 266; *Richardi*, BetrVG, § 77 Rn. 158.

cc) Grenzen für Aktienoptionen als freiwillige Zusatzleistung

Diese Probleme treten indes nicht auf, wenn Aktienoptionen als freiwillige Zusatzleistung gewährt werden. In dieser Situation ist die Einführung für den Arbeitnehmer nicht mit Nachteilen verbunden, weil ihm lediglich eine Chance auf eine Erhöhung seiner üblichen Vergütung eingeräumt wird. Ein Nachteil kann u.U. nur entstehen, wenn die Einführung der Aktienoptionen mit der Streichung einer anderen freiwilligen Sozialleistung einher geht.

b) Begrenzung der Regelungsbefugnis zur Einführung von Aktienoptionen als Vergütungsform durch § 77 Abs. 3 S. 1 BetrVG

Als weitere Schranke für die Regelungsbefugnis der Betriebspartner zur Einführung der Aktienoptionen als Vergütungselement durch Betriebsvereinbarung kommt die Sperrwirkung eines Tarifvertrages nach § 77 Abs. 3 S. 1 BetrVG in Betracht.

Die Norm dient der Sicherung der verfassungsrechtlich gewährleisteten ausgeübten und aktualisierten Tarifautonomie vor konkurrierenden betrieblichen Regelungen[138] und schränkt insoweit die funktionale Zuständigkeit der Betriebspartner ein.[139] In diesem Zusammenhang stellt sich die Frage, ob die tarifvertraglichen Regelungen über andere Vergütungsleistungen den Abschluss einer Betriebsvereinbarung über die Einräumung von Aktienoptionen sperren.

aa) Allgemeiner Anwendungsbereich der Regelungssperre

Gegenstand der Sperre sind u.a. Arbeitsentgelte. Unter diesen Begriff fallen wie bei § 87 Abs. 1 Nr. 10 BetrVG alle vermögenswerten Arbeitgeberleistungen, nicht nur die synallagmatische Vergütung.[140] Demzufolge sind auch Aktienoptionen in allen Vergütungsvarianten von der Sperrwirkung erfasst.

[137] *BAG* v. 16.9.1986, AP Nr. 17 zu § 77 BetrVG 1972 unter C II 5; v. 20.2.2001, AP Nr. 107 zu § 87 BetrVG 1972 Lohngestaltung, wo die Ablösung allerdings der Billigkeitskontrolle nach § 75 BetrVG unterstellt wurde; *Fitting*, § 77 Rn. 192 f.; *Kreutz*, GK-BetrVG, § 77 Rn. 356 f.; *MünchArbR/Matthes*, § 328, Rn. 65; *Richardi*, BetrVG, § 77 Rn. 174.

[138] Ständige Rechtsprechung vergl. nur *BAG* v. 3.12.1991, AP Nr. 51 zu § 87 BetrVG 1972 Lohngestaltung unter C I 1. In diesem Sinne auch *Fitting*, § 77 Rn. 78; *ErfK/ Kania*, § 77 BetrVG, Rn. 40 f.; *Kreutz*, GK-BetrVG, § 77 Rn. 78; *MünchArbR/Matthes*, § 327 Rn. 59; *Richardi*, BetrVG, § 77 Rn. 244.

[139] *Kreutz*, GK-BetrVG, § 75 Rn. 78; *Richardi*, BetrVG, § 77 Rn. 244.

[140] *Fitting*, § 77 Rn. 70; *Kreutz*, GK-BetrVG, § 77 Rn. 95; *Richardi*, BetrVG, § 77 Rn. 253.

Die Sperre tritt allerdings nur ein, wenn der betroffene Bestandteil des Arbeitsentgelts durch Tarifvertrag geregelt ist oder üblicherweise geregelt wird.

Diese Situation ist bereits anzunehmen, wenn eine tarifliche Regelung erstmalig für den Betrieb in einem Verbands- oder Firmentarifvertrag getroffen wird. Die Sperrwirkung bezieht sich aber nur auf solche Betriebe, die in den räumlichen, betrieblichen, fachlichen und persönlichen Geltungsbereich des Tarifvertrages fallen. Letzteres ist gegebenenfalls durch Auslegung des Tarifvertrages zu ermitteln.[141] Der Anwendungsbereich des § 77 Abs. 3 BetrVG hängt nicht von der Tarifbindung des Arbeitgebers ab. Es kommt allein darauf an, ob der betroffene Betrieb in den Geltungsbereich fallen würde.[142] Die Sperrwirkung ist nicht nur bei bestehender, sondern auch bei üblicher tariflicher Reglung zu beachten. Dies kommt in Betracht, wenn ein Tarifvertrag nicht mehr zwingend, sondern nur noch kraft Nachwirkung gem. § 4 Abs. 5 TVG gilt.[143] Tarifüblichkeit ist anzunehmen, wenn eine Frage tariflich geregelt und davon auszugehen ist, dass die Tarifvertragsparteien die Angelegenheit nach Ablauf des Tarifvertrages erneut regeln werden. Sie entfällt hingegen, wenn mit Sicherheit feststeht, dass die Angelegenheit künftig nicht mehr Gegenstand des Tarifvertrages sein wird, weil etwa die Zuständigkeit wegen einer Satzungsänderung wegfällt.[144] Nach allgemeiner Auffassung ist dagegen eine arbeitsvertragliche Gleichstellungsabrede bzw. arbeitsvertragliche Inbezugnahme nicht Gegenstand der Sperrwirkung, auch nicht unter dem Aspekt der Tarifüblichkeit.[145]

Im Ergebnis können Entgeltregelungen, die in einem räumlich, betrieblich, fachlich und persönlich auf den Betrieb anwendbaren Verbands- oder Firmentarifvertrag geregelt sind oder üblicherweise geregelt werden, unabhängig von der Tarifbindung des Arbeitgebers nicht Gegenstand einer Betriebsvereinbarung sein. Dies gilt auch, wenn die betriebliche Regelung im Vergleich mit der Tarifnorm günstiger ist. Entsprechende Regelungen in Betriebsvereinbarungen sind unwirksam.[146] Etwas anderes gilt nach § 77 Abs. 3 S. 2 BetrVG nur, wenn

---

[141] *BAG* v. 1.4.1987, AP Nr. 64 zu § 613 a BGB unter 5; v. 9.12.1997, AP Nr. 11 zu § 77 BetrVG 1972 Tarifvorbehalt unter II 1 a; *Fitting*, § 77 Rn. 75, 80; *v. Hoyningen-Huene*, BetrVG, § 11 Abs. 3 5 c; *Kreutz*, GK-BetrVG, § 77 Rn. 97 f., 103; *MünchArbR/Matthes*, § 327 Rn. 68 f.; *Richardi*, BetrVG, § 77 Rn. 264.

[142] H.M. vergl. *BAG* v. 24.1.1996, AP Nr. 8 zu § 77 BetrVG 1972 Tarifvorbehalt unter I 1; v. 5.3.1997, AP Nr. 10 zu § 77 BetrVG 1972 Tarifvorbehalt unter II 2 a; *Fitting*, § 77 Rn. 78; *MünchArbR/Matthes*, § 327 Rn. 68. A.A. *Kreutz*, GK-BetrVG, § 77 Rn. 100; *Richardi*, BetrVG, § 77 Rn. 259.

[143] *Fitting*, § 77 Rn. 91, 83; *Kreutz*, GK-BetrVG, § 77 Rn. 114, 105; *MünchArbR/Matthes*, § 327 Rn. 67.

[144] *Fitting*, § 77 Rn. 90, 93 f.; *Kreutz*, GK-BetrVG, § 77 Rn. 114, 117; *MünchArbR/Matthes*, § 327 Rn. 67; *Richardi*, BetrVG, § 77 Rn. 274 ff.

[145] *BAG* v. 27.1.1987, AP Nr. 43 zu § 99 BetrVG unter B II 4 a; *Fitting*, § 77 Rn. 82 m.w.N.

der Tarifvertrag den Abschluss ergänzender Betriebsvereinbarungen durch eine Öffnungsklausel ausdrücklich zulässt.

bb) Übertragung der Grundsätze auf die Aktienoptionen

Aktienoptionen sind als vermögenswerte Vorteile Entgeltregelungen i.S.v. § 77 Abs. 3 S. 1 BetrVG. Tarifverträge enthalten ausnahmslos Regelungen über die synallagmatische Vergütung und häufig solche über zusätzliche Zahlungen des Arbeitgebers. Sofern eine Aktiengesellschaft unter den Geltungsbereich eines noch geltenden oder nachwirkenden Haus- oder Verbandstarifvertrags fällt, ist bei Auflegung eines Optionsprogramms § 77 Abs. 3 S. 1 BetrVG zu beachten. Während dies auf größere Aktiengesellschaften im Bereich der Chemie- oder Metallindustrie oder der Banken sowie für sonstige Traditionsunternehmen wohl regelmäßig zutrifft, sind Tarifabschlüsse im Bereich der New Economy bislang nicht bekannt geworden.

Fallen die Unternehmen in den Geltungsbereich eines Tarifvertrages, so stellt sich wegen des Tarifvorrangs die Frage, ob bestehende tarifliche Vergütungsregelungen den Abschluss einer entsprechenden Vergütungsvereinbarung sperren. Die Antwort ist relativ unproblematisch, sofern es sich um eine positive tarifliche Regelung handelt. Denn dann ist jede Regelung durch eine Betriebsvereinbarung unzulässig. Probleme können allerdings bei der Bestimmung der Reichweite einer tariflichen Regelung auftauchen, die gegebenenfalls durch Auslegung zu ermitteln ist. In diesen Konstellationen ist stets fraglich, inwieweit die Tarifvertragsparteien eine abschließende und damit zugleich negative Regelung für andere damit zusammenhängende Regelungsgegenstände getroffen haben.[147]

(1) Reichweite der Regelungssperre für die synallagmatische Vergütung

Ist die monatliche Grundvergütung und damit die Gegenleistung für die Arbeitsleistung in einem Tarifvertrag geregelt, so kann die synallagmatische Vergütung nicht Gegenstand einer davon abweichenden Betriebsvereinbarung sein.[148] Daraus folgt, dass hinsichtlich der Grund- oder Fixvergütung keine

[146] *BAG* v. 24.1.1996, AP Nr. 8 zu § 77 BetrVG 1972 Tarifvorbehalt unter I; v. 20.4.1999, AP Nr. 2 zu § 77 BetrVG 1972 unter II 3 b; *DKK/Berg*, BetrVG, § 77 Rn. 62; *Fitting*, § 77 Rn. 97; *Kreutz*, GK-BetrVG, § 77 Rn. 123 m.w.N.; *Richardi*, BetrVG, § 77 Rn. 278, 310, der allerdings von der Nichtigkeit nach § 134 BGB als Rechtsfolge ausgeht.

[147] *Fitting*, § 77 Rn. 84 ff.; *Kreutz*, GK-BetrVG, § 77 Rn. 106 f. 110.

abweichende Vereinbarung durch Betriebsvereinbarung getroffen werden kann. Folglich ist es nicht möglich, die tarifliche Grundvergütung durch Betriebsvereinbarung herabzusetzen und darin gleichzeitig die Einführung eines variablen Vergütungsbestandteils in Form der Aktienoptionen festzusetzen. In diesem Fall würde eine Vergütungsregelung geschaffen, welche die tarifliche Grundvergütung der Arbeitsleistung ablösen und damit zu ihr in Konkurrenz treten würde. Diese Situation soll durch § 77 Abs. 3 S. 1 BetrVG gerade verhindert werden.[149]

Eine andere Beurteilung kommt nur in Betracht, wenn dieser Vergütungsbestandteil zusätzlich als unmittelbare Gegenleistung für die Arbeitsleistung eingeräumt wird, weil etwa eine Lohnerhöhung gewährt werden soll. Solche zusätzlichen Leistungen sind unzulässig, sofern mit ihnen dieselben Zwecke wie mit der tariflichen Leistung verfolgt werden und sie von keinen anderen Voraussetzungen abhängen.[150] Die Aktienoptionen sind jedoch eine Vergütungsform, die in ihrer besonderen Ausgestaltung in keiner Weise mit der laufenden Vergütung vergleichbar ist. So hängt die Ausübung der Optionen, die zum Zufluss der Vergütung führt, von Erfolgszielen bzw. der Wertenwicklung des Unternehmens ab. Zudem dienen sie neben der Vergütung der Arbeitsleistung der Motivation, einen Beitrag zur Steigerung des Unternehmenswerts zu leisten sowie der Bindung an das Unternehmen und damit anderen Zielen.[151] Folglich sind sie nicht als identischer Regelungsgegenstand anzusehen. § 77 Abs. 3 BetrVG steht somit der Einführung der Aktienoptionen als *zusätzliche* synallagmatische Vergütungsform neben der tariflichen Grundvergütung durch Betriebsvereinbarung nicht entgegen. Dieses Ergebnis deckt sich mit den Ergebnissen der bisherigen Rechsprechung, die auch in der Literatur Zustimmung gefunden haben. Danach kann eine Betriebsvereinbarung zusätzliche Entgeltbestandteile vorsehen, die an besondere vom Tariflohn nicht berücksichtigte Voraussetzungen gebunden sind.[152]

---

148 Vergl. *BAG* v. 9.12.1997, AP Nr. 11 zu § 77 BetrVG 1972 Tarifvorbehalt unter III 3 a bb (1); *Fitting*, § 77 Rn. 87; *Kreutz*, GK-BetrVG, § 77 Rn. 111; *Richardi*, BetrVG, § 77 Rn. 280 f.

149 Vergl. *BAG* v. 9.12.1997, AP Nr. 11 zu § 77 BetrVG 1972 Tarifvorbehalt unter III 3 a bb (1).

150 Vergl. *BAG* v. 9.12.1997, AP Nr. 11 zu § 77 BetrVG 1972 Tarifvorbehalt unter III 3 a bb (1); *Fitting*, § 77 Rn. 87; *Kreutz*, GK-BetrVG, § 77 Rn. 111.

151 Zu den Zielsetzungen von Aktienoptionen als erfolgsorientierte Vergütungsform § 4 III 2 e dd.

152 *BAG* v. 9.12.1997, AP Nr. 11 zu § 77 BetrVG 1972 Tarifvorbehalt unter III 3 a bb (1); zustimmend *DKK/Berg*, § 77 Rn. 64; *Fitting*, § 77 Rn. 87 f.; *Kreutz*, GK-BetrVG, § 77 Rn. 111; *Richardi*, BetrVG, § 77 Rn. 282 f.

Zusammenfassend ist also festzuhalten, dass § 77 Abs. 3 S. 1 BetrVG der Einführung der Aktienoptionen entgegen steht, wenn diese einen fixen Bestandteil der synallmatischen Vergütung ersetzten sollen. Demgegenüber ist der Abschluss einer Betriebsvereinbarung zulässig, in der die Aktienoptionen als übertarifliche Leistung eingeräumt werden sollen.

Im ersten Fall kann die Einräumung der Aktienoptionen an die Mitarbeiter zulässiger Weise nur durch Einzelvertrag, arbeitsvertragliche Einheitsregelung oder Gesamtzusage erfolgen.[153] Möglich ist zudem die Vereinbarung einer sog. Regelungsabreden zwischen Arbeitgeber und Betriebsrat. Dabei handelt es sich um Absprachen über Arbeitsbedingungen, durch die sich der Arbeitgeber zur Erbringung dieser Leistung gegenüber dem Betriebsrat schuldrechtlich verpflichtet. Die Regelungsabrede hat jedoch keine normative Wirkung und begründet keine direkten Ansprüche der Arbeitnehmer. Diese müssen vielmehr erst noch durch entsprechende Verträge begründet werden.[154] Nach der wohl überwiegenden Auffassung wird die Regelungsabrede nicht von der Sperrwirkung erfasst.[155] Überzeugend wird darauf hingewiesen, dass die Norm nicht jegliche kollektive Absprache, sondern nur die Aufstellung einer kollektiven Normenordnung durch Betriebsvereinbarung neben der tariflichen Ordnung verhindern will.

(2) Reichweite der Regelungssperre für freiwillige Sonderzahlungen

Im Weiteren stellt sich mit Blick auf § 77 Abs. 3 S. 1 BetrVG die Frage, ob Aktienoptionen als freiwillige Sonderzahlung Gegenstand einer Betriebsvereinbarung sein können. Es besteht Einigkeit, dass eine tarifliche Regelung des Zeitlohns als Grundvergütung für die vertraglich geschuldete Arbeitsleistung weitere Leistungen mit Entgeltcharakter wie Gratifikationen oder freiwillige Sonderzahlungen nicht ausschließt. Dies gilt auch, wenn der Tarifvertrag zwar Regelungen über Zusatzleistungen enthält, diese jedoch von anderen Voraussetzungen abhängen und weitere Leistungen nicht ausdrücklich ausschließen.[156]

---

[153] *Kreutz*, GK-BetrVG, § 77 Rn. 134 m.w.N.

[154] Vergl. *Fitting*, BetrVG (21. Aufl.), § 77 Rn. 102, 116 f., 221.

[155] *BAG* v. 20.4.1999, AP Nr. 89 zu Art. 9 GG unter B II 1 b; *ErfK/Kania*, § 77 BetrVG Rn. 56; *Fitting*, § 77 Rn. 102; *Kreutz*, GK-BetrVG, § 77 Rn. 135; a.A. *DKK/Berg*, BetrVG, § 77 Rn. 78, *Kreutz*, GK-BetrVG, § 77 Rn. 1139 ff.; *MünchArbR/Matthes*, § 327, Rn. 73; *Richardi*, BetrVG, § 77 Rn. 293, welche die Sperrwirkung auf die Gestaltungsbefugnis der Betriebspartner beziehen und die Tarifautonomie auch durch solche Regelungen gefährdet sehen.

[156] In diesem Sinne *BAG* v. 17.12.1985, AP Nr. 5 zu § 87 BetrVG 1972 unter B II 3. So

Folglich steht § 77 Abs. 3 S. 1 BetrVG einer Betriebsvereinbarung über die Gewährung der Aktienoptionen als freiwillige Sonderzahlung des Unternehmens regelmäßig nicht entgegen. Selbst wenn ein Tarifvertrag Regelungen über andere Formen der Sonderzahlungen enthält, bestehen wegen der besonderen Voraussetzungen und Zwecksetzung der Aktienoptionen als Vergütungselement keine Überschneidungsmöglichkeiten. Die Aktienoptionsmodelle sind mit den traditionellen Vermögensbildungsformen nicht vergleichbar. Bislang sind keine tariflichen Regelungen über die Einräumung der Aktienoptionen als zusätzliche Leistung bekannt geworden,[157] die einer entsprechenden Regelung in einer Betriebsvereinbarung entgegen stehen.

(3) Reichweite der Regelungssperre für die Mitarbeiterbeteiligung

Darüber hinaus bleibt noch zu klären, ob die Sperrwirkung eingreift, wenn Aktienoptionen im Rahmen der Mitarbeiterbeteiligungsprogramme durch Betriebsvereinbarung auf der Grundlage von § 88 Nr. 3 BetrVG eingeführt werden.[158]

Ob § 77 Abs. 3 S. 1 BetrVG zur Anwendung kommt, wenn in einem Tarifvertrag Formen der Vermögensbildung geregelt sind, wird nicht einheitlich beurteilt. Nach einer Auffassung soll in diesem Fall der Tarifvorrang eingreifen, da eine § 112 Abs. 1 S. 3 BetrVG entsprechende Ausnahmeregelung fehle.[159] Die Gegenansicht[160] geht hingegen davon aus, dass § 77 Abs. 3 S. 1 BetrVG restriktiv zu interpretieren sei, und zusätzliche Maßnahmen zur Förderung der Vermögensbildung durch Betriebsvereinbarung nicht ausgeschlossen seien.

Es ist zu berücksichtigen, dass der Gesetzgeber der Förderung der Vermögensbildung eine besondere Bedeutung zuerkennt und sie in § 88 Nr. 3 BetrVG den Betriebspartnern überträgt. Dieser Zweck spricht dafür, die Maßnahmen zur zusätzlichen Förderung der Vermögensbildung nicht unter die Sperrwirkung fallen zu lassen.[161] Zudem ist stets der Leistungszweck zu berücksichtigt,

ausdrücklich *DKK/Berg*, § 77 Rn. 64; *Fitting*, § 77 Rn. 88; *Kreutz*, GK-BetrVG, § 77 Rn. 111; *Richardi*, BetrVG, § 77 Rn. 282.

157 Vergl. *Nehls/Sudmeyer*, ZIP 2002, 201; *Tepass*, Harrer MAB, Rn. 355, Fn. 4; *Schnittker/Grau*, BB 2002, 2497, Fußnote 6.

158 Zu der Zielsetzung im Rahmen von Mitarbeiterbeteiligungsprogrammen vergl. § 4 V 3.

159 *ErfK/Kania*, § 88 BetrVG Rn. 6; *Kreutz*, GK-BetrVG, § 77 Rn. 138; *Wiese*, GK-BetrVG, § 88 Rn. 29.

160 *Baeck/Diller*, DB 1998, 1405, 1413, im Hinblick auf Belegschaftsaktien und Aktienoptionen; *DKK/Däubler*, BetrVG, § 88 Rn. 13; *Fitting*, § 88 Rn. 25; *Legerlotz/Laber* DStR 1999, 1658; 1667, ebenfalls für Aktien und Aktienoptionen; *MünchArbR/Hanau*, § 70 Rn. 22; *Richardi*, BetrVG, § 88 Rn. 29; für Mitarbeiterkapitalbeteiligungen *Röder*, NZA 1987, 799, 805.

den der Arbeitgeber mit der Gewährung der jeweiligen Anlageform verfolgt. Im Vergleich mit den traditionellen Vermögensbeteiligungsformen[162] werden mit der Einführung der Aktienoptionen eine Vielzahl unterschiedlicher Zwecke verfolgt, so dass es im Vergleich mit anderen freiwilligen Sonderzahlungen regelmäßig an der Zweckidentität fehlt. Daher ist bereits fraglich, ob man von einheitlichen Regelungsgegenständen ausgehen kann und § 77 Abs. 3 S. 1 BetrVG überhaupt einschlägig ist, zumal auch nach der Gegenansicht andere Regelungsgegenstände wie Prämien und Gratifikation keine Sperrwirkung entfalten.[163]

Im Ergebnis ist somit festzuhalten, dass § 77 Abs. 3 BetrVG der Einführung der Aktienoptionen im Rahmen eines Mitarbeiterbeteiligungsprogramms auf der Grundlage einer freiwilligen Betriebsvereinbarung i.S.v. § 88 Nr. 3 BetrVG nicht entgegen steht.[164]

(4) Sonderfall: Außertarifliche Mitarbeiter

Abschließend ist kurz auf die Situation der außertariflichen Angestellten hinzuweisen, die nicht unter den fachlichen oder persönlichen Geltungsbereich des auf den Betrieb anwendbaren Tarifvertrages fallen. Da Aktienoptionen sehr häufig Führungskräften eingeräumt werden, wird diese Frage bei der Einführung entsprechender Programme regelmäßig auftauchen. Sie stellt sich allerdings nur bei solchen Führungskräften, die keine leitenden Angestellten i.S.v. § 5 Abs. 3, Abs. 4 BetrVG sind. Die ganz überwiegende Ansicht nimmt an, dass Entgeltbedingungen für diese Personengruppe durch Betriebsvereinbarung geregelt werden können und § 77 Abs. 3 S. 1 BetrVG nicht entgegen steht.[165] Dies wird überzeugend damit begründet, dass die Norm den Vorrang der Tarifautonomie sicher stellen, nicht aber jegliche kollektive Regelung

---

161 Ebenso *Legerlotz/Laber* DStR 1999, 1658; 1667.

162 § 4 V 3 und § 1 I 2.

163 Vergl. *Kreutz*, GK-BetrVG, § 77 Rn. 138.

164 Im Ergebnis ebenso *Loritz*, ZTR 2002, 258, 260, der bei der Beteiligung von Arbeitnehmern am Unternehmen des Arbeitgebers eine Konkurrenzsituation von tariflichen und betrieblichen Regelungen ausschließt, weil den Tarifvertragsparteien dafür die Regelungsbefugnis fehle. Dazu zugleich in § 8 VI 2.
Zu einer anderen Lösung gelangt *Bauwens*, S. 115 f., welcher der Gegenansicht folgt, aber bei einem engen Verständnis des Anwendungsbereichs von § 88 Nr. 3 BetrVG, der sich nur auf vermögenswirksame Leistungen beziehe (S. 111 f.), der Sperrwirkung keinerlei Bedeutung beimisst, weil aktienkursorientierte Vergütungsformen bislang nicht in Tarifverträgen geregelt seien.

165 *BAG* v. 22.1.1980, AP Nr. 3 zu § 87 BetrVG 1972 Lohngestaltung unter B II 2 b; *DKK/Berg*, BetrVG, § 77 Rn. 64; *Fitting*, § 77 Rn. 89; *Kreutz*, GK-BetrVG, § 77 Rn. 112; a.A. z.B. *Lieb*, ZfA 1978, 179, 204 ff.

verhindern soll.[166] Folglich ist davon auszugehen, dass die Einführung von Aktienoptionen als Vergütungselement an Arbeitnehmer, die nicht unter den Geltungsbereich des Tarifvertrags fallen, in jeder Variante im Wege der Betriebsvereinbarung geregelt werden kann. Dies erfordert eine genaue Prüfung, welche Arbeitnehmer davon betroffen sind, wobei eine Negativregelung ausreichend ist.[167]

cc) Zusammenfassung

Bei der Einführung der Aktienoptionen als Vergütungselement steht die Sperrwirkung nach § 77 Abs. 3 S. 1 BetrVG einer Regelung durch Betriebsvereinbarung entgegen, wenn diese als synallagmatischer variabler Vergütungsbestandteil eingeräumt werden und einen Teil der fixen Grundvergütung ersetzten sollen. Die Norm ist dabei nicht nur bei einer bestehenden zwingenden, sondern auch bei einer üblichen tariflichen Regelung zu beachten. Ausgenommen sind Regelungen für Arbeitnehmer, die wie Führungskräfte nicht in den Geltungsbereich des einschlägigen Tarifvertrages fallen.

Etwas anderes gilt, wenn Aktienoptionen als zusätzlicher synallagmatischer variabler Vergütungsbestandteil eingeräumt werden sollen. § 77 Abs. 3 S. 1 BetrVG steht grundsätzlich nicht solchen zusätzlichen Leistungen entgegen, mit denen andere Zwecke als die Vergütung der Arbeitsleistung verfolgt werden und die von anderen Voraussetzungen abhängen. Dies trifft auf die Aktienoptionen zu, die in ihrer Zielsetzung und den Anforderungen an den Vergütungszufluss, wie etwa die Erfolgsziele, nicht mit den traditionellen Vergütungsformen vergleichbar sind. Aus diesen Gründen fallen Aktienoptionen, die als freiwillige Sonderzahlungen einräumt werden, ebenfalls nicht unter den Anwendungsbereich des § 77 Abs. 3 S. 1 BetrVG.

Die Sperrwirkung steht der Gewährung der Aktienoptionen außerdem nicht entgegen, wenn sie zur besonderen Förderung der Vermögensbildung im Rahmen eines Mitarbeiterbeteiligungsprogramms auf der Grundlage einer Betriebsvereinbarung nach § 88 Nr. 3 BetrVG eingeräumt werden.

Sofern der Anwendungsbereich von § 77 Abs. 3 S. 1 BetrVG nicht betroffen oder im Tarifvertrag eine entsprechende Öffnungsklausel i.S.v. § 77 Abs. 3 S. 2 BetrVG enthalten ist, besteht die funktionale Zuständigkeit für den Abschluss einer Betriebsvereinbarung über die Gewährung der Aktienoptionen. Anderenfalls ist die Regelungsbefugnis der Betriebspartner insoweit ausgeschlossen.

---

[166] Vergl. *Fitting*, § 77 Rn. 89.

[167] *Fitting*, § 77 Rn. 89; *Kreutz*, GK-BetrVG, § 77 Rn. 112.

c) Tarifvorrang nach § 87 Abs. 1 Eingangssatz BetrVG

Für die Regelungsgegenstände, die unter § 87 Abs. 1 Nr. 10 BetrVG fallen,[168] kommt als Begrenzung der Regelungsbefugnis durch Betriebsvereinbarungen zudem § 87 Abs. 1 Eingangssatz BetrVG in Betracht.

aa) Allgemeines

Nach dieser Vorschrift ist das zwingende Mitbestimmungsrecht des Betriebsrats und damit auch dessen Wahrnehmung durch Betriebsvereinbarung ausgeschlossen, sofern eine entsprechende tarifliche Regelung besteht. Für die Arbeitnehmer günstigere freiwillige Betriebsvereinbarungen bleiben davon unberührt.[169] Das Mitbestimmungsrecht und damit die Möglichkeit zum Abschluss einer erzwingbaren Betriebsvereinbarung wird allerdings nur durch eine zwingende tarifliche Regelung und im Gegensatz zu § 77 Abs. 3 S. 1 BetrVG nicht bereits durch eine übliche Regelung ausgeschlossen. Daher entfaltet ein abgelaufener, nachwirkender Tarifvertrag keine Sperrwirkung.[170] Der Tarifvorrang setzt außerdem die Tarifgebundenheit des Arbeitgebers, nicht aber der Arbeitnehmer voraus.[171] Betroffen sind daher nur Betriebe, deren Arbeitnehmer unter den fachlichen und persönlichen Geltungsbereich des Tarifvertrages fallen, nicht aber außertarifliche Angestellte.[172] Weiterhin kommt der Tarifvorrang nur unter der Voraussetzung zur Anwendung, dass die tarifliche Regelung abschließend und keiner Ergänzung durch betriebliche Regelung fähig oder bedürftig ist. Nur bei dieser Sichtweise wird dem Schutzweck des verdrängten Mitbestimmungsrechts ausreichend Rechnung getragen. Danach soll dieses Recht nur entfallen, wenn die Arbeitnehmerinteressen durch eine im Betrieb anwendbare tarifliche oder gesetzliche Regelung ausreichend berücksichtigt sind.[173] Die Arbeitnehmer sollen bei der Gestaltung der wichtigsten

---

[168] Vergl. oben § 6 V 1 a aa.

[169] *Fitting*, § 87 Rn. 39; *MünchArbR/Matthes*, § 332 Rn. 21 f.; *Richardi*, BetrVG, § 87 Rn. 169; *Wiese*, GK-BetrVG, § 87 Rn. 65.

[170] *BAG* v. 24.2.1987, AP Nr. 21 zu § 77 BetrVG 1972 unter II 4 b aa, 6 b; v. 3.12.1991, AP Nr. 52 zu § 87 BetrVG Lohngestaltung unter C I 1; *ErfK/Kania*, § 87 BetrVG Rn. 15; *Fitting*, § 87 Rn. 42; *Richardi*, BetrVG, § 87 Rn. 151 f. m.w.N.

[171] Ständige Rechtsprechung und ganz h.M.: z.B. *BAG* v. 24.2.1987, AP Nr. 21 zu § 77 BetrVG 1972 unter II 6 c; *ErfK/Kania*, § 87 BetrVG Rn. 15; *Fitting*, § 87 Rn. 41 f.; *MünchArbR/Matthes*, § 332, Rn. 16; *Richardi*, BetrVG, § 87 Rn. 157; a.A. *Wiese*, GK-BetrVG, § 87 Rn. 67 f.

[172] *ErfK/Kania*, § 87 BetrVG Rn. 15; *Fitting*, § 87 Rn. 45; *Richardi*, BetrVG, § 87 Rn. 159 f.; *Wiese*, GK-BetrVG, § 87 Rn. 76 allerdings nur hinsichtlich der leitenden Angestellten.

[173] Ständige Rechtsprechung z.B: *BAG* v. 3.12.1991, AP Nr. 52 zu § 87 BetrVG Lohngestaltung unter C II 1; *ErfK/Kania*, § 87 BetrVG Rn. 16; *Fitting*, § 87 Rn. 46; *Richardi*,

Arbeitsbedingungen durch den Betriebsrat als Interessenvertretung vor einseitigen Anordnungen des Arbeitgebers geschützt werden.[174]

Für die Beantwortung der Frage, ob der Einführung der Aktienoptionen Regelungen über andere Vergütungsarten entgegen stehen, kann allerdings auf die Ergebnisse zu § 77 Abs. 3 S. 1 BetrVG verwiesen werden. Demnach schließen tarifvertragliche Regelungen der synallagmatischen Vergütung andere Formen als Gegenleistung für die vertraglich geschuldete Arbeitsleistung grundsätzlich aus. Zulässig sind aber Vereinbarungen solcher Vergütungsformen, die von anderen Voraussetzungen abhängen und aus anderen Zwecken eingeräumt werden, weil tarifliche Entgeltregelungen nur Mindestbedingungen aufstellen.[175]

Bezogen auf die Aktienoptionen als Vergütungselement bedeutet dies, dass § 87 Abs. 1 Eingangssatz BetrVG einer Betriebsvereinbarung entgegen steht, durch die den Arbeitnehmern Ansprüche auf Aktienoptionen als variabler synallagmatischer Vergütungsbestandteil *zu Lasten* eines fixen Bestandteils eingeräumt werden. Zulässig sind demgegenüber Betriebsvereinbarungen, welche die Gewährung der Aktienoptionen als *zusätzliche* synallagmatische Vergütung oder freiwillige Sonderzahlung regeln, weil damit andere Zwecke verfolgt werden und die Leistung an andere Voraussetzungen geknüpft ist. Gleiches gilt für Aktienoptionen, die zur Förderung der Vermögensbildung auf der Grundlage einer Betriebsvereinbarung nach § 88 Nr. 3 BetrVG eingeräumt werden, bei denen trotzdem das Mitbestimmungsrecht nach § 87 Abs. 1 Nr. 10 BetrVG zu beachten ist.[176]

bb) Verhältnis zu § 77 Abs. 3 S. 1 BetrVG

Unter Berücksichtung dieser Grundsätze, kann es bei der Einführung der Aktienoptionen durch Betriebsvereinbarung zu einer Konkurrenzsituation der Anwendungsbereiche des § 87 Abs. 1 Eingangssatz BetrVG und des § 77 Abs. 3 S. 1 BetrVG kommen. Dies gilt für den Fall, dass die Aktienoptionen in einem Betrieb als variabler synallagmatischer Bestandteil zu Lasten der fixen Vergütung

BetrVG, § 87 Rn. 161; ähnlich *Wiese*, GK-BetrVG, § 87 Rn. 69 ff. Zum Schutzzweck BAG a.a.O. unter C I 4 c.

174 Vergl. BAG v. 18.4.1989, AP Nr. 18 zu 87 BetrVG 1972 Tarifvorrang unter B II 2; *ErfK/Kania*, § 87 BetrVG Rn. 1 sowie *Fitting*, § 87 Rn. 3.

175 Vergl. *BAG* v. 17.12.1985, AP Nr. 5 zu § 87 BetrVG 1972 Tarifvorrang unter B II 3; v. 03.12.1991, AP Nr. 52 zu § 87 BetrVG Lohngestaltung unter C II 2; *Fitting*, § 87 Rn. 50 f.

176 Vergl. *Fitting*, § 88 Rn. 25; *Richardi*, BetrVG, § 88 Rn. 31; *Wiese*, GK-BetrVG, § 87 Rn. 824, wonach die Vereinbarung einer freiwilligen Betriebsvereinbarung zur Förderung der Vermögensbildung das Mitbestimmungsrecht nach § 87 Abs. 1 Nr. 10 BetrVG nicht ausschließt. Dazu noch § 7 II 4.

eingeführt werden sollen, der in den Geltungsbereich eines Tarifvertrages mit einer nachwirkenden und damit bloß üblichen Grundvergütungsregelung fällt. In diesem Fall würde § 77 Abs. 3 S. 1 BetrVG einer abweichenden Vergütungsregelung wegen der Tarifüblichkeit entgegen stehen, während der Tarifvorrang in § 87 Abs. 1 Eingangssatz BetrVG, der eine zwingende Regelung sowie die Tarifbindung des Arbeitgebers voraussetzt, nicht eingreifen würde. Welche Regelung vorgeht, hängt von dem Verhältnis der beiden Vorschriften zueinander ab. Es wird indes nicht einheitlich beurteilt, ob die Sperrwirkung des § 77 Abs. 3 S. 1 BetrVG auch im Anwendungsbereich des § 87 Abs. 1 BetrVG gilt.

So geht die Vorrangtheorie davon aus, dass § 87 Abs. 1 Eingangssatz BetrVG als speziellere Norm § 77 Abs. 3 S. 1 BetrVG vorgeht und diesen verdrängt.[177] Dies hat zur Folge, dass eine übliche tarifliche Regelung gegenüber einer Betriebsvereinbarung, welche die Betriebspartner aufgrund ihrer funktionalen Zuständigkeit nach § 87 Abs. 1 Nr. 10 BetrVG abschließen, keine Sperrwirkung entfaltet. Gleiches gilt bei fehlender Tarifbindung des Arbeitgebers, wenn der Betrieb in den Geltungsbereich eines bestehenden Tarifvertrages fällt.[178] Folglich würde die Tarifsperre der Einführung von Aktienoptionen als synallagmatische variable Vergütungsform durch eine Betriebsvereinbarung bei fehlender Tarifbindung des Arbeitgebers oder lediglich nachwirkendem Tarifvertrag nicht entgegen stehen.

Demgegenüber soll nach der Zwei-Schranken-Theorie der Tarifvorrang nach § 77 Abs. 3 S. 1 BetrVG auch im Anwendungsbereich des § 87 Abs. 1 BetrVG gelten. Daher schließt nicht nur eine bestehende, sondern auch eine übliche tarifliche Regelung unabhängig von der Tarifbindung des Arbeitgebers eine entsprechende Vergütungsvereinbarung durch Betriebsvereinbarung aus.[179] Bezogen auf die Einführung der Aktienoptionen als Teil der im Gegenseitigkeitsverhältnis stehenden Vergütung käme die Zwei-Schranken-Theorie zu dem Ergebnis, dass eine entsprechende Regelung durch Betriebsvereinbarung auch dann ausgeschlossen ist, wenn der Tarifvertrag lediglich nachwirkt oder der Arbeitgeber nicht tarifgebunden ist.

---

177 Ständige Rechtsprechung z.B. *BAG* v. 24.1.1987, AP Nr. 21 zu § 77 BetrVG 1972 unter B II 4; v. 3.12.1991, AP Nr. 52 zu § 87 BetrVG 1972 Lohngestaltung unter C I 4. Vertreter in der Literatur sind z.B. *DKK/Berg*, § 77, Rn. 66; wohl auch *ErfK/Kania*, § 77 BetrVG Rn. 44; jetzt auch *Fitting*, BetrVG (seit 22. Aufl) § 77 Rn. 111; *MünchArbR/Matthes*, § 327 Rn. 70 f.

178 Vergl. *ErfK/Kania*, § 77 BetrVG Rn. 45; *Kreutz*, GK-BetrVG, § 77 Rn. 140.

179 So eine nahezu gleich starke Auffassung im Schrifttum, vergl. *Fitting*, BetrVG (21. Aufl.) § 77 Rn. 110 f.; grundsätzlich *Richardi*, BetrVG, § 77 Rn. 249 ff., der allerdings auch im Anwendungsbereich von § 77 Abs. 3 S. 1 BetrVG die Tarifbindung des Arbeitgebers fordert; ebenso *Kreutz*, GK-BetrVG, § 77 Rn. 139.

Da die beiden Auffassungen in dieser Konstellation zu unterschiedlichen Ergebnissen kommen, stellt sich die Frage, welcher der Vorzug zu geben ist.

Befürworter der Vorrangtheorie weisen u.a. darauf hin, dass der Schutz der Arbeitnehmer vor einseitigen Bestimmungen des Arbeitgebers nur dann ohne die Mitbestimmung des Betriebsrats gesichert sei, wenn eine bindende tarifliche Regelung bestehe. Eine übliche Regelung genüge diesem Schutzzweck nicht.[180]

Die Vertreter der Zwei-Schranken-Theorie verweisen dagegen auf die Gefahr, dass die Tarifautonomie ausgehöhlt würde, ließe man die Regelung durch Betriebsvereinbarung trotz bestehender tarifüblicher Regelung oder bei fehlender Tarifbindung des Arbeitgebers zu. Das Mitbestimmungsrecht bleibe auch bei dieser Sichtweise in materiellem Umfang erhalten, weil die Betriebspartner über die Angelegenheiten zwar keine normativ wirkende Betriebvereinbarung, aber eine Regelungsabrede als kollektive Vereinbarung treffen könnten.[181]

Es ist allerdings zweifelhaft, ob die Mitbestimmungsrechte und damit der Arbeitnehmerschutz nicht nur durch den Abschluss einer normativ wirkenden Betriebsvereinbarung, sondern auch durch Abschluss einer Regelungsabrede gewahrt werden können. Sofern der Betriebsrat ein höheres Schutzniveau in Betrieben ohne tarifliche Bindung und ohne Bezugnahme auf den einschlägigen Tarifvertrag erreichen will, ist er für den Abschluss einer freiwilligen Regelungsabrede auf den guten Willen des Arbeitgebers angewiesen, während eine Betriebsvereinbarung auf der Grundlage des § 87 BetrVG erzwungen werden kann. Aus Gründen des Arbeitnehmerschutzes ist die Vorrangtheorie vorzugswürdig.

Daher kommt die Einführung der Aktienoptionen als synallagmatische Vergütung durch Betriebsvereinbarung auch in Betracht, wenn die tarifvertraglichen Regelungen nachwirken oder der Arbeitgeber nicht tarifgebunden ist. In diesen Fällen steht § 87 Abs. 1 Eingangssatz BetrVG einer Regelung durch Betriebsvereinbarung nicht entgegen und verdrängt die Tarifsperre nach § 77 Abs. 3 S. 1 BetrVG. Für die inhaltlichen Grenzen der Regelungskompetenz nach § 87 Abs. 1 Eingangssatz BetrVG kann auf die Ergebnisse zu § 77 Abs. 3 S. 1 BetrVG verwiesen werden.[182] Wegen der ganz eigenen Zielsetzung

---

180 Vergl. *BAG* v. 24.2.1987, AP Nr. 21 zu § 77 BetrVG 1972 unter B II 4 b cc; v. 3.12.1991, AP Nr. 52 zu § 87 BetrVG 1972 Lohngestaltung unter C I 4 c; *MünchArbR/Matthes*, § 327 Rn. 71.

181 *Fitting*, BetrVG (21. Aufl.), § 77 Rn. 114 ff.; ebenso wegen des ausreichenden Arbeitnehmerschutzes durch Regelungsvereinbarung *Kreutz*, GK-BetrVG, § 77 Rn. 144, der die Vorrangtheorie zudem aus methodischen Gründen ablehnt. Wortlaut, Entstehungsgeschichte und der systematische Vergleich mit § 112 Abs. 1 S. 4 BetrVG sprechen gegen die Vorrangtheorie, *Fitting*, BetrVG (21. Aufl.), § 77 Rn. 111; *Kreutz*, GK-BetrVG, § 77 Rn. 142 ff.

der Aktienoptionen stehen andere Vergütungsregelungen der Einführung dieser Vergütungsform durch eine Betriebsvereinbarung regelmäßig nicht entgegen, weil es an der Identität der Regelungsgegenstände fehlt.

3. Inhalt der Betriebsvereinbarung – weitere Grenzen der Regelungsbefugnis

Nach der Klärung der Kompetenz der Betriebspartner zur Regelung der Aktienoptionen als Vergütungselement ist der Frage nachzugehen, auf welche Weise sie die Einführung dieser Vergütungsform zulässig regeln können. Es besteht zum einen die Möglichkeit, die Aktienoptionen den begünstigten Arbeitnehmern direkt durch die Betriebsvereinbarung einzuräumen. Daneben wäre weder eine gesonderte arbeitsvertragliche Vereinbarung noch der Abschluss eines Gewährungsvertrags erforderlich.[183] Wegen der normativen Wirkung der Betriebsvereinbarung nach § 77 Abs. 4 S. 1 BetrVG würde dies dazu führen, dass die Arbeitnehmer ohne ihre Mitwirkung zu Inhabern von Aktienoptionen des Unternehmens würden. Als andere Möglichkeit bietet sich der Abschluss einer Betriebsvereinbarung an, durch die lediglich die Ansprüche der Arbeitnehmer auf die Einräumung der Aktienoptionen begründet und die Rahmenbedingungen bzw. Konditionen für dieses Angebot festgelegt werden. In diesem Fall würde lediglich eine Verpflichtung der Gesellschaft begründet werden, die sie durch Abschluss der Gewährungsverträge und Einräumung der Optionen bei Annahme durch die Arbeitnehmer erfüllen müsste.

a) Ansichten zur Zulässigkeit der Einräumung von Unternehmensbeteiligungen durch Betriebsvereinbarungen

Die zweite Variante, in der durch Betriebsvereinbarung lediglich die Ansprüche der Arbeitnehmer auf Einräumung einer Unternehmensbeteiligung begründet werden und die Einräumung durch zusätzlichen Einzelvertrag erfolgt, wird gemeinhin als zulässig angesehen.[184] Gleiches wird für die Aktienoptionen angenommen,[185] obwohl diese selbst noch keine Unternehmensbeteiligung darstellen, sondern lediglich einen schuldrechtlichen Anspruch auf den künftigen Erwerb der Aktien und damit der Unternehmensbeteiligung einräumen.[186]

[182] Vergl. § 8 V 2 b bb cc.
[183] Zum Gewährungsvertrag vergl. § 1 IV 2 b.
[184] *Legerlotz/Laber*, DStR 1999, 1658, 1659; *Loritz*, DB 1985, 531, 536.
[185] *Baeck/Diller*, DB 1998, 1405, 1406; *Legerlotz/Laber*, DStR 1999, 1658, 1659; *Schanz*, NZA 2000, 626, 632; *Tepass* in: Harrer, MAB Rn. 356.
[186] Vergl. zur Rechtsnatur § 1 III 1.

Die unmittelbare Einräumung von von Unternehmensbeteiligungen wie auch Aktienoptionen wird ganz überwiegend unter Hinweis auf die Grundrechte der Arbeitnehmer mit dem Argument abgelehnt, jene dürften durch Betriebsvereinbarung nicht gezwungen werden, Aktionär zu werden.[187]

b) Eigener Ansatz

Dieser Auffassung ist darin zuzustimmen, dass in zuletzt genannten Konstellation ein Verstoß gegen die durch Art. 9 Abs. 1 GG geschützte negative Vereinigungsfreiheit sowie die durch Art. 2 Abs. 1 GG garantierte Privatsphäre oder Vertragsfreiheit der Arbeitnehmer nahe liegt. Bevor die möglichen Verstöße solcher Regelungen gegen die Grundrechte untersucht werden, ist zunächst allerdings zu klären, ob die Betriebspartner beim Abschluss von Betriebsvereinbarungen an die Grundrechte gebunden sind. Die genannten Ansichten blenden diese Problematik aus und ziehen die Grundrechte als Grenze der Regelungsbefugnis direkt heran.

aa) Grundrechtsbindung der Betriebspartner

Nach nahezu einhelliger Ansicht sind die Betriebspartner bei der Regelung von Arbeitsbedingungen in Betriebsvereinbarungen trotz der in § 77 Abs. 4 S. 1 BetrVG angeordneten normativen Wirkung nicht unmittelbar an die Grundrechte gebunden. So entschied das Bundesverfassungsgericht, dass es sich bei einer Betriebsvereinbarung um eine privatrechtliche Vereinbarung handelt, der trotz der im Gesetz angeordneten normativen Wirkung noch nicht der Charakter von Akten öffentlicher Gewalt i.S.v. Art. 1 Abs. 3 GG zukommt. Der Rechtsgehalt der Grundrechte soll daher nur mittelbar über die Generalklauseln auf die betroffenen Rechtsgebiete einwirken, sog. mittelbare Drittwirkung der Grundrechte.[188]

Für die mittelbare Wirkung der Grundrechte bei der Aufstellung von Betriebsvereinbarungen wird § 75 BetrVG als Generalklausel herangezogen. Nach § 75

---

[187] *Baeck/Diller*, DB 1998, 1405, 1406; *Legerlotz/Laber*, DStR 1999, 1658, 1659; *Loritz*, DB 1985, 531, 536; allgemein für Kapitalbeteiligungsverhältnisses *Röder*, NZA 1987, 799, 805; *Schanz*, NZA 2000, 626, 632; *Tepass* in: Harrer, MAB Rn. 356; a.A. *Bauwens*, S. 113 f.

[188] *BVerfG* v. 23.4.1986, BVerfGE 261, 268 f. Dem hat sich das BAG angeschlossen, *BAG* v. 27.5.1986, AP Nr. 15 zu § 87 BetrVG 1972 Überwachung unter B 2 b; v. 7.11.1989, AP Nr. 46 zu § 77 BetrVG 1972 unter C I 3. Anders noch *BAG* v. 20.11.1987, AP Rn. 2 zu § 620 BGB Altersgrenze unter B V (unmittelbare Anwendung). Ebenso *ErfK/Dieterich*, Einl GG Rn. 24, 59 f.; *Kreutz*, GK-BetrVG, § 77 Rn. 293 f. m.w.N:; *Otto*, ArbR, Rn. 121; *MünchArbR/Richardi*, § 10 Rn. 34 ff.; a.A. z.B. *DKK/Berg*, § 77 Rn. 9.

Abs. 1 BetrVG haben die Betriebspartner stets die Grundsätze des geltenden Rechts zu beachten, zu denen insbesondere die grundrechtlichen Wertentscheidungen gehören. Zudem nimmt § 75 Abs. 2 BetrVG auf die freie Entfaltung der Persönlichkeit und damit auf die Wertungen des Art. 2 Abs. 1 GG Bezug.[189]

Im Ergebnis ist daher festzuhalten, dass die Betriebspartner bei der Regelung der Arbeitsbedingungen in einer Betriebsvereinbarung die Wertungen der Grundrechte über § 75 BetrVG mittelbar zu beachten haben.

bb) Übertragung der Grundsätze auf die Einräumung der Aktienoptionen

(1) Verstoß gegen die negative Koalitionsfreiheit, Art. 9 Abs. 1 GG

Bei Einräumung der Aktien mit normativer Wirkung kommt ein Verstoß gegen die negative Vereinigungsfreiheit in Betracht, weil niemand gegen seinen Willen gezwungen werden darf, Mitglied einer privaten Gesellschaft oder eines privaten Verbandes zu werden.[190] Die Zwangsmitgliedschaft in einer Aktiengesellschaft ist mit diesem Recht nicht vereinbar.[191] Die zwangsweise Einräumung der Aktienoptionen würde hingegen den Schutzbereich nicht tangieren, weil die Arbeitnehmer nicht zur Ausübung und damit zur Begründung der Mitgliedschaft verpflichtet sind, sondern die Option ohne weiteres verfallen lassen können.

(2) Verstoß gegen die Vertragsfreiheit, Art. 2 Abs. 1 GG

Weiterhin kann die zwangsweise Unternehmensbeteiligung durch Betriebsvereinbarung zu einen Verstoß gegen die in Art. 2 Abs. 1 GG geschützte Vertragsfreiheit führen. Bei der Einräumung der Aktien entsteht durch die Mitgliedschaft ein gesellschaftsrechtliches Vertragsverhältnis mit der Aktiengesell-

---

[189] So z.B. *BAG* v. 7.11.1989, AP Nr. 46 zu § 77 BetrVG 1972 unter C I 3; v. 11.7.2000, AP Nr. 16 zu § 87 BetrVG 1972 Sozialeinrichtung unter II 2 a; *Kreutz*, BetrVG, § 77 Rn. 294; § 75 Rn. 29 ff.; *Otto*, ArbR, Rn. 121; *MünchArbR/Richardi*, § 10 Rn. 36.

[190] *Höfling*, in: Sachs, GG, Art. 9 Rn. 21.

[191] Ebenso *Baeck/Diller*, DB 1998, 1405, 1406; *Legerlotz/Laber*, DStR 1999, 1658, 1659; *Loritz*, DB 1985, 531, 537; *Schanz*, NZA 2000, 626, 632, Fn. 50. A.A. *Bauwens*, S. 113, nach dessen Ansicht die Aktien lediglich eine formelle Mitgliedschaft vermitteln, ohne dass sich daraus für den einzelnen Aktionär besondere Pflichten ergeben würden. Es stehe allein der Vermögenswert im Vordergrund. Diese Sichtweise wird dem Charakter der Aktie als Mitgliedschaft an einem Unternehmen nicht gerecht.

schaft, aufgrund dessen den Aktionären z.B. Stimm- und Vermögensrechte zustehen.[192] Die verfassungsrechtlich garantierte Vertragsfreiheit gewährleistet aber die Abschlussfreiheit, also die Entscheidung darüber, ob und mit welchem Vertragspartner man eine vertragliche Verpflichtung eingehen möchte. Ein Kontrahierungszwang ist damit unvereinbar. Folglich verstößt die zwangsweise Zuteilung der Aktien durch Betriebsvereinbarung grundsätzlich gegen die grundrechtlich geschützte Privatautonomie der betroffenen Arbeitnehmer.[193]

Gleiches muss für die zwangsweise Zuteilung der Aktienoptionen gelten. Zwar wird dadurch noch nicht die Mitgliedschaft begründet, die Zuteilung der Aktienoptionen bzw. die Einräumung des rechtsgeschäftlichen Bezugsrechts führte aber zur Begründung eines gesellschaftsrechtlichen Verhältnisses, aufgrund dessen der Optionsinhaber zu den vorgegebenen Bedingungen zum Bezug junger Aktien berechtigt ist. In dieser Fallgestaltung wäre ihm die Entscheidung genommen, ob er Inhaber des Bezugsrechts werden und am Programm teilnehmen möchte, wodurch neben den Rechten schließlich auch Pflichten begründet werden. Die unmittelbare Einräumung der Aktienoptionen durch eine Betriebsvereinbarung würde somit gegen die durch Art. 2 Abs. 1 GG gewährleistete Vertragsfreiheit des Arbeitnehmers verstoßen.

(3) Unzulässige Lohnverwendungsabrede und Eingriff in die Privatsphäre, § 75 Abs. 2 BetrVG i.V.m. Art. 2 Abs. 1 GG

Weiterhin können derartige Regelungen als unzulässige Lohnverwendungsabrede anzusehen sein. Nach § 75 Abs. 2 BetrVG sind die Betriebspartner verpflichtet, die freie Entfaltung der Persönlichkeit der im Betrieb beschäftigten Arbeitnehmer zu schützen und zu fördern. Unter Berücksichtigung der in Art. 2 Abs. 1 GG geschützten allgemeinen Handlungsfreiheit werden daher Regelungen in Betriebsvereinbarungen als unzulässig angesehen, die dem Arbeitnehmer eine bestimmte Verwendung seines Lohnes vorschreiben. Solche Lohnverwendungsbestimmungen führten zu Einschränkungen der dem Arbeitnehmer zustehenden Freiheit, über seinen Lohn zu verfügen und griffen daher in seine außerbetriebliche Lebensgestaltung ein.[194] Als unzulässige Lohnverwendungsbestimmung werden Regelungen in Betriebsvereinbarungen angesehen, die Lohnabzüge zugunsten bestimmter Organisationen oder eine Sparquote festgelegen. Der Arbeitnehmer soll auch nicht durch eine freiwillige Betriebsvereinbarung nach § 88 Nr. 3 BetrVG gezwungen werden dürfen, Teile seiner

---

[192] Zu den Rechten der Aktionäre vergl. § 4 V 2.

[193] So im Ergebnis *Legerlotz/Laber*, DStR 1999, 1658, 1659; *Loritz*, DB 1985, 531, 537.

[194] *BAG* v. 11.7.2001, AP Nr. 16 zu § 87 BetrVG 1972 Sozialeinrichtung unter II 2 a; *Fitting*, § 77 Rn. 58; *Kreutz*, GK-BetrVG, § 77 Rn. 331 f.

Vergütung vermögenswirksam zu sparen. Die vermögenswirksame Anlage soll nur auf Verlangen des Arbeitnehmers erfolgen.[195] Demgegenüber werden freiwillige Lohnzuschläge für zulässig gehalten, die als Investivlohn ausschließlich für vermögenswirksame Anlageformen eingeräumt werden. Der Vergütungsanspruch entstehe dann von vornherein mit diesem Inhalt, und der Arbeitnehmer könne frei darüber entscheiden, ob er dieses Angebot annehmen will.[196]

Überträgt man diese Grundsätze auf die Einräumung von Aktienoptionen durch Betriebsvereinbarung, so ist zunächst festzuhalten, dass es sich dabei um die Einräumung eines vermögenswerten Vorteils und damit um eine Vergütungsregelung handelt. Sofern für die Einräumung der Aktienoptionen synallagmatische Vergütungsbestandteile einbehalten oder gekürzt werden sollen, würde die Verwendung eines bestimmten Anteils der Gesamtvergütung vorgegeben. Folglich wäre eine unzulässige Lohnverwendungsbestimmung schon aus diesem Grund zu bejahen. Würde es sich um eine freiwillige Zusatzleistung oder um eine Maßnahme zur Förderung der Vermögensbildung handeln, würde der Vergütungsanspruch zwar von vornherein nur mit diesem Inhalt entstehen, der Arbeitnehmer könnte aber nicht frei darüber entscheiden, ob er dieses Angebot des arbeitgebenden Unternehmens annehmen möchte. Eine entsprechende Betriebsvereinbarung wäre daher ebenfalls als unzulässige Lohnverwendungsbestimmung anzusehen und würde gegen § 75 Abs. 2 BetrVG i.V.m. Art. 2 Abs. 1 GG verstoßen.[197]

Die Situation stellt sich bei Einräumung der Aktienoptionen als freiwillige zusätzliche Leistung ähnlich dar. Sofern dafür ein Eigenanteil erbracht werden müsste, wäre dies mit dem Zwang zu einer vermögenswirksamen Anlage vergleichbar. Selbst bei unentgeltlicher Einräumung werden Bestandteile der Gesamtvergütung für bestimmte Zwecke verwendet, ohne dass der Arbeitnehmer darauf Einfluss nehmen kann bzw. sich damit ausdrücklich einverstanden erklären muss. Da die Aktienoptionen regelmäßig mit Veräußerungsbeschränkungen verbunden sind,[198] ist der Arbeitnehmer in dieser Situation faktisch zum Aktienerwerb gezwungen, weil er den vermögenswerten Vorteil nicht auf andere Weise realisieren kann.[199] Aus diesen Gründen ist die direkte Einräumung der Aktienoptionen durch eine Betriebsvereinbarung als Lohnverwendungsabrede einzuordnen und somit unzulässig.[200]

---

[195] *Fitting*, § 77 Rn. 58; *Kreutz*, GK-BetrVG, § 77 Rn. 332; *Richardi*, BetrVG, § 77 Rn. 104.

[196] *Fitting*, § 77 Rn. 58; *Kreutz*, GK-BetrVG, § 77 Rn. 332.

[197] Im Ergebnis *Baeck/Diller*, DB 1998, 1404, 1406; in diesem Sinne wohl auch *Legerlotz/Laber*, DStR 1999, 1658, 1659; *Schanz*, NZA 2000, 626, 632.

[198] Vergl. § 3 II 2.

[199] So wohl auch *Baeck/Diller*, DB 1998, 1404, 1406 und *Schanz*, NZA 2000, 626, 632.

[200] A.A. *Bauwens*, S. 114, der allerdings auf einen möglichen Verstoß gegen die Vertragsfreiheit bzw. die Problematik der Lohnverwendungsabrede eingeht.

4. Zusammenfassung

In einer Betriebsvereinbarung können die Ansprüche der Arbeitnehmer auf Einräumung der Aktienoptionen sowie die allgemeinen Programmkonditionen geregelt werden. Die Betriebsvereinbarung bildet lediglich den rechtlichen Rahmen für die Ansprüche. Es bleibt Sache der Arbeitnehmer, dieses Angebot des Unternehmens anzunehmen und einen entsprechenden Gewährungsvertrag abzuschließen.

Die unmittelbare Einräumung der Aktienoptionen ist hingegen als Eingriff in die Vertragsfreiheit des Arbeitnehmers sowie als unzulässige Lohnverwendungsabrede anzusehen, die gem. § 75 BetrVG i.V.m. Art. 2 Abs. 1 GG unwirksam ist.

VI. Tarifvertrag

Abschließend ist der Tarifvertrag als weitere mögliche Anspruchsgrundlage zu erörtern. Insoweit kommen Flächen- bzw. Verbandstarifvertrag oder Firmen- bzw. Haustarifvertrag in Betracht. Während ersterer zwischen Gewerkschaft und Arbeitgeberverband für alle Mitgliedsunternehmen geschlossen wird, für die der Verband örtlich zuständig ist, wird der Firmentarifvertrag zwischen der Gewerkschaft und einem einzelnen Arbeitgeber bzw. Unternehmen vereinbart.

1. Eignung der Flächentarifverträge zur Einräumung der Aktienoptionen

Der Flächentarifvertrag scheidet von vornherein als geeignete Anspruchsgrundlage für die Einführung der Aktienoptionen aus. [201] Die Einführung der Aktienoptionsprogramme ist auf die Aktiengesellschaft als Rechtsform beschränkt. Sie werden zudem nach den individuellen Bedürfnissen und spezifischen Besonderheiten des Unternehmens gestaltet. Dies wirkt sich bei der Festlegung des Kapitalerhöhungsbetrages, von der die Anzahl der auszugebenden Aktien und Aktienoptionen abhängt, der Verteilung auf Geschäftsführung und sonstige Mitarbeiter, dem Ausübungs- bzw. Basispreis und insbesondere den Erfolgszielen aus. Die Anwendung eines einheitlichen Aktienoptionsplans auf alle verbandsangehörigen Unternehmen ist daher praktisch und rechtlich unmöglich.

[201] So auch *Schanz*, NZA 2000, 626, 632.

Dies trifft im Übrigen auf alle unternehmensspezifischen Erfolgsbeteiligungsformen zu.[202] Denkbar sind allenfalls unternehmensbezogene Verbandstarifverträge.[203] Es verwundert daher kaum, dass entsprechende tarifliche Regelungen bislang nicht bekannt geworden sind.[204]

Will das Unternehmen allerdings eine Änderung des Vergütungssystems einführen und plant eine Aufteilung der Gesamtvergütung in einen fixen und erfolgsbezogenen variablen Bestandteil, so muss eine Klausel in den Flächentarifvertrag aufgenommen werden, die dem tarifgebundenen Unternehmen die Substitution und damit Reduzierung der tarifvertraglich festgelegten Fixvergütung gegen Gewährung der Aktienoptionen gestatten. Wegen der Regelungen in § 77 Abs. 3 BetrG, § 87 Abs. 1 Eingangssatz BetrVG bzw. § 4 Abs. 3 TVG ist eine Änderung des bestehenden Vergütungssystems durch Betriebsvereinbarung oder eine arbeitsvertragliche Vereinbarung nur bei bestehender Öffnungsklausel möglich.[205]

2. Eignung der Firmentarifverträge und unternehmensbezogener Verbandstarifverträge

Unter praktischen Gesichtspunkten kommen allein Firmentarifverträge oder vergleichbare unternehmensbezogene Verbandstarifverträge als geeignete Anspruchsgrundlage in Betracht.

a) Allgemeines

Da sie wie die Betriebsvereinbarung eine kollektive Anspruchsgrundlage darstellen, sind die für die Betriebsvereinbarung erarbeiteten Grundsätze zu übertragen.[206] Daher scheidet zunächst die direkte Einräumung der Beteiligungen an die Arbeitnehmer durch Tarifvertrag oder die Begründung einer Verpflichtung zum Abschluss entsprechender Verträge aus. Eine solche Regelung würde gegen die Vertragsfreiheit der Arbeitnehmer verstoßen und eine unzulässige Lohnverwendungsabrede darstellen.[207]

---

202 So allgemein für Erfolgsbeteiligungen *Loritz*, DB 1985, 531, 534, *Wagner*, BB 1997, 150, 155.

203 Dazu sogleich in § 6 IV 2.

204 *Baeck/Diller*, DB 1998, 1405, 1406; *Legerlotz/Laber*, DStR 1999, 1658.

205 Diese Regelungsmöglichkeit schlägt auch *Busch*, BB 2000, 1294, vor.

206 *Baeck/Diller*, DB 1998, 1405, 1406; *Legerlotz/Laber*, DStR 1999, 1658, 1659.

207 So im Ergebnis auch *Legerlotz/Laber*, DStR 1999, 1658 1659; *Loritz*; DB 1985, 531, 535, mit der Begründung, die Arbeitnehmer dürften nicht zum Abschluss eines Rechts-

b) Regelungsbefugnis der Tarifvertragsparteien und deren Grenzen

Im Zusammenhang mit der Anspruchsbegründung durch einen Firmentarifvertrag stellt sich allerdings die Frage, ob Kapital- bzw. Mitarbeiterbeteiligungen gegen den Willen des einzelnen Arbeitgebers oder Unternehmens eingeführt und notfalls durch Streik erzwungen werden könnten.

aa) Auffassungen zur tariflichen Regelungsbefugnis

Teilweise gehen diejenigen Autoren, welche die Einführung der Aktienoptionen durch einen Firmentarifvertrag für zulässig erachten, auf diesen Gesichtspunkt nicht ein.[208] Andere halten nur den Abschluss freiwilliger Haustarifverträge für zulässig.[209]

Nach anderer Auffassung fehlt den Tarifvertragsparteien zur Einräumung von Kapital- und Mitarbeiterbeteiligungen durch Firmentarifverträge oder firmenbezogene Verbandstarifverträge einschließlich freiwilliger tariflicher Regelungen generell die Befugnis. Arbeitgeber bzw. Unternehmen sollen nicht dazu gezwungen werden dürfen, ihren Mitarbeitern Unternehmensbeteiligungen einzuräumen. Anderenfalls liege ein verfassungswidriger Eingriff in die durch Art. 14 Abs. 1 GG geschützte Eigentumsfreiheit vor. Zudem verstoße die Verpflichtung zur Einräumung von Unternehmensbeteiligungen und der Abschluss entsprechender Verträge gegen die durch Art. 12 Abs. 1 GG geschützte unternehmerische Freiheit, über die Aufnahme von Kapitalgebern entscheiden zu dürfen, sowie die durch Art. 2 Abs. 1 GG geschützte Vertragsfreiheit.[210] Dies

---

verhältnisses gezwungen werden, durch das über den Arbeitsvertrag hinausgehende andersartige Rechte und Pflichten begründet würden, *Löwisch/Rieble*, TVG, § 1 Rn. 642, in Bezug auf vermögenswirksame Leistungen sowie *Schanz*, NZA 2000, 626, 632., Fn. 50, und wohl auch *Zitzewitz*, S. 181 f., nach dessen Ansicht die Zusage keinen Eingriff in Arbeitnehmerrechte darstellt.

208 *Baeck/Diller*, DB 1998, 1405, 1406, die eine Regelung durch Haustarifvertrag unproblematisch für möglich halten; *Bauwens*, S. 103, 112, der für die Regelbarkeit durch Firmentarifvertrag allein auf die Grundsätze zur Betriebsvereinbarung verweist und eine mögliche Grundrechtsverletzung des Arbeitgebers ausdrücklich ausschließt; *Schanz*, NZA 2000, 626, 632.

209 *Legerlotz/Laber*, DStR 1999, 1658, 1659.

210 *Loritz*, DB 1985, 531, 533 ff.; *ders.* in: FS Kissel 1994, S. 687, 693 ff.; *ders.*, ZTR 2002, 258, 261. Zustimmend *Bauwens*, S. S, 104 ff., allerdings nur für Verbandstarifverträge sowie *Löwisch/Rieble*, TVG, § 1 Rn. 287, 974 f., die darüber hinaus einen Verstoß gegen die negative Vereinigungsfreiheit nach Art. 9 Abs. 1 GG annehmen, sofern das Unternehmen zur Aufnahme von Belegschaftsaktionären gezwungen wird, sowie *Ricken*, NZA 1999, 236, 241.

wird speziell für den Verbandstarifvertrag auf die Grundrechtsbindung der Tarifvertragsparteien und zum anderen darauf gestützt, dass eine solche Regelung weder für einen Firmen- noch für einen Verbandstarifvertrag als tariflich regelbares Ziel mit Mitteln des Arbeitskampfes durchgesetzt werden könne.[211] Zulässig sei allenfalls ein Vertrag zu Gunsten Dritter gem. § 328 Abs. 1 BGB zwischen Arbeitgeber oder Arbeitgeberverband und Gewerkschaft, durch den die Arbeitnehmer einen Anspruch auf Einräumung der Beteiligung erwerben. Dieser Anspruch könne aber nicht zwangsweise durchgesetzt werden.[212]

Fraglich ist aber, ob diese Bedenken ohne weiteres auf Aktienoptionen als Vergütungsform zu übertragen sind, da sie sich auf die Einräumung von Unternehmensbeteiligungen beziehen. Die Aktienoptionen sind dagegen eine Vorstufe zur Einräumung einer Unternehmensbeteiligung, da sie den Berechtigen lediglich einen bedingten Anspruch auf Einräumung der Unternehmensbeteiligung bei Erfüllung der Optionsbedingungen einräumen. Für die Einräumung des Unternehmensanteils ist zunächst die Ausübung der Option und damit der Abschluss eines Zeichnungsvertrags notwendig, den die Gesellschaft durch die Übertragung der Aktien zu erfüllen hat.[213] Weil aber nach Ablauf der Wartefrist und dem Erreichen der Erfolgsziele mit der Ausübung der Optionen automatisch der Zeichnungsvertrag zustande kommt, ist die Einräumung von Aktienoptionen in ihren Auswirkungen mit der von Aktien vergleichbar. Ein Unterschied besteht nur darin, dass bei Ausgabe noch nicht feststeht, inwieweit die Optionsinhaber von ihrem Bezugsrecht Gebrauch machen werden.[214] Folglich sind die Zweifel an der tariflichen Regelungsbefugnis für die Einräumung der Unternehmensbeteiligungen auf Aktienoptionen zu übertragen. Zulässig ist hingegen eine Regelung, durch die sich das Unternehmen unter Hinweis auf die Notwendigkeit eines Hauptversammlungsbeschlusses zur Auflegung eines entsprechenden Programms verpflichtet. In diesem Fall wird ein bedingter tarifvertraglicher Anspruch begründet und den aktienrechtlichen Kompetenzen ausreichend Rechnung getragen.

Nach anderer Auffassung steht den Tarifvertragsparteien generell die Befugnis zur Regelung von Kapital- bzw. Mitarbeiterbeteiligungen zu. Sie begründet dies damit, dass die Anteilseigner bereits durch die gesellschaftsrechtlichen Vorschriften hinreichend geschützt seien, wonach die Beteiligung neuer Gesellschafter einen Beschluss bzw. die Zustimmung der anderen Gesellschafter erfordere. Vor diesem Hintergrund gebe es keine verfassungsrechtlichen Bedenken.[215]

---

[211] *Loritz*, DB 1985, 531, 533, *ders.* in: FS Kissel 1994, S. 687, 702.
[212] *Loritz*, DB 1985, 531, 535; *ders.* in: FS Kissel 1994, S. 687, 694 f.
[213] Vergl. dazu § 1 IV 2 c.
[214] Im Ergebnis ebenso *Bauwens*, S. 108.

Weitgehend einig ist man sich darin, dass die Einführung von Unternehmens- bzw. Mitarbeiterbeteiligungen durch einen Tarifvertrag nicht mit einem Arbeitskampf durchgesetzt werden kann.[216]

bb) Stellungnahme und Resümee

Dieser allgemeinen Einschätzung ist im Grundsatz zuzustimmen. Sofern durch den Tarifvertrag ein unbedingter Anspruch auf die Einräumung der Unternehmensbeteiligung begründet wird, führt dies zu einer zwangsweisen Verpflichtung zur Aufnahme neuer Gesellschafter und stellt einen Verstoß gegen Art. 14 Abs. 1 GG dar.[217] Der Arbeitskampf ist nach Art. 9 Abs. 3 S. 3 GG verfassungsrechtlich grundsätzlich nur dann privilegiert, wenn ihm ein tariflich regelbares Ziel zugrunde liegt.[218] Bei der inhaltlichen Ausgestaltung des normativen Teils der Tarifverträge sind die Tarifvertragsparteien an die Grundrechte gebunden. Insofern kann dahingestellt bleiben, ob eine unmittelbare oder mittelbare Grundrechtsbindung der Tarifvertragsparteien besteht.[219] Verstößt eine normative tarifliche Regelung gegen Grundrechte des Arbeitskampfgegners, ist sie jedenfalls unzulässig und kann demzufolge nicht Ziel eines rechtmäßigen Arbeitskampfes sein, so dass ein Streik mit diesem Ziel rechtswidrig wäre. Im Ergebnis kann daher eine tarifliche Regelung, die dem Arbeitnehmer einen Anspruch auf eine Unternehmensbeteiligung einräumt, nicht zwangsweise durchgesetzt werden.

Da auf diese Weise ein hinreichender Schutz des Unternehmens und der Anteilseigner gewährleistet ist, besteht kein Anlass, die Regelungsbefugnis für Unternehmensbeteiligungen und Aktienoptionen generell auszuschließen. Mit Blick auf die Vertragsfreiheit sind jedenfalls freiwillige tarifliche Regelungen zuzulassen, bei denen die Begründung des Anspruchs von der Zustimmung der Hauptversammlung als aufschiebende Bedingung abhänig gemacht wird. Diese Konstellation unterscheidet nicht von einer Regelung durch Betriebsvereinbarung. Soweit demgegenüber vorgebracht wird, bei der Verpflichtung,

---

215 *Hanau* in: *Laßmann/Schwark*, ZGR 1985, S. 111, 124 f.; *ders.* in: MünchArbR, § 70 Rn. 22.

216 *Maunz/Dürig/Scholz*, GG, Art. 9 Rn. 369; *MünchArbR/Hanau*, § 70 Rn. 22, der wohl davon ausgeht, dass solche Beteiligungen jedenfalls nicht gegen den Willen der Gesellschafter bzw. Anteilseigner durchgesetzt werden können; *Legerlotz/Laber*, DStR 1999, 1658; *Loritz*, DB 1985, 531, 536; *ders.* in: FS Kissel 1994, S. 687, 702 f.

217 Vergl. BVerfG v. 1.3.1979, BVerfGE 50, 290, 341 ff. Im Ergebnis ebeno *Bauwens*, S. 106 f.; *Maunz/Dürig*, GG, Art. 9 Rn. 369; *Schnittker/Grau*, BB 2002, 2497, 2501.

218 *MünchArbR/Otto*, § 285 Rn. 3 m.w.N.

219 Zu dieser Problematik und der jüngsten Entwicklung in der Rechtsprechung *Otto*, ArbR, Rn. 119.

Mitarbeiter am Unternehmen zu beteiligen, handele es sich um kein tariflich regelbares Ziel i.S.v. § 1 Abs. 1 TVG,[220] überzeugt dies ebenfalls nicht. Alle Unternehmensbeteiligungen einschließlich der Aktienoptionen stellen einen vermögenswerten Vorteil dar und werden im Hinblick auf das Arbeitsverhältnis als Vergütung gewährt. Die Befugnis zur Regelung der Vergütung ist von § 1 Abs. 1 TVG umfasst, weil es sich dabei um Inhaltsnormen handelt. Daher bestehen im Ergebnis keine Bedenken gegen eine freiwillige Regelungsbefugnis der Tarifvertragsparteien, so dass die Einführung der Aktienoptionen auf der Grundlage eines Firmentarifvertrages zulässig ist.[221]

Tarifvertragliche Regelungen sind allerdings bislang noch nicht bekannt geworden und in Zukunft auch nicht zu erwarten.[222] Da viele Punkte der Aktienoptionsprogramme nur durch die Hauptversammlung festzulegen sind oder freiwillig festgelegt werden können, verbleibt den Tarifvertragsparteien kaum Gestaltungsspielraum. Im Übrigen sind die Aktienoptionspläne ein sehr unternehmensspezifisches Vergütungselement, das in der Praxis gemessen an den Bedürfnissen des Unternehmens durch die zuständigen Organe oder deren Vertreter aufgestellt wird. Mangels praktischer Relevanz wird daher im Weiteren nicht auf diese Möglichkeit eingegangen. Denkbar ist allenfalls eine tarifvertragliche Regelung, die den Arbeitnehmer einen Anspruch auf Aktienoptionen nach Maßgabe des vom Unternehmen aufzulegenden und von der Hauptversammlung zu beschließenden Aktienoptionsprogramms einräumt. Gleiches gilt für tarifvertragliche Regelungen, die den begünstigten Arbeitnehmern Ansprüche im Hinblick auf ein bereits bestehendes Aktienoptionsprogramm einräumen.[223]

3. Zusammenfassung

Als Anspruchsgrundlage für die Einräumung der Aktienoptionen als Vergütung kommen der Firmen- bzw. Haustarifvertrag oder der unternehmensbezogene Verbandstarifvertrag in Betracht. Dies gilt unabhängig davon, ob die Aktienoptionen als variabler synallagmatischer Vergütungsbestandteil, als freiwillige Sonderzahlung oder als freiwillige Maßnahme zur Vermögensförderung im Rahmen eines Mitarbeiterbeteiligungsprogramms gewährt werden. Eine tarifliche Regelung ist allerdings nicht durch einen Arbeitskampf erzwingbar. Bislang

[220] *Loritz* in: FS Kissel 1994, S. 687, 694 f.

[221] Im Ergebnis ebenso *Baeck/Diller*, DB 1998, 1405, 1406; *Bauwens*, S. 103, 116; *Legerlotz/Laber*, DStR 1999, 1658, 1659; *Schanz*, NZA 2000, 626, 632.

[222] In diesem Sinne auch *Nehls/Sudmeyer*, ZIP 2002, 201; *Tepass*, Harrer MAB, Rn. 355, Fn. 4; *Schnittker/Grau*, BB 2002, 2497, Fußnote 6.

[223] So wohl auch *Zitzewitz*, S. 188.

sind solche tarifvertraglichen Vereinbarungen allerdings weder bekannt geworden, noch in Zukunft zu erwarten.

Der Verbands- oder Flächentarifvertrag ist wegen der notwendigen Rechtsform zur Einführung der Programme und wegen der unternehmensspezifischen Anforderungen der Programme generell keine geeignete Anspruchgrundlage.

VII. Zusammenfassung zu den Anspruchsgrundlagen

Die Erörterungen in diesem Paragrafen haben gezeigt, dass für die Gewährung von Aktienoptionen die klassischen arbeitsrechtlichen Anspruchsgrundlagen in Betracht kommen. Die typischen Optionsbedingungen werden in die einschlägige Anspruchsgrundlage oder in einem davon losgelösten Aktienoptionsplan aufgenommen, auf den in der arbeitsvertraglichen Zusage Bezug genommen wird. Anspruchsgrundlagen können die einzelvertragliche Vereinbarung als individuelle oder arbeitsvertragliche Einheitsregelung, die Gesamtzusage oder der arbeitsvertragliche Gleichbehandlungsgrundsatz sein. Sofern die Hauptversammlung mit ihrem Beschluss zur Auflegung eines Aktienoptionsprogramms gegen den arbeitsrechtlichen Gleichbehandlungsgrundsatz verstößt, ist sie zur erneuten Beschlussfassung zur Aufstockung des Programms verpflichtet, sofern die bislang beschlossene Menge an Aktienoptionen zur Befriedigung der Ansprüche der Arbeitnehmer nicht ausreicht. Resultiert der Verstoß aus der Sphäre des Vorstands, so ist die Aktiengesellschaft lediglich zu einem finanziellen Ausgleich in anderer Form, etwa durch Wertsteigerungsrechte verpflichtet. Daneben kommen Betriebsvereinbarung, Firmentarifvertrag oder unternehmensbezogener Verbandstarifvertrag als Anspruchsgrundlagen in Betracht. Durch sie kann nur die Verpflichtung des Unternehmens begründet werden, den Arbeitnehmern auf deren Verlangen Aktienoptionen im Rahmen eines noch von der Hauptversammlung zu beschließenden oder eines bereits bestehenden Programms einzuräumen. Tarifvertragliche Regelungen, durch die unbedingte Ansprüche auf die Einräumung der Aktienoptionen unabhängig von der Beschlussfassung durch die Hauptversammlung begründet werden sind hingegen ebenso unzulässig wie Regelungen, nach denen die Aktienoptionen den Arbeitnehmern unmittelbar durch die kollektivrechtlichen Verträge eingeräumt werden.

Bei der Einführung der Aktienoptionen als freiwillige zusätzliche Leistung oder Maßnahme zur Förderung der Vermögensbildung tauchen im Zusammenhang mit den genannten individual- und kollektivrechtlichen Anspruchsgrundlagen keine besonderen Probleme auf. Bestehende tarifliche Regelungen über andere freiwillige Leistungen stehen einer solchen Vereinbarung auf individualrechtlicher Grundlage oder durch eine Betriebsvereinbarung regelmäßig nicht entgegen. Durch die Betriebsvereinbarung kann wiederum nur die Verpflichtung des Unternehmens begründet werden, den Arbeitnehmern auf deren Verlangen Aktienoptionen einzuräumen.

Sollen die Aktienoptionen dagegen in Abänderung des bestehenden Vergütungssystems als synallagmatischer variabler Vergütungsbestandteil eingeräumt werden und einen Bestandteil der fixen Vergütung ersetzen, so ist die Rechtslage nicht ganz so eindeutig. Einseitige Maßnahmen des Arbeitgebers wie eine Änderungskündigung sind regelmäßig nur in Ausnahmesituationen gerechtfertigt. Einvernehmlichen einzelvertraglichen Regelungen stehen regelmäßig Vergütungsvereinbarungen in Tarifverträgen oder Betriebsvereinbarungen ohne entsprechende Öffnungsklausel entgegen. Gleiches gilt wegen § 77 Abs. 3 BetrVG bzw. § 87 Abs. 1 Eingangssatz BetrVG für entsprechende Betriebsvereinbarungen. Da eine solche Regelung für den Arbeitnehmer im Vergleich mit seinen bisherigen Arbeitsbedingungen eine ungünstigere Vereinbarung darstellt, sind entsprechende Regelungen auch nicht durch das Günstigkeitsprinzip gerechtfertigt.

§ 7 Mitbestimmung des Betriebsrats bei der Einführung von Aktienoptionen

Nach der Erörterung der individualarbeitsrechtlichen Aspekte im Zusammenhang mit der Einführung von Aktienoptionsprogrammen werden nun die Fragen untersucht, die im Zusammenhang mit den Mitbestimmungsrechten des Betriebsrats auftauchen können.

Das Betriebsverfassungsrecht hat in den letzten Jahren im Bereich der New Economy an Bedeutung gewonnen, wo die Aktienoptionen besonders häufig als Vergütungsinstrument für alle Mitarbeiter eingesetzt werden. In Unternehmen dieser Branche gab es in den neunziger Jahren kaum Betriebsräte. Seit der negativen Börsenentwicklung im Jahr 2000 ist allerdings eine Trendwende zu beobachten. Nach den heftigen Kurseinbrüchen an den nationalen und internationalen Börsen kam und kommt es immer wieder zu größeren Entlassungswellen. Damit einhergehend wird der Ruf nach der betrieblichen Mitbestimmung immer lauter. Anders als zu den Boom-Zeiten der Branche und vor dem Absturz des Neuen Marktes wird nicht mehr die Einschätzung geteilt, dass jede einigermaßen begabte IT-Kraft einen gutbezahlten Job findet und mit Aktienoptionen ihres Arbeitgebers im Handumdrehen reich werden kann („Funny Money“).[1]

Die betriebliche Mitbestimmung spielt zudem bei vielen größeren Unternehmen eine Rolle, von denen viele solche oder ähnlich Programme auflegen und bei denen regelmäßig Betriebsräte bestehen. Da solche Aktiengesellschaften häufig aus mehreren Unternehmen bestehen und als Konzern organisiert sind, wird die Untersuchung mit der Erläuterung und Abgrenzung der Zuständigkeitsbereiche von Einzel-, Gesamt- und Konzernbetriebsrat bei der Ausübung der betrieblichen Mitbestimmung begonnen.

---

1 *Balser*, Das Ende der Harmonie, in: Süddeutsche Zeitung v. 08.06.2001, S. 27. Nach einer von der Hans-Böckler-Stiftung durchgeführten Befragung nimmt die Gründungsaktivität insbesondere in jüngerer Zeit zu: 1/3 der Betriebsräte ist in den vergangenen 5 Jahren gegründet worden, vergl. *Ahlers/Trautwein-Kalms*, Mitbestimmung, 06/2001, 46.

I. Zuständigkeit des Einzel-, Gesamt- oder Konzernbetriebsrats

Besteht die Aktiengesellschaften als einheitlicher Rechtsträger aus mehreren Betrieben i.S.v. § 1 BetrVG, so ist sie als Unternehmen i.S.d. Gesetzes anzusehen. In solchen Unternehmen ist nach § 47 Abs. 1 BetrVG bei bestehenden Einzelbetriebsräten zwingend ein Gesamtbetriebsrat zu errichten. Nicht selten handelt es sich dabei auch um Konzerne i.S.v. § 18 Abs. 1 AktG, die aus mehreren rechtlich selbständigen abhängigen Unternehmen unter einheitlicher Leitung eines herrschenden Unternehmens i.S.v. § 17 Abs. 1 AktG bestehen.[2] In diesem Fall kann nach § 54 Abs. 1 BetrVG ein Konzernbetriebsrat gebildet werden.

Bestehen neben den Einzelbetriebsräten Gesamt- bzw. Konzernbetriebsräte, ist zunächst zu klären, wen die Aktiengesellschaft bei der Einführung eines Aktienoptionsprogramms als Verhandlungspartner heranzuziehen hat.

1. Abgrenzung der Zuständigkeitsbereiche von Einzel- und Gesamtbetriebsrat

Das Betriebsverfassungsgesetz geht zunächst von der Zuständigkeit der Einzelbetriebsräte aus.[3] Die Zuständigkeit des Gesamtbetriebsrats ist nach § 50 Abs. 1 S. 1, 1. Halbs. BetrVG von zwei Voraussetzungen abhängig. Zum einen muss die Angelegenheit das Gesamtunternehmen oder mehrere Betriebe betreffen. Zum anderen ist erforderlich, dass diese Angelegenheit nicht durch die einzelnen Betriebsräte innerhalb ihrer Betriebe geregelt werden kann.

Während der überbetriebliche Charakter in der Regel unproblematisch festzustellen ist, wird nicht einheitlich beurteilt, welche Anforderungen an die zweite Voraussetzung zu stellen sind. Die überwiegende Auffassung geht davon aus, dass ein zwingendes Erfordernis für eine unternehmenseinheitliche oder jedenfalls betriebsübergreifende Regelung bestehen muss. Die bloße Zweckmäßigkeit reiche nicht aus.[4] Bei der Einführung von Aktienoptionsprogrammen interessiert die Zuständigkeit des Gesamtbetriebsrats bei der Regelung der Arbeitsentgelte.

---

2 *Hüffer*, AktG, § 18 Rn. 2.

3 *Richardi/Annuß*, BetrVG, § 50 Rn. 2. Zum umstrittenen Verhältnis *Fitting*, § 50 Rn. 9 ff.

4 Vergl. *BAG* v. 14.12.1999, AP Nr. 104 zu § 87 BetrVG Lohngestaltung unter II 2 a. Dazu in einzelnen *Fitting*, § 50 Rn. 20 ff.; *Kreutz*, GK-BetrVG, § 50 Rn. 25 ff.; *Richardi/Annuß*, BetrVG, § 50 Rn. 7 ff. jeweils m.w.N.

a) Zuständigkeit bei der Einführung von Aktienoptionen als erfolgsorientierte, synallagmatische Vergütungsform

In einem ähnlich gelagerten Fall, in dem es um die Einführung eines erfolgsabhängigen Vergütungssystems für sämtliche Vertriebsbeauftragte eines Unternehmens ging, ist die Rechtsprechung zu dem Ergebnis gekommen, dass die Entscheidung eines Unternehmens für ein unternehmenseinheitliches erfolgsorientiertes Entgeltsystem die Zuständigkeit des Gesamtbetriebsrats begründe. Werde das Verhältnis von fixen zu variablen Vergütungsbestandteilen unternehmenseinheitlich festgelegt, so sei dies keine Frage bloßer Zweckmäßigkeit, sondern betreffe die Lohngerechtigkeit. Aus diesem Grund könne der Arbeitgeber mit dem Gesamtbetriebsrat eine Betriebsvereinbarung über das variable erfolgsabhängige Vergütungssystem schließen.[5]

Mit der Einführung von Aktienoptionen als erfolgsorientierter synallagmatischer Vergütungsbestandteil trifft das Unternehmen ebenfalls eine Entscheidung für ein unternehmenseinheitliches erfolgsorientiertes Vergütungssystem. Da es u.a. um die Festlegung des Verhältnisses von fixem zu variablem Vergütungsanteil geht, bedarf die Wahrung der Lohngerechtigkeit der Kontrolle. Folglich ist ein zwingendes Erfordernis für eine unternehmenseinheitliche Regelung anzunehmen. Dementsprechend ist die Zuständigkeit des Gesamtbetriebsrats für die Mitbestimmung nach § 87 Abs. 1 Nr. 10 BetrVG bzw. den Abschluss einer Betriebsvereinbarung zu bejahen.

b) Zuständigkeit bei der Einführung von Aktienoptionen als freiwillige Zusatzleistung

Darüber hinaus stellt sich die Frage nach der Zuständigkeit des Gesamtbetriebsrats, wenn die Aktienoptionen als freiwillige Sonderzahlung oder als Maßnahme zur Förderung der Vermögensbildung eingeführt werden sollen. Für freiwillige übertarifliche Leistungen hat das BAG die Zuständigkeit des Gesamtbetriebsrats angenommen, wenn der Arbeitgeber deren Zahlung von einer betriebsübergreifenden Regelung abhängig macht. Dann entstehe ein Abstimmungsbedarf zwischen den Interessen der Einzelbelegschaften, der eine sachgerechte Ausübung des Mitbestimmungsrechts auf einzelbetrieblicher Ebene ausschließe.[6] Entsprechendes muss für die Aktienoptionen gelten. Auch bei

---

[5] *BAG* v. 6.12.1988, AP Nr. 37 zu § 87 BetrVG 1972 Lohngestaltung unter III 2. Zustimmend *Fitting*, § 50 Rn. 45; *Kreutz*, GK-BetrVG, § 50 Rn. 41; *Richardi/Annuß*, BetrVG, § 50 Rn. 29.

[6] BAG v. 11.2.1992, AP Nr. 50 zu § 76 BetrVG 1972 unter B II 1; zustimmend *Fitting*, § 50 Rn. 44, der allerdings zusätzlich die Sachgerechtigkeit der Regelung fordert; *Kreutz*,

dieser Form der Sonderzahlung besteht ein Interesse des Unternehmens an einer unternehmenseinheitlichen Regelung. Gleichzeitig besteht im Interesse der Mitarbeiter Abstimmungsbedarf, weil auf diese Weise gewährleistet ist, dass alle Mitarbeiter in angemessenem Umfang in den Genuss der Leistung kommen.[7] Diese Grundsätze sind darüber hinaus auf die freiwilligen Maßnahmen zur Förderung der Vermögensbildung i.S.v. § 88 Nr. 3 BetrVG zu übertragen, da in dieser Konstellation der Gesichtspunkt der Lohngerechtigkeit in gleicher Weise betroffen ist.

2. Abgrenzung der Zuständigkeitsbereiche von Gesamt- und Konzernbetriebsrat

Sofern die Konzernleitung beabsichtigt, ein konzerneinheitliches Aktienoptionsprogramm einzuführen, und ein Konzernbetriebsrat existiert, ist zu klären, ob dieser in den Fragen der betrieblichen Mitbestimmung zuständig ist.

Die Abgrenzung der Zuständigkeitsbereiche von Konzern- und Gesamtbetriebsrat erfolgt nach denselben Grundsätzen,[8] so dass zunächst von der Zuständigkeit des Gesamtbetriebsrats auszugehen ist. Die Zuständigkeit des Konzernbetriebsrats ist nach § 58 Abs. 1 S. 1 BetrVG nur gegeben, wenn es sich um eine Angelegenheit handelt, die alle oder mehrere Konzernunternehmen betrifft und nicht durch den Gesamtsbetriebsrat geregelt werden kann. Während man das Vorliegen einer unternehmensübergreifenden Regelung wiederum unproblematisch feststellen kann, ist das zwingende Bedürfnis für eine konzerneinheitliche bzw. unternehmensübergreifende Regelung näher zu begründen. So wird die Zuständigkeit nicht bereits bejaht, wenn die Konzernleitung eine bestimmte Angelegenheit an sich gezogen hat oder eine konzerneinheitliche Regelung für sinnvoll erachtet.[9] Für die freiwilligen Leistungen, deren Zweck die Konzernleitung festlegt und die nach deren Willen nur konzerneinheitlich bzw. unternehmensübergreifend gewährt werden sollen, wird die Zuständigkeit des Konzernbetriebsrats dagegen angenommen.[10] Daraus folgt, dass die Entscheidung der Konzernleitung, ein Aktienoptionsprogramm als freiwillige Zusatzleistung konzerneinheitlich einzuführen, grundsätzlich die Zuständigkeit

GK-BetrVG, § 50 Rn. 41; *Richardi/Annuß*, BetrVG, § 50 Rn. 15.

7 So im Ergebnis auch *Baeck/Diller*, DB 1998, 1405, 1412; *Legerlotz/Laber*, DStR 1999, 1658, 1666; *Schanz*, NZA 2000, 626, 633, Fn. 56.

8 *ErfK/Eisemann*, § 58 BetrVG, Rn. 3; *Kreutz*, GK-BetrVG, § 58 Rn. 2; *Richardi/Annuß*, BetrVG, § 58 Rn. 9.

9 *Kreutz*, GK-BetrVG, § 58 Rn. 26; *Richardi/Annuß*, BetrVG, § 58 Rn. 8.

10 *ErfK/Eisemann*, § 58 BetrVG, Rn. 3; *Kreutz*, GK-BetrVG, § 58 Rn. 2; *Richardi/Annuß*, BetrVG, § 58 Rn. 1.

des Konzernbetriebsrats begründet.[11] Sollen die Aktienoptionen indes nur in einzelnen Unternehmen oder Betrieben des Konzerns eingeführt werden, fällt dies in die Zuständigkeit der Gesamt- bzw. Einzelbetriebsräte.[12]

Damit ist allerdings noch nicht die Frage geklärt, was für den Fall gilt, in dem die Aktienoptionen konzerneinheitlich als synallagmatischer erfolgsorientierter Vergütungsbestandteil eingeführt werden sollen. Dabei ist zu berücksichtigen, dass die Einführung der Optionen auf der Grundlage eines Hauptversammlungsbeschlusses erfolgt, in dem einige Konditionen bereits verbindlich festgelegt sind.[13] Allein deshalb besteht für eine konzerneinheitliche Regelung eine zwingende sachliche Notwendigkeit. Daher ist der Konzernbetriebsrat nach § 58 Abs. 1 S. 1 BetrVG auch bei der konzerneinheitlichen Einführung von Aktienoptionen als erfolgsorientierter variabler Vergütungsbestandteil zuständig.

3. Zusammenfassung

Bei der unternehmens- bzw. konzernweiten Einführung von Aktienoptionen als Vergütungselement ist grundsätzlich ein zwingendes sachliches Erfordernis für eine unternehmens- bzw. konzerneinheitliche Regelung anzuerkennen. Daher ist der Gesamtbetriebsrat nach § 50 Abs. 1 S. 1 BetrVG bzw. der Konzernbetriebsrat nach § 58 Abs. 1 S. 1 BetrVG zuständig. Folglich sind Gesamt- bzw. Konzernbetriebsrat Verhandlungspartner der Unternehmens- bzw. der Konzernleitung.

II. Mitbestimmungspflichtige und mitbestimmungsfreie Tatbestände bei Einführung eines Aktienoptionsprogramms

Als nächster Punkt ist zu klären, in welchem Umfang die Einführung von Aktienoptionen der zwingenden Mitbestimmung in sozialen Angelegenheiten nach § 87 Abs. 1 BetrVG unterliegt, und der zuständige Betriebsrat infolgedessen zu beteiligen ist.

---

11 So im Ergebnis auch *Baeck/Diller*, DB 1998, 1405, 1412.

12 Vergl. *BAG* v. 19.3.1981, AP Nr. 14 zu § 80 BetrVG 1972 unter B 1 b; zustimmend *Kreutz*, GK-BetrVG, § 58 Rn. 27.

13 Vergl. dazu § 2 III 3 e.

1. In Betracht kommende Mitbestimmungstatbestände

Als mögliche Mitbestimmungstatbestände kommen neben dem bereits angesprochen § 87 Abs. 1 Nr. 10 BetrVG grundsätzlich noch §§ 87 Abs. 1 Nr. 8 und Nr. 11 BetrVG in Betracht.

a) §§ 87 Abs. 1 Nr. 8 und Nr. 11 BetrVG

Die Ausgabe der Aktienoptionen über eine Sozialeinrichtung ist bislang nicht bekannt geworden. Die Verwaltung der Programme wird regelmäßig von den Personalabteilungen der Unternehen unter Einschaltung einer depotführenden Bank abgewickelt.[14] Daher ist das Mitbestimmungsrecht nach § 87 Abs. 1 Nr. 8 BetrVG regelmäßig nicht einschlägig. Allerdings betreffen die Regelungen über die technische Abwicklung die Art der Auszahlung der Arbeitsentgelte und sind folglich nach § 87 Abs. 1 Nr. 4 BetrVG mitbestimmungspflichtig.

Im Einzelfall kann zudem das Mitbestimmungsrecht nach § 87 Abs. 1 Nr. 11 BetrVG einschlägig sein. Zu den leistungsbezogenen Entgelten i.S.d. Vorschrift zählen zwar keine Leistungen, die wie die Aktienoptionen vom wirtschaftlichen Erfolg des Unternehmens und nicht unmittelbar von der Arbeitsleistung des einzelnen Arbeitnehmers abhängen.[15] Letzteres trifft aber zu, wenn die Ausübung der Aktienoptionen neben dem Aktienkurs als Erfolgsziel zusätzlich von der Erreichung persönlicher Zielvorgaben abhängig gemacht wird.[16] Mit der Festsetzung der Zielvorgabe wird ein vom Arbeitnehmer beeinflussbares Arbeitsergebnis und damit eine Bezugsleistung vorgegeben, die mitbestimmungspflichtig ist.[17]

b) Fragen der betrieblichen Lohngestaltung nach § 87 Abs. 1 Nr. 10 BetrVG

Demzufolge sind bei der Einführung von Aktienoptionen als Vergütungselement primär die Mitbestimmungsrechte des Betriebsrats nach § 87 Abs. 1 Nr. 10 BetrVG zu beachten.

---

[14] Vergl. *Kau/Kukat*, BB 1999, 2505, 2509.

[15] Vergl. *Fitting*, § 87 Rn. 532; *Richardi*, BetrVG, § 87 Rn. 893; *Wiese*, GK-BetrVG, § 87 Rn. 986 f.

[16] Vergl. zu dieser Möglichkeit § 3 I 3 c.

[17] Vergl. *Fitting*, § 87 Rn. 530.

aa) Aktienoptionen als Gegenstand des Mitbestimmungsrechts

Bei der Erörterung der funktionalen Zuständigkeit des Betriebsrats zum Abschluss von Betriebsvereinbarungen ist bereits hergeleitet worden, dass die Aktienoptionen als Lohn i.S.d. Vorschrift einzuordnen sind.[18] Werden sie als erfolgsorientierte synallagmatische Vergütungsform bei gleichzeitiger Kürzung eines Teils der fixen Vergütung eingeführt, sind sowohl die Einführung wie auch die Festlegung des Verhältnisses von fixem und variablem Bestandteil vom Mitbestimmungstatbestand umfasst. Die Einführung dieser Vergütungsform betrifft die Struktur der Gesamtvergütung und damit die Aufstellung von Entlohnungsgrundsätzen. Die Festlegung diese Verhältnisses ist zudem eine Frage der betrieblichen Lohngestaltung.[19]

Sofern Aktienoptionen als freiwillige Leistung des arbeitgebenden Unternehmens zusätzlich zur Grundvergütung gewährt werden, fallen sie aus den genannten Gründen ebenfalls unter den Mitbestimmungstatbestand.[20] Die freiwillige Leistungserbringung schließt das Mitbestimmungsrecht nicht aus, da auch in diesem Fall die Verteilung und damit die Lohngerechtigkeit eine Rolle spielen. Die Freiwilligkeit ist allerdings bei der Bestimmung der mitbestimmungspflichtigen und -freien Vorgaben zu berücksichtigen.[21] Der Mitbestimmungstatbestand bezieht sich zudem auf die Festlegung der persönlichen Zielvorgabe, sofern ein kombiniertes Erfolgsziel gewählt wird, weil dadurch das Verfahren zur Durchführung des gewählten Entlohnungsgrundsatzes und damit die Entlohnungsmethode festgelegt wird. Im Zusammenhang mit der leistungsbezogenen Vergütung betrifft dies die Entscheidung, wie die Beurteilung der Arbeitsleistung zu erfolgen hat.[22]

bb) Kollektiver Tatbestand

Das Mitbestimmungsrecht besteht darüber hinaus nur für kollektive Tatbestände und nicht für individuelle Vergütungsvereinbarungen. Es greift daher nur bei Regelungen, denen eine generelle Struktur zugrunde liegt.[23] Den Aktienoptionsprogrammen liegt eine solche generelle Struktur zugrunde, weil die

---

[18] Vergl. § 6 V 1 a aa (1).

[19] Vergl. § 6 V 1 b.

[20] Vergl. § 6 V 1 a aa (2).

[21] *ErfK/Kania*, § 87 BetrVG, Rn. 107; *Fitting*, § 87 Rn. 414, 443; *MünchArbR/Hanau*, § 70 Rn. 24; *Oetker* in: FS BAG, S. 1017, 1028 f.; *Richardi*, BetrVG, § 87 Rn. 745; § 88 Rn. 31; *Röder*, NZA 1987, 799, 804 f.; *Wiese*, GK-BetrVG, § 87 Rn. 829.

[22] *BAG* v. 22.1.1980, AP Nr. 3 zu § 87 BetrVG 1972 Lohngestaltung unter II 1 c; *Fitting*, § 87 Rn. 427; *Richardi*, BetrVG, § 87 Rn. 760 ff.

[23] Vergl. *BAG* v. 3.12.1991, AP Nr. 51 zu § 87 BetrVG 1972 unter C III 3 b; v. 29.2.2000,

Anspruchsvoraussetzungen für die Gewährung und Ausübung der Bezugsrechte für die begünstigten Arbeitnehmergruppen einheitlich festgelegt werden. Ein kollektiver Tatbestand ist bei der Einführung also regelmäßig gegeben.

cc) Schlussbemerkung zu den allgemeinen Voraussetzungen

Bei der Einführung und Ausgestaltung von Aktienoptionsprogrammen können sich auf der Grundlage von § 87 Abs. 1 BetrVG in mehrfacher Hinsicht Mitbestimmungsrechte ergeben. Wegen § 5 Abs. 3, Abs. 4 BetrVG sind jedoch Programme für Vorstandsmitglieder und leitende Angestellte von der Mitbestimmung ausgenommen. Sofern die Programme einheitlich für die genannten Gruppen und die übrigen Arbeitnehmer aufgelegt werden, wirkt sich das Mitbestimmungsrecht des Betriebsrats auch auf die Konditionen für die leitenden Angestellten und die Vorstände aus. Legt das Unternehmen hingegen getrennte Programme auf, so ist das Mitbestimmungsrecht des Betriebsrats auf die Programmgestaltung für die nicht leitenden Mitarbeiter beschränkt.[24]

2. Umfang des Mitbestimmungsrechts bei der Einführung neuer bzw. Veränderung bestehender Vergütungsbestandteile

a) Umfang des Mitbestimmungsrechts bei der Einführung freiwilliger Leistungen

Für die Einführung freiwilliger Leistungen ist anerkannt, dass der Umfang des Mitbestimmungsrechts beschränkt ist. Der Arbeitgeber kann in diesen Fällen mitbestimmungsfrei darüber entscheiden, ob, wann, zu welchem Zweck, in welchem Umfang und in welcher Form er die Leistung gewähren will. Wegen der mitbestimmungsfreien Festlegung des Zwecks kann er den Kreis der begünstigten Arbeitnehmer frei bestimmen. Das Mitbestimmungsrecht des Betriebsrats beschränkt sich auf die Ausgestaltung der Leistung. Dazu gehört u.a. die Verteilung auf den begünstigten Mitarbeiterkreis und die Festlegung der übrigen Leistungsvoraussetzungen.[25] Letztere betreffen insbesondere die Kriterien zur

AP Nr. 105 zu zu § 87 BetrVG 1972 Lohngestaltung unter B I 1 b cc (1); *Fitting*, § 87 Rn. 417 ff.; *Richardi*, BetrVG, § 87 Rn. 855.

24 *Baeck/Diller*, DB 1998, 1405, 1410; *Legerlotz/Laber*, DStR 1999, 1658, 1665; *Schanz*, NZA 2000, 626, 633.

25 *BAG* v. 9.12.1980, AP Nr. 5 zu § 87 BetrVG 1972 Lohngestaltung unter B III 2; v. 8.12.1981, AP Nr. 1 zu § 87 BetrVG 1972 Prämie unter B II 1, sowie *ErfK/Kania*, § 87

Leistungsberechnung sowie die Höhe der Leistungen im Verhältnis zueinander. Bei der Aufstellung oder Änderung der Verteilungsgrundsätze besteht das Mitbestimmungsrecht nur, soweit ein Regelungsspielraum besteht. Es ist i.d.R. auf die Verteilung innerhalb des vorgegebenen Dotierungsrahmens und der begünstigten Arbeitnehmergruppen beschränkt.[26] Es bezieht sich außerdem nicht auf die künftige Rechtsbindung des Arbeitgebers, so dass er die Leistung mitbestimmungsfrei unter einen Freiwilligkeit- bzw. Widerrufsvorbehalt stellen kann.[27]

Für die Einführung der Mitarbeiterbeteiligungsmodelle, insbesondere der Kapitalbeteiligungsmodelle, wird der Standpunkt vertreten, dass die Entscheidung darüber, ob bzw. welches konkrete Modell eingeführt wird und welche Arbeitnehmer zum begünstigten Personenkreis gehören sollen, neben dem Dotierungsrahmen zu den mitbestimmungsfreien Maßnahmen zählt. Mitbestimmungspflichtig sei hingegen die Ausgestaltung der konkreten Beteiligungsform wie die Festlegung der Teilnahmekriterien. Dabei könne die Abgrenzung im Einzelfall schwierig sein.[28]

b) Umfang des Mitbestimmungsrechts bei der Einführung zusätzlicher synallagmatischer Vergütungsbestandteile bzw. der Änderung der bestehenden synallagmatischen Vergütung

aa) Freiwillige zusätzliche Vergütung der Arbeitsleistung

Bei der Einführung eines synallagmatischen Vergütungsbestandteils, mit dem die eigentliche Arbeitsleistung freiwillig zusätzlich vergütet werden soll, sind die Angemessenheit und Durchsichtigkeit des betrieblichen Lohngefüges sowie die innerbetriebliche Lohngerechtigkeit ebenfalls betroffen. Folglich besteht grundsätzlich das Mitbestimmungsrecht des Betriebsrats. Wegen der Freiwilligkeit der Leistung ist das Mitbestimmungsrecht jedoch eingeschränkt. Dem Arbeitgeber obliegt daher die Entscheidung darüber, ob und in welcher Höhe bzw. auf welche Art und Weise er die Arbeitsleistung eines von ihm festzulegenden Arbeitnehmerkreises über das vertraglich geschuldete Entgelt hin-

---

Rn. 108 f.; *Fitting*, § 87 Rn. 445, 447 ff.; *Loritz*, ZTR 2002, 258, 260; *MünchArbR/Hanau*, § 70 Rn. 24; *Richardi*, BetrVG, § 87 Rn. 771; *Wiese*, GK-BetrVG, § 87 Rn. 837 ff.

26 Vergl. *BAG* v. 22.10.1985, AP Nr. 18 zu § 73 BetrVG 1972 Lohngestaltung unter II 3; v. 29.2.2000, AP Nr. 105 zu § 87 BetrVG 1972 Lohngestaltung unter B II 1 b bb; *Fitting*, § 87 Rn. 453 f.; *MünchArbR/Matthes*, § 342 Rn. 30 ff. 38 f.; *Richardi*, BetrVG, § 87 Rn. 771; *Wiese*, GK-BetrVG, § 87 Rn. 843 f.

27 *Richardi*, BetrVG, § 87 Rn. 774 f. Zur Zulässigkeit dieser Vertragskonstruktionen § 12.

28 In diesem Sinne *Hanau* in: Laßmann/Schwark, ZGR 1985, 111, 120; so ausdrücklich *Röder*, NZA 1987, 799, 804 f.

aus vergüten möchte.[29] Folglich scheidet ein Initiativrecht des Betriebsrats auf Einführung einer solchen Zulage aus.[30] Da ihm aber ein Zustimmungsrecht zusteht, kann er der Einführung widersprechen. Der Arbeitgeber müsste zur Überwindung des Widerspruchs die Einigungsstelle anrufen.[31]

bb) Substitution eines fixen Vergütungsbestandteils und Initiativrecht

Soweit der Arbeitgeber die Änderung des bestehenden Vergütungssystems in der Weise beabsichtigt, dass ein Teil der fixen Grundvergütung durch einen variablen Vergütungsbestandteil substituiert werden soll, unterliegt dieser Vorgang in zweierlei Hinsicht der betrieblichen Mitbestimmung. Die Einführung dieses variablen Bestandteils betrifft die Aufstellung von Entlohnungsgrundsätzen. Die Festlegung des Verhältnisses von fixem zu variablem Bestandteil ist hingegen eine Frage der betrieblichen Lohngestaltung.[32] Darüber hinaus stellt sich die Frage, ob sich das Mitbestimmungsrecht auch auf das „ob" der Entscheidung bezieht, und der Betriebsrat daher die Einführung eines solchen Vergütungssystems verlangen könnte. Grundsätzlich hängt das Initiativrecht von der Reichweite des Mitbestimmungsrechts ab.[33] Dieses bezieht sich, wie bereits festgestellt, auf die Zusammensetzung der Vergütung und auf das Verhältnis der Bestandteile zueinander. Daher müsste dem Betriebsrat ein Initiativrecht für die Einführung einer variablen Vergütung statt des bisher üblichen Zeitlohns zustehen. Dies wird zumindest für die Einführung des Leistungslohns angenommen.[34] Eine solche Umstellung kann für die Belegschaft von Vorteil sein, wenn ihr dadurch die Möglichkeit eröffnet wird, die Vergütungshöhe durch ihren Arbeitseinsatz zu steigern.

---

29 Vergl. *BAG* v. 17.12.1985, AP Nr. 5 zu § 87 BetrVG 1972 Tarifvorrang unter II 2, 4 zu einer freiwilligen zusätzlich zum tariflichen Zeitlohn gezahlten betrieblichen Zulage; v. 30.1.1990, AP Nr. 42 zu § 87 BetrVG 1972 Lohnfindung unter II 1 b; *Richardi*, BetrVG, § 87 Rn. 788; *Wiese*, GK-BetrVG, § 87 Rn. 860 f.

30 *BAG* v. 8.12.1981, AP Nr. 1 zu § 87 BetrVG 1972 Lohngestaltung unter II 1; v. 17.12.1985, AP Nr. 5 zu § 87 BetrVG 1972 Tarifvorrang unter II 4; *Wiese*, GK-BetrVG, § 87 Rn. 864.

31 *Wiese*, GK-BetrVG, § 87 Rn. 864, 866.

32 Vergl. § 6 V 1 a, b.

33 *BAG* v. 8.12.1981, AP Nr. 1 zu § 87 BetrVG 1972 Lohngestaltung unter II 1; 4.3.1986, AP Nr. 3 zu § 87 BetrVG 1972 Kurzarbeit unter B II 3; *Richardi*, BetrVG, § 87 Rn. 70; *Wiese*, GK-BetrVG, § 87 Rn. 138.

34 Offen gelassen v. *BAG* v. 13.9.1983, AP Nr. 3 zu § 87 BetrVG 1972; für die Einführung von Leistungslohn bejahend *Richardi*, BetrVG, § 87 Rn. 859; ablehnend *MünchArbR/Matthes*, § 341 Rn. 92.

3. Übertragung der Grundsätze auf die Einführung von Aktienoptionen als freiwillige Sonderzahlung

Im Anschluss ist zu untersuchen, in welchem Umfang dem Betriebsrat bei der Einführung von Aktienoptionen als freiwillige Zusatzleistung bei der Festlegung der typischen Optionsbedingungen das Mitbestimmungsrecht zusteht. Dazu werden in der Literatur verschiedene Ansätze vertreten, die allerdings nur wenig voneinander abweichen.

a) Ansatz von Baeck/Diller und anderen zu den mitbestimmungsfreien und mitbestimmungspflichtigen Vorgaben

Einige Autoren wählen als Ausgangspunkt die Grundsätze, welche die Rechtsprechung für den Bereich der betrieblichen Altersversorgung entwickelt hat.

Eine Auffassung geht davon aus, dass das Unternehmen über die Grundstrukturen des Programms mitbestimmungsfrei entscheiden könne. Dazu gehöre die Wahl der Unternehmensbeteiligung, ob also Belegschaftsaktien oder Aktienoptionen ausgeben werden, sowie der Weg, auf dem die Aktien zur Bedienung der Programme beschafft werden sollen. Da der Umfang der zur Verfügung gestellten finanziellen Mittel ebenfalls mitbestimmungsfrei festgelegt wird, müsse gleiches für diejenigen Faktoren gelten, aus denen sich die wirtschaftliche Gesamtbelastung des Unternehmens aus dem Aktienoptionsprogramm ergebe. Dazu sollen neben der Anzahl der auszugebenden Aktienoptionen, die Laufzeit des Programms, der Ausübungspreis und die Wartefrist gehören.[35] Des weiteren bestehe bei der Festlegung des begünstigten Personenkreises kein Mitbestimmungsrecht. Folglich könne das Unternehmen für die verschiedenen Mitarbeitergruppen, wie leitende Angestellte und sonstige Mitarbeiter, unterschiedliche finanzielle Rahmen und dementsprechend eine unterschiedliche Anzahl an Aktienoptionen vorgeben.[36]

Dem Mitbestimmungsrecht nach § 87 Abs. 1 Nr. 10 BetrVG unterliege indes, in welchem Umfang und nach welchem Verfahren die Aktienoptionen auf die begünstigten Mitarbeiter verteilt würden. Dabei gehe es um die Verteilung innerhalb der begünstigten Mitarbeitergruppen und des dafür vorgegebenen

---

35 Im Ergebnis ebenso *Oetker* in: FS BAG, S. 1017, 1030; *Pulz*, Personalbindung, S. 174.

36 *Baeck/Diller*, DB 1998, 1405, 1410 f.; *Legerlotz/Laber*, DStR 1999, 1658, 1666. Zustimmend *Bauwens*, S. 129 f.; *Oetker* in: FS BAG, S. 1017, 1031; *Schanz*, NZA 2000, 626, 633 sowie *Tepass* in: Harrer, MAB Rn. 378, *Pulz*, Personalbindung, S. 175 f.

Dotierungsrahmens. Neben der Verteilung nach Köpfen komme eine Staffelung nach Alter, Unternehmenszugehörigkeit, Vergütungshöhe oder nach dem Prioritätsprinzip in Betracht. Mitbestimmungspflichtig sollen zudem die Programmbedingungen im Zusammenhang mit dem Arbeitsverhältnis sein wie die Halte-, Ausübungs- und Verfallfristen. Diese Bedingungen bestimmten den Wert der Aktienoptionen und seien daher mit der Leistungsplangestaltung im Bereich der betrieblichen Altersversorgung vergleichbar, für die ebenfalls ein zwingendes Mitbestimmungsrecht bestehe.[37]

b) Ansatz von Kau/Kukat

Ein anderer Ansatz geht von der Formulierung in § 87 Abs. 1 Eingangssatz BetrVG aus, wonach das Mitbestimmungsrecht des Betriebsrats bei einer bestehenden gesetzlichen Regelung ausgeschlossen ist. Als eine solche vorrangige Regelung werden die §§ 192 Abs. 2 Nr. 3, 193 Abs. 2 AktG angesehen, weil es bei der Auflegung der Aktienoptionsprogramme primär um die Frage gehe, wer zu welchen Bedingungen Mitgesellschafter werde. Die arbeitsrechtlichen Belange stünden demgegenüber im Hintergrund.[38] Daher soll die Mitbestimmung ausgeschlossen sein, soweit die Hauptversammlung von ihren nach dem Aktiengesetz eingeräumten Rechten Gebrauch gemacht hat. Das Mitbestimmungsrecht ist nach dieser Ansicht folglich nicht nur für die zwingend festzulegenden Beschlussinhalte ausgeschlossen,[39] sondern für alle Optionsbedingungen, welche die Hauptversammlung in ihrem Beschluss festgelegt hat. Es bestehe nur, wenn und soweit die Hauptversammlung noch einen Regelungsspielraum gelassen habe. Mitbestimmungspflichtig sei daher nur die Ausfüllung des von der Hauptversammlung vorgegebenen Rahmens, in welchem dem Vorstand als zuständiges Vergütungsorgan ein Entscheidungsspielraum eingeräumt worden sei.[40] Gleiches gelte für die sonstigen Bedingungen, die nicht den Kern eines Aktienoptionsplans betreffen wie die technische Abwicklung oder Einzelfragen bei Ausscheiden, Eintritt in den Ruhestand und im Todesfall des Berechtigten.

---

[37] *Baeck/Diller*, DB 1998, 1405, 1411; *Legerlotz/Laber*, DStR 1999, 1658, 1666; zustimmend *Bauwens*, S. 129 f.; *Schanz*, NZA 2000, 626, 633 sowie *Tepass* in: Harrer, MAB Rn. 382; *Pulz*, Personalbindung, S. 173. Ebenso - mit Ausnahme der Mitbestimmungspflicht für Verfallklauseln, *Oetker* in: FS BAG, S. 1017, 1032, da diese unmittelbar den Dotierungsrahmen beträfen.

[38] *Kau/Kukat*, BB 1999, 2505, 2507, 2509.

[39] Zu den notwendigen Beschlussinhalten bereits in § 2 III 2 b, 3.

[40] *Kau/Kukat*, BB 1999, 2505, 2506 f.; ebenso *Lingemann/Diller/Mengel*, NZA, 2000, 1191, 1197, die ebenfalls davon ausgehen, dass der Bereich der mitbestimmungsfreien Entscheidungen bei Aktienoptionen durch §§ 192, 193 Abs. 2 AktG auf die Vorgaben der Hauptversammlung erweitert worden sind.

c) Bewertung und eigener Ansatz

Bei der Frage nach dem Umfang des Mitbestimmungsrechts geht es neben der unternehmerischen Entscheidungsfreiheit bei Einführung freiwilliger zusätzlicher Leistungen um die Kompetenzabgrenzung zwischen Betriebsrat und Hauptversammlung, die aus der Überschneidung von Arbeits- und Gesellschaftsrecht resultiert. Diese Ausgangssituation ist bei der Festlegung des Umfangs des Mitbestimmungsrechts bei der Einführung von Aktienoptionen als freiwillige zusätzliche Leistung zu berücksichtigen.

Beide Ansätze enthalten für die Abgrenzung nachvollziehbare Ansatzpunkte, die jedoch der weiteren Differenzierung bedürfen.

aa) Mitbestimmungsfreie Vorgaben

Der zweite Ansatz wählt ausschließlich die aktienrechtliche Kompetenzverteilung als Ausgangspunkt und sieht darin eine gesetzliche Regelung, die den Gesetzesvorrang nach § 87 Abs. 1 Eingangssatz BetrVG begründet. Dies überzeugt allerdings nicht. Nach dieser Vorschrift entfällt die Mitbestimmung lediglich, wenn eine mitbestimmungspflichtige Angelegenheit durch Gesetz abschließend geregelt ist. Sie bleibt aber erhalten, soweit dem Arbeitgeber ein Gestaltungsspielraum verbleibt, den er durch sein Direktionsrecht ausfüllen könnte.[41] Durch die aktienrechtlichen Vorschriften werden der Hauptversammlung zwar für bestimmte Punkte bei der Einführung von Aktienoptionsprogrammen zwingende Kompetenzen eingeräumt. Sie enthalten jedoch keine Regelungen, welche die Transparenz der betrieblichen Vergütungsordnung oder die innerbetriebliche Lohngerechtigkeit sichern. Folglich sind die aktienrechtlichen Beschlussvorgaben an die Hauptversammlung nicht als abschließende Regelungen einzuordnen, die den Schutz der betroffenen Mitarbeiter ausreichend berücksichtigen. Sie sind demzufolge nicht als Gesetze i.S.v. § 87 Abs. 1 Eingangssatz BetrVG anzusehen, die das Mitbestimmungsrecht des Betriebsrats ausschließen.[42]

Die aktienrechtlichen Beschlussvorgaben können daher das Mitbestimmungsrecht nur insoweit ausschließen, wie sie den Leistungszweck und den finanziellen Rahmen der Leistung betreffen. Da die Aktienoptionsprogramme ohne die Beschlussfassung durch die Hauptversammlung nicht durchgeführt werden könnten, sind der Beschluss über die Einführung eines Aktienoptionsprogramms wie auch die Art und Weise der Beschaffung der Aktien zur Bedienung der

[41] *ErfK/Kania*, § 87 BetrVG, Rn. 13; *Richardi*, BetrVG, § 87 Rn. 144.
[42] Im Ergebnis ebenso *Oetker* in: FS BAG, S. 1017, 1034 f.

Optionen[43] als grundlegende Entscheidung über das „ob" der Leistung anzusehen. Diesen Bereich betrifft zudem die Entscheidung, ein Programm mit nicht marktgerechten Konditionen durch Beschluss wieder einzustellen.[44] Durch die Festlegung des Begünstigtenkreises und die Aufteilung der Bezugsrechte auf die Mitglieder der Geschäftsführung und die Arbeitnehmer legt die Gesellschaft einen Teil des Zwecks dieser Vergütungsart fest.[45] Schließlich ist die Festlegung des Ausübungspreises, der Erfolgsziele sowie Erwerbs- bzw. Handelsfenster für den Wert des Bezugsrechts und damit für die Vergütungshöhe entscheidend und ist daher ebenfalls der Entscheidung über das „ob" der Leistung zuzurechnen.[46] Durch die Festlegung der Wartezeit wird nicht nur der Wert der Option beeinflusst, sondern in Kombination mit den Verfallklauseln bei Ausscheiden aus dem Arbeitsverhältnis die Mindestdauer der Bindung der Arbeitnehmer an das Unternehmen bestimmt. Letztere ist ebenfalls dem mit der Ausgabe der Aktienoptionen verfolgten Zweck zuzurechnen.[47] Schließlich werden durch die Festlegung des Höchstbetrags der bedingten Kapitalerhöhung und das Bezugsverhältnis zwischen Aktienoptionen und Aktien der finanzielle Rahmen sowie die Anzahl der auszugebenden Aktienoptionen bzw. Aktien vorgegeben.[48]

Die genannten Aspekte betreffen allesamt den Leistungszweck oder den finanziellen Rahmen der Leistung und somit die Punkte, die nach den für die freiwilligen zusätzlichen Leistungen entwickelten allgemeinen Grundsätzen grundsätzlich nicht dem Mitbestimmungsrecht des Betriebsrats nach § 87 Abs. 1 Nr. 10 BetrVG unterliegen. Folglich kann für diese Vorgaben bei der Einführung von Aktienoptionen als freiwillige zusätzliche Leistung ebenfalls kein Mitbestimmungsrecht bestehen.

bb) Mitbestimmungspflichtige Regelungsgegenstände

Neben den genannten Bedingungen werden in den Aktienoptionsprogrammen üblicherweise weitere Regelungen getroffen, die über die gesetzlichen Anforderungen an den Hauptversammlungsbeschluss nach § 193 Abs. 2 AktG hinausgehen. Die Hauptversammlung kann diese Regelungsgegenstände wahlweise beschließen oder der Entscheidung der zuständigen Vergütungsorgane überlassen.[49]

---

43 Vergl. § 2 III 3, IV, V.

44 Zu dieser Problematik § 12 V 3 c.

45 Vergl. § 2 III 3 a, IV 2 sowie § 3 I 2.

46 Vergl. § 3 I 1 (Preis), 3 (Erfolgsziele), 5 (Erwerbszeiträume), und 6 (Ausübungszeiträume). Ebenso *Harrer*, MAB Rn. 378.

47 Zur Wartefrist § 3 I 4 und zu den Bindungs- bzw. Verfallklauseln, § 3 II 3 bzw. §§ 10, 11.

48 Vergl. § 2 III 3 d, e bb für die bedingte Kapitalerhöhung und IV 2 b für den Rückkauf eigener Aktien.

(1) Kritische Auseinandersetzung mit der Ansicht Kau/Kukats

Die Auffassung von *Kau/Kukat* hält das Mitbestimmungsrecht für freiwillig beschlossene Regelungsgegenstände für ausgeschlossen.[50] Dieser Ansatz ist allerdings nicht mit dem Zweck des Mitbestimmungsrechts zu vereinbaren. Durch § 87 Abs. 1 Nr. 10 BetrVG sollen nicht nur die Transparenz des innerbetrieblichen Vergütungssystems und die Verteilungsgerechtigkeit sicher gestellt werden. Das Mitbestimmungsrecht dient darüber hinaus dem Schutz der Arbeitnehmer vor einer einseitigen und ausschließlich an den Interessen des Unternehmens ausgerichteten Lohnpolitik.[51] Dieser Schutz soll durch die Beteiligung des Betriebsrats bei der Ausgestaltung der Voraussetzungen für die Gewährung der Vergütung gewährleistet werden. Eine Grenze bildet die unternehmerische Entscheidungsfreiheit. Wie bereits zuvor erläutert, hat der Gesetzgeber mit der Vorgabe der zwingenden Beschlussinhalte diejenigen Konditionen eines Aktienoptionsprogramms definiert, die den Kern der unternehmerischen Entscheidungsfreiheit zuzurechnen sind. Sie betreffen neben der Entscheidung über die Einführung des Programms den finanziellen Rahmen und die Zweckbestimmung. Für diesen Bereich geht die Hauptversammlungsautonomie dem Arbeitnehmerschutz vor. Den Bestimmungen liegt damit zugleich eine gesetzgeberische Abwägung zwischen den Interessen der Gesellschafter und denen der begünstigten Arbeitnehmer zugrunde. Daher besteht keine Notwendigkeit, diesen Schutz zu Gunsten der Gesellschafter bzw. der Hauptversammlungsautonomie über den durch die gesetzlichen Vorschriften vorgegebenen Rahmen hinaus auszudehnen. Vielmehr ist die Hauptversammlung bei der Bestimmung der Programmkonditionen an die Rechtsordnung gebunden.[52] Einen Teil dieser Ordnung bilden die Vorschriften des Betriebsverfassungsgesetzes zur Mitbestimmung des Betriebsrats. Aus diesem Grund ist dessen Mitbestimmungsrecht nach § 87 Abs. 1 Nr. 10 BetrVG nur insoweit zu beschränken, wie dies die unternehmerische Entscheidungsfreiheit bzw. die Hauptversammlungsautonomie erfordern. Darüber hinaus unterliegt die Ausgestaltung der Regelungsgegenstände in den Aktienoptionsprogrammen der Mitbestimmung nach § 87 Abs. 1 Nr. 10 BetrVG. Soweit diese Auffassung darüber hinaus annimmt, es gehe bei der Einräumung von Aktienoptionen primär um die Aufnahme neuer

---

[49] Dazu bereits in § 3 II.

[50] *Kau/Kukat*, BB 1999, 2505, 2507, 2509. In diesem Sinne auch *Loritz* in: FS Kissel, S. 687, 704 f., nach dessen Auffassung ein Mitbestimmungsrecht des Betriebsrats bei der Einräumung von Mitarbeiterkapitalbeteiligungen ausscheide, weil es dem Arbeitgeber überlassen bleiben müsse, wer Mitgesellschafter werde. Zustimmend *Wagner*, BB 1997, 150, 151 f.

[51] Vergl. nur *BAG* v. 15.5.2001, AP Nr. 17 zu § 87 BetrVG 1972 Prämie unter II 2 a.

[52] Zu diesem Aspekt bereits in § 6 IV 2. Im Ergebnis ebenso *Oetker* in: FS BAG, S. 1017, 1038 f.

Gesellschafter, so vermag auch dieser Aspekt nicht zu überzeugen. Die Aktienoptionen werden den Mitarbeitern in dieser Konstellation als Vergütung eingeräumt.[53] Es geht hingegen nicht um die Aufnahme neuer Gesellschafter, die i.d.R. aus Finanzierungszwecken erfolgt.

(2) Mitbestimmungspflichtige Optionsbedingungen

Das Mitbestimmungsrecht muss sich wie bei den übrigen Sozialleistungen auf die nähere Ausgestaltung derjenigen Programmbedingungen erstrecken, die nicht der unternehmerischen Entscheidungsfreiheit zuzurechnen sind. In Abgrenzung zu den mitbestimmungsfreien Optionsbedingungen ist der Betriebsrat bei der Verteilung der Aktienoptionen auf die Arbeitnehmer innerhalb der abstrakt vorgegebenen Begünstigtenkreise zu beteiligen, weil dies die Verteilungs- bzw. Lohngerechtigkeit betrifft. Das Mitbestimmungsrecht erstreckt sich dabei insbesondere auf den Ausschluss bestimmter Mitarbeitergruppen von der Programmteilnahme.[54] Aus Gründen des Arbeitnehmerschutzes ist darüber hinaus die Festlegung der Veräußerungs- und Verpfändungssperren mitbestimmungspflichtig, welche die Verfügungsbefugnis über die eingeräumten Rechte ausschließen bzw. beschränken.[55] Das Mitbestimmungsrecht bezieht sich folglich erst recht auf Regelungen, die zum Entzug der bereits eingeräumten Optionen führen können. Daher unterliegen die Verfallklauseln im Zusammenhang mit der Beendigung des Arbeitsverhältnisses und die über die Wartefrist hinausgehende Verfallsdauer der Mitbestimmungspflicht.[56] Gleiches muss für die Festlegung möglicher Haltefristen für die bezogenen Aktien und der Sanktionen bei vorzeitiger Veräußerung gelten, weil durch die Haltefristen die Verfügungsbefugnis über die Vergütung beschränkt wird, und die Sanktionen zum Entzug der eingeräumten Vorteile führen können.[57] Mitbestimmungspflichtig sind nach § 87 Abs. 1 Nr. 4 BetrVG zudem die Fragen der technischen Abwicklung bei Einräumung und Ausübung der Optionen.[58] Ferner besteht nach § 87 Abs. 1 Nr. 11 BetrVG ein Mitbestimmungsrecht bei der Festlegung der persönlichen Zielvorgaben im Rahmen kombinierter Erfolgsziele.[59]

---

[53] Vergl. dazu § 4 III 2 e, V 2 c. In diesem Sinne auch *Oetker* in: FS BAG, S. 1017, 1039.
[54] Dazu noch § 9.
[55] Vergl. allgemein § 3 II 2 und zur arbeitsrechtlichen Zulässigkeit noch § 10 II.
[56] Vergl. § 3 II 3 a, § 11 VIII.
[57] Vergl. § 11 XI.
[58] Vergl. § 3 II 9.
[59] Vergl. § 3 I 3 c sowie oben § 7 II 1 a.

cc) Initiativ- und Zustimmungsrecht des Betriebsrats bei Einführung von Aktienoptionen

Schließlich ist noch zu klären, ob der Betriebsrat die Einführung von Aktienoptionen als zusätzliche freiwillige Leistung verlangen kann. Ein Initiativrecht ist wegen der mitbestimmungsfreien Entscheidung des Arbeitgebers darüber, ob und welche zusätzlichen freiwilligen Leistungen er gewähren will, für die Einführung von Aktienoptionen wie für alle anderen sozialen Leistungen auszuschließen.[60] Gleiches muss für die Abschaffung bzw. Einstellung der Programme gelten.[61] Eine Auffassung will dem Betriebsrat aber ein Zustimmungs- bzw. Vetorecht zugestehen. Infolgedessen könne der Arbeitgeber Aktienoptionen nicht gegen den Willen des Betriebsrats einführen. Ein möglicher Widerspruch müsse durch den Spruch der Einigungsstelle überwunden werden.[62] Andere lehnen dies dagegen ab und sind der Auffassung, der Betriebsrat könne die Einführung dieser Vergütungsform nicht verhindern.[63]

Der zuletzt genannte Auffassung ist zuzustimmen und ein Zustimmungs- bzw. Vetorecht des Betriebsrats bei der Einführung von Aktienoptionen abzulehnen. Anders als bei sonstigen Sozialleistungen geht es nicht um die Verteilung zusätzlicher Gelder zu besonderen Zwecken, sondern um die unternehmerische Entscheidung über die Einführung eines anreizkompatiblen Vergütungssystems, das - mit Ausnahme bei der Aktienbeschaffung im Wege des Rückkaufs eigener Aktien - die Liquidität des Unternehmens unberührt lässt. Die Einführung geht daher nicht zwingend mit der Streichung oder Umverteilung der Mittel für Sozialleistungen als Nachteil, der ein Vetorecht des Betriebsrats erforderlich erscheinen lassen könnte, einher. Den schützenswerten Belangen der Arbeitnehmerschaft wird durch das Mitbestimmungsrecht bei Einführung der Vergütungsform ausreichend Rechnung getragen. Der Betriebsrat kann die Einführung der Aktienoptionsprogramme als freiwillige zusätzliche Leistung also grundsätzlich nicht verhindern.

---

60 Speziell für Aktienoptionen: *Baeck/Diller*, DB 1998, 1405, 1410; *Legerlotz/Laber*, DStR 1999, 1658, 1666; *Oetker* in: FS BAG, S. 1017, 1029; *Schanz*, NZA 2000, 626, 633; *Tepass* in: Harrer, MAB Rn. 377. Allgemein *Richardi*, BetrVG, § 87 Rn. 835; *Röder*, NZA 1987, 799, 805; *Wiese*, GK-BetrVG, § 87 Rn. 838.

61 Ebenso *Oetker* in: FS BAG, S. 1017, 1029.

62 So generell *Tepass* in: Harrer, MAB Rn. 377 f. Einschränkend *Oetker* in: FS BAG, S. 1017, 1030, nur bei Veränderung der innerbetrieblichen Vergütungsstruktur. Allgemein für ein Initiativrecht bei Sozialleistungen *Wiese*, GK-BetrVG, § 87 Rn. 838.

63 *Baeck/Diller*, DB 1998, 1405, 1410; *Legerlotz/Laber*, DStR 1999, 1658, 1666; *Schanz*, NZA 2000, 626, 633.

dd) Informationsrecht des Betriebsrats nach § 80 Abs. 2 BetrVG

Im Zusammenhang mit der Einführung von Aktienoptionen als freiwillige zusätzliche Leistung ist das Informationsrecht nach § 80 Abs. 2 BetrVG zu beachten, das sich auch auf die mitbestimmungsfreien Regelungsgegenstände bezieht. Danach ist der Betriebsrat zur Durchführung seiner Aufgaben umfassend vom Arbeitgeber zu unterrichten. Aus diesem Grund ist ihm bei Einführung eines Aktienoptionsprogramms Einblick in die Listen über die Bruttogehälter zu gewähren. Er ist zudem über die Anzahl der Aktienoptionen zu unterrichten, die den begünstigten Mitarbeitern eingeräumt werden sollen. Es wird zu Recht darauf hingewiesen, dass der Betriebsrat diese Information benötigt, um feststellen zu können, ob sein Mitbestimmungsrecht nach § 87 Abs. 1 Nr. 10 BetrVG besteht.[64] Überdies ist der Betriebsrat bereits vor der Beschlussfassung durch die Hauptversammlung über die Einführung und die geplanten Konditionen des Programms zu informieren, da sein Mitbestimmungsrecht, wie erörtert, auch für solche Regelungsgegenstände besteht, die zwar nicht von §§ 192 Abs. 2 Nr. 3, 193 Abs. 2 bzw. 71 Abs. 1 Nr. 2, 8 AktG umfasst sind, aber dennoch in den Hauptversammlungsbeschluss wahlweise mit aufgenommen werden können.[65]

4. Übertragung der Grundsätze auf die Einführung von Aktienoptionen als freiwillige Maßnahme zur Förderung der Vermögensbildung

Diese Grundsätze sind auf Maßnahmen zur Förderung der Vermögensbeteiligung i.S.v. § 88 Nr. 3 BetrVG und somit auf die Ausgabe von Aktienoptionen im Rahmen eines Mitarbeiterbeteiligungsprogramms zu übertragen. Wie bereits erörtert fallen alle vermögenswerten Arbeitgeberleistungen unter den Entgeltbegriff des § 87 Abs. 1 Nr. 10 BetrVG, so dass es zu Überschneidungen im Anwendungsbereich der beiden Vorschriften kommt.[66]

Es wird allerdings vertreten, dass § 88 Nr. 3 BetrVG Vorrang gegenüber dem Mitbestimmungsrecht nach § 87 Abs. 1 Nr. 10 BetrVG haben müsse. Infolgedessen scheide das zwingende Mitbestimmungsrecht bei der Einführung von Mitarbeiterbeteiligungsmodellen aus.[67] Demgegenüber geht die überwiegende

---

[64] *LAG Nürnberg* v. 22.1.2002, NZA-RR 2002, 247, 248; im Ergebnis ebenso *Lingemann/Diller/Mengel*, NZA 2000, 1191, 1197.

[65] So im Ergebnis ebenfalls *Tepass* in: Harrer, MAB, Rn. 381.

[66] Vergl. § 6 IV 1 a cc.

[67] So die Darstellung bei *Baeck/Diller*, DB 1998, 1404, 1410; *Kau/Kukat*, BB 1999, 2505.

Ansicht davon aus, dass die nähere Ausgestaltung der freiwilligen Maßnahmen zur Förderung der Vermögensbildung nach § 88 Nr. 3 BetrVG zu den nach § 87 Abs. 1 Nr. 10 BetrVG mitbestimmungspflichtigen Entlohnungsgrundsätzen gehöre.[68] Dem ist zuzustimmen. Dem Gesichtspunkt der freiwilligen Leistungserbringung wird bereits durch die Beschränkung des Mitbestimmungsrechts hinreichend Rechnung getragen. Da in diesen Fällen ebenfalls die Transparenz der betrieblichen Lohngestaltung und die innerbetriebliche Lohngerechtigkeit betroffen sind, ist § 87 Abs. 1 Nr. 10 BetrVG seinem Schutzzweck nach einschlägig. Außerdem ist kein Grund ersichtlich, warum freiwillige Leistungen im Rahmen eines Mitarbeiterbeteiligungsprogramms im Vergleich mit sonstigen freiwilligen Leistungen iS.v. § 87 Abs. 1 Nr. 10 BetrVG unterschiedlich behandelt werden sollen, zumal die genaue Einordnung der Aktienoptionen in eine dieser Kategorien im Einzelfall schwierig ist.[69]

5. Übertragung der Grundsätze auf die Einführung von Aktienoptionen als variabler erfolgsbezogener Vergütungsbestandteil

Das Mitbestimmungsrecht nach § 87 Abs. 1 Nr. 10 BetrVG gilt darüber hinaus für die Einführung zusätzlicher wie auch die Änderung bestehender synallagmatischer Vergütungsformen.

a) Aktienoptionen als freiwilliger zusätzlicher synallagmatischer Vergütungsbestandteil

Werden die Aktienoptionen als Vergütungsbestandteil eingeräumt, mit dem die Arbeitsleistung zusätzlich entlohnt werden soll, so sind wegen der Freiwilligkeit der Leistung bei Einführung und Ausgestaltung eines Aktienoptionsprogramms die bereits erörterten Beschränkungen zu beachten. Folglich kann der Betriebsrat weder die Einführung dieser Leistung erzwingen noch deren Abschaffung verhindern. Das Mitbestimmungsrecht bezieht sich zudem nicht auf die nach dem Aktiengesetz zwingend von der Hauptversammlung zu beschließenden Programmpunkte einschließlich der Erwerbs- und Handelsfenster. Die übrigen Ausgestaltungen wie die Verteilung der Optionen auf die begünstigten Arbeitnehmer und die Verfallklauseln[70] sind mitbestimmungspflichtig.

---

[68] BAG v. 28.11.1989, AP Nr. 6 zu § 88 BetrVG unter II 2 a; *Schimana/Frauenkron*, DB 1980, 445, 446 f.; *Windbichler*, Anm. zu BAG v. 28.11.1989, SAE 1991, 294, 295.

[69] Vergl. § 4 V 4.

[70] Vergl. noch § 11 IV 1.

b) Ersetzung eines Teils der fixen Vergütung durch Aktienoptionen

Soll hingegen die bestehende Gesamtvergütung in der Weise verändert werden, dass ein fixer Bestandteil durch Aktienoptionen substituiert wird, so bezieht sich das Mitbestimmungsrecht auf diese Änderung wie auch die Festlegung des Verhältnisses von fixem zu variablem Bestandteil.

Bei der näheren Ausgestaltung des Aktienoptionsprogramms ist die Mitbestimmungspflicht wiederum beschränkt. Zunächst ist zu beachten, dass sich das Mitbestimmungsrecht bei der Einführung bzw. Änderung synallagmatischer Vergütungsformen nicht auf deren Höhe bezieht. Folglich müssen die wertbildenden Faktoren wie die Festlegung des Ausübungspreises, der Erfolgsziele sowie der Wartefrist mitbestimmungsfrei sein. Sofern die Erfolgsziele mit persönlichen Zielvorgaben kombiniert werden, ist das Mitbestimmungsrecht nach § 87 Abs. 1 Nr. 11 BetrVG zu beachten. Im Ergebnis ergeben sich folglich im Vergleich mit den Aktienoptionen als freiwillige zusätzliche Leistung keine Unterschiede.

Weiterhin stellt sich die Frage, ob dem Betriebsrat für die Einführung dieser Vergütungsform ein Inititiativrecht zusteht. Die Einführung von Aktienoptionen ist allerdings im Gegensatz zu anderen leistungsbezogenen variablen Vergütungsarten nicht nur mit Chancen, sondern auch Risiken verbunden, auf welche die Arbeitnehmer keinen unmittelbaren Einfluss haben. Vor diesem Hintergrund ist kaum anzunehmen, dass ein Betriebsrat die Einführung dieser Vergütungsform als variablen Lohnbestandteil fordern wird, die im ungünstigsten Fall zu einer Einkommensreduzierung führen kann. Darüber hinaus steht Art. 14 GG einem solchen Initiativrecht entgegen. Danach kann die Aktiengesellschaft nicht zur Aufnahme neuer Gesellschafter oder zur Einräumung von Beteiligungsrechten gezwungen werden. Gleiches gilt für die Einräumung von Aktienoptionen als Vorstufe einer Unternehmensbeteiligung, durch die sich die Gesellschaft unter bestimmten Voraussetzungen zur Übertragung der Aktien verpflichtet.[71] Darüber hinaus bedarf die Einführung der Aktienoptionen eines Hauptversammlungsbeschlusses, so dass die Autonomie der Hauptversammlung dem Initiativrecht ebenfalls entgegen steht.[72] Aus diesen Gründen ist ein Initiativrecht des Betriebsrats auf Einführung von Aktienoptionen als variabler Vergütungsbestandteil zu Lasten eines fixen Anteils abzulehnen.

---

71 Vergl. *BVerfG* v. 1.3.1979, BVerfGE 50, 290, 341 ff sowie § 6 IV 2 b bb.

72 Vergl. § 2 III zu den notwendigen Beschlüssen sowie § 6 I 3 a zur Hauptversammlungsautonomie.

6. Zusammenfassung

Bei der Einführung von Aktienoptionen besteht generell ein Mitbestimmungsrecht des Betriebsrats nach § 87 Abs. 1 Nr. 10 BetrVG, das allerdings unter Berücksichtigung der unternehmerischen Entscheidungsfreiheit beschränkt ist. Zu den mitbestimmungsfreien Vorgaben gehören die Festlegung des Begünstigtenkreises, des Ausübungspreises, der Erfolgsziele, der Wartefristen, der Erwerbs- und Ausübungszeiträume sowie der Höchstbetrag und die Art der Kapitalerhöhung. Mitbestimmungspflichtig sind hingegen die Verteilung der Aktienoptionen im Rahmen des Begünstigtenkreises, die Verfallklauseln sowie die Verfallsdauer über den Ablauf der Wartezeit hinaus, die Veräußerungs- und Verpfändungssperren, die Haltefristen für die bezogenen Aktien sowie damit zusammen hängende Sanktionen. Gleiches gilt für die technische Abwicklung der Programme sowie persönliche Zielvorgaben im Rahmen kombinierter Erfolgsziele. Bei der Einführung von Aktienoptionen als variable synallagmatische Vergütungsform als Ersatz für einen fixen Anteil besteht das Mitbestimmungsrecht darüber hinaus für das Verhältnis vom variablem zu fixem Vergütungsbestandteil.

III. Grenzen des Mitbestimmungsrechts

Die Grenze des Mitbestimmungsrechts des Betriebsrats bildet der Tarifvorrang nach § 87 Abs. 1 Eingangssatz BetrVG. Danach ist das Mitbestimmungsrecht ausgeschlossen, sofern eine abschließende gesetzliche oder eine zwingende tarifliche Regelung über den an sich mitbestimmungspflichtigen Gegenstand besteht. In diesem Fall ist der Arbeitnehmer bereits durch die entsprechende Regelung hinreichend geschützt.[73]

Bislang existieren keine Tarifverträge über die Einführung von Aktienoptionsprogrammen. Darüber hinaus ist das Mitbestimmungsrecht auch nicht durch tarifliche Regelungen ausgeschlossen, die andere vermögenswerte Leistungen zum Gegenstand haben. Es besteht zudem, wenn die Aktienoptionen auf der Grundlage einer freiwilligen Betriebsvereinbarung nach § 88 Nr. 3 BetrVG eingeräumt werden.[74] Folglich ist die Einführung von Aktienoptionsprogrammen

[73] Vergl. dazu bereits § 6 V 2 c aa.

[74] Zur Sperrwirkung des § 87 Abs. 1 Eingangssatz BetrVG infolge einer tarifvertraglichen Regelung in diesem Zusammenhang bereits § 6 V 2 c aa i.V.m. § 6 V 2 b bb (3), zum Ausschluss des Mitbestimmungsrechts bei Maßnahmen zur Vermögensförderung nach § 88 Nr. 3 BetrVG oben unter § 7 II 4.

als Vergütungselement grundsätzlich nach § 87 Abs. 1 Nr. 10 BetrVG mitbestimmungspflichtig.

IV. Folgen bei Missachtung des Mitbestimmungsrechts

Nach Klärung von Umfang und Grenzen des Mitbestimmungsrechts sind im Anschluss die Folgen zu erörtern, welche die fehlende oder fehlerhafte Beteiligung des Betriebsrats bei Einführung von Aktienoptionsprogrammen nach sich ziehen kann. Dabei ist zwischen kollektiv- und individualrechtlichen Folgen zu unterscheiden.

1. Unterlassungsanspruch des Betriebsrats nach § 23 Abs. 3 S. 1 BetrVG

Bei einer Missachtung des Mitbestimmungsrechts durch den Arbeitgeber kann der Betriebsrat die Unterlassung einer Handlung, also die Unterlassung der Einführung des Aktienoptionsprogramms, beim Arbeitsgericht nach § 23 Abs. 3 S. 1 BetrVG beantragen.[75] Voraussetzung für einen Erfolg ist allerdings ein grober Pflichtverstoß des Arbeitgebers. Dieser erfordert eine objektiv erhebliche und offensichtlich schwerwiegende Pflichtverletzung des Arbeitgebers, ohne dass es auf ein Verschulden ankommt. An einer solchen mangelt es regelmäßig bei rechtlich nicht einfach gelagerten Sachverhalten.[76]

Wie die Bestimmung des Umfangs des Mitbestimmungsrechts nach § 87 Abs. 1 Nr. 10 BetrVG gezeigt hat, ist die Abgrenzung von mitbestimmungspflichtigen und mitbestimmungsfreien Programmpunkten bei der Einführung von Aktienoptionen wegen der Überschneidung von Aktienrecht und Arbeitsrecht rechtlich nicht unproblematisch. Für diesen Bereich fehlt es bislang außerdem an Entscheidungen durch die Rechtsprechung. Daher kommt ein grober Verstoß nur in Betracht, wenn der Betriebsrat bei der Einführung eines solchen Programms gar nicht beteiligt wird. Besteht hingegen keine Einigkeit über den Umfang der Mitbestimmungspflicht für die einzelnen Programmpunkte, wird man einen groben Verstoß regelmäßig ausschließen müssen. Folglich scheidet dieser Rechtsbehelf des Betriebsrats faktisch aus.

---

[75] *Bauwens*, S. 133; *Legerlotz/Laber*, DStR 1999, 1658, 1666

[76] Vergl. *BAG* v. 29.2.2000, AP Nr. 105 zu § 87 BetrVG 1972 unter B II 2 b; *Fitting*, § 23 Rn. 62.

2. Allgemeiner Unterlassungsanspruch bei der Verletzung von Mitbestimmungsrechten nach § 87 BetrVG

Bei Verletzung seiner Mitbestimmungsrechte aus § 87 BetrVG steht dem Betriebsrat daneben der von der Rechtsprechung entwickelte allgemeine Unterlassungs- bzw. Beseitigungsanspruch zu. Dieser setzt zwar nicht die hohe Hürde eines groben Pflichtverstoßes, dafür aber eine Wiederholungsgefahr oder einen noch nicht abgeschlossenen Vorgang voraus.[77] Dieser Anspruch kann durch den Betriebsrat im Wege des einstweiligen Verfügungsverfahrens nach § 85 Abs. 2 ArbGG geltend gemacht werden.[78] Bezogen auf die Aktienoptionsprogramme bedeutet dies, dass der Betriebsrat der Aktiengesellschaft gerichtlich untersagen lassen kann, ein Aktienoptionsprogramm ohne die Klärung der mitbestimmungspflichtigen Punkte einzuführen und den Mitarbeitern Aktienoptionen aufgrund eines solchen Programms zu gewähren. Er kann zudem verlangen, dass ein mitbestimmungswidrig eingeführtes Programm beseitigt bzw. eingestellt wird.

Dabei spielt es keine Rolle, dass die Aktienoptionsprogramme nur teilweise mitbestimmungspflichtig sind und sich das Mitbestimmungsrecht insbesondere nicht auf das „ob" der Einführung und den finanziellen Rahmen bezieht. Sofern ein Aktienoptionsprogramm mitbestimmungsfreie und mitbestimmungspflichtige Regelungen enthält, kann es dennoch erst aufgelegt werden, wenn der Betriebsrat ordnungsgemäß beteiligt wurde. Die Missachtung des Mitbestimmungsrechts schlägt folglich auf das gesamte Programm durch. Demzufolge muss sich auch der Unterlassungsanspruch darauf beziehen.[79]

[77] Ständige Rechtsprechung seit *BAG* v. 3.5.1994, AP Nr. 23 zu § 23 BetrVG 1972 unter B III; v. 29.2.2000, AP Nr. 105 zu § 87 BetrVG 1972 Lohngestaltung unter B II 2 a; *Fitting*, § 23 Rn. 101, 109. Auf die Kritik an diesem Institut soll nicht näher eingegangen werden, dazu *Oetker* in: GK-BetrVG, § 23 Rn. 137 ff. mit zahlreichen Nachweisen.

[78] Allgemein dazu *Fitting*, § 23 Rn. 103, § 87 Rn. 596; *Klebe* in: DKK, BetrVG, § 23 Rn. 122; *Richardi*, BetrVG, § 87 Rn. 872; *Wiese*, GK-BetrVG, § 23 Rn. 140 ff. Ausdrücklich für die Einführung eines Aktienoptionsprogramms *Baeck/Diller*, DB 1998, 1405, 1412; *Legerlotz/Laber*, DStR 1999, 1658, 1666; *Schanz*, NZA 2000, 626, 633; *Tepass* in: Harrer, MB, Rn. 383; *Pulz*, Personalbindung, S. 177.

[79] Vergl. *BAG* v. 19.9.1995, AP Nr. 61 zu § 77 BetrVG 1972 unter III 1, allerdings im Zusammenhang mit der Wirksamkeit der Maßnahme infolge der Verletzung des Mitbestimmungsrechts. Diese Grundsätze sind aber auf den Unterlassungsanspruch übertragbar. So wie hier *Baeck/Diller*, DB 1998, 1405, 1412.

3. Individualrechtliche Folgen im Zusammenhang mit der Missachtung des Mitbestimmungsrechts

Die Missachtung des Mitbestimmungsrechts wirkt sich zudem auf individualrechtlicher Ebene zwischen Arbeitgeber und Arbeitnehmer aus.

a) Theorie der Wirksamkeitsvoraussetzung und ihre Auswirkungen

Die ganz überwiegende Ansicht geht auf der Grundlage der Theorie der Wirksamkeitsvoraussetzung davon aus, dass in diesem Fall alle individualrechtlichen Erklärungen und Maßnahmen des Arbeitgebers unwirksam sind, die den Arbeitnehmer belasten.[80] Auf der anderen Seite führt dies nicht dazu, dass der Arbeitgeber von der Verpflichtung zur Zahlung der zugesagten Leistungen frei wird oder diese von den Arbeitnehmern zurückfordern kann. Man ist sich einig, dass sich ein Arbeitgeber nicht auf sein eigenes rechts- bzw. betriebsverfassungswidriges Verhalten berufen kann, um sich von seinen vertraglichen Verpflichtungen zu befreien.[81] Durch die Verletzung des Mitbestimmungsrechts kann zudem kein individualrechtlicher Anspruch entstehen, der vorher noch nicht bestanden hat und auch bei Beachtung des Mitbestimmungsrechts nicht entstanden wäre.[82] Anspruchsgundlage kann allenfalls der arbeitsrechtliche Gleichbehandlungsgrundsatz sein.[83]

b) Auswirkungen der Grundsätze auf die Gewährung von Aktienoptionen

Unter Berücksichtigung dieser Grundsätze können sich im Zusammenhang mit der Einführung von Aktienoptionen die nun zu erörternden Konstellationen ergeben.

---

80 Ständige Rechtsprechung vergl. *BAG* v. 9.12.1991, AP Nr. 51 zu § 87 BetrVG 1972 Lohngestaltung unter D II 1; v. 28.9.1994, AP Nr. 64 zu § 87 BetrVG 1972 Lohngestaltung unter II; zustimmend *Fitting*, § 87 Rn. 487, 599; *Otto*, NZA 1992, 97, 112; *Wiese*, GK-BetrVG, § 87 Rn. 119 m.w.N. insbesondere zur abweichenden Theorie der erzwingbaren Mitbestimmung; kritisch *Richardi*, BetrVG, § 87 Rn. 104 ff.

81 *BAG* v. 16.9.1986, AP Nr. 17 zu § 77 BetrVG 1972 unter C III 4; *Fitting*, § 87 Rn. 607; *Richardi*, BetrVG § 87 Rn. 869; *Wiese*, GK-BetrVG, § 87 Rn. 125.

82 *BAG* v. 20.8.1991, AP Nr. 50 zu § 87 BetrVG 1972 unter II 2 e; v. 28.9.1994, AP Nr. 68 zu § 87 BetrVG 1972 Lohngestaltung unter II 2; *Fitting*, § 87 Rn. 603; *Richardi*, BetrVG § 87 Rn. 871; *Wiese*, GK-BetrVG, § 87 Rn. 128.

83 *Wiese*, GK-BetrVG, § 87 Rn. 128.

Sofern Aktienoptionen als synallagmatischer erfolgsorientierter Vergütungsbestandteil gewährt werden, durch den ein Teil der fixen Vergütung ersetzt wird, führt die mitbestimmungswidrige Einführung zur Unwirksamkeit möglicher individualrechtlicher Vereinbarungen, weil diese Vergütungsform im Vergleich mit einer lediglich fixen Vergütung für den Arbeitnehmer nicht ausschließlich vorteilhaft ist.[84] Demzufolge ist die Änderung der Vergütungsvereinbarung unwirksam und die Aktiengesellschaft weiterhin verpflichtet ist, die fixe Vergütung in unveränderter Höhe zu zahlen.

Werden die Aktienoptionen hingegen als zusätzlich freiwillige Leistung gewährt, handelt es sich um eine rein vorteilhafte Maßnahme, weil den Arbeitnehmern die Chance eingeräumt wird, ihre Vergütung zu erhöhen. Da der Arbeitgeber sich nicht auf rechtswidriges Verhalten soll berufen können, kann die Aktiengesellschaft in diesem Fall nach den dargestellten Grundsätzen die gewährten Aktienoptionen nicht zurückfordern. Soweit die Arbeitnehmer die Anspruchsvoraussetzungen erfüllen, ist sie zudem zur Gewährung der ursprünglich zugesagten Aktienoptionen verpflichtet.

4. Auswirkungen dieser Folgen auf gesellschaftsrechtliche Fragestellungen, insbesondere die Bindung der Hauptversammlung an das Mitbestimmungsrecht

Sofern die Aktiengesellschaft das Programm fortführen will oder aufgrund ihrer vertraglichen Verpflichtungen gegenüber den Mitarbeitern fortführen muss, hat sie die ordnungsgemäße Beteiligung nachzuholen und mit dem Betriebsrat eine Einigung über die Festlegung der Verteilungsgrundsätze, notfalls unter Einschaltung der Einigungsstelle, zu erzielen. Diese Verhandlungen können dazu führen, dass es bei der Verteilung der Aktienoptionen zu Änderungen kommt, und ursprünglich nicht vorgesehene Arbeitnehmer in den Begünstigtenkreis einbezogen werden. Da die bereits ausgegebenen Aktienoptionen nicht zurückgefordert werden können, kann dies dazu führen, dass der von der Hauptversammlung zur Bedienung der Optionen genehmigte Kapitalrahmen nicht ausreicht und der mitbestimmungsfrei vorgegebene Dotierungsrahmen gesprengt wird.[85] In dieser Situation stellt sich wie bei der Verletzung des Gleichbehandlungsgrundsatzes die Frage, ob die Hauptversammlung an diese Vorgaben bzw. an das Mitbestimmungsrecht des Betriebsrats gebunden und zu einer weiteren

[84] Dazu noch § 8 II 1

[85] *Baeck/Diller*, DB 1998, 1405, 1412; *Legerlotz/Laber*, DStR 1999, 1659, 1667; *Schanz*, NZA 2000, 626, 633.

Kapitalerhöhung verpflichtet ist. Für die Beantwortung ist auf die für die Verletzung des Gleichbehandlungsgrundsatzes entwickelten Grundsätze zurückzugreifen.[86]

Sofern die Hauptversammlung lediglich den Rahmen für die Verteilung der Aktienoptionen vorgegeben und die Ausfüllung dieses Rahmens dem Vorstand überlassen hat, kann der Verstoß des Vorstandes gegen das Mitbestimmungsrecht des Betriebsrats nicht der Hauptversammlung zugerechnet werden.[87] Wegen der ihr nach dem Aktiengesetz eingeräumten Entscheidungsautonomie ist sie nicht verpflichtet, einen entsprechenden Hauptversammlungsbeschluss für eine weitere Kapitalerhöhung zur Bedienung der zusätzlich benötigen Optionen zu fassen.[88] Die Verteilung der Aktienoptionen hat dann zunächst nach dem Prioritätsprinzip zu erfolgen. Sobald der Vorrat erschöpft ist, hat man den betroffenen Mitarbeitern, deren Ansprüche nicht mehr erfüllt werden können, einen finanziellen Ausgleich zu gewähren. Dieser kann z.B. in der Einräumung sog. Wertsteigerungsrechte bestehen.[89]

Hat die Hauptversammlung hingegen die Verteilung an die begünstigten Arbeitnehmer in ihrem Beschluss im einzelnen festgelegt, so ist sie bei der Aufstellung der Verteilungsgrundsätze unmittelbar an das Betriebsverfassungsrecht als Teil der Rechtsordnung gebunden.[90] Verstößt sie zunächst gegen das Mitbestimmungsrecht des Betriebsrats, so resultiert daraus die Pflicht, das mit dem Betriebsrat oder der Einigungsstelle später ausgehandelte Programm zu bedienen und die entsprechenden Beschlüsse zur Beschaffung der notwendigen Aktien zu fassen.

5. Zusammenfassung

Ein Verstoß gegen die Mitbestimmungsrechte begründet auf der kollektivrechtlichen Ebene einen Unterlassungs- bzw. Beseitigungsanspruch des Betriebsrats,

---

86 Vergl. zur Ausgangslage aufgrund der aktienrechtlichen Kompetenzverteilung § 6 I 3 a und zur Bindung der Hauptversammlung an den Gleichbehandlungsgrundsatz § 6 IV 2 und zu den Folgen eines Verstoßes § 6 IV 3.

87 Vergl. § 6 IV 2.

88 Im Ergebnis ebenso *Pulz*, Personalbindung, S. 177 f.

89 Vergl. § 1 III 3.

90 Zur Bindung der Hauptversammlung an das Mitbestimmungsrecht des Betriebsrats vergl. oben unter § 7 II 3 c bb, zur Bindung an den arbeitsrechtlichen Gleichbehandlungsgrundsatz bereits in § 6 IV 2. A.A. *Pulz*, Personalbindung, S. 177 f., nach dessen Auffassung die Hauptversammlung generell nicht zur Beschlussfassung gezwungen werden kann.

aufgrund dessen er die Einführung bzw. weitere Durchführung des Aktienoptionsprogramms gerichtlich untersagen lassen kann. Auf der individualrechtlichen Ebene führt die Verletzung des Mitbestimmungsrechts dazu, dass die Vereinbarungen mit den Arbeitnehmern über die Einführung der Aktienoptionen unwirksam sind. Da dies nicht zum Vorteil des Arbeitgebers gereichen darf, müssen als zusätzliche Leistung bereits zugesagte Optionen dennoch eingeräumt werden. Bereits eingeräumte Optionen können nicht zurückgefordert werden. Sofern der Vorstand das Mitbestimmungsrecht missachtet hat und Nachverhandlungen zur Sprengung des Dotierungsrahmens führen, ist die Hauptversammlung nicht verpflichtet, die zur Bedienung der zusätzlich benötigten Aktienoptionen erforderlichen Beschlüsse zu verabschieden. Diese Pflicht besteht nur, wenn das Mitbestimmungsrecht durch den Hauptversammlungsbeschluss verletzt worden ist.

V. Mitbestimmung im internationalen Konzern

Die Frage nach dem Mitbestimmungsrecht des Betriebsrats taucht ebenfalls auf, wenn die Aktienoptionen von der ausländischen Konzernobergesellschaft den Mitarbeitern des deutschen Tochterunternehmens eingeräumt werden sollen. In diesen Fällen werden die Konditionen des Aktienoptionsprogramms von der Muttergesellschaft regelmäßig vorgegeben. Die Aufgabe der Tochtergesellschaft besteht i.d.R. allein darin, die zu begünstigenden Mitarbeiter vorzuschlagen. In dieser Situation kann dem deutschen Betriebsrat nur in dem Umfang ein Mitbestimmungsrecht zustehen, wie der Tochtergesellschaft als Arbeitgeberin ein Gestaltungsspielraum verbleibt,[91] weil nach dem Betriebsverfassungsgesetz allein die Arbeitgeberin verpflichtet ist. Der Betriebsrat hat daher in erster Linie bei der Festlegung des Begünstigtenkreises und der Verteilung der vorgegebenen Anzahl an Aktienoptionen mitzubestimmen. Auf der anderen Seite folgt daraus, dass das Mitbestimmungsrecht erweitert ist, wenn die Tochtergesellschaft bei der Festlegung der sonstigen mitbestimmungspflichtigen Konditionen ein Mitspracherecht hat.

---

91 So auch *Lingemann/Diller/Mengel*, NZA 2000, 1191,1197, 1200. Zustimmend *Buhr/Radkte*, DB 2000, 1882, 1886. A.A. *Annuß/Lembke*, BB 2003, 2230, 2234, der in diesen Fällen jede arbeitsvertragliche Bindung ausschließt. Zu diesem Problematik bereits in § 1 IV 2 a cc.

VI. Mitwirkung des Sprecherausschusses bei der Einführung von Aktienoptionsplänen

Sofern zu den begünstigten Arbeitnehmern leitende Angestellte gehören, sind weitere Besonderheiten zu beachten. Diese fallen in den Anwendungsbereich des Sprecherausschussgesetzes, wonach dem Sprecherausschuss bei der Einführung von Aktienoptionsprogrammen Unterrichtungs- und Beratungsrechte nach § 30 SprAuG zustehen.[92] Danach hat der Arbeitgeber den Ausschuss rechtzeitig über die Änderung der Gehaltsgestaltung der leitenden Angestellten zu unterrichten und die vorgesehenen Maßnahmen mit diesem zu beraten. Da der Begriff der Gehaltsgestaltung in § 30 Nr. 1 SprAuG inhaltlich bedeutungsgleich mit den Fragen der betrieblichen Lohngestaltung in § 87 Abs. 1 Nr. 10 BetrVG ist,[93] fällt die Einführung von Aktienoptionen in den Anwendungsbereich dieser Vorschrift. Der Arbeitgeber ist in diesem Fall nicht wie im Rahmen der Mitbestimmung des Betriebsrats nach § 87 Abs. 1 Nr. 10 BetrVG darauf angewiesen, mit dem Sprecherausschuss eine Einigung zu erzielen und notfalls die Einigungsstelle anzurufen. Die Intensität der Mitwirkung bleibt daher hinter der Mitbestimmung zurück. Es besteht aber die Pflicht des Arbeitgebers, die Vorstellung des Sprecherausschusses bei geplanten Änderungen in sozialen und personellen Angelegenheiten einzubeziehen und ihn bereits vor der Entscheidung zu beteiligen.[94] Daraus folgt, dass die Gesellschaft den Sprecherausschuss bereits einzubeziehen und zu unterrichten hat, bevor die Hauptversammlung die wesentlichen Eckpunkte des Programms beschließt. Anderenfalls können seine Beratungen und Einwände nicht mehr in die Entscheidung mit einfließen.[95] Die Verletzung von Mitwirkungsrechten des Sprecherausschusses führt allerdings nicht zu einem Unterlassungsanspruch. Zur Durchsetzung seiner Mitwirkungsrechte ist der Sprecherausschuss auf die Beantragung einer einstweiligen Verfügung nach § 85 Abs. 2 ArbGG beim Arbeitsgericht beschränkt, aufgrund derer der Arbeitgeber zur Unterrichtung und Beratung verpflichtet wird.[96]

---

92 *Lingemann/Diller/Mengel*, NZA 2000, 1191; *Tepass* in: Harrer, MAB, Rn. 389.

93 *MünchArbR/Joost*, § 324 Rn. 68 f.

94 *MünchArbR/Joost*, § 324 Rn. 66 f.

95 Vergl. *Tepass* in: Harrer, MAB, Rn. 389.

96 So *Hromadka*, SprAuG, § 30 Rn. 29, 31; *MünchArbR/Jost*, § 324 Rn. 46 f.; a.A. *Löwisch*, SprAuG, § 30 Rn. 16, der einen Unterlassungsanspruch annimmt.

§ 8 Zulässigkeit der Aktienoptionen als Vergütungselement unter dem Gesichtspunkt der Angemessenheits- und Inhaltskontrolle

Im Weiteren ist zu klären, ob und in welchen Grenzen Aktienoptionen als Vergütungselement in zulässiger Weise eingeräumt werden können. Diese Frage drängt sich besonders in Fallgestaltungen auf, in denen die Optionen als erfolgsorientierter variabler Gehaltsbestandteil eingesetzt werden, der im unmittelbaren Austauschverhältnis mit der Arbeitsleistung steht.

I. Zulässigkeit von Aktienoptionen als Vergütungselement

Grundsätzlich sind die Aktienoptionen wie sonstige erfolgs- bzw. ertragsorientierte Vergütungsformen wegen des Grundsatzes der Vertragsfreiheit rechtlich zulässig, weil es Sache der Parteien des Arbeitsverhältnisses ist, welche Leistung sie als Gegenstand des Synallagmas bestimmen.[1] Dies gilt erst Recht für Aktienoptionen, die als freiwillige gemischte Sonderzahlungen oder als Mitarbeiterbeteiligungsform gewährt werden. Die Grundvergütung bleibt den Arbeitnehmern in unveränderter Höhe erhalten. Durch die Optionen wird ihnen zusätzlich die Chance eingeräumt, dass sich ihre Grundvergütung bei positiver Erfolgs- bzw. Unternehmenswertentwicklung erhöht. Die Ausgabe der Aktienoptionen als freiwillige zusätzliche Leistung des Unternehmens ist somit ohne weiteres zulässig.[2]

---

1 Vergl. *BAG* v. 8.9.1998 - 9 AZR 223/97, AP Nr. 6 zu § 87 a HGB unter I 1; v. 8.9.1998 - 9 AZR 273/97 - AP Nr. 2 zu § 611 BGB Tantieme unter II 3 a; *MünchArbR/Hanau*, § 62 Rn. 91; *Rieble*, Sonderbeilage zu NZA 2000/3, 34, 43; *Rieble/Gutzeit*, JbArbR, Bd. 37, S. 41, 43; *Ricken*, NZA 1999, 236, 238; *Wagner*, BB 1997, 150, 157.

2 In diesem Sinne auch *Wank*, RdA 2002, 112, 114 f.

II. Grenzen der Zulässigkeit der Aktienoptionen als variabler synallagmatischer Vergütungsbestandteil

Weitaus problematischer ist hingegen die Beurteilung, ob und in welchem Umfang Aktienoptionen als variabler synallagmatischer Vergütungsbestandteil neben einer fixen Grundvergütung eingeräumt werden dürfen.

1. Grenzen der Zulässigkeit bei Tarifbindung bzw. bestehenden Vergütungsregelungen in Betriebsvereinbarungen

Die erste Grenze für die Zulässigkeit der Aktienoptionen als variabler Vergütungsbestandteil bilden die tariflichen Mindestlöhne wegen der in §§ 1 Abs. 1, 4 Abs. 1 TVG geregelten zwingenden Wirkung der Tarifvertragsnormen. Diese dürfen nicht unterschritten werden, sofern das Arbeitsverhältnis von einem normativ geltenden Tarifvertrag erfasst wird.[3] In dieser Situation sind Abweichungen vor dem Hintergrund des Günstigkeitsprinzips in § 4 Abs. 3 TVG nur zulässig, soweit sie durch Öffnungsklauseln im Tarifvertrag gestattet oder für den Arbeitnehmer von Vorteil sind. Unmittelbare und zwingende Wirkung entfalten tarifvertragliche Vergütungsregelungen allerdings nur, sofern die Arbeitsvertragsparteien nach § 3 Abs. 1 TVG tarifgebunden sind oder der Tarifvertrag nach § 5 TVG für allgemein verbindlich erklärt wurde. In diesen Fällen sind untertarifliche Vergütungsvereinbarungen ohne eine entsprechende Öffnungsklausel unwirksam. Eine untertarifliche Vergütung kann also nur mit nicht tarifgebundenen Arbeitnehmern oder nach Ablauf des Tarifvertrages vereinbart werden. Letzteres ergibt sich aus §§ 3 Abs. 3, 4 Abs. 5 TVG.[4]

Die Einräumung der Aktienoptionen darf bei tarifgebundenen Arbeitnehmern daher grundsätzlich nicht zur Unterschreitung des tariflichen Vergütungsniveaus führen. In dieser Situation wäre eine Vereinbarung, nach der die Aktienoptionen als variabler Vergütungsbestandteil einen Teil der fixen Vergütung ersetzen, nur dann zulässig, wenn der Wegfall des fixen Bestandteils durch die Einräumung der Optionen ausgeglichen würde. Da die Aktienoptionsscheine am Anfang nur einen geringen Wert haben und in ihrer Wertentwicklung von

---

3 Vergl. *Busch*, BB 2000, 1294, speziell zu den Aktienoptionen; *Rieble/Gutzeit*, JbArbR, Bd. 37, S. 41, 43.

4 Vergl. *MünchArbR/Richardi*, § 12 Rn. 8 ff.; *MünchArbR/Hanau*, § 62 Rn. 48; *MünchArbR/Löwisch/Rieble*, § 260 Rn. 4; *Schaub*, Arbeitsrecht, § 66 Rn. 9.

der ungewissen Entwicklung des Aktienkurses abhängig sind, ist die Anzahl an Aktienoptionen, die dem Mitarbeiter als Ausgleich einzuräumen sind, bei Ausgabe nur schwer zu berechnen.[5] Wegen der parallel zum Aktienkurs zu erwartenden Wertschwankungen der Optionsrechte besteht darüber hinaus wie bei negativer Kursentwicklung die Gefahr, dass der Wert der Gesamtvergütung wegen des variablen Anteils während der Optionslaufzeit unter Tarifniveau fällt. Werden die Erfolgsziele nicht erreicht, so manifestiert sich dieser Zustand durch den Verfall der Aktienoptionen am Ende der Laufzeit. Im ungünstigsten Fall wird der variable Bestandteil völlig wertlos und die Gesamtvergütung entsprechend reduziert.[6] Die Eignung der Aktienoptionen als Ersatz für einen fixen tariflichen Vergütungsbestandteil ist auch unter einem weiteren Gesichtspunkt zweifelhaft. In der Regel ist der Tariflohn monatlich fällig. Bei Einräumung der Aktienoptionen kann der Arbeitnehmer indes frühestens nach Ablauf der zweijährigen Wartefrist über den darin verkörperten Wert verfügen und ihn zur Bestreitung seines Lebensunterhalts verwenden. Die Aktienoptionen sind daher auch wegen des späteren Geldzuflusses kein gleichwertiger Ersatz für die feste tarifliche Vergütung.[7] Aus all diesen Gründen ist davon auszugehen, dass solche variablen Vergütungsvereinbarungen mit tarifgebundenen Arbeitnehmern wegen eines Verstoßes gegen das Günstigkeitsprinzip nicht getroffen werden können. Etwas anderes gilt lediglich, wenn der Tarifvertrag eine Öffnungsklausel enthält, welche die Vereinbarung eines erfolgsorientierten variablen Vergütungsbestandteils als Ersatz für einen fixen Gehaltsbestandteil zulässt.[8]

Gleiches gilt für den wegen der Sperre in § 77 Abs. 3 BetrVG sehr seltenen Fall, in dem die Vergütung durch Betriebsvereinbarung geregelt ist, weil der Betrieb nicht unter den räumlichen und fachlichen Geltungsbereich eines einschlägigen Tarifvertrages fällt. Entsprechende Vergütungsregelungen würden nach § 77 Abs. 4 S. 1 BetrVG unmittelbar und zwingend für alle Arbeitsverhältnisse des Betriebes gelten. Die ganz herrschende Ansicht geht mit unterschiedlicher dogmatischer Begründung allerdings davon aus, dass das Günstigkeitsprinzip trotz fehlender ausdrücklicher gesetzlicher Regelung im Verhältnis Betriebsvereinbarung und nachfolgendem Arbeitsvertrag ebenfalls gilt. Daher sind nur Abweichungen zugunsten der Arbeitnehmer wirksam.[9] Demzufolge

---

[5] Zur Wertberechnung nach der Black/Scholes-Formel vergl. § 2 III 2 e bb.

[6] Diese Gefahr übersieht *Bauwens*, S. 119, 123, der annimmt, dass die Einführung aktienkursorientierter Vergütung wegen der Gewinnchancen stets günstig ist.

[7] Im Ergebnis ebenso *Busch*, BB 2000, 1294, der Aktienoptionen aus diesen Gründen mit einer außertariflichen Zulage gleichstellt, die bei der Feststellung der tariflichen Mindestvergütung unberücksichtig bleibe.

[8] So auch *Busch*, BB 2000, 1294.

[9] *BAG* v. 16.9.1986, AP Nr. 17 zu § 77 BetrVG 1972 unter C II 3 m.w.N.; *Kreutz*, GK-

sind solche arbeitsvertraglichen Regelungen unzulässig, die für den Arbeitnehmer ungünstiger sind. Sie werden aufgrund der zwingenden Wirkung der Betriebsvereinbarung verdrängt.[10] Eine arbeitsvertragliche Vereinbarung, in der die Einräumung von Aktienoptionen als variabler Vergütungsbestandteil vereinbart wird, ist daher unzulässig, wenn die Vergütung für einen Betrieb in einer Betriebsvereinbarung geregelt ist. Eine solche Regelung ist für die Arbeitnehmer wegen der möglichen negativen Kursentwicklung und der späteren Fälligkeit ebenfalls nicht günstiger. Etwas anderes gilt wiederum, wenn die Betriebsvereinbarung entsprechende Öffnungsklauseln enthält oder abgeändert wird.[11]

Diese allgemeinen Zulässigkeitsgrenzen dürften allerdings nicht allzu häufig einschlägig sein. Aktienoptionen sind in dieser Weise bislang hauptsächlich bei außertariflichen Führungskräften oder im Bereich der New Economy eingesetzt worden, in dem bislang weder Tarifverträge noch Betriebsvereinbarungen mit entsprechendem Inhalt existieren.[12]

2. Inhaltskontrolle einzelvertraglich vorformulierter Vergütungsvereinbarungen

Unabhängig von der Tarifbindung oder einer entgegen stehenden Betriebsvereinbarung bleibt zu prüfen, ob derartige Vergütungsvereinbarungen auf individualarbeitsrechtlicher Ebene zulässig sind. Dafür ist zunächst zu klären, auf welcher Grundlage und an Hand welches Kontrollmaßstabes Entgeltvereinbarungen nicht tarifgebundener Arbeitsverhältnisse zu kontrollieren sind.

Als mögliche Kontrollinstrumente kommen die Angemessenheitskontrolle nach § 307 Abs. 1 S. 1, Abs. 2 Nr. 1 BGB oder die allgemeine Inhaltskontrolle auf

BetrVG, § 77 Rn. 235 ff.; *MünchArbR/Matthes*, § 327 Rn. 77 jeweils m.w.N.; *Richardi*, BetrVG, § 77 Rn. 144; a.A. *Leinemann*, DB 1985, 1394, 1395 f.; *Reuter*, RdA 1991, 193, 197 f. Zur Ablösung arbeitsvertraglicher Vereinbarungen durch nachfolgende Betriebsvereinbarungen noch in § 6 V 2 a.

10 Nach neuerer Ansicht verdrängt die zwingende Wirkung die arbeitsvertragliche Vereinbarung während der Dauer der normativen Wirkung, macht sie jedoch nicht nichtig, vergl. *BAG* v. 21.9.1989, AP Nr. 43 zu § 77 BetrVG 1972 unter IV 3, 4; *Fitting*, § 77 Rn. 197; *Krause*, Anm. zu BAG v. 28.3.2000, EzA § 77 BetrVG 1972 Nr. 1 Ablösung, S. 11, 25 f.; *Otto*, Anm. zu BAG v. 21.9.1989, EzA § 77 BetrVG 1972 Nr. 33, S. 23, 25; *Richardi*, BetrVG, § 77 Rn. 159; a.A. *Kreutz*, GK-BetrVG, § 77 Rn. 231

11 Für die Zulässigkeit solcher Öffnungsklauseln in Betriebsvereinbarungen *Kreutz*, GK-BetrVG, § 77 Rn. 268 ff.; *Richardi*, BetrVG, § 77 Rn. 138 ff., die die normative Wirkung für abdingbar halten. Zur Ablösung einer Betriebsvereinbarung vergl. § 6 IV 2 a bb.

12 Vergl. *Boes/Baukrowitz*, S. 80 ff.; 253 ff.

der Grundlage von § 138 BGB oder § 134 BGB i.V.m. § 291 Abs. 1 Nr. 3 StGB in Betracht. Der Wuchertatbestand kann jedoch im Zusammenhang mit der Ausgabe von Aktienoptionen vernachlässigt werden, da es stets an der Ausbeutung einer Zwangslage, der Unerfahrenheit, dem Mangel an Urteilsvermögen oder einer erheblichen Willensschwäche und damit am subjektiven Tatbestand fehlen dürfte. Aktienoptionen werden als erfolgsorientierte Vergütungsform für qualifizierte Dienstleistungen eingesetzt, so dass die genannten Kriterien bei den Begünstigten regelmäßig nicht zutreffen werden.

a) Anwendungsbereich der Angemessenheitskontrolle gem. §§ 307 ff. BGB

Seit der Neuregelung des BGB durch das Gesetz zur Modernisierung des Schuldrechts vom 26.11.2001[13] finden die Regelungen zur Kontrolle Allgemeiner Geschäftsbedingungen in den §§ 305 bis 310 BGB auch auf Arbeitsverträge Anwendung. Für Neuverträge gilt dies bereits seit dem 1.1.2002, für Altverträge gem. Art. 229 § 5 EGBG erst seit Anfang 2003. Die Anwendung der AGB-Kontrolle auf vorformulierte Arbeitsverträge resultiert aus der Änderung der bislang in § 23 Abs. 1 AGBG formulierten Bereichsausnahme, wonach das AGBG bislang bei Verträgen auf dem Gebiet des Arbeitsrechts keine Anwendung fand. Nach § 310 Abs. 4 S. 1 BGB bezieht sich dieser Ausschluss jetzt nur noch auf Tarifverträge sowie Betriebs- und Dienstvereinbarungen. Bei der Anwendung der Bestimmungen sollen die Besonderheiten des Arbeitsrechts nach § 310 Abs. 4 S. 2 BGB angemessen berücksichtigt werden.

Bereits vor dem Inkrafttreten dieser Regelung bestand Einigkeit, dass eine Inhaltskontrolle vorformulierter Arbeitsverträge nicht gänzlich ausgeschlossen sein sollte. Einige im AGBG enthaltene Rechtsgedanken sind aus Gründen des Arbeitnehmerschutzes auf Arbeitsverträge angewendet worden. Sowohl Rechtsgrundlage der Inhaltskontrolle als auch Kontrollmaßstab sind hingegen nicht einheitlich beurteilt worden.[14] Dies spiegelte sich in der Rechtsprechung wi-

---

13 BGBl. I, S. 3138.

14 Allgemein dazu *Fastrich*, S. 70 ff.; 164 ff., 280 ff., der die Inhaltskontrolle auf den Grundsatz von Treu und Glauben stützt und zu einer modifizierten Übertragung der Grundsätze des AGB-Gesetzes auf das Arbeitsrecht kommt; *v. Hoyningen-Huene*, Billigkeit, S. 153 ff., 156, wonach die Kontrolle allgemeiner Arbeitsbedingungen grundsätzlich anhand der generalisierenden Wertungskriterien in §§ 242 BGB, 9 AGBG sowie des Gleichbehandlungsgrundsatzes zu erfolgen habe; *Hromadka* in: FS Dieterich, S. 251, 254, der § 242 BG als Rechtsgrundlage unter Konkretisierung der Überlegung zu § 9 AGBG heranzieht; ähnlich *Preis*, Vertragsgestaltung, S. 237 ff., 249 ff.; 418 ff.; *ders.* in: FS Kissel, S. 879, 900, der die Wertungen von § 242 BGB unter arbeitsrechtsspezifischer Konkretisierung durch § 9 AGBG bei der Kontrolle vorformulierter Vertragsbedingungen

der. Während einige Senate des BAG die Grundgedanken des AGB-Gesetzes zur Inhaltskontrolle heranzogen, lehnten andere diesen Rückgriff ausdrücklich ab.[15] Die daraus resultierende Rechtsunsicherheit veranlasste den Gesetzgeber zur Änderung der Bereichsausnahme. Nach der Gesetzesbegründung zum Schuldrechtsmodernisierungsgesetz darf das Schutzniveau der Inhaltskontrolle im Arbeitsrecht im Hinblick darauf, dass der Arbeitnehmer existentiell auf seinen Arbeitsplatz angewiesen ist, nicht hinter demjenigen des allgemeinen Zivilrechts zurückbleiben.[16] Mit der Änderung ist der Streit um Grundlage und Maßstab der Inhaltskontrolle im Arbeitsrecht damit obsolet geworden.

Fraglich bleibt aber, ob und unter welchen Voraussetzungen variable Vergütungsabreden der AGB-Kontrolle unterliegen. Dies ergibt zunächst aus § 305 Abs. 1 BGB, wonach der Anwendungsbereich nur bei vorformulierten Vertragsbedingungen eröffnet ist, die der Arbeitgeber dem Arbeitnehmer bei Abschluss des Vertrages gestellt hat. Unter Berücksichtigung der Regelung in § 305 Abs. 1 S. 3 BGB trifft dies nicht auf Individualabreden zu.[17] Für die Abgrenzung vorformulierter Arbeitsverträge bzw. Allgemeiner Geschäftsbedingungen von Individualabreden ist auf die Rechtsprechung und den Meinungsstand zu dem bisherigen § 1 AGBG zurückzugreifen.[18] Danach bedeutet aushandeln mehr als verhandeln. Die betroffene Vertragsbedingung muss in der Form ernsthaft zur Disposition des Arbeitnehmers als Vertragspartner gestellt werden, dass er die reale Möglichkeit hat, auf den Inhalt jedes Vertragsteils

heranzieht, während Individualabreden nur der Kontrolle nach § 138 BGB unterliegen sollen; *Wolf*, RdA 1988, 270, 271 ff. (§§ 242 BGB, § 9 AGBG); *Zöllner*, RdA 1989, 152, 156 ff. (§ 242 BGB unter Annäherung an die Angemessenheitskontrolle nach § 9 AGBG).

15 Die Inhaltskontrolle wurde z.B. in *BAG* v. 16.3.1994, AP Nr. 18 zu § 611 BGB Ausbildungsbeihilfe unter A II, und v. 6.5.1998, AP Nr. 28 zu § 611 BGB Ausbildungsbeihilfe unter II 4, allgemein auf § 242 BGB bzw. § 138 BGB gestützt. Im Rahmen dessen führte man unter Berücksichtigung der Umstände des Einzelfalls eine Güter- und Interessenabwägung nach Maßgabe des Verhältnismäßigkeitsgrundsatzes durch. Auf der anderen Seite lehnten einige Senate die direkte oder analoge Anwendung der Maßstäbe strikt ab, z.B. *BAG* v. 24.10.1990, AP Nr. 11 zu § 611 BGB Mehrarbeitsvergütung unter A I 2 a, und v. 13.12.2000, AP Nr. 2 zu § 241 BGB unter II 1 a. Nur vereinzelt, z.B. *BAG* v. 18.8.1999, NZA 1999, 659, 661, erfolgte die Kontrolle unter ausdrücklicher Anwendung der AGB Maßstäbe.

16 *BT-Drucks.* 14/6857 v. 31.8.2001, S. 53 f.; *BT-Drucks.* 14/7052 v. 19.10.2001, S. 189. Dazu *Annuß*, BB 2002, 458 f.; *Däubler*, NZA, 2001, 1329, 1334; *Gotthardt*, ZIP 2002, 277 f.; *Lakies*, NZA-RR 2002, 337, 342; *Lingemann*, NZA 2002, 181, 182 f.

17 A.A. für die frühere Rechtslage *Dieterich*, RdA 1995, 129, 135; *Hromadka* in: FS Dieterich, S. 251, 256 m.w.N., nach deren Ansicht auch ausgehandelte arbeitsvertragliche Bedingungen einer Inhaltskontrolle unterliegen sollten, weil man davon ausgehen müsse, dass der Normalarbeitnehmer nicht nur bei Verträgen mit Allgemeinen Geschäftsbedingungen wirtschaftlich unterlegen sei. Er sei auf den Arbeitsplatz angewiesen und habe i.d.R. keine Ausweichmöglichkeiten auf dem Arbeitsmarkt.

18 *Lakies*, NZA-RR 2002, 337, 343; *Lingemann*, NZA 2002, 181, 184.

Einfluss zu nehmen.[19] Zukünftig ist daher auch bei der Kontrolle von Arbeitsverträgen zwischen Individualabreden und Allgemeinen Geschäftsbedingungen bzw. Arbeitsbedingungen zu differenzieren und eine Abgrenzung nach den genannten Kriterien vorzunehmen.[20] Sofern nach dem äußeren Erscheinungsbild allgemeine Geschäftsbedingungen bzw. Arbeitsbedingungen vorliegen, liegt die Beweislast dafür beim Arbeitgeber als Verwender.[21]

aa) Anwendung § 310 Abs. 3 Nr. 1 und 2 BGB auf Arbeitsverträge

Das Merkmal des Stellens der Allgemeinen Geschäftsbedingungen müsste allerdings vom Arbeitnehmer nicht gesondert dargelegt werden, sofern § 310 Abs. 3 Nr. 1 BGB auf Arbeitsverträge Anwendung fände. Danach gelten diese bei Verträgen zwischen einem Verbraucher und Unternehmer als vom Unternehmer gestellt, es sei denn, sie wurden durch den Verbraucher in den Vertrag eingeführt. Dafür trägt der Unternehmer die Beweislast. Nach § 310 Abs. 3 Nr. 2 AGBG unterliegen Verbraucherverträge zudem bereits der Inhaltskontrolle, wenn sie nicht für eine Vielzahl von Fällen, sondern nur für den Einzelfall vorformuliert sind.[22] Die Anwendung dieser Vorschriften hängt davon ab, ob man den Arbeitnehmer ebenfalls als Verbraucher i.S.d. § 23 BGB einordnet.

(1) Streitstand im Schrifttum mit Stellungnahme

Über diese Frage ist im arbeitsrechtlichen Schrifttum eine Diskussion entbrannt. Teile des Schrifttums lehnen die generelle Gleichstellung mit dem Argument ab, Verbraucher i.S.v. § 13 BGB sei der Gegenbegriff zum Unternehmer i.S.v. § 14 BGB und nicht zum Arbeitgeber.[23] Zudem befinde sich der Arbeitnehmer bei Verträgen im Rahmen der arbeitsvertraglichen Beziehung regelmäßig in einer anderen Situation als ein Verbraucher. Während jener als

---

19 Ständige Rechtsprechung, z.B. *BGH* v. 3.11.1999, BGHZ 104, 143 sowie z.B. *ErfK/Preis*, § 305-310 BGB Rn. 27; *Ulmer* in: Ulmer/Brandner/Hensen, AGBG, § 1 Rn. 45 ff., insbesondere Rn. 48; *Wolf* in: Wolf/Horn/Lindacher, AGBG, § 1 Rn. 32 ff.; insbesondere Rn. 34 f., 37.

20 Vergl. *Gotthardt*, ZIP 2002, 277, 278; *Lindemann*, AuR 2002, 81, 85.

21 Vergl. *Ulmer* in: Ulmer/Brandner/Hensen, AGBG, § 1 Rn. 60 ff., insbesondere Rn. 64; *Wolf* in: Wolf/Horn/Lindacher, AGBG, § 1 Rn. 60 ff.; insbesondere Rn. 63.

22 Vergl. *Wolf* in: Wolf/Horn/Lindacher, AGBG, § 1 Rn. 32

23 *Berkowski*, AuA, 2002, 11, 15; *Joussen*, NZA 2001, 745, 749; *Lingemann*, NZA 2002, 181, 184 mit dem zusätzlichen Hinweis auf eine gebotene richtlinienkonforme Auslegung des Verbraucherbegriffs sowie *Löwisch*, NZA 2001, 465, 466; ähnlich *Natzel*, NZA 2002, 595 f.

Nachfrager von Sach- und Dienstleistungen für den privaten Verbrauch am Markt in Erscheinung trete, biete der Arbeitnehmer seine Dienstleistung an.[24]

Andere Autoren vertreten die gegensätzliche Auffassung. Sie orientieren sich an der gesetzlichen Definition des Verbrauchers. Danach hänge die Verbrauchereigenschaft einer natürlichen Person davon ab, dass die Rechtsgeschäfte weder der gewerblichen noch selbstständig beruflichen Tätigkeit zuzurechnen sind. Davon sei auch die unselbständige berufliche Tätigkeit umfasst, so dass jeder Arbeitnehmer Verbraucher im Sinne des BGB sei.[25] Für diese Sichtweise spreche, dass der Gesetzgeber die Arbeitnehmer an anderer Stelle ausdrücklich vom Anwendungsbereich des Verbraucherrechts ausgenommen habe, sofern er dies für sachgerecht hielt. Als Beispiel werden § 491 Abs. 2 Nr. 2 BGB, der das Verbraucherdarlehen regelt, sowie das Unterlassungsklagegesetz angeführt, welches das Klagerecht von Verbraucherverbänden gegen AGB-Klauseln regelt. In § 15 UKlaG sei klar gestellt, dass das Arbeitsrecht nicht Klagegegenstand sein kann. Zudem wird auf die Beschlussempfehlung des Rechtsausschusses verwiesen, in welcher der Arbeitnehmer als Verbraucher bezeichnet wird.[26] All dies spreche dafür, die Verbrauchereigenschaft des Arbeitnehmers anzunehmen.[27]

Für diese Auffassung sprechen außerdem systematische Gründe. Da der Gesetzgeber an einigen Stellen ausdrückliche Ausnahmeregelungen getroffen hat, war ihm bewusst, dass die verbraucherschützenden Vorschriften die Rechtsbeziehung zwischen Arbeitgeber und Arbeitnehmer betreffen können. Zudem war dem Gesetzgeber bekannt, dass der Verbraucherbegriff nach deutschem Recht über den der EG-Fernabsatz- und Verbraucherkreditrichtlinie hinausgeht und nur derjenige kein Verbraucher ist, der zu Zwecken handelt, die seiner selbstständigen beruflichen Tätigkeit zuzurechnen sind.[28] Für den Arbeitgeber ist der Abschluss von Arbeitsverträgen hingegen Teil seiner gerwerblichen, selbstständigen Tätigkeit. Darüber hinaus nimmt § 13 BGB allgemein auf Rechtsgeschäfte Bezug und bezieht sich nicht allein auf Austauschverträge über Sach- und Dienstleistungen. All dies spricht dafür, Arbeitnehmer grundsätzlich als Verbraucher i.S.d. § 13 BGB anzusehen.

---

24 *Bauer/Kock*, DB 2002, 42, 43; *Henssler*, RdA 2002, 129, 134.

25 *Däubler*, NZA 2001, 1329, 1333 f.; *Gotthardt*, ZIP 2002, 277, 278 f.; *Lakies*, NZA-RR 2002, 337, 353; *Lindemann*, AuR 2002, 81, 84; *Preis*, Der Arbeitsvertrag, I C Rn. 68 ff.; *Reinecke*, DB 2002, 583, 586 f.

26 *BT-Drucks.* 14/7052 v. 19.10.2001, S. 190.

27 *Däubler*, NZA 2001, 1329, 1333; *Hümmerich/Holthausen*, NZA 2002, 173, 177 f.; *Lakies*, NZA-RR 2002, 337, 353.

28 Vergl. *BT-Drucks.* 14/6040 v. 14.5.2001, S. 243.

(2) Einschätzung des Anwendungsbereichs bei Vergütungsabreden

Diese Problematik ist für die Praxis allerdings nur wenig relevant. Üblicher Weise werden vorformulierte Arbeitsbedingungen verwendet,[29] so dass der Anwendungsbereich der Angemessenheitskontrolle regelmäßig eröffnet ist. Anders kann sich die Situation allenfalls für Verträge mit Führungskräften oder begehrten Fachkräften darstellen. Mit diesen Personengruppen werden im Einzelfall besondere Vereinbarungen über die Arbeitszeit und die Vergütung getroffen, die als Individualarbeitsverträge einzuordnen sind. In diesen Fallgestaltungen kann sich die geschilderte Streitfrage im Einzelfall auswirken.

Im Allgemeinen ist davon auszugehen, dass die Unternehmen im Hinblick auf Verwaltungsaufwand und Betriebsklima an einer einheitlichen Vergütungsstruktur interessiert sind und daher allenfalls gruppenspezifische Vergütungsregelungen treffen. Letztere sind ebenfalls nicht als Individualvereinbarungen einzuordnen. Daher fallen variable Vergütungsvereinbarungen regelmäßig in den Anwendungsbereich der AGB-Kontrolle.

bb) Anwendung der Inhaltskontrolle nach § 307 Abs. 1, Abs. 2 BGB auf Vergütungsvereinbarungen

Im Weiteren ist zu untersuchen, ob Vergütungsvereinbarungen der Inhaltskontrolle nach den §§ 307 ff. BGB unterliegen. Als Rechtsgrundlage kommt nur die Generalklausel in § 307 Abs. 1 S. 1, Abs. 2 Nr. 2 BGB in Betracht.[30] Danach sind Bestimmungen in Allgemeinen Geschäftsbedingungen unwirksam, wenn sie den Arbeitnehmer als Vertragspartner des Arbeitgebers als Verwender unangemessen benachteiligen, was sich nach S. 2 auch aufgrund einer unklaren und undeutlichen Bestimmung ergeben kann.

(1) Voraussetzungen für die Inhaltskontrolle nach § 307 Abs. 3 S. 1 BGB – kontrollfreie Preisvereinbarungen

Der Anwendungsbereich der Angemessenheitskontrolle ist nach § 307 Abs. 3 S. 1 BGB jedoch nur eröffnet, wenn in den Allgemeinen Geschäftsbedingungen von Rechtsvorschriften abweichende bzw. diese ergänzende Regelungen vereinbart werden. Der Regelungsgehalt entspricht dem bisherigen § 8 AGBG a.F.

---

[29] *Dieterich*, RdA 1995, 129, 135; *Gotthardt*, ZIP 2002, 277, 278; *Lakies*, NZA-RR 2002, 337, 342; *Preis*, Der Arbeitsvertrag, I C Rn. 54.

[30] *Lakies*, NZA-RR 2002, 337, 343.

Die Inhaltskontrolle ist danach ausgeschlossen, wenn das Recht die inhaltliche Vertragsgestaltung von jeder Normierung frei stellt, wie dies auf preisbestimmende und leistungsbeschreibende Regelungen regelmäßig zutrifft. Gleiches gilt für deklaratorische Klauseln, die inhaltlich mit Rechtsvorschriften übereinstimmen.[31] Daraus folgt der Grundsatz, dass der Preis bzw. die Gegenleistung grundsätzlich von der AGB-Kontrolle ausgenommen sind. Hintergrund ist, dass sich der gerechte Preis in einer marktwirtschaftlichen Ordnung regelmäßig über den Markt und damit im freien Wettbewerb ergibt. Etwas anderes gilt nur, wenn gesetzliche Gebührenordnungen wie die Honorarordnung für Architekten und Ingenieure, die Gebührenordnung für Ärzte oder die Bundesrechtsanwaltsgebührenordnung bzw. das seit 01.07.2004 geltende Rechtsanwaltsvergütungsgesetz existieren. In diesen Fällen unterliegen vorformulierte Honorarvereinbarungen der Angemessenheitskontrolle, sofern sie von diesen Rechtsvorschriften abweichen.[32] Nur für diesen Bereich hat der Gesetzgeber den Preiswettbewerb beschränkt und den Mechanismen des freien Markts entzogen.[33] Infolge dessen ist bislang angenommen worden, dass die Höhe der arbeitsrechtlichen Vergütung als Gegenleistung für die Arbeitsleistung keiner Angemessenheitskontrolle unterliegt, weil die Vergütungshöhe nicht gesetzlich geregelt ist. Auch § 612 Abs. 2 BGB kann nicht als preisregulierende Vorschrift eingeordnet werden, weil der Tatbestand nur einschlägig ist, wenn eine vertragliche Vergütungsvereinbarung fehlt.[34]

(2) Aktienoptionen in Abgrenzung zu den kontrollfähigen Preisnebenabreden

Im Zusammenhang mit der Einführung der Aktienoptionen als variable synallagmatische Vergütungsform ist allerdings zu überlegen, ob der Anwendungsbereich der Angemessenheitskontrolle eröffnet ist, weil die Vergütungshöhe bei Abschluss der Vergütungsvereinbarung noch nicht feststeht, sondern sich erst bei Ausübung der Option ergibt. Abweichend von dargestellten Grundsätzen werden sog. Preisnebenabreden dieser Kontrolle unterzogen. Darunter fallen Abreden, die sich mittelbar auf den Preis und die Leistung auswirken und

31 *Brandner* in: Ulmer/Brandner/Hensen, AGBG, § 8 Rn. 1 m.w.N.; *Wolf* in: Wolf/Horn/Lindacher, AGBG § 8 Rn. 1.

32 *Brandner* in: Ulmer/Brandner/Hensen, AGBG, § 8 Rn. 14, 16 jeweils m.w.N.; *Wolf* in: Wolf/Horn/Lindacher, AGBG § 8 Rn. 13 f., 16 m.w.N.

33 *Gotthardt*, ZIP 2002, 277, 282.

34 *Brandner* in: Ulmer/Brandner/Hensen, AGBG, § 8 Rn. 17; *Fastrich*, RdA 1997, 65, 73; *Gotthardt*, ZIP 2002, 277, 282; *MünchArbR/Hanau*, § 62 Rn. 82; *Preis* in: FS Kissel, S. 879, 901; *Rieble/Gutheil*, JbArbT, Bd. 37, 41, 53; *Wolf* in: Wolf/Horn/Lindacher, AGBG § 8 Rn. 16, 20.

durch dispositives Gesetzesrecht ersetzt werden können.[35] Zu diesen Vereinbarungen gehören Preisvorbehaltsklauseln. Darunter versteht man Bestimmungen in Verträgen, in denen der Preis bzw. die Höhe der Gegenleistung bei Vertragsschluss offen bleibt und dem Verwender statt dessen ein Leistungsbestimmungsrecht eingeräumt wird.[36] Nach der Änderung der Bereichsausnahme sind diese Grundsätze auf den Bereich des Arbeitsrechts zu übertragen. Demzufolge müssen vorformulierte einseitige Leistungsbestimmungsrechte, welche die Hauptleistungspflichten modifizieren oder reduzieren, ebenfalls der Angemessenheitskontrolle unterliegen.[37]

Für den Einsatz der Aktienoptionen als variabler Vergütungsbestandteil stellt sich die Situation ähnlich dar. Bei Abschluss der Vergütungsvereinbarung bleibt die Höhe der Vergütung offen, weil der mögliche Ausübungsgewinn zu diesem Zeitpunkt noch nicht feststeht. Die Höhe der Gegenleistung bestimmt sich erst bei Optionsausübung. Im Gegensatz zur vertraglichen Regelung durch Preisvorbehaltsklauseln wird die Preisbestimmung bei der Einräumung von Aktienoptionen aber nicht dem Arbeitgeber als Verwender überlassen. Die Höhe des möglichen Gewinns wird durch den Kapitalmarkt und nicht unmittelbar durch das Unternehmen bestimmt.[38] Bei Einräumung eines Leistungsbestimmungsrechts wird hingegen dem Verwender die einseitige Festlegung oder Änderung der Gegenleistung überlassen.[39] Aus diesem Grund ist die Vereinbarung von Aktienoptionen als variabler Vergütungsbestandteil nicht als kontrollfähige Nebenabrede anzusehen, obgleich in dieser Situation die Höhe der Gegenleistung im Zeitpunkt des Vertragsschlusses ebenfalls offen bleibt.

(3) Auswirkungen der Verweisungen in § 310 Abs. 4 S. 3 BGB auf § 307 Abs. 3 BGB

Nach der bisherigen Rechtslage ist als Anknüpfungspunkt für die Inhaltskontrolle von Vergütungsabreden § 138 BGB herangezogen worden.[40] Wegen der

[35] *BGH* v. 15.7.1997, NJW 1997, 2752 m.w.N.

[36] *BGH* v. 9.7.1981, NJW 1983, 2351, 2352; v. 18.5.1983, NJW 1983, 1603, 1604; v. 18.5.1983, NJW 1983, 1854, 1855; *Preis* in: FS Kissel, S. 879, 901 ff.; *Wolf* in: Wolf/Horn/Lindacher, AGBG § 8 Rn. 17, 20, § 11 Nr. 1, Rn. 7, 40.

[37] Für die Inhaltskontrolle der Preisnebenabreden im Arbeitsrecht nach der Neuregelung der §§ 307 ff. BGB sind *Gotthardt*, ZIP 2002, 277, 282; *ders.*, Schuldrechtsreform, Rn. 271; *Lindemann*, S. 103 f.; zur früheren Rechtslage *Preis* in: FS Kissel, S. 879, 903 f.

[38] An dieser Stelle sollen mögliche Missbrauchsfälle durch Kursmanipulationen des Managements außer Betracht bleiben, weil sie nicht den Regelfall darstellen und zudem eine andere Problematik betreffen. Dazu bereits in § 1 V 3 c, 4 c.

[39] Vergl. insbesondere *BGH* v. 18.5.1983, NJW 1983, 1854, 1855.

[40] *Lakies*, NZA-RR 2002, 337, 340; *Neuss*, NZA-RR 2002, 225, 226 ff. jeweils mit zahlreichen

neu eingefügten Verweisung in § 310 Abs. 4 S. 3 BGB auf § 307 Abs. 3 S. 1 BGB wird neuerdings vertreten, dass infolge dessen die einschlägigen tarifvertraglichen Entgeltregelungen zum Maßstab für vorformulierte Vergütungsabreden werden. Dies hätte zur Konsequenz, dass untertarifliche Vereinbarungen der Angemessenheitskontrolle nach § 307 Abs. 1 S. 1, Abs. 2 Nr. 2 BGB unterliegen. Die Frage ist in der Literatur umstritten.

Einige Autoren sind der Ansicht, dass Tarifverträge einschließlich der Entgeltregelungen wegen der Verweisungsregelung als Rechtsvorschriften i.S.v. § 307 Abs. 3 BGB anzusehen und daher unabhängig von der Tarifbindung oder einer arbeitsvertraglichen Bezugnahmeklausel Kontrollmaßstab für vorformulierte Vergütungsabreden sind. Folglich würden untertarifliche Entgeltregelungen nunmehr grundsätzlich der Angemessenheitskontrolle nach § 307 Abs. 1, Abs. 2 BGB unterliegen.[41] Dafür spreche, dass Tarifnormen unter Berücksichtigung von § 1 TVG als materielle Rechtsregelungen und damit als Rechtsnormen i.S.v. Art. 2 EGBG anzusehen seien. Sie seien bereits Rechtsvorschriften i.S.d. § 8 AGBG a.F. gewesen. Die Frage habe sich bislang allein wegen der Bereichsausnahme in § 23 Abs. 1 AGBG a.F. nur nicht gestellt.[42] Untertarifliche Vergütungsabreden sollen daher nur in Grenzen zulässig sein. Der Grenzwert müsse unterhalb der Sittenwidrigkeitsgrenze liegen, so dass in Orientierung an der Rechtsprechung zu § 10 Abs. 1 BBiG eine Unterschreitung des Tariflohns um mehr als 20 % als unangemessen i.S.v. § 307 Abs. 1 S. 1, Abs. 2 Nr. 2 BGB zu qualifizieren sei.[43]

Die ganz überwiegende Ansicht lehnt die generelle Inhaltskontrolle der vorformulierten Entgeltsvereinbarungen nach § 307 Abs. 1, Abs. 2 BGB am Maßstab der einschlägigen tarifvertraglichen Entgeltregelungen demgegenüber ab.[44] Danach können tarifliche Regelungen nur bei beiderseitiger Tarifgebundenheit der Arbeitsvertragsparteien oder aufgrund einer Gleichstellungsabrede[45] im Arbeitsvertrag Richtlinienfunktion i.S.v. § 307 Abs. 2 BGB entfalten. Nur in die-

Rechtsprechungsnachweisen.

41 *Däubler*, NZA 2001, 1329, 1334 f.; *Lakies*, NZA-RR, 2002, 337, 344.

42 *Lakies*, NZA-RR 2002, 1057, 1061.

43 *Däubler*, NZA 2001, 1329, 1335; ähnlich *Lakies*, NZA-RR, 2002, 337, 344.

44 *Annuß*, BB 2002, 458, 460; *Gotthardt*, ZIP 2002, 277, 282; *ders.*, Schuldrechtsreform, Rn. 269; *Hanau*, Anm. zu BAG v. 23.5.2001, EWiR 2002, 419, 420; *Henssler*, RdA 2002, 129, 136; *Lindemann*, AuR 2002, 81, 85 f.; *Lingemann*, NZA 2002, 181, 188 f.; *Reichold*, RdA 2002, 327, 328; *ders.*, ZTR 2002, 202, 206; *Schlodder*, S. 212 ff.; *Reinecke*, BB 2002, 583, 585; *ders.*, Sonderbeilage zu NZA 17/2004, 27, 29; ablehnend wohl auch *Richardi*, NZA 2002, 1057, 1061.

45 Zum Begriff *Otto*, Arbeitsrecht, Rn. 157, wonach es sich dabei um vertragliche Regelungen handelt, welche die für den Betrieb geltenden Tarifverträge durch Verweisung zum Vertragsbestandteil machen und gewährleisten, dass auf die Arbeitsverhältnisse nicht tarifgebundener Arbeitnehmer die tariflichen Regelungen ebenfalls anzuwenden sind.

sen Konstellationen sei der Anwendungsbereich der Angemessenheitskontrolle für vom Tarifvertrag abweichende Vereinbarungen am Maßstab der tarifvertraglichen Regelungen eröffnet. Anderenfalls sollen Preis- bzw. Vergütungsabreden weiterhin kontrollfrei bleiben.[46]

Diese Sichtweise wird überzeugend damit begründet, dass der Gesetzgeber mit der Verweisung in § 310 Abs. 4 S. 3 auf § 307 Abs. 3 BGB lediglich sicher stellen wollte, dass nicht nur Tarif- oder sonstige Kollektivverträge, sondern auch Klauseln, die deren Inhalt wiedergeben oder darauf Bezug nehmen, von der Inhaltskontrolle ausgenommen sind. Die Verträge sollten dadurch aber nicht zum Maßstab für die Angemessenheitskontrolle werden.[47] Die Reichweite der Kontrollfreiheit und des Verbots der mittelbaren Tarifzensur sei nur dann problematisch, wenn z.B. auf branchenfremde Tarifverträge oder nur auf einzelne Tarifnormen Bezug genommen werde und die Ausgewogenheit nicht mehr gewährleistet sei.[48] Die Vertreter dieser Auffassung kommen daher zu dem Ergebnis, dass formularmäßige Vergütungsvereinbarungen nicht der Angemessenheitskontrolle, sondern weiterhin der weniger strengen Inhaltskontrolle nach § 138 BGB unterliegen.[49]

Gegen die erste Auffassung spricht vor allem, dass es dem Gesetzgeber primär um die Sicherstellung der Kontrollfreiheit der Kollektivverträge und damit um die Verhinderung der mittelbaren Tarifzensur ging. Daraus ist aber nicht zu schließen, dass er diese Verträge zum Maßstab der Angemessenheitskontrolle machen wollte. Sofern eine derartig weitgehende Änderung beabsichtigt worden wäre, hätte dies im Gesetzgebungsverfahren und in der Gesetzesbegründung deutlich werden müssen.[50] Eine andere Sichtweise wäre zudem im Hinblick auf die negative Koalitionsfreiheit in Art. 9 Abs. 3 GG und den Außenseiterschutz problematisch. Durch die generelle Anwendung der tariflichen Normen als Kontrollmaßstab der Inhaltskontrolle werden diese wie im Fall der Allgemeinverbindlicherklärung nach § 5 TVG oder nach § 1 Abs. 3 a AEntG auf Außenseiter erstreckt, obwohl die Rechtssetzungsmacht der Tarifvertragsparteien generell nur auf die Verbandsmitglieder beschränkt ist.[51] Diese Überlegungen

[46] Vergl. *Gotthardt*, ZIP 2002, 277, 282; *Henssler*, RdA 2002, 129, 136; *Richardi*, NZA 2002, 1057, 1061.

[47] *Gotthardt*, ZIP 2002, 277, 281; *Henssler*, RdA 2002, 129, 136.

[48] In diesem Sinne *Annuß*, BB 2002, 458, 460; *Gotthardt*, ZIP 2002, 277, 281; *Henssler*, RdA 2002, 129, 136; *Reinecke*, Sonderbeilage zu NZA 17/2004, 27, 29; *Richardi*, NZA 2002, 1057, 1062.

[49] Vergl. *Reinecke*, DB 2002, 583, 585, bezüglich des Kontrollmaßstabs. Zu den Folgen: *Richardi*, NZA 2002, 1057, 1061.

[50] So zu Recht *Gotthardt*, ZIP 2002, 277, 282; *Henssler*, RdA 2002, 129, 136; *Lindemann*, AuR 2002, 81, 85 f.; *Lingemann*, NZA 2002, 181, 188 f.; *Reinecke*, DB 2002, 583, 585; *Reichold*, ZTR 2002, 202, 206.

werden zudem durch die verschiedenen Begründungen im Gesetzgebungsverfahren gestützt, die sich mit der grundsätzlichen Ausdehnung der Inhaltskontrolle auf Arbeitsverträge durch die Streichung der Bereichsausnahme[52] sowie der Kontrollfreiheit der Kollektivverträge[53], nicht jedoch mit der Ausdehnung des Kontrollmaßstabs der tariflichen Regelung auf alle Arbeitsverhältnisse befassen.

Im Ergebnis ist daher die Preis- bzw. Angemessenheitskontrolle von Vergütungsvereinbarungen auch nach Inkrafttreten des Schuldrechtsmodernisierungsgesetzes und trotz der Verweisung in § 310 Abs. 4 S. 3 BGB auf § 307 Abs. 3 BGB abzulehnen. Folglich ist auch die Zulässigkeit der Aktienoptionen als variabler synallagmatischer Vergütungsbestandteil nicht unmittelbar anhand des tariflichen Vergütungsniveaus als Kontrollmaßstab zu überprüfen.

cc) Zusammenfassung zum Anwendungsbereich der Inhalts- bzw. Angemessenheitskontrolle nach § 307 Abs. 1 S. 1, Abs. 2 Nr. 2 BGB

Die in der Praxis überwiegend verwendeten vorformulierten Arbeitsverträge unterliegen grundsätzlich der Inhaltskontrolle nach den §§ 307 ff. BGB. Etwas anderes gilt nur, wenn die Arbeitverträge einschließlich der Vergütungsvereinbarung i.S.v. § 305 Abs. 1 S. 3 BGB individuell ausgehandelt wurden. Der Anwendungsbereich der AGB Kontrolle wird allerdings durch die Regelungen in § 310 Abs. 3 BGB ausgeweitet. Da der Arbeitnehmer als Verbraucher i.S.d. § 13 BGB anzusehen ist, ist diese Vorschrift auf die Arbeitsverträge anzuwenden. Daher muss der Arbeitnehmer im Einzelfall nicht nachweisen, dass die Vertragsbedingungen vom Arbeitgeber gestellt wurden. Zudem ist der Anwendungsbereich der Inhaltskontrolle bereits bei der einmaligen Verwendung der vorformulierten Vertragsbedingungen eröffnet.

Wie nach der bisherigen Rechtslage unterliegt die Vergütungshöhe nicht der Angemessenheitskontrolle nach § 307 Abs. 1 S. 1, Abs. 2 Nr. 2 BGB. Sie ist trotz der Einfügung des § 307 Abs. 3 S. 1 BGB insbesondere nicht am Maßstab

---

51 *Vergl. Annuß*, BB 2002, 458, 460; *Gotthardt*, ZIP 2002, 277, 282; so ausdrücklich *Henssler*, RdA 1992, 129, 136 und *Lingemann*, NZA 2002, 181, 189.

52 So die Anregung durch die Stellungnahme des Bundesrates, *BR-Drucks.* 338/01 v. 13.7.2001, S. 28 sowie die Begründung der Bundesregierung, *BT-Drucks.* 14/6857 v. 31.8.2001, S. 54.

53 Vergl. Begründung des Rechtsausschusses, *BT-Drucks.* 14/7052 v. 19.10.2001, S. 189 sowie die Gesetzesbegründung der Bundesregierung in *BT-Drucks.* 14/6857 v. 31.8.2001, S. 54.

der Vergütungsbestimmungen der einschlägigen Tarifverträge auf ihre Angemessenheit zu kontrollieren. Gleiches gilt für die Entgeltvereinbarungen, welche die Einräumung der Aktienoptionen als synallagmatischen erfolgsorientierten variablen Vergütungsbestandteil zum Gegenstand haben.

Etwas anderes gilt nur für die sich mittelbar auf die Gegenleistung auswirkenden Preisnebenabreden, bei denen die Höhe der Gegenleistung zunächst offen bleibt und dem Verwender statt dessen ein Leistungsbestimmungsrecht zu deren Festsetzung eingeräumt wird. Obwohl die Vergütungshöhe bei der Ausgabe von Aktienoptionen zunächst ebenfalls offen bleibt, sind sie dennoch nicht als kontrollfähige Nebenabreden einzuordnen. Anders als bei diesen wird die Vergütungshöhe nicht durch das Unternehmen, sondern durch den Kapitalmarkt bestimmt.

b) Inhaltskontrolle von Vergütungsvereinbarungen nach § 138 BGB

Als weitere Norm für die Inhaltskontrolle der Aktienoptionen als synallagmatischer variabler Vergütungsbestandteil kommt § 138 BGB in Betracht. Diese Norm zieht die arbeitsgerichtliche Praxis[54] wie auch die Literatur[55] im Allgemeinen als Anknüpfungspunkt für die Inhaltskontrolle der Vergütungsvereinbarungen heran. Danach kann eine Vergütungsabrede sittenwidrig sein, wenn gegen eine unverhältnismäßig niedrige Vergütung gearbeitet werden soll. Gleiches gilt, wenn gegen eine durchschnittliche Vergütung zahlreiche Nebenverpflichtungen übernommen werden müssen oder wenn der Arbeitnehmer ohne ausreichende Vergütung mit dem Betriebs- und Wirtschaftsrisiko des Arbeitgebers belastet wird.[56]

Im Folgenden wird zunächst untersucht, auf welche Weise Vergütungsvereinbarungen im Allgemeinen und erfolgsorientierte im Besonderen nach der Generalklausel § 138 BGB zu überprüfen sind.

54 *BAG* v. 10.3.1960, AP Nr. 2 zu § 138 BGB unter III 2, 3 b; v. 11.1.1973, AP Nr. 30 zu § 138 BGB unter 2; v. 21.3.1984 5 – AZR 462/82 – (nicht amtlich veröffentlicht) unter II 1; v. 10.10.1990, AP Nr. 47 zu § 138 BGB unter II 1; v. 24.3.2004, AP Nr. 59 zu § 138 BGB unter I 1; *LAG Hamm* v. 16.10.1989, LAGE Nr. 4 zu § 138 BGB unter 3; *LAG Berlin* v. 17.2.1997, LAGE Nr. 9 zu § 138 BGB unter 1 c. Dazu auch *Hunold*, NZA-RR 2002, 225, 227 m.w.N.

55 *ErfK/Preis*, §§ 305-310 BGB Rn. 5; *ders.*, § 611 BGB Rn. 412 ff.; *Lakies*, NZA-RR 2002, 337, 340 f., *MünchArbR/Hanau*, § 63 Rn. 3; *Reinecke*, Sonderbeilage NZA 3/2000, 23, 31; *Reichhold*, RdA 2002, 321, 332; *Richardi*, NZA 2002, 2057, 1061.

56 *Lakies*, NZA-RR 2002, 337, 340.

aa) Tatbestände des § 138 BGB

Zunächst ist kurz auf die Tatbestände des § 138 BGB und deren Voraussetzungen einzugehen. Die Norm enthält in Abs. 1 eine Generalklausel und in Abs. 2 den sog. Wuchertatbestand. Beide Tatbestände setzten im Bereich der Äquivalenzstörungen ein auffälliges Missverhältnis zwischen Leistung und Gegenleistung voraus. Zur Erfüllung des Wuchertatbestandes nach § 138 Abs. 2 BGB müssen allerdings noch die speziellen dort aufgeführten subjektiven Elemente hinzukommen. Auch nach § 138 Abs. 1 BGB muss i.d.R. ein zusätzliches subjektives Moment in Form einer verwerflichen Gesinnung hinzutreten, um den Vorwurf der Sittenwidrigkeit zu begründen.[57] Mit verwerflicher Gesinnung handelt, wer die wirtschaftliche oder intellektuelle Unterlegenheit des anderen zum eigenen Vorteil bewusst ausnutzt.[58] Nach der Rechtsprechung der Zivil- wie Arbeitsgerichte ist für die Fälle der schweren Äquivalenzstörungen, die sog. wucherähnlichen Tatbestände,[59] anerkannt, dass bei einem besonders groben Missverhältnis zwischen Leistung und Gegenleistung eine tatsächliche Vermutung dafür besteht, dass der Betroffene aus einer verwerflichen Gesinnung heraus gehandelt hat. In diesen Fällen, in denen der Wert der Leistung etwa doppelt so hoch ist wie der Wert der Gegenleistung,[60] ist in der Regel eine weitere Prüfung der subjektiven Voraussetzungen entbehrlich. Bei fehlendem Bewusstsein der Sittenwidrigkeit bzw. bei einer nicht feststellbaren verwerflichen Gesinnung wird angenommen, dass sich der Übervorteilende zumindest leichtfertig der Einsicht verschließt, dass ein besonders grobes Missverhältnis vorliegt. Erforderlich ist lediglich die Kenntnis der Umstände, aus denen sich die Sittenwidrigkeit ergibt.[61] In diesem Bereich ist ein Wandel zur Objektivierung des Sittenwidrigkeitsmaßstabs erkennbar.[62]

---

[57] *BGH* v. 14.6.1984, NJW 1984, 2292, 2294; v. 10.7.1986, BGHZ 98, 174, 178; v. 16.2.1994, BGHZ 125, 135, 137; vergl. auch *BAG* v. 23.5.2001, EzA § 138 BGB Nr. 29 unter II 1; *MünchKomm/Armbrüster*, § 138 BGB Rn. 112 ff., 143 f., 154; *Palandt/Heinrichs*, § 138 Rn. 34, 66, 69; *Reinecke*, Sonderbeilage NZA 3/2000, 23, 30 f.

[58] *BGH* v. 7.2.1980, NJW 1980, 1155, 1156; *Palandt/Heinrichs*, § 138 Rn. 34.

[59] *MünchKomm/Armbrüster*, § 138 BGB Rn. 112.

[60] Vergl. *BGH* v. 8.11.1991, NJW 1992, 899, 900; v. 26.11.1997, NJW-RR 1998, 1065, 1066.

[61] *BGH* v. 8.11.1991, NJW 1992, 899, 900; v. 4.2.2000, NJW 2000, 1487, 1488; v. 30.5.2000, NJW 2000, 2669, 2670; sowie *BAG* v. 30.7.1985, AP Nr. 39 unter III 3; v. 10.10.1990, AP Nr. 47 zu § 138 BGB unter III. Kritisch zur arbeitsgerichtlichen Rechtsprechung zur der subjektiven Komponente *Rieble/Gutzeit*, JbArbR, Bd. 37, S. 41, 49 ff., nach deren Ansicht die Anforderungen an den subjektiven Tatbestand sinken, je auffälliger das Missverhältnis ist, ohne dass man darauf verzichten kann. Dem Arbeitgeber müsse vielmehr konkret und nachweisbar vorgeworfen werden können, dass er seine Überlegenheit ausgenutzt habe.

[62] So *ErfK/Preis*, § 611 BGB Rn. 414; *Preis*, Der Arbeitsvertrag, C I Rn. 40, allerdings nur bezogen auf die arbeitsgerichtliche Rechtsprechung.

Da die Rechtsprechung für die Feststellung des besonders groben Missverhältnisses keinen anderen, strengeren Maßstab anwendet, gelten diese Grundsätze auch bei Vorliegen eines auffälligen Missverhältnisses.[63] Im Ergebnis ist daher festzuhalten, dass sowohl bei Vorliegen eines besonders groben wie auch eines weniger schwerwiegenden auffälligen Missverhältnisses die verwerfliche Gesinnung regelmäßig vermutet wird bzw. nicht erforderlich ist.[64]

bb) Größenordnungen für ein auffälliges Missverhältnis nach der arbeitsgerichtlichen Rechtsprechung

Nunmehr werden exemplarisch einige Fälle dargestellt, in denen die arbeitsgerichtliche Rechtsprechung ein auffälliges Missverhältnis zwischen Arbeitsleistung und Vergütung bejaht hat. Daraus können sich Anhaltspunkte für die Bemessung des Wertes der Arbeitskraft und die minimal zulässige Vergütungshöhe ergeben.

Ein auffälliges Missverhältnis wurde in Fällen bejaht,[65] in denen das vereinbarte Gehalt 32,5 % der durchschnittlichen Vergütung für eine bestimmte Berufsgruppe[66] betrug.[67] In anderen Fällen wurde dies bei einer Vergütung von rund 40 %,[68] 42 %,[69], 57,2 %,[70] 51 % bzw. 62 % der einschlägigen tariflichen Vergütung[71], 60 % der branchenüblichen Vergütung[72] oder 59,3 % des Durchschnittslohns für eine vergleichbare Tätigkeit der einschlägigen Branche[73] angenommen. Verneint wurde ein auffälliges Missverhältnis hingegen, wenn die

---

[63] So die Analyse von *MünchKomm/Armbrüster*, § 138 BGB Rn. 116 f., der dies kritisiert und vorschlägt, im Bereich der Verbraucherverträge auf die subjektive Komponente zu verzichten; ebenso *Palandt/Heinrichs*, § 138 Rn. 34a, der die Entscheidungen allerdings im Ergebnis für sachgerecht hält. Zu diesem Ergebnis kommt für den Bereich der arbeitsgerichtlichen Rechtsprechung auch *Lakies*, NZA-RR 2002, 337, 340.

[64] So *MünchKomm/Armbrüster*, § 138 BGB Rn. 129.

[65] Dazu *Lakies*, NZA-RR 2002, 337, 340; *Neuß*, NZA-RR 2002, 225, 227; *Reinecke*, Sonderbeilage NZA 3/2002, 23, 31 f.

[66] Hier der Rechtsanwälte.

[67] *LAG Hessen* v. 28.10.1999, NZA-RR 2000, 521, 522 f.

[68] *ArbG Bremen* v. 30.8.2000, NZA-RR 2001, 27, 29 zum Stundenlohn einer Lager- und Produktionshelferin in Höhe von 11,50 DM. Die Vergütungsvereinbarung sei nach § 138 Abs. 2 BGB sittenwidrig und damit nichtig.

[69] *LAG Berlin* v. 20.2.1998, LAGE Nr. 11 zu § 138 BGB, zum Stundenlohn eines Heizungsmonteurs in Höhe von 9,98 DM brutto, der nach § 138 Abs. 2 BGB sittenwidrig sei.

[70] *ArbG Reutlingen* v. 16.1.1996, AiB 1996, 499, 500.

[71] *LAG Düsseldorf* v. 23.8.1977, DB 1978, 165 f.

[72] *ArbG Herne* v. 5.8.1998, AiB 2000, 366.

[73] *ArbG Bremen* v. 30.8.2000, NZA-RR 2001, 27, 28 f. bezogen auf ds Lohnniveau im produzierenden und verarbeitenden Gewerbe im Wirtschaftsgebiet.

vereinbarte Vergütung bei 72,7 %[74] bzw. 80 %[75] der einschlägigen tariflichen Vergütung oder bei 70 % der üblichen Vergütung[76] lag.

Die Beispiele zeigen, dass von der Rechtsprechung keine allgemeingültigen Richtwerte für das Verhältnis von Leistung und Gegenleistung entwickelten wurden, bei deren Vorliegen von einem auffälligen Missverhältnis auszugehen ist.[77] Dies wird als eine Frage des Einzelfalls aufgefasst, bei der in aller Regelung auf die Arbeitsleistung als solche, die körperliche und geistige Beanspruchung, die äußeren Arbeitsbedingungen, nicht aber auf den konkreten Nutzen der Arbeit für den Arbeitgeber abzustellen ist.[78]

cc) Bezugspunkt/Maßstab für die Bestimmung des Wertes der Arbeitsleistung bzw. des auffälligen Missverhältnisses

Wie der Überblick über die arbeitsgerichtlichen Entscheidungen weiterhin gezeigt hat, ist für die Bestimmung des objektiven Wertes der Arbeitsleistung kein einheitlicher Bezugspunkt oder Maßstab angewendet worden. Während die Gerichte in den unteren Instanzen den einschlägigen Tarifvertrag für vergleichbare Tätigkeiten in derselben Branche des jeweiligen Tarifgebiets als Maßstab heranzogen,[79] stellt das BAG zur Ermittlung der verkehrsüblichen Vergütung nicht auf den Vergleich mit den Tariflöhnen ab, sondern geht von dem allgemeinen Lohnniveau im Wirtschaftsgebiet aus.[80]

In der Literatur wird diese Frage ebenfalls problematisiert. Man räumt ein, dass der für die Branche einschlägige Tariflohn nicht ohne weiteres als Marktwert der Arbeitsleistung bezeichnet werden könne. Anderenfalls erklärte man den Tariflohn unabhängig von der Tarifbindung und ohne Allgemeinverbindlicherklärung zum bindenden Marktpreis, obgleich untertarifliche Vergütungsvereinbarungen bei fehlender Tarifbindung grundsätzlich zulässig seien.[81] Aus Gründen der Praktikabilität und vor dem Hintergrund, dass kein sonstiges

---

74 *BAG* v. 11.1.1973, AP Nr. 30 zu § 138 BGB unter 2 b.

75 *ArbG Göttingen* v. 8.12.1960, DB 1961, 882.

76 *BAG* v. 23.5.2001, EzA § 138 BGB Nr. 29 unter II 2 a: zur Feststellung der üblichen Vergütung ist das allgemeine Lohnniveau für eine vergleichbare Tätigkeit im Wirtschaftsgebiet maßgebend.

77 So auch der ausdrückliche Hinweis des *BAG* v. 23.5.2001, EzA § 138 BGB Nr. 29 unter II 2 b aa. Ebenso *Reinecke*, Sonderbeilage NZA 3/2002, 23, 31.

78 *BAG* v. 11.1.1973, AP Nr. 30 zu § 138 BGB unter 2 b.

79 Z.B. *LAG Düsseldorf* v. 23.8.1977, DB 1978, 165 f.; *ArbG Reutlingen* v. 16.1.1996, AiB 1996, 499, 500; *LAG Berlin* v. 20.2.1998, LAGE Nr. 11 zu § 138 BGB.

80 *BAG* v. 11.1.1973, AP Nr. 30 zu § 138 BGB unter 2 b sowie v. 23.5.2001, EzA § 138 BGB Nr. 29 unter II 2 a.

81 *Lakies*, NZA-RR 2002, 337, 341.

empirisch abgesichertes Verfahren existiert, wird trotzdem vorgeschlagen, das tarifliche Entgelt als Ausgangspunkt für die Untersuchung des auffälligen Missverhältnisses heranzuziehen. Den Vergleichsmaßstab soll der reine Zeitlohn unter Einschluss der Erschwerniszulagen ohne tarifliche Zusatzleistungen bilden.[82] Etwas anderes könne im Einzelfall gelten, wenn das regional übliche Arbeitsentgelt wesentlich unter dem Tariflohn liege. Sofern es für manche Gebiete, Tätigkeiten oder Branchen keine einschlägigen Tarifverträge gebe, seien verwandte heranzuziehen.[83]

Die Rechtsprechung kommt zu ähnlichen Ergebnissen. Ausgangspunkt soll grundsätzlich das regionale Vergütungsniveau für eine vergleichbare Tätigkeit innerhalb derselben Branche sein. Als Vergleichsmaßstab kommt damit in erster Linie das tarifliche Vergütungsniveau des räumlich und sachlich anwendbaren oder zumindest verwandten Tarifvertrages in Betracht. Sollten für die Region bzw. den Wirtschaftsstandort und die Branchen statistische Erhebung über die durchschnittliche Vergütung vorliegen, wie dies z.B. für den von dem Arbeitsgericht Bremen zu entscheidenden Fall zutraf,[84] so sind diese als speziellere Regelungen heranzuziehen.[85]

dd) Grenzwerte für ein auffälliges Missverhältnis bei fixer Vergütung

Nachdem nun der anzuwendende Vergleichmaßstab und damit der Bezugspunkt für die Überprüfung des auffälligen Missverhältnisses geklärt wurde, stellt sich als nächstes die Frage, wann ein auffälliges Missverhältnis angenommen werden muss.

Wie bereits festgestellt, hat das BAG bislang keine festen Grenzwerte entwickelt.[86] Ein auffälliges Missverhältnis wurde angenommen, wenn die vereinbarte Vergütung 40 % bis 60 % des Vergleichswertes betrug und abgelehnt, wenn die Vergütung bei 70 % der tariflichen Vergütung lag.

In der Literatur finden sich unterschiedliche Grenzwerte. So wird vorgeschlagen, ein auffälliges Missverhältnis zwischen Arbeitsleistung und Vergütung bei

---

[82] *Lakies*, NZA-RR 2002, 337, 341; *Reinecke*, Sonderbeilage NZA 3/2002, 23, 32; *Wank*, RdA 2002, 112, 115.

[83] *Reinecke*, Sonderbeilage NZA 3/2002, 23, 33.

[84] *ArbG Bremen* v. 30.8.2000, NZA-RR 2001, 27, 28 f., wo auf Daten des Statistischen Landesamtes zu den monatlichen Durchschnittsverdiensten des produzierenden und verarbeitenden Gewerbes zurückgegriffen wurde.

[85] So *BAG* v. 24.3.2004, AP Nr. 59 zu § 138 BGB unter I 1 a; im Ergebnis auch *Hanau*, Anm. zu *BAG* v. 23.5.2001, EwiR 2002, 419, 420.

[86] Ausdrücklich offen gelassen in *BAG* v. 24.3.2004, AP Nr. 59 zu § 138 BGB unter I 1 d.

Unterschreitung des Tariflohns ohne Berücksichtigung der Zusatzleistungen um mehr als 1/3 anzunehmen. Dies entspreche bei Einbeziehung der Leistung einer Grenze von etwa 60 %. Bei Vorliegen besonderer Umstände, wie z.B. einer fehlende Berufsausbildung, könnten allerdings größere Abschläge zulässig sein.[87] Zu einem ähnlichen Ergebnis gelangen die Ansichten, nach denen regelmäßig ein Grenzwert von 2/3 bzw. 80 % der tariflichen Vergütung als sachgerecht anzusehen sei.[88] Schließlich entnimmt ein dritter Ansatz der Rechtsprechung die Faustregel, dass die Hälfte des Marktlohnes nicht unterschritten werden dürfe und 70 % des üblichen Entgelts ausreichend seien. Daher müsse man in der Spanne von 50 % bis 70 % des üblichen Entgelts auf einschlägige Umstände des Einzelfalls abstellen. Dazu gehörten insbesondere die absolute Höhe der Vergütung und die Umstände bei Vertragsschluss.[89]

Der zuletzt genannten Ansicht ist allerdings entgegen zu halten, dass die Ergebnisse eher für eine Spanne zwischen 60 % bis 70 % sprechen, weil ein auffälliges Missverhältnis bereits bei einer Vergütung angenommen wurde, die rund 60 % der in der Branche üblichen Vergütung entsprach. Zudem erscheint ein Grenzwert von 50 % sehr niedrig, wenn man berücksichtigt, dass das Arbeitseinkommen zur Bestreitung des Lebensunterhalts dient, und die durchschnittliche Vergütung in einem bestimmten Wirtschaftsgebiet auch Indiz für die Lebenshaltungskosten ist. Insoweit wird überzeugend auf Art. 4 Abs. 1 der von der Bundesrepublik Deutschland ratifizierten Europäischen Sozialcharta (ESC) verwiesen, wonach ein Recht auf ein gerechtes Arbeitsentgelt gewährleistet werden soll, das den Arbeitnehmern und ihren Familien einen angemessenen Lebensstandard sichert. In der Spruchpraxis des Sachverständigenausschusses des Europarats, der die Einhaltung der ESC zu überwachen hat, wird bislang nur diejenige individuelle oder branchenübliche Vergütung als angemessen angesehen, die über 68 % des jeweiligen Durchschnittslohns liegt.[90] Obwohl das Bundesverfassungsgericht offen gelassen hat, ob die Bestimmungen des Teils Abs. 2 der ESC unmittelbar geltendes Bundesrecht sind oder lediglich eine völkerrechtliche Verpflichtung der Bundesrepublik Deutschland enthalten,[91] ist dennoch anerkannt, dass sie bei der Auslegung nationaler Normen zu berücksichtigen sind.[92] Daher sollte Art. 4 Abs. 1 ESC bei der Konkretisierung des § 138 BGB herangezogen werden.[93]

[87] *Reinecke*, Sonderbeilage NZA 3/2000, 23, 32.

[88] *Lakies*, NZA-RR 2002, 337, 341 f.; *Wank*, RdA 2002, 112, 115.

[89] *Hanau*, Anm. zu BAG v. 23.5.2001, EWiR 2002, 419, 420; *MünchArbR/Hanau*, § 63 Rn. 6.

[90] *Lörcher* in: Däubler/Kittner/Lörcher, 611.

[91] *BVerfG* v. 20.10.1981, *BVerfGE* 58, 233 unter B I 5 b m.w.N. zum Streitstand.

[92] *BVerfG* a.a.O., *BVerwG* v. 18.12.1992, AP Nr. 1 zu § 16 ESC unter 2; *MünchArbR/Löwisch/Rieble*, § 242 Rn. 75; *MünchArbR/Otto*, § 284 Rn. 54.

Vor diesem Hintergrund erscheint die Auffassung vorzugswürdig, die i.d.R. von einem Grenzwert von 2/3 ausgeht, um den die übliche Vergütung nicht unterschritten werden darf. Als Bezugspunkt ist wiederum auf die branchenübliche Vergütung abzustellen, die in der Region bzw. im Wirtschaftsgebiet für eine vergleichbare Tätigkeit gezahlt wird und regelmäßig durch den räumlich und sachlich anwendbaren Tarifvertrag repräsentiert werden dürfte.[94] Für dieses Ergebnis spricht auch eine Entscheidung des BGH zum Tatbestand des Lohnwuchers nach § 291 Abs. 1 Nr. 3 StGB i.V.m. § 134 BGB. Dieser wurde in einem Fall angenommen, in dem ein Arbeitgeber zwei tschechische Grenzgänger zu 2/3 des Tariflohns beschäftigt hatte.[95]

Aus all diesen Gründen ist ein auffälliges Missverhältnis anzunehmen, wenn die gezahlte Vergütung um rund 1/3 von dem allgemeinen Vergütungsniveau oder vom Tariflohn im Wirtschaftsgebiet für eine vergleichbare Tätigkeit abweicht.

ee) Anwendbarkeit der Grundsätze auf erfolgsorientierte Vergütungsformen

Ein ähnliches Problem stellt sich, wenn Arbeitnehmer neben einer festen Grundvergütung einen variablen Gehaltsbestandteil bekommen. In dieser Konstellation taucht die Frage auf, wie die Arbeitsvertragsparteien das Verhältnis von festem zu variablem Gehaltsbestandteil gestalten können. Die Frage nach der Zulässigkeit solcher Vereinbarungen stellt sich besonders dann, wenn ein erheblicher Anteil der üblichen Vergütung variabel gestaltet wird und bei einer ungünstigen Entwicklung, auf die der Arbeitnehmer eventuell noch nicht mal Einfluss nehmen kann, ganz wegfällt. Bei Einräumung der Aktienoptionen ist die Ausübung etwa sinnlos, wenn die Erfolgsziele bis zum Ende der Laufzeit nicht erreicht werden und die Optionen wertlos sind. Es bleibt daher zu klären, inwieweit die für die fixen Vergütungsformen entwickelten Grundsätze auf variable erfolgsorientierte Vergütungsbestandteile zu übertragen sind. Dabei ist zu berücksichtigen, dass dem Arbeitnehmer zusätzlich die Chance eingeräumt wird, bei entsprechend positiver Entwicklung einen finanziellen Vorteil zu erzielen, so dass das Gehalt in diesem Fall um ein Vielfaches über der

93 *MünchArbR/Hanau*, § 63 Rn. 3; *Reinecke*, Sonderbeilage NZA 3/2000, 23, 32.

94 Dazu bereits § 5 II 2 b dd.

95 *BGH* v. 22.4.1997, BGHSt 43, 53, 59 ff. allerdings noch zu § 302 a Abs. 1 S. 1 Nr. 3 StGB a.F. Zustimmend *LAG Berlin* v. 20.2.1998, LAGE Nr. 11 zu § 138 BGB, ausdrücklich offen gelassen von *BAG* v. 23.5.2001, EzA § 138 BGB Nr. 29 unter II 2 b bb, mit dem Hinweis, dass man im vorliegenden Fall darüber nicht entscheiden müsse, weil das Verhältnis von Leistung und Gegenleistung über der 2/3 Grenze liege.

üblichen Vergütung liegen kann. Aus diesem Grund lassen sich die für die fixen Vergütungsformen entwickelten Grenzwerte nicht ohne Weiteres auf die Sittenwidrigkeitsüberprüfung der kombinierten Vergütungsformen aus Fixgehalt und erfolgsorientierter variabler Komponente übertragen. Heranzuziehen ist lediglich die im Wirtschaftsgebiet für vergleichbare Tätigkeiten gezahlte branchenübliche Vergütung bzw. die einschlägige tarifliche Vergütung als Bezugspunkt der Inhaltskontrolle variabler Vergütungsbestandteile.[96]

ff) Rechtsprechung zur Inhaltskontrolle erfolgs- bzw. leistungsbezogener Vergütungsformen nach § 138 BGB

Die Rechtsprechung hat erfolgs- wie leistungsbezogene Vergütungsvereinbarungen, die an Unternehmenserfolge bzw. persönliche Arbeitserfolge anknüpfen, bislang nach § 138 BGB kontrolliert.[97] Für die Beurteilung der Sittenwidrigkeit hat es allerdings nicht auf das auffällige Missverhältnis zwischen Leistung und Gegenleistung, sondern die Überwälzung des wirtschaftlichen Risikos abgestellt.[98] Das Wirtschaftsrisiko betrifft grundsätzlich die Problematik, wer das Entgeltrisiko beim Arbeitsausfall trägt. Die reguläre Risikoverteilung hat zur Folge, dass der Arbeitgeber abweichend von den Regelungen in §§ 275, 326 Abs. 1 BGB auch den Lohn zahlen muss, wenn er die Arbeitnehmer aus betriebstechnischen Gründen nicht beschäftigen kann (Betriebsrisiko) oder wenn die Fortsetzung des Betriebes wegen Auftrags- oder Absatzmangels wirtschaftlich sinnlos ist (Wirtschaftsrisiko). Wirtschaftliche Schwierigkeiten entbinden also den Arbeitgeber im Regelfall nicht von der Erfüllung seiner vertraglichen Pflichten.[99] Für das Wirtschaftsrisiko ergibt sich diese Verpflichtung aus § 615 S. 1 BGB und für das Betriebsrisiko jetzt aus § 615 S. 3 BGB, der im Zuge der Schuldrechtsmodernisierung neu eingefügt wurde.[100]

---

96 So im Ergebnis auch *Bauwens*, S. 78, der vom marktüblichen Entgelt als Vergleichsmaßstab ausgeht. Für die tarifliche Vergütung hingegen *Wank*, RdA 2002, 112, 115.

97 *BAG* v. 10.3.1960, AP Nr. 2 zu § 138 BGB unter III 3 b, zum Provisionsanspruch eines Einfirmenvertreters nach § 92 a HGB; v. 31.3.1984 - 5 AZR 462/82 unter II 1 (nicht amtlich veröffentlicht); *LAG Berlin* v. 3.11.1986, LAGE AP Nr. 14 zu § 65 HGB, zum Provisionsanspruch eines Außendienstmitarbeiters nach § 65 HGB.

98 *BAG* v. 31.3.1984 - 5 AZR 462/82 unter II 1 (nicht amtlich veröffentlicht), zur Verlustbeteiligung eines Bauleiters; v. 10.10.1990, AP Nr. 47 zu § 138 BGB unter II 1; *LAG Berlin* v. 3.11.1986, AP Nr. 14 zu § 65 HGB; *LAG Hamm* v. 16.10.1989, LAGE Nr. 4 zu § 138 BGB unter 3. Ebenso *Rieble*, Sonderbeilage NZA 3/2000, 34, 43; *Rieble/Gutzeit*, JbArbR, Bd. 37, S. 41, 49.

99 Ständige Rechtsprechung, zuletzt *BAG* v. 11.7.1990, AP Nr. 32 zu § 615 BGB Betriebsrisiko unter I 1; *BAG* v. 7.12.2005, NZA, 2006 423, 427.

100 *Gotthardt*, Schuldrechtsreform, Rn. 134 f.; *Junker*, Arbeitsrecht, Rn. 292.

Die Rechtsprechung hat bislang eine unzulässige Überwälzung des Wirtschaftsrisikos bei Vergütungsvereinbarungen angenommen, die eine Verlustbeteiligung des Arbeitnehmers vorsahen. Eine solche Vertragsgestaltung soll unabhängig vom Eintritt der konkreten Verlustbeteiligung nichtig sein.[101] In anderen Fallgestaltungen ist eine Abwägung im Einzelfall vorgenommen worden. Eine entscheidende Rolle hat dabei der Gesichtspunkt gespielt, ob der Arbeitnehmer bei ordnungsgemäßer Erfüllung seiner Arbeitsleistung noch eine angemessene Gegenleistung erhielt.[102]

Bei den Aktienoptionen ist dieser Aspekt ebenfalls relevant. Sie werden als erfolgsorientierter variabler Vergütungsbestanteil eingesetzt, um das Unternehmen liquiditätsschonend von Gehaltszahlungen zu entlasten. Die Arbeitnehmer werden im Gegenzug mit dem Risiko belastet, bei schlechter wirtschaftlicher Entwicklung bzw. schlechter Entwicklung des Aktienkurses trotz ordnungsgemäß erbrachter Arbeitsleistung nur eine geringe Vergütung zu erhalten, weil sich der Wert des variablen Bestandteils entsprechend schlecht entwickelt hat. Im Ergebnis verlagert das Unternehmen das wirtschaftliche Risiko hinsichtlich des variablen Bestandteils auf den Arbeitnehmer. Das Unternehmen bleibt insoweit von der Verpflichtung zur Vergütung der Arbeitsleistung unabhängig von der wirtschaftlichen Entwicklung bzw. der des Aktienkurses frei, obgleich es im Normalfall zur Zahlung der Vergütung unabhängig von der wirtschaftlichen Entwicklung verpflichtet ist.

c) Rechtsgrundlage der Inhaltskontrolle für das Verhältnis von Fixum zu variablem erfolgsbezogenem Bestandteil in vorformulierten Vereinbarungen

Wenn aber für die Kontrolle des *Verhältnisses* der fixen Vergütung zu dem erfolgsorientierten variablen Vergütungsbestandteil auf den Gesichtspunkt der unangemessenen Risikoverlagerung abgestellt und die Überwälzung des Wirtschaftsrisikos als Bezugspunkt gewählt wird, ist fraglich, ob man die Kontrolle weiterhin auf der Grundlage von § 138 BGB vornehmen sollte.[103] Als Alternative bietet sich eine Angemessenheitskontrolle nach § 307 Abs. 1 S. 1, Abs. 2 Nr. 2 BGB an.

---

[101] *BAG* v. 31.3.1984 – 5 AZR 462/82 unter II 1 (nicht amtlich veröffentlicht), zur Verlustbeteiligung eines Bauleiters; v. 10.10.1990, AP Nr. 47 zu § 138 BGB unter II 1.

[102] In diesem Sinne auch *BAG* v. 31.3.1984 – 5 AZR 462/82 unter II 3 (nicht amtlich veröffentlicht); *LAG Berlin* v. 3.11.1986, AP Nr. 4 zu § 65 HGB; *LAG Hamm*, v. 16.10.1989, LAGE Nr. 4 zu § 138 BGB unter 3.

[103] So *Reichold*, RdA 2002, 321, 332; *Wank*, RdA 2002, 112, 115.

aa) Ansicht von *Rieble/Gutzeit* zur Kontrolle der Risikoverteilung nach der alten und deren Übertragung auf die neue Rechtslage

In dieser Richtung gehen auch die Überlegungen von *Rieble/Gutzeit* zur bisherigen Rechtslage. Danach sollte die Inhaltskontrolle nach § 138 BGB zumindest für vorformulierte Vertragsbedingungen nach dem Vorbild des § 9 Abs. 2 Nr. 1 AGBG a.F., jetzt § 307 Abs. 2 Nr. 1 BGB, vorgenommen werden. Die Kontrolle auf dieser Grundlage habe den Vorteil, dass kein subjektiver Tatbestand erforderlich sei. Im Übrigen erfolge die Prüfung nach denselben Gesichtspunkten. Es gehe bei Kontrollansätzen um die Risikoverteilung und die Klärung der Frage, ob dem Arbeitnehmer das Betriebs- und Wirtschaftsrisiko auferlegt werde, obgleich dies nach der gesetzlichen Wertung in § 615 BGB vom Arbeitgeber zu tragen sei. Eine derartige Kontrolle sei allerdings im Hinblick auf § 8 AGBG a.F., jetzt § 307 Abs. 3 BGB, und die Tarifautonomie nicht unproblematisch, da das Verhältnis von Leistung und Gegenleistung danach nicht hinterfragt werden dürfe. Anknüpfungspunkt könne daher nur die durch die Erfolgsabhängigkeit bewirkte Risikozuweisung sein. Gleichwohl hindere dies nicht, den Flexibilitätsgrad zu beschneiden und ein prozentuales Fixum der Vergütung zu fordern.[104]

Diesen Ansatz kann man nach Änderung der Bereichsausnahme in § 310 Abs. 4 BGB unproblematisch auf die neue Rechtslage übertragen. Als gesetzliches Leitbild für die Risikoverteilung kann auf § 615 S. 1, 3 BGB zurückgegriffen werden, die das Betriebs- und Wirtschaftsrisiko dem Arbeitgeber auferlegen. Grundlage der Inhaltskontrolle für das Verhältnis von fixer Vergütung zum variablen erfolgsorientierten Bestandteil ist nach dieser Ansicht nicht mehr § 138 BGB, sondern § 307 Abs. 1 S. 1, Abs. 2 Nr. 2 BGB.

bb) Grundsätze der Vertragskontrolle nach Inkrafttreten des Schuldrechtsmodernisierungsgesetzes nach der Ansicht von *Preis*

Damit stimmen auch die Überlegungen von *Preis* zur Angemessenheitskontrolle vorformulierter Vertragsbedingungen überein. Nach dessen Ansicht sind die Wertungen des AGB-Rechts ohnehin bereits teilweise im Arbeitsrechts angewendet worden. Das BAG habe Ersatzinstrumente für die Inhaltskontrolle angewendet, zu denen u.a. die Umgehungsrechtsprechung sowie die Ausweitung des § 138 BGB gehöre.[105] Diese Vorschrift sei im Arbeitsrecht zur Si-

[104] *Rieble/Gutzeit*, JbArbR, Bd. 37, S. 41, 49 ff.
[105] *Preis*, Der Arbeitsvertrag, I C Rn. 50.

cherung einer angemessenen Risikoverteilung oftmals als „kaschierte“ Angemessenheitskontrolle genutzt worden.[106] Nach neuem Recht spiele der Aspekt der gerechten Risikoverteilung weiterhin eine wichtige Rolle bei der Inhaltskontrolle. Dass der Arbeitgeber das Betriebs- und Wirtschaftsrisiko zu tragen hat, stuft *Preis* als Leitlinie für die Angemessenheitskontrolle nach § 307 Abs. 1 S. 1, Abs. 2 Nr. 2 BGB ein.[107] Die von der Rechtsprechung entschiedenen Fälle zur Verlustbeteiligung des Arbeitnehmers führt Preis als Beispiele für die Risikoverteilung beim Entgelt und als Anwendungsbereich der Angemessenheitskontrolle an.[108] In diesem Kontext nennt er den vom BAG entschiedenen Fall, in dem eine Vergütungsvereinbarung wegen einer unzulässigen Belastung mit dem Betriebs- bzw. Wirtschaftsrisiko ohne angemessenen Ausgleich für sittenwidrig befunden wurde.[109] Als weiteres Beispiel führt er die Einschätzung des LAG Hamm an, in der das Gericht eine Vereinbarung, die lediglich eine erfolgsabhängige Vergütung vorsah, als sittenwidrig ansah. Die ausschließliche Entlohnung eines bestimmten Arbeitserfolges, ohne dass dem Arbeitnehmer für seine ordnungsgemäß geleisteten Dienste bei Ausbleiben eine Vergütung garantiert werde, stelle eine mit dem gesetzlichen Leitbild des Arbeitsvertrages nicht vereinbare Überwälzung des unternehmerischen Marktrisikos dar.[110]

Preis kommt damit ebenfalls zu dem Ergebnis, dass die Zulässigkeit vorformulierter Vertragsgestaltungen, bei denen es auf den Aspekt der Risikoverteilung ankommt, künftig im Rahmen der Angemessenheitskontrolle nach § 307 Abs. 1, Abs. 2 BGB überprüft werden muss. Für die von der Rechtsprechung eingesetzten Ersatzinstrumente bestehe nunmehr weder eine dogmatische Rechtfertigung noch ein praktisches Bedürfnis.[111] Etwas anderes gelte nach § 305 Abs. 1 S. 3 i.V.m. § 305 b BGB für im einzelnen ausgehandelte Vertragsbedingungen, die weiterhin keiner verschärften Kontrolle unterliegen sollen, sondern nach §§ 138, 134 BGB zu kontrollieren seien.[112]

cc) Stellungnahme

Es stellt sich nun die Frage, ob den beiden Ansätzen darin zu folgen ist, dass die Kontrolle variabler leistungs- wie erfolgsbezogener Vergütungsvereinbarungen wegen der geänderten Bereichsausnahme in § 310 Abs. 4 BGB der Angemessenheitskontrolle nach § 307 Abs. 1, Abs. 2 BGB unterliegen soll. Dies ist in erster

[106] *Preis*, Der Arbeitsvertrag, I C Rn. 39.
[107] *Preis*, Der Arbeitsvertrag, I C Rn. 98, 111.
[108] *Preis*, Der Arbeitsvertrag, I C Rn. 111.
[109] *BAG* v. 10.10.1990, AP Nr. 47 zu § 138 BGB unter II 1.
[110] *LAG Hamm* v. 16.10.1989, LAGE Nr. 4 zu § 138 BGB unter 1, 2.
[111] *Preis*, Der Arbeitsvertrag, I C Rn. 50.
[112] *Preis*, Der Arbeitsvertrag, I C Rn. 84.

Linie wegen der Regelung § 307 Abs. 3 BGB problematisch, wonach die Kontrolle von Leistung und Gegenleistung aus den bereits dargestellten Gründen ausgeschlossen ist.[113]

Den primären Bezugspunkt der Kontrolle bildet aber das Wirtschaftsrisiko und gerade nicht die Höhe der Gegenleistung. Sie bezieht sich demnach nicht auf die Vergütungshöhe, sondern auf die vertragliche Risikoverteilung. Letztere wirkt sich lediglich mittelbar auf die Höhe aus. Diese Situation ist daher mit der Überprüfung der Preisnebenabreden vergleichbar, die sich ebenfalls mittelbar auf die Preisbildung auswirken und überwiegend, insbesondere von der Rechtsprechung, als kontrollfähig angesehen werden.[114] Der Vertragspartner des Verwenders soll in diesen Fällen vor unangemessenen Kürzungen oder Modifikationen der vollwertigen Leistungen geschützt werden.[115] Mit dieser Begründung muss daher die Inhaltskontrolle in Bezug auf das des Verhältnis von Fixum zu variablem Bestandteil im Arbeitsrecht als besonderes Arbeitnehmerschutzrecht erst Recht möglich sein.

Weiterhin ist fraglich, ob man im Rahmen der Inhaltskontrolle nach § 307 Abs. 2 Nr. 1 BGB auf die Leitbildfunktion des § 615 S. 1, 3 BGB zurückgreifen kann, wie dies in Literatur und Rechtsprechung angeklungen ist.[116] Dies würde voraussetzen, dass es sich bei der Norm um dispositives Gesetzesrecht handelt,[117] weil eine abweichende Risikoverteilung anderenfalls ohnehin unwirksam wäre. Dies ist gerade im Bereich des Arbeitsrechts problematisch, das überwiegend aus zwingendem Recht besteht.[118] § 615 BGB a.F. wurde aber nahezu einhellig als dispositives Recht eingeordnet und für abdingbar gehalten.[119] Insoweit wurde auf § 619 BGB verwiesen, der § 615 BGB gerade nicht aufführe.[120] Ebenso ist mit Verweis auf § 615 BGB überwiegend anerkannt worden, dass die Grundsätze über die Verteilung des Betriebsrisikos durch Tarif- oder Einzelvertrag abdingbar und damit grundsätzlich dispositiv

113 Aus diesem Grund ablehnend *Reichold*, RdA 2002, 321, 332; *Wank*, RdA 2002, 112, 115 f.

114 Vergl. *Gotthardt*, Schuldrechtsreform, Rn. 271; *Preis*, Vertragsgestaltung, S. 294 ff. Zur Inhaltskontrolle von Preisnebenabreden bereits unter § 5 II 2 a bb (3).

115 *BGH* v. 24.3.1999, NJW 1999, 2279, 2280; *Gotthardt*, Schuldrechtsreform, Rn. 271; *Brandner* in: Brandner/Ulmer/Brander/Henssen, AGBG, § 8 Rn. 27.

116 *LAG Hamm* v. 10.10.1989, LAGE Nr. 4 zu § 138 BGB unter 1, 2; *Rieble/Gutzeit*, JbArbR, Bd. 37, S. 51 f.

117 Vergl. *Brandner* in: Ulmer/Brandner/Hensen, AGBG, § 9 Rn. 42; *Wolf* in: Wolf/Horn/Lindacher, AGBG § 9 Rn. 65 jeweils zu dem gleichlautenden § 9 Abs. 2 Nr. 1 AGBG.

118 *Gotthardt*, Schuldrechtsreform, Rn. 299; *Otto*, ArbeitsR, Rn. 137.

119 *BAG* v. 6.2.1964, AP Nr. 24 zu § 615 BGB unter 1; *MünchArbR/Boewer*, § 78 Rn. 5; *ErfK/Preis*, § 615 BGB Rn. 8; *Staudinger/Richardi*, § 615 Rn. 9 jeweils m.w.N.

120 *Staudinger/Richardi*, § 615 Rn. 9.

sind.[121] Durch die gesetzliche Änderung im Zuge der Schuldrechtsmodernisierung sollten lediglich die von der Rechtsprechung zum Betriebsrisiko entwickelten Grundsätze normiert werden.[122] Daher muss man § 615 S. 1, 3 BGB konsequenter Weise weiterhin als dispositive Regelung einordnen, der im Rahmen von § 307 Abs. 2 Nr. 1 BGB Richtlinien- und Leitbildfunktion zukommt. Die Grundsätze zur Verteilung des Betriebs- und Wirtschaftsrisikos können folglich analog zur Konkretisierung des Maßstabs der Inhaltskontrolle herangezogen werden.[123] Inzwischen hat auch das BAG ausdrücklich festgestellt, dass Klauseln, die das Wirtschaftsrisiko auf den Arbeitsnehmer verlagern von Rechtsvorschriften abweichen und daher gem. § 307 Abs. 3 S. 1 BGB der Inhaltskontrolle nach § 307 Abs. 1, 2 BGB unterliegen.[124] Allerdings führt nicht jede Abweichung von einer gesetzlichen Regelung wie § 615 BGB zur Unwirksamkeit der Klausel. So ist insbesondere in Bezug auf das Arbeitsverhältnis als Dauerschuldverhältnis zu bercksichtigen, dass der Arbeitgeber wegen der sich ändernden wirtschaftlichen Rahmenbedingungen ein berechtigtes Interesse an einer gewissen Flexibilität der Arbeitsbedingungen hat.[125] Daraus folgt, dass die Vereinbarung variabler Gehaltsbestandteile als Teil der synallagmatischen Vergütung nicht nur im Hinblick auf die Vertragsfreiheit, sondern auch unter dem Aspekt der Risikoverlagerung, insbesondere des Betriebs- und Wirtschaftsrisikos auf den Arbeitnehmer grundsätzlich zulässig ist.

dd) Ergebnis

Als Ergebnis ist festzuhalten, dass die Inhaltkontrolle des Verhältnisses von Fixum zu dem variablen erfolgsorientierten Vergütungsbestandteil eine Frage der angemessenen Risikoverteilung ist und nicht auf die Kontrolle der Vergütungshöhe abzielt. Letztere kann wegen der zukünftigen ungewissen

[121] Ständige Rechtsprechung seit *BAG* v. 4.7.1958, AP Nr. 5 zu § 615 BGB Betriebsrisiko, zuletzt v. 9.3.1983, AP Nr. 31 zu § 615 BGB Betriebsrisiko unter 1 c; *MünchArbR/Boewer*, § 79 Rn. 76. Differenzierend *ErfK/Preis*, § 615 BGB Rn. 8; *Lindemann*, Arbeitsbedingungen, S. 190 ff. m.w.N., die die vollständige formularmäßige Abdingbarkeit ablehnen.

[122] Vergl. *BT-Drucks.* 14/6857, S. 48; *BeschlEmpf. Rechtsausschuss*, BT-Drucks. 14/7052, S. 204.

[123] So im Ergebnis auch *Gotthardt*, Schuldrechtsreform, Rn. 300, der als Kriterien für die Angemessenheitskontrolle im Arbeitsrecht den Aspekt der gerechten Risikoverteilung berücksichtigen will, wie er jetzt z.B. in § 615 S. 3 BGB zum Ausdruck komme.
Zur alten Rechtslage *Preis*, Vertragsgestaltung, S. 330 ff., der die unzulässige Risikoverlagerung bereits vor der Änderung der Bereichausnahme als einen Aspekt der Angemessenheitskontrolle im Arbeitsrecht angesehen hat.

[124] *BAG* v. 7.12.2005, NZA 2006, 423, 426 f.

[125] So *BAG* v. 7.12.2005, NZA 2006, 423, 427; *Preis/Lindemann*, NZA 2006, 632, 636.

Wertentwicklung des variablen Vergütungsbestandteils ohnehin nicht mit hinreichender Sicherheit festgestellt werden. Aus diesen Gründen ist für die Inhaltskontrolle des Verhältnisses von Fixum zu erfolgsorientiertem variablem Bestandteil in vorformulierten Vergütungsvereinbarungen nicht § 138 BGB, sondern § 307 Abs. 2 Nr. 1 BGB als Rechtsgrundlage heranzuziehen.

d) Entwicklung eines Kontrollmaßstabs für das Verhältnis von Fixum zu erfolgsorientiertem variablem Vergütungsbestandteil in vorformulierten Vergütungsvereinbarungen

Im Anschluss stellt sich nun die Frage, bis zu welchen Grenzen das Risiko durch variable erfolgsorientierte Vergütungsformen auf den Arbeitnehmer verlagert werden kann und ab wann eine derartige Verlagerung der Leitbildfunktion des § 615 S. 1, 3 BGB widersprechen würde. Wie bei der Inhaltskontrolle von Mindestlöhnen bietet sich die Entwicklung prozentualer Richtsätze für das Verhältnis von Fixum und variablem Bestandteil an. Orientierungspunkte können zunächst den bisher von der Rechtsprechung entschiedenen Fallgestaltungen entnommen werden.

aa) Analyse der Rechtsprechung zu den absoluten Grenzen der Verlagerung des Betriebsrisikos

Das LAG Hamm[126] hatte über eine Vergütungsvereinbarung in einem Formulararbeitsvertrag zu befinden, nach der eine Grundvergütung nur geschuldet war, wenn ein festgesetzter Mindesterfolg eintrat. Das Gericht sah in der ausschließlichen Erfolgsabhängigkeit der Vergütung eine unzulässige Überwälzung des Markt- bzw. Betriebsrisikos. Diese widerspreche dem Leitbild des Arbeitsvertragsrechts, weil danach die Befreiung des Arbeitnehmers vom Marktrisiko bezweckt sei. Mit dem Leitbild sei eine Rückverlagerung der unternehmerischen Risiken ohne garantiertes Mindesteinkommen unvereinbar. Eine solche Vereinbarung sei sittenwidrig.

In dem Fall, der dem BAG vorlag,[127] ging es hingegen um eine Vereinbarung, in der sich der Arbeitnehmer zum Ausgleich eintretender Verluste Höhe verpflichtete. Darin sah das Gericht eine Belastung des Arbeitnehmers mit dem

---

[126] v. 16.10.1989, LAGE Nr. 4 zu § 138 BGB. Kritisch dazu *Rieble*, Sonderbeilage NZA 3/2000, 34, 43; *Rieble/Gutzeit*, JbArbR, Bd. 37, S. 37, 51, mit Hinweis auf § 65 HGB, wonach eine reine Provisionsabrede zulässig sei.

[127] v. 10.10.1990, AP Nr. 47 zu § 138 BGB.

Betriebs- und Wirtschaftsrisikos des Arbeitgebers ohne nennenswerte Gegenleistung. Diese Vereinbarung sei von ihrem Gesamtcharakter, der sich aus Inhalt, Beweggrund und Zweck ergebe, sittenwidrig.

Zu dem gleichen Ergebnis kam das BAG[128] für eine Vergütungsvereinbarung, nach der ein Bauleiter bei Abrechnung und Fertigstellung eines Bauvorhabens einen prozentualen Anteil des Rohgewinns erhalten und für den Verlustfall mit demselben Anteil haften sollte. Darin sah das Gericht eine sittenwidrige Überwälzung des Betriebs- und Wirtschaftsrisikos und begründete dies damit, dass der Arbeitnehmer keinen Einfluss darauf habe, ob ein Bauvorhaben mit Gewinn oder Verlust abgeschlossen werde. Für die Rechtswirksamkeit komme es in diesem Zusammenhang nicht darauf an, ob es im Einzelfall zu einer Verlustbeteiligung gekommen sei. Entscheidend sei allein, ob der Arbeitgeber wirtschaftliche Risiken auf den Arbeitnehmer abwälze und so den angemessenen Lohn vorenthalte.

Trotz der Unterschiede im Detail lagen den Entscheidungen jeweils Vergütungsvereinbarungen zugrunde, die eine Erfolgsbeteiligung des Arbeitnehmers vorsahen und dazu führen konnten, dass er trotz vertragsgemäß erbrachter Arbeitsleistung noch nicht einmal eine angemessene Mindestvergütung erhielt. Während die Vergütungsvereinbarung im ersten Fall das Erreichen eines Mindesterfolgs voraussetzte und bei Nichterreichen die Zahlung ausschloss, konnte die Verlustbeteiligung in den beiden übrigen Fällen zu diesem Ergebnis führen. Darin wurde jeweils eine als sittenwidrig einzustufende Überwälzung des Betriebs- bzw. Wirtschaftsrisikos gesehen. Demzufolge ist eine Vergütungsvereinbarung unwirksam, nach welcher der variable Vergütungsanteil alleiniger oder wesentlicher Bestandteil der Gesamtvergütung ist.[129] Die Urteile lassen andererseits den Schluss zu, dass variable leistungs- wie erfolgsorientierte Vergütungsformen grundsätzlich zulässig sind, wenn dem Arbeitnehmer eine angemessene Vergütung bzw. ein fixer Mindestlohn garantiert wird.[130]

bb) Übertragbarkeit der Grundsätze auf die Aktienoptionen als Vergütungsform und Zwischenergebnis zu den absoluten Grenzen

Diese Grundsätze sind auf die Aktienoptionen als erfolgsorientierte Vergütungsform übertragbar.[131] Der Unternehmenserfolg spiegelt sich in

[128] v. 21.3.1984 – 5 AZR 463/82 (nicht amtlich veröffentlicht).
[129] Ebenso *Ricken*, NZA 1999, 236, 240 für Gewinnbeteiligungen.
[130] *Ricken*, NZA 1999, 236, 240 f.
[131] So auch *Röder/Göpfert*, BB 2001, 2002, 2004 f.

dem Börsenkurs wieder, der den Wert der Aktienoptionen und damit die Vergütungshöhe bestimmt, die sich aus der Differenz zwischen Aktienkurs und Basispreis ergibt. Dieser Vergütungsbestandteil ist wertlos, sofern der Aktienkurs des Unternehmens infolge schlechter wirtschaftlicher Entwicklungen, auf die Arbeitnehmer keinen Einfluss nehmen kann, unter den Erfolgszielen bleibt. Da die Option in diesem Fall am Ende der Laufzeit wertlos verfällt, erhält der Arbeitnehmer trotz ordnungsgemäß erbrachter Arbeitsleistung keine Vergütung. Daher ist auch der Einsatz der Aktienoptionen als variabler Vergütungsbestandteil nur in Grenzen zulässig und darf nicht dazu führen, dass das arbeitgebende Unternehmen die wirtschaftlichen Risiken auf den Arbeitnehmer abwälzt und auf diese Weise einen angemessenen Lohn vorenthält.[132] Dies muss nach den Grundsätzen der Rechtsprechung unabhängig davon gelten, ob die Optionen am Ende der Laufzeit wertlos verfallen oder nicht.[133]

Demnach ist es nicht zulässig, allein Aktienoptionen als synallagmatische Vergütung einzuräumen und diese ausschließlich variabel zu gestalten.

cc) Entwicklung prozentualer Grenzwerte für das Verhältnis von Fixum und variablem Anteil

In den genannten Entscheidungen ist allerdings die Frage offen geblieben, in welchen Grenzen eine Vergütungsvereinbarung noch zulässig ist, die eine solche Mindestvergütung als fixen Bestandteil und daneben eine erfolgsbezogene Komponente enthält.[134] Dem soll im Folgenden allein für die hier interessierenden erfolgsorientierten Vergütungsformen nachgegangen werden.

(1) Berücksichtigung der Einflussmöglichkeiten im Rahmen einer Einzelfallabwägung

Die Anknüpfung der Vergütungshöhe an den unternehmerischen Erfolg führt dazu, dass sie nicht nur wie bei leistungsbezogenen Vergütungsformen von der individuellen Arbeitsleistung des Arbeitnehmers abhängig ist. Sie wird primär von einer Vielzahl anderer Umstände wie den Entscheidungen anderer Unternehmensangehöriger, insbesondere des Vorstands und der sonstigen

---

[132] Vergl. *Ricken*, NZA 1999, 236, 239 f. Im Ergebnis ebenso *Röder/Göpfert*, BB 2001, 2002, 2005.

[133] Vergl. *BAG* v. 21.3.1984 – 5 AZR 463/82 (nicht amtlich veröffentlicht) unter II 3.

[134] So ausdrücklich *LAG Hamm* v. 16.10.1989, LAGE Nr. 4 zu § 138 BGB unter 2 mit dem Hinweis, dass einer Verlagerung des Marktrisikos nur innerhalb bestimmter Grenzen zulässig sei.

Führungskräfte, oder von externen Faktoren wie der allgemeinen Konjunktur-, Konkurrenz-, sowie der Preis-, Zins- und Währungsentwicklung beeinflusst.[135] Bei den Aktienkursorientierten Vergütungsformen kommt als Unsicherheitsfaktor die teilweise irrationale Einschätzung des Kapitalmarktes hinzu.[136] All diese Faktoren sind grundsätzlich dem vom Arbeitgeber zu tragenden Betriebs- bzw. Wirtschaftsrisiko zuzurechnen. Vor diesem Hintergrund gehen Teile des Schrifttums zu Recht davon aus, dass der variable Lohnanteil um so geringer sein muss, je weniger der Arbeitnehmer den maßgeblichen Erfolg beeinflussen kann.[137] Wegen der aufgezeigten Vielzahl der beeinflussenden Faktoren kann eine unzulässige Risikoverteilung wohl nur im Rahmen einer umfassenden Abwägung im Einzelfall festgestellt werden, bei der eine Vielzahl von Kriterien zu berücksichtigen sind.

(2) Katalog möglicher Abwägungskriterien

Eine entscheidende Rolle spielt die Stellung des Arbeitnehmers im Betrieb.[138] So haben Vorstands- und Führungskräfte einen sehr viel größeren Einfluss auf den Unternehmenserfolg als die übrigen Arbeitnehmer. Dementsprechend kann der variable Anteil ihrer Vergütung höher ausfallen als jener der übrigen Mitarbeiter.

Weiterhin sind Einkommenshöhe bzw. Höhe der Grundvergütung zu berücksichtigen. Übersteigt diese die durchschnittliche Vergütung der übrigen Arbeitnehmer im Unternehmen oder die tarifliche Vergütung für eine vergleichbare Tätigkeit[139] um ein Vielfaches, ist eine höhere Risikobeteiligung angemessen.

Schließlich ist der konkrete Einfluss der betroffenen Arbeitnehmer auf den Teil des Unternehmenserfolgs, an den die Vergütungshöhe anknüpft, zu beachten.[140] Wird diese zusätzlich von Kennzahlen abhängig gemacht, auf die der Arbeitnehmer unmittelbaren Einfluss nehmen kann,[141] ist eine höhere Erfolgsbeteiligung grundsätzlich gerechtfertigt. Bei der Abwägung sind zudem beson-

[135] Vergl. zu den exogenen Faktoren § 1 V 2 b.

[136] *Röder/Göpfert*, BB 2001, 2002, 2005.

[137] *Rieble/Gutzeit*, JbArbR, Bd. 37, S. 37, 49; *Röder/Göpfert*, BB 2001, 2002, 2005; *Wank*, RdA 2002, 112, 115 f. Im Ergebnis ebenso *Lindemann*, Arbeitsbedingungen, S. 210 ff. für die Angemessenheitskontrolle flexibler Arbeitsbedingungen.

[138] In diesem Sinne auch *Preis*, Der Arbeitsvertrag, I C Rn. 105, der die Stellung des Arbeitnehmers im Unternehmen als einer der Leitlinien der Inhaltskontrolle nennt. Ebenso für erfolgsorientierte Vergütungsformen *Röder/Göpfert*, BB 2001, 2002, 2004 f.

[139] Diesen Bezugspunkt wählen *Röder/Göpfert*, BB 2001, 2002, 2004 f.

[140] So auch *Röder/Göpfert*, BB 2001, 2002, 2005.

[141] Vergl. dazu § 4 III 2 e dd.

dere Unternehmenssituationen wie Start- oder Sanierungsphasen zu berücksichtigen. In dieser Konstellation ist regelmäßig anzunehmen, dass die Parteien der finanziellen Situation des Unternehmens Rechnung tragen wollten und daher eine derartige Vereinbarung als Kompensation für eine niedrigere Grundvergütung trafen.[142]

Außerdem ist im Einzelfall zu berücksichtigen, ob die drohenden Nachteile durch andere, insbesondere finanzielle Vorteile kompensiert werden.[143] Denkbar sind etwa Ausgleichszahlungen, die unter der Bedingung zugesagt werden, dass die Aktienoptionen am Ende der Laufzeit wertlos sind und verfallen oder ein bestimmtes Zielgehalt bei Ausübung nicht erreicht wird.[144] Dagegen wird man bereits die Erfolgsbeteiligung als solche im Gegensatz zu einigen Auffassungen in der Literatur nicht als Kompensation für die Überwälzung des unternehmerischen Risikos ansehen können.[145] Die Chance auf Gewinn oder einen finanziellen Vorteil ist jeder erfolgsbezogenen Vergütungsform immanent. Bei einer anderen Sichtweise wären Regelungen, die Gewinn- wie Verlustbeteiligungen in gleicher Höhe vorsehen, nie nachteilig, weil die Gewinnchance stets den drohenden Verlust kompensieren würde.[146] Dieser Umstand wird verkannt, wenn pauschal darauf hingewiesen wird, einer Verlustbeteiligung stehe gerade keine angemessene wirtschaftliche Chance gegenüber, während dies bei einer Erfolgsbeteiligung stets der Fall sei.[147] Daher sind im Rahmen der Abwägung nicht die Gewinnchancen also solche, sondern nur andere finanzielle Ausgleichsregelungen zu berücksichtigen.

Mit dieser Aufzählung sind nur einige der wichtigsten und naheliegendsten Abwägungskriterien genannt worden. Sie ist keinesfalls abschließend. Erfolgsbezogene Vergütungsleistungen, die von den unternehmensspezifischen Besonderheiten abhängen und daher in den unterschiedlichsten Formen vorkommen, sind im Ergebnis unter Beachtung dieser Besonderheiten im Einzelfall auf eine ausgewogene Risikoverteilung zu überprüfen.

---

142 In diesem Sinne auch *Röder/Göpfert*, BB 2001, 2002, 2005, die davon ausgehen, dass sich der Mitarbeiter bewusst für die Tätigkeit in einem „Start-up-Unternehmen" entschieden habe und der vermeintlichen Gewinnchancen Willen Gehaltseinbußen in Kauf nimmt.

143 Vergl. *Preis*, Der Arbeitsvertrag, I C Rn. 107, der auf die Möglichkeit und Notwendigkeit einer kompensatorischen Vertragsgestaltung im Arbeitsvertragsrecht hinweist, wie dies z.B. für Mankoabreden üblich sei, die nur unter der Voraussetzung eines finanziellen Ausgleichs zulässig seien.

144 Eine Vereinbarung einer solchen Bartantieme wird von *Röder/Göpfert*, BB 2001, 2002, 2006, vorgeschlagen.

145 So aber im Ergebnis *Bauwens*, S. 77 f. und ausdrücklich *Rieble/Gutzeit*, JbArbR, Bd. 37, S. 41, 49, 53 sowie *Röder/Göpfert*, BB 2001, 2002, 2005.

146 Dies sah die Vergütungsvereinbarung in *BAG* v. 21.3.1984 – 5 AZR 463/82 (nicht amtlich veröffentlicht), vor. Dazu oben unter § 5 II 2 d aa.

147 So ausdrücklich *Röder/Göpfert*, BB 2001, 2002, 2005.

(3) Mögliche Festlegung prozentualer Grenzen als Flexibilisierungsgrade

Aus Gründen der Praktikabilität kommt man allerdings nicht umhin, prozentuale Sätze für den Anteil der fixen Vergütung als Anhaltspunkte für die Grenzen der Flexibilisierung festzulegen.

(a) Ansätze in der Literatur zum zulässigen prozentualen variablen Anteil

Anhaltspunkte liefert die Rechtsprechung zu den einseitigen Leistungsbestimmungsrechten. Die Grenzwerte dieser Entscheidungen werden von einigen Autoren als Mindestgrenze herangezogen. Sie werden aber nicht als absolute Grenze angesehen, weil der Arbeitgeber im Falle der am Unternehmenserfolg bzw. am Aktienkurs orientierten Vergütung die Höhe gerade nicht einseitig bestimme und im Übrigen die Chancen auf eine höhere Vergütung speziell bei steigenden Aktienkursen zu berücksichtigen seien. Teilweise wird bei der Einräumung der Aktienoptionen im Vergleich mit den sonstigen erfolgsabhängigen Vergütungsformen von erheblich höheren Gewinnchancen ausgegangen,[148] und pauschal eine Flexibilisierung von 40 % bis 50 % als zulässig angesehen.[149] Ausgehend von diesem Ansatz wird teilweise noch weiter differenziert und die tarifliche Vergütung für eine vergleichbare Tätigkeit als Orientierungspunkt für den zulässigen Anteil der Aktienoptionen an der Gesamtvergütung herangezogen. Bei Mitarbeitern, deren Vergütung den oberen Tarifgruppen entspreche, könnten bis zu 25 % des Tarifgehalts in Aktienoptionen gewährt werden, während dieser Anteil für den Bereich der unteren Tarifgruppen niedriger liegen müsse. Mit Mitarbeitern, deren Vergütung deutlich über den höchsten Tarifgruppen liege, könne dieser Anteil bis zu 50 % des Tarifgehalts betragen. Eine sittenwidrige Vereinbarung liegt nach dieser Ansicht erst vor, wenn erhebliche Teile der üblichen Vergütung in Aktienoptionen gewährt werden, ohne dass dem erkennbar eine durch die Geschäftsidee gerechtfertigte wirtschaftliche Gewinnchance gegenüber stehe.[150]

Eine weitere Ansicht kommt demgegenüber aus allgemeinen Erwägungen zu dem Ergebnis, dass die Schwankungsbreite bei Vereinbarung einer unternehmenserfolgsabhängigen Vergütungsform nur maximal 10 % des Regellohns ausmachen darf.[151] Nach einem weiteren Ansatz wird das unternehmerische Risiko

[148] So *Röder/Göpfert*, BB 2001, 2002, 2005.

[149] *Bauwens*, S. 77 f.; *Rieble*, Sonderbeilage NZA 3/2000, 34, 44; *Rieble/Gutzeit*, JbArbR, Bd. 37, S. 37, 49, 78 f.

[150] *Röder/Göpfert*, BB 2001, 2002, 2004 f.

jedenfalls in unzulässiger Weise auf den Arbeitnehmer verlagert, wenn mehr als 50 % der Gesamtvergütung variabel gestaltet seien. Ein Anteil von unter 30 % sei regelmäßig zulässig.[152]

(b) Kritische Auseinandersetzung mit diesen Ansätzen

Die Annahme, dass der Anteil an Aktienoptionen an der Gesamtvergütung bis zu 50 % betragen dürfe, ist aus vielerlei Gesichtspunkten bedenklich.

Die Gewinnchancen können aus den bereits genannten Gründen nicht als Kompensation für die übertragenen Risiken herangezogen werden. Dies gilt besonders für die Gewinn- und Verlustrisiken an den Aktienmärkten, an denen die Arbeitnehmer durch die Gewährung der Aktienoptionen beteiligt werden, ohne darauf aus den genannten Gründen unmittelbar Einfluss nehmen zu können. Dieser Effekt wird durch die teilweisen irrationalen Einschätzungen eines Unternehmens durch den Kapitalmarkt noch verstärkt.[153] Das BAG hat aber gerade solche Vereinbarung bei gleicher Gewinn- wie Verlustbeteiligung wegen der Überwälzung des wirtschaftlichen Risikos für sittenwidrig erachtet, wenn der Arbeitnehmer darauf mit seiner Tätigkeit keinen Einfluss hatte.[154] Wie schwierig und unsicher die Berücksichtigung möglicher Gewinnchancen als Ausgleich für eine niedrige Grundvergütung ist, zeigt auch der Hinweis, dass man davon nur ausgehen könne, wenn dies durch eine entsprechende Geschäftsidee gerechtfertigt sei.[155] Abgesehen davon, dass es nicht die Aufgabe eines Gerichts sein kann, den voraussichtlichen Erfolg einer Geschäftsidee zu beurteilen, ist dieser Aspekt auch unter dem verfassungsrechtlichen Gesichtspunkt der unternehmerischen Freiheit problematisch. Eine solche Kontrolle liefe auf eine Beurteilung der Zweckmäßigkeit der freien unternehmerischen Entscheidung hinaus, die grundsätzlich unzulässig ist.[156] Aus all diesen Gründen ist die Situation bei der Einräumung aktienkursorientierter Vergütungsbestandteile durchaus mit der einer Gewinn- und Verlustbeteiligung des Arbeitnehmers vergleichbar. Mögliche Gewinnchancen führen zu keiner abweichenden oder modifizierten Beurteilung.[157]

---

151 *Loritz*, AuA 1997, 224, 226 f.

152 *Wank*, RdA 2002, 112, 116. In diesem Sinne auch *Hanau/Hromadka*, NZA 2005, 73, 78, nach denen 70 % der Bezüge „grundsätzlich" veränderungsfest sein müssen.

153 Auf diesen Aspekt weisen *Röder/Göpfert*, BB 2001, 2002, 2005, selbst hin.

154 *BAG* v. 21.3.1984 – 5 AZR 462/82 – (nicht amtlich veröffentlicht).

155 So *Röder/Göpfert*, BB 2001, 2002, 2005.

156 Vergl. die ständige Rechtsprechung des BAG zur betriebsbedingten Kündigung, zuletzt *BAG* v. 19.1.2001, AP Nr. 115 zu § 1 KSchG Betriebsbedingte Kündigung unter 2.

157 A.A. *Röder/Göpfert*, BB 2001, 2002, 2005.

Darüber hinaus rechtfertigen die Entscheidungen des BAG zu den einseitigen Leistungsbestimmungsrechten des Arbeitgebers, genauer zur Zulässigkeit des Widerrufs von Vergütungsbestandteilen, bei näherer Betrachtung keinen höheren Flexibilisierungsgrad. So hielt das BAG eine arbeitsvertragliche Vereinbarung eines Widerrufsvorbehalts für zulässig, dessen Ausübung zum Entzug einer Zusatzaufgabe bei gleichzeitigem Wegfall einer dafür gezahlten tariflichen Zulage führte. Als Begründung wurde u.a. angeführt, dass die Zulage nur ca. 15 % des Tarifgehalts betrage.[158] In einem ähnlich gelagerten Fall sah das Gericht eine Widerrufsklausel als wirksam an, nach der sich der Arbeitgeber die Änderung, insbesondere die Verkleinerung eines Verkaufsbezirks vorbehalten hatte. Das BAG maß dieser Maßnahme u.a. deshalb keine wesentliche Bedeutung für die Einkommensverhältnisse bei, weil der Provisionsanteil nur rund 20 % des Gesamteinkommens betrage und der Betroffene im Übrigen weiterhin die Möglichkeit hatte, Provisionseinnahmen zu erzielen.[159] In seinem Urteil vom 12.1.2005[160] stellt das BAG für die Inhaltskontrolle von Widerrufsvorbehalten den Grundsatz auf, dass der widerrufliche Anteil am Gesamtverdienst 25 % bis 30 % betragen darf. Die Festlegung bezog sich allerdings auf eine übertarifliche Zulage und eine Fahrtkostenerstattung, mithin auf nicht im Gegenseitigkeitsverhältnis stehende Vergütungsbestandteile.

In all diesen Fällen blieb dem Arbeitnehmer die tarifliche Grundvergütung in voller Höhe erhalten. Zwar führten sowohl die Veränderung des Arbeitsumfangs durch den Entzug von Zusatzaufgaben wie auch die Verkleinerung des Verkaufsbezirks zu einer Verringerung der synallagmatischen Vergütung. Anders als beim drohenden vollständigen Wegfall eines variablen Vergütungsbestandteils kam es in diesen Fallgestaltungen aber nicht zu einer Verringerung der Vergütung bei gleichbleibendem Umfang der vertraglichen Arbeitsverpflichtung und damit zu einer Gehaltskürzung bei unveränderter Tätigkeit. Dies bestätigt das Urteil des BAG vom 7.12.2005.[161] Darin weist das BAG darauf hin, dass bei der Festlegung eines Prozentsatzes für den widerruflichen Anteil an der Gesamtvergütung zu berücksichtigen ist, ob es sich um eine im Gegenseitigkeitsverhältnis stehende Pflicht handelt. In dem zu entscheidenden Fall hielt es eine Vereinbarung über die einseitige Verringerung des Arbeitszeitvolumens durch den Arbeitgeber wegen der Auswirkung auf die Vergütung nur bis maximal 20 % für angemessens. Die Ergebnisse der Rechtsprechung rechtfertigen daher grundsätzlich keine höheren Prozentsätze für das Verhältnis von Fixum und variablem Anteil als die darin vorgesehenen 15 % bis 20 %.

---

[158] *BAG* v. 15. 11.1995, AP Nr. 20 zu § 1 TVG Tarifverträge: Lufthansa unter II 5.

[159] *BAG* v. 7.10.1982, AP Nr. 5 zu § 620 Teilkündigung unter IV 2 a.

[160] NZA 2005, 465, 467.

[161] NZA 2006, 423, 428.

Gleiches gilt für die Annahme, der Anteil der Aktienoptionen und anderer aktiekursorientierter Vergütungsformen dürfe für Arbeitnehmer in Spitzenpositionen mit überdurchschnittlichen Gehältern im Vergleich mit der marktüblichen Vergütung für eine vergleichbare Position bis zu 50 % betragen.[162] Dieser Auffassung ist darin zuzustimmen, dass das BAG bei der Beurteilung der Zulässigkeit des Widerrufs von arbeits- bzw. dienstvertraglichen Aufgaben mit gleichzeitiger Vergütungskürzung danach differenziert, ob Vergütung und Stellung der betroffenen Arbeitnehmer innerhalb der betrieblichen Hierarchie herausgehoben sind. Gegenüber Arbeitnehmern in Spitzenpositionen und mit Spitzenverdiensten, die sich auf ein Mehrfaches der höchsten Tarifgehälter belaufen, könne sich der Arbeitgeber weitergehendere einseitige Bestimmungsrechte vorbehalten als gegenüber anderen Arbeitnehmern mit durchschnittlicher Vergütung.[163] Die Rechtsprechung hält daher Entwicklung und Anpassungsklauseln in Chefarztverträgen für zulässig, bei denen der Widerruf zu einer Reduzierung der dienstlichen Tätigkeit und der dadurch erzielten Einnahmen auf ca. 75 % des bisherigen Verdienstes führt.[164] Auch den gleichzeitig damit verbundenen Widerruf einer Nebentätigkeitsgenehmigung, der sogar zu Einnahmeausfällen um ca. 75 % in diesem Bereich führte, hielt das BAG für wirksam, obgleich sich der Jahresverdienst des Klägers infolge beider Maßnahmen auf nur noch rund 65 % seines bisherigen Verdienstes belief.[165] Daraus ergibt sich jedoch nur, dass sich der Arbeitgeber in den Verträgen mit Arbeitnehmern, denen er Spitzengehälter zahlt, für im Gegenseitigkeitsverhältnis stehende Vergütungsbestandteile den Widerruf von ca. 35 % des Gesamteinkommens wirksam vorbehalten kann. Zudem führte die Ausübung des Widerrufs auch in diesem Fall neben der Reduzierung der Vergütung zu einer Verringerung der Arbeitspflicht. Vor diesem Hintergrund rechtfertigt diese Rechtsprechung keineswegs variable Vergütungsbestandteile, die bei unverändertem Arbeitsumfang bis zu 50 % der Gesamtvergütung betragen.

(4) Eigener Ansatz für das prozentuale Verhältnis von Fixum zu variablem Anteil

Im Ergebnis ist aber dem Grundgedanken der Ansicht zuzustimmen, wonach die Rechtsprechung zu den einseitigen Leistungsbestimmungsrechten als Orientierung für die Grenzen der Zulässigkeit der variablen erfolgsorientierten Vergütungsbestandteile heranzuziehen ist. In diesen Fällen geht es ebenfalls

[162] So der Vorschlag von *Bauwens*, S. 78.
[163] *BAG* v. 28.5.1997, AP Nr. 36 zu § 611 BGB Arzt-Krankenhaus-Vertrag unter I 2 a.
[164] *BAG* a.a.O unter II 3 b.
[165] *BAG* a.a.O. unter II 3 c.

um die Änderung der im Gegenseitigkeitsverhältnis stehenden Hauptleistungspflichten, die das BAG zu einer abwägenden Kontrolle veranlasst. Unbeachtlich ist demgegenüber, dass die Kontrolle unter dem Gesichtspunkt erfolgt, ob infolge der grundlegenden Störung des Gleichgewichts von Leistung und Gegenleistung ein unzulässiger Eingriff in den Kernbereich des Arbeitsverhältnisses vorliegt, der dazu führt, dass die Vereinbarung wegen der objektiven Umgehung des unverzichtbaren Kündigungsschutzes nach §§ 2, 1 Abs. 2 KSchG gem. § 134 BGB nichtig ist.[166] Aus den Ergebnissen lassen sich jedenfalls Rückschlüsse ziehen, in welchem zulässigen Umfang das Verhältnis von Arbeitsleistung und Vergütung Änderungen unterliegen und damit variabel sein darf.[167] Daher ist die gegenläufige Ansicht in der Literatur abzulehnen, die ohne Anknüpfungspunkte willkürlich von einer Schwankungsbreite von 10 % ausgeht, um welche die Vergütung bei Vereinbarung eines variablen Bestandteils vom Regellohn abweichen dürfe.

Eine direkte Übertragung der Grundsätze erscheint auf den ersten Blick nicht gerechtfertigt, weil die Leistung bei den erfolgsorientierten Vergütungsformen, insbesondere den Aktienoptionen, anders als beim Widerruf von Vergütungsbestandteilen nicht einseitig durch das arbeitgebende Unternehmen, sondern durch den Markt und eine Reihe anderer Faktoren bestimmt wird.[168] Der entscheidende Unterschied besteht allerdings darin, dass sich in den bislang entschiedenen Fällen anders als bei erfolgsorientierten variablen Vergütungsformen nicht nur eine Größe innerhalb des Gegenseitigkeitsverhältnisses verändert hat, sondern Arbeitsleistungs- und Vergütungspflicht gleichermaßen in ihrem Umfang betroffen waren. Erfolgsorientierte Vergütungsformen können demgegenüber dazu führen, dass die synallagmatische Vergütung bei gleichbleibender Arbeitsleistung sinkt. Trotz der fehlenden einseitigen Leistungsbestimmung durch den Arbeitgeber rechtfertigt es dieser Umstand, bei der Beurteilung des zulässigen Verhältnisses von Fixum zu variablem erfolgsorientierten Vergütungsbestandteil eine ebenso strenge Risikoverteilung zugrunde zu legen wie bei den einseitigen Leistungsbestimmungsrechten. Der Rechtsprechung zu den einseitigen Leistungsbestimmungsrechten lassen sich die folgenden Orientierungspunkte für den zulässigen Anteil eines variablen Vergütungsbestandteils an der synallagmatischen Gesamtvergütung und damit auch für den zulässigen Anteil der Aktienoptionen entnehmen:

---

[166] *BAG* v. 7.10.1982, AP Nr. 5 zu § 620 BGB Teilkündigung unter III 1 b; v. 13.5.1987, AP Nr. 4 zu § 305 BGB Billigkeitskontrolle unter II 2; v. 15.11.1995, AP Nr. 20 zu § 1 TVG Tarifverträge: Lufthansa unter II 1; v. 28.5.1997, AP Nr. 36 zu § 611 BGB Arzt-Krankenhaus-Vertrag unter A I 2 a.

[167] So im Ergebnis auch *Busch*, BB 2000, 1294, 1296.

[168] Vergl. dazu bereits § 5 II 2 a bb (2).

Mit sog. Spitzenverdienern, die bezüglich ihrer Stellung und Höhe ihres Einkommens herausgehoben sind, können 35 % der Gesamtvergütung variabel gestaltet und am Unternehmenserfolg orientiert werden. Den Bezugspunkt bzw. die Vergleichsgröße bildet die branchenübliche Vergütung für vergleichbare Positionen und Tätigkeit. Mit den übrigen Arbeitnehmern können variable Bestandteile bis 20 % ihres Gesamteinkommens vereinbart werden.[169] Bezugspunkt für die Bemessung ist die branchenübliche Vergütung für eine vergleichbare Tätigkeit und damit regelmäßig die Vergütung des einschlägigen Tarifvertrags.

Dieses Ergebnis entspricht im Übrigen auch eher dem Willen und den Interessen der Arbeitnehmer. Selbst wenn sie sich bewusst dafür entschieden haben, eine niedrigere Grundvergütung gegen Einräumung von Aktienoptionen zu akzeptieren, so geschieht dies regelmäßig in der Annahme, dass auf diese Weise zumindest die marktübliche Vergütung vermindert um einen Risikoabschlag erreicht wird. Ein größeres Risiko will der Arbeitnehmer üblicherweise nicht übernehmen.[170] Bei einem variablen Vergütungsanteil von 25 % bis zu 50 % dürfte das wirtschaftliche Risiko hingegen regelmäßig in einem größeren Umfang auf den Arbeitnehmer abgewälzt werden, als es seinem Willen und seinen Erwartungen bei Vertragsschluss entspricht.[171] Somit erscheinen die von den anderen Ansichten in der Literatur vorgeschlagenen Flexibilisierungsgrade auch im Hinblick auf die Risikoverteilung als unangemessen.

Abschließend sei betont, dass die vorgeschlagenen Prozentsätze allenfalls praktikable Orientierungsmaßstäbe sein können. Sie entbinden keinesfalls von einer Einzelfallabwägung unter Heranziehung der genannten Kriterien und Interessen. Daher sind im Einzelfall möglicherweise Abweichungen nach oben wie nach unten gerechtfertigt. [172]

---

169 Ähnlich jetzt im Ergebnis für den widerruflichen Anteil von im Gegenseitigkeitsverhältnis stehenden Bestandteilen am Gesamtverdienst in Folge der Verringerung der Arbeitszeit, *BAG* v. 7.12.2005, NZA 2006, 423, 428.

170 So die auf Befragungen in der Praxis beruhende Beschreibung von *Röder/Göpfert*, BB 2001, 2002, 2005 f.

171 Dies halten *Röder/Göpfert*, BB 2001, 2002, 2005 f., selbst dann für zulässig, wenn der Mitarbeiter seinen entsprechenden Willen bzw. seine gegenläufigen Erwartungen zum Ausdruck gebracht hat, da er dennoch auf dieses Risiko eingelassen hat. Insbesondere sei in dieser Situation keine Vereinbarung getroffen worden, nach der die Vergütung in Aktienoptionen nur erfüllungshalber im Hinblick darauf erfolgen soll, dass so eine marktübliche Vergütung erzielt werde.

172 In diesem Sinne auch*Preis/Lindemann*, NZA 2006, 632, 634, die von einer 25 % Grenze ausgehen und im Hinblick auf die Angemessenheitskontrolle Abstufungen für notwendig erachten, sofern in das Synallagma eingegriffen oder das Wirtschaftsrisiko verlagert wird.

dd) Ergebnisse zum zulässigen prozentualen Anteil der Aktienoptionen an der Gesamtvergütung und Rechtsfolgen bei Unzulässigkeit

Als Ergebnis ist somit festzuhalten, dass vorformulierte Vergütungsvereinbarungen unter dem Gesichtspunkt der angemessenen Risikoverteilung grundsätzlich der Inhaltskontrolle nach § 307 Abs. 2 Nr. 2 BGB unterliegen. Dies betrifft insbesondere variable erfolgsorientierte Vergütungselemente, denen die Aktienoptionen zuzurechnen sind. Im Rahmen der Inhaltskontrolle ist die gesetzliche Regelung über die Verteilung des Betriebs- und Wirtschaftsrisikos in § 615 S. 1, 3 BGB als gesetzliches Leitbild zu beachten. Danach darf das Wirtschaftsrisiko durch variable und am Unternehmenserfolg orientierte Vergütungsbestandteile nur in Grenzen auf den Arbeitnehmer abgewälzt werden.

Die Angemessenheit der Risikoverteilung ist im Einzelfall durch eine umfassende Abwägung festzustellen. Dabei sind die Stellung des Arbeitnehmers im Unternehmen, die Höhe seiner Vergütung im Vergleich mit anderen Arbeitnehmern, sein Einfluss auf den Unternehmenserfolg bzw. den Aktienkurs, besondere Situationen des Unternehmens wie Start- und Sanierungsphasen sowie vorgesehene kompensatorische Maßnahmen in Form von Ausgleichszahlungen bei Verfall der Aktienoptionen zu berücksichtigen.

Anhaltspunkte bieten die von der Rechtsprechung für die einseitigen Leistungsbestimmungsrechte aufgestellten prozentualen Grenzen. Danach können bei sog. Spitzenverdienern bis zu 35 % des Gesamteinkommens einseitig widerruflich und damit variabel gestaltet werden. Für die übrigen Arbeitnehmer können solche Vereinbarungen für maximal bis zu 20 %, regelmäßig eher bis zu 15 % ihres Gesamteinkommens getroffen werden. Die Vergleichsgrundlage bildet die regionale branchenübliche Vergütung für eine vergleichbare Tätigkeit, die sich regelmäßig aus dem einschlägigen Tarifvertrag ergibt. Als Ergebnis dieser Abwägungen unter Einbeziehung der genannten Kriterien können sich allerdings nach oben wie nach unten Abweichungen von diesen prozentualen Anteilen ergeben. Die formularmäßige Vereinbarung von Aktienoptionen als synallagmatischem Vergütungsbestandteil ist im Regelfall in den genannten prozentualen Grenzen zulässig.

Ist eine entsprechende Vergütungsvereinbarung unwirksam, so gilt nach § 306 Abs. 2 i.V.m. § 612 Abs. 2 BGB die übliche Vergütung als geschuldet. Der Arbeitgeber hat in solchen Fällen den Differenzbetrag zwischen der üblichen und der bereits geleisteten Vergütung zu zahlen. Die übliche Vergütung bestimmt sich wiederum nach der im betroffenen Wirtschaftsgebiet für eine vergleichbare Tätigkeit gezahlten branchenüblichen Vergütung.[173] Demnach hat der betroffene Arbeitnehmer einen Anspruch auf die Nachzahlung in Höhe des Differenzbetrags zur regionalen branchenüblichen Vergütung.

3. Inhaltskontrolle individueller Vergütungsvereinbarungen

Sofern die Aktienoptionen nicht im Rahmen einer vorformulierten Vergütungsvereinbarung, sondern individuell als variabeler erfolgsorientierter Vergütungsbestandteil ausgehandelt werden, kommt nur die Inhaltskontrolle nach allgemeinen Vorschriften in Betracht, weil die Angemessenheitskontrolle i.S.d. § 307 BGB nach § 305 Abs. 1 S. 3 i.V.m. § 305 b BGB auf vorformulierte Vergütungsvereinbarungen beschränkt ist. Für die übrigen Vereinbarungen bleibt es bei der Kontrolle nach den Generalklauseln, insbesondere nach § 138 BGB und § 612a BGB.[174]

a) Maßstab der Inhaltskontrolle

Der Unterschied zwischen der Angemessenheits- und der allgemeinen Inhaltskontrolle wirkt sich auf die Kontrollintensität aus. Für die allgemeine Inhaltskontrolle muss ein weniger strenger Maßstab gelten.[175] Da die Gerichte bislang nicht danach unterschieden haben, ob es sich bei der Vergütungsvereinbarung um eine Individualabrede oder Allgemeine Arbeitsbedingungen handelt, sondern nur einheitliche Kontrollmaßstäbe anwandten, kann für die allgemeine Inhaltskontrolle nicht ohne weiteres auf die bisherige Rechtsprechung zu § 138 BGB verwiesen werden. Da nachgewiesen worden ist, dass die Risikoverteilung als Anknüpfungspunkt systematisch der AGB-Inhaltskontrolle zuzuordnen ist, fällt diese Art der Kontrolle im Bereich des § 138 BGB weg. Die Überprüfung kann daher nur nach den übrigen allgemeinen Grundsätzen erfolgen.

Die Sittenwidrigkeit einer Vergütungsvereinbarung kommt demnach in Betracht, wenn die fragliche Vergütungsvereinbarung nach ihrem Inhalt, Zweck

---

[173] Vergl. dazu § 5 II 2 b cc.

[174] *ErfK/Preis*, §§ 305-310 BGB Rn. 5.; *Stoffels*, AGB-Recht, Rn. 383.

[175] *ErfK/Preis*, §§ 305-310 BGB Rn. 27; *Gotthardt*, Schuldrechtsreform, Rn. 244; *Hanau*, NJW 2002 1240, 1242; *Lindemann*, Arbeitsbedingungen, S. 102; *Stoffels*, AGB-Recht, Rn. 383 f.; *Thüsing*, BB 2002, 2666, 2667; *ders.* in: FS Wiedemann, S. 559, 574 f.; *Pulz*, Personalbindung, S. 64; a.A. bisher *Dieterich*, RdA 1995, 129, 135; *Fastrich* RdA 1997, 65, 75; jetzt auch *Hromadka*, NJW 2002, 2523, 2525.

und den Beweggründen gegen das Anstandsgefühl aller billig und gerecht Denkenden verstößt, ohne dass es für die Beurteilung auf die Verkehrssitte der jeweiligen Branche ankommt. Es muss also objektiv ein auffälliges Missverhältnis zwischen Leistung und Gegenleistung bestehen, und das Verhalten des Begünstigten i.d.R. auf einer verwerflichen Gesinnung beruhen.[176] Folglich sind bei dieser Art der Kontrolle die bereits dargestellten Grundsätze zum auffälligen Missverhältnis heranzuziehen.[177] Die gesamte Vergütungsvereinbarung ist also grundsätzlich nach § 138 BGB nichtig, wenn sie um mehr als 1/3 unter der Vergütung liegt, die am Wirtschaftsstandort für eine vergleichbare Tätigkeit in der Branche gezahlt wird. Besonderheiten des Einzelfalls können allerdings andere Grenzwerte rechtfertigen. Demzufolge unterliegt die Höhe der gesamten individuell ausgehandelten Vergütung einschließlich variabler und fixer Bestandteile der Inhaltskontrolle nach § 138 BGB.

b) Übertragung des Kontrollmaßstabs auf die Vergütung in Aktienoptionen

Diese Grundsätze sind nun auf den zulässigen Anteil von Aktienoptionen als erfolgsorientierten variablen Vergütungsbestandteil an der Gesamtvergütung zu übertragen. Demzufolge muss eine entsprechende Individualvereinbarung nichtig sein, wenn bei Abschluss festzustellen ist, dass die Vergütung unter 2/3 der üblichen Vergütung liegen wird. Dies kann mit Hilfe der Black/Scholes-Formel[178] rechnerisch ermittelt werden. Ergibt diese Berechung, dass die Gesamtvergütung selbst bei Eintreten der prognostizierten Kursentwicklung der Aktie während der Laufzeit der Option unterhalb von 2/3 der üblicherweise gezahlten Vergütung liegen wird, ist ein auffälliges Missverhältnis anzunehmen. Kann unter normalen Umständen die übliche Vergütung trotz ordnungsgemäßer Erbringung der geschuldeten Arbeitsleistung nicht erzielt werden, so wird man ein auffälliges Missverhältnis bereits bei Abschluss der Vereinbarung bejahen können.[179]

Verfällt die Option hingegen erst am Ende der Laufzeit, weil wegen einer ungewöhnlich schlechten Aktienkursentwicklung die Erfolgsziele nicht erreicht wurden, so führt dies ebenfalls dazu, dass die Vergütungsvereinbarung als sit-

[176] *BAG* v. 10.9.1959, AP Nr. 1 zu § 138 BGB unter 1; v. 11.1.1973, AP Nr. 30 zu § 138 BGB unter 2 b; v. 10.10.1990, AP Nr. 47 zu § 138 BGB unter III; *LAG Berlin* v. 3.11.1986, LAGE Nr. 1 zu § 138 BGB.

[177] Dazu bereits unter § 5 II 2 b.

[178] Dazu bereits in § 2 III 2 e bb.

[179] Ähnlich auch *Bauwens*, S. 73 f., der dies auf alle aktienkursorientierten Vergütungsformen bezieht, aber den Zeitpunkt für die Bewertung der Mindestvergütung offen lässt.

tenwidrig anzusehen ist. Für die Feststellung der Sittenwidrigkeit ist darauf abzustellen, daß sich der Arbeitnehmer durch den Abschluss der Vergütungsvereinbarung als Rechtsgeschäft zur Arbeitsleistung ohne gesicherte angemessene Gegenleistung verpflichtet.[180] Verfallen die Optionen und beträgt die durchschnittliche Vergütung infolgedessen weniger als 2/3 der üblichen Vergütung, ohne dass für diesen Fall ein anderer finanzieller Ausgleich vorgesehen ist, so ist die Vereinbarung als sittenwidrig anzusehen. Als Bezugspunkt für die Feststellung des auffälligen Missverhältnisses ist der während der gesamten Optionslaufzeit durchschnittlich gezahlte Fixlohn zugrunde zu legen und mit der branchenüblichen Vergütung zu vergleichen, die in dem entsprechenden Zeitraum am Wirtschaftsstandort für vergleichbare Tätigkeiten gezahlt wurde.

c) Rechtsfolge

Als Folge einer nichtigen Vergütungsvereinbarung hat der Arbeitnehmer gem. § 612 Abs. 2 BGB abweichend von der vertraglichen Vergütungsvereinbarung einen Anspruch auf Zahlung der üblichen Vergütung.[181] Ist demnach eine Vergütungsvereinbarung über Aktienoptionen sittenwidrig und damit nichtig, weil der prozentuale Anteil an Aktienoptionen im Verhältnis zum Fixum zu einem auffälligen Missverhältnis i.S.d. § 138 BGB führt, so hat der betroffenen Arbeitnehmer einen Anspruch auf Zahlung einer angemessenen Vergütung nach § 612 Abs. 2 BGB.[182] Dessen Höhe wird sich regelmäßig aus der Differenz seines Fixgehalts, möglicherweise zuzüglich des Wertes der Optionen, und der branchenüblich Vergütung für eine vergleichbare Tätigkeit ergeben.

4. Kontrolle des Verhältnisses von fixem zu variablem Vergütungsanteil in Betriebsvereinbarungen

Als weitere Möglichkeit für die Einräumung der Aktienoptionen als synallagmatischer variabler Vergütungsbestandteil kommt der Abschluss einer Betriebsvereinbarung in Betracht. Nach der Überprüfung der Zulässigkeit des Abschlusses einer Betriebsvereinbarung über diesen Regelungsgegenstand,[183]

---

[180] Zum Zeitpunkt für die Beurteilung der Sittnwidrigkeit vergl. *BAG* v. 10.10.1990, AP Nr. 47 zu § 138 BGB unter III.

[181] § 612 Abs. 2 BGB als Rechtsfolge ist einhellige Meinung: *BAG* v. 10.3.1960, AP Nr. 2 zu § 138 BGB unter III 2., v. 23.5.2001, EzA § 138 BGB Nr. 29 unter II; *LAG Hamm* v. 16.10.1989, LAGE Nr. 4 zu § 138 BGB unter 4; *MünchArbR/Hanau*, § 63 Rn. 12.

[182] Zur Bemessungsgrundlage bereits § 5 II 2 d dd.

[183] Dazu bereits in § 5 II 1 und als mögliche Anspruchsgrundlage im Einzelnen in § 6 V.

stellt sich nun die Frage, ob es für das Verhältnis von fixem zu variablem Anteil in Betriebsvereinbarungen Grenzen gibt. Dies hängt davon ab, in welcher Form Betriebsvereinbarungen der Inhaltskontrolle unterliegen.

Nach § 310 Abs. 1 S. 1 BetrVG sind Betriebsvereinbarungen ausdrücklich von der Angemessenheitskontrolle nach den §§ 307 ff. ausgenommen. Das BAG hat Betriebsvereinbarungen bislang allerdings einer allgemeinen gerichtlichen Billigkeitskontrolle unterzogen.[184] Als dogmatische Grundlage ist die Übermacht des Arbeitgebers gegenüber dem abhängigen und nicht streikberechtigten Betriebsrat[185] oder § 75 Abs. 1 S. 1 BetrVG[186] angeführt worden. Die ganz überwiegende Ansicht in der Literatur hat diese Form der Billigkeitskontrolle von Betriebsvereinbarungen indes abgelehnt,[187] weil es dafür keine überzeugende dogmatische Grundlage gebe, und es der Rechtsprechung zudem nicht gelungen sei, einen einheitlichen Kontrollmaßstab zu entwickeln.[188] Nach Auffassung einiger Autoren wird diese Ansicht durch die Einfügung des § 310 Abs. 4 S. 1 BGB bestätigt. Nach der Änderung der Bereichsausnahme müsse die Angemessenheitskontrolle auf einzelvertragliche Vereinbarungen beschränkt werden. Eine Billigkeitskontrolle für Betriebsvereinbarungen sei nicht mehr zu begründen[189]

Der Streit um Grundlage und Maßstab für die gerichtliche Kontrolle einer Betriebsvereinbarung kann aber letztlich dahin stehen. Trotz der unterschiedlichen Auffassungen zu den dogmatischen Einzelheiten besteht jedenfalls weitgehend Einigkeit, dass die Betriebsvereinbarungen grundsätzlich einer richterlichen Rechtskontrolle unterliegen müssen.[190] Zudem wird eingeräumt, dass auch die Rechtsprechung des BAG vielfach über eine solche Kontrolle nicht hinausgehe.[191] Das BAG hat die gerichtliche Kontrolle in jüngeren Entscheidungen

[184] Ständige Rechtsprechung seit *BAG* v. 30.01.1970, AP Nr. 142 zu § 242 BGB Ruhegehalt unter B IV 3 b; v. 1.12.1992, AP Nr. 3 zu § 77 BetrVG 1972 Tarifvorbehalt unter I 3 a; zustimmend z.B. *Berg/DKK* § 77 Rn. 84; *Worzalla* in: HSWG § 77 Rn. 54.

[185] *BAG* v. 30.1.1970, AP Nr. 142 zu § 242 BGB Ruhegehalt unter B IV 3 b.

[186] *BAG* v. 11.3.1976, AP Nr. 11 zu § 242 Ruhegehalt-Unverfallbarkeit unter II 2 a; v. 09.12.1981 AP Nr. 11 zu § 242 Ruhegehalt-Unverfallbarkeit unter II 2 a.

[187] So z.B. *Fitting*, § 77 Rn. 233; *Kreutz*, GK-BetrVG, § 77 Rn. 300 m.w.N.; *MünchArbR/Matthes*, § 328 Rn. 85.

[188] So insbesondere *Fitting*, § 77 Rn. 233; im Einzelnen *Kreutz*, GK-BetrVG, § 77 Rn. 301 ff. m.w.N.

[189] *ErfK/Preis*, §§ 305-310 BGB Rn. 12; in diesem Sinne auch *Annuß*, BB 2002, 458, 459, der meint, die Vorschrift stehe nur der neueren Rechtsprechung auf der Grundlage von § 75 BetrVG nicht entgegen, sowie *Hromadka*, NJW 2002, 2523, 2525; a.A. *Däubler*, NZA 2001, 1329, 1334, zustimmend *Binder*, S. 156.

[190] So z.B. *Fitting*, § 77 Rn. 230; *v. Hoyningen-Huene*, S. 166.

[191] *Fitting*, § 77 Rn. 233; *Kreutz*, GK-BetrVG, § 77 Rn. 305; *Richardi*, BetrVG, § 77 Rn. 118, 125.

teilweise selbst als Rechtskontrolle bezeichnet.[192] Im Rahmen dieser Rechtskontrolle ist jedenfalls zu überprüfen, ob die Betriebspartner bei Abschluss der Betriebsvereinbarung die in § 75 BetrVG normierten Grundsätze beachtet haben, zu denen insbesondere das geltende Recht gehört.[193] Eine Angemessenheitskontrolle nach § 307 BGB ist aber ausgeschlossen.[194] Die gerichtliche Überprüfung beschränkt sich folglich darauf, ob die Betriebspartner bei Ausübung der ihnen zustehenden Regelungsbefugnis Rechtsnormen, die ihnen Schranken setzen, nicht oder nicht richtig angewandt haben.[195] Als Schranke kommen nach den bisherigen Ausführungen allein die Grundsätze nach § 138 BGB in Betracht. Folglich sind die Vergütungsvereinbarungen in Betriebsvereinbarungen mit dem demselben Kontrollmaßstab wie einzelvertragliche Individualvereinbarungen zu messen. Die dort entwickelten Grundsätze zum zulässigen Anteil der Aktienoptionen als erfolgsorientierter variabler Vergütungsbestandteil an der Gesamtvergütung sind somit zu übertragen. Danach ist eine entsprechende Betriebsvereinbarung unwirksam, wenn bei Abschluss festzustellen ist, dass die Vergütung unter 2/3 der üblichen Vergütung liegen wird. Fehlt es an einer wirksamen vertraglichen Vergütungsvereinbarung ist gem. § 612 Abs. 2 BGB die übliche Fixvergütung geschuldet.[196]

5. Truckverbot gem. § 107 Abs. 1 GewO

Abschließend bleibt noch zu prüfen, ob die Einräumung der Aktienoptionen als synallagmatische variable Vergütungsform mit den Lohnsicherungsvorschriften in den §§ 107 f. GewO zu vereinbaren ist. Diese beziehen sich seit der Änderung der Gewerbeordnung im Jahre 2003[197] wegen der Abschaffung von § 154 Abs. 2 GewO auf alle Arbeitnehmer. Im Gegensatz zur früheren Fassung sind Handlungsgehilfen nicht mehr ausdrücklich vom Anwendungsbereich ausgenommen. Nach § 107 Abs. 1 GewO ist die vereinbarte Vergütung bar in Euro auszuzahlen. Die Vorschrift steht der Einräumung von Aktienoptionen als Vergütung allerdings nicht entgegen, weil nur ausgeschlossen werden soll, dass der Arbeitneh-

---

192 *BAG* v. 22.5.1990, AP Nr. 3 zu § 1 BetrAVG Betriebsvereinbarung unter 2; v. 23.10.1990, AP Nr. 13 zu § 1 BetrAVG Ablösung unter I; v. 26.10.1994, AP Nr. 18 zu § 611 BGB Anwesenheitsprämie unter II 3 a.

193 Vergl. *Fitting*, § 77 Rn, 233; *Kreutz*, GK-BetrVG, § 77 Rn. 306 i.V.m. § 75 Rn. 36 m.w.N.

194 A.A. *Binder*, S. 157 ff., der denselben Maßstab wie im Rahmen der Angemessenheitskontrolle von arbeitsvertraglichen Vereinbarungen anwendet; wie hier wohl *Pulz*, Personalbindung, S. 65, der jedoch im Weiteren einen einheitlichen Kontrollmaßstab verwendet, vergl. S. 125 ff.

195 *Richardi*, BetrVG, § 77 Rn. 125.

196 Vergl. § 5 II 3 c.

197 Geändert durch Gesetz v. 24.8.2002, BGBl. Abs. 1, S. 3412.

mer statt des Barlohns ausschließlich eine Vergütung in Naturalien erhält.[198] Nach der Neuregelung in § 107 Abs. 2 S. 1 GewO können allerdings Waren als Teil des Arbeitsentgelts nur vereinbart werden, wenn dies dem Interesse des Arbeitnehmers oder der Eigenart des Arbeitsverhältnisses entspricht. Es ist bereits fraglich, ob Aktienoptionen bzw. Aktien als Waren i.S.d. Vorschrift anzusehen sind.[199] Jedenfalls wird man eine solche Regelung wegen der damit verbundenen Gewinnchancen als interessengerecht ansehen müssen, wenn der Arbeitnehmer anderenfalls nur ein niedrigeres Fixgehalt erhalten würde. Aus diesem Grund stehen die Lohnsicherungsvorschriften in der Gewerbeordnung einer derartigen Vereinbarung nicht entgegen.

[198] *Bauwens*, S. 80 ff.; *Lembke*, BB 2001, 1469, 1476 zur vergleichbaren Rechtslage nach § 115 Abs. 1 S. 1 GewO a.F. jeweils m.w.N.

[199] Dagegen *Bauer/Opolony*, BB 2002, 1590, 1592; *Boemke*, GewO, § 107 Rn. 21.

§ 9 Zulässige Ausgestaltung des begünstigten Arbeitnehmerkreises

Zu den weiteren grundlegenden Entscheidungen bei Einführung von Aktienoptionen als Vergütungselement gehört die Festlegung des Begünstigtenkreises. Es ist daher zu untersuchen, welche arbeitsrechtlichen Grundsätze bei der Festlegung des begünstigten Arbeitnehmerkreises zu beachten sind. Für die Festlegung des Begünstigtenkreises eines Aktienoptionsprogramms ist die mit der Einführung dieser Vergütungsform bezweckte Zielsetzung prägend. Wegen der damit verfolgten Leistungs- und Anreizwirkung haben die Unternehmen bei der Auflegung der Programme ein Interesse daran, die Optionen gezielt nur denjenigen Mitarbeiter zukommen zu lassen, die für das Unternehmen von besonderer Bedeutung sind. Denkbar ist auch, dass man die Optionen allen Arbeitnehmern mit Ausnahme derjenigen zukommen lassen will, die über einen längeren Zeitraum keine oder im Vergleich mit den übrigen Arbeitnehmern nur reduzierte Arbeitsleistung erbringen, oder nur kurze Zeit im Unternehmen beschäftigt werden. Dieses Interesse spiegelt sich in verschiedenen Ausschlussklauseln wieder, die in diesem Abschnitt zu erörtern sind. Bei der Bestimmung des Begünstigtenkreises handelt es sich um eine wesentliche Bedingung eines jeden Aktienoptionsprogramms, die gem. § 193 Abs. 2 Nr. 3, 4 AktG bei Programmauflegung bereits im Hauptversammlungsbeschluss festzulegen ist. Die Beschlüsse der großen Publikumsgesellschaften geben regelmäßig nur den Rahmen derjenigen Mitarbeiter vor, die Aktienoptionen erhalten sollen wie z.B. alle Mitarbeiter der Forschungs- und Vertriebsabteilungen. Die begünstigten Mitarbeiter werden regelmäßig weder namentlich benannt, noch wird die Anzahl an Aktienoptionen festlegt, die auf den einzelnen entfallen soll. Die Festlegung der weiteren Einzelheiten wird wie bei dem Incentive-Programm der Vossloh AG stattdessen den für die Vergütung zuständigen Organen und damit dem Vorstand für die Mitarbeiter und den Aufsichtsratsmitgliedern für die Vorstandsmitglieder überlassen.[1] Allenfalls bei sehr kleinen Aktiengesellschaften

---

[1] Vergl. § 1 II 1.

mit wenigen Aktionären ist eine detaillierte Festlegung der Begünstigten einschließlich der Anzahl der auf sie entfallenden Optionen denkbar.

Sofern der Kreis der Bezugsberechtigten in einem Aktienoptionsprogramm nach einem bestimmten, erkennbar generalisierenden Prinzip ausgewählt ist und einzelne Mitarbeitergruppen als Begünstigte bestimmt worden sind, ist der arbeitsrechtliche Gleichbehandlungsgrundsatz zu beachten. Daran sind die Hauptversammlung und der Vorstand bei der Verteilung der Aktienoptionen gebunden. Die Verletzung dieses Grundsatzes kann zu Ansprüchen der übergangenen Mitarbeiter über den ursprünglich vorgesehenen Dotierungsrahmen hinaus führen.[2] Die Frage, nach welchen Kriterien die Gruppenbildung bzw. die Verteilung der Aktienoptionen vorgenommen werden kann, ist folglich von besonderer Bedeutung. Die Aktiengesellschaft verfolgt mit der Einführung grundsätzlich bestimmte Ziele, die bei der Auswahl der Mitarbeiter wie auch der Anzahl der Optionen zu einer ungleichmäßigen Verteilung führen können. So ist denkbar, dass man die Einführung solcher Programme auf bestimmte Abteilungen wie die Forschungs- und Entwicklungsabteilung oder die oberen Hierarchieebenen bis zum mittleren Management beschränken möchte, weil man die Arbeitsleistung dieser Mitarbeiter als für den Unternehmenserfolg bzw. Aktienkurs entscheidend ansieht und sie in besonderer Weise belohnen und motivieren möchte. Bei einer ungleichen Verteilung stellt sich dann unter Berücksichtigung des Gleichbehandlungsgrundsatzes die Frage, ob die Aufteilung sachlich gerechtfertigt ist.

I. Allgemeine Anforderungen an die Gruppenbildung

Der Anwendungsbereich des arbeitsrechtlichen Gleichbehandlungsgrundsatzes ist für die Gruppenbildung eröffnet, wenn die Tätigkeit der zu vergleichenden Arbeitnehmer überwiegend und im Wesentlichen vergleichbar ist.[3] Die Vergleichbarkeit hängt von den spezifischen Aufgaben und Anforderungen des Arbeitsplatzes der ausgewählten Mitarbeiter ab und ist im Einzelfall festzustellen. Bewertungsmaßstab ist nach der Verkehrsanschauung die Qualifikation oder die Anforderung an die Tätigkeit.[4] Eine Gruppenbildung kann zudem „in der Zeit" nach Stichtagen erfolgen.[5]

[2] Zu Rechtsgrundlagen, Anwendungsbereich bei Vergütungsvereinbarungen, Inhalt, der Bindung der Hauptversammlung und den möglichen Rechtsfolgen bereits in § 6 IV 2, 3.

[3] *BAG* v. 23.8.1995, AP Nr. 48 zu § 612 BGB unter III 1 a aa; *ErfK/Preis*, § 611 BGB Rn. 719; *Schaub*, Arbeitsrecht, § 112, Rn. 11.

[4] *ErfK/Preis*, § 611 BGB Rn. 719.

Unter Berücksichtigung dieser Grundsätze werden im Folgenden bei der Verteilung der Aktienoptionen mögliche Differenzierungen daraufhin untersucht, ob sie nach dem arbeitsrechtlichen Gleichbehandlungsgrundsatz[6] gerechtfertigt sind.

II. Differenzierung nach Hierarchieebenen

Zunächst ist zu klären, ob der Begünstigtenkreis auf bestimmte Hierarchieebenen eines Unternehmens zulässig beschränkt werden kann, und die Vergabe allein an die Vorstandsmitglieder und die Führungskräfte bis zum mittleren Management mit dem arbeitsrechtlichen Gleichbehandlungsgrundsatz vereinbar ist. Auf die Situation der Vorstandsmitglieder soll dabei nicht näher eingegangen werden. Es sei lediglich darauf hingewiesen, dass sie zwar keine Arbeitnehmer, in bestimmten Situationen aber dennoch mit solchen vergleichbar sind. Ist dies der Fall, so geht man grundsätzlich von der Anwendbarkeit des Arbeitnehmerschutzrechts wie dem Gleichbehandlungsgrundsatz aus, so dass die zu entwickelnden Grundsätze gegebenenfalls auf die Verteilung innerhalb der Vorstandsmitglieder übertragbar sind.[7] Auf die sonstigen Führungskräfte wie die außertariflichen Angestellten ist der Gleichbehandlungsgrundsatz wegen ihrer Arbeitnehmereigenschaft unproblematisch anwendbar.

Die Differenzierung nach Hierarchieebenen wird einheitlich als zulässig angesehen, da in diesem Fall der Zweck der Leistung darin besteht, diesen Personenkreis wegen seiner Erfahrungen, seines Fachwissens und seiner Bedeutung für das Unternehmen in besonderem Maß zu entlohnen und an das Unternehmen zu binden.[8] Diese Auffassung stimmt mit den Grundsätzen der Rechtsprechung zur betrieblichen Altersversorgung und den freiwilligen Sonderzahlungen überein. Danach kann der Arbeitgeber einer bestimmten Hierarchieebene ohne Verstoß gegen den Gleichbehandlungsgrundsatz eine Versorgungszusage machen[9] bzw. eine Zulage gewähren, wenn diese dazu dient, eine Arbeitnehmergruppe mit bestimmten Qualifikationen für den Betrieb zu gewinnen und an diesen zu binden.[10] Ein weiterer Rechtfertigungsgrund besteht in der notwendigen Anpassung an nationale und internationale Gepflogenheiten. Da es

---

5 *Schaub*, Arbeitsrecht; § 112, Rn. 11.

6 § 6 IV 1.

7 Vergl. § 1 IV 2 a aa.

8 So z.B. *Tepass* in: Harrer, MAB, Rn. 362, im Ergebnis ebenso *Baeck/Diller*, DB 1998, 1405, 1409; *Küttner/Röller*, Personalbuch 2006, Aktienoptionen, Rn. 10; *Legerlotz/Laber*, DStR 1999, 1663; *Lingemann/Diller/Mengel*, NZA 2000, 1191, 1196; *Schanz*, NZA 2000, 626, 634.

9 *BAG* v. 11.11.1986, AP Nr. 4 zu § 1 BetrAVG Gleichberechtigung unter B II 2 a.

mittlerweile nahezu üblich ist, Führungskräften Aktienoptionen als Teil der Gesamtvergütung anzubieten, gebietet bereits der Wettbewerb eine entsprechende Vergütungspraxis. Die Gewinnung und Bindung qualifizierten und erfahrenen Führungspersonals, von denen der unternehmerische Erfolg entscheidend abhängt, ist daher als sachlicher Grund anzusehen, der eine Differenzierung nach Hierarchiegruppen regelmäßig rechtfertigt.

Nicht ganz so eindeutig stellt sich Rechtslage dar, wenn einzelne Mitarbeiter innerhalb der Hierarchieebenen von der Leistungsgewährung ausgenommen werden oder weniger erhalten.[11] Die Ungleichbehandlung kann allerdings durch die Tätigkeit gerechtfertigt sein, weil innerhalb einer vergleichbaren Arbeitnehmergruppe die Anforderungen des einzelnen Arbeitsplatzes durchaus unterschiedlich sein können. So kann der Aufbau einer neuen Niederlassung mit besonderen Anforderungen an die leitenden Mitarbeiter verbunden sein, oder nur für eine bestimmte Region mit zahlreichen wichtigen Kunden ein besonderer Bedarf an hochqualifiziertem Personal bestehen. In dieser Situation ist die finanzielle Besserstellung der betroffenen Mitarbeiter sachlich gerechtfertigt.[12] Darüber hinaus ist es zulässig, mit Mitarbeitern, die sich in besonderer Weise um das Unternehmen verdient gemacht haben oder besonders qualifiziert sind, individuelle vertragliche Vereinbarungen zu treffen, und sie auf diese Weise gegenüber vergleichbaren Arbeitnehmern finanziell zu bevorzugen. Eine solche individualrechtliche Vereinbarung fällt nicht in den Anwendungsbereich des Gleichbehandlungsgrundsatzes, weil es bereits an einer einheitlichen und nach einem generalisierenden Prinzip erfolgenden Verteilung fehlt.[13] Der Grundsatz der Vertragsfreiheit hat dann gegenüber dem Gleichbehandlungsgrundsatz Vorrang. Im Ergebnis ist daher festzuhalten, dass die genannten Gründe eine Ungleichbehandlung bei der Zuteilung der Optionen rechtfertigen können.

---

10 *BAG* v. 25.8.1982, AP Nr. 53 zu § 242 BGB Gleichbehandlungsgrundsatz unter II 5 b aa; v. 21.3.2001, AP Nr. 17 zu § 33a BAT unter I 2 c. Zustimmend *ErfK/Preis*, § 611 BGB Rn. 747.

11 *Baeck/Diller*, DB 1998, 1405, 1409; *Legerlotz/Laber*, DStR 1999, 1663; *Lingemann/Diller/Mengel*, NZA 2000, 1191, 1196; *Schanz*, NZA 2000, 626, 634.

12 Vergl. *BAG* v. 5.3.1980, AP Nr. 43 zu § 242 BGB Gleichbehandlungsgrundsatz unter 3 c, wonach die Zahlung einer Zulage nicht gegen den Gleichbehandlungsgrundsatz verstößt, wenn sie bei besonderem Bedarf als Anreiz für qualifizierte Mitarbeiter gewährt wird.

13 Vergl. *Busch* BB 2000, 1294, 1295; *Schanz*, NZA 2000, 626, 634.

III. Differenzierung innerhalb eines Konzerns

Bei der Auflegung eines Aktienoptionsprogramms innerhalb eines Konzerns ist denkbar, dass - anders als bei der Vossloh AG[14] - nicht alle, sondern nur Mitarbeiter bestimmter Konzernunternehmen als Teilnehmer ausgewählt werden sollen. Das ist grundsätzlich zulässig, weil der arbeitsrechtliche Gleichbehandlungsgrundsatz nach ganz überwiegender Ansicht innerhalb eines Konzerns keine Anwendung findet. Als Begründung wird angeführt, dass die in einem Konzern zusammengeschlossenen Unternehmen ihre wirtschaftliche sowie rechtliche Selbständigkeit weitgehend behalten und jedes einzelne Unternehmen Arbeitgeber ist. Außerdem setzt sich ein Konzern häufig aus Unternehmen verschiedener Fachsparten mit unterschiedlichen Arbeitsbedingungen zusammen, die häufig in die Anwendungsbereiche verschiedener Tarifverträge fallen. Aus diesem Grund wird zu Recht angenommen, dass im Konzern von vornherein eine unterschiedliche Ausgangslage besteht, die der Anwendung des Gleichbehandlungsgrundsatzes entgegen steht.[15]

Daraus folgt, dass bei der Festlegung des Begünstigtenkreises bei Einführung eines Aktienoptionsprogramms verschiedene Konzernunternehmen ausgenommen werden können.[16] Etwas anderes soll nur gelten, wenn die Konzernspitze für die Gewährung der Arbeitgeberleistungen die Verteilungskompetenz in Anspruch nimmt und entsprechende konzernrechtliche Weisungen erteilt.[17] In dieser Konstellation ist die Konzernleitung bei der Verteilung der Aktienoptionen in gleicher Weise wie die Unternehmen an den arbeitsrechtlichen Gleichbehandlungsgrundsatz gebunden. Bei der Einführung der Aktienoptionen in größeren Unternehmen ist dies regelmäßig der Fall, weil allein die Konzernleitung die Auflegung und Bedingungen der Programme festlegt, wie das Aktienoptionsprogramm der Vossloh AG deutlich macht. Daher hat die Konzernleitung die im Folgenden zu entwickelnden Grundsätze regelmäßig zu beachten.

[14] Vergl. § 1 II 1.

[15] *BAG* v. 20.8.1986, AP Nr. 6 zu § 1 TVG Seniorität; *ErfK/Preis*, § 611 BGB Rn. 728 f.; *MünchArbR/Richardi*, § 14 Rn. 11; *Schaub*, Arbeitsrecht, § 112, Rn. 15; **a.A.** *Däubler*, Arbeitsrecht II, S. 667.

[16] Im Ergebnis ebenso *Baeck/Diller*, DB 1998, 1405, 1409; *Lingemann/Diller/Mengel*, NZA 2000, 1191, 1196; *Schanz*, NZA 2000, 626, 634; *Tepass* in: Harrer, MAB, Rn. 363.

[17] Vergl. *BAG* v. 20.8.1986, AP Nr. 6 zu § 1 TVG Seniorität; *ErfK/Preis*, § 611 BGB Rn. 729; *MünchArbR/Richardi*, § 14 Rn. 11.

IV. Differenzierung innerhalb eines Unternehmens

Die mittlerweile herrschende Ansicht geht davon aus, dass der arbeitsrechtliche Gleichbehandlungsgrundsatz unternehmensbezogen ist.[18] Es wird zwar eingeräumt, dass § 75 Abs. 1 S. 1 BetrVG für die Betriebsbezogenheit des Gleichbehandlungsgrundsatzes spreche und der Betriebsverbund dadurch eine besondere Ausprägung erfahren habe. Auf der anderen Seite könne die individualrechtliche Pflicht des Arbeitgebers zur Gleichbehandlung nicht auf den Betrieb begrenzt werden.[19] Dafür wird überzeugend angeführt, dass die arbeitstechnische Organisation und die Aufteilung der Betriebe im Unternehmen allein von der Entscheidung des Arbeitgebers abhängen. Der Arbeitgeber hat es daher in der Hand, die Anforderungen des Gleichbehandlungsgrundsatzes allein durch Betriebsaufspaltungen und andere organisatorische Maßnahmen zu umgehen. Da es aber allein auf die Leitungsmacht des Arbeitgebers ankommt, muss er Adressat des Gleichbehandlungsgrundsatzes sein.[20]

Demnach ist bei der unternehmensweiten Einführung von Aktienoptionsprogrammen bei der Auswahl der begünstigten Mitarbeitergruppen sowie der Verteilung innerhalb der Gruppen der arbeitsrechtliche Gleichbehandlungsgrundsatz zu beachten.[21] Eine Ungleichbehandlung nach der Betriebszugehörigkeit innerhalb des Unternehmens bedarf folglich eines sachlichen Grundes.[22] Mögliche Rechtfertigungsgründe für den Ausschluss bestimmter Betriebe aus dem Begünstigtenkreis können sich aus der unterschiedlichen Aufgabenstellung oder Ertragslage der verschiedenen Betriebe ergeben. Abweichungen bei der Anzahl der einzuräumenden Optionen können durch die Vergütungsstruktur oder das unterschiedliche Vergütungsniveau an den verschiedenen Standorten gerechtfertigt sein, die aus einer unterschiedlichen Tarifbindung resultieren können.[23]

---

18 *BAG* v. 17.11.1998, AP Nr. 162 zu § 242 BGB Gleichbehandlung unter III 1 b; *ErfK/Preis*, § 611 BGB Rn. 726; *Otto*, ArbR, Rn. 175a; *MünchArbR/Richardi*, § 14 Rn. 9; *Schaub*, Arbeitsrecht; § 112, Rn. 15; **a.A.** noch *BAG* 17.12.1992 AP Nr. 162 zu § 242 BGB Gleichbehandlung unter 2 b.

19 *MünchArbR/Richardi*, § 14 Rn. 9; zustimmend *ErfK/Preis*, § 611 BGB Rn. 726.

20 *ErfK/Preis*, § 611 BGB Rn. 726; *MünchArbR/Richardi*, § 14 Rn. 9.

21 So im Ergebnis auch *Tepass* in: Harrer, MAB, Rn. 363.

22 *ErfK/Preis*, § 611 BGB Rn. 726.

23 Vergl. *Baeck/Diller*, DB 1998, 1405, 1409 f.; *Schanz*, NZA 2000, 626, 634.

V. Differenzierung innerhalb eines Betriebes und zulässige Kriterien

Der Gleichbehandlungsgrundsatz gilt zudem für die Mitarbeiter eines Betriebes. Für die Einführung und Verteilung der Aktienoptionen stellt sich somit die Frage, nach welchen Kriterien die begünstigten Gruppen zu bilden sind und aus welchen Gründen Differenzierungen innerhalb einer Gruppe vorgenommen werden können.

Als Anknüpfungspunkte für die Einteilung kommen neben den Hierarchiegruppen die verschiedenen Betriebsabteilungen in Betracht. Innerhalb dieser Gruppen kann nach der Stellung im Unternehmen unterschieden werden. Darüber hinaus werden Lebensalter, Dauer der Betriebs- oder Berufszugehörigkeit, die Anforderungen des Arbeitsplatzes wie die fachliche oder berufliche Qualifikation, Berufserfahrung, Verantwortung,[24] die persönliche Arbeitsleistung und sonstige soziale Gründe wie Familienstand, Kinderzahl oder Bedürftigkeit als zulässige Differenzierungskriterien genannt.[25] Unter Berücksichtigung der Motive für die Einräumung der Aktienoptionen spielen die Anforderungen des Arbeitsplatzes, insbesondere die Qualifikation und die Verantwortung, die persönliche Leistung und die Dauer der Unternehmenszugehörigkeit eine besondere Rolle und können Grund für eine zulässige Ungleichbehandlung sein. Gleiches gilt, wenn das Unternehmen besonderen Bedarf an Mitarbeitern mit einer bestimmten Qualifikation hat und diese Gruppe daher bevorzugt.[26]

VI. Ausschluss oder unterschiedliche Behandlung von teilzeit- und befristet beschäftigten Arbeitnehmern

Bei der Festlegung des Begünstigtenkreises bzw. der Anzahl der zu gewährenden Aktienoptionen ist weiterhin denkbar, dass das Unternehmen allein wegen des Beschäftigungsumfangs oder der Befristung des Arbeitsverhältnisses Differenzierungen vornehmen möchte. In diesem Fall verdient das Diskriminierungsverbot in § 4 TzBfG besondere Aufmerksamkeit. Denn ein Verstoß würde gem. § 134 BGB zur Nichtigkeit der entsprechenden Vergütungsabrede führen

---

[24] Zu den Arbeitsplatzanforderungen *BAG* v. 5.3.1980, AP Nr. 43 zu § 242 BGB Gleichbehandlung unter 3 c; v. 25.1.1984, AP Nr. 67 zu § 242 BGB unter III 2 a.

[25] Vergl. *ErfK/Preis*, § 611 BGB Rn. 739 m.w.N.

[26] Vergl. *BAG* v. 10.3.1998, AP Nr. 207 zu § 611 BGB Gratifikation unter 1 aa m.w.N.

mit der Folge, dass die betroffenen Arbeitnehmer gem. § 612 Abs. 2 BGB einen Anspruch auf die übliche Vergütung haben.[27] Es ist daher zunächst zu klären, ob die Optionsscheine von dieser Regelung erfasst sind.

1. Teilzeitbeschäftigte

Für teilzeitbeschäftigte Arbeitnehmer bestimmt § 4 Abs. 1 S. 1 TzBfG, dass sie der Arbeitgeber nicht wegen der Teilzeitarbeit gegenüber Vollzeitbeschäftigten schlechter behandeln darf, es sei denn, sachliche Gründe rechtfertigen die unterschiedliche Behandlung. Speziell für die Vergütung ordnet § 4 Abs. 1 S. 2 TzBfG darüber hinaus an, dass einem teilzeitbeschäftigten Arbeitnehmer Arbeitsentgelt bzw. eine andere teilbare geldwerte Leistung mindestens in dem Umfang zu gewähren ist, der dem Anteil seiner Arbeitszeit an derjenigen eines vergleichbaren vollzeitbeschäftigten Arbeitnehmers entspricht. Teilzeitbeschäftigte haben demnach einen gesetzlichen Vergütungsanspruch auf eine sog. „pro rata temporis Leistung".[28] Der Begriff des Entgelts ist umfassend zu verstehen. Er bezieht sich auf alle gegenwärtigen und künftigen Leistungen, die der Arbeitgeber im Hinblick auf das Arbeitsverhältnis gewährt. Darunter fallen neben der eigentlichen Grundvergütung auch die freiwilligen zusätzlichen Leistungen des Arbeitgebers.[29]

a) Anwendbarkeit des § 4 Abs. 1 S. 2 TzBfG auf Aktienoptionsprogramme

Bei den Aktienoptionen handelt es sich um eine geldwerte, teilbare Leistung des arbeitgebenden Unternehmens. Zwar ist die einzelne Option nicht teilbar. Eine anteilige Leistung ist aber möglich, wenn den begünstigten Arbeitnehmern wie im Regelfall mehr als eine Aktienoption angeboten wird. Folglich ist die Regelung in § 4 Abs. 1 S. 2 TzBfG bei der Auflegung der Aktienoptionsprogramme zu beachten. Vergleichbare teilzeitbeschäftigte Arbeitnehmer haben im Rahmen solcher Programme grundsätzlich einen anteiligen Anspruch auf Einräumung der Aktienoptionen.[30] Dies gilt für alle Konstellationen, gleich

27 *Meinel/Heyn/Herms*, TzBfG, § 4 Rn. 47 f.

28 *ErfK/Müller-Glöge*, § 4 TzBfG, Rn. 8; *Meinel/Heyn/Herms*, TzBfG, § 4 Rn. 41; *MünchArbR/Schüren*, § 161 Rn. 102, 105;

29 *Meinel/Heyn/Herms*, TzBfG, § 4 Rn. 40.

30 Im Ergebnis ebenso *Küttner/Röller*, Personalbuch 2006, Aktienoptionen, Rn. 10, *Lembke*, BB 2001, 1469, 1472. So bereits für die alte Rechtslage nach § 2 Abs. 1 BeschFG *Baeck/Diller*, DB 1998, 1405, 1408; *Legerlotz/Laber*, DStR 1999, 1658, 1661 f.; *Schanz*, NZA 2000, 626, 634; *Tepass* in: Harrer, MAB Rn. 365.

ob die Aktienoptionen als synallagmatischer variabler Vergütungsbestandteil oder als freiwillige Zusatzleistung gewährt werden. Aus der Vorschrift ergibt sich darüber hinaus, dass mindestens eine anteilige Leistung einzuräumen ist.

In diesem Zusammenhang sind zwei Gesichtspunkte problematisch.

b) Zulässigkeit der Schlechterstellung aufgrund eines sachlichen Grundes

Zum einen stellt sich die Frage, ob Teilzeitbeschäftigte bei Vorliegen eines sachlichen Grundes im Entgeltbereich grundsätzlich schlechter gestellt und von der Gewährung der Aktienoptionen ausgeschlossen werden dürfen. Dies wird nicht einheitlich beurteilt. Während eine Auffassung in der Literatur davon ausgeht, dass eine Schlechterstellung bei Vorliegen eines sachlichen Grundes im Entgeltbereich zulässig ist,[31] geht die Gegenansicht von einem absoluten Differenzierungsverbot aus und hält den Ausschluss der Teilzeitkräfte generell für unzulässig.[32] Man beruft sich auf den Gesetzeswortlaut, wonach die finanzielle Leistung „mindestens" anteilig zu gewähren ist und daher „jedes weniger" ausgeschlossen sei.[33] Die Gesetzesbegründung spricht allerdings für die erste Ansicht, wonach der Arbeitgeber nicht berechtigt sein soll, bestimmte Vergütungsbestandteile wegen der Teilzeit ohne sachlichen Grund gänzlich zu versagen.[34] Für diese Sichtweise wird darüber hinaus der Wortlaut der Teilzeitrichtlinie als Argument angeführt, auf der das Gesetz beruht und nach welcher der „pro rata temporis" Grundsatz dort gelten soll, wo es angemessen ist. Der Wortlaut der Richtlinie lässt somit Raum für eine Abwägung und schreibt kein absolutes Differenzierungsverbot vor.[35] Diese teleologischen Erwägungen vermögen mehr zu überzeugen als das Wortlautargument. Anderenfalls würde der nicht gänzlich geglückte Wortlaut der Regelung über den aus der Begründung hervorgehenden Willen des Gesetzgebers gestellt. Es ist im Übrigen nicht einsichtig, warum der Schutz für den Vergütungsbereich höher sein soll als für die übrigen Arbeitsbedingungen, für die § 4 Abs. 1 S. 1 TzBfG kein absolutes Differenzierungsverbot vorsieht. Bei einer anderen Sichtweise würden

[31] *ErfK/Müller*-Glöge, § 4 TzBfG, Rn. 12; *Meinel/Heyn/Herms*, TzBfG, § 4 Rn. 42 m.w.; *Richardi/Annuß*, BB 2000, 2201.

[32] *Däubler*, ZIP 2001, 217, 218, Fn. 9; *MünchArbR/Schüren*, ErgBd., § 161 Rn. 105 ff.; *Rolfs*, TzBfG, § 4 Rn. 3 f.

[33] So *MünchArbR/Schüren*, § 161 Rn. 108.

[34] Vergl. *Meinel/Heyn/Herms*, TzBfG, § 4 Rn. 42 mit einem Hinweis auf *BT-Drucks.* 14/4374 v. 24.10.2000, S. 15. Im Ergebnis ebenso *ErfK/Müller-Glöge*, § 4 TzBfG Rn. 12.

[35] Vergl. *Meinel/Heyn/Herms*, TzBfG, § 4 Rn. 42 mit einem entsprechenden Hinweis auf § 4 Nr. 2 der Richtlinie 97/81/EG des Rates v. 15.12.1997 zu der Rahmenvereinbarung über Teilzeitarbeit.

die Teilzeitbeschäftigten im Vergleich mit dem Vollzeitbeschäftigen generell bevorzugt, was mit Blick auf den allgemeinen Gleichbehandlungsgrundsatz zu Recht abgelehnt wird.[36] Im Ergebnis ist daher davon auszugehen, dass Teilzeitbeschäftigten eine Entgeltleistung aus sachlichen Gründen versagt werden kann. Worin diese Gründe bestehen können, lässt das Gesetz offen. Insoweit kann jedoch auf die Grundsätze für eine zulässige Ungleichbehandlung vollzeitbeschäftigter Arbeitnehmer zurück gegriffen werden, wie dies bislang schon für die Vorgängerregelung in § 2 BeschFG anerkannt war.[37] Als besonderer Grund kommen besondere Belastungen in Betracht, die erst ab Überschreiten einer bestimmten Stundengrenze auftreten.[38] Die teilzeitbeschäftigten Arbeitnehmer können daher aus denselben unternehmens- bzw. leistungsbezogenen Gründen bei Einbeziehung und Verteilung der Aktienoptionen ungleich behandelt werden wie ihre vollzeitbeschäftigten Kollegen. Darüber hinaus ist eine gerechtfertigte Ungleichbehandlung wegen des geringeren Beschäftigungsumfangs möglich. Denkbar ist beispielsweise, dass bestimmte Mitarbeiter mit starker Überstundenbelastung mehr Aktienoptionen eingeräumt bekommen und Teilzeitbeschäftigte ausgenommen werden, die zwar ebenfalls länger arbeiten, aber die betriebsübliche Arbeitszeit nicht überschreiten.

c) Zulässigkeit der Ausgrenzung von geringfügig Beschäftigen

In diesem Zusammenhang bleibt noch die Frage zu klären, ob diese Grundsätze auch für geringfügig teilzeitbeschäftigte Arbeitnehmer i.S.v. § 8 SGB IV gelten oder ob sie von freiwilligen Zusatzleistungen ausgenommen werden können. Für die Einräumung der Aktienoptionen ist dies bislang in den Fällen für zulässig erachtet worden, in denen die ratierliche Kürzung der Ansprüche dazu führt, dass der Wert in keinem Verhältnis mehr zum Verwaltungs- und Kostenaufwand des Unternehmens steht.[39] Wegen der Regelung in § 4 Abs. 1 TzBfG, unter welche die geringfügig beschäftigten Arbeitnehmer als Teilzeitbeschäftigte i.S.v. § 2 Abs. 2 TzBfG ebenfalls fallen, ist diese Auffassung nicht mehr vertretbar. Danach haben auch geringfügig Beschäftigte einen anteiligen Anspruch auf

---

36 *ErfK/Müller-Glöge*, § 4 TzBfG Rn. 10; *Meinel/Heyn/Herms*, TzBfG, § 4 Rn. 25; *Richardi/Annuß*, BB 2001, 2201; *Thüsing*, ZfA 2002, 249, 253 f.; a.A. *Däubler*, ZIP 2001, 217, 218 unter Berufung auf den Wortlaut.

37 *BAG* v. 25.4.2001, AP Nr. 80 zu § 2 BeschFG 1985 unter B Abs. 1 3; jetzt auch *BAG* v. 5.11.2003 AP Nr. 6 zu § 14 TzBfG; *ErfK/Müller*-Glöge, § 4 TzBfG, Rn. 38 ff.; *Meinel/Heyn/Herms*, TzBfG, § 4 Rn. 29 f.; *MünchArbR/Schüren*, ErgBd., § 161 Rn. 64. Vergl. § 9 V.

38 *BAG* v. 29.1.1992 AP Nr. 18 zu § 2 BeschFG unter B II 3; 30.9.1998, AP Nr. 70 zu § 2 BeschFG unter II 5.

39 *Baeck/Diller*, DB 1998, 1405, 1408.

alle Vergütungsleistungen[40] und können von Entgeltleistung wie der Einräumung der Aktienoptionen nur aus sachlichen Gründen ausgeschlossen werden.[41] Der überhöhte Verwaltungsaufwand ist keinem der arbeitsleistungsbezogenen Gründe zuzuordnen.[42] Darüber hinaus dürfen der höhere organisatorische Aufwand bzw. die höheren Verwaltungskosten bei der Erledigung von Aufgaben durch Teilzeitbeschäftigte gerade nicht als Differenzierungsgrund heran gezogen werden, weil dies auf eine Ungleichbehandlung allein wegen des Arbeitsumfangs hinaus läuft.[43] Das trifft auf geringfügig Beschäftigte Arbeitnehmer in gleicher Weise wie auf sonstige Teilzeitbeschäftigte zu, so dass die Verwaltungskosten kein gerechtfertigtes Differenzierungskriterium sind. Der Ausschluss kann allenfalls gerechtfertigt sein, wenn eine anteilige Gewährung nicht möglich ist, etwa weil dem Arbeitnehmer aufgrund seiner persönlichen Arbeitszeit nur der Bruchteil einer Option zustehen würde.[44] Dies gilt allerdings nicht, wenn die Aktienoptionen in mehreren Tranchen eingeräumt werden und die Möglichkeit bestände, dem Arbeitnehmer nur zu jedem zweiten oder dritten Termin eine Option einzuräumen.

Im Ergebnis ist daher festzuhalten, dass geringfügig Beschäftigte grundsätzlich einen anteiligen Anspruch auf Einräumung der Aktienoptionen haben und wie die übrigen Arbeitnehmer nur aus unternehmens- oder arbeitsleistungsbezogenen sachlichen Gründen aus dem Begünstigtenkreis ausgeschlossen werden können.

d) Zulässigkeit des Ausschlusses von Arbeitnehmern in Altersteilzeit

Zu den Teilzeitbeschäftigten sind schließlich noch Arbeitnehmer zu zählen, die mit dem Arbeitgeber eine Vereinbarung über den Übergang in die Altersteilzeit nach dem Altersteilzeitgesetz geschlossen haben.

Sofern diese im Verhältnis zu einem vergleichbaren vollzeitbeschäftigten Arbeitnehmer kontinuierlich eine reduzierte Arbeitsleistung erbringen, etwa jeweils halbtags arbeiten oder nur an zwei Tagen in der Woche, so sind sie als teilzeitbeschäftigte Arbeitnehmer i.S.v. § 2 Abs. 1 TzBfG anzusehen. Daraus

---

40 *ErfK/Müller-Glöge*, § 4 TzBfG, Rn. 57; *MünchArbR/Schüren*, ErgBd., § 162 Rn. 188.

41 Im Ergebnis ebenso *Lembke*, BB 2001, 1469, 1472; *Tepass* in: Harrer, MAB Rn. 366.

42 Im Ergebnis ebenso *Küttner/Röller*, Personalbuch 2006, Aktienoptionen, Rn. 10 sowie *Bauwens*, S. 94; *Legerlotz/Laber*, DStR 1999, 1658, 1662 jeweils noch zur alten Rechtslage nach dem BeschFG. A.A. *Baeck/Diller*, DB 1998, 1405, 1408.

43 Vergl. *BAG* v. 27.7.1994 AP Nr. 37 zu § 2 BeschFG 1985 unter III 2 d.

44 In diesem Sinne auch *Küttner/Röller*, Personalbuch 2006, Aktienoptionen, Rn. 10; *Tepass* in: Harrer, MAB Rn. 366.

folgt, dass sie auf alle finanziellen Leistungen des Arbeitgebers einen anteiligen Anspruch haben, gleich ob es sich um solche innerhalb oder außerhalb des Gegenseitigkeitsverhältnisses handelt. Der Ausschluss dieser Arbeitnehmergruppe würde anderenfalls gegen das Diskriminierungsverbot in § 4 Abs. 1 S. 2 TzBfG und gegen §§ 7, 1 i.V.m. §§ 3 Abs. 1, 2 Abs. 1 Nr. 2 AGG verstoßen. Etwas anders stellt sich die Situation für Arbeitnehmer in sog. Blockmodellen dar. Im Rahmen eines solchen Modells erbringen die Arbeitnehmer zunächst über einen bestimmten Zeitraum in demselben Umfang wie ein vollzeitbeschäftigter Arbeitnehmer ihre Arbeitsleistung und werden zum Ausgleich später über denselben Zeitraum freigestellt. Wie für die kontinuierlich reduzierte Arbeitsleistung muss der Arbeitgeber im Blockmodell das gekürzte Arbeitsentgelt zuzüglich eines Aufschlags fortlaufend während der gesamten Dauer des Altersteilzeitverhältnisses einschließlich der Freizeitphase zahlen.[45] Während der aktiven Phase erbringen die Arbeitnehmer die Arbeitsleistung als Vorleistung für die spätere Ruhephase.[46] Knüpft man das „Ob" und den Umfang des Anspruchs auf Zuteilung der Aktienoptionen für solche Arbeitnehmer an die Gehaltshöhe an, so hätten sie wie die übrigen teilzeitbeschäftigten Arbeitnehmer einen anteiligen Anspruch, der sich dann konsequenter Weise über die gesamte Dauer des Altersteilzeitarbeitsverhältnisses erstrecken müsste. Wählt man hingegen den Umfang der erbrachten Arbeitsleistung als Bemessungsgrundlage, so müssten die Arbeitnehmer in Altersteilzeit in ihrer aktiven Beschäftigungsphase den vollen Anspruch auf die Zuteilung der Aktienoptionen haben, während der Anspruch in der Ruhephase vollständig entfällt. Werden kombinierte Modelle gewählt, indem zunächst in vollem Umfang, in der nächsten Phase hingegen weniger und in der dritten gar nicht mehr gearbeitet wird, so würde sich der Anspruch ebenfalls entsprechend dem Umfang der Arbeitsleistung reduzieren. Diese Sichtweise führt daher nicht nur für alle denkbaren Modelle zu praktischen Lösungen, sondern wird zudem auch noch dem mit der Einräumung der Optionen verfolgten Zweck gerecht. Auf diese Weise wird nicht nur dem Betriebstreueaspekt, sondern auch der Motivations- und Anreizwirkung Rechnung getragen, die nur einer aktiven Beschäftigungsphase erreicht werden kann.

Ein Beispiel für eine solche Ausschlussklausel im Freistellungszeitraum findet sich im Aktienoptionsprogramm der Vossloh AG. Danach werden Arbeitnehmer in Ruhephasen von Altersteilszeitarbeitsverhältnissen von der Gewährung der Aktienoptionen ausgeschlossen.[47]

---

[45] *ErfK/Rolfs*, § 2 ATG Rn. 13.
[46] *ErfK/Rolfs*, § 8 ATG Rn. 2.
[47] Vergl. § 1 II 8 b.

2. Befristet Beschäftigte

Eine weitere besondere Gruppe bilden die befristet beschäftigten Arbeitnehmer. Bislang ist man für Aktienoptionsprogramme überwiegend davon ausgegangen, dass diese Mitarbeitergruppe von der Einführung der Aktienoptionen ausgenommen werden können, die als freiwillige zusätzliche Vergütung eingeräumt werden. Als Grund wurde der Zweck solcher Programme angeführt. Der Ausschluss sollte gerechtfertigt sein, weil die beabsichtigte Bindungswirkung gegenüber befristet beschäftigten Arbeitnehmer nicht erreicht werden könne.[48] Für diese Arbeitnehmergruppe ist jetzt das spezielle Diskriminierungsverbot in § 4 Abs. 2 S. 2 TzBfG zu beachten. § 4 Abs. 2 S. 1, 2 stimmen inhaltlich mit § 4 Abs. 1 S. 1, 2 TzBfG überein, so dass von der Vorschrift ebenfalls sämtliche finanziellen Zuwendungen des Arbeitgebers einschließlich der Aktienoptionen als teilbare, geldwerte Leistung umfasst sind. Der befristet Beschäftigte hat einen anteiligen Anspruch auf finanzielle Leistungen des Arbeitgebers, der sich nach dem Anteil der Beschäftigungsdauer am Bemessungszeitraum bemisst. Folglich stellt sich für diese Arbeitnehmergruppe ebenfalls die Frage nach den Auswirkungen der gesetzlichen Neuregelung.

a) Zulässigkeit des Ausschlusses der befristet Beschäftigten

Wie § 4 Abs. 1 S. 2 TzBfG für Teilzeitbeschäftigte wird die gleichlautende Regelung für Mitarbeiter mit befristeten Arbeitsverhältnissen als absolutes Differenzierungsverbot eingeordnet,[49] während die überwiegende Ansicht davon ausgeht, dass eine Ungleichbehandlung befristet beschäftigter Arbeitnehmer im Entgeltbereich aus sachlichen Gründen zulässig ist.[50] Für die Zulässigkeit der Ungleichbehandlung werden dieselben Gründe angeführt, die im Zusammenhang mit dem Diskriminierungsverbot für Teilzeitbeschäftigte in § 4 Abs. 1 S. 2 vorgebracht worden sind. Darüber hinaus wird auf die Gesetzesbegründung verwiesen. Danach geht der Gesetzgeber davon aus, dass bei kurzzeitigen Arbeitsverhältnissen Zusatzleistungen nicht eingeräumt werden müssen, wenn die anteilige Einräumung nur zu sehr geringfügigen Beträgen führt, die in keinem angemessenen Verhältnis zum Zweck der Leistung stehen.[51] Daraus wird zu

---

[48] *Baeck/Diller*, DB 1998, 1405, 1409; *Bauwens*, S. 93; *Legerlotz/Laber*, DStR 1999, 1658, 1661; *Schanz*, NZA 2000, 626, 635; offen *Tepass* in: Harrer, MAB Rn. 367.

[49] *Däubler*, ZIP 2000, 1961, 1966; *Nielebock*, AiB 2001, 75, 76.

[50] *ErfK/Müller-Glöge*, TzBfG, § 4 Rn. 12, 65; *Hromadka*, BB 2001, 674, 675; *Meinel/Heyn/Herms*, TzBfG, § 4 Rn. 103; *MünchArbR/Wank*, ErgBd., § 116 Rn. 238 ff, insbesondere 241.

[51] Vergl. *BT-Drucks.* 14/4374 v. 24.10.2000, S. 16.

Recht geschlossen, dass der Ausschluss der befristet beschäftigten Arbeitnehmer durch den Leistungszweck gerechtfertigt sein kann, den der Arbeitgeber frei festlegen darf.[52] Ein solcher Zweck ist z.B. die Belohnung der Betriebstreue, die von einer bestimmten Dauer der Betriebszugehörigkeit abhängig gemacht wird. Gleiches gilt für die künftige Bindung an das Unternehmen, die es rechtfertigt, die Leistungsgewährung an den Fortbestand des Arbeitsverhältnisses zu knüpfen.[53] In diesen Fällen verhindert die kurze Beschäftigungsdauer die Zweckerreichung. Etwas anders muss indes für Leistungen gelten, die im Synallagma mit der Arbeitsleistung stehen. Da die Leistung in diesem Fall an die Arbeitsleistung anknüpft, erlangt der befristet Beschäftigte einen anteiligen Anspruch für die Dauer seiner Beschäftigung.[54]

b) Übertragung der Grundsätze auf die Gewährung der Aktienoptionen

Sofern Aktienoptionen als freiwillige Zusatzleistung eingeräumt werden, dienen sie in erste Linie der Bindung der Arbeitnehmer an das Unternehmen. Sofern die Programmteilnahme wie im Programm der Vossloh AG von einer Mindestbeschäftigungsdauer abhängig gemacht wird, ist dies ein Indiz dafür, dass mit den Optionen zusätzlich die Betriebstreue honoriert werden soll. Daher ist der Ausschluss der befristet beschäftigten Arbeitnehmer ebenso wie bei den sonstigen freiwilligen Leistungen gerechtfertigt und nicht als Verstoß gegen das Diskriminierungsverbot in § 4 Abs. 2 S. 2 TzBfG anzusehen, sofern diese Zwecke wegen der kurzen Beschäftigungsdauer nicht erreicht werden können. Zulässig sind somit Regelungen, nach denen die Programmteilnahme der befristet Beschäftigten ausdrücklich ausgeschlossen wird, wenn deren Arbeitsverhältnis vor Ablauf der Mindestbindungsdauer endet, die i.d.R. der Wartezeit entspricht.[55] Gleiches gilt für Klauseln mit derselben Wirkung. Dazu gehören etwa solche, welche die Teilnahme von der Dauer einer bestimmten Betriebszugehörigkeit abhängig machen. Bei der Berechnung der Zeiten ist allerdings grundsätzlich § 4 Abs. 2 S. 3 TzBfG zu beachten. Handelt es sich z.B. um Anschlussbefristungen, so sind alle Beschäftigungszeiträume bei der Ermittlung der Beschäftigungsdauer zu berücksichtigen. Andererseits ist die Vorschrift zusätzliches Indiz dafür, dass die Gewährung der Entgeltleistungen

---

[52] *ErfK/Müller-Glöge*, TzBfG, § 4 Rn. 11 f.; *Hromadka*, BB 2001, 674, 675; *Meinel/Heyn/Herms*, TzBfG, § 4 Rn. 103; *MünchArbR/Wank*, ErgBd., § 116 Rn. 240 f.

[53] Zur Zulässigkeit sog. Bindungsklauseln noch in § 11.

[54] So zu Recht *Hromadka*, BB 2001, 674, 675.

[55] In diesem Sinne auch *Lembke*, BB 2001, 1469, 1472 und für die alte Rechtslage *Baeck/Diller*, DB 1998, 1405, 1409.

an befristet Beschäftigte von dieser Voraussetzung abhängig gemacht werden kann.[56]

Zu den Klauseln mit ausschließender Wirkung gehören darüber hinaus solche, die den Verfall der Aktienoptionen anordnen, wenn der Inhaber vor Optionsausübung aus dem Unternehmen ausscheidet.[57] Sie dienen ebenfalls der Bindung der Arbeitnehmer an das Unternehmen,[58] und gelten einheitlich für alle Beschäftigten. Folglich sind sie nach § 4 Abs. 2 S. 2 TzBfG ebenfalls nicht zu beanstanden.[59]

Die Bindungs- bzw. Verfallklauseln sind Bestandteil eines jeden Aktienoptionsprogramms. Im Zusammenspiel mit der gesetzlich vorgeschriebenen Wartefrist bis zur erstmaligen Ausübungsmöglichkeit von mindestens zwei Jahren wird die Mehrzahl der befristet beschäftigten Arbeitnehmer die Optionen schon aus diesem Grund nicht ausüben können.[60] Ohne ausdrückliche Ausschlussregelungen haben die befristet beschäftigten Arbeitnehmer aber grundsätzlich einen Anspruch auf die Einräumung der Optionen.[61] Schließlich ist nicht absehbar, ob das Arbeitsverhältnis nach Fristablauf aufgrund einer Anschlussbefristung oder durch Abschluss eines unbefristeten Arbeitsvertrages fortbesteht. Die Optionen würden wegen der Verfallklausel allerdings bei Ablauf des Arbeitsverhältnisses entfallen.

Werden die Aktienoptionen hingegen als synallagmatische Vergütungsleistung eingeräumt, so haben die befristet Beschäftigten gem. § 4 Abs. 2 S. 2 TzBfG stets einen Anspruch auf eine anteilige Zuteilung der Aktienoptionen gemessen an ihrer Beschäftigungsdauer während der Vergütungsperiode.[62] Ihre Arbeitsleistung darf nicht allein wegen der Befristung geringer vergütet werden als die der Arbeitnehmer in unbefristeten Arbeitsverhältnissen. Ist die Optionsausübung wegen der Kürze der Laufzeit des Arbeitsverhältnisses nicht möglich, weil es bereits vor Ablauf der Warte- oder Haltefrist ausläuft,[63] so müssen für diesen Fall entweder Sonderregelungen getroffen werden, die eine spätere Ausübung der Option noch ermöglichen oder alternativ andere finanzielle Leistungen wie etwa die Wertsteigerungsrechte gewährt werden.[64]

---

[56] So auch *Lembke*, BB 2001, 1469, 1472.
[57] Vergl. dazu § 3 II 3 und 5.
[58] Zur arbeitsrechtlichen Zulässigkeit im einzelnen noch sogleich in § 11.
[59] Im Ergebnis ebenso *Lembke*, BB 2001, 1469, 1472.
[60] Dazu sogleich noch § 9 X 3.
[61] *Baeck/Diller*, DB 1998, 1405, 1409.
[62] Zum Begriff näher in § 11 V 4 b.
[63] Dazu bereits § 3 I 4, II 1.
[64] Vergl. § 1 III 3.

VII. Arbeitnehmer in ruhenden Arbeitsverhältnissen

Weiterhin stellt sich die Frage, ob es zulässig ist, Arbeitnehmer in ruhenden Arbeitsverhältnissen von vornherein aus dem Teilnehmerkreis auszuschließen. Dazu zählen Beschäftigte, die Elternzeit in Anspruch genommen haben, Wehr- oder Ersatzdienstleistende sowie Teilnehmer an einem rechtmäßigen Arbeitskampf. Zur Beantwortung der Frage ist auf die Grundsätze zurückzugreifen, die für diese Fallgestaltungen im Bereich der betrieblichen Sonderzahlungen entwickelt wurden.[65]

1. Ausschluss dieser Arbeitnehmergruppen von synallagmatischen Vergütungsformen

Bei den arbeitsleistungsbezogenen Sonderzahlungen handelt es sich um synallagmatische Leistungen mit der Folge, dass der Grundsatz „ohne Arbeit kein Lohn" gilt und die Vergütungspflicht des Arbeitgebers für Zeiten ohne tatsächliche Arbeitsleistung gem. §§ 326 Abs. 1 S. 1, 2. HS BGB i.V.m. § 441 Abs. 3 BGB automatisch entfällt. Etwas anderes gilt nur, wenn der Arbeitgeber für diese Zeiten aufgrund gesetzlicher, tariflicher oder sonstiger Regelungen zur Entgeltfortzahlung verpflichtet ist.[66] Ruht das Arbeitsverhältnis, so sind Arbeits- und Vergütungspflicht suspendiert, so dass die Lohnzahlungspflicht entfällt. Es ist somit zulässig, Arbeitnehmer ausdrücklich als Begünstigte eines Aktienoptionsprogramms auszuschließen, deren Arbeitsverhältnis während der gesamten Vergütungsperiode[67] suspendiert ist. Diese sind als deklaratorische Regelungen anzusehen.

2. Ausschluss dieser Arbeitnehmergruppen bei außerhalb des Synallagmas stehenden Vergütungsformen

Anders stellt sich die Situation für außerhalb des Synallagmas stehende Vergütungsformen dar. Damit wird neben der Vergütung der Arbeitsleistung hauptsächlich die Bindung an das Unternehmen bezweckt. Dies führt zur Aufhebung des unmittelbaren Abhängigkeitsverhältnisses zwischen Leistung und

[65] Zur Einordnung der Aktienoptionen bereits § 4 IV 5 a.
[66] Dazu bereits § 4 III 2 e cc, IV 2 a.
[67] Zum Begriff näher in § 11 V 4 c.

Gegenleistung.[68] Den Anknüpfungspunkt der Zahlung bildet allein das Arbeitsverhältnis.

a) Allgemeine Aspekte und Ausgangssituation

Für den Programmausschluss der Arbeitnehmer in ruhenden Arbeitsverhältnissen ist ebenfalls auf die Grundsätze zu den gemischten Sonderzahlungen zurückzugreifen. Vergleiche mit den Regelungen zur gesetzlichen Altersversorgung, wie manche vorschlagen,[69] sind abzulehnen, da es sich dabei um Zuwendungen mit Versorgungscharakter zur Ergänzung der gesetzlichen Rente handelt. Mit der Einräumung der Aktienoptionen sollen dagegen wie mit den gemischten Sonderzahlungen neben der Bindung an das Unternehmen im Ausgabezeitpunkt bzw. während des aktiven Arbeitsverhältnisses Leistungs- und Motivationsanreize durch eine zusätzliche Vergütung der Arbeitsleistung geschaffen werden.

Da mit den Aktienoptionen neben anderen Aspekten die Betriebstreue belohnt werden soll, kommt es andererseits allein auf den rechtlichen Bestand des Arbeitsverhältnisses an, so dass Beschäftigte in ruhenden Arbeitsverhältnissen ebenfalls einen Anspruch auf die Zahlung haben. Dieser entfällt nicht automatisch, wenn in dem betreffenden Bezugszeitraum keine nennenswerte oder gar keine Arbeitsleistung erbracht wurde. Sollen Arbeitnehmer in ruhenden Arbeitsverhältnissen von der Leistung ausgenommen werden, bedarf es einer ausdrücklichen Vereinbarung in der vertraglichen Zusage. Wie bei den gemischten Sonderzahlungen sind Ausschluss- und Kürzungsvereinbarungen für diese Fälle vom Grundsatz der Vertragsfreiheit umfasst und damit zulässig. Der Arbeitnehmer hat zudem keinen Anspruch auf eine anteilige Leistung für Zeiten, in denen er während des Bezugszeitraums tatsächlich gearbeitet hat.[70] Die Ausschlussklauseln können der vertraglichen Zusage auch im Wege der Auslegung zu entnehmen sein. Sofern es sich um vorformulierte Klauseln handelt, ist neben der Unklarheitenregelung in § 305 c Abs. 2 BGB das Transparenzgebot nach § 307 Abs. 1 S. 2 BGB zu beachten. Danach ist im Zweifel zu Lasten des Arbeitgebers als Verwender kein Ausschluss anzunehmen. Überdies können uneindeutig formulierte Klauseln eine unangemessene Benachteiligung des Arbeitnehmers sein, die nach § 306 Abs. 1 BGB unwirksam sind.[71] Entsprechende Ausschlussklauseln sollten daher die Ausschlusstatbestände, insbesondere die

[68] Vergl. im § 4 IV 4 a.

[69] So z.B. *Baeck/Diller*, DB 1998, 1405, 1409, Rn. 50; *Legerlotz/Laber*, DStR 1999, 1658, 1662, Fn. 44;.

[70] Vergl. im einzelnen § 4 IV 4 c bb sowie 5 c aa.

[71] Dazu näher in § 11 IV 1 b bb.

Art der Ausfallzeiten, deutlich benennen. Ein Beispiel für eine solche Klausel ist wiederum dem Programm der Vossloh AG zu entnehmen, wonach Arbeitnehmer in ruhenden Arbeitsverhältnissen, die im einzelnen aufgezählt werden, von der Teilnahme ausgeschlossen sind.[72] Solche Regelungen sind nicht nur für Programme zulässig, nach denen einmalig Optionen ausgegeben werden, sondern auch für solche, welche die Ausgabe in mehreren Tranchen vorsehen. In derartigen Fallgestaltungen sind die betroffenen Mitarbeiter von der Programmteilnahme folglich nur teilweise ausgeschlossen. Dadurch wird zusätzlich ein Anreiz für den betroffenen Mitarbeiter geschaffen, nach dieser Zeit wieder in das Unternehmen zurück zu kehren.

b) Sonderfall: Ausschlüsse im Zusammenhang mit Arbeitskämpfen

Bei Ausschlussregelungen für arbeitskampfbedingte Ruhezeiten sind besondere Diskriminierungsverbote und der Gleichbehandlungsgrundsatz zu beachten.[73] Daher sind allenfalls Kürzungsregelungen zulässig, die sich allgemein auf die Fälle der ruhenden Arbeitsverhältnisse beziehen.[74] Arbeitskampfbedingte Ausfallzeiten, die sich i.d.R. auf einen sehr kurzen Zeitraum beschränken, können allenfalls zu einer proportionalen Kürzung für den betroffenen Zeitraum führen, weil eine weitergehende Leistungskürzung die Streikbereitschaft beeinflussen kann.[75] Daher können die betoffenen Arbeitnehmer, anders als in den übrigen Fällen der suspendierten Arbeitsverhältnisse, nicht vollständig von der Teilnahme an den Aktienoptionsprogrammen ausgeschlossen werden. Kurzfristige Arbeitsniederlegungen führen somit nicht zum generellen Wegfall des Anspruchs auf Aktienoptionen.

VIII. Ausschlussregelungen für krankheitsbedingte Fehlzeiten

Im Zusammenhang mit den Ausfall- bzw. Fehlzeiten stellt sich zudem die Frage, ob man langfristig erkrankte Arbeitnehmer aus dem Begünstigtenkreis eines Aktienoptionsprogramms ausschließen kann.

---

[72] Vergl. § 1 II 8 c.

[73] Vergl. § 4 IV 5 c aa.

[74] So *Baeck/Diller*, DB 1998, 1405, 1409; *Legerlotz/Laber*, DStR 1999, 1658, 1662.

[75] Vergl. *BAG* v. 31.10.1995, AP Nr. 140 zu Art. 9 GG Arbeitskampf unter II; v. 3.8.1999, AP Nr. 156 zu Art. 9 GG Arbeitskampf unter II.

1. Zulässigkeit des Ausschlusses bei Aktienoptionen als synallagmatische Vergütungsform

Für Ausfallzeiten infolge Arbeitsunfähigkeit besteht während des Entgeltfortzahlungszeitraums ein ungekürzter Anspruch auf Einräumung der Optionen.[76] Daher dürfen Arbeitnehmer in dieser Situation nicht von der Zuteilung der Aktienoptionen ausgeschlossen werden, sofern diese als synallagmatische Leistung gewährt werden.[77]

Ist dieser Zeitraum überschritten und die Entgeltfortzahlungspflicht des Arbeitgebers entfallen, ist der Ausschluss hingegen zulässig.[78] Diesen Arbeitnehmer gegenüber können die Aktienoptionen ihre Anreiz- und Motivationswirkung nicht mehr entfalten, die bei der Einräumung als synallagmatische Vergütungsform im Vordergrund steht. Da die betroffenen Arbeitnehmer in dieser Zeit keinen aktiven Beitrag zum Unternehmenserfolg beigetragen können, ist der Ausschluss gerechtfertigt. Über einen längeren als den Entgeltfortzahlungszeitraum erkrankte Mitarbeiter können folglich in den Optionsbedingungen ausdrücklich aus dem Kreis der Begünstigten ausgeschlossen werden. Sofern sie nicht während des gesamten Vergütungszeitraums erkrankt waren, kommt es lediglich unter Berücksichtigung der allgemeinen Vorschriften zu einer proportionalen Kürzung ihrer Ansprüche.

2. Zulässigkeit des Ausschlusses für Aktienoptionen als zusätzliche Leistung

Werden die Aktienoptionen hingegen als zusätzliche nicht synallagmatische Vergütungsform gewährt, so sind wiederum die für die gemischten Sonderzahlungen entwickelten Grundsätze heranzuziehen.

Für solche Zahlungen hält die Rechtsprechung grundsätzlich Kürzungsvereinbarungen für krankheitsbedingte Fehlzeiten einschließlich der Zeiträume mit Entgeltfortzahlungsanspruch für zulässig. Der Gesetzgeber hat dies nunmehr in § 4 a EFZG für Sonderzahlung mit Mischcharakter ausdrücklich anerkannt. Danach sind in den Grenzen von § 4 a S. 2 EFZG sogar Vereinbarungen zulässig, die nicht nur eine anteilige, sondern eine überproportionale Kürzung gemischter Sonderzahlungen bei Arbeitsunfähigkeit infolge Krankheit vorsehen.[79]

---

76 Vergl. § 4 III 2 e cc, IV 2 a.

77 Im Ergebnis ebenso *Lembke*, BB 2001, 1469, 1472.

78 Diese Fragestellung werfen z.B. *Baeck/Diller*, DB 1998, 1405, 1409; *Legerlotz/Laber*, DStR 1999, 1658, 1662, auf.

Daraus folgt, dass krankheitsbedingte Fehlzeiten grundsätzlich weder automatisch zum Ausschluss noch zur Kürzung der Ansprüche der betroffenen Arbeitnehmer auf Zuteilung der Aktienoptionen als freiwillige zusätzliche Leistung führen. Allerdings sind entsprechende Programmbedingungen zulässig, die in den Grenzen von § 4 a S. 2 EFZG Kürzungsregelungen für krankheitsbedingte Fehlzeiten vorsehen und ebenfalls zum vollständigen Leistungsausschluss führen können.[80]

IX. Ausschlussregelungen für Mutterschutzzeiten

Im Zusammenhang mit den Ausfallzeiten ist schließlich noch der Frage nachzugehen, ob Arbeitnehmerinnen während der Mutterschutzzeiten aufgrund der Beschäftigungsverbote nach dem MuSchG in den Programmbedingungen von der Teilnahme ausgeschlossen werden können.

1. Zulässigkeit des Ausschlusses bei Aktienoptionen als synallagmatische Vergütungsform

Sofern es sich bei der Einräumung der Aktienoptionen um eine synallagmatische Vergütungsform handelt, würde dies wie bei der Entgeltfortzahlung im Krankheitsfall nur in Betracht kommen, wenn keine Entgeltfortzahlungspflicht des Arbeitgebers bestünde. Für die Fehlzeiten aufgrund der Beschäftigungsverbote nach dem MuSchG besteht nach § 11 MuSchG die Verpflichtung des Arbeitgebers, Mutterschutzlohn zu zahlen. § 14 MuSchG ordnet für die Zeiten vor und nach der Geburt zudem an, dass der Arbeitgeber ergänzend zu dem von den gesetzlichen Krankenkassen gezahlten Mutterschaftsgeld einen Zuschuss zu leisten hat.[81] Obgleich die Verpflichtung des Arbeitgebers durch Gesetz begründet wird, wird der Mutterschutzlohn als bürgerlich rechtlicher Anspruch aus dem Arbeitsverhältnis[82] und der Zuschuss zum Mutterschaftsgeld als gesetzlich begründeter arbeitsvertraglicher Anspruch auf teilweise Fortzahlung

---

[79] *BAG* v. 15.12.1999, AP Nr. 221 zu 611 BGB Gratifikation unter II 1, 2 b, wonach es sogar auf die Ursache der Erkrankung nicht ankommen soll.

[80] Im Ergebnis ebenso *Baeck/Diller*, DB 1998, 1405, 1409; *Legerlotz/Laber*, DStR 1999, 1658, 1662; *Schanz*, NZA 2000, 626, 634.

[81] Zu den Kürzungsmöglichkeiten vergl. § 4 III 2 e cc.

[82] *BSG* v. 17.4.1991, NZA 1991, 909, 911.

des Arbeitentgelts[83] eingeordnet. In diesen Fällen wird lediglich das Entgelt auf besondere Weise berechnet, im Übrigen sind sie aber mit der Entgeltfortzahlung im Krankheitsfall vergleichbar. Wie für die arbeitsunfähigkeitsbedingten Ausfallzeiten kommt daher der Ausschluss von der Leistung so lange nicht in Betracht, wie die gesetzliche Verpflichtung zur Entgeltfortzahlung besteht. Demzufolge können die betroffenen Arbeitnehmerinnen nicht aus dem Kreis der Begünstigten in Aktienoptionsprogrammen ausgenommen werden.[84]

2. Zulässigkeit des Ausschlusses für Aktienoptionen als zusätzliche Leistung

Werden die Aktienoptionen als freiwillige Zusatzleistung eingeräumt, so ist es nach der Rechtsprechung des BAG bislang zulässig, in die arbeitsvertragliche Zusage eine Bestimmung aufzunehmen, nach der die Fehlzeiten infolge der Beschäftigungsverbote nach dem MuSchG zur Kürzung oder zum Ausschluss des Anspruchs auf die Sonderzahlung führen.[85] Vor dem Hintergrund der neuesten EuGH-Rechtsprechung zu den arbeitsleistungsbezogenen Sonderzahlungen, nach der Mutterschutzzeiten infolge der Beschäftigungsverbote Beschäftigungszeiten gleich zu stellen sind, ist ein Ausschluss aus diesem Grund unzulässig, weil dies gegen Art. 141 EG-Vertrag verstoßen würde.[86] Zwar hat der EuGH bislang noch nicht zu den gemischten Sonderzahlungen Stellung genommen. Seine bisherige Rechtsprechung legt jedoch aus den bereits genannten Gründen[87] den Schluss nahe, dass auch die gemischten Sonderzahlungen unter dem Begriff des Entgelts i.S.v. Art. 141 EGV einzuordnen sind. Demzufolge sind weder eine anteilige Kürzung und erst recht nicht solche Regelungen mit Art. 141 EGV vereinbar, nach denen Arbeitnehmerinnen während der Mutterschutzzeiten von freiwilligen zusätzlichen Leistungen außerhalb des Gegenseitigkeitsverhältnisses ausgeschlossen werden. Ein Ausschluß stellte zudem einen Verstoß gegen das Benachteiligungsverbot in §§ 7, 1 i.V.m. §§ 3 Abs. 1, 2 Abs. 1 Nr. 2 AGG dar. Entsprechenden Klauseln in Aktienoptionsprogrammen sind unzulässig.[88]

83 *BAG* v. 24.2.1999, AP Nr. 213 zu § 611 BGB Gratifikation unter II 2 b.

84 In diesem Sinne auch *Lembke*, BB 2001, 1469, 1472, der sich allerdings nur auf Kürzungsvereinbarungen bezieht. A.A. *Baeck/Diller*, DB 1998, 1405, 1409; *Legerlotz/Laber*, DStR 1999, 1658, 1662; *Schanz*, NZA 2000, 626, 634, die den Ausschluss von Mitarbeiterinnen im Mutterschutz ohne Differenzierung für zulässig halten.

85 Dazu bereits § 4 IV 5 c bb.

86 *EuGH* v. 21.10.1999, AP Nr. 14 zu Art. 119 EG-Vertrag unter Ziffer 41 - 43, 51.

87 Vergl. im einzelnen § 4 IV 5 c cc.

88 A.A. *Baeck/Diller*, DB 1998, 1405, 1409; *Legerlotz/Laber*, DStR 1999, 1658, 1662; *Schanz*, NZA 2000, 626, 634 unter Berufung auf die bisherige Rechtsprechung.

X. Ausschluss von Arbeitnehmern in gekündigten Arbeitsverhältnissen (Stichtagsklauseln)

Die meisten Unternehmen machen die Einräumung der Aktienoptionen wie die Vossloh AG von einer gewissen Beschäftigungsdauer und vom Bestand eines ungekündigten Arbeitsverhältnisses abhängig.[89] Diese Regelungen dienen der Bindung der Mitarbeiter und verdeutlichen, dass die Betriebstreue mit der Leistung in besondere Weise belohnt werden soll.

Derartige Regelungen waren im Zusammenhang mit gemischten Sonderzahlungen und anderen freiwilligen Arbeitgeberleistung bereits mehrfach Gegenstand der Rechtsprechung. Vor diesem Hintergrund bietet sich möglicherweise eine Übertragung der dort gefundenen Ergebnisse an.

1. Bisherige Rechtsprechung zu den Stichtagsklauseln im Zusammenhang mit synallagmatischen Vergütungsformen

Das BAG hält Stichtagsklauseln für unzulässig, wenn sie die Zahlung einer erfolgsabhängigen und im Gegenseitigkeitsverhältnis mit der Arbeitsleistung stehenden Vergütung an den Fortbestand des Arbeitsverhältnisses knüpften.[90] Eine solche Vereinbarung verstoße gegen § 622 Abs. 5 BGB a.F. bzw. § 622 Abs. 6 BGB n.F. Die Vorschrift verbiete nicht nur ungleiche Kündigungsfristen für die arbeitgeber- und arbeitnehmerseitige Kündigung. Durch sie wollte der Gesetzgeber im Hinblick auf das durch Art. 12 Abs. 1 GG geschützte Recht auf freie Wahl des Arbeitsplatzes vielmehr sicher stellen, dass die Kündigung des Arbeitnehmers keinen größeren Hemmnissen unterliege als die des Arbeitgebers. Damit seien aber Bindungsklauseln unvereinbar, welche die rechtmäßige Kündigung des Arbeitsverhältnisses mit Lohneinbußen belegen. Die Vorschrift verbiete daher auch Regelungen, nach denen der Arbeitgeber jederzeit ohne Nachteile, der Arbeitnehmer dagegen nur unter Verlust erworbener Ansprüche bzw. verbunden mit Vermögensopfern kündigen könne.[91] Werde das Arbeits-

89 Vergl. § 1 II 1 zum Begünstigtenkreis.

90 Allgemein dazu bereits in § 4 III 2.

91 *BAG* v. 12.01.1973 AP Nr. 4 zu § 87a HGB unter II 1 noch mit dem Hinweis, dass eine solche Vereinbarung gem. § 134 BGB nichtig sei; in jüngeren Entscheidungen folgt das BAG der Ansicht von der mittelbaren Drittwirkung der Grundrechte und stellt nur auf § 622 Abs. 6 BGB ab: so *BAG* v. 27.04.1982 AP Nr. 16 zu § 620 BGB Probearbeits-

verhältnis beendet, so sei die Erfolgsbeteiligung daher „pro rata temporis", also anteilig für den Bemessungszeitraum zu zahlen.[92]

2. Bisherige Rechtsprechung zu den Stichtagsklauseln bei gemischten Sonderzahlungen

Anders hat das BAG hingegen im Zusammenhang mit den gemischten Sonderzahlungen entschieden, welche erbrachte Arbeitsleistung und Betriebstreue gleichermaßen vergüten.[93]

a) Grundsätze der Rechtsprechung zu den Stichtagsklauseln

Für solche Zahlungen hat das Gericht Stichtagsklauseln für zulässig erachtet, nach denen der Anspruch auf die Sonderzahlung nach der Zusage davon abhängt, dass der Arbeitnehmer zu einem bestimmten Zeitpunkt dem Betrieb noch angehört oder in einem ungekündigten Arbeitsverhältnis steht und anderenfalls entfällt, auch wenn bis zu diesem Zeitpunkt die volle Arbeitsleistung erbracht worden ist.[94] Darin sei keine unsachliche, willkürliche Differenzierung und damit ein Verstoß gegen den arbeitsrechtlichen Gleichbehandlungsgrundsatz zu sehen. Denn die Sonderzahlung könne in Verbindung mit einer solchen

verhältnis unter II 1 noch zu § 622 Abs. 5 BGB a.F.; v. 20.08.1996, AP Nr. 9 zu § 87 HGB unter I 2; v. 8.9.1998 AP Nr. 6 zu § 87a HGB unter I 3.

[92] *BAG* v. 12.01.1973 AP Nr. 4 zu § 87a HGB unter II 1, III; v. 27.04.1982 AP Nr. 16 zu § 620 BGB Probearbeitsverhältnis unter II 1, 2a; v. 8.9.1998 AP Nr. 6 zu § 87a HGB unter I 1.

[93] *BAG* v. 15.2.1990, AP Nr. 15 zu § 611 BGB Anwesenheitsprämie unter II 4; v. 10.1.1991, AP Nr. 136 zu § 611 BGB Gratifikation unter II 2 a, d; v. 7.11.1991 EzA § 611 BGB Gratifikation, Prämie Nr. 87 unter II 1; v. 16.3.1994, AP Nr. 162 zu § 611 BGB Gratifikation unter 3 b aa; ebenso *B. Gaul*, BB 1994, 494, 497.; *Hanau/Vossen*, DB 1992, 213 f.; *MünchArbR/Hanau*, § 69 Rn. 33; *Schaub*, ZIP 1994, 921, 924; *Schiefer*, NZA 1993, 1015, 1018; *Schwarz*, NZA 1996, 571, 573; *Sowka*, NZA 1993, 783.

[94] Zu Sonderzahlungen nur für Betriebs- bzw. Unternehmensangehörige: z.B. *BAG* v. 24.10.1958, AP Nr. 8 zu § 611 BGB Gratifikation und v. 20.4.1989, AP Nr. 128 zu § 611 BGB Gratifikation. Zu Sonderzahlungen nur bei ungekündigtem Arbeitsverhältnis: *BAG* v. 29.03.1965, AP Nr. 52 zu § 611 BGB Gratifikation; *BAG* v. 04.09.1985, AP Nr. 123 zu § 611 BGB Gratifikation unter II 1 zu einer tariflichen Regelung; *BAG* v. 25.04.1991, AP Nr. 138 zu § 611 BGB Gratifikation unter II 3 a zu einer Regelung in einer Betriebsvereinbarung; *BAG* v. 19.11.1992, AP Nr. 147 zu § 611 BGB Gratifikation unter II 2 a zu einer einzelvertraglichen Zusage; *BAG* v. 26.10.1994, AP Nr. 167 zu § 611 BGB Gratifikation unter II 3; v. 08.03.1995, AP Nr. 184 zu § 611 BGB Gratifikation unter I 2 b; 04.05.1999, AP Nr. 214 zu § 611 BGB unter II 3 b zu einer tarifvertragliche Regelung.

Klausel Anreiz für den Arbeitnehmer sein, auf die Ausübung des Kündigungsrechts zu verzichten[95] und als Motivation zur künftigen regen und engagierten Mitarbeit dienen. Da sich die motivierende Wirkung aber gegenüber einem ausgeschiedenen oder alsbald ausscheidenden Mitarbeiter nicht mehr entfalten könne, sei eine derartige Differenzierung sachlich gerechtfertigt.[96]

Setzt die Sonderzahlung also den Bestand eines ungekündigten Arbeitsverhältnisses voraus, so sind diejenigen Mitarbeiter nicht anspruchsberechtigt, deren Arbeitsverhältnis wegen einer Eigenkündigung oder einer arbeitgeberseitigen Kündigung demnächst enden wird oder aus diesem Grund am Stichtag bereits beendet ist.

b) Sonderfall: Stichtagsklauseln bezogen auf betriebsbedingte Kündigungen

Nicht ganz so eindeutig hat die Rechtsprechung allerdings solche Stichtagsregelungen beurteilt, die den Anspruchsverlust im Fall einer vom Arbeitnehmer nicht zu beeinflussenden betriebsbedingten Kündigung vor dem Stichtag einschließen.

aa) Frühere ablehnende Position der Rechtsprechung zu den betriebsbedingten Kündigungen

Solche arbeitsvertraglichen Stichtagsklauseln bzw. Regelungen in Betriebsvereinbarung hat das BAG zunächst für unwirksam erklärt und dies mit einer rechtsmissbräuchlichen Vertragsgestaltung begründet. Da der Arbeitnehmer die ihm obliegende Arbeitsleistung im Bezugszeitraum voll erbracht habe, dürfe man ihm die erwartete Gegenleistung nicht aus Gründen vorenthalten, auf die er keinen Einfluss habe. Der Ausschluss stelle eine zusätzliche Strafe dar.[97] Eine solche Klausel verstoße gegen das allgemeine in § 162 Abs. 1 BGB zum Ausdruck kommende Rechtsprinzip. Danach sei es einer Vertragspartei untersagt, sich auf den Nichteintritt eines für die Leistungsgewährung vorausgesetzten Erfolges zu berufen, wenn sie diesen selbst vereitelt habe. Ein solches Verhalten liege aber vor, wenn der Arbeitgeber die Zahlung der Sonderleistung

95 *BAG* v. 19.11.1992, AP Nr. 147 zu § 611 BGB Gratifikation unter II 2 b.

96 *BAG* v. 26.10.1994, AP Nr. 167 zu § 611 BGB Gratifikation unter II 3; v. 8.3.1995, AP Nr. 184 zu § 611 BGB Gratifikation unter I 2 b.

97 *BAG* v. 13.9.1974, AP Nr. 84 zu § 611 BGB Gratifikation unter 3 a; v. 26.6.1975, AP Nr. 86 zu § 611 BGB Gratifikation unter 3.

ausschließe, obgleich der Arbeitnehmer nur durch die betriebsbedingte Kündigung gehindert werde, seine Arbeitsleistung bzw. die Betriebstreue über diesen Zeitpunkt hinaus zu erbringen.[98]

bb) Aktuelle Position der Rechtsprechung

Von dieser Auffassung ist das BAG mittlerweile abgerückt.[99] Es ist nun der Ansicht, dass dem Arbeitgeber im Fall der betriebsbedingten Kündigung nicht ohne weiteres widersprüchliches und treuwidriges Verhalten unterstellt werden könne. Dies setze vielmehr voraus, dass er das Arbeitsverhältnis nur auflöse, um den Anspruch auf die Sonderzahlung treuwidrig zu vereiteln. Dem stehe jedoch im Hinblick auf eine betriebsbedingte Kündigung entgegen, dass sie nicht beliebig, sondern nur bei Einhaltung der Voraussetzung des allgemeinen und besonderen Kündigungsschutzes ausgesprochen werden könne.[100] Daher könne dem Arbeitgeber nicht ohne weiteres ein Verstoß gegen § 162 Abs. 1 BGB vorgeworfen werden, weil er den für die Leistungsgewährung vorausgesetzten Erfolg selbst vereitelt habe. Die Vorschrift sei nur einschlägig, wenn dem Arbeitgeber ein konkret treuwidriges Verhalten nachzuweisen sei.[101] Dies könne z.B. angenommen werden, wenn die Kündigung mit einer längeren als der nach Tarifvertrag oder Gesetz erforderlichen Kündigungsfrist ausgesprochen werde, um den Anspruch auf die Sonderzahlung auszuschließen.[102] In diesem Fall müsse jedoch der entsprechende Wille des Arbeitgebers im Einzelfall nachgewiesen werden und könne nicht automatisch unterstellt werden.[103]

Der Arbeitgeber kann also bei einer Sonderzahlung, die als Belohnung der bisherigen Dienste und in Erwartung zukünftiger Betriebstreue gezahlt wird, nach Ansicht der Rechtsprechung grundsätzlich beide Voraussetzungen für den Zahlungsanspruch gleichwertig ausgestalten, ohne nach der Art der Beendigung differenzieren zu müssen.[104]

---

98 *BAG* v. 27.10.1978, AP Nr. 98 zu § 611 BGB Gratifikation unter II 2 für eine tarifvertragliche Klausel.

99 *BAG* v. 04.09.1985, AP Nr. 123 zu § 611 BGB Gratifikation unter II 2 b für eine tarifvertragliche Stichtagsklausel; *BAG* v. 25.4.1991, AP Nr. 138 zu § 611 BGB Gratifikation unter II 3 d für eine Stichtagsklausel in einer Betriebsvereinbarung; *BAG* v. 19.11.1992, AP Nr. 147 zu § 611 BGB Gratifikation unter II 2 b für eine einzelvertragliche Stichtagsklausel.

100 *BAG* v. 4.9.1985, AP Nr. 123 zu § 611 BGB Gratifikation unter II 2 b.

101 *BAG* v. 4.9.1985, AP Nr. 123 zu § 611 BGB Gratifikation unter II 2 b.

102 *BAG* v. 4.5.1999, AP Nr. 214 zu § 611 BGB Gratifikation unter II 1 d bb.

103 Vergl. *BAG* v. 4.5.1999, AP Nr. 214 zu § 611 BGB Gratifikation unter II 1 d bb.

104 Vergl. *BAG* v. 19.11.1992, AP Nr. 147 zu § 611 BGB Gratifikation unter II 2 b.

cc) Bewertung in der Literatur mit abschließender Stellungnahme

Diese Position ist in der Literatur überwiegend auf Zustimmung,[105] vereinzelt aber auf Ablehnung gestoßen. Nach einer Auffassung ist es unbillig, wenn der Arbeitnehmer den Verlust des Arbeitsplatzes aufgrund betriebsbedingter Kündigung mit dem Verlust der bereits verdienten Jahresleistung bezahlen soll. Aus diesem Grund hielten die Bindungsklauseln in einer Betriebsvereinbarung bzw. in arbeitsvertraglichen Einheitsregelungen einer Billigkeitskontrolle nicht stand.[106] Daneben wird angeführt, der Arbeitgeber habe das Wirtschaftsrisiko zu tragen und die betriebsbedingte Kündigung sei das einzig zulässige Mittel, um auf wirtschaftliche Entwicklungen zu reagieren. Die Erwirtschaftung von „Stillegungsprämien" widerspreche der gesetzlich vorgesehenen Risikoverteilung.[107]

Diese Auffassungen überzeugen jedoch aus zwei Gründen nicht. Zum einen geht es bei den Stichtagsklauseln um die Anspruchsvoraussetzung für eine zusätzliche freiwillige Arbeitgeberleistung, die der Förderung künftiger Betriebstreue dienen soll bzw. diesen Umstand zur Voraussetzung der Zahlung macht. Betroffen sind also der mit der Zahlung verfolgte Zweck sowie die Leistungsvoraussetzungen und nicht der Bestandschutz der Arbeitsbedingungen. Zum anderen ist die Risikoverteilung ein dynamischer Prozess. Das wirtschaftliche Risiko wird dem Arbeitnehmer nicht grenzenlos auferlegt. Wenn aber der Arbeitgeber das Recht zur betriebsbedingten Beendigungskündigung hat, so wäre er wegen der Verweisung in § 2 KSchG auch zu einer Änderungskündigung und damit zur Herabsetzung der Vergütung berechtigt.[108] Diese Möglichkeit ist gleichsam Ausdruck der arbeitsrechtlichen Risikoverteilung. Mit dieser Wertung steht aber der Anspruchsverlust infolge einer wirksamen betriebsbedingten Kündigung grundsätzlich im Einklang. Aus diesen Gründen ist der Rechtsprechung im Ergebnis zuzustimmen und grundsätzlich von der Zulässigkeit der Stichtagsklauseln als Anspruchsvoraussetzung für gemischte Sonderzahlungen auszugehen, die den Fall der betriebsbedingten Kündigung einbeziehen können.

---

105 *Lipke/Vogt/Steinmeyer*, Sonderleistungen im Arbeitsverhältnis, Rn. 180 i.V.m. Rn. 130.; *Henssler*, gemeinsame Anm. zu BAG v. 25.04.1991, EzA § 611 BGB Gratifikation, Prämie Nr. 84 und 85 unter IV 1 a; *Röhsler*, AR-Blattei „Gratifikation" SD 820 Rn. 139 f.

106 *MünchArbR/Hanau*, § 69 Rn. 28.

107 *Reichold*, DB 1988, 498, 500 f.

108 Vergl. zu den Voraussetzungen § 6 I 2 b bb.

3. Übertragung dieser Grundsätze auf die Einteilung des Begünstigtenkreises für Aktienoptionsprogramme

Es stellt sich nun die Frage, inwieweit diese Grundsätze bei der Festlegung des Begünstigtenkreises eines Aktienoptionsprogramms zu beachten sind.

a) Stichtagsklauseln bei Aktienoptionen als synallagmatische Vergütung

Steht die Vergütung in Aktienoptionen im unmittelbaren Austauschverhältnis mit der Arbeitsleistung, so ist sie mit einer Erfolgsbeteiligung vergleichbar, die unmittelbar als Gegenleistung für die erbrachte Arbeitsleistung gewährt wird. Sofern der betroffene Arbeitnehmer seine Arbeitsleistung erbracht hat und die Aktienoptionen nachträglich als Vergütung gewährt werden sollen, kann ihre Einräumung unter Berücksichtigung der von der Rechtsprechung entwickelten Grundsätze weder vom Fortbestand des Arbeitsverhältnisses bis zum Ende der Vergütungsperiode noch von einem ungekündigten Arbeitsverhältnis abhängig gemacht werden. Es spricht hingegen nichts gegen eine Vereinbarung, nach der die Vergütung in Aktienoptionen nicht gleich zu Beginn des Arbeitsverhältnisses, sondern erst nach einer gewissen Beschäftigungsdauer erfolgen soll. Im Ergebnis stellt dies eine später in Aussicht gestellte Gehaltserhöhung dar. Aus diesem Grund sind grundsätzlich solche Klauseln zulässig, welche den Anspruch auf die Aktienoptionen davon abhängig machen. Dies trifft allerdings dann nicht zu, wenn bei Abschluss des Arbeitsvertrages mit dem Arbeitnehmer ausdrücklich vereinbart wurde, dass die Aktienoptionen als variabler Vergütungsbestandteil und als Ausgleich für ein niedrigeres Fixgehalt eingeräumt werden sollen. Mit dieser Vereinbarung stünde eine Klausel im Widerspruch, nach welcher der Anspruch nicht sofort, sondern erst nach einer gewissen Beschäftigungsdauer entstünde. Widersprüchliches Verhalten ist regelmäßig als unzulässige Rechtsausübung einzuordnen und i.S.v. § 242 BGB als treuwidrig anzusehen.[109] Aus diesem Grund sind solche Programmbedingungen im Verhältnis zu dem betroffenen Arbeitnehmer unwirksam.

Die voran gegangenen Erörterungen betreffen allerdings nur die Fallgestaltung, in denen die Aktienoptionen für die bereits erbrachte Arbeitsleistung eingeräumt werden. Da mit dieser Vergütungsform die Mitarbeiter besonders motiviert werden sollen, während der Laufzeit der Optionen aktiv an der Aktienkurssteigerung mitzuwirken, ist es indes üblich, sie bereits zu Beginn der

[109] Vergl. *Palandt/Heinrichs*, § 242 Rn. 38, 55 ff.

Vergütungsperiode und damit in mehreren Tranchen jeweils am Jahresanfang einzuräumen. In dieser Situation gestaltet sich die Beurteilung der Stichtagsklauseln, die ein ungekündigtes Arbeitsverhältnis voraussetzen, schwieriger, weil sie nicht nur die einmalige Anspruchsentstehung, sondern die weitere Teilnahme und damit den Fortbestand des Anspruchs betreffen. Wegen des engen thematischen Zusammenhangs mit den Verfallklauseln wird diese Thematik erst dort erläutert.[110]

b) Stichtagsklauseln bei Aktienoptionen als nicht synallagmatische Vergütungsform

Werden die Aktienoptionen demgegenüber als freiwillige zusätzliche Leistung des Arbeitgebers eingeräumt, wird man sich wiederum an den Grundsätzen zu den freiwilligen Sonderzahlungen orientieren müssen, weil die Arbeitnehmer durch die Einräumung der Aktienoptionen ebenfalls in besonderer Weise zur künftigen weiteren engagierten Mitarbeit motiviert werden sollen.[111] Im Gegensatz zu den jährlich gewährten freiwilligen Sonderzahlungen wird mit der Einräumung der Aktienoptionen eine langfristige Wirkung beabsichtigt.[112] Diese legitime Zielsetzung kann jedoch nicht erreicht werden, wenn das nahe Ende des Arbeitsverhältnisses bereits zum Zeitpunkt der Gewährung absehbar ist. Aus diesem Grund sind Stichtagsklauseln, die den Anspruch an ein ungekündigtes Arbeitsverhältnis und eine gewisse Beschäftigungsdauer knüpfen, wegen der Vertragsfreiheit des Arbeitgebers bei der Ausgestaltung der Leistungsbedingungen wie bei den gemischten Sonderzahlungen zulässig. Dies gilt für alle Arten der Beendigung einschließlich der arbeitgeber- wie arbeitnehmerseitigen Kündigung.

Bedenken ergeben sich lediglich im Hinblick auf die betriebsbedingte Kündigung, weil dem Arbeitnehmer in diesem Fall die Leistung aus Gründen vorenthalten wird, auf die er keinen Einfluss hat. Diese lassen sich aber aus zwei Gründen zerstreuen. Die Festlegung des Begünstigtenkreises betrifft die Teilnahmeberechtigung am Programm und damit die einmalige Anspruchsbegründung. Anders als in den von der Rechtsprechung zu den gemischten Sonderzahlungen entschiedenen Fällen geht es daher nicht um den nachträglichen Verfall eines an sich bestehenden Anspruchs auf regelmäßig gewährte Leistungen kurz vor Ablauf der Vergütungsperiode. Diese Problematik spielt erst bei den Verfallklauseln eine besondere Rolle.[113] Außerdem kann dem Ar-

---

110 Vergl. § 11 VI.

111 Zu den vergleichbaren Zielsetzungen bereits in § 4 IV 5 a.

112 Zur langfristigen Auslegung der Programme in § 3 I 4 und II 3.

113 Dazu noch später in § 11 VI.

beitgeber auch bei der Festlegung der Teilnahmevoraussetzung für das Aktienoptionsprogramm nicht ohne weiteres treuwidriges Verhalten i.S.v. § 162 Abs. 1 BGB vorgeworfen werden. Dies trifft nur zu, wenn er dem Arbeitnehmer allein aus dem Grund kündigt, um ihn von der Teilnahme auszuschließen. Eine derartige Absicht wird dem Arbeitgeber bzw. den zuständigen Vertretern des Unternehmens aber kaum nachzuweisen sein. Da die Aktienoptionen anders als die gemischten Sonderzahlungen regelmäßig zu Beginn und nicht am Ende der Vergütungsperiode eingeräumt werden, besteht zudem nicht die Gefahr, dass der betroffene Arbeitnehmer den Verlust des Arbeitsplatzes infolge betriebsbedingter Kündigung mit dem Verlust eines bereits verdienten Vergütungsanteils bezahlen muss.[114] Folglich können Stichtagsklauseln in Aktienoptionsprogrammen zulässiger Weise auch die Fälle der betriebsbedingten Kündigung mit einschließen.

XI. Zulässige Ausgestaltung des Begünstigtenkreises in einer Betriebsvereinbarung

Da die Aktienoptionen nicht nur einzelvertraglich, sondern auch auf der Grundlage einer Betriebsvereinbarung eingeräumt werden können,[115] bleibt noch zu klären, ob die bislang ermittelten Grundsätze von den Betriebspartnern beim Abschluss der Betriebsvereinbarung ebenfalls zu beachten sind.

Dass die Betriebspartner bei der Ausgestaltung von Betriebsvereinbarungen an die geltende Rechtsordnung, also insbesondere an die Diskriminierungsverbote in § 4 TzBfG sowie an den arbeitsrechtlichen Gleichbehandlungsgrundsatz gebunden sind, ergibt sich aus § 75 BetrVG.[116] Sie haben daher bei Abschluss einer Betriebsvereinbarung die Grundsätze zu beachten, die zur Ausgestaltung des Begünstigtenkreises entwickelt wurden. Deren Einhaltung kann im Wege der richterlichen Rechtskontrolle überprüft werden.[117] Entspricht eine Ausschlussklausel nicht diesen Anforderungen, so ist sie unwirksam. Fraglich ist, ob sich dies auf die übrige Betriebsvereinbarung auswirkt. Die vom Unwirksamkeitsgrund nicht erfassten Teile der Betriebsvereinbarung bleiben regelmäßig

[114] Aus diesem Grund hält z.B. *Hanau* in: MünchArbR, § 69 Rn. 28 den Ausschluss von Arbeitnehmern auf Grund einer betriebsbedingten Kündigung für bedenklich.

[115] Vergl. § 6 V.

[116] *Fitting*, § 77 Rn. 21, 23 ff.; *Kreutz*, GK-BetrVG, § 77 Rn. 306 i.V.m. § 75 Rn. 36 jeweils m.w.N.

[117] So z.B. *Fitting*, § 77 Rn. 230 ff.; *v. Hoyningen-Huene*, S. 166. Zum Kontrollmaßstab für Betriebsvereinbarungen bereits in § 8 II 4 und noch in § 11 X.

wirksam, wenn der davon nicht betroffene Teil noch eine in sich geschlossene und für sich allein handhabbare Regelung enthält.[118] Die Ausschlussklauseln betreffen nur den abgrenzbaren Bereich des Begünstigtenkreises und wirken sich nicht auf die weitere Programmabwicklung aus, so dass die Betriebsvereinbarung im Übrigen wirksam bleibt. Der Wegfall der unwirksamen Klausel hat allein zur Folge, dass die übergangenen Arbeitnehmer Ansprüche aus der Betriebsvereinbarung auf Einräumung der Aktienoptionen erlangen, sofern sie die übrigen Voraussetzungen für die Programmteilnahme erfüllen.

XII. Rechtsfolgen einer unzulässigen Ausschlussklausel – Bindung der Hauptversammlung an arbeitsrechtliche Grundsätze

Sofern die Ausschlussklauseln aus einem der genannten Gründe unzulässig sind, führt dies wegen des arbeitsrechtlichen Gleichbehandlungsgrundsatzes im Regelfall dazu, dass die nicht wirksam ausgeschlossenen Arbeitnehmer wie die mit ihnen vergleichbaren Kollegen einen Anspruch auf die Einräumung der Aktienoptionen haben.[119] Sofern noch ein Kontingent an durch die Hauptversammlung eingeräumten Aktienoptionen besteht, ist dieser Anspruch durch die Gewährung der Optionen zu erfüllen. Probleme tauchen allerdings auf, wenn das Kontingent erschöpft ist und der Aktiengesellschaft keine Optionen mehr zur Bedienung der Ansprüche zur Verfügung stehen. In dieser Situation kommt es zur Überschneidung von arbeits- und gesellschaftsrechtlichen Fragestellungen und es ist zu klären, inwieweit die Hauptversammlung an die arbeitsrechtlichen Vorgaben gebunden ist.[120] Die Folgen richten sich danach, ob schon der Hauptversammlungsbeschluss oder erst die nähere Ausgestaltung des Begünstigtenkreises durch den Vorstand zu einem Verstoß gegen arbeitsrechtliche Grundsätze geführt hat. Im ersteren Fall ist die Hauptversammlung wegen ihrer Bindung an die Rechtsordnung zu einer entsprechenden weiteren Kapitalerhöhung zur Bedienung der weiteren Bezugsrechte mit Aktien verpflichtet.[121] Bei einem Verstoß des Vorstandes besteht hingegen keine Ver-

[118] *BAG* v. 28.4.1981, AP Nr. 1 zu § 87 BetrVG Vorschlagswesen unter IV; *Fitting*, § 77 Rn. 32; *Kreutz*, GK-BetrVG, § 77 Rn. 61; *MünchArbR/Matthes*, § 328 Rn. 77; *Richardi*, BetrVG, § 77 Rn. 48.

[119] Dazu bereits § 6 IV 1.

[120] Zu dieser Problematik als Folge eines Verstoßes gegen den arbeitsrechtlichen Gleichbehandlungsgrundsatz bereits im einzelnen in § 6 IV 2, 3.

pflichtung zur Aufstockung. In dieser Situation haftet die arbeitgebende Aktiengesellschaft aber für das Verhalten ihrer vertretungsberechtigten Organe. Sofern sie wegen der fehlenden Beschlussfassung der Hauptversammlung nicht in der Lage ist, die Aktienoptionen und damit die Leistung zu gewähren, muss sie einen entsprechenden finanziellen Ausgleich auf einem anderen Weg beschaffen. Insoweit bietet sich ersatzweise die Auflegung eines Programms mit Wertsteigerungsrechten an.[122]

XIII. Zusammenfassung der Ergebnisse zum begünstigten Arbeitnehmerkreis

Es hat sich gezeigt, dass bei der Festlegung des Begünstigtenkreises eines Aktienoptionsprogramms neben dem arbeitsrechtlichen Gleichbehandlungsgrundsatz eine Reihe weiterer arbeitsrechtlicher Vorschriften und Grundsätze eine Rolle spielen. Unter Berücksichtigung dieser Regeln sind die folgenden Ergebnisse für die Einteilung des Begünstigtenkreises festzuhalten, die sowohl bei der Einräumung der Optionen auf der Grundlage einzelvertraglicher Zusagen wie auch bei Abschluss einer Betriebsvereinbarung zu beachten sind.

Es ist danach zulässig, den Begünstigtenkreis auf bestimmte Hierarchieebenen innerhalb des Unternehmens bzw. Betriebes zu begrenzen. Soll die Verteilung innerhalb dieser Gruppe nicht einheitlich erfolgten, so bedarf dies einer besonderen sachlichen Rechtfertigung. Die ungleiche Verteilung kann aus arbeitsleistungsbezogenen Gründen wie der besonderen Qualifikation oder Erfahrung bestimmter Mitarbeiter, aus wirtschaftlichen Gründe wie dem besonderen Erfolg bestimmter Abteilungen oder Betriebe sowie dem unterschiedlichen Vergütungsniveau an verschiedenen Standorten gerechtfertigt sein. Diese Grundsätze sind ausnahmsweise bei der konzernweiten Einführung eines Aktienoptionsprogramms zu beachten, wenn die Konzernspitze die Verteilungskompetenz in Anspruch nimmt und entsprechende Weisungen an ihre Töchter erteilt.

Will das Unternehmen nur vollzeitbeschäftigten Arbeitnehmer in den Teilnehmerkreis aufnehmen, ist § 4 Abs. 1 TzBfG zu beachten. Nach dieser Vorschrift dürfen Teilzeitbeschäftigte einschließlich der geringfügig beschäftigten Arbeitnehmer und solchen in Altersteilzeit von der Gewährung der Aktienoptionen ebenfalls nur aus arbeitsleistungsbezogenen sachlichen Gründen ausgeschlossen

[121] Zur Beschaffung der notwendigen Aktien zur Bedienung der Optionen vergl. § 2 III, IV.
[122] Vergl. § 1 III 3.

oder im Vergleich mit Vollzeitbeschäftigten Arbeitnehmern schlechter behandelt werden. Anderenfalls steht den Teilzeitbeschäftigten gem. § 4 Abs. 1 S. 2 TzBfG ein anteiliger Anspruch auf Einräumung der Aktienoptionen zu, der sich nach dem Umfang der Arbeitszeit im Vergleich mit der vollzeitbeschäftigter Arbeitnehmer bemisst. Ähnliches gilt wegen § 4 Abs. 2 TzBfG für befristet beschäftigte Arbeitnehmer. Werden die Optionen als synallagmatische Vergütungsform gewährt, so steht ihnen ein anteiliger Anspruch auf die Optionsgewährung zu, der sich nach der Dauer ihres Beschäftigungsverhältnisses im Vergleich mit der Vergütungsperiode bemisst. Bei Aktienoptionen als freiwillige Zusatzleistung fallen die befristet Beschäftigten regelmäßig bereits wegen der typischen Stichtags- und Bindungsklauseln i.V.m. den Verfallklauseln aus dem Kreis der Begünstigten heraus, ohne dass dies nach § 4 Abs. 2 S. 2 TzBfG zu beanstanden wäre. Für diese Fälle kann ihre Teilnahme von vornherein ausgeschlossen werden. Endet die Befristung erst nach Ablauf der Wartezeit, ist der Ausschluss dieser Beschäftigten allein wegen der Befristung nicht zulässig.

Weiterhin ist der Ausschluss von Arbeitnehmern in ruhenden Arbeitsverhältnissen zulässig. Dies ergibt sich für Aktienoptionen als synallagmatische Leistung bereits nach dem Grundsatz „ohne Arbeit kein Lohn“. Werden die Optionen als freiwillige Zusatzleistung eingeräumt, so können die betroffenen Arbeitnehmer ausdrücklich von der Programmteilnahme während der Dauer der Suspendierung ausgeschlossen werden. Fehlt eine entsprechende Klausel oder hält sie den Anforderungen des § 305 c Abs. 2 BGB nicht stand, besteht der Anspruch dieser Mitarbeiter auf Zuteilung der Optionen in voller Höhe. Etwas anderes gilt nur für die Suspendierung infolge eines Arbeitskampfes. Der Ausschluss wegen der Teilnahme am Arbeitskampf ist unzulässig. Diese kann allenfalls zu einer proportionalen Kürzung führen, sofern das Programm allgemein für Fehlzeiten eine Klausel enthält, die eine solche Kürzung vorsieht.

Von der Programmteilnahme können zudem langfristig erkrankte Arbeitnehmer ausgeschlossen werden, für die der Arbeitgeber nicht mehr zu Entgeltfortzahlung verpflichtet ist. Werden die Aktienoptionen als freiwillige Zusatzleistung eingeräumt, so sind für den Ausschluss erkrankter Arbeitnehmer die Grenzen von § 4a S. 2 EFZG zu beachten. Während des Entgeltfortzahlungszeitraums ist der Ausschluss dieser Arbeitnehmer unzulässig. Arbeitnehmerinnen, die infolge der Beschäftigungsverbote nach dem MuSchG nicht beschäftigt werden, dürfen weder ausgeschlossen werden noch durch eine Kürzung benachteiligt werden.

Die Programmteilnahme kann außerdem von Stichtagen abhängig gemacht werden. Zulässig sind Klauseln, welche die Entstehung des Anspruchs von einer gewissen Beschäftigungsdauer und dem Fortbestand eines ungekündigten

Arbeitsverhältnisses abhängig machen. Dies gilt für alle Formen der Beendigung einschließlich der betriebsbedingten Kündigungen. Stichtagsklauseln sind dagegen für die Einräumung solcher Aktienoptionen unzulässig, die als synallagmatische Vergütungsleistung für die bereits erbrachte Arbeitsleistung eingeräumt werden.

Verstöße gegen diese Grundsätze führen regelmäßig zu Ansprüchen der übergangenen Mitarbeiter nach dem arbeitsrechtlichen Gleichbehandlungsgrundsatz. Können diese Ansprüche nicht mehr bedient werden, weil das Kontingent der von der Hauptversammlung beschlossenen Aktienoptionen erschöpft ist, so besteht die Nachschusspflicht der Hauptversammlung nur, wenn die arbeitsrechtlichen Grundsätze bereits durch ihren Beschluss bei der Programmeinführung verletzt wurden. Sind die Verstöße hingegen die Folge der Entscheidung der zuständigen Vergütungsorgane, so ist die Aktiengesellschaft als Arbeitgeberin allein zum Wertersatz verpflichtet.

Vierter Teil

Arbeitsrechtliche Zulässigkeit typischer Programmbedingungen

§ 10 Warte- bzw. Sperrfristen sowie sonstige Verfügungsbeschränkungen

Zu den typischen Bedingungen eines Aktienoptionsprogramms gehören Warte- bzw. Sperrfristen sowie die Verfügungsbeschränkungen.[1] Sie sollen verhindern, dass die begünstigten Arbeitnehmer die Aktienoptionen vor einem bestimmten Termin ausüben und Aktien zum Basispreis beziehen. Da das durch die Option verkörperte Angebot auf Abschluss eines Zeichnungsvertrages erst nach Fristablauf als bindend i.S.v. § 145 BGB angesehen werden kann,[2] ist die Aktiengesellschaft vorher nicht zum Abschluss des Zeichnungsvertrages und zur Einräumung der Aktien verpflichtet.[3] Ähnliches gilt, wenn die Gesellschaft den Weg über die Ausgabe einer Wandelschuldverschreibung wählt. In diesem Fall wird das Umtauschrecht erst mit dem Ablauf der Wartefrist fällig.[4]

Neben der Festlegung von Verfügungsbeschränkungen wird regelmäßig ergänzend die Veräußerung bzw. Verpfändung der Optionen schuldrechtlich

---

1 Zur Zielsetzung und rechtlichen Einordnung aus gesellschaftsrechtlicher Sicht § 3 I 4.

2 Zur rechtlichen Einordnung der Aktienoptionen vergl. § 1 III 1.

3 Ähnlich *Lembke*, BB 2001, 1469, 1470, der die Aktienoption als mehrfach aufschiebend bedingten und befristeten kaufvertraglichen Anspruch auf Aktienübertragung aus § 433 Abs. 1 BGB ansieht. Zur rechtlichen Konstruktion des Gewährungsvertrages vergl. bereits § 1 IV 2 c.

4 Zur rechtlichen Einordnung der Wandelschuldverschreibung und des mit ihr eingeräumten Umtauschrechts vergl. § 1 III 2.

ausgeschlossen, damit die Wartefristen nicht auf diese Weise umgangen werden können.[5] An dieser Stelle ist nun zu untersuchen, ob und in welchen Grenzen derartige Wartefristen und die sonstigen Verfügungsbeschränkungen aus arbeitsrechtlicher Sicht zulässig sind.

I. Besonderheiten bei der Inhaltskontrolle vorformulierter Arbeitsvertragsbedingungen

Bei der Untersuchung ist zu berücksichtigen, dass vorformulierte Arbeitsvertragsbedingungen und damit auch vorformulierte Warte- bzw. Sperrfristen der Angemessenheitskontrolle nach § 307 BGB unterliegen.[6]

Die Festlegung der Wartezeiten gehört nach § 193 Abs. 2 Nr. 4 AktG zu den zwingenden Beschlussinhalten, welche die Hauptversammlung bei der Auflegung eines Aktienoptionsprogramms festzulegen hat.[7] Mit den Mitarbeitern werden daneben arbeitsvertragliche Vereinbarungen getroffen, in denen die Gewährung der Aktienoptionen zugesagt und auf das aktuelle Optionsprogramm verwiesen wird.[8] In der Regel werden die vorformulierten einheitlichen Programmbedingungen einschließlich der Wartefristen somit kraft Verweisung Bestandteil der arbeitsvertraglichen Vergütungsvereinbarung.[9] Eine dynamische Verweisung im Arbeitsvertrag auf das jeweils geltende Aktienoptionsprogramm ist dabei ausreichend, weil die ausdrückliche Einbeziehung von Allgemeinen Geschäftsbedingungen im Arbeitsrecht gem. § 305 Abs. 2, Abs. 3 BGB nach § 310 Abs. 4 S. 2, 2. Halbs. BGB gerade nicht erforderlich ist.[10] Möglich ist zudem, dass lediglich ein Gewährungsvertrag über die Einräumung der Aktienoptionen ohne weitere arbeitsvertragliche Vereinbarung geschlossen wird, in

5 Vergl. § 3 II 2.

6 Zur Eröffnung des Anwendungsbereichs bereits in § 8 II 2 a.

7 Ebenso *Mechlem/Melm* DB 2000, 1614.

8 Vergl. § 1 IV 2 a bb.

9 Zu dieser Problematik und grundsätzlich abweichenden Ansichten bereits in § 1 IV 2 b bb. Für die arbeitsrechtliche AGB-Kontrolle auch *Pulz*, Personalbindung, S. 96. Teilweise abweichend *Binder*, S. 26, 86 ff, insbesondere Fn. 196. nach dessen Ansicht die Optionsbedingungen nur Bestandteil des kaufrechtlichen Gewährungsvertrags sind, der allein der Inhaltskontrolle unterzogen werden könne. Obgleich diese Ansicht wenig überzeugend nicht auf die materiellen Auswirkungen abstellt und die arbeitsvertragliche Vergütung zum Bezugspunkt der Inhaltskontrolle macht, überprüft sie im Ergebnis den gesellschaftsrechtlichen Gewährungsvertrag nach arbeitsrechtlichen Regeln.

10 So für die Zulässigkeit sog. Jeweiligkeitsklauseln *ErfK/Preis* §§ 305-310 BGB Rn. 30.

dem auf die Bestimmungen des geltenden Aktienoptionsprogramms verwiesen wird. Obwohl es in dieser Konstellation an einer ausdrücklichen arbeitsvertraglichen Vergütungsvereinbarung fehlt, müssen die Bedingungen des Aktienoptionsplans, die wie Wartefristen den Zufluss der arbeitsvertraglichen Vergütung betreffen und damit in engem Zusammenhang mit dem Arbeitsverhältnis stehen, ebenfalls der arbeitsrechtlichen Inhaltskontrolle unterliegen.[11] Entscheidend ist allein, dass die Aktienoptionen im Hinblick auf das Arbeitsverhältnis und die Arbeitsleistung gewährt werden und lediglich die konstruktive vertragliche Ausgestaltung mit Mitteln des Gesellschaftsrechts erfolgt. Folglich sind die Wartefristen i.d.R. vorformulierte Arbeitsvertragsbedingungen, die nach § 307 BGB zu kontrollieren sind.

Den Arbeitsvertragsparteien bleibt daneben die Möglichkeit, etwa zur besonderen Motivation einzelner ausgewählter Mitarbeiter, eine längere Wartezeit individuell zu vereinbaren, die gem. § 305 Abs. 1 S. 3 BGB nicht der Angemessenheitskontrolle unterliegt. Sofern sich aus diesem Grund für die Bewertung der Zulässigkeit Unterschiede ergeben, wird darauf gesondert hingewiesen.[12]

II. Arbeitsrechtliche Zulässigkeit und Grenzen der Wartefristen

Bei der Vorgabe bzw. Vereinbarung der Wartefristen ist aus arbeitsrechtlicher Sicht problematisch, dass der Arbeitnehmer während der Dauer nicht die Möglichkeit hat, den durch Aktienoptionen eingeräumten finanziellen Vorteil zu realisieren. Steigt also der Aktienkurs während der Wartezeit erheblich über den Basispreis, ist es dem Arbeitnehmer aus den o.g. Gründen verwehrt, die Option auszuüben, die Aktien zum Basispreis zu beziehen und den Kursgewinn durch den sofortigen Weiterverkauf der Aktien zu realisieren. Der Zufluss des durch die Aktienoptionen verkörperten finanziellen Vorteils ist also infolge der Wartefrist zeitlich hinaus geschoben. Der Arbeitnehmer kann damit über diese Art der Vergütung frühestens mit Ablauf der Wartezeit und Bezug der Aktien verfügen, obgleich er seine Arbeitsleistung bzw. seinen Beitrag zur Kurssteigerung bereits erbracht hat.

---

[11] Zu dieser Problematik bereits § 1 IV 2 b bb.

[12] Zur Angemessenheitskontrolle später noch ausführlich in § 11 IV 1.

1. Zulässigkeit des späteren faktischen Zuflusses der Vergütung

Es stellt sich damit die Frage, ob der verspätete Zufluss des finanziellen Vorteils gegen Vorschriften verstößt, welche die Fälligkeit der Vergütung regeln. Solche Regelungen finden sich in § 614 BGB sowie §§ 59 ff. HGB. Diese Vorschriften gelten für vorformulierte wie individuell vereinbarte Klauseln gleichermaßen. Ein Verstoß gegen § 614 S. 1 BGB scheidet jedoch aus, weil darin lediglich die Vorleistungspflicht des Arbeitnehmers, nicht jedoch ein bestimmter Auszahlungszeitpunkt bestimmt wird. Eine Aussage über den Zeitpunkt trifft lediglich § 614 S. 2 BGB, wonach die Vergütung, die nach Zeitabschnitten bemessen ist, nach deren Ablauf zu entrichten ist. Das Gehalt der Arbeitnehmer wird zwar üblicherweise nach Monaten bemessen, dies gilt aber nicht für die Vergütung in Aktienoptionen. Sie wird regelmäßig nicht monatlich, sondern für bestimmte Zeiträume eingeräumt und folgt mit der Vereinbarung der Wartefrist eigenen zeitlichen Regeln.[13] Solche Regelungen sind im Hinblick auf § 614 BGB unbedenklich, weil die Vorschrift nach allgemeiner Ansicht abdingbar ist und eine davon abweichende Vereinbarung der Parteien über die Fälligkeit folglich zulässt. So kann sich insbesondere aus der Art der Vergütung etwas anderes ergeben.[14] Da die Aktienoptionen zu einer nachhaltigen, langfristigen Steigerung des Aktienkurses führen sollen, und die Vereinbarung der Wartefristen diesem Ziel dient,[15] erfordert der mit der Vergütung verfolgte Zweck ebenfalls den späteren Zufluss des finanziellen Vorteils.

Eine Regelung über den Auszahlungszeitpunkt findet sich zudem in § 64 HGB für den Handlungsgehilfen i.S.v. § 59 HGB. Der Anwendungsbereich der Vorschrift ist allerdings nur für kaufmännische, nicht aber technische Angestellte eröffnet.[16] Darüber hinaus bezieht sich das Verbot in § 64 S. 2 HGB, wonach die Vereinbarung einer späteren Gehaltszahlung als am Schluss des Kalendermonats nichtig ist, lediglich auf die festen laufenden Bezüge, nicht aber auf sonstige Einkünfte wie Gratifikationen bzw. Sonderzahlungen und Gewinnbeteiligungen.[17] Da Aktienoptionen üblicherweise als variabler Bestandteil der Grundvergütung oder als freiwillige Zusatzleistung gewährt werden, fallen sie i.d.R. ohnehin nicht unter das Verbot in § 64 S. 2 HGB.[18] Im Übrigen lässt die Vorschrift Raum für Stundungsvereinbarungen nach Fälligkeit zwischen

[13] Im Ergebnis ebenso *Pulz*, Personalbindung, S. 77 mit Hinweis auf fehlende zeitliche Höchstgrenzen; *ders.*, BB 2004, 1107, 1107 f.

[14] *ErfK/Preis*, § 614 BGB Rn. 2; *Staudinger/Richardi*, § 614 Rn. 3.

[15] Dazu bereits § 3 I 4.

[16] Vergl. *Koller* in: Koller/Roth/Morck, HGB, § 59 Rn. 2.

[17] *ErfK/Preis*, § 614 BGB Rn. 8 ff.; *Staudinger/Richardi*, § 614 Rn. 40.

[18] Im Ergebnis ebenso *Bauwens*, S. 86; *Pulz*, Personalbindung, S. 77.

Arbeitnehmer und Arbeitgeber.[19] Da der zeitlich verzögerte Zufluss frühestens nach Ablauf der Wartezeit als eine Art Stundungsvereinbarung angesehen werden könnte, die sich aus der Art dieser Vergütungsform ergibt, steht das Verbot auch unter diesem Aspekt der Zulässigkeit der Aktienoptionen als Vergütungsform nicht entgegen.

Schließlich findet sich noch in § 87c Abs. 1 HGB eine beschränkende Regelung zum Auszahlungszeitpunkt für Provisionszahlungen i.S.v. § 65 HGB, wonach der Anspruch monatlich abzurechnen ist und der Abrechnungszeitraum auf maximal drei Monate erstreckt werden kann. Diese Vorschriften sind allerdings auf die Aktienoptionen als Vergütungselement nicht anwendbar, weil sie aus den bereits in § 4 III 1 genannten Gründen nicht als Provision einzuordnen sind.

Es kann daher festgehalten werden, dass der zeitlich verzögerte Zufluss des finanziellen Vorteils bei Ausübung der Aktienoptionen nach Ablauf der Wartezeit in arbeitsrechtlicher Hinsicht nicht zu beanstanden ist. Einer solchen Parteivereinbarung stehen keine zwingenden gesetzlichen Vorschriften entgegen, so dass für vorformulierte Klauseln eine unangemessene Benachteiligung i.S.v. § 307 Abs. 2 Nr. 2 BGB wegen des Verstoßes gegen ein gesetzliches Leitbild auszuschließen ist.[20] Der vordringliche Zweck einer regelmäßigen und zeitnahen Vergütungspflicht des Arbeitgebers nach § 611 BGB ist die Sicherung des laufenden Lebensunterhalts. Dieser Zweck wird bereits mit dem fixen Bestandteil der Vergütung sicher gestellt, der dem Arbeitnehmer regelmäßig zufließt. Die Grenzen des zulässigen variablen Vergütungsanteils sowie das zulässige Verhältnis von fixem und variablem Anteil betrifft indes die Fragestellung, inwieweit das wirtschaftliche Risiko auf den Arbeitnehmer übertragen werden darf und ist bereits in § 5 unter dem Gesichtspunkt der Inhalts- und Angemessenheitskontrolle erläutert worden.[21] Für die arbeitsrechtliche Zulässigkeit der Wartefristen spricht darüber hinaus die neue gesetzliche Regelung in § 193 Abs. 2 Nr. 4 AktG.[22] Damit hat der Gesetzgeber den verzögerten Vergütungszufluss für den Zeitraum von mindestens zwei Jahren als zulässig angesehen.

Im Ergebnis ist die Vereinbarung von Wartezeiten, die sich auf die arbeitsrechtliche Vergütungsvereinbarung auswirken,[23] generell zulässig.[24] Dies gilt uneingeschränkt, wenn die Wartezeit noch nach Beendigung des Arbeitsverhältnisses

[19] *Staudinger/Richardi*, § 611 Rn. 40.
[20] Näher dazu noch in § 11 IV 1 b bb.
[21] Vergl. § 8 II 2 d cc.
[22] Ebenso *Mechlem/Melms*, DB 2000, 1614.
[23] Zu den vertraglichen Beziehung bei der Einräumung der Aktienoptionen § 1 Abs. 4 2 a.
[24] *Bauwens*, S. 87 f.; *Melchlem/Melms*, DB 2000, 1614; *Pulz*, Personalbindung, S. 77; *ders.*, BB 2004, 1107, 1108.

erfüllt werden kann. Eine andere Beurteilung kann sich aber aus einer Kombination der Wartezeit mit Verfallklauseln bei der Beendigung des Arbeitsverhältnisses vor Ablauf der Wartezeit ergeben.[25]

2. Höchstgrenzen für die Wartefristen

Schließlich bleibt noch zu klären, ob es für die Wartefristen aus arbeitsrechtlicher Sicht Höchstgrenzen gibt. In Ermangelung einschlägiger gesetzlicher Vorschriften kann dafür im Rahmen der Inhaltskontrolle nach § 307 Abs. 1, Abs. 2 Nr. 1 BGB[26] die speziell auf die Ausgabe der Aktienoptionen als Mitarbeitervergütung zugeschnittene Regelung in § 193 Abs. 2 Nr. 4 AktG, die Regierungsbegründung zum KonTraG sowie der mit den Wartefristen verfolgte Zweck herangezogen werden.[27] Der Gesetzgeber hat im Regelfall eine Wartefrist von mindestens zwei Jahren für angemessen gehalten. Er hat damit gleichzeitig eine Abwägung zwischen dem unternehmensspezifischen Interesse an einem langfristigen Leistungsanreiz und dem Interesse der Arbeitnehmer, den durch die Aktienoptionen eingeräumten finanziellen Vorteil zu realisieren, getroffen. Zudem lassen der Wortlaut der Vorschrift wie auch der Hinweis in der Regierungsbegründung, dass die Frist aus Gründen der langfristigen Verhaltenssteuerung nicht zu kurz bemessen sein sollte,[28] Raum für längere Wartezeiten. Außerdem ist zu bedenken, dass die Einräumung der Aktienoptionen eine zulässige Vergütungsform ist, obgleich sie bei ungünstiger Entwicklung des Aktienkurses sogar dazu führen kann, dass der betroffene Arbeitnehmer völlig leer ausgeht.[29] Im Vergleich mit dieser möglichen ungünstigen Entwicklung ist der spätere Zufluss des finanziellen Vorteils nach Ablauf der Wartezeit als geringere Belastung des Arbeitnehmers anzusehen. Vor diesem Hintergrund spricht grundsätzlich nichts gegen eine Wartezeit von mehr als zwei Jahren.

In Bezug auf die Höchstfristen kann man sich im Rahmen der Inhaltskontrolle nach § 307 Abs. 1, Abs. 2 Nr. 2 BGB an den Vorschriften zur staatlichen Förderung beim Erwerb von Arbeitnehmeraktien bzw. zur Förderung der Vermögensbildung orientieren. So ist z.B. die Gewährung der Arbeitnehmersparzulage für den Erwerb von Aktien mit vermögenswirksamen Leistungen oder anderen Beträgen nach § 5 Abs. 2 Nr. 2 des 5. VermBG an eine Sperrfrist von sechs Jahren gekoppelt. Zwar handelt es sich dabei nicht um eine synallagmatische Vergütungsform. Jedoch ist den Vorschriften zu entnehmen, wel-

---

25 Dazu sogleich § 11.

26 Zu den allgemeinen Anforderungen der Inhaltskontrolle noch in § 11 IV 1 b bb.

27 Dazu bereits ausführlich in § 3 I 4.

28 *RegEBegr zum KonTraG*, BT-Drucks. 13/9712, S. 24.

29 Zu den Grenzen der Zulässigkeit und zur Inhaltskontrolle § 8 II 2 d cc.

chen Zeitraum der Gesetzgeber für die Beschränkung der Verfügungsmöglichkeit über zusätzliche Vergütungsbestandteile außerhalb des Gegenseitigkeitsverhältnisses als angemessen ansieht. Da es im Bereich der synallagmatischen Vergütungsformen wie festgestellt keine entgegenstehenden Vorschriften gibt, kann man diese Sperrzeiten für alle Vergütungsformen als Orientierungspunkte heranziehen. Folglich sind neben den in der Praxis üblichen Wartezeiten zwischen zwei und fünf Jahren auch solche bis zu sechs Jahren möglich. Dieses Ergebnis gilt erst recht für individuell vereinbarte Wartefristen, die an einem weniger strengen Maßstab zu kontrollieren sind.[30] Die Vereinbarung längerer Wartezeiten ist allerdings wenig sinnvoll, weil die motivierende Wirkung der Aktienoptionen um so mehr abnimmt, je weiter der mögliche Zufluss des finanziellen Vorteils in der Zukunft liegt.[31]

3. Rechtsfolgen bei überlangen Wartefristen

Werden längere Wartefristen vereinbart, so stellt sich die Frage, ob diese ersatzlos wegfallen oder auf die zulässige Dauer zurückzuführen sind. Sofern die Wartefristen wie in den wohl ganz überwiegenden Fällen Gegenstand vorformulierter Vertragsklauseln sind, so wird diese Klausel gem. § 306 Abs. 1 BGB nicht Bestandteil des Vertrages, der im Übrigen wirksam bleibt.[32] Nach § 306 Abs. 2 BGB tritt dann an ihre Stelle das dispositive Gesetzesrecht und somit § 193 Abs. 2 Nr. 4 AktG, wonach eine zweijährige Wartefrist bis zu erstmaligen Ausübung der Optionen gilt.

III. Verfügungsbeschränkungen

In den Programmen werden die Wartefristen regelmäßig mit schuldrechtlichen Verfügungsbeschränkungen für die Aktienoptionen kombiniert.[33] Beispielhaft sei hier wieder das Programm der Vossloh AG erwähnt, wonach die Veräußerung und Verpfändung der Aktienoptionen ausgeschlossen sind.

Die Kombination von Wartezeit und Verfügungsbeschränkung wird gemeinhin für zwingend erforderlich erachtet, weil anderenfalls die mit den Akti-

[30] Dazu noch § 11 V 3.

[31] Aus diesem Grund ist die Ansicht von *Pulz*, Personalbindung, S. 80, abzulehnen, der aufgrund nicht entgegen stehender gesetzlicher Vorschriften für alle Vergütungsformen Wartezeiten bis zu 10 Jahren für zulässig hält, sofern diese auch nach Beendigung des Arbeitsverhältnisses erfüllt werden können.

[32] Zu dieser Problematik sogleich noch in § 11 V 5.

[33] Vergl. § 3 II 2.

enoptionsprogrammen verfolgte langfristige Anreizwirkung unterlaufen werden könnte, indem der Arbeitnehmer den an die Aktienkursentwicklung gekoppelten Wert der Optionen anderweitig wirtschaftlich nutzt. Auch die Begründung zum Regierungsentwurf des KonTraG bezeichnet die Unübertragbarkeit der Optionsrechte als selbstverständlich.[34] Die Verfügungsbeschränkungen dienen also der effektiven Absicherung der Wartezeit und der sonstigen Ausübungsbeschränkungen, wie etwa der Festlegung der Ausübungszeiträume für die Aktienoptionen,[35] und damit letztlich der Absicherung der mit den Programmen verfolgten Zielsetzung. Da die Gewährung der Aktienoptionen als Vergütung und die damit verfolgten Zwecke, wie bereits festgestellt, arbeitsrechtlich zulässig sind, gilt dies auch für die in den Programmen regelmäßig festgelegten Verfügungsbeschränkungen. Sollen die Aktienoptionen im Todesfall allerdings nicht verfallen, sondern noch von den Erben des Arbeitnehmers ausgeübt werden können, so muss die Verfügungsbefugnis insoweit wie im Programm der Vossloh AG aufrecht erhalten werden.[36]

34 *BT-Drucks.* 13/9712, S. 24.

35 Dazu § 3 I 5.

36 Vergl. § 1 II 7. Zu den Verfallklauseln im Todesfall noch in § 11 VIII 7 c cc.

§ 11 Bindungs- und Verfallklauseln

I. Einleitung und Erscheinungsformen

Die Wartefristen oder sonstigen Ausübungsbeschränkungen werden üblicherweise mit sogenannten Bindungs- und Verfallklauseln kombiniert. Solche Klauseln schreiben vor, dass die Ausübung des Optionsrechts vom Bestand des Arbeitsverhältnisses abhängig ist und ordnen bei Beendigung den Verfall der Optionsrechte an. Sie beschränken sich in der Regel nicht nur auf die Dauer der Wartezeit bis zur erstmaligen Ausübungsmöglichkeit, sondern sehen den Verfall für die gesamte Laufzeit des Aktienoptionsprogramms vor.[1]

Konstruktiv sind die Verfallklauseln als auflösende Bedingung i.S.v. § 158 Abs. 2 BGB einzuordnen.[2] Da die Bedingung u.a. von der Beendigung infolge einer arbeitnehmer- bzw. arbeitgeberseitigen Kündigung und damit jeweils vom Willen einer der Vertragsparteien abhängt, handelt es sich um eine auflösende Potestativbedingung.[3]

Die Verknüpfung von vermögenswertem Vorteil mit dem Bestand des Arbeitsverhältnisses dient der Bindung des Arbeitnehmers an das Unternehmen. Auf diese Weise soll er zum Verbleib im Unternehmen motiviert und von einer Eigenkündigung abgehalten werden. Es wird auf seine Entscheidung im Hinblick auf eine Eigenkündigung und damit die freie Wahl seines Arbeitsplatzes eingewirkt, indem für den Fall des Verbleibs im Unternehmen und des Verzichts auf eine berufliche Neuorientierung finanzielle Vorteile in Aussicht gestellt werden. Die freie Wahl des Arbeitsplatzes, also die Entscheidung des Einzelnen, einen bestimmten Arbeitsplatz beizubehalten, aufzugeben oder zu wechseln, wird jedoch von Art. 12 Abs. 1 GG geschützt.[4] Die Beschränkung der durch Art. 12 Abs. 1 GG garantierten Kündigungsfreiheit ist aus arbeitsrechtlicher Sicht sehr

---

1 Zur üblichen Ausgestaltung in den Programmen bereits in § 3 II 3.

2 So auch *Mechlem/Melms*, DB 2000, 1614, 1615.

3 Vergl. *MünchKomm/H.P. Westermann*, § 158 Rn. 18 f.

4 *BVerfG* v. 24.04.1991, BVerfGE 84, 133, 146; v. 27.01.1998, BVerfGE 97, 169, 175; *BAG* v. 16.03.1994, AP Nr. 18 zu § 611 BGB Ausbildungsbeihilfe unter A II 1 a aa.

problematisch. Dabei ist die Beschneidung der Entscheidungsfreiheit um so schwerwiegender anzusehen, je mehr Voraussetzungen bereits erfüllt sind, von denen die Ausübung der Option und damit die Realisierung des durch sie verkörperten finanziellen Vorteils abhängen. Ist der finanzielle Vorteil bereits zum Greifen nahe, so wird ein Arbeitnehmer im Regelfall auf eine Eigenkündigung verzichten und so lange ausharren, bis er ihm zugeflossen ist. Vor diesem Hintergrund stellt sich die Frage, ob und für welche Dauer eine solche Bindung zulässig ist.

Aber auch eine weitere mit diesen Klauseln verbundene Folge bedarf der näheren Untersuchung. Die eingangs erwähnte und in den Programmen häufig zu findende neutrale Formulierung, nach der schlicht der Bestand des Arbeitsverhältnisses vorausgesetzt wird, erfasst nicht nur die fristgemäße und außerordentliche Eigenkündigung, sondern alle möglichen Beendigungsgründe. Der Verfall wird also für alle Formen der arbeitgeberseitigen Kündigung sowie die Beendigung infolge Auflösungsvertrages, Berufsunfähigkeit oder Erreichen der Altersgrenze angeordnet. Daher ist die Zulässigkeit solcher Klauseln und Bindungsmethoden auch unter Berücksichtigung solcher Fallkonstellationen zu untersuchen, in denen die Optionen infolge eines Umstands verfallen, der von der Entscheidung des begünstigten Arbeitnehmers unabhängig ist und auf den er im widrigsten Fall, wie bei der personen- oder betriebsbedingten Kündigung, noch nicht einmal Einfluss hat. In diesem Kontext stellt sich schließlich noch die Frage nach der Zulässigkeit solcher Klauseln, die als weitere Voraussetzung für die Einräumung der Optionen den Bestand eines ungekündigten Arbeitsverhältnisses voraussetzen und ebenfalls der Bindung dienen. Sofern für die Optionen ein Eigenanteil gezahlt wurde, stellt sich zwangsweise die Frage nach dem Schicksal des investierten Betrages.

II. Ausgangspunkt und Abgrenzung der Untersuchung

Zu Beginn der Untersuchung soll zunächst der maßgebliche Bezugspunkt dieser Prüfung bzw. der Inhaltskontrolle verdeutlicht werden, der diese Klauseln zu unterziehen sind. Aktienoptionen sind eine Vergütungsform, die gleichermaßen mit Chancen und Risiken verbunden ist und deren Wert bei Einräumung noch nicht feststeht. Bei negativer Aktienkursentwicklung besteht ebenso wie bei Ausscheiden vor Optionsausübung die Gefahr des vollständigen Verfalls. Die finanziellen Auswirkungen sind für den Arbeitnehmer in beiden Fällen gleich: neben seiner Grundvergütung erhält er keinen weiteren finanziellen Vorteil, obgleich er im Regelfall seine Arbeitsleistung ordnungsgemäß oder gar im Hinblick auf die mögliche zusätzliche Leistung unter überobligatorischen Anstrengungen erbracht hat. Daher ist bei dieser Untersuchung zunächst die unterschiedliche Ausgangslage für den Verfall der Optionen bei Ausscheiden und dem Wertverfall infolge der wirtschaftlichen Entwicklung des Unternehmens bzw. Aktienkurses zu verdeutlichen. Während bei Optionsverfall wegen der Beendigung durch Kündigung oder Auflösungsvertrag jeweils allein die Entscheidung des Arbeitnehmers oder des Arbeitgebers zu diesem Ergebnis führt, beruht der wirtschaftliche Wertverfall infolge einer nachteiligen Aktienkursentwicklung auf einer Vielzahl von Faktoren. Diese können vom einzelnen Arbeitnehmer kaum oder gar nicht und vom Unternehmen bzw. den maßgeblichen Entscheidungsträgern zwar stärker, gleichwohl nicht allein und nur mittelbar beeinflusst werden. Für die Wertentwicklung sind insbesondere die Einschätzungen des Marktes maßgeblich. Die mit dem wirtschaftlichen Wertverfall verbundenen Risiken für den Arbeitnehmer führen im Rahmen der Inhaltskontrolle zu der Frage, inwieweit das Wirtschafts- bzw. Betriebsrisiko durch eine vom Unternehmenserfolg abhängige Vergütung auf den Arbeitnehmer abgewälzt werden kann. Ihr wurde bereits in § 8 unter der Fragestellung nachgegangen, ob und in welchen Grenzen Aktienoptionen als Teil der synallagamatischen Vergütung zulässiger Weise gewährt werden können. Bei den Verfallklauseln geht es dagegen darum, ob die Programme bzw. arbeitsrechtlichen Vereinbarungen Regelungen enthalten dürfen, die bei Eintritt bestimmter Bedingungen dazu führen, dass dem Arbeitnehmer Teile dieser Vergütung wieder entzogen werden.

Der gleiche Effekt wird erzielt, wenn man die Ausübung der Optionen von dem Bestand eines ungekündigten Arbeitsverhältnisses abhängig macht, und er somit den durch sie verkörperten Vermögenswert nicht durch den Bezug von Aktien realisieren kann. In dieser Konstellation wird der Verfall der Optionen zwar nicht ausdrücklich angeordnet, sie sind jedoch für den Arbeitnehmer bei Ausscheiden wertlos. Für diese Art der Bindungsklauseln müssen die im Folgenden zu entwickelnden Grundsätze ebenfalls gelten.

III. Meinungsstand zur Zulässigkeit von Verfallklauseln

Die wohl überwiegende Ansicht hält die Vereinbarung von Verfallklauseln für Aktienoptionen bei Beendigung des Arbeitsverhältnisses – wenn auch nicht unbegrenzt – für zulässig.[5]

Die Ermittlung der Grenzen der Zulässigkeit und damit der maximale Zeitraum, in dem die Optionen verfallen können, wird überwiegend als Abwägungsproblem begriffen. Vor der Schuldrechtsreform sind §§ 242, 138 BGB i.V.m. Art. 2 Abs. 1 GG[6] bzw. § 622 Abs. 4 BGB[7] oder beide zusammen[8] als Rechtsgrundlage für diese Abwägung herangezogen worden. Die Verfallklauseln dürfen demnach nicht sittenwidrig sein bzw. keine unbillige Kündigungserschwerung darstellen. Neuerdings wird die Inhaltskontrolle für vorformulierte Verfallklauseln auf § 307[9] bzw. § 307 Abs. 2 Nr. 2 BGB[10] gestützt. Für individuell ausgehandelte Bindungs- bzw. Verfallklauseln wird die Sittenwidrigkeitskontrolle nach § 138 BGB vorgeschlagen.[11] Die Abwägung selbst wird hingegen nicht einheitlich getroffen, wobei insbesondere die Wertungskriterien und die Einschätzung der Bindungswirkung unterschiedlich beurteilt werden.

1. Grundlegende Ansicht von Baeck/Diller

Den grundlegenden Ausgangspunkt stellt die Abhandlung von *Baeck/Diller*[12] dar. Nach deren Auffassung sind Klauseln, die bei der Beendigung des Arbeitsverhältnisses für den betroffenen Arbeitnehmer Nachteile vorsehen, in bestimmten Grenzen zulässig. Insoweit wird auf die Rechtsprechung zur Rückzahlung von Gratifikationen und § 1 BetrAVG a.F.[13] verwiesen, wonach der

5 *Baeck/Diller*, DB 1998, 1405, 1408; *Küttner/Röller*, Personalbuch 2006, Aktienoptionen, Rn. 6; *Legerlotz/Laber*, DStR 1999, 1658; *Lingemann/Diller/Mengel*, NZA 2000, 1191, 1195; *Mechlem/Melms*, DB 2000, 1614; *Pulz*, Personalbindung, S. 131 f.; *ders.*, BB 2004, 1107, 1112; *Schanz*, NZA 2000, 626, 634. Enger hingegen *Binder*, S. 127 ff.; 249 nur für nicht synallagmatische Leistungen; *Buhr/Radtke*, DB 2001,1882, 1885, sofern die Aktienoptionen nicht einen wesentlichen Vergütungsbestandteil darstellen; ebenso *Busch* BB 2000, 1294; 1296; in diesem Sinne auch *Lembke*, BB 2001, 1469, 1473, nur für Entgelt i.w.S.

6 *Baeck/Diller*, DB 1998, 1405, 1408; *Legerlotz/Laber*, DStR 1999, 1658.

7 *Lingemann/Diller/Mengel*, NZA 2000, 1191, 1195.

8 *Lembke*, BB 2001, 1469, 1473 f.; *Mechlem/Melms*, DB 2000, 1614, f.; *Schanz*, NZA 2000, 626, 634.

9 *Pulz*, Personalbindung, S. 61 f.; *ders.*, BB 2004, 1107, 1111.

10 *Binder*, S. 93 ff, insbesondere S. 98 ff., S. 244 ff.

11 *Pulz*, Personalbindung, S. 63 f. Weiter *Binder*, S. 239 ff., der die Verfallklauseln bei Aktienoptionen, die als synallagmatische Basisvergütung gewährt werden, zusätzlich noch am arbeitsrechtlichen Gleichbehandlungsgrundsatz und § 622 Abs. 6 BGB messen will.

12 DB 1998, 1405, 1407 f.

13 Anmerkung: § 1 BetrAVG wurde durch Gesetz vom 21.6.2001 (BGBl. Abs. 1 S. 2167) geändert. Die Regelungen zur unverfallbaren Anwartschaft sind jetzt in § 1b Abs. 1 BetrAVG geregelt, wobei der Verfallzeitraum von 10 auf 5 Jahre und das maßgebliche Lebensalter von der Vollendung des 35. auf das 30. Lebensjahr herabgesetzt wurde.

Arbeitnehmer bei Kündigung Betriebsrentenansprüche verlieren könne. Fraglich sei allein, bis zu welchen Grenzen solche Vereinbarungen zulässig seien. Dies richte sich bei den Verfallklauseln nach allen Umständen des Einzelfalls, insbesondere nach Zweck, der Bindungsdauer und der Höhe des wirtschaftlichen Vorteils. Wolle der Arbeitgeber vor allem die Betriebstreue honorieren, so sei unter Berücksichtigung von § 1 BetrAVG a.F. eine Bindungsdauer von 10 Jahren als zulässig anzusehen. Auf der anderen Seite müsse man aber auch den Gesichtspunkt der Erfolgsbeteiligung berücksichtigen. Es sei unbillig, den Mitarbeiter, der sich im Hinblick auf den in Aussicht gestellten finanziellen Vorteil jahrelang überobligatorisch einsetze, kurzfristig um die Früchte seiner Arbeit zu bringen. Die restriktive Rechtsprechung des BAG zu den Erfolgs- und Ergebnisbeteiligungen, nach der es unbillig sei, wenn ein zusätzliches und tätigkeitsbezogenen Entgelt wieder entzogen werde, könne aber nicht ohne weiteres auf die Verfallklauseln bei Aktienoptionen übertragen werden. Denn der Zufluss des späteren Kursgewinnes sei bis zur Ausübung äußerst unsicher und könne von einem Tag auf den anderen durchaus bei Null liegen. Aktienoptionen bedeuteten aus diesem Grund einen weniger greifbaren Vermögensvorteil als Erfolgsprämien. Daher seien die Aktienoptionen nicht mit einem prozentualen Anteil am Jahresgewinn zu vergleichen. Dennoch müsse neben dem Bindungs- auch der Erfolgsbeteiligungsaspekt berücksichtigt werden, so dass in Anlehnung an § 624 BGB eine Verfallfrist bis zur Dauer von fünf Jahren zu akzeptieren sei. Der vollständige Verfall sei allerdings nur zulässig, sofern die Mitarbeiter keine finanziellen Aufwendungen für den Erwerb erbracht hätten. Anderenfalls müsse der investierte Betrag an den Mitarbeiter zurückfließen.

Dieser Einschätzung sind im Schrifttum zahlreiche Autoren gefolgt, die ebenfalls in Anlehnung an § 624 BGB eine Verfallfrist bis zur Dauer von 5 Jahren für angemessen und die Rückzahlung des investierten Betrags für erforderlich erachten.[14]

---

[14] Dem folgend *Küttner/Röller*, Personalbuch 2006, Aktienoptionen, Rn. 6, allerdings ohne Hinweis auf eine zeitliche Begrenzung; mit nahezu identischer Begründung, aber ohne Hinweis auf eine notwendige zeitliche Begrenzung *Legerlotz/Laber*, DStR 1999, 1658, 1664; ähnlich *Schanz*, NZA 2000, 624, 634. Grundsätzlich zustimmend *Buhr/Radtke*, DB 2001, 1882, 1886.; *Busch*, BB 2000, 1294, 1296; *Lembke*, BB 2001, 1469, 1473. Im Ergebnis auch *Pulz*, Personalbindung, S. 131 f., 135; *ders.*, BB 2004, 1107, 1110. Für die grundsätzlich zulässige Bindungsdauer von fünf Jahren bei Kapitalbeteiligungen ebenfalls *Binder*, S. 123 ff. allerdings unter Bezugnahme auf § 1b BetrAVG n.F. sowie Scheuer, S. 111 f.

2. Abweichende Ansicht hinsichtlich der maximalen Verfallsdauer

Während man also überwiegend von einer generell zulässigen Verfallsdauer von bis zu 5 Jahren ausgeht, wollen einige Autoren diesen Zeitraum an die im Aktienoptionsprogramm vorgesehenen Wartefristen bis zu erstmaligen Ausübungsmöglichkeit koppeln.[15] Danach sollen solche Klauseln unzulässig sein, die den Verfall der Optionen auch noch nach Ablauf der Wartefrist anordnen, selbst wenn diese unter fünf Jahren liegt. Weitergehende Verfallklauseln über den Zeitraum der Wartefrist hinaus seien von dem Zweck des Programms, neben dem Leistungsbeitrag zum Unternehmenserfolg die Betriebstreue zu honorieren, nicht mehr gedeckt. Mit Ablauf der Wartezeit habe der Mitarbeiter die geforderte Betriebstreue und die Leistungen bereits erbracht. Wolle der Arbeitgeber die Betriebstreue noch mehr fördern, so könne er dies durch entsprechend lange Festlegung der Wartezeiten oder eine gestaffelte Ausgabe der Optionen erreichen. Klauseln, die den Verfall über den Ablauf der Wartezeit hinaus anordneten, schränkten die berufliche Freiheit der Arbeitnehmer ein und führten zum Entzug bereits erdienter Vergütungsbestandteile. Zulässig seien aber solche Klauseln, welche die Ausübung auf das kommende Ausübungsfenster oder einen Zeitraum von z.B. sechs bis zwölf Monaten begrenzten.

Eine andere Auffassung hält hingegen speziell für Aktienoptionsprogramme sogar Bindungsfristen mit einer Dauer von mehr als fünf Jahren für zulässig, sofern die Wartezeit diesen Zeitraum nicht überschreitet.[16] Als Grund wird die Struktur der Optionsprogramme angeführt. Die Bindungswirkung wird bei Erreichen der Erfolgsziele während der Wartefrist, insbesondere kurz vor deren Ablauf am stärksten eingeschätzt. Können die Optionen nach Ablauf der Wartefrist hingegen ausgeübt werden, so wird unterstellt, der Arbeitnehmer werde nach Ablauf der Wartezeit mit der Kündigung maximal bis zum nächsten Ausübungsfenster, i.d.R. nicht länger als 6 Monate warten. Dies wird nur als geringe und zulässige Beschränkung der Kündigungsfreiheit angesehen. Bei nicht ausübbaren Optionen, z.B. wegen nicht erreichter Erfolgsziele, nehme die Bindungswirkung aus Mangel an Erfolgsaussichten ohnehin ab.

---

15 *Mechlem/Melms*, DB 2000, 1614, 1615; *Tepass* in: Harrer, Mitarbeiterbeteiligungen, Rn. 394; in diesem Sinne auch *Lembke*, BB 2001, 1469, 1472.

16 *Binder*, S. 127 ff., nur für die nicht synallagmatische Vergütungsform.

3. Nach der Art der Vergütung differenzierende Ansichten

Von diesem Ausgangspunkt, wonach die Vereinbarung von Verfallklauseln grundsätzlich zulässig ist, differenzieren einige Autoren in Anlehnung an die Rechtsprechung des BAG zu den Sonderzahlungen weiter danach, ob es sich bei der in Aktienoptionen gewährten Vergütung um Entgelt im weiteren oder im engeren Sinne handelt.[17] Verfallklauseln seien ebenso wie Stichtagsklauseln nur zulässig, wenn es sich um Entgelt im weiteren Sinne handele. Da das BAG Sonderzahlungen dann als Entgelt im engeren Sinne einordnet, wenn sie im Gegenseitigkeitsverhältnis mit der Arbeitsleistung stehen,[18] halten die Vertreter dieser Ansicht demnach Verfallklauseln für generell unzulässig, wenn sie als Teil der synallagmatischen Vergütung gewährt werden.[19] Dies wird zum einen mit dem Verstoß gegen § 622 Abs. 4 BGB begründet. Eine Bindungsklausel, die zum Entzug des bereits verdienten Arbeitslohns führe, stelle eine einseitige Erschwerung der arbeitnehmerseitigen Kündigung dar. Gleichzeitig sei darin ebenso wie bei den Sonderzahlungen im engeren Sinne ein Verstoß gegen den arbeitsrechtlichen Gleichbehandlungsgrundsatz zu sehen.[20]

Für vorformulierte Vertragsbedingungen ergebe sich die Unzulässigkeit von Bindungsklauseln nunmehr nach § 307 Abs. 2 Nr. 2 BGB.[21] Der Entzug von bereits verdienten Lohnbestandteilen bei ordnungsgemäßer Beendigung des Arbeitsverhältnisses sei mit der in Art. 12 Abs. 1 GG garantierten freien Wahl des Arbeitsplatzes nicht vereinbar. Für die arbeitgeberseitige Kündigung ergebe sich dies aus dem Teilleistungsprinzip des Schuldrechts, insbesondere § 326 Abs. 1, 2. Halbs. BGB. Dieses Ergebnis entspreche ebenfalls der Rechtsprechung zu den Sonderzahlungen als Entgelt im engeren Sinne.

In diese Richtung tendiert grundsätzlich eine weitere Auffassung, die Verfallklauseln dann für unzulässig hält, wenn die Aktienoptionen einen wesentlichen Vertragsbeststandteil und damit einen festen Bestandteil des arbeitsvertraglichen Systems von Leistung und Gegenleistung darstellen. Zur Abgrenzung

---

17 *Lembke*, BB 2001, 1469, 1473. Ausdrücklich gegen diese strikte Zweiteilung *Pulz*, Personalbindung, S. 126.

18 Vergl. *BAG* v. 11.11.1971, AP Nr. 71 zu § 611 BGB Gratifikation; v. 8.11.1978, AP Nr. 107 zu § 611 BGB Gratifikation unter II 1; v. 18.3.1981 AP Nr. 100 zu § 611 BGB Gratifikation unter 3; v. 24.10.1990, AP Nr. 135 zu § 611 BGB Gratifikation unter II 2 c; v. 10.1.1991, AP Nr. 136 zu § 611 BGB Gratifikation unter II 2 a, und v. 13.6.1991, EzA § 611 BGB Gratifikation, Prämie Nr. 86 unter II 2 a.

19 Ebenso *Binder*, S. 244 ff.; *Scheuer*, S. 108 f.; *Tepass* in: Harrer, Mitarbeiterbeteiligungen, Rn. 395.

20 *Binder*, S. 241 ff.

21 *Binder*, S. 242 ff. Ähnlich *Scheuer*, S. 109.

könne die Rechtsprechung zum Kernbereich des Arbeitsverhältnisses herangezogen werden.[22]

4. Nach der Art der Beendigung differenzierende Ansichten

Nach einer weiteren Ansicht ist schließlich bei der Frage nach der Zulässigkeit der Verfallklauseln nach der Art der Beendigung des Arbeitsverhältnisses und insbesondere danach zu differenzieren, ob die Beendigung vom Arbeitgeber ausgeht. Die wohl überwiegende Ansicht geht von der einheitlichen Zulässigkeit der Verfallklauseln für alle Arten der Beendigung aus.[23] Neben der Eigenkündigung und dem Aufhebungsvertrag schließe dies auch alle Formen der arbeitgeberseitigen Kündigung mit ein. Insoweit beruft man sich für die betriebsbedingte Kündigung durch den Arbeitgeber auf die Rechtsprechung des BAG zu den Stichtagsklauseln bei Sonderzahlungen. Diese geht davon aus, dass dem Arbeitgeber im Fall einer betriebsbedingten Kündigung wegen der Anforderungen in § 1 KSchG nicht ohne weiteres treuwidriges Verhalten unterstellt werden kann. Daher stehe jedenfalls § 162 Abs. 1 BGB der Wirksamkeit der Verfallklauseln nicht grundsätzlich entgegen.

Neuerdings wird dieses Ergebnis für vorformulierte Verfallklauseln, welche die arbeitgeberseitigen Kündigungen umfassen, auf die Inhaltskontrolle nach § 307 Abs. 1 S. 1 BGB gestützt.[24] Als Begründung wird die Rechtsprechung zur betrieblichen Altersvorsorge herangezogen, die arbeitnehmer- und arbeitgeberseitige Kündigung gleich behandelt.

Demgegenüber sieht es *Busch* unter Hinweis auf die frühere BAG Rechtsprechung als rechtsmissbräuchlich an, wenn die Verfallklauseln bereits ausübbare Aktienoptionen bei Beendigung infolge einer betriebsbedingten Kündigung umfassen.[25]

Eine Ausnahme wird vereinzelt für solche Fälle gemacht, in denen das Arbeitsverhältnis durch eine berechtigte außerordentliche Kündigung des Arbeitneh-

22 *Buhr/Radtke*, DB 2001, 1882, 1885.; *Busch*, BB 2000, 1294, 1296. In diesem Sinne wohl auch *Mechlem/Melms*, DB 2000, 1614, 1615, die andeuten, in Extremfällen, in denen die Aktienoptionen einen erheblichen Teil der Vergütung bildeten, sei u.U. anders zu entscheiden.

23 *Binder*, S. 182 ff. sowie S. 212 ff.; *Buhr/Radtke*, DB 2001, 1882, 1885; *Lembke*, BB 2001, 1469, 1473 f.; *Lingemann/Diller/Mengel*, NZA 2000, 1191, 1196; *Mechlem/Melms*, DB 2000, 1614, 1615; *Pulz*, Personalbindung, S. 123, 136 f.; *ders.*, BB 2004, 1107, 1112 f.; *Scheuer*, S. 110 ff., 113.

24 *Binder*, S. 200 ff.

25 BB 2000, 1294, 1295.

mers beendet wird oder dessen Kündigung auf ein schuldhaftes vertragswidriges Verhalten des Arbeitgebers zurückzuführen ist. Auf diese Fallgestaltungen dürften die Bindungsklauseln nicht angewendet werden.[26]

IV. Grundlagen für die Entwicklung eines Maßstabs zur Inhaltskontrolle der Verfallklauseln

1. Inhaltskontrolle vorformulierter Arbeitsvertragsbedingungen

Die dargestellten Ansichten zur Zulässigkeit von Bindungs- und Verfallklauseln in der Literatur beziehen sich ganz überwiegend auf die Rechtslage vor Inkrafttreten des Schuldrechtsmodernisierungsgesetzes und berücksichtigen daher nicht die Änderung der Bereichsausnahme in § 310 Abs. 4 BGB. Danach unterliegen anders als noch nach dem AGBG vom Arbeitgeber gestellte vorformulierte Arbeitsverträge grundsätzlich der Inhaltskontrolle nach den §§ 307 ff. BGB. Im Folgenden wird daher untersucht, ob und in welchen Grenzen vorformulierte Verfallklauseln für Aktienoptionen als Vergütungsform der Angemessenheitskontrolle Stand halten.

a) Allgemeine Voraussetzungen der Inhaltskontrolle

Unter welchen Voraussetzungen der Anwendungsbereich der Inhaltskontrolle nach den §§ 307 ff. BGB überhaupt eröffnet ist, wurde bereits in § 8 erläutert.[27]

aa) Bezugspunkt

Die Inhaltskontrolle setzt zunächst voraus, dass es sich bei den Bindungs- und Verfallklauseln um vorformulierte arbeitsvertragliche Klauseln handelt.In der Praxis finden sich die Bestimmungen, die den Verfall der Optionsrechte bei Ausscheiden aus dem Unternehmen anordnen, überwiegend in den für das gesamte Unternehmen geltenden einheitlichen Programmbedingungen. Festgelegt werden die Verfallklauseln entweder bereits durch die Hauptversammlung oder durch die für die Vergütung zuständigen Organe.[28]

[26] *Binder*, S. 147 ff., *Pulz*, Personalbindung, S. 137.
[27] § 8 II 2 a.

Mit den Mitarbeitern werden daneben arbeitsvertragliche Vereinbarungen getroffen, in denen die Gewährung der Aktienoptionen zugesagt und auf das aktuelle Optionsprogramm verwiesen wird.[29] In der Regel werden daher die vorformulierten einheitlichen Programmbedingungen einschließlich der Bindungs- und Verfallklauseln kraft Verweisung Bestandteil der arbeitsvertraglichen Vergütungsvereinbarung und unterliegen daher der arbeitsrechtlichen Inhaltskontrolle. Dies gilt auch, wenn über die Einräumung der Aktienoptionen lediglich ein Gewährungsvertrag ohne weitere arbeitsvertragliche Vereinbarung geschlossen wird, der auf die Bestimmungen des Aktienoptionsprogramms verweist.[30]

bb) Unterscheidung nach vorformulierten Klauseln und Individualvereinbarungen

Als weitere Folge der gesetzlichen Neuregelungen ist bei der Überprüfung der Wirksamkeit arbeitsvertraglicher Klauseln künftig zwischen vorformulierten und individuell ausgehandelten Klauseln zu differenzieren. Werden also nur mit bestimmten Mitarbeitern derartige Vergütungsvereinbarungen getroffen, so unterliegen diese gem. § 305 Abs. 1 S. 3 BGB nicht der Inhaltskontrolle nach den §§ 307 ff. BGB. Sie können folglich nicht mit denselben strengen Maßstäben gemessen werden wie vorformulierte Klauseln.[31]

Eine individuelle Vereinbarung dürfte allerdings im Bereich der Bindungs- und Verfallklauseln eher die Ausnahme sein. Diese werden regelmäßig für alle Begünstigten eines Aktienoptionsprogramms einheitlich festgesetzt. Sie sollen neben der Bindung der Mitarbeiter auch die langfristige Wirkung des Programms sichern.[32] Aus diesem Grund werden diese Klauseln regelmäßig nicht zur Disposition stehen, selbst wenn im Übrigen eine individuelle Vereinbarung getroffen wird, beispielsweise über die Zusammensetzung der Grundvergütung und den Anteil der Optionen. Da eine Individualvereinbarung nur anzunehmen ist, wenn jeder einzelne Punkt einer vertraglichen Vereinbarung bzw. jede einzelne Klausel für sich ausgehandelt wird,[33] ist davon auszugehen, dass zumindest die Bindungs- und Verfallklauseln immer einheitlich gelten werden. Sie sind in den allermeisten Fällen als Allgemeine Geschäftsbedingungen i.S.v. § 305 Abs. 1 BGB anzusehen und unterliegen damit der Inhaltskontrolle.[34]

---

28 Vergl. § 3 II 3.

29 Dazu bereits § 10 II.

30 Vergl. zu dieser Problematik und zu den abweichenden Ansichten § 10 II sowie bereits § 1 IV 2 b bb.

31 Dazu bereits § 8 II 3.

32 Vergl. § 3 II 3.

33 Vergl. *Wolf* in: Wolf/Horn/Lindacher, AGBG § 1 Rn. 37 m.w.N.

Es ist dennoch denkbar, dass mit einzelnen Mitarbeitern, die für das Unternehmen von besonderer Bedeutung sind, über die Bindungsdauer oder den Verfall der Aktienoptionen bei Beendigung des Arbeitsverhältnisses abweichende Vereinbarungen getroffen werden, soweit die zwingenden Vorgaben im Hauptversammlungsbeschluss nicht unterlaufen werden. In solchen Fällen sind die Bindungsklauseln als Individualvereinbarungen anzusehen, die nicht der Inhaltskontrolle nach §§ 307 ff. BGB unterliegen.[35] Daher sind für beide Klauselarten bzw. beide Formen der Inhaltskontrolle jeweils Kontrollmaßstäbe und Kriterien zur Überprüfung der Zulässigkeit und Wirksamkeit von Bindungs- und Verfallklausen zu entwickeln.

b) Rechtsgrundlage der Inhaltskontrolle

Als Rechtgrundlage der Inhaltskontrolle arbeitsvertraglicher Bindungs- bzw. Verfallklauseln kommen die besonderen Klauselverbote in den §§ 308 f. BGB oder der Generalklausel des § 307 BGB in Betracht.

aa) Besondere Klauselverbote, § 308 Nr. 4 BGB oder Generalklausel, § 307 BGB

Für die Kontrolle einseitiger Leistungsbestimmungsrechte im Zusammenhang mit Entgeltbestandteilen kommt § 308 Nr. 4 BGB in Betracht, der sich auf die versprochene Leistung des Verwenders und damit auch auf die vom Arbeitgeber zugesagte Vergütung bezieht.[36] Der maßgebliche Gesichtspunkt, der für die Inhaltskontrolle nach § 308 Nr. 4 BGB spricht, besteht darin, dass der Arbeitgeber das Arbeitsverhältnis durch Kündigung einseitig beenden und damit dem Arbeitnehmer die Aktienoptionen als Vergütungsbestandteil wieder entziehen kann.

Der Wegfall der Aktienoptionen ist in diesem Fall allerdings nur mittelbare Folge der Entscheidung des Arbeitgebers. Daher ist die Einordnung der arbeitgeberseitigen Kündigung als einseitiges Leistungsbestimmungsrecht i.S.d. Vorschrift bereits sehr zweifelhaft. Außerdem spricht der Normzweck gegen diese Sichtweise. § 308 Nr. 4 i.V.m. § 307 BGB ist anwendbar, wenn ausschließlich das Arbeitsentgelt betroffen ist.[37] Bei der arbeitgeberseitigen Kündigung

---

[34] So ebenfalls die Einschätzung von *Binder*, S. 86, der eine Individualvereinbarung für nicht synallagmatische Vergütungsformen generell ausschließt.

[35] Ähnlich *Binder*, S. 242 f., 249 und *Pulz*, Personalbindung, S. 64 f.

[36] Vergl. *ErfK/Preis*, §§ 305-310 BGB Rn. 53; *Schlodder*, S. 230 f.

[37] *BAG* v. 12.1.2005, NZA 2005, 465, 466 f.; *ErfK/Preis* §§ 305-310 BGB Rn. 53.

greifen jedoch andere spezifische Schutzmechanismen. Hervorzuheben ist § 1 KSchG, wonach eine Kündigung der sozialen Rechtfertigung bedarf. Zum anderen spricht der Arbeitgeber die Kündigung regelmäßig aus anderen Motiven aus. Der Entzug des durch die Aktienoptionen verkörperten finanziellen Vorteils ist demgegenüber zweitrangig, da mit der Ausübung keine finanziellen Verpflichtungen des Unternehmens oder Liquiditätsabflüsse verbunden sind. Außerdem sollen die Verfallklauseln die mit der Ausgabe der Aktienoptionen verfolgte langfristige Zielsetzung und damit den Zweck dieser Vergütungsform unterstützen.[38] Sie dienen damit gerade der Sicherung und nicht der Gefährdung des mit dieser Vergütungsform verfolgten Vertragszwecks.[39] Im Übrigen wird mit Recht darauf hingewiesen, dass die Fragen der Zumutbarkeit i.S.v. § 308 Nr. 4 BGB und der unangemessenen Benachteiligung i.S.v. § 307 Abs. 1 BGB im Hinblick auf die Wertung ohnehin nahe beieinander liegen dürften.[40] Außerdem wären die Bindungs- und Verfallklauseln anderenfalls an Hand verschiedener Maßstäbe zu kontrollieren. Sofern die Beendigung auf der Eigenkündigung des Arbeitnehmers beruht, könnte man die Inhaltskontrolle gerade nicht auf die Ausübung eines einseitigen Leistungsbestimmungsrechts des Arbeitgebers nach § 308 Nr. 4 BGB stützen. Aus diesen Gründen ist bei der Inhaltskontrolle allein auf die Generalklausel § 307 BGB abzustellen.

bb) Allgemeine Anforderungen an die Inhaltskontrolle nach § 307 BGB

Nach § 307 Abs. 3 BGB unterliegen nur solche Allgemeinen Geschäftsbedingungen der Inhaltskontrolle, durch die eine Regelung getroffen wird, welche von Rechtsvorschriften abweicht oder diese ergänzt.[41] Es ist daher zunächst zu klären, ob Bindungs- und Verfallklauseln überhaupt kontrollfähig sind. Sie sind regelmäßig Gegenstand von Aktienoptionsprogrammen, die nach der Vorgabe und in Ergänzung des Hauptversammlungsbeschlusses entwickelt werden. Da sie bislang nahezu ausschließlich auf einzelarbeitsvertraglicher Grundlage zugesagt wurden, sind sie weder in gesetzlichen Vorschriften noch Tarifverträgen enthalten und nur vereinzelt Gegenstand einer Betriebsvereinbarung.[42] Sie beschreiben zudem nicht die zu erbringende vertragliche Leistung, sondern lediglich eine der Bedingungen, unter denen die vertragliche Hauptleistung, nämlich die Aktienoptionen, gewährt werden. Demnach unterliegen sie i.d.R. der Inhaltskontrolle nach § 307 BGB.

[38] Vergl. dazu § 3 II 2.
[39] So ebenfalls *Binder*, S. 96; im Ergebnis ebenso *Pulz*, Personalbindung, S. 62.
[40] *Gotthardt*, Schuldrechtsreform, Rn. 293.
[41] *MünchKomm/Basedow*, § 307 Rn. 1. Dazu bereits ausführlich in § 8 II 2 a bb.
[42] Zur Kontrolle einer Betriebsvereinbarung bereits in § 8 II 4 und noch in § 11 X.

§ 307 Abs. 1 S. 1 BGB enthält die Kernaussage für die Kontrolle, nach der Allgemeine Geschäftsbedingungen unwirksam sind, wenn sie den Vertragspartner des Verwenders entgegen den Geboten von Treu und Glauben unangemessen benachteiligen. Eine unangemessene Benachteiligung liegt vor, wenn der Verwender durch die einseitige Vertragsgestaltung missbräuchlich eigene Interessen auf Kosten seines Vertragspartners durchzusetzen versucht, ohne dessen Belange hinreichend zu berücksichtigen und ihm einen angemessenen Ausgleich zuzugestehen. Ob dies zutrifft, ist mit Hilfe einer umfassenden Interessenabwägung der schutzwürdigen Interessen beider Parteien im Einzelfall festzustellen.[43]

Dieser allgemeine Grundsatz wird in § 307 Abs. 1 S. 2 BGB durch das sog. Transparenzgebot, vor allem aber die Bestimmungen in § 307 Abs. 2 BGB konkretisiert. Grundsätzlich ist die Kontrolle zuerst anhand des Absatzes 2 vorzunehmen.[44] Daneben ist unter Berücksichtigung von § 307 Abs. 1 S. 2 BGB stets zu kontrollieren, ob die betroffene Klausel klar, verständlich und hinreichend bestimmt formuliert ist.

Nach § 307 Abs. 2 BGB ist eine unangemessene Benachteiligung zum einen anzunehmen, wenn die Klausel i.S.v. Nr. 1 mit wesentlichen Grundgedanken des durch sie verdrängten dispositiven Rechts unvereinbar ist, sog. Leitbildverstoß.[45] Nach § 307 Abs. 2 Nr. 2 BGB liegt eine solche darüber hinaus im Zweifel vor, wenn wesentliche, sich aus der Natur des Vertrages ergebende Rechte oder Pflichten so eingeschränkt werden, dass die Erfüllung des Vertragzwecks gefährdet ist, sog. Kardinalpflichtenverstoß.[46] Der Unterschied zwischen beiden Bestimmungen ist allerdings wohl „mit der Lupe zu suchen“, weil Klauseln, in denen wesentliche Rechte oder Pflichten aus der Natur des Vertrages eingeschränkt sind, wohl immer auch mit wesentlichen Rechtsgedanken der abbedungenen gesetzlichen Regelung unvereinbar sein werden.[47] Bei der Entwicklung des Kontrollmaßstabs wird daher im Folgenden nicht zwischen den beiden Bestimmungen unterschieden.[48] Es wird vielmehr in Übereinstimmung mit der bisherigen Rechtsprechung im Zivilrecht davon ausgegangen,

---

43 Vergl. nur *BGH* v. 3.11.1999, NJW 2000, 1110, 1112 m.w.N. und jetzt *BAG* v. 7.12.2005, NZA 2006, 423, 427; *Palandt/Heinrichs*, § 307 Rn. 8.

44 Vergl. *MünchKomm/Basedow*, § 307 Rn. 21, 23.

45 *BAG* v. 7.12.2005, NZA 2006, 423, 426 f.; *MünchKomm/Basedow*, § 307 Rn. 21, 56.

46 *MünchKomm/Basedow*, § 307 Rn. 61.

47 So *MünchKomm/Basedow*, § 307 Rn. 61; ähnlich *Wolf* in: Wolf/Horn/Lindacher, AGBG, § 9 Rn. 62.

48 In diesem Sinne wohl auch *ErfK/Preis*, §§ 305-310 BGB Rn. 43; *Gotthardt*, Schuldrechtsreform, Rn. 299. Anders *Binder*, S. 97 ff, der von § 307 Abs. 2 Nr. 2 BGB ausgeht, letztlich aber für die Kontrolle allgemein auf ein Leitbild unter Heranziehung der Grundsätze des positiven Rechts für die Inhaltskontrolle abstellt.

dass das Leitbild der Inhaltskontrolle neben den wesentlichen Grundgedanken der dispositiven gesetzlichen Regelungen zum Vertragsrecht auch allgemein anerkannte Rechtsgrundsätze umfasst.[49] Dazu werden insbesondere alle ungeschriebenen Rechtsgrundsätze, die Regeln des Richterrechts oder die auf Grund ergänzender Auslegung nach §§ 157, 242 BGB und aus der Natur des jeweiligen Schuldverhältnisses zu entnehmende Rechte und Pflichten gezählt.[50] Bei der Bewertung ist ein genereller, überindividueller Maßstab zu Grunde zu legen, auf die nachteilige Auswirkung im Einzelfall kommt es nicht an.[51] Vor diesem Hintergrund sind Maßstäbe bzw. Kriterien zu ermitteln, an Hand derer die Bindungs- und Verfallklauseln zu kontrollieren sind.

c) Allgemeine Kriterien für die Inhaltskontrolle nach § 307 Abs. 1, Abs. 2 BGB im Arbeitsrecht - Bedeutung für die Kontrolle der Verfallklauseln

Als Kriterien für die Konkretisierung des Leitbilds für die Inhaltskontrolle wird allgemein u.a. auf die Stellung des Arbeitnehmers, die Art der Vergütungsform, verfassungsrechtliche Wertungen, den Aspekt der Risikoverteilung sowie einseitige Kündigungserschwerungen verwiesen.[52] Diese Kriterien sind mit Hilfe gesetzlicher Wertungen und der bisherigen Rechtsprechung zu verwandten Fallgestaltungen zu konkretisieren. Welche Vergleichsmaßstäbe dabei heranzuziehen sind, muss sich grundsätzlich jeweils nach den Auswirkungen des Verfalls der Aktienoptionen für den Arbeitnehmer richten.

Im Folgenden werden die Verfallklauseln mit Hilfe dieser Kriterien daraufhin untersucht, ob sie eine unangemessene Benachteiligung i.S.v. § 307 Abs. 1, Abs. 2 BGB darstellen und daher aus diesem Grund ganz oder teilweise unwirksam sind. Da die Untersuchung verschiedene Aspekte umfasst, wird zunächst die Zulässigkeit von Verfallklauseln im Rahmen *synallagmatischer* bzw. *nicht synallagmatischer* Vergütungsformen untersucht. Anschließend wird der Frage nachgegangen, ob sich für die verschiedenen Beendigungsformen des Arbeitsverhältnisses eine unterschiedliche Bewertung ergibt. Den Abschluss der

[49] Ebenso *ErfK/Preis*, §§ 305-310 BGB Rn. 43; *Gotthardt*, Schuldrechtsreform, Rn. 299, nach deren Ansicht die Grundsätze zur Inhaltskontrolle im Zivilrecht auf das Arbeitsrecht übertragen werden können.

[50] Vergl. *BGH* v. 25.02.1998, BGHZ 138, 118, 126; *BAG* v. 7.12.2005, NZA 2006, 423, 426; *MünchKomm/Basedow*, § 307 Rn. 57.

[51] *BAG* v. 4.3.2004, NZA 2004, 727, 733; *BAG* v. 7.12.2005, NZA 2006, 423, 427; *ErfK/Preis*, §§ 305-310 BGB Rn. 42; *ders.*, NZA 2004, 1014, 1015; *Gotthardt*, Schuldrechtsreform, Rn. 296; *Staudinger/Coester*, § 9 AGBG Rn. 172 f.

[52] *ErfK/Preis*, §§ 305-310 BGB Rn. 45 ff.; *Gotthardt*, Schuldrechtsreform, Rn. 300.

Untersuchung bildet schließlich die Frage, welche Rechtsfolgen eine unangemessene und damit unwirksame Klausel nach sich zieht und welcher Maßstab für Betriebsvereinbarungen gilt.

V. Entwicklung eines Maßstabs zur Kontrolle von Verfallklauseln für Aktienoptionen als *synallagmatische* Vergütung

1. Rechtsprechung zur Zulässigkeit der Bindungsklauseln für *synallagmatische* Vergütungsbestandteile

Die Rechtsprechung hat sich bereits mehrfach mit Fallgestaltungen befasst, in denen *synallagmatische* Vergütungsbestandteile bei Beendigung des Arbeitsverhältnisses nicht gewährt wurden oder zurückzuzahlen waren. Das BAG unterzieht solche Bindungs- und Rückzahlungsklauseln jetzt einer Inhaltskontrolle auf der Grundlage von § 307 BGB.[53] Die Rückzahlungsklauseln für Sonderzahlungen ordnen üblicher Weise an, dass der Arbeitnehmer die Leistung zurückzugewähren hat, falls er in einem bestimmten Zeitraum nach Auszahlung bzw. vor einem bestimmten Stichtag aus dem Arbeitsverhältnis ausscheidet. Dadurch soll für den Arbeitnehmer ein Anreiz geschaffen werden, von einer Kündigung abzusehen und sein Arbeitsverhältnis mit dem Betrieb aufrechtzuerhalten. Durch die Belohnung künftiger Betriebstreue will man die Bindung qualifizierter und für das Unternehmen wertvoller Arbeitskräfte erreichen und einer Fluktuation vorbeugen.[54] Ein solcher Rückzahlungsvorbehalt kann aber nach Ansicht des BAG bei arbeitsleistungsbezogenen Sonderzahlungen nicht wirksam vereinbart werden.[55] Als Entgelt im engeren Sinne werden Leistungen eingeordnet, mit denen nur die Vergütung der Arbeitsleistung und kein darüber hinausgehender Zweck verfolgt wird.[56] Die Sonderzahlung werde

[53] *BAG* v. 28.4.2004, AP Nr. 255 zu § 611 BGB Gratifikation unter II 2.
[54] Vergl. *Lipke/Vogt/Steinmeyer*; Rn. 169 f.
[55] Allgemein zu den arbeitsleistungsbezogenen Sonderzahlungen § 4 IV 2 a.
[56] *BAG* v. 24.10.1990, AP Nr. 135 zu § 611 Gratifikation unter II 2 a; v. 19.4.1995, AP Nr. 173 zu § 611 BGB Gratifikation unter II 3, 4; v. 11.10.1995, AP Nr. 132 zu § 613a BGB unter II 2 d; v. 17.4.1996, AP Nr. 24 zu § 611 BGB Kirchendienst unter 4 f aa; *Gaul*, BB 1994, 565; *Hanau/Vossen*, DB 1992, 213; *MünchArbR/Hanau*, § 69 Rn. 2: *Schaub*, ZIP 1994, 921, 923; *Schiefer*, NZA 1993, 1015, 1017; *Schwarz*, NZA 1996, 571, 573.

durch die laufende Arbeitsleistung „pro rata temporis" verdient und nicht monatlich, sondern aufgespart zu einem späteren Zeitpunkt ausgezahlt, so dass sich lediglich die Fälligkeit verschiebe.[57]

Diese Leistungen sind nach Ansicht des BAG bereits mit der Erbringung der Arbeitsleistung durch den Arbeitnehmer verdient. Es wäre willkürlich und weder mit dem Recht auf Wechsel des Arbeitsplatzes aus Art. 12 Abs. 1 GG noch mit dem Gleichbehandlungsgebot vereinbar, wenn der Arbeitnehmer sein Arbeitsverhältnis ordnungsgemäß beendete und dennoch durch den Entzug eines bereits verdienten Vergütungsanteils bestraft würde.[58]

Ähnlich hat das BAG im Zusammenhang mit erfolgsabhängigen Vergütungsformen argumentiert, die an den Fortbestand des Arbeitsverhältnisses geknüpft wurden.[59] Sofern die Erfolgsbeteiligung als *synallagmatischer* Vergütungsbestandteil gewährt wird, darf ihre Auszahlung nach der Rechtsprechung bei Beendigung des Arbeitsverhältnisses nicht ausgeschlossen werden. In diesem Fall sei die Erfolgsbeteiligung vielmehr „pro rata temporis", also anteilig für den Bemessungszeitraum zu zahlen.[60] Eine andere Vereinbarung verstoße gegen § 622 Abs. 5 BGB a.F. bzw. § 622 Abs. 6 BGB n.F. Die Vorschrift verbiete nicht nur ungleiche Kündigungsfristen für die arbeitgeber- und arbeitnehmerseitige Kündigung. Durch sie wollte der Gesetzgeber im Hinblick auf das durch Art. 12 Abs. 1 GG geschützte Recht auf freie Wahl des Arbeitsplatzes vielmehr sicherstellen, dass die Kündigung des Arbeitnehmers keinen größeren Hemmnissen unterliege als die des Arbeitgebers. Damit seien aber Bindungsklauseln unvereinbar, welche die gesetzlich oder vertraglich gestattete und damit rechtmäßige Kündigung des Arbeitsverhältnisses mit Lohneinbußen belegen. Die Vorschrift verbiete auch Regelungen, nach denen der Arbeitgeber jederzeit ohne Nachteile, der Arbeitnehmer dagegen nur unter Verlust erworbener Ansprüche bzw. verbunden mit Vermögensopfern kündigen könne.[61]

---

57 *BAG* v. 24.10.1990 AP Nr. 135 zu § 611 BGB Gratifikation unter II 2; v. 19.4.1995 AP Nr. 173 zu § 611 BGB Gratifikation unter II 2; v. 11.10.1995 AP Nr. 132 zu § 613a BGB unter II 2 d; v. 17.4.1996 AP Nr. 24 zu § 611 BGB Kirchendienst; *LAG Frankfurt* v. 10.3.1992 LAGE Nr. 13 zu § 611 BGB Gratifikation; *MünchArbR/Hanau* § 69 Rn. 2 f.

58 *BAG* v. 13.9.1974, AP Nr. 84 zu § 611 BGB Gratifikation unter 2 b; v. 27.04.1992 AP Nr. 16 zu § 620 BGB Probearbeitsverhältnis unter II 2 a; v. 10.1.1991 AP Nr. 136 zu § 611 BGB Gratifikation unter II 2 a; in diesem Sinne allgemein auch *LAG Hamm* v. 14.8.1998, AP Nr. 208 zu § 611 BGB Gratifikation unter II 1.

59 Allgemein dazu bereits in § 4 III 2.

60 *BAG* v. 12.01.1973 AP Nr. 4 zu § 87a HGB unter II 1, III; v. 27.04.1982 AP Nr. 16 zu § 620 BGB Probearbeitsverhältnis unter II 1, 2 a; v. 8.9.1998 AP Nr. 6 zu § 87a HGB unter I 1.

61 *BAG* v. 12.01.1973 AP Nr. 4 zu § 87a HGB unter II 1 noch mit dem Hinweis, dass eine solche Vereinbarung gem. § 134 BGB nichtig sei. In jüngeren Entscheidungen folgt das BAG der Ansicht von der mittelbaren Drittwirkung der Grundrechte und stellt nur auf

2. Übertragbarkeit der Ergebnisse auf die Angemessenheitskontrolle

Fraglich ist nun, ob man im Rahmen der Angemessenheitskontrolle vorformulierter Rückzahlungsvorbehalte bzw. Bindungsklauseln für *synallagmatische* Leistungen nach § 307 Abs. 1, Abs. 2 BGB zu denselben Ergebnissen gelangt.

Die Entscheidungen betreffen zum einen die Fälle, in denen eine arbeitsleistungsbezogene Sonderzahlung bei Beendigung vor Ablauf einer bestimmten Frist zurückzuzahlen ist. Zum anderen wird die Zahlung einer Erfolgsbeteiligung vom Bestand eines ungekündigten Arbeitsverhältnisses zum Auszahlungszeitpunkt abhängig gemacht. In einer späteren Entscheidung werden diese Fallgestaltungen unter dem Oberbegriff Bindungsklauseln zusammengefasst, mit denen Lohn im engeren Sinne generell nicht belastet werden dürfe.[62] Während das BAG als Begründung für die Nichtigkeit solcher Regelungen zunächst auf § 134 BGB i.V.m. Art. 12 Abs. 1 GG abstellt und von einer unmittelbaren Drittwirkung der Grundrechte im Verhältnis zwischen Arbeitgeber und Arbeitnehmer ausgeht, wird die Unwirksamkeit der Bindungsklauseln in späteren Entscheidungen auf § 622 Abs. 6 BGB gestützt. Dies entspricht der Lehre von der mittelbaren Wirkung der Grundrechte, der sich das Gericht erst später angeschlossen hat.[63] Diese Ansicht geht davon aus, dass die Grundrechte nicht nur Abwehrrechte gegen staatliche Eingriffe gewähren, sondern den Staat auch verpflichten, Grundrechtsträger vor den Eingriffen Dritter zu schützen (Schutzgebotsfunktion der Grundrechte). Das Grundgesetz enthalte in seinem Grundrechtsabschnitt verfassungsrechtliche Grundentscheidungen für alle Bereiche des Rechts. Der objektive Gehalt der Grundrechte sei bei Anwendung und Auslegung der zivilrechtlichen Generalklauseln zu beachten.[64] Ein Eingriff kann insbesondere vorliegen, wenn zwischen zwei Vertragspartnern ein strukturelles Ungleichgewicht besteht und einer von beiden faktisch von seiner Vertragsfreiheit keinen Gebrauch machen kann. Von einer solchen Situation ist der Gesetzgeber grundsätzlich auch bei der Verwendung Allgemeiner Arbeitsbedingungen im Verhältnis von Arbeitgeber und Arbeitnehmer ausgegangen und hat aus diesem Grund den Anwendungsbereich der AGB-Kontrolle auch für das Arbeitsrecht eröffnet.[65] Daraus folgt, dass die grundrechtlichen Wertun-

§ 622 Abs. 6 BGB ab: so *BAG* v. 27.04.1982 AP Nr. 16 zu § 620 BGB Probearbeitsverhältnis unter II 1 noch zu § 622 Abs. 5 BGB a.F.; v. 20.08.1996, AP Nr. 9 zu § 87 HGB unter I 2; v. 8.9.1998 AP Nr. 6 zu § 87a HGB unter I 3.

62 Vergl. *BAG* v. 27.04.19982 AP Nr. 16 zu § 620 BGB unter II 2 a.

63 Vergl. *BAG* v. 27.2.1985 AP Nr. 14 zu § 611 BGB Beschäftigungspflicht unter C I 2.

64 *BVerfG* v. 15.1.1958, BVerfGE 7, 198, 205 f.; v. 19.10.1993, BVerfGE 89, 214, 229; v. 27.1.1998, BVerfGE 97, 169, 178. Zustimmend *ErfK/Dieterich* Einl. GG Rn. 33 ff.; *MünchArbR/Richardi* § 10 Rn. 10 ff. jeweils m.w.N.

gen nunmehr grundsätzlich im Rahmen der Inhaltskontrolle zu berücksichtigen sind, und ein angemessener Ausgleich zwischen den widerstreitenden Interessen, insbesondere den kollidierenden Grundrechtspositionen,[66] von Arbeitgeber und Arbeitnehmer herbeizuführen ist.

Im Hinblick auf die Rechtsprechung zu den Bindungsklauseln bedeutet dies, dass die Erwägungen zur Einschränkung der durch Art. 12 Abs. 1 GG geschützten Kündigungsfreiheit des Arbeitnehmers künftig im Rahmen der Inhaltskontrolle nach § 307 Abs. 1, Abs. 2 BGB als Generalklausel zu treffen sind. Im Ergebnis wird sich daher für vorformulierte Bindungsklauseln keine Änderung ergeben,[67] so dass solche Regelungen für synallagmatische Leistungen nach § 307 Abs. 1, Abs. 2 BGB auch nicht zulässig sind. Folglich kann weder die Gewährung solcher Zuwendungen verwehrt werden, sofern der Arbeitnehmer seine Arbeitsleistung bereits erbracht hat, noch können sie bei Beendigung des Arbeitsverhältnisses zurückgefordert werden. Werden diese Zahlungen indes für künftige Arbeitsleistungen gewährt, so entsteht unter Berücksichtigung der von der Rechtsprechung entwickelten Grundsätze lediglich ein ratierlicher Anspruch für den Zeitraum, in dem die Arbeitsleistung bereits erbracht wurde. Die Zuwendung ist entsprechend zu kürzen. Überzahlungen können demzufolge zurückgefordert werden.[68]

3. Übertragbarkeit der Ergebnisse auf die Inhaltskontrolle von Individualvereinbarungen

Bislang hat das BAG seine Inhaltskontrolle für Bindungsklauseln auf § 622 Abs. 6 BGB gestützt und den Anwendungsbereich dieser Norm unter Berufung auf ihren Sinn und Zweck weit ausgelegt. § 622 Abs. 6 BGB soll auch verletzt sein, wenn die Kündigung des Arbeitnehmers gegenüber der Kündigung des Arbeitgebers etwa wegen des damit verbundenen Verlustes erworbener Ansprüche erschwert sei.[69] Da die Anwendung von § 622 Abs. 6 BGB nicht nur auf vorformulierte Klauseln beschränkt ist, müsste das Gericht auch

65 Vergl. BT-Drucks 14/6857 v. 31.08.2001, S. 53 f.

66 Vergl. *BVerfG* v. 19.10.1993, BVerfGE 89, 214, 231 f.; v. 27.1.1998, BVerfGE 97, 169, 176.

67 So im Ergebnis auch die Einschätzung *ErfK/Preis*, §§ 305-310 BGB Rn. 91; *Gotthardt*, Schuldrechtsreform, Rn. 324.

68 Zu dieser Problematik noch in § 11 V 5.

69 *BAG* v. 12.01.1973, AP Nr. 4 zu § 87a HGB unter II 1; v. 6.9.1989, AP Nr. 27 zu § 622 BGB unter II 1; v. 20.8.1996, AP Nr. 9 zu § 87 HGB unter I 2; v. 8.9.1998 AP Nr. 6 zu § 87a HGB unter 3.; *ErfK/Müller-Glöge* § 622 BGB Rn. 100 ff.; *ErfK/Preis*, §§ 305-310 BGB Rn. 50.

individuell ausgehandelte Bindungsklauseln für *synallagmatische* Leistungen des Arbeitgebers weiterhin als unwirksam ansehen.

Dies ist aber im Hinblick auf die Änderung der Bereichsausnahme in § 310 Abs. 4 S. 2 BGB nicht unproblematisch. Wie bereits erläutert, führt diese Änderung dazu, dass man bei der Überprüfung der Wirksamkeit arbeitsvertraglicher Klauseln zwischen vorformulierten und individuell ausgehandelten Klauseln zu unterscheiden hat.[70] Individualvereinbarungen unterliegen gem. § 305 Abs. 1 S. 3 BGB nicht der Angemessenheitskontrolle, sondern lediglich einer untergeordneten, ergänzenden Kontrolle nach den allgemeinen Vorschriften wie z.B. der §§ 134, 138, 242 oder § 612a BGB.[71] Vor diesem Hintergrund wird für individuell vereinbarte Rückzahlungsklauseln eine Korrektur der Rechtsprechung gefordert, weil diese bislang nicht zwischen Individualvereinbarungen und vorformulierten Rückzahlungsklauseln unterscheide.[72]

Für die Kontrolle einer Vertragsklausel nach § 622 Abs. 4 BGB bedeutet dies, dass im Rahmen dieser Prüfung keine umfassende Interessenabwägung erfolgen soll wie im Rahmen der Angemessenheitskontrolle nach § 307 BGB. Auf der anderen Seite sind aber bei der Auslegung dieser Vorschrift nach wie vor in Übereinstimmung mit der Lehre von der mittelbaren Wirkung der Grundrechte die grundrechtlichen Wertungen aus Art. 12 Abs. 1 GG zu berücksichtigen.[73] Kommt es daher zur einseitigen Kündigungserschwerung zu Lasten des Arbeitnehmers, der keine berechtigten Interessen des Arbeitgebers entgegen stehen, so ist die in Art. 12 Abs. 1 GG geschützte Kündigungsfreiheit verletzt, zu deren Schutz die Vorschrift erlassen wurde. So verhält es sich aber bei Verfallklauseln, die dazu führen, dass dem Arbeitnehmer die für seine erbrachte Arbeitsleistung zugesagte Vergütung vorenthalten wird oder nachträglich wieder entfällt. Dem Arbeitgeber erwachsen hingegen bei Beendigung des Arbeitsverhältnisses keine Nachteile. Das Erlöschen der Vergütungspflicht ist für den Arbeitgeber eher vorteilhaft. Dient die Leistung unmittelbar der Vergütung des Arbeitnehmers, führt somit auch der individuell vereinbarte Verfall solcher Leistungen zu einer einseitigen Beschränkung seines Kündigungsrechts und zu einem Verstoß gegen § 622 Abs. 6 BGB.

Der Aspekt der einseitigen Kündigungserschwerung betrifft allerdings nur die Eigenkündigung des Arbeitnehmers. Offen ist hingegen, wie Vereinbarungen zu bewerten sind, welche die arbeitgeberseitige Kündigung und sonstige Beendigungsgründe mit einbeziehen. Einen Anhaltspunkt für die Bewertung liefert

[70] Allgemein dazu § 8 II3.
[71] *Lindemann*, Arbeitsbedingungen, S. 82 ff., 102; Stoffels, AGB-Recht, Rn. 382 f.
[72] *ErfK/Preis*, §§ 305-310 BGB Rn. 91; so auch *Gotthardt*, Schuldrechtsreform, Rn. 324.
[73] In diesem Sinne für die Auslegung zivilrechtlicher Generalklauseln *Lindemann*, Arbeitsbedingungen, S. 83.

die Aussage des BAG, nach der es willkürlich und mit dem Gleichbehandlungsgebot nicht vereinbar sei, wenn der Arbeitnehmer sein Arbeitsverhältnis ordnungsgemäß beendet und dennoch durch den Entzug eines bereits verdienten Vergütungsanteils bestraft werde.[74] Da der allgemeine arbeitsrechtliche Gleichbehandlungsgrundsatz im Arbeitsrecht übergreifend gilt, ist seine Anwendung nicht auf die Angemessenheitskontrolle vorformulierter Klauseln beschränkt.[75] In dieser Situation kommt es zur Ungleichbehandlung der ausscheidenden Arbeitnehmer mit den im Unternehmen verbleibenden. Diese kann allenfalls gerechtfertigt sein, wenn mit der Leistung die Betriebstreue honoriert werden soll. Da dieser Aspekt bei synallagmatischen Vergütungsformen, die allein für die Arbeitsleistung vergüten sollen, keine entscheidende Rolle spielt und andere Gründe für eine Differenzierung nicht ersichtlich sind, ist die Ungleichbehandlung durch die Verfallklauseln generell nicht gerechtfertigt. Folglich wären auch individuell ausgehandelte Klauseln mit dem arbeitsrechtlichen Gebot zur Gleichbehandlung generell nicht vereinbar, die zum Verfall von *synallagmatischen* Vergütungsbestandteilen bei Beendigung des Arbeitsverhältnisses führen würden.

4. Maßstab für die Inhaltskontrolle vorformulierter Verfallklauseln für Aktienoptionen als *synallagmatische* Vergütung

Es stellt sich nun die Frage, ob diese Überlegungen zu den vorformulierten Bindungsklauseln bei freiwilligen Sonderzahlungen bzw. Erfolgsbeteiligungen auf vorformulierte Verfallklauseln für Aktienoptionen übertragen werden können.

Sofern diese als variabler Teil der *synallagmatischen* Vergütung gewährt werden, können sie unter Berücksichtigung des mit ihnen verfolgten Zwecks sowohl als erfolgsorientierte Vergütungsform wie auch als arbeitsleistungsbezogene Sonderzahlung in das arbeitsrechtliche Vergütungssystem eingeordnet werden.[76] Im Weiteren bleibt daher zu untersuchen, inwieweit die Auswirkungen der Bindungsklauseln mit denen der Verfallklauseln in Aktienoptionsprogrammen vergleichbar sind, weil davon die Übertragbarkeit der Grundsätze abhängt.

74 *BAG* v. 13.9.1974, AP Nr. 84 zu § 611 BGB Gratifikation unter 2 b.
75 Dazu bereits in § 6 IV 1.
76 Dazu bereits § 4 III 2 e sowie IV 5.

a) Auswirkungen auf die Kündigungsentscheidung des Arbeitnehmers

Mit dem Verfall der Aktienoptionen wird dem Arbeitnehmer die Chance auf den Bezug der Aktien und damit eines späteren Vermögenszuflusses genommen. Sofern die Optionen „im Geld" stehen, also der Aktienkurs über dem Basispreis liegt, ist damit sogar der Entzug eines messbaren Vermögenswertes verbunden. Der Verlust von vermögenswerten Vorteilen ist jedenfalls geeignet, den Entschluss des Arbeitnehmers, sein Arbeitsverhältnis zu beenden, zu beeinflussen. Die Aussicht auf die Ausübung der Optionen und den Erwerb der Aktien unter Börsenkurs mit der Möglichkeit eines anschließenden gewinnbringenden Verkaufs kann dazu führen, dass der Arbeitnehmer die Kündigung bis zum nächsten Ausübungstermin verschiebt. Andererseits ist die Bindungswirkung der Verfallklausel wesentlich schwächer, sofern die Aktienoptionen noch nicht ausgeübt werden können oder wegen der ungünstigen Entwicklung des Aktienkurses nahezu wertlos sind.

Vor diesem Hintergrund ist der Auffassung zu widersprechen, die davon ausgeht, dass der durchschnittliche Empfänger den Aktienoptionen vor Ausübung keinen besonderen Wert beimesse, weil unsicher sei, ob und welchen Wert eine Aktienoption habe.[77] Zwar ist der genaue Wert einer Aktienoption rechnerisch nur sehr schwer festzustellen,[78]der Optionsinhaber kann ihn aber zumindest überschlägig als Differenz zwischen Aktienkurs und Basispreis ermitteln und seiner Entscheidung zugrunde legen. Werden die Aktienoptionen des Unternehmens an der Börse gehandelt, kann deren Kurs zum Vergleich herangezogen werden.

Zu berücksichtigen ist allerdings, dass die Aktienoptionen regelmäßig nicht übertragen werden können, und ihr Wert vor Ablauf der Wartefrist bzw. vor Erreichen der Erfolgsziele noch nicht realisiert werden kann. Sie stellen lediglich einen reinen Buchwert dar. Aus diesem Grund ist die beschränkende Wirkung auf die Kündigungsfreiheit im Vergleich mit der Rückzahlung einer Sonderzahlung, über die der Arbeitnehmer möglicherweise bereits verfügt hat, schwächer einzuordnen.[79]

Auf der anderen Seite kann die Gefahr des Verfalls bei einer ungünstigen Kursentwicklung nicht dazu führen, dass den Aktienoptionen grundsätzlich kein

[77] *Lingemann/Diller/Mengel*, NZA 2000, 1191, 1195.

[78] Vergl. zur unsicheren Berechnung nach der Black/Scholes-Formel § 2 III 2 e bb.

[79] Zu diesem Ergebnis kommen auch *Binder*, S. 116 ff.; *Pulz*, Personalbindung, S. 128 f.; *ders.*, BB 2004, 1107, 1112, die die Verfallklauseln in ihrer Bindungswirkung zwischen den Stichtags- und Rückzahlungsklauseln einordnen.

Vermögenswert beizumessen ist und sie daher generell nicht mit Erfolgsbeteiligungen vergleichbar sind. Denn bei der Inhaltskontrolle vorformulierter Vertragsbedingungen ist ein genereller, überindividueller Maßstab zu Grunde zu legen. Auf die nachteilige Auswirkung im Einzelfall kommt es gerade nicht an.[80] Folglich kann die unsichere Aussicht auf eine gewinnbringende Ausübung der Aktienoptionen grundsätzlich nicht dazu führen, dass ihre beschränkende Wirkung auf den Kündigungsschluss im Rahmen der Inhaltskontrolle der Verfallklauseln unberücksichtigt bleibt.

Eine solche Beschränkung der in Art. 12 Abs. 1 GG geschützten Kündigungsfreiheit des Arbeitnehmers verstößt wie die vergleichbaren, bislang von der Rechtsprechung entschiedenen Fallgestaltungen zu anderen synallagmatischen Vergütungsformen gegen das Leitbild des § 622 Abs. 4 BGB.

Im Ergebnis ist somit die Auffassung in der Literatur abzulehnen, die davon ausgeht, dass die restriktive Rechtsprechung zu den Erfolgsbeteiligungen auf die Aktienoptionen nicht zu übertragen sei, weil die durch die Aktienoptionen verkörperte Chance auf einen späteren Kursgewinn bzw. spätere vermögenswerte Vorteile äußerst unsicher sei.[81] Gegen sie spricht außerdem, dass auch bei der Einräumung jeder anderen Erfolgsbeteiligung unsicher ist, ob sie sich für den Arbeitnehmer als werthaltig erweisen wird. Macht das Unternehmen in einem Jahr keinen Gewinn oder wird ein vertraglich festgelegter Mindesterfolg nicht überschritten, so erhält der Arbeitnehmer ebenfalls keine Leistungen. Diese Situation ist mit der bei der Einräumung der Aktienoptionen durchaus vergleichbar.

b) Auswirkungen auf die Gegenleistung und Zwischenergebnis

Dieser Leitbildverstoß bezieht sich jedoch nur auf die Beendigung des Arbeitsverhältnisses durch Eigenkündigung des Arbeitnehmers. Die übrigen Beendigungsgründe wie die arbeitgeberseitige Kündigung oder die einvernehmliche Beendigung durch Auflösungsvertrag sind davon nicht tangiert. Über den kündigungshemmenden Aspekt hinaus ist jedoch zu berücksichtigen, dass die Aktienoptionen als Vergütung der Arbeitsleistung gewährt werden. Dies kann grundsätzlich nachträglich für die bereits erbrachte Arbeitsleistung erfolgen. Da allerdings die künftige Entwicklung des Aktienkurses den Bezugspunkt der Vergütung bildet, beziehen sich die Aktienoptionen bei Ausgabe regelmäßig auf die noch zu erbringende Arbeitsleistung.[82] Die Dauer der Vergütungsperiode

[80] Vergl. *ErfK/Preis*, §§ 305-310 BGB Rn. 42; *Gotthardt*, Schuldrechtsreform, Rn. 296; *Staudinger/Coester*; § 9 AGBG Rn. 172 f.

[81] So *Baeck/Diller*, DB 1998,1405, 1408 und *Legerlotz/Laber*, DStR 1999, 1658, 1663. In diesem Sinne auch *Bauwens*, S. 99; *Lingemann/Diller/Mengel*, NZA 2000, 1191, 1195.

richtet sich danach, in welchen zeitlichen Abständen den Begünstigten Aktienoptionen als variabler Vergütungsbestandteil eingeräumt werden. Dies kann je nach Gestaltung des Aktienoptionsprogramms oder vertraglicher Vereinbarung jährlich gestaffelt oder für einen längeren Zeitraum sein. Den Endpunkt der Vergütungsperiode bildet zudem die Neuauflage eines neuen Programms bzw. die Ausgabe neuer Aktienoptionen, obgleich das Vorgängermodell noch nicht abgelaufen ist. Hat der Arbeitnehmer seine Arbeitsleistung in dem entsprechenden Zeitraum bereits ganz oder teilweise erbracht, so führt der Verfall dazu, dass nachträglich ein Teil seiner bereits verdienten Vergütungsleistung entzogen wird. Der Verfall der Aktienoptionen bei Beendigung des Arbeitsverhältnisses wirkt sich somit unmittelbar auf das Verhältnis von Leistung und Gegenleistung aus. Dies widerspricht nicht nur dem Wesen des Arbeitsvertrages, wonach sich der Arbeitnehmer zur Arbeitsleistung und der Arbeitgeber zur Entgeltzahlung verpflichtet. Es wäre zudem wegen der synallagmatischen Verknüpfung von Leistung und Gegenleistung bedenklich, wie sie in § 326 Abs. 1 S. 1 BGB zum Ausdruck kommt.[83] Auf diesen Gesichtspunkt stellt auch die Rechtsprechung ab, wenn sie betont, dass dem Arbeitnehmer bereits verdienter Lohn, für den er die Arbeitsleistung bereits erbracht hat, nicht mehr durch Bindungsklauseln entzogen werden könne.[84] Verfallklauseln für Aktienoptionen als Teil der *synallagmatischen* Vergütung verstoßen daher gegen das dem BGB in § 326 Abs. 1 S. 1 zu Grunde liegende Leitbild.[85] Diese Regel kommt darüber hinaus in § 628 Abs. 1 S. 1 BGB zum Ausdruck. Zwar gilt die Vorschrift unmittelbar nur für die Fälle der außerordentlichen bzw. durch vertragswidriges Verhalten ausgelösten Kündigungen.[86] Ihr ist aber der allgemeine Grundsatz bzw. das Leitbild zu entnehmen, dass dem Vertragspartner bei der Beendigung von Dauerschuldverhältnissen grundsätzlich eine seiner erbrachten Leistung entsprechende Vergütung zusteht.[87] Bezogen auf den Arbeitnehmer bedeutet dies, dass er grundsätzlich einen Anspruch auf eine Teilvergütung hat, sofern das Arbeitsverhältnis vor Ablauf der Vergütungsperiode endet.

Zu überlegen bleibt allerdings, ob bei einer arbeitgeberseitigen verhaltens- oder personenbedingten Kündigung anders zu entscheiden ist, weil in diesen Fällen die Ursache für die Beendigung des Arbeitsverhältnisses allein aus der Sphäre des Arbeitnehmers stammt. Der generelle Verfall der Aktienoptionen bei der Beendigung aus personen- oder verhaltensbedingten Gründen ist jedoch pro-

[82] Zu dieser Ausrichtung bereits in § 1 I 2 sowie in § 3 I 4.

[83] Ähnlich *Binder*, S. 245 f.

[84] Vergl. *BAG* v. 13.09.1974, AP Nr. 84 zu § 611 BGB Gratifikation unter 2 b; v. 27.04.1982, AP Nr. 16 zu 620 BGB unter II 2 a.

[85] In diesem Sinne auch *Binder*, S. 246; *Scheuer*, S. 109.

[86] *BAG* v. 24.10.1994, NJW 1994, 1069, 1070; *MünchKomm/Henssler*; § 628 Rn. 5 f.

[87] In diesem Sinne *ErfK/Müller-Glöge*, § 628 BGB Rn. 8.

blematisch, weil sich die Kündigungsgründe nicht zwangsläufig im Minderwert der Arbeit widerspiegeln. Der Verfall käme aber dann einer unzulässigen Sanktion gleich. Will man diese Fälle regeln, so kommen als Instrumentarien die Vertragsstrafe oder eine Betriebsbußenordnung in Betracht. Die Verfallklauseln sind jedenfalls kein geeignetes Instrument, wenn die Kündigung z.B. wegen einer Beleidigung des Vorgesetzten erfolgt, der Arbeitnehmer seine Arbeit aber sehr gut erledigt hat.

Standardisierte Verfallklauseln bei Aktienoptionen als variablem *synallagmatischem* Vergütungsbestandteil, die dazu führen, dass diese trotz teilweise erbrachter Arbeitsleistung vollständig verfallen, sind damit im Ergebnis unzulässig.[88]

c) Andere Auffassungen in der Literatur

In der Literatur werden abweichend von diesem Ansatz teilweise andere Ansätze für die Kontrolle vorgeschlagen, die abschließend im Vergleich aufgezeigt werden.

aa) Abweichender Kontrollmaßstab

Andere Autoren wollen bei der Kontrolle von Verfallklauseln auf die Rechtsprechung des BAG zum kündigungsschutzrechtlichen Kernbereich des Arbeitsverhältnisses abstellen.[89] Dabei geht es um die Frage, inwieweit sich der Arbeitgeber für bestimmte Leistungen ein Widerrufsrecht als einseitiges Leistungsbestimmungsrecht vorbehalten kann, ohne den unverzichtbaren Änderungskündigungsschutz in §§ 2, 1 Abs. 2 KSchG zu umgehen. Eine objektive Umgehung wird dann angenommen, wenn das Leistungsbestimmungsrecht in den Kernbereich des Arbeitsverhältnisses eingreift. Dies sei anzunehmen, wenn wesentliche Elemente des Arbeitsvertrages einer einseitigen Änderung unterliegen würden, durch die das Gleichgewicht zwischen Leistung und Gegenleistung grundlegend gestört werde.[90]

---

88 Ebenso im Ergebnis *Binder*, S. 244 ff., 249.

89 Grundlegend *Buhr/Radtke*, DB 2001, 1882, 1885; ebenso *Busch*, BB 2000, 1294, 1296. In diesem Sinne wohl auch *Mechlem/Melms*, DB 2000, 1614, 1615, die andeuten, in Extremfällen, in denen die Aktienoptionen einen erheblichen Teil der Vergütung bildeten, sei u.U. anders zu entscheiden.

90 *BAG* v. 7.10.1982, AP Nr. 5 zu § 620 BGB Teilkündigung unter III 1 b; v. 13.5.1987, AP Nr. 4 zu § 305 BGB Billigkeitskontrolle unter II 2; v. 15.11.1995, AP Nr. 20 zu § 1 TVG Tarifverträge: Lufthansa unter II 1; v. 28.5.1997, AP Nr. 36 zu § 611 BGB Arzt-Krankenhaus-Vertrag unter A I 2 a.

Die Rechtsprechung zum Kernbereich bezieht sich also auf einseitige Leistungsbestimmungsrechte des Arbeitgebers. Sie räumen dem Arbeitgeber die Möglichkeit ein, arbeitsvertragliche Bedingungen für die Zukunft einseitig zu ändern. Bei den hier betroffenen Klauseln geht es hingegen um den Verfall von Vergütungsbestandteilen als Folge einer Kündigung. Bei der Eigenkündigung des Arbeitnehmers tritt diese Folge sogar unabhängig vom Entschluss des Arbeitgebers ein. Bei der arbeitgeberseitigen Kündigung ist der Verfall lediglich mittelbare Folge seines Entschlusses. Soweit die Verfallklauseln zum nachträglichen Wegfall von Vergütungsansprüchen führen, für welche die Arbeitsleistung bereits erbracht wurde, ist dies ohnehin keine Frage, welche durch die Heranziehung der Grundsätze zur Änderungskündigung beantwortet werden könnte, weil sich die Änderungskündigung nur auf künftige Änderungen bezieht. Sind hingegen Ansprüche betroffen, für welche die Arbeitsleistung noch nicht erbracht wurde und wegen der Beendigung des Arbeitsverhältnisses auch nicht mehr erbracht werden kann, so ist dies ebenfalls keine Frage des Änderungskündigungsschutzes, der gerade den Fortbestand des Arbeitsverhältnisses voraussetzt. Da bei der Beurteilung der Verfallklauseln demnach andere Fragestellungen betroffen sind, ist die Rechtsprechung zum Kernbereich des Arbeitsverhältnisses nicht übertragbar.[91] Ihr sind aber Anhaltspunkte dafür zu entnehmen, in welchem Umfang Aktienoptionen als variabler synallagmatischer Vergütungsbestandteil neben einer fixen Grundvergütung gewährt werden können. Dies betrifft jedoch eine andere Form der Inhaltskontrolle.[92] Im Ergebnis ist diese Ansicht folglich abzulehnen.

bb) Gleichstellung der Aktienoptionen als synallagmatischer und sonstiger Vergütungsbestandteil

Die überwiegende Anzahl der Stellungnahmen zu den Verfallklauseln in Aktienoptionsprogrammen differenzieren im Gegensatz zu der hier vertretenen Auffassung nicht danach, ob die Aktienoptionen als variabler synallagmatischer Vergütungsbestandteil oder als sonstige zusätzliche Leistung zur laufenden Grundvergütung gewährt werden.[93] Man geht davon aus, dass die Aktienoptionen grundsätzlich auch zur Belohnung der Betriebstreue als eine Art gemischte Sonderzahlung und damit als Entgelt im weiteren Sinne oder im Rahmen eines Mitarbeiterbeteiligungsprogramms jeweils als zusätzliche freiwillige Leistung gewährt werden.[94] Die vorangegangenen Erörterungen haben

[91] Im Ergebnis ebenso *Binder*, S. 237 ff.; *Pulz*, Personalbindung, S. 127; *ders.*, BB 2004, 1107, 1110.

[92] Vergl. § 8 II 2 d.

[93] Vergl. die Darstellung zum Meinungsstand oben unter § 11 III 2, 4.

indes gezeigt, dass wegen der unterschiedlichen Vergütungspraxis eine Differenzierung in dieser Form dringend geboten ist. Dem stehen die genannten Auffassungen allerdings nicht entgegen, weil sie die Aktienoptionen als *synallagmatische* Vergütungsform nicht thematisieren. Lediglich eine Auffassung lehnt die Unterscheidung danach, ob Aktienoptionen als Entgelt im engeren synallagmatischen oder im weiteren Sinne gewährt werden, ausdrücklich ab. Insoweit gebe es keine scharfe Zweiteilung, nach der Bindungsklauseln bei Aktienoptionen als Entgelt im weiteren Sinne zulässig und als Entgelt im engeren Sinne unzulässig seien. Vielmehr gebe es fließende Übergänge je nach vertraglicher Ausgestaltung. Die Abgrenzung müsse daher in der Form erfolgen, dass eine Verfallklausel in desto engerem Umfang zulässig sei, je näher die Aktienoption in den Bereich des Entgelts im engeren Sinne rücke. Unschärfen bei der exakten Bestimmung der maximal zulässigen Bindungsräume werden dabei ausdrücklich in Kauf genommen.[95]

Diese Auffassung kann allerdings aus zweierlei Gründen nicht überzeugen. Zum einen lässt sie die genannten Wertungsgesichtspunkte außer Acht, und setzt sich zum anderen über die Systematik im Bereich der arbeitsrechtlichen Vergütung hinweg. Wird eine vermögenswerte, wenn auch unsichere Leistung als unmittelbare Gegenleistung für die Arbeitsleistung vereinbart, so wird zwischen beiden ein synallagmatisches Verhältnis begründet, welches das Schicksal der beiden Leistungen miteinander verknüpft. Die Erbringung der Arbeitsleistung führt zwangsläufig zum Anspruch auf die Gegenleistung. Umgekehrt entfällt der Anspruch gem. § 326 Abs. 1 BGB automatisch, wenn diese nicht erbracht wird. Treffen die Parteien hingegen Vereinbarungen, wonach diese enge finale Beziehung aufgehoben wird, so liegt kein Synallagma mehr vor. Einen „fließenden Übergang", von dem diese Auffassung ausgeht, kann es daher nicht geben. Geht aus den Vereinbarungen hervor, dass eine solche finale Beziehung zwischen Leistung und Gegenleistung gewollt ist, so führen davon abweichende Vereinbarung zu einer Aufweichung dieser Beziehung. Deren Zulässigkeit ist nach den obigen Ausführungen von der Rechtsordnung nicht gedeckt. Aus diesen Gründen ist diese abweichende Auffassung abzulehnen.

---

94 In diesem Sinne *Baeck/Diller*, DB 1998, 1405; *Legerlotz/Laber*, DStR 1999, 1658; *Schanz*, NZA 2000, 626.

95 *Pulz*, Personalbindung, S. 126. In diesem Sinne auch *Bauwens*, S. 98 ff., allerdings ohne nähere Begründung.

d) Ergebnis zur Angemessenheitskontrolle vorformulierter Verfallklauseln für Aktienoptionen als *synallagmatische* Vergütung

Es ist also festzuhalten, dass vorformulierte Klauseln in Aktienoptionsprogrammen, die den vollständigen Verfall der Aktienoptionen als *synallagmatischen* Vergütungsbestandteil unabhängig davon, ob die Arbeitsleistung dafür bereits erbracht wurde und für jede Form der Beendigung des Arbeitsverhältnisses vorsehen, einer Inhaltskontrolle im Rahmen des § 307 Abs. 1, Abs. 2 BGB nicht Stand halten.

5. Rechtsfolgen bei Unwirksamkeit vorformulierter Verfallklauseln für Aktienoptionen als *synallagmatische* Vergütung

a) Mögliche Lösungswege

Der Verstoß gegen § 307 Abs. 1, Abs. 2 BGB könnte dazu führen, dass die Verfallklausel insgesamt unwirksam ist. In diesem Fall würden dem Arbeitnehmer die eingeräumten Aktienoptionen in vollem Umfang erhalten bleiben. Dieses Ergebnis ist aber nur für diejenigen Fallkonstellationen angemessen, in denen die Optionen für die bereits erbrachte Arbeitsleistung gewährt werden. Wahrscheinlicher sind aber solche Fälle, in denen die Beendigung des Arbeitsverhältnisses vor Ablauf der Vergütungsperiode dazu führt, dass die Arbeitsleistung in dem entsprechenden Zeitraum nur teilweise erbracht werden kann. Da die Aktienoptionen der langfristigen und nachhaltigen Verhaltenssteuerung sowie der Motivation zur künftigen Unternehmenswertsteigerung während der Laufzeit der Optionen dienen,[96] werden sie regelmäßig nicht für die bereits erbrachte, sondern die künftige Arbeitsleistung zu Beginn der Vergütungsperiode gewährt. Dieser Zweck kann aber bei vorzeitiger Beendigung des Arbeitsverhältnisses teilweise nicht erreicht werden. Daher ist es mit dieser Zielsetzung nicht vereinbar, wenn man einem Mitarbeiter, der noch vor Ablauf der Vergütungsperiode ausscheidet, alle Aktienoptionen belassen würde. Infolge seines Ausscheidens kann er schließlich keinen Beitrag mehr zu diesem Ziel leisten. Angemessen wäre daher eine Lösung, nach der die Verfallklauseln nur in dem Umfang zulässig sind, wie sie sich auf den noch nicht abgelaufenen Vergütungszeitraum bzw. die noch ausstehende Arbeitsleistung beziehen. Es bietet sich also an, einen *ratierlichen* Anspruch des vorzeitig ausscheidenden

[96] Zu dieser Ausrichtung bereits in § 1 I 2 sowie in § 3 I 4.

Mitarbeiters anzunehmen. Demzufolge dürfen die Aktienoptionen für den abgelaufenen Vergütungszeitraum in dem Umfang verfallen, wie es dem Verhältnis der gesamten Vergütungsperiode zu dem bereits abgelaufenen Zeitraum, in dem die Arbeitsleistung erbracht wurde, entspricht.

b) Rechtsfolgen und Anpassungsmöglichkeiten im Wege ergänzender Vertragsauslegung

Eine solche Lösung, wonach die Vereinbarung nur insoweit wirksam ist, wie sie mit dem Gesetz nicht vereinbar ist, entspricht letztlich auch der Regelung in § 306 Abs. 1 BGB. Unter Berücksichtigung von § 306 Abs. 2 BGB richtet sich der Inhalt des Vertrags dann grundsätzlich nach den gesetzlichen Vorschriften.

aa) Rückabwicklung bei Vorauszahlung

Für den anteiligen Verfall der Aktienoptionen bei Beendigung des Arbeitsverhältnisses während der laufenden Vergütungsperiode gibt es unmittelbar keine gesetzliche Vorschrift. Die Fallgestaltung ist jedoch mit denjenigen Fällen vergleichbar, in denen der Arbeitgeber dem Arbeitnehmer eine Vorauszahlung bzw. einen Vorschuss auf den noch nicht verdienten Lohn leistet.[97] Der Rückgewähranspruch des Arbeitgebers beruht in diesen Fällen primär auf der Vorschussvereinbarung und subsidiär auf dem Bereicherungsrecht.[98]

Vor diesem Hintergrund geht eine Auffassung ohne weiteres davon aus, dass der Arbeitgeber in solchen Situationen mit der Einräumung einen Vorschuss erbracht hat, der nach arbeitsrechtlichen Regelungen auf der Grundlage der Vorschussvereinbarung für die Zeiten anteilig zurückgefordert werden kann, in denen die Arbeitsleistung nicht erbracht worden ist. Die Rückgewähr der Aktienoptionen erfolge dabei durch ihren Verfall.[99]

Bei dieser Konstruktion wird aber übersehen, dass mit den Verfallklauseln besondere vertragliche Regelungen zur Rückabwicklung für den Fall getroffen worden sind, in dem das Arbeitsverhältnis vorzeitig beendet wird. Diese Klauseln sind aber bei synallagmatischer Gewährung der Aktienoptionen gerade unwirksam, weil sie den vollständigen Verfall auch für Zeiten anordnen, in denen die Arbeitsleistung bereits ordnungsgemäß erbracht worden ist. Ist diese Klausel aber unwirksam, so können ihr keine Rechtsfolgen für die Rückabwicklung entnommen werden.

97 Vergl. *ErfK/Preis*, § 614 BGB Rn. 19.
98 Vergl. *BAG* v. 25.03.1976, AP Nr. 9 zu § 65 HGB unter I 1.
99 *Binder*, S. 251 f.

Eine Lösung für die Rückabwicklung ist aber möglicherweise durch die Auslegung der Vergütungsvereinbarung zu ermitteln, die im Hinblick auf die Einräumung der Aktienoptionen geschlossen worden ist. Daraus ergibt sich, dass die Aktienoptionen im Hinblick auf die künftige Arbeitsleistung während der gesamten Vergütungsperiode gewährt werden. Umgekehrt kann ihr ebenso entnommen werden, dass die Optionen zurückzugewähren sind, sofern dies wegen vorzeitiger Beendigung des Arbeitsverhältnisses ganz oder zum Teil nicht der Fall ist. Dies entspricht überdies der Regelung in § 812 Abs. 1 S. 1 BGB, wonach der Arbeitnehmer die Aktienoptionen ebenfalls herauszugeben hätte. Die Regel findet sich zudem in § 628 Abs. 1 S. 3 BGB, wonach der Arbeitnehmer bei der Vorleistung der Vergütung zur Rückerstattung dessen verpflichtet ist, was er bereits für die spätere Zeit erhalten hat. Zwar gilt die zuletzt genannte Vorschrift unmittelbar nur im Zusammenhang mit außerordentlichen bzw. durch vertragswidriges Verhalten ausgelösten Kündigungen.[100] Daraus ist aber der allgemeine Grundsatz abzuleiten, dass sich für die im Voraus gezahlte Vergütung eine teilweise Rückgewährpflicht ergeben kann.

Die Rückerstattung im Rahmen von § 812 Abs. 1 S. 1 BGB ist in der Regel das Spiegelbild der Einräumung und erfolgt bei den Aktienoptionen durch den Gewährungsvertrag.[101] Folglich müssen diese vertraglich zurückübertragen werden und verfallen nicht automatisch mit der Beendigung des Arbeitsverhältnisses, weil die Vereinbarung der auflösenden Bedingung in Form der Verfallklausel unwirksam ist. Technisch geschieht dies durch einen Auftrag an die Depot führende Bank, die Aktienoptionen an das Arbeitgeberunternehmen zurückzuübertragen.[102] Diese Lösung ist jedoch für beide Parteien aufwendig. Für den Arbeitnehmer ist sie nachteilig, weil er der Bank einen eventuell gebührenpflichtigen Auftrag erteilen muss. Für das Unternehmen entsteht ein vermehrter Verwaltungsaufwand, weil es die Rückübertragung überwachen und im ungünstigen Fall den Arbeitnehmer im Wege der Zwangsvollstreckung gesondert dazu anhalten muss. Für beide Parteien wäre es folglich vorteilhafter, wenn die Optionen bei Beendigung des Arbeitsverhältnisses als Eintritt der auflösenden Bedingung i.S.v. § 158 Abs. 2 BGB automatisch verfallen würden.[103] In diesem Fall müsste das Unternehmen - zur Vermeidung von Missbräuchen mit Zustimmung des Arbeitnehmers - lediglich eine Mitteilung an die Depot führende Bank senden, welche die Aktienoptionen daraufhin im Depot löschen könnte. Die im Wege der Auslegung der Vergütungsvereinbarung gefundene Lösung, die auch dem dispositiven Gesetzesrecht entspricht,

[100] BAG v. 24.10.1994, NJW 1994, 1069, 1070; *MünchKomm/Henssler*; § 628 Rn. 5 f.
[101] Vergl. § 1 IV 2 b.
[102] Zur technischen Abwicklung unter Einschaltung einer Bank bereits in § 3 II 9.
[103] Zur Rechtsnatur der Verfallklauseln bereits in der Einleitung zu § 11.

ist also im Vergleich mit der in der unwirksamen Verfallklausel vorgesehenen Abwicklung umständlicher und unter Berücksichtigung der Parteiinteressen für beide Seiten nicht von Vorteil.

bb) Instrumente zur Ersetzung unwirksamer Klauseln

Ist eine Allgemeine Geschäftsbedingung unwirksam, so ordnet § 306 BGB im Gegensatz zu § 139 BGB an, dass der Vertrag trotzdem im Übrigen wirksam bleibt. Gem. § 306 Abs. 2 BGB tritt dann an die Stelle der unwirksamen Klausel das dispositive Gesetzesrecht. Probleme treten allerdings auf, sofern geeignete dispositive Vorschriften fehlen oder zu keiner interessengerechten Lösung führen[104], welche die unwirksame Vertragsklausel angemessen auszufüllen vermag, und die schlichte Streichung der unwirksamen Klausel ebenfalls keine angemessene und den typischen Parteiinteressen Rechnung tragende Lösung bietet. In dieser Situation kann nach der ganz h.M. im allgemeinen Zivilrecht grundsätzlich der Weg über die ergänzende Vertragsauslegung beschritten werden.[105] Dies wird teilweise auf §§ 133, 157 BGB „als gesetzliche Vorschriften" i.S.v. § 306 Abs. 2 BGB[106] oder auf die Überlegung gestützt, dass die richterliche Vertragsergänzung nicht ausgeschlossen sei, wenn es an geeignetem dispositiven Recht fehle.[107] Sie ist im Verhältnis zur Lückenschließung durch das dispositve Recht subsidiär und setzt voraus, dass der Regelungsplan infolge der Lücke einer Vervollständigung bedarf.[108] An die Stelle der unwirksamen Klausel tritt dann eine angemessene Regelung, die bei sachgerechter Abwägung der beiderseitigen Interessen der Parteien redlicher Weise vereinbart worden wäre, wenn den Parteien die Unwirksamkeit bekannt gewesen wäre.[109]

Abzugrenzen ist diese Möglichkeit allerdings von dem in § 306 Abs. 2 BGB normierten Verbot der geltungserhaltenden Reduktion. Danach dürfen Klauseln, die eine vom gesetzlichen Normalfall abweichende Regelung treffen, nicht insoweit aufrecht erhalten werden, wie sie gerade noch rechtlich zulässig sind.[110]

---

104 So *Lindacher* in: Wolf/Horn/Lindacher, AGBG, § 6 Rn. 16.

105 Für diese Möglichkeit jetzt ausdrücklich *BAG* v. 12.1.2005, NZA 2005, 465, 468 f.; *BAG* v. 7.12.2005, NZA 2006, 423, 428; *LAG Hamm* v. 11.5.2004, NZA-RR, 515, 519 f. Eher ablehnend z.B. *Götz*, NJW 1978, 2223, 2224; *Löwe* Anm. zu OLG Düsseldorf v. 16.09.1983, BB 1983, 2014; *Trinkner*, Anm. zu BGH v. 19.09.1983, BB 1983, 1874, 1875 f.

106 *BGH* v. 01.02.1984, NJW 1984, 1177, 1178 m.w.N.; v. 03.11.1999, NJW 2000, 1110, 1114; *MünchKomm/Basedow*, § 306 Rn. 22 f., 26.

107 So z.B. *Lindacher* in: Wolf/Horn/Lindacher, AGBG, § 6 Rn. 15. *H. Schmidt* in: Ulmer/Brander/Henssen, AGBG § 6 Rn. 34 f.

108 *BGH* v. 03.11.1999, NJW 2000, 1110, 1114.

109 *BGH* v. 01.02.1984, NJW 1984, 1177 f. und jetzt *BAG* v. 7.12.2005, NZA 2006, 423, 428.

Auf diese Weise soll verhindert werden, dass der Verwender ohne Risiko rechtlich nicht zulässige Klauseln verwenden kann, die von der Rechtsprechung auf das zulässige Maß zurückgeführt werden. Für den Bereich des Arbeitsrechts ist allerdings umstritten, ob die „Besonderheiten des Arbeitsrechts" i.S.v. § 310 Abs. 4 S. 2 BGB nicht grundsätzlich eine geltungserhaltende Reduktion im Wege der ergänzenden Vertragsauslegung rechtfertigen.[111] Hintergrund ist die Rechtsprechung zur bisherigen Rechtslage. So hat das BAG für das Arbeitsrecht bislang anders entschieden und z.B. im Bereich der Rückzahlungsklauseln mit überlanger Bindungswirkung oder der Kürzungsvereinbarungen für die Nichtleistung von Arbeit die überschießenden Vertragsbedingungen auf das seiner Ansicht nach zulässige Maß zurückgeführt. [112] Die geltungserhaltende Reduktion führt dazu, dass die Klausel nicht insgesamt unwirksam ist, sondern abweichend vom gesetzlich geregelten Normalfall insoweit aufrecht erhalten wird, wie dies nach dem Gesetz gerade noch zulässig ist. Sie liegt daher in erster Linie im Interesse des Verwenders. Demgegenüber wird im Wege der ergänzenden Vertragsauslegung eine angemessene Regelung zur Schließung der Vertragslücke gesucht, welche die Interessen beider Vertragspartner unter Berücksichtigung von Treu und Glauben sowie des vertraglichen Sinnzusammenhangs berücksichtigt.[113]

cc) Zulässigkeit der ergänzenden Vertragsauslegung bei Verfallklauseln mit überlanger Bindungswirkung

Wenn das Arbeitsverhältnis vor Ablauf der Vergütungsperiode endet, stellt das dispositive Recht mit § 812 Abs. 1 S. 1 BGB eine Regelung für die Rückabwicklung bereit. Daher ist fraglich, ob man bei der Abwicklung überhaupt von

[110] Vergl. *LAG Köln* v. 01.02.2001, NZA-RR 2001, 461, 463; *Willemsen/Grau*, RdA 2003, 321, 324.

[111] Für diese Möglichkeit z.B. *Henssler*, RdA 2002, 129, 137; *Hromadka*, NJW 2002, 2523, 2529; *Söllner*, ZfA 2003, 145, 157 ff.; *Thüsing*, NZA 2002,591, 594; *Willemsen/Grau*, RdA 2003, 321, 326 f. Ablehnend *LAG Hamm* v. 11.5.2004, NZA-RR 2004, 515, 519 f.; *ErfK/Preis*, §§ 305-310 BGB Rn. 100; *Gotthardt*, Schuldrechtsreform, Rn. 290; *Lindemann*, Arbeitsbedingungen, S. 240 ff.; *Lingemann*, NZA 2002, 181, 186; *Reinecke*, DB 2002, 583, 586.

[112] *BAG* v. 24.01.1963, AP Nr. 29 zu Art. 12 GG unter II 3; v. 11.04.1984 AP Nr. 8 zu § 611 BGB Ausbildungsbeihilfen unter II 3; v. 06.09.1995, AP Nr. 23 zu § 611 BGB Ausbildungsbeihilfen unter 6 jeweils m.w.N.; v. 15.02.1999, EzA Anwesenheitsprämie § 611 BGB Nr. 9. Grundsätzlich *ablehnend* jetzt *BAG* v. 4.3.2004, NZA 2004, 727, 734; ähnlich *BAG* v. 12.1.2005, NZA 2005, 465, 468 f., nach dessen Ansicht unwirksame Klauseln in Altverträgen aber stets im Wege der ergänzenden Vertragsauslegung aufrecht erhalten werden müssen. Dazu noch § 11 VIII 8.

[113] *Willemsen/Grau*, RdA 2003, 321, 325 m.w.N.

einer vertraglichen Lücke ausgehen kann oder ob nicht auf diese Weise die an sich unwirksame Verfallklausel teilweise aufrecht erhalten würde.

Unter Berücksichtigung der Interessen beider Parteien wurde aber mit der Verfallklausel auch eine Regelung getroffen, die eine im Interesse aller Beteiligten liegende praktische und technisch einfache Rückabwicklung ermöglichte. Eine gesonderte vertragliche Rückübertragung der Aktienoptionen, wie dies der Rechtsfolge von § 812 Abs. 1 S. 1 BGB entspricht, sollte gerade entbehrlich sein. Im Gegensatz zu den Fallgestaltungen, in denen das BAG eine geltungserhaltende Reduktion vornimmt, ist hier lediglich die Abwicklung betroffen und nicht die Rückforderung als solche. Demgegenüber geht es bei der geltungserhaltenden Reduktion im Zusammenhang mit den Rückzahlungsklauseln für gemischte Sonderzahlung bei vorzeitiger Beendigung des Arbeitsverhältnisses um die Möglichkeit der Rückforderung und damit um das „ob". Bei ersatzlosem Wegfall der Klausel hätte der Arbeitgeber keine Möglichkeit, die geleistete Zahlung zurückzufordern. Indem die Rechtsprechung die Klauseln auf das zulässige Maß zurückführt, hält sie diese Verpflichtung des Arbeitnehmers zum Vorteil des Arbeitgebers aufrecht. Sofern der Arbeitnehmer Aktienoptionen als *synallagmatische* Vergütung erhält, ergibt sich die Rückübertragungspflicht demgegenüber bereits aus der gesonderten Vergütungsvereinbarung und aus dem Bereicherungsrecht.

Im Ergebnis ist die Rückabwicklung nach Bereicherungsrecht im Vergleich mit der Annahme einer auflösenden Bedingung bei vorzeitiger Beendigung jedenfalls nicht allein für den Arbeitgeber vorteilhaft. Die dargestellten Erwägungen sprechen vielmehr dafür, die Verfallklausel im Wege der ergänzenden Vertragsauslegung hinsichtlich der technischen Abwicklung aufrecht zu erhalten und lediglich hinsichtlich des Zeitraums einzuschränken.[114]

c) Anpassung unwirksamer Verfallklauseln und Ergebnis

Vor dem Hintergrund der mit dieser Vergütungsform verfolgten Zwecke und der bereits zuvor geschilderten Parteiinteressen bietet sich daher in dieser Konstellation eine teilweise Aufrechterhaltung der Verfallklausel im Wege der ergänzenden Vertragsauslegung nur für den Zeitraum der Vergütungsperiode an, in dem die Arbeitsleistung nicht erbracht werden kann. Werden die Aktienoptionen hingegen ausnahmsweise für die bereits vollständig erbrachte Arbeitsleistung gewährt, so ist die vorformulierte Verfallklausel unwirksam und

[114] So im Ergebnis auch *Pulz*, Personalbindung, S. 134, *ders.*, BB 2004, 1107, 1112, allerdings ohne nähere Herleitung und nur mit Hinweis darauf, dass die Aktienoptionen in diesem Fall in den Bereich des Entgelts im engeren Sinne rückten.

gem. § 306 Abs. 1 BGB nicht Vertragsbestandteil geworden.[115] Das Ergebnis entspricht damit der bereits eingangs dargestellten praktikablen Lösung.

6. Zusammenfassung der Ergebnisse zu den Verfallklauseln für Aktienoptionen als *synallagmatische* Vergütung mit Formulierungsvorschlägen

Sofern Aktienoptionen als variabler *synallagmatischer* Vergütungsbestandteil eingeräumt werden, ist die Vereinbarung von Verfallklauseln unzulässig, die bei Beendigung des Arbeitsverhältnisses den vollständigen Verfall der Optionen anordnen, obgleich der Arbeitnehmer einen Teil seiner Arbeitsleistung während des Vergütungszeitraums bereits erbracht hat. Zulässig sind lediglich solche Regelungen, die diesen Umstand berücksichtigen und nur einen anteiligen Verfall vorsehen. Bei der Formulierung entsprechender Klauseln hat man das in § 307 Abs. 1 S. 2 BGB normierte Transparenzgebot zu beachten, das die Rechtsprechung schon bisher bei der Kontrolle vorformulierter Arbeitsbedingungen herangezogen hat.[116] Aus der Klausel muss sich folglich unmissverständlich ergeben, in welchem Zeitraum und Umfang die Optionen verfallen können, wenn der Arbeitnehmer seine Arbeitsleistung infolge der Beendigung nicht bis zum Ende der vorgesehenen Vergütungsperiode erbringt. Die Dauer der Vergütungsperiode richtet sich danach, für welchen Zeitraum den Begünstigten Aktienoptionen als variabler Vergütungsbestandteil eingeräumt werden.[117] Dies kann je nach vertraglicher Vereinbarung und Ausgabe der Optionen ein Jahr oder ein längerer bzw. kürzerer Zeitraum sein. Die Vergütungsperiode wird durch die Ausgabe neuer Aktienoptionen oder die letzte Ausübungsmöglichkeit der im Umlauf befindlichen Optionen beendet. Die Klausel muss außerdem der Anforderung gerecht werden, dass der Verfall ausgeschlossen ist, wenn der Arbeitnehmer seine Arbeitsleistung bis zum Ende der Vergütungsperiode vollständig erbracht hat. Werden die Aktienoptionen etwa für ein Jahr eingeräumt und kündigt der Arbeitnehmer zum 30.6., so verfällt die Hälfte der Aktienoptionen. Bei einer Kündigung zum 31.12. ist der Verfall ausgeschlossen. Werden die Optionen hingegen für einen Zeitraum von 2 Jahren eingeräumt, so verfallen in diesem Beispiel 3/4 bzw. die Hälfte der Aktienoptionen. Eine entsprechende Formulierung kann etwa lauten:

---

[115] So auch *Binder*, S. 250 f.

[116] Vergl. *BAG* v. 27.19.1988, NZA 1989, 642, 645 f. für eine auflösende Bedingung.

[117] Vergl. dazu § 11 V 4 b.

> Am Tag der Beendigung des Arbeitsverhältnisses verfallen noch nicht eingelöste Bezugsrechte anteilig, soweit der Arbeitnehmer in der Vergütungsperiode vom 01.01.2004 bis zum 31.12.2005 seine Arbeitsleistung nicht mehr erbringen wird.

Als Alternative bietet sich folgende Formulierung an:

> Scheidet der Mitarbeiter aus, so verfallen die Aktienoptionen am Tag der Beendigung des Arbeitsverhältnisses mit Ausnahme eines wie folgt zu berechnenden Anteils: Die gesamte ursprünglich für eine Vergütungsperiode gewährte Anzahl an Aktienoptionen wird mit der Anzahl der Monate multipliziert, in denen der Mitarbeiter seine Arbeitsleistung für das Unternehmen erbracht hat und anschließend durch 24 geteilt.

VI. Exkurs: Stichtagsklauseln für Aktienoptionen als *synallagmatische* Vergütung

Ein ähnliches Problem wie bei den Verfallklauseln stellt sich im Zusammenhang mit vorformulierten Stichtagsklauseln für Aktienoptionen, die als *synallagmatische* Vergütung eingeräumt werden. Solche Klauseln machen die Einräumung der Bezugsrechte davon abhängig, dass das Arbeitsverhältnis an einem bestimmten Termin ungekündigt fortbesteht. Steht also zum Ausgabezeitpunkt am Beginn des Jahres bereits fest, dass der Arbeitnehmer am 28.2. ausscheiden wird, so erhält er für diesen Zeitraum keine Optionen. Wenn in einem Optionsprogramm die Ausgabe in mehreren Tranchen vorgesehen ist, so wird der Arbeitnehmer in dieser Fallgestaltung entgegen der ursprünglichen Zusage von der weiteren Optionseinräumung ausgeschlossen. Anders als bei einmaliger Einräumung der Aktienoptionen betrifft die Stichtagsregelung in dieser Situation nicht die Begründung der Ansprüche,[118] sondern den Ausschluss bereits bestehender Ansprüche. Der Arbeitgeber ist in dieser Fallgestaltung vorleistungspflichtig. Ist das Arbeitsverhältnis zum vorgesehenen Ausgabezeitpunkt bereits gekündigt, die Kündigungsfrist aber noch nicht abgelaufen, so steht bereits fest, dass der Arbeitnehmer nicht die volle Arbeitsleistung für

[118] Dazu bereits oben in § 9 X 3 a.

die ursprünglich zugesagten, aber auf die gesamte Vergütungsperiode bezogenen Aktienoptionen erbringen können wird. Bei einem Dauerschuldverhältnis wie dem Arbeitsverhältnis bestehen die Hauptleistungspflichten jedoch nur bis zu dessen Beendigung. Ist dieses Ende bereits absehbar, so entsteht auch die Gegenleistungspflicht des Arbeitgebers nur bis zu diesem Zeitpunkt. Der Arbeitnehmer hat dementsprechend nur Anspruch auf eine Teilvergütung, wie sich aus dem Leitbild des § 628 Abs. 1 S. 1 BGB ergibt. Vor diesem Hintergrund sind die Stichtagsklauseln bei bestehender Vorleistungspflicht des Arbeitgebers in ihrer Wirkung mit den Verfallklauseln bei Beendigung des Arbeitsverhältnisses vergleichbar. Sie unterscheiden sich lediglich hinsichtlich des Zeitpunkts. Während die Verfallklauseln bei Beendigung eingreifen und den nachträglichen vollständigen Verfall nach sich ziehen, führen die Stichtagsklauseln bereits vorher zu Beginn der Vergütungsperiode zu diesem Ergebnis. Solche Stichtagsklauseln sind folglich nur insoweit zulässig, wie sie den Ausschluss für den Zeitraum von der Beendigung des Arbeitsverhältnisses bis zum Ablauf der vollständigen Vergütungsperiode vorsehen. Eine mögliche Formulierung könnte also lauten:

> Ist das Arbeitsverhältnis zum Ausgabezeitpunkt der Aktienoptionen bereits gekündigt, so erhält der Mitarbeiter nur die Anzahl an Aktienoptionen, die dem Verhältnis der Dauer seines Arbeitsverhältnisses zur vorgesehenen Vergütungsperiode vom 01.01.2004 bis 31.12.2005 entsprechen.

Möglich ist auch die folgende Formulierung:

> Besteht das Arbeitsverhältnis des Mitarbeiters zum Zeitpunkt der Ausgabe der Bezugsrechte nicht ungekündigt fort, so erhält er eine wie folgt zu berechnende reduzierte Anzahl an Aktienoptionen: Die gesamte ursprünglich für eine Vergütungsperiode gewährte Anzahl an Aktienoptionen wird mit der Anzahl der Monate bis zum Ablauf der Kündigungsfrist bzw. bis zum voraussichtlichen Beendigungszeitpunkt multipliziert und anschließend durch 24 geteilt.

Werden die Aktienoptionen also jeweils für ein Jahr im voraus gewährt, so erhält ein Arbeitnehmer, dessen Arbeitsverhältnis zum 31.3. endet nur $1/4$ der zugesagten Aktienoptionen.

VII. Kontrollmaßstab individueller Verfallklauseln für Aktienoptionen als *synallagmatische* Vergütung

Sofern mit einem Mitarbeiter, der für das Unternehmen außerordentlich wertvoll ist, eine besondere Verfallklausel individuell ausgehandelt wird, um in ihn stärker an das Unternehmen zu binden, unterliegt diese gem. § 305 Abs. 1 S. 3 BGB nicht der Inhaltskontrolle. Individuell vereinbarte Verfall- bzw. Bindungsklauseln wirken sich jedoch in gleicher Weise wie die vorformulierten Verfallklauseln auf den Kündigungsentschluss des Optionsinhabers aus und entziehen ihm bei Beendigung eine Vermögensposition trotz erbrachter Arbeitsleistung.[119] Aus diesen Gründen sind sie mit den bisher von der Rechtsprechung entschiedenen Fallkonstellationen zu den Bindungsklauseln bei erfolgsbezogenen Vergütungsformen vergleichbar, so dass der dort entwickelte Kontrollmaßstab auf Individualvereinbarungen anzuwenden ist.[120] Danach liegt sowohl ein Verstoß gegen das in § 622 Abs. 6 BGB enthaltene Verbot der einseitigen Kündigungserschwerung zu Lasten des Arbeitnehmers wie auch das arbeitsrechtliche Gebot zur Gleichbehandlung vor, wenn dem Arbeitnehmer *synallagmatische* Vergütungsbestandteile wieder entzogen oder vorenthalten werden, für die er seine Arbeitsleistung bereits erbracht hat. Folglich sind auch individuell ausgehandelte Verfallklauseln insoweit unzulässig, wie sie den Verfall der Aktienoptionen für die bereits erbrachte Arbeitsleistung anordnen.

Sind, wie in diesem Fall, Teile eines Rechtsgeschäfts nichtig, so ist grundsätzlich § 139 BGB anwendbar. Nach dieser Vorschrift ist bei teilweiser Nichtigkeit das ganze Rechtsgeschäft nichtig, soweit nicht anzunehmen ist, dass es auch ohne den nichtigen Teil vorgenommen sein würde. Sofern eine arbeitsvertragliche Regelung zum Schutz des Arbeitnehmers korrigiert werden muss, führt die Norm nicht dazu, dass das gesamte Aktienoptionsprogramm und damit die gesamte Leistungszusage nichtig ist. Eine solche Auslegung würde dem Arbeitnehmerschutz zuwiderlaufen und wird deshalb zu Recht abgelehnt.[121] Die Norm ist grundsätzlich auf Fallgestaltungen anzuwenden, in denen das Rechtsgeschäft allein wegen des Übermaßes einer bestimmten Leistung bzw. wegen des zeitlichen Übermaßes nichtig ist.[122] Daher beschränkt sich die Nichtigkeit auf die überlange Verfallklausel. Nach § 139 BGB ist nur ein Teil des Rechtsgeschäfts nichtig ist, wenn diese reduzierte Regelung dem hypothetischen Parteiwillen

[119] Vergl. die Ausführungen unter § 11 V 4 a, b.
[120] Dazu bereits oben unter § 11 V 3.
[121] Vergl. nur *BAG* v. 24.10.1986, AP Nr. 11 zu § 119 EWG Vertrag unter III 1.
[122] *Staudinger/H. Roth*, § 139 Rn. 68 ff.; *Soergel/Hefermehl*; § 139 Rn. 29.

entspricht.[123] Wegen der beabsichtigten Bindungswirkung ist nicht anzunehmen, dass der Arbeitgeber die Aktienoptionen in dieser Form ohne eine Verfallklausel eingeräumt hätte. Nach dessen Interesse soll der Arbeitnehmer die Aktienoptionen nur insoweit behalten, wie er seine Arbeitsleistung während der Vergütungsperiode als Gegenleistung erbringt. Dem Arbeitnehmerinteresse entspricht es, die Aktienoptionen unabhängig von der Beendigung des Arbeitsverhältnisses behalten zu dürfen. Andererseits ist nicht davon auszugehen, dass die Parteien eher auf die Gewährung der Aktienoptionen verzichtet hätten als sich auf eine reduzierte Verfallklausel zu einigen. Vor diesem Hintergrund sind die Verfallklausel für den zulässigen Zeitraum aufrecht zu erhalten.[124] Daher verfallen die Aktienoptionen unter Berücksichtigung von § 139 BGB und im Hinblick auf § 326 Abs. 1 S. 1 bzw. § 628 Abs. 1 S. 3 BGB auch im Rahmen von Individualvereinbarungen nur insoweit, wie sich auf den noch nicht abgelaufenen Bezugszeitraum beziehen.[125]

VIII. Kontrollmaßstab für Verfallklauseln bei Aktienoptionen als *nicht synallagmatische* Vergütung

Werden die Aktienoptionen als freiwillige Zusatzleistung neben einem festen Grundgehalt gewährt, so steht nicht die Vergütung der Arbeitsleistung im Vordergrund. Sie stellen eine *nicht synallagmatische* Vergütungsform dar, mit der die Mitarbeiter primär für die bereits erbrachte Betriebstreue belohnt und für die Zukunft an das Unternehmen gebunden werden soll. Diesen Zwecken dienen die Verfallklauseln als Vertragsinstrument.[126] Im Gegensatz zur Gewährung der Aktienoptionen als synallagmatischer Vergütungsbestandteil ist bei dieser Vergütungsart neben der Arbeitsleistung die weitere Unternehmenszugehörigkeit Rechtsgrund für den Erhalt der vermögenswerten Position. Weil diese Vergütungsform nicht nur Gegenleistung für die Arbeitsleistung ist, greift der Verfall nicht in das unmittelbare vertragliche Austauschverhältnis ein. Die Bindung an das Unternehmen ist eine durchaus legitime und von der Vertragsfrei-

[123] So zu Recht *LG Köln* v. 01.02.2001, NZA-RR 2001, 461, 463.

[124] Dies entspricht im Ergebnis der Rechtsprechung zu den Rückzahlungsklauseln vergl. *BAG* v. 13.7.1962, AP Nr. 24 zu § 611 BGB Gratifikation unter 3 d; v. 12.12.1962, AP Nr. 25 zu § 611 BGB Gratifikation unter III 3; v. 7.9.1967, AP Nr. 61 zu § 611 BGB Gratifikation. Zu den Ausbildungskosten *BAG* v. 24.01.1963, AP Nr. 29 zu Art. 12 GG unter II 3; v. 06.09.1995, AP Nr. 23 zu § 611 BGB Ausbildungsbeihilfe unter 6.

[125] Im Ergebnis ebenso *Binder*, S. 239 ff., 250.

[126] Zu diesen besonderen Zielsetzungen bereits § 3 II 2 e aa, dd sowie § 4 IV 5 a.

heit gedeckte Zielsetzung, die der Arbeitgeber mit der Gewährung einer freiwilligen Leistung verfolgen kann.[127] Zu klären bleibt, ob und in welchen Grenzen die freiwillige Zusatzleistung verweigert oder zurückgefordert werden darf, wenn das Arbeitsverhältnis kurz vor oder kurz nach Ablauf der Vergütungsperiode beendet wird. Unter der Vergütungsperiode ist dabei der Zeitraum zu verstehen, für den die Sonderzahlung gewährt wird. Sofern die Aktienoptionen einmalig ausgegeben werden, entspricht dies der Laufzeit des Programms und damit dem Zeitpunkt, an dem sie letztmalig ausgeübt werden können.

Wie bei der Vergütung als unmittelbare arbeitsvertragliche Gegenleistung ist davon auszugehen, dass die Aktienoptionen zur Honorierung der künftigen Betriebstreue und für die künftige Arbeitsleistung gewährt werden. Dies unterscheidet sie von den Sonderzahlungen, die regelmäßig der zusätzlichen Belohnung der in der Vergangenheit erbrachten Arbeitsleistung und Betriebstreue dienen.[128] Selbst wenn die Programmbedingungen die Teilnahme von einer gewissen Beschäftigungsdauer abhängig machen, so steht wegen der Anknüpfung an die künftige Börsenkursentwicklung die künftige Belohnung im Vordergrund.

Für die Klärung dieses Problemkreises bietet sich dennoch der Vergleich mit der Rechtsprechung zu den gemischten Sonderzahlungen an, die wie die Aktienoptionen in dieser Konstellation neben der zusätzlichen Abgeltung der Arbeitsleistung regelmäßig der Förderung der künftigen Betriebstreue dienen. Die Frage nach der Zulässigkeit und den Grenzen sog. Bindungsklauseln sind Gegenstand zahlreicher Entscheidungen. Für die Inhaltskontrolle im Rahmen von § 307 Abs. 1, Abs. 2 BGB kann also möglicherweise auf die Grundsätze höchstrichterlicher Rechtsprechung zurückgegriffen werden.[129] Zu klären bleibt allerdings, ob und in welchem Umfang diese Grundsätze auf die Aktienoptionen übertragen werden können, und ob sie wegen der besonderen Natur der Aktienoptionen zu modifizieren bzw. weiterzuentwickeln sind.

Bei der Entwicklung des Kontrollmaßstabs wird im Folgenden nach den verschiedenen Beendigungsgründen des Arbeitsverhältnisses differenziert. Im Rahmen der Untersuchung wird stets zu berücksichtigen sein, ob bei der Kontrolle von Individualvereinbarungen ein anderer Maßstab gelten muss, und welche Rechtsfolgen unwirksame Klauseln nach sich ziehen.

[127] Dazu bereits in § 4 IV 4 a.
[128] Zum Begriff und den Eigenschaften § 4 IV 4.
[129] Zum Kontrollmaßstab s.o. § 11 IV 1 b bb.

1. Zulässigkeit von Bindungsklauseln für *nicht synallagmatische* Leistungen bei Eigenkündigung des Arbeitnehmers

Da die Bindungsklausel primär dem Ziel dienen, den Arbeitnehmer von der Beendigung seines Arbeitsverhältnisses abzuhalten, wird mit der Untersuchung der Zulässigkeit von Bindungsklauseln für den Fall der Eigenkündigung des Arbeitnehmers begonnen.

a) Rechtsprechung zu Stichtagsvereinbarungen bei gemischten Sonderzahlungen - Übertragbarkeit auf die neue Rechtslage

Im Zusammenhang mit der zulässigen Ausgestaltung des Begünstigtenkreises ist bereits erörtert worden, dass sog. Stichtagsvereinbarungen, die den Erhalt der Leistung vom Fortbestand eines ungekündigten Arbeitsverhältnisses an einem bestimmten Termin abhängig machen, nach Ansicht von Rechtsprechung und Schrifttum für *nicht synallagmatische* Sonderzahlungen grundsätzlich zulässig sind.[130] Sie verstoßen insbesondere nicht gegen den arbeitsrechtlichen Gleichbehandlungsgrundsatz. Der Arbeitgeber ist vielmehr berechtigt, bei einer Sonderzahlung, die als Belohnung der bisherigen Dienste und in Erwartung zukünftiger Betriebstreue gezahlt wird, beide Voraussetzungen für den Zahlungsanspruch gleichwertig auszugestalten.

Fraglich ist allerdings, ob wegen der Änderung der Bereichsausnahme in § 310 Abs. 4 S. 2 BGB mit einer Änderung der Rechtsprechung zu den Stichtagsvereinbarungen zu rechnen ist, da vorformulierte Klauseln in Einzelarbeitsverträgen nunmehr der Inhaltskontrolle nach den §§ 307 ff. BGB unterliegen. Insoweit kommt nur die Inhaltskontrolle nach § 307 Abs. 1 bzw. Abs. 2 BGB in Betracht. Danach ist eine Klausel unwirksam, die den Vertragspartner unangemessen benachteiligt. Zweifelhaft ist bereits, ob eine Benachteiligung i.S.v. § 307 Abs. 1 bzw. Abs. 2 Nr. 1, 2 BGB oder aus anderen Gründen anzunehmen ist, weil bei einer sozial gerechtfertigten Kündigung weder ein Verstoß gegen § 162 Abs. 1 BGB und damit eine Abweichung von einer gesetzlichen Bestimmung vorliegt, noch der mit der vertraglichen Leistung verfolgte Zweck vereitelt wird. Der Leistungsausschluss erfolgt, weil die Belohnung künftiger Betriebstreue und die Motivation zur weiteren engagierten Mitarbeit teilweise nicht erreicht werden können. Die Stichtagsklauseln sollen somit den mit den Sonderzahlungen verfolgten Zweck sichern und gerade nicht vereiteln.

130 Dazu bereits in § 9 X 2 mit zahlreichen Nachweisen.

Daher sind sogar Stichtagsklauseln, die den Ausschluss des Anspruchs auch im Falle der vom Arbeitnehmer nicht zu beeinflussenden betriebsbedingten Kündigung vorsehen, als angemessene Regelung i.S.v. § 307 Abs. 1, Abs. 2 BGB anzusehen.

b) Bisherige Rechtsprechung zu Rückzahlungsklauseln bei Eigenkündigung

Weiterhin hat die Rechtsprechung im Zusammenhang mit Rückzahlungsvorbehalten bei gemischten Sonderzahlungen sowie der Rückzahlung von Aus- und Weiterbildungskosten bei Eigenkündigung Grundsätze zur zulässigen Bindungsdauer der Arbeitnehmer aufgestellt.

aa) Rechtsprechung zu gemischten Sonderzahlungen

Das BAG hält Rückzahlungsvorbehalte bei gemischten Sonderzahlungen in ständiger Rechtsprechung für zulässig und stützt dies auf die Vertragsfreiheit des Arbeitgebers.[131] Die Rückzahlungsverpflichtung stelle nicht grundsätzlich eine unzulässige Kündigungserschwerung dar.[132] Der Arbeitgeber habe bei der Vereinbarung eines Rückzahlungsvorbehalts allerdings Grenzen zu beachten, die ihm durch seine Fürsorgepflicht und das Verbot der Gesetzesumgehung gesetzt werden.[133] Die Grenzen würden überschritten, wenn gegen das Verbot ungleicher Kündigungsfristen verstoßen werde und das Grundrecht der freien Arbeitsplatzwahl nach Art. 12 Abs. 1 GG, das auch das Recht des Arbeitnehmers einschließe, den Arbeitsplatz zu behalten, aufzugeben oder zu wechseln, in unzulässiger Weise eingeschränkt werde.[134] Die Bindungs- bzw. Rückzahlungsklausel dürfe den Arbeitnehmer nicht in unzumutbarer Weise in seiner Kündigungsentscheidung einschränken. Sie unterliege der Inhaltskontrolle auf der Grundlage des § 307 BGB.[135] Die Rückzahlungsverpflichtung dürfe nicht

---

131 So insbesondere *BAG* v. 10.05.1962, AP Nr. 22 zu § 611 BGB Gratifikation unter 2 (zur Vorgängervorschrift § 122 GewO a.F.), u. v. 11.06.1964, AP Nr. 36 zu § 611 BGB Gratifikation unter 1; v. 21.5.2003, AP Nr. 250 zu § 611 BGB Gratifikation unter II 2 a; ebenso *LAG Hamm* v. 14.08.1998, AP Nr. 208 zu § 611 BGB unter II 1.

132 Grundlegend *BAG* v. 31.5.1960, AP Nr. 15 zu § 611 BGB Gratifikation unter 1 zu der Vorgängervorschrift § 67 Abs. 1 HGB a.F.

133 So *BAG* v. 31.05.1960, AP Nr. 15 zu § 611 BGB Gratifikation unter 1; v. 10.05.1962, AP Nr. 22 zu § 611 BGB Gratifikation unter 3, und v. 11.06.1964, AP Nr. 36 zu § 611 BGB unter II, III.

134 *BAG* v. 12.10.1972, AP Nr. 77 zu § 611 BGB Gratifikation unter 5; v. 27.10.1978, AP Nr. 99 zu § 611 BGB Gratifikation unter I 3 b.

135 *BAG* v. 28.4.2004; AP Nr. 255 zu § 611 BGB Gratifikation unter II 2.

einen übermäßig langen Zeitraum umfassen. Wegen der Fürsorgepflicht des Arbeitgebers sei die Bindungsdauer nur so weit zu erstrecken, wie dies sein sachlich begründetes Interesse rechtfertige.[136] Die Zumutbarkeit bemisst sich nach Ansicht des BAG vor allem nach der Dauer der Betriebsbindung und der Höhe der Sonderzahlung im Vergleich zum Monatsgehalt.[137] Je höher die Zahlung ist, desto länger wird dem Arbeitnehmer zugemutet, sich auf eine Rückzahlung einzurichten und seine Lebensführung darauf einzustellen. Unzulässig werde die in der Rückzahlungsverpflichtung liegende Kündigungserschwerung erst, wenn die von der Rechtsprechung entwickelten Beurteilungskriterien überschritten würden. Der Bindungszeitraum darf danach bei jährlicher Zahlung zum Jahresende maximal bis zum 30.6. und in Einzelfällen bis zum 30.09. des Folgejahres andauern.[138] Bei der Rückzahlungsverpflichtung müssen die Voraussetzungen der Rückzahlungspflicht und der Bindungszeitraum ausdrücklich und eindeutig vereinbart werden sowie klar formuliert sein.[139]

bb) Rechtsprechung zu Aus- und Fortbildungskosten

Rückzahlungsklauseln finden sich darüber hinaus im Zusammenhang mit der Kostenübernahme für die Aus- und Weiterbildung durch den Arbeitgeber. Insoweit sind Regelungen üblich, nach denen sich der Arbeitnehmer über einen gewissen Zeitraum nach Ende der Maßnahme zur Rückzahlung der Kosten verpflichtet, sofern er das Arbeitsverhältnis beendet. Die Zulässigkeit solcher Klauseln kontrolliert das BAG auf der Grundlage von Art. 12 Abs. 1 GG.[140] Eine solche Beschränkung der Kündigungsfreiheit sei dann zulässig, wenn sie dem Arbeitnehmer unter Berücksichtigung der Umstände des Einzelfalls nach Treu und Glauben zumutbar sei und aus Sicht eines verständigen Betrachters

[136] *BAG* v. 21.05.2003, BB 2003, 1958 f.; *LAG Hamm* v. 14.08.1998, AP Nr. 208 zu § 611 BGB Gratifikation unter II 1.

[137] *BAG* v. 27.10.1978, AP Nr. 99 zu § 611 BGB Gratifikation unter II 1 a; v. 21.05.2003, AP Nr. 250 zu § 611 BGB Gratifikation unter II 2 c aa.

[138] *BAG* v. 10.5.1962, AP Nr. 22 zu § 611 BGB Gratifikation unter 4; v. 13.11.1969, AP Nr. 69 zu § 611 BGB Gratifikation unter 2; v. 27.10.1978, AP Nr. 99 zu § 611 BGB Gratifikation unter II 1 a. Zuletzt *BAG* v. 21.05.2003, AP Nr. 250 zu § 611 BGB Gratifikation unter II 2 b; *LAG Hamm* v. 14.8.1998, AP Nr. 208 zu § 611 BGB Gratifikation unter II 1.

[139] *BAG* v. 26.06.1975, AP Nr. 86 zu § 611 BGB Gratifikation unter 2 b; v. 08.11.1978, AP Nr. 100 zu § 611 BGB Gratifikation unter 3; v. 14.06.1995, AP Nr. 176 zu § 611 BGB Gratifikation unter II 1; v. 21.05.2003, AP Nr. 250 zu § 611 BGB Gratifikation unter II 2 a.

[140] *BAG* v. 29.06.1962, AP Nr. 25 zu Art. 12 GG unter II; v. 24.03.1963, AP Nr. 29 zu Art. 12 GG unter I 1; v. 16.03.1994, AP Nr. 18 zu § 611 BGB Ausbildungsbeihilfe unter II 1 b aa.

ein begründetes und billigenswertes Interesse des Arbeitgebers an der Erstattung der Kosten bestehe. In diese Abwägung sollen insbesondere die Dauer der Bindung, der Umfang der Fortbildungsmaßnahme, die Höhe der Rückzahlung und deren Abwicklung sowie der berufliche Vorteil des Arbeitnehmers eingestellt werden.[141] Die Höhe der Rückzahlungsverpflichtung muss nach Ansicht des BAG mit dem Ablauf der Bindungsfrist sinken.[142]

c) Übertragbarkeit der Ergebnisse auf die Angemessenheitskontrolle und die Kontrolle von Individualvereinbarungen

Vorformulierte Rückzahlungsklauseln unterliegen nunmehr der Inhaltskontrolle nach § 307 BGB. Wie bereits erläutert, wird man dieselben Erwägungen zur Beschränkung der Kündigungsfreiheit auf Seiten des Arbeitnehmers und zur Vertragsfreiheit auf Seiten des Arbeitgebers nunmehr im Rahmen der Angemessenheitskontrolle nach § 307 Abs. 1, Abs. 2 BGB vornehmen müssen.[143] Diese Prüfung, für die es bislang auf die Generalklauseln §§ 138, 242 BGB zurückgegriffen hat[144] und die es jetzt auf § 307 BGB stützt, bezeichnet das BAG selbst als Inhaltskontrolle.[145] Daher sind die Ergebnisse der bislang ergangenen Entscheidungen einschließlich der schematischen Grundsätze zur zulässigen Bindungsdauer als Richtlinien für die Kontrolle vorformulierter Klauseln heranzuziehen.[146] Andererseits dürfen individuell ausgehandelte Klauseln über die Generalklauseln nicht derselben strengen Kontrolle unterzogen werden. Insoweit haben die Parteien einen weiteren Gestaltungsspielraum als ihn die Rechtsprechung bislang vorgibt.[147]

---

141 *BAG* v. 23.04.1986, AP Nr. 10 zu § 611 BGB Ausbildungsbeihilfe unter II 2; v. 16.03.1994, 16.03.1994, AP Nr. 18 zu § 611 BGB Ausbildungsbeihilfe unter A III 1.

142 *BAG* v. 23.04.1986, AP Nr. 10 zu § 611 BGB Ausbildungsbeihilfe unter II 2; v. 16.03.1994, 16.03.1994, AP Nr. 18 zu § 611 BGB Ausbildungsbeihilfe unter A III 3; v. 21.7.2005, NZA 2006, 542, 543.

143 Vergl. dazu bereits § 11 V 2.

144 *BAG* v. 16.03.1994, AP Nr. 18 zu § 611 BGB Ausbildungsbeihilfe unter II 1 b cc; v. 06.05.1998, AP Nr. 28 zu § 611 BGB Ausbildungsbeihilfe unter II 4 a.

145 *BAG* v. 28.4.2004, AP Nr. 255 zu § 611 BGB Gratifikation unter II 2.

146 So zu Recht die Einschätzung von *ErfK/Preis*, §§ 305 - 310 BGB Rn. 91; *Gotthardt*, Schuldrechtsreform, Rn. 324.

147 *ErfK/Preis*, §§ 305-310 BGB Rn. 91; *Gotthardt*, Schuldrechtsreform, Rn. 324; in diesem Sinne auch *Thüsing*, BB 2002, 2266, 2267.

2. Kontrollmaßstab für vorformulierte Verfallklauseln bei Aktienoptionen als *nicht synallagmatische* Vergütung

Im Anschluss stellt sich nun die Frage, ob die dargestellten Grundsätze, die zu anderen *nicht synallagmatischen* Leistungen des Arbeitgebers entwickelt wurden, auf die Inhaltskontrolle der Verfallklausel in Aktienoptionsprogrammen nach § 307 Abs. 1, Abs. 2 BGB zu übertragen sind, die ebenso wie die Stichtags- bzw. Rückzahlungsklauseln bei den gemischten Sonderzahlungen der Belohnung der Betriebstreue dienen, und die Mitarbeiter durch den Wegfall der Leistung bei Ausscheiden an das Unternehmen binden sollen.

a) Vergleichbarkeit von Verfallklauseln mit Stichtagsklauseln und Rückzahlungsvorbehalten

Die Übertragbarkeit der Grundsätze hängt wiederum davon ab, inwieweit die Auswirkungen der Verfallklauseln mit denen der Stichtags- bzw. Rückzahlungsklauseln vergleichbar sind. Ähnlich wie die Stichtagsklauseln machen die Verfallklauseln die Ausübung der Aktienoptionen und damit den Zufluss der Aktien vom Fortbestand des Arbeitsverhältnisses abhängig. Im Gegensatz zum Anspruch auf die Sonderleistung verkörpern die Optionen als Wertpapier[148] aber bereits einen Vermögenswert, der sich im Depot des Arbeitnehmers befindet.[149] Die Verfallklauseln beziehen sich daher auf einen Vermögensposten des Arbeitnehmers, während die Stichtagsklauseln lediglich auf die Anspruchsentstehung betreffen. Die Bindungswirkung der Verfallklausel ist daher im Ergebnis intensiver einzuschätzen als die der Stichtagsklauseln.[150]

Fraglich ist daher, ob sie mit den Rückzahlungsklauseln gleichzusetzten sind. Dabei ist zu berücksichtigen, dass die Optionen im Gegensatz zu einer Geldleistung, die dem Arbeitnehmer sofort zufließt, wegen der Veräußerungssperren nicht zu seiner freien Disposition stehen. Erst die bezogenen Aktien können gewinnbringend verkauft und in Geld umgewandelt werden. Da der Erwerb der Aktien vom Erreichen der Erfolgsziele als weitere Bedingung abhängt, ist zudem nicht sicher, ob und in welcher Höhe dem Arbeitnehmer der durch die Aktienoption verkörperte Vermögenswert tatsächlich zufließen wird. In diesen Punkten unterscheiden sich die Verfallklauseln von den Rückzahlungsvorbehalten. Während letztere die Rückzahlung einer Geldleistung anordnen, über die

148 Vergl. § 1 III 1, 2.

149 Zu dieser Problematik und Einordnung bereits in § 11 V 4 a.

150 In diesem Sinne auch *Pulz*, Personalbindung, S. 128 f. 131 f.

der Arbeitnehmer verfügen und sie insbesondere ausgeben durfte, ordnen die Verfallklausel den Verfall eines reinen Buchwerts an, dessen Höhe von zahlreichen Unwägbarkeiten abhängt. Wegen der Verfügungssperre besteht außerdem nicht die Gefahr, dass der Arbeitnehmer die Optionen veräußert hat. Demzufolge ist die Bindungswirkung der Verfallklauseln und damit deren Einwirkung auf den Kündigungsentschluss des Arbeitnehmers im Vergleich mit Rückzahlungsklauseln schwächer einzuschätzen.[151]

Im Ergebnis ist somit denjenigen Autoren zuzustimmen, die die Bindungswirkung der Verfallklauseln zwischen die der Stichtags- und Rückzahlungsklauseln einordnen.[152]

b) Übertragbarkeit der Ergebnisse der Rechtsprechung

Demzufolge ist der Kontrollmaßstab für die Verfallklauseln auf der Grundlage der Ergebnisse der Rechtsprechung zu den Stichtags- und Rückzahlungsklauseln bei anderen *nicht synallagmatischen* Leistungen zu entwickeln. Ihr ist zu entnehmen, dass Klauseln, welche die Bindungswirkung als legitimen Zweck einer nicht synallagmatischen Arbeitgeberleistung unterstützen und absichern, wegen der Vertragsfreiheit des Arbeitgebers grundsätzlich zulässig sind, die Bindungswirkung aber unter Berücksichtigung der Kündigungsfreiheit des Arbeitnehmers nicht grenzenlos ausgedehnt werden kann. Die Grenzziehung ist eine Abwägungsfrage unter Berücksichtigung der Interessen beider Vertragsparteien, die jetzt im Rahmen der Angemessenheitskontrolle nach § 307 BGB vorzunehmen ist.

Grundsätzlich ist die Aufnahme von Verfallklauseln in die Aktienoptionsprogramme, die der Bindung des begünstigten Arbeitnehmers an das Unternehmen dienen und den Bestand des Arbeitsverhältnisses als Voraussetzung für den Erhalt der Aktien aufstellen, als eine von der Vertragsfreiheit des Arbeitgebers gedeckte Vertragsgestaltung anzusehen. Davon ist auch der Gesetzgeber ausgegangen, der in der Begründung für das KonTraG ausdrücklich die Bindungsfristen für die Mitarbeiter als weitere Bedingungen für ein Aktienoptionsprogramm nennt.[153] Im Rahmen der Angemessenheitskontrolle nach § 307 Abs. 1, Abs. 2 BGB ist die vorrangig durch Art. 12 Abs. 1 GG geschützte Arbeitsvertragsfreiheit des Arbeitgebers[154] und dessen Interesse an einer

---

[151] So auch Binder, S. 114 f.; *Pulz*, Personalbindung, S. 128 f. 131 f.

[152] *Binder*, S. 115 f.; *Pulz*, Personalbindung, S. 132; *ders.*, BB 2004, 1107, 1112.

[153] *RegEBegr zum KonTraG*, BT-Drucks. 13/9712 v. 28.01.1998, S. 24.

[154] Nach Ansicht des *BVerfG*, der sich das *BAG* angeschlossen hat, ist die allgemeine Privatautonomie als Teil der allgemeinen Handlungsfreiheit in Art. 2 Abs. 1 GG gewährleistet.

möglichst langen Bindung dem ebenfalls durch Art. 12 Abs. 1 GG geschützten Recht des Arbeitnehmers auf freie Wahl des Arbeitsplatzes gegenüber zu stellen und zu einem angemessenen Ausgleich zu bringen. Für die Grenzziehung kann allerdings nicht auf die von der Rechtsprechung zu den Rückzahlungsvorbehalten entwickelten Bindungszeiträume zurückgegriffen werden.[155] Zum einen sind die Verfallklauseln in ihrer Bindungsintensität nicht mit diesen Klauseln vergleichbar, zum anderen beträgt allein die Mindestwartefrist bis zu erstmaligen Ausübungsmöglichkeit gem. § 193 Abs. 2 Nr. 4 AktG zwei Jahre, so dass die Bindungsdauer völlig andere Zeiträume erfasst.

3. Entwicklung eines Kontrollmaßstabs für Verfallklauseln unter Heranziehung anderer gesetzlicher Wertungen

Für die Grenzziehung in zeitlicher Hinsicht ist folglich auf andere Leitlinien zurückzugreifen.

a) § 624 BGB bzw. § 15 Abs. 4 TzBfG und § 1b BetrAVG als gesetzliche Leitbilder für die maximale Verfallfrist

Anhaltspunkte für eine höchst zulässige Beschränkung der Kündigungsfreiheit geben der für alle Dienstverhältnisse geltende § 624 BGB[156] und der speziell auf Arbeitsverhältnisse bezogene § 15 Abs. 4 TzBfG. Nach beiden Vorschriften kann das Recht des Arbeitnehmers, das Dienst- bzw. Arbeitsverhältnis ordentlich zu kündigen, nicht länger als fünf Jahre ausgeschlossen werden. Eine höchstzulässige Bindungsdauer von fünf Jahren stellt auch § 1b BetrAVG im Zusammenhang mit der betrieblichen Alterversorgung auf. Darin ist geregelt, dass die Anwartschaften auf Leistungen bei Beendigung des Arbeitsverhältnisses nicht mehr verfallen, wenn der Arbeitnehmer zu diesem Zeitpunkt das 30. Lebensjahr vollendet und die Versorgungszusage mindestens fünf Jahre

Die Vertragsfreiheit von Arbeitgeber und Arbeitnehmer fallen hingegen vorrangig unter den Schutz von Art. 12 Abs. 1 GG. *BVerfG* v. 12.1.1958, BVerfGE 8, 274, 328; v. 8.10.1986, BVerfGE 72, 155, 170 einerseits und v. 7.2.1990, BVerfGE 81, 242, 252 ff. andererseits; *BAG* v. 16.03.1994, AP Nr. 18 zu § 611 BGB Gratifikation unter A II 1 a aa.

155 Im Ergebnis ebenso *Binder*, S. 121 ff., sowie *Pulz*, Personalbindung, S. 128 f.

156 So die überwiegende Auffassung in der Literatur *Baeck/Diller*, DB 1998, 1405, 1408; *Buhr/Radtke*; DB 2001, 1882, 1886; *Küttner/Röller*, Personalbuch 2006, Aktienoptionen, Rn. 6; *Legerlotz/Laber*, DStR 1999, 1658, 1664; *Lembke*, BB 2001, 1469, 1473, *Schanz*, NZA 2000, 624, 634; *Pulz*, Personalbindung, S. 131 f.; 135.

bestanden hat. Diesen Vorschriften ist als Leitbild für die Inhaltskontrolle jedenfalls zu entnehmen, dass von der Vertragsfreiheit der Parteien solche Regelungen umfasst sind, welche die Kündigungsfreiheit für die Dauer von fünf Jahren beschränken. Durch § 1b BetrAVG wird zudem bestätigt, dass solche Vereinbarungen im Zusammenhang mit zusätzlichen freiwilligen Leistungen des Arbeitgebers zulässig sind.

Eine andere Auffassung geht davon aus, dass man weder auf § 624 BGB noch auf § 15 Abs. 4 TzBfG, sondern nur auf § 1b BetrAVG abstellen könne.[157] Der Regelungsgehalt dieser Vorschrift ist ebenso wie der der anderen nicht mit dem der Verfallklauseln in Aktienoptionsprogrammen identisch. Die betriebliche Altersversorgung dient der Erhaltung des Lebensstandards im Alter und soll die dem Unternehmen in der Vergangenheit erwiesene Betriebstreue belohnen. Aktienoptionsprogramme werden hingegen primär zur Förderung künftiger Betriebstreue und als Motivation zur engagierten Mitarbeit während des aktiven Arbeitsverhältnisses aufgelegt. Diese Diskrepanz wird auch von der genannten Auffassung eingeräumt und betont, die Norm könne trotzdem als Orientierungshilfe herangezogen werden.[158]

Letztlich kann aber dahin stehen, auf welche der Normen genau abzustellen ist. Sie geben in ihrer Gesamtheit jedenfalls einen Hinweis darauf, dass der Gesetzgeber eine Beschränkung der Kündigungsfreiheit und damit die Bindung des Arbeitnehmers von bis zu fünf Jahren mit Art. 12 Abs. 1 GG für vereinbar hält.[159] Daraus kann man zudem den Umkehrschluss ziehen, dass eine darüber hinausgehende Beschränkung des Kündigungsentschlusses eine unbillige Kündigungserschwerung i.S.v. § 622 Abs. 4 BGB darstellt, die mit der Kündigungsfreiheit des Arbeitnehmers nicht vereinbar ist. Diese Wertungen sind der Inhaltskontrolle als gesetzliches Leitbild bzw. Kontrollmaßstab zugrunde zu legen. Demnach sind nur solche Verfallklauseln als angemessene Regelung anzusehen, deren Bindungswirkung fünf Jahre nicht überschreitet. Die Verfalldauer ist folglich auf diesen Zeitraum zu beschränken.

b) Nach unten abweichende Auffassung hinsichtlich der höchst zulässigen Bindungsdauer mit Stellungnahme

Soweit eine andere Auffassung in der Literatur die zulässige Verfalldauer mit der Wartezeit verknüpfen will, kann dies allerdings nicht überzeugen.[160] Der

[157] *Binder*, S. 123.

[158] *Binder*, S. 123 ff.

[159] Im Ergebnis auch *Mechlem/Melms*, DB 2000, 1614, 1615, der ebenfalls die Wertungen von § 1 BetrAVG a.F., wonach eine unverfallbare Anwartschaft nach 10 Jahren entsteht, und § 624 BGB bei der Beurteilung der Verfallklauseln heranziehen will.

Ansicht ist zuzugeben, dass die Verfallfrist mindestens mit der Wartefrist enden sollte, weil beide in ihrer Kombination der effektiven Bindung dienen. Es kann aber aus Motivationszwecken sinnvoll sein, die Wartefrist bis zur ersten Ausübungsmöglichkeit kürzer zu bemessen als das Ende der Verfallfrist. Auf diese Weise bekommt der Arbeitnehmer die Perspektive, z.B. nach Ablauf von zwei Jahren eine zusätzliche Belohnung für seine Arbeitsleistung zu erhalten. Im Vergleich mit einer möglichen Wartefrist bis zu fünf Jahren geht von der kürzeren Frist eine höhere Motivationswirkung aus. Außerdem kann eine solche Vereinbarung aus steuerlichen Gründen von Vorteil sein, weil nicht der Veräußerungsgewinn für die Aktien, sondern der Gewinn bei Ausübung der Optionen der Einkommensteuer unterliegt.[161] Bei einer sehr günstigen Kursentwicklung lohnt es sich für den Arbeitnehmer u.U. noch abzuwarten und die Option erst später nach einer weiteren Kurssteigerung auszuüben, um auf diese Weise seinen Gewinn steuerfrei zu maximieren. Nach dem Ablauf der Wartefrist würde dann die Verfallklausel eingreifen und die beabsichtigte Bindungswirkung sicher stellen. Da die Aktienoptionsprogramme der Bindung und der Motivation gleichermaßen dienen sollen und beide Zielsetzungen von der Vertragsfreiheit des Arbeitgebers gedeckt sind, müssen die Endzeitpunkte beider Fristen nicht zwingend zusammen fallen. Unterschiedlich lange Warte- und Verfallfristen sind ohne weiteres zulässig. Die Ansicht ist daher als zu eng abzulehnen. Aus den gleichen Gründen ist auch diejenige Ansicht abzulehnen, die dem Arbeitnehmer für ausübungsreife Aktienoptionen noch die Möglichkeit einräumen will, diese im nächsten Ausübungsfenster auszuüben.[162] Sofern dieser Zeitpunkt noch innerhalb des Fünfjahreszeitraums liegt, ist der Verfall mit Blick auf das legitime Bindungsinteresse gerechtfertigt.

c) Nach oben abweichende Auffassung hinsichtlich der höchst zulässigen Bindungsdauer mit Stellungnahme

In der Praxis finden sich allerdings Aktienoptionsprogramme mit einer Laufzeit von bis zu 10 Jahren, die zeitlich unbegrenzte Verfallklauseln enthalten. Sie beziehen sich daher auf die gesamte Laufzeit und überschreiten die höchst zulässige fünfjährige Bindungsdauer.

Teilweise geht man dennoch davon aus, dass selbst solche Klauseln mit einer faktisch möglichen Bindungsdauer von zehn Jahren der Inhaltskontrolle nach § 307 Abs. 2 Nr. 2 BGB stand halten, sofern eine Wartezeit von fünf Jahre nicht

---

160 *Mechlem/Melms*, DB 2000, 1614, 1615; *Tepass* in: Harrer, Mitarbeiterbeteiligungen, Rn. 394; in diesem Sinne auch *Lembke*, BB 2001, 1469, 1472.

161 Vergl. § 5 I.

162 *Tepass* in: Harrer, Mitarbeiterbeteiligungen, Rn. 394.

überschritten werde.[163] Als Grund wird die Struktur der Optionsprogramme angeführt. Die Bindungswirkung sei während der Wartefrist, insbesondere kurz vor deren Ablauf am stärksten, sofern die Erfolgsziele schon erreicht seien. In dieser Konstellation werde der Arbeitnehmer nach Ablauf der Wartezeit mit der Kündigung maximal bis zum nächsten Ausübungsfenster, i.d.R. nicht länger als 6 Monate warten. Dieser Zeitraum stelle aber nur eine geringfügige Beschränkung der Kündigungsfreiheit dar. Würden die Ziele hingegen nicht erreicht wurden, so nehme die Bindungswirkung mangels Erfolgsaussichten nach Ablauf der Wartefrist ohnehin ab.

Diese Einschätzung der Bindungswirkung trifft sicherlich dann zu, wenn der Aktienkurs sehr deutlich unter dem vorgegebenen Erfolgsziel liegt. Nicht ganz so eindeutig fällt die Bewertung hingegen aus, wenn der Kurs längere Zeit auf einem Niveau kurz vor dem Eintritt der Erfolgsziele stagniert und der Mitarbeiter davon ausgeht, dass die Ziele alsbald erreicht werden. In dieser Situation ist die Bindungswirkung ebenso intensiv wie in der Konstellation, in der die Erfolgsziele bereits erreicht sind, und die Wartezeit noch nicht ganz abgelaufen ist. Daher ist es vorstellbar, dass der Arbeitnehmer einige Zeit, z.B. noch ein zweites oder gar drittes Ausübungsfenster abwartet, und seine Kündigung länger als 6 Monate, möglicherweise bis zu einem Jahr hinausschiebt. Statt beispielsweise bereits zum 30.6. zu kündigen, wartet er das nächste Ausübungsfenster am 30.9. ab und kann dann erst zum 31.10. oder bei einer vierteljährlichen Kündigungsfrist zum Quartalsende möglicherweise erst zum 31.12. kündigen. Da in vorformulierten Verfallklauseln grundsätzlich nur eine Verfallsdauer von fünf Jahren zulässig ist, ist bereits die Angemessenheit einer Bindungsfrist von 5 1/2 Jahren sehr zweifelhaft. Eine theoretisch mögliche Bindungsdauer von neun Monaten und länger ist aber keinesfalls zu tolerieren, weil sie als unzulässig Kündigungsbeschränkung i.S.v. § 622 Abs. 6 BGB anzusehen wäre, die einen Eingriff in Art. 12 Abs. 1 GG zu Lasten des Arbeitnehmers darstellte. Aus diesem Grund ist diese Ansicht abzulehnen.

d) Ergebnis für die höchstzulässige Bindungsdauer

Im Ergebnis ist mit der ganz überwiegenden Meinung von einer höchstzulässigen Verfallsdauer von fünf Jahren auszugehen.

---

163 *Binder*, S. 127 ff.

4. Kontrollmaßstabs für individuelle Verfallklauseln bei Aktienoptionen als *nicht synallagmatische* Vergütung

Mit Blick auf § 305 Abs. 1 S. 3 BGB, der die Inhaltskontrolle für Individualvereinbarungen ausschließt, stellt sich nun die Frage, ob einzelvertraglich individuell vereinbarte Verfallklauseln an einem weniger strengen Maßstab zu überprüfen und folglich in weiterem Umfang zulässig sind. Solche Klauseln werden in der Praxis zwar im Rahmen von Programmen, in denen Aktienoptionen als freiwillige Zusatzleistung gewährt werden, eher die Ausnahme sein,[164] können aber dennoch vorkommen.

Individuell vereinbarte Verfallklauseln beschränken den Kündigungsentschluss des Arbeitnehmers und können mit Blick auf Art. 12 Abs. 1 GG nicht grenzenlos zulässig sein. Der arbeitsrechtliche Gleichbehandlungsgrundsatz und damit der Vergleich mit der Verfallsdauer, die für die übrigen Mitarbeiter gilt, scheidet bei Individualvereinbarungen aus.[165] Im Gegensatz zur Kontrolle der Verfallklauseln bei Aktienoptionen als *synallagmatische* Vergütungsform kann man auch nicht auf § 622 Abs. 6 BGB zurückgreifen. Während die Verfallklauseln bei dieser Vergütungsart wegen ihrer beschränkenden Wirkung auf den Kündigungsentschluss bei bereits erbrachter Arbeitsleistung unwirksam waren, geht es bei den Verfallklauseln für Aktienoptionen als *nicht synallagmatische* Vergütungsform um die höchst zulässige Bindungsdauer. Dies erfordert eine Abwägung der gegenseitigen Interessen. Insoweit kann aber nicht einfach unter Berufung auf § 622 Abs. 4 BGB eine vertragliche Inhaltskontrolle mit einer vergleichbaren Interessenabwägung wie im Rahmen der Angemessenheitskontrolle nach § 307 BGB vorgenommen werden, weil diese auf vorformulierte Klauseln beschränkt ist.[166] Der Rückgriff auf § 624 BGB, nach dem das Kündigungsrecht maximal fünf Jahre ausgeschlossen werden kann, scheidet ebenfalls aus, weil die Verfallklauseln lediglich zu einer Beschränkung des Kündigungsentschlusses führen, die Kündigung aber nicht gänzlich ausschließen. Es bleibt daher bei der untergeordneten, ergänzenden Kontrolle nach den allgemeinen Vorschriften wie den §§ 134, 138, 242 BGB.[167] Da die §§ 307 ff. BGB für allgemeine Geschäftsbedingungen eine abschließende Konkretisierung des Gebots von Treu und Glauben darstellen und gegenüber § 242 BGB die speziellere Vorschrift sind,[168] kommt als Grundlage für die Kontrolle in erster Linie § 138

---

164 Dazu bereits § 11 IV 1 a bb.
165 Vergl. § 6 IV 1 b.
166 Ähnlich *Binder*, S. 81 ff.
167 *Lindemann*, Arbeitsbedingungen, S. 82 ff., 102; *Stoffels*, AGB-Recht, Rn. 382 f.
168 *Stoffels*, AGB-Recht, Rn. 389.

Abs. 1 BGB in Betracht. Ein Verstoß gegen diese Vorschrift setzt eine grobe Interessenbeeinträchtigung von erheblicher Stärke und zusätzlich eine subjektiv verwerfliche Haltung voraus.[169] Ob die Grenzen der Privatautonomie überschritten werden, hat dabei auf Grund einer Gesamtwürdigung der getroffenen Vereinbarung unter Berücksichtigung von Inhalt, Beweggrund und Zweck der Regelung sowie aller Umstände des Einzelfalls zu erfolgen.[170] Sofern das Unternehmen mit einem bestimmten Arbeitnehmer eine individuelle Verfallklausel vereinbart, hat es gerade an dessen Arbeitsleistung ein besonderes Interesse. In dieser Situation befindet sich der Arbeitnehmer nicht in einer strukturell unterlegenen, sondern vielmehr in einer günstigen Verhandlungsposition. Er wird sich die Bindung an das Unternehmen regelmäßig bezahlen lassen. Dennoch sind die Wertungen von Art. 12 Abs. 1 GG auch im Rahmen der Kontrolle nach § 138 Abs. 1 BGB zu berücksichtigen. Parallel zur Laufzeit der Optionsprogramme sind daher Verfallzeiträume bis zu einer Dauer von sieben bis zehn Jahren denkbar. Eine derart weitgehende Beschränkung der Kündigungsfreiheit ist sicherlich im Hinblick auf § 138 BGB i.V.m. Art. 12 Abs. 1 GG nicht mehr gerechtfertigt. Derartige Verfallklauseln lassen jedes vernünftige Maß vermissen und nur den Schluss zu, dass auf die Kündigungsfreiheit des betroffenen Mitarbeiters keine Rücksicht mehr genommen wurde. Sie sind daher selbst bei Anwendung eines milderen Kontrollmaßstabs als unzulässig anzusehen.

Vor diesem Hintergrund bieten sich Klauseln an, die nach Ablauf von fünf Jahren seit der Ausgabe den Verfall anordnen, sofern der Mitarbeiter die Optionen nicht im nächsten Ausübungsfenster oder unter Anlehnung an die Kündigungsfrist in § 624 BGB spätestens nach Ablauf von sechs Monaten ausübt. Durch eine solche Regelung wird der Kündigungsfreiheit des Arbeitnehmers ausreichend Rechnung getragen.

5. Sonderfall: Verfall bei Eigenkündigung wegen vertragswidrigen Arbeitgeberverhaltens

Im Zusammenhang mit der Eigenkündigung stellt sich schließlich noch die Frage, ob der Verfall der Aktienoptionen als *nicht synallagmatischer* Vergütungsbestandteil zulässiger Weise auch dann eintreten kann, wenn der Kündigungsentschluss des Arbeitnehmers auf einem arbeitsvertragswidrigen Verhalten des Arbeitgebers beruht. Dafür lassen sich zwei Fallgestaltungen unterscheiden. Zum einen kann das vertragswidrige Verhalten derart schwerwiegend sein, dass der Arbeitnehmer von seinem Recht zur außerordentlichen Kündigung

[169] *Stoffels*, AGB-Recht, Rn. 384.
[170] *Stoffels*, AGB-Recht, Rn. 385.

Gebrauch machen und sich auf die Rechte aus § 628 BGB berufen kann. Zum anderen kann es den Arbeitnehmer zumindest dazu veranlassen, sein Arbeitsverhältnis im Wege der ordentlichen Kündigung zu beenden.

a) Außerordentliche Eigenkündigung

Das Recht zur außerordentlichen Kündigung in § 626 Abs. 1 BGB ist unabdingbar. Es kann daher weder einzel- noch kollektivvertraglich erweitert, eingeschränkt oder ausgeschlossen werden. Entsprechende Vereinbarungen sind nach § 134 BGB nichtig.[171] Dies muss auch für solche Kündigungserschwerungen gelten, die in ihrer Wirkung einer Einschränkung des außerordentlichen Kündigungsrechts gleichkommen wie z.B. die Vereinbarung einer Vertragsstrafe.[172] Die Unabdingbarkeit führt indes nicht dazu, dass jede beschränkende Regelung ausgeschlossen ist. Unwirksam sind nur solche Vereinbarungen, die dem Kündigenden unzumutbar sind.[173] Bei der Auslegung dieses unbestimmten Rechtsbegriffs ist das durch Art. 12 Abs. 1 GG geschützte Recht des Arbeitnehmers zur außerordentlichen Kündigung zu beachten.

Die Verfallklauseln verknüpfen die Ausübung bzw. das „Behalten dürfen" der Aktienoptionen damit, dass der Arbeitnehmer dem Unternehmen bis zu diesem Zeitpunkt treu ist. Hat der Arbeitnehmer das Recht zur außerordentlichen Kündigung, so ist ihm die Fortsetzung des Arbeitsverhältnisses und damit die Erfüllung dieser Voraussetzung gerade nicht mehr zuzumuten. Aus diesem Grund stellen die Verfallklauseln, die den Arbeitnehmer von der Kündigung abhalten sollen, eine unzumutbare und damit unzulässige Beschränkung seines Rechts zur außerordentlichen Kündigung dar.[174] Dies gilt für vorformulierte wie auch individuell vereinbarte Verfallklauseln.

b) Ordentliche Eigenkündigung

Denkbar ist weiterhin, dass sich der Arbeitgeber vertragswidrig verhält, das Verhalten den Arbeitnehmer aber lediglich zu einer ordentlichen Kündigung

[171] Vergl. *BAG* v. 18.12.1961, AP Nr. 1 zu § 626 BGB Kündigungserschwerung unter 1; v. 8.8.1963, AP Nr. 2 zu § 626 BGB Kündigungserschwerung unter I 2, wonach für den Kündigenden keine besonderen Nachteile wie die Zahlung einer Vertragsstrafe, Abfindung etc. vereinbart werden dürfen.

[172] *BAG* v. 18.12.1961, AP Nr. 2 zu § 626 BGB Kündigungserschwerung unter I 2; *ErfK/Müller-Glöge*, § 626 BGB Rn. 240.

[173] *ErfK/Müller-Glöge*, § 626 BGB Rn. 241.

[174] Im Ergebnis ebenso *Binder*, S. 147 ff.; wohl auch *Pulz*, Personalbindung, S. 137 unter Berufung auf § 628 Abs. 2 BGB.

berechtigt, weil ihm die Fortsetzung des Arbeitsverhältnisses noch bis zum Ablauf der Kündigungsfrist zuzumuten ist. Dann stellt sich ebenfalls die Frage, ob der Verfall in dieser Fallgestaltung zulässig ist.

Eine Ansicht geht davon aus, dass der Arbeitgeber in einem solchen Fall den Bedingungseintritt, der die Verfallklausel auslöst, treuwidrig herbeiführe bzw. vereitele und dies nach § 162 BGB nicht zulässig sei. Allerdings sei nicht jede schuldhafte Vertragsverletzung als treuwidriges Verhalten anzusehen. Ein Zurechnungszusammenhang sei nur zu bejahen, wenn die Vertragsverletzungen einen vernünftigen Arbeitnehmer ebenfalls nachvollziehbar zur Beendigung des Arbeitsverhältnisses veranlassen würde. Die Treuwidrigkeit müsse nicht auf den Bedingungseintritt bzw. die Bedingungsvereitelung gerichtet sein.[175]

Dieses Ergebnis wird auch durch einen anderen Gesichtspunkt gestützt. Verhält sich der Arbeitgeber vertragswidrig, so stellt dies regelmäßig eine Pflichtverletzung i.S.v. § 280 Abs. 1 S. 1 BGB dar.[176] Da der Arbeitnehmer mit der Gewährung der Optionen eine vertraglich geschuldete Leistung aus dem Arbeitsvertrag fordert und damit so gestellt werden will, wie wenn der Vertrag ordnungsgemäß erfüllt worden wäre, ist sein Anspruch auf das positive Interesse gerichtet.[177] Je nachdem ob es sich um die Verletzung einer Haupt- oder Nebenpflicht handelt, kommt ein Schadensersatzanspruch statt der Leistung nach § 280 Abs. 1, Abs. 3 i.V.m. § 281 Abs. 1 S. 1 2. Alt. BGB oder speziell für die nichtleistungsbezogenen Nebenpflichten[178] nach § 280 Abs. 1, Abs. 3 i.V.m. § 282 BGB in Betracht.[179] Art und Umfang des Schadensersatzanspruchs richten sich nach den §§ 249 ff. BGB, insbesondere nach § 249 Abs. 1 BGB. Danach ist der Gläubiger so zu stellen wie er ohne die Vertragsverletzung als schädigendes Ereignis stünde. In diesem Fall hätte der Arbeitnehmer das Arbeitsverhältnis fortgesetzt. Die Aktienoptionen wären dann nicht verfallen und müssten dem Arbeitnehmer daher im Rahmen der Schadensabwicklung wieder eingeräumt werden. Da eine unzulässige Rechtsausübung i.S.v. § 242 BGB anzunehmen ist, wenn eine Leistung gefordert wird, die alsbald zurückzugewähren wäre,[180] wäre die Vereinbarung einer Verfallklausel für diesen Tatbestand nicht zulässig. Auf der anderen Seite folgt daraus, dass sich die Verantwortlichkeit des Arbeitgebers für die Pflichtverletzung, die sich nach § 276 BGB richtet,[181] nur auf die arbeitsvertragliche Pflichtverletzung und nicht auf die Vereitelung der Ausübung der Aktienoptionen beziehen muss.

175 *Binder*, S. 149 ff.

176 Allgemein zum Begriff der Pflichtverletzung *Staudinger/Otto*, § 280 Rn. C 1 ff.

177 Vergl. *Staudinger/Otto*, § 280 Rn. E 5.

178 Zum Begriff vergl. *Staudinger/Otto*, § 280 Rn. C 17 f., § 282 Rn. 19 ff.

179 Zu Abgrenzung der beiden Anspruchsgrundlagen *Staudinger/Otto*, § 280 Rn. E 13, § 282 Rn. 12.

180 Vergl. *Palandt/Heinrichs*, § 242 Rn. 52.

Darüber hinaus wäre eine andere Sichtweise kaum mit dem Grundgedanken des Maßregelungsverbots in § 612a BGB zu vereinbaren. Denn danach dürfen dem Arbeitnehmer ebenfalls keine Nachteile daraus erwachsen, wenn er in zulässiger Weise seine Rechte ausübt. Zu diesen Rechten gehört jedenfalls die durch Art. 12 Abs. 1 GG grundgesetzlich geschützte Kündigungsfreiheit des Arbeitnehmers.[182] Die Rechtsausübung ist zulässig, wenn sie nicht gegen die arbeitsvertraglichen Nebenpflichten, insbesondere die Treuepflicht verstößt.[183] Eine Treuepflichtverletzung ist dann auszuschließen, wenn dem Arbeitgeber ein pflichtwidriges Verhalten gegenüber dem Arbeitnehmer vorzuwerfen ist. Zwar erfordert die Anwendung des Maßregelungsverbots grundsätzlich die Maßregelungsabsicht des Arbeitgebers,[184] die regelmäßig fehlen dürfte, wenn sich der Arbeitgeber in dieser Situation auf die allgemeine Verfallklausel in dem Aktienoptionsprogramm beruft. Der Schutzzweck der Vorschrift, nach dem die Maßregelung grundsätzlich unzulässig ist, ist aber im Rahmen der Inhaltskontrolle zu berücksichtigen. Bei entsprechender Anwendung dieser Grundsätze käme der Verfall der Aktienoptionen bei Eigenkündigung infolge pflichtwidrigen Verhaltens des Arbeitgebers in den Auswirkungen einer unzulässigen Maßregelung gleich.

c) Ergebnisse zum Verfall bei Eigenkündigung wegen vertragswidrigen Arbeitgeberverhaltens

Es ist daher festzuhalten, dass der Verfall der Aktienoptionen nicht für den Fall vereinbart werden kann, dass der Arbeitnehmer sein Arbeitsverhältnis fristlos aus wichtigem Grund beendet, weil dies eine unzulässige Beschränkung der Kündigungsfreiheit wäre. Ähnliches gilt für die ordentliche Kündigung des Arbeitnehmers als Reaktion auf ein schuldhaft vertragswidriges Verhalten des Arbeitgebers. In diesem Fall ist das Arbeitgeberverhalten als treuwidrig i.S.v. § 162 BGB bzw. als schuldhafte Pflichtverletzung i.S.v. § 280 Abs. 1 S. 1 BGB anzusehen, die grundsätzlich zum Schadensersatz statt der Leistung berechtigt. Klauseln, die diese Tatbestände einbeziehen, sind daher unwirksam.

[181] Zum Bezugspunkt der Verantwortlichkeit des Schuldners vergl. *Staudinger/Otto*, § 280 Rn. 10 ff.

[182] Vergl. *Wilken*, S. 80 ff.

[183] *Wilken*, S. 112 f.

[184] *Wilken*, S. 141 ff.

6. Zusammenfassung der Ergebnisse zu den Verfallklauseln bei Eigenkündigung des Arbeitnehmers mit Formulierungsvorschlägen

Als Ergebnis ist festzuhalten, dass bei der Ausgabe der Aktienoptionen als *nicht synallagmatische* Leistung für den Fall der Eigenkündigung eine maximale Verfallfrist von fünf Jahren in den Programmen vorgesehen werden kann. Daher sind die Verfallklauseln entweder auf fünf Jahre zu begrenzen oder als Alternative Regelungen aufzunehmen, nach denen die Optionen nach Ablauf der Wartefrist noch innerhalb eines bestimmten Zeitraums, etwa sechs oder zwölf Monate nach Beendigung, ausgeübt werden können.[185] Warte- und Verfallfristen können von unterschiedlicher Dauer sein. Wegen des nach § 305 Abs. 1 S. 3 BGB bei vorformulierten Klauseln zu beachtenden Transparenzgebots müssen diese Rechtsmäßigkeitsvoraussetzungen bei der Formulierung der Klausel beachtet werden. Eine solche Klausel kann etwa lauten:

> Kündigt der Teilnehmer sein Arbeitsverhältnis, so verfallen innerhalb von fünf Jahren nach Überlassung alle noch nicht ausgeübten Bezugsrechte am Tag der Beendigung.

Zulässig sind darüber hinaus solche Regelungen wie im Programm der Vossloh AG, die zwar einen unbegrenzten Verfall vorsehen, nach denen die Aktienoptionen aber nach Ablauf der Wartefrist noch im nächsten Ausübungsfenster ausgeübt werden dürfen.[186] Eine entsprechende Formulierung kann etwa lauten:

> Sind die Aktienoptionen bereits ausübbar, so müssen sie spätestens im nächsten Ausübungsfenster nach dem Ausscheiden des Mitarbeiters ausgeübt werden. Unterbleibt dies oder ist eine Ausübung nicht möglich, weil die Erfolgsziele nicht erreicht werden, so verfallen die Bezugsrechte.

Bei individuell vereinbarten Klauseln kann eine längere als die 5-jährige Verfallsdauer vorgesehen werden, die mit Blick auf § 138 BGB i.V.m. Art. 12 Abs. 1 GG nicht grenzenlos sein kann. Als Ausgleich für die Kündigungsbeschränkung des Arbeitnehmers ist eine Regelung aufzunehmen, die dem Mitarbeiter die

[185] So der Vorschlag von *Tepass* in: Harrer, MAB, Rn. 394.
[186] Vergl. § 1 II 8 a.

Möglichkeit einräumt, die Option im nächsten Ausübungsfenster oder spätestens innerhalb von sechs Monate nach Beendigung des Arbeitsverhältnisses noch auszuüben.

Gänzlich unzulässig ist der Verfall bei Beendigung des Arbeitsverhältnisses, wenn der Arbeitnehmer wegen eines schuldhaft vertragswidrigen Verhaltens des Arbeitgebers zu einer außerordentlichen Kündigung berechtigt ist, oder dadurch nachvollziehbar zur ordentlichen Kündigung veranlasst wird.

7. Zulässigkeit der Bindungsklauseln für die Beendigung aus anderen Gründen bei Aktienoptionen als *nicht synallagmatische* Vergütung

Im Weiteren bleibt untersuchen, ob und in welchem Umfang die Vereinbarung der Verfallklauseln für die übrigen möglichen Beendigungsgründe bei Einräumung von Aktienoptionen als *nicht synallagmatische* Leistung zulässig ist. Dazu gehören neben der außerordentlichen die ordentliche arbeitgeberseitige Kündigung aus personen-, verhaltens- oder betriebsbedingten Gründen. Darüber hinaus ist an die einvernehmliche Beendigung durch Abschluss eines Auflösungsvertrags zu denken. Weitere mögliche Beendigungsgründe sind der Eintritt in den Ruhe- bzw. Vorruhestand, die Berufsunfähigkeit oder der Tod des betroffenen Mitarbeiters.

Diese Gründe lassen sich in solche aus der Sphäre des Arbeitnehmers oder des Arbeitgebers einteilen. Letzterer ist die arbeitgeberseitige Kündigung aus betriebsbedingten Gründen zuzuordnen. Die arbeitgeberseitige personen- oder verhaltensbedingte Kündigung ist indes der Sphäre des Arbeitnehmers zuzuordnen. Gleiches gilt für die Beendigung wegen Berufsunfähigkeit oder des Ruhestands. Bei den Auflösungsverträgen ist danach zu differenzieren, auf wessen Wunsch hin diese Vereinbarung getroffen wurde.

a) Kontrollmaßstab für den Verfall bei Beendigung durch betriebsbedingte Kündigung

Enthält ein Programm eine Klausel, nach der der Verfall der Aktienoptionen allgemein bei Beendigung des Arbeitsverhältnisses oder bei Beendigung nach Kündigung des Arbeitsverhältnisses eintritt, ist davon die Beendigung infolge einer betriebsbedingten Kündigung ebenfalls umfasst. Wie der Wegfall von Ansprüchen auf eine zusätzliche freiwillige Arbeitgeberleistung wegen einer Eigenkündigung ist der Verfall von Ansprüchen speziell für den Fall der betriebsbedingten Kündigung bereits im Zusammenhang mit Stichtags- und Rückzahlungsklausel bei gemischten Sonderzahlungen und Aus- und Fortbildungskosten mehrfach Gegenstand der Diskussion in Rechtsprechung und Literatur gewesen. Da der Entscheidungs- bzw. Diskussionsstand Anhaltspunkte für die Zulässigkeit der Verfallklauseln bei Aktienoptionen als *nicht synallagmatische* Leistung geben kann, werden die Ergebnisse zur arbeitgeberseitigen betriebsbedingten Kündigung in Ergänzung und zur Vervollständigung der bisherigen Ausführungen zur Eigenkündigung im Folgenden zusammengefasst.

aa) Ergebnisse in Rechtsprechung und Literatur zu Stichtagsklauseln und Rückzahlungsvorbehalten bei gemischten Sonderzahlungen

Im Zusammenhang mit der Ausgestaltung des Begünstigtenkreises ist bereits herausgearbeitet worden, daß die Rechtsprechung in Übereinstimmung mit der ganz überwiegenden Ansicht in der Literatur mittlerweile davon ausgeht, dass sich Stichtagsklauseln, die den Anspruch auf die Arbeitgeberleistung vom Fortbestand eines ungekündigten Arbeitsverhältnisses an einem bestimmten Termin abhängig machen, zulässiger Weise auf die betriebsbedingte Kündigung beziehen können.[187]

Da die Verfallklauseln in ihrer Wirkung zwischen den Stichtags- und Rückzahlungsklauseln einzuordnen sind, kommt es für die Untersuchung an dieser Stelle erstmals auf den Vergleich mit der bisherigen Behandlung von Rückzahlungsklauseln bei betriebsbedingter Beendigung an. Der Stand der der höchstrichterlichen Rechtsprechung ist insoweit unklar. Das BAG hat diese Fallgestaltung bislang aus denselben Gründen als eine rechtsmissbräuchliche Vertragsgestaltung i.S.v. § 162 Abs. 1 BGB angesehen, aus denen es die Stichtagsvereinbarungen in seinen früheren Entscheidungen für unzulässig gehalten hat.[188] Nachdem das Gericht allerdings im Zusammenhang mit den Stichtagsregelungen von dieser Auffassung abgewichen ist, ist die Beantwortung dieser Frage ebenfalls wieder offen. Das *LAG Hamm* ist in einer jüngeren Entscheidung bereits davon ausgegangen, dass die Rückzahlungsklauseln bei Beendigung des Arbeitsverhältnisses zulässiger Weise die Fälle der betriebsbedingten Kündigung umfassen dürfen.[189] In der Literatur wird die Zulässigkeit von Rückzahlungsvorbe-

[187] Dazu bereits § 9 X 2 b.

[188] *BAG* v. 27.10.1978, AP Nr. 98 zu § 611 BGB Gratifikation unter II 1. In der Entscheidung wird zwar zu Bindungsklauseln Stellung genommen, jedoch im 1. Leitsatz klar gestellt, dass es darunter sowohl Stichtagsregelungen wie Rückzahlungsklauseln versteht.

halten bei Beendigung des Arbeitsverhältnisses infolge einer betriebsbedingten Kündigung uneinheitlich beurteilt. Einige Vertreter halten eine Rückzahlungsverpflichtung in diesem Fall ebenso wie eine entsprechende Stichtagsregelung als Anspruchsvoraussetzung für zulässig. Eine Rückzahlungsklausel sei nicht von vornherein und ohne weiteres unbillig oder treuwidrig, da die betriebsbedingte Kündigung nur unter bestimmten Voraussetzungen ausgesprochen werden könne und ein Übergewicht der Arbeitgeberbelange voraussetze. Die Verpflichtung zur Rückzahlung werde regelmäßig nur bei einer wirksamen Beendigung des Arbeitverhältnisses ausgelöst.[190] Etwas anderes gelte nur, wenn besondere Umstände den Schluss darauf zulassen, dass der Arbeitgeber mit der Kündigung gezielt den Anspruch auf die Sonderzahlung vereiteln wolle. Dies stelle einen Verstoß gegen § 162 BGB dar und löse die Rückzahlungsverpflichtung nicht aus.[191]

Nach einer anderen Auffassung sind Rückzahlungsklauseln für den Fall einer betriebsbedingten Kündigung grundsätzlich unzulässig. Der Arbeitgeber erwecke durch die Gewährung der Sonderzahlung zunächst den Eindruck, der Arbeitnehmer gehöre zur Stammbelegschaft. Fordere er diese innerhalb der kurzen Bindungsfrist zurück, so sei dieses Rückzahlungsverlangen als treuwidriges, widersprüchliches und damit rechtsmissbräuchliches Verhalten anzusehen.[192] Das allgemeine Verbot des Rechtsmissbrauchs gelte für alle Rückzahlungsvorbehalte bei betriebsbedingter Beendigung des Arbeitsverhältnisses, gleich ob sie in Tarifverträgen, Betriebsvereinbarungen wie auch in Arbeitsverträgen geregelt seien.[193]

Dieser Ansicht ist zuzugeben, dass der Vertrauensschutz im Vergleich mit den Stichtagsklauseln größere Bedeutung hat, weil der Arbeitgeber die Zahlung u.U. bereits eingeplant oder ausgegeben hat. Auf der anderen Seite darf aber die legitime Zwecksetzung, die der Arbeitgeber mit der Zahlung verfolgt, nicht völlig unberücksichtigt bleiben. Sofern der Arbeitgeber die künftige Betriebstreue und damit auch die Effizienz eines langandauernden Arbeitsverhältnisses belohnen will, wird dieser Zweck bei Ausscheiden des Arbeitnehmers unabhängig vom Beendigungsgrund nicht erreicht. Es ist daher nicht treuwid-

---

[189] *LAG Hamm* v. 30.07.1999, MDR 2000, 219 f.

[190] *Henssler*, gemeinsame Anm. zu BAG v. 25.04.1991, EzA § 611 BGB Gratifikation, Prämie Nr. 84 und 85 unter V 2 a; *Röhsler*, AR-Blattei „Gratifikation" SD 820 Rn. 139 f.

[191] *Lipke/Vogt/Steinmeyer*, Sonderleistungen im Arbeitsverhältnis, Rn. 180 i.V.m. Rn. 130.

[192] *MünchArbR/Hanau*, § 69 Rn. 54; in diesem Sinne auch *Hanau/Vossen*, DB 1992, 213, 221.

[193] Differenzierend noch *Hanau/Vossen*, DB 1992, 213, 221, die eine solche Regelung in Tarifverträgen für zulässig halten, dies jedoch für Betriebsvereinbarungen bzw. Einzelarbeitsverträgen eher ablehnen, weil eine solche Regelung wohl der Billigkeitskontrolle nicht stand halten würde.

rig, wenn der Arbeitgeber aus diesem Grund die Zahlung zurückfordert, auch wenn er selbst die Beendigung des Arbeitsverhältnisses herbeiführt. Dem Gesichtspunkt des Vertrauensschutzes kann durch die Bestimmung der Rückzahlungshöhe und der höchstzulässigen Dauer des Rückzahlungsvorbehalts ausreichend Rechnung getragen werden.[194]

bb) Ergebnisse in Rechtsprechung und Literatur zur Zulässigkeit von Rückzahlungsvorbehalten bei Aus- und Fortbildungskosten

Anders hat das BAG hingegen im Zusammenhang mit der Rückzahlung von Fort- und Ausbildungskosten bei betriebsbedingter Beendigungskündigung entschieden. Finanziere der Arbeitgeber eine Aus- und Weiterbildung, um die Qualifikation des Arbeitnehmers zu verbessern und diese für seinen Betrieb möglichst langfristig nutzbar zu machen, sei es zwar grundsätzlich zulässig, wenn er diese Kosten ganz oder anteilig in einem gewissen Zeitraum nach der Maßnahme bei Beendigung des Arbeitsverhältnisses zurückverlange. Eine Rückzahlungspflicht des Arbeitnehmers bestehe aber nicht im Fall einer betriebsbedingten Kündigung. Eine ausgewogene Gesamtregelung liege nicht mehr vor, wenn der Arbeitnehmer der Rückzahlungspflicht nicht durch eigene Betriebstreue entgehen könne. Die Aus- und Weiterbildungskosten seien vielfach so erheblich, dass der Arbeitnehmer oft nicht in der Lage sei, dafür selbst aufzukommen. Außerdem sei zu berücksichtigen, dass jener häufig nur im Vertrauen darauf an einer solchen Maßnahme teilnehme, dass er für die Dauer der Bindungsfrist im Betrieb verbleiben und so eine nachträgliche finanzielle Belastung vermeiden könne. Dieses schützenswerte Vertrauen werde verletzt, wenn allein die Entscheidung des Arbeitgebers das Arbeitsverhältnis beenden und die Rückzahlungspflicht auslösen könne.[195]

cc) Übertragbarkeit der Grundsätze auf Verfallklauseln in Aktienoptionsprogrammen

Es bleibt nun zu klären, welche Erkenntnisse aus den dargestellten Grundsätzen für die Inhaltskontrolle von Verfallklauseln in Aktienoptionspro-

194 In diesem Sinne auch *Henssler*, gemeinsame Anm. zu *BAG* v. 25.04.1991, EzA § 611 BGB Gratifikation, Prämie Nr. 84 und 85 unter V 2 a.

195 *BAG* v. 6.5.1998, AP Nr. 28 zu § 611 BGB Ausbildungsbeihilfe unter II 4 b. So jetzt auch *BAG* v. 11.4.2006, NZA 2006, 1042, 1044 f., wonach eine solche Klausel nach § 307 Abs. 1 S. 1 BGB unwirksam ist.

grammen nach § 307 Abs. 1, Abs. 2 BGB für den Fall der betriebsbedingten Kündigung gewonnen werden können.

Da Verfallklauseln von ihren Auswirkungen her zwischen den Stichtags- und Rückzahlungsklauseln einzuordnen sind,[196] bleibt an dieser Stelle lediglich zu klären, ob sie eher mit den Rückzahlungsvorbehalten bei gemischten Sonderzahlungen oder mit denen bei Aus- und Fortbildungskosten vergleichbar sind. Während man bei den gemischten Sonderzahlungen Rückzahlungsvorbehalte, die auch die Beendigung infolge einer betriebsbedingten Kündigung umfassen, ganz überwiegend für zulässig erachtet, wird dies für die Rückzahlung von Aus- und Fortbildungskosten abgelehnt. Für das Ergebnis der Inhaltskontrolle ist daher entscheidend, auf welche Wertungen man zurückgreifen kann. Bei der Rückzahlung von Aus- bzw. Fortbildungskosten geht es um das Vertrauen des Arbeitnehmers, von einer Verbindlichkeit frei gehalten zu werden. Dieser geht nämlich davon aus, dass er der Kostenerstattung für die Aus- bzw. Fortbildung durch den Verbleib im Unternehmen entgehen kann. Bei der Rückzahlung von gemischten Sonderzahlungen geht es hingegen um das Vertrauen, eine zusätzliche finanzielle Leistung behalten zu dürfen. Die Aktienoptionen werden als *nicht synallagmatische* Leistung ebenfalls zusätzlich zum Gehalt gewährt. Daher betrifft deren Verfall nicht das Freihalten von einer Verbindlichkeit, sondern die Rückgewähr eines vermögenswerten Vorteils. Folglich sind die entsprechenden Klauseln eher mit den Rückzahlungsvorbehalten bei gemischten Sonderzahlungen vergleichbar.

dd) Kontrollmaßstab für vorformulierte Verfallklauseln bei Aktienoptionen als *nicht synallagmatische* Leistung bei betriebsbedingter Beendigungskündigung

Es stellt sich daher die Frage, ob der mit der Gewährung der Aktienoptionen verfolgte Zweck in gleicher Weise wie bei den gemischten Sonderzahlungen den Entzug des vermögenswerten Vorteils im Fall der betriebsbedingten Beendigungskündigung rechtfertigen kann oder das Vertrauen des Arbeitnehmers, die Leistung behalten zu dürfen in diesem Fall schutzwürdiger ist.

(1) Leistungszweck und Leitbildfunktion anderer Vorschriften

Mit den Aktienoptionen soll ebenfalls die künftige Betriebstreue gefördert und belohnt werden. Diese Zielsetzung ist wie bei den gemischten Sonderzahlungen

[196] Dazu bereits § 11 VIII 2 a.

als eine von der Vertragsfreiheit des Arbeitgebers gedeckte legitime Zweckbindung anzusehen. Diesem Recht des Arbeitgebers ist das schützenswerte Vertrauen des Arbeitnehmers darauf, die Leistung bei Verzicht auf eine Eigenkündigung und vertragsgemäßem Verhalten behalten zu dürfen, gegenüberzustellen. Allein dieser Aspekt würde eine Gleichbehandlung beider Arbeitgeberleistungen rechtfertigen. Bei den Aktienoptionen kommt jedoch hinzu, dass sie in besonderer Weise der Motivation der Mitarbeiter dienen sollen. Wegen dieser besonderen Anreizwirkung, während der gesamten Laufzeit der Optionen bis zur Ausübung einen aktiven Beitrag zum Unternehmenserfolg und damit zum Aktienkurs zu leisten, sind die Aktienoptionen noch stärker auf die weitere Unternehmenszugehörigkeit ausgelegt als die übrigen gemischten Sonderzahlungen. Denn dieser Beitrag stellt den eigentlichen „Behaltensgrund" für die Aktienoptionen dar. Der Grund für die Beendigung des Arbeitsverhältnisses ist demgegenüber zweitrangig. Im Hinblick auf diese legitime Zwecksetzung erscheint der Verfall der Aktienoptionen im Fall einer betriebsbedingten Beendigung des Arbeitsverhältnisses ebenso wenig treuwidrig wie die Rückzahlungsverpflichtung für eine gemischte Sonderzahlung. Entscheidend ist, dass ein wesentlicher mit der Zuwendung verfolgter Zweck nicht mehr erreicht werden kann. Im Hinblick darauf ist der Verfall in dieser Situation nicht als treuwidrig anzusehen.[197] Die Vereinbarung einer Verfallklausel für den Fall einer betriebsbedingten Kündigung ist daher wie die einer Stichtags- bzw. Verfallklausel von der Vertragsfreiheit des Arbeitgebers umfasst.

Dieses Ergebnis wird zudem durch die Grundsätze der Rechtsprechung zur Unverfallbarkeit von Versorgungszusagen im Bereich der betrieblichen Altersversorgung bzw. durch die gesetzliche Regelung § 1b BetrAVG als Leitbild gestützt. Zwar steht bei diesen Leistungen die in der Vergangenheit geleistete Betriebstreue als Grund für die Unverfallbarkeit der Anwartschaft auf die Versorgungsleistung im Vordergrund. Dennoch lässt sich dieser Regelungsmaterie der Grundsatz entnehmen, dass es jedenfalls auf den Beendigungsgrund nicht ankommt. Die Unverfallbarkeit tritt ein, gleich ob die Beendigung durch den Arbeitnehmer oder den Arbeitgeber aufgrund einer betriebsbedingten oder aus anderen Gründen erklärten Kündigung herbeigeführt wird.[198]

(2) Maximale Verfallsdauer

Weiterhin stellt sich die Frage, ob der Verfall bis zum Programmende zulässig ist oder ob sich aus § 1b BetrAVG sowie § 624 BGB bzw. § 15 Abs. 4 TzBfG

[197] Im Ergebnis ebenso *Binder*, S. 187 ff.

[198] Vergl. *BAG* v. 20.02.1975 AP Nr. 8 zu 242 BGB Ruhegehalt-Unverfallbarkeit sowie *Blomeyer/Otto*, § 1b BetrAVG Rn. 91, 95 f. m.w.N.

für diese Art der Beendigung ebenfalls entnehmen lässt, dass die Verfallfrist auf fünf Jahre nach Ausgabe der Aktienoptionen begrenzt ist.[199] Anders als bei der Eigenkündigung durch den Arbeitnehmer wird dessen Kündigungsfreiheit durch den Verfall bei arbeitgeberseitiger Kündigung nicht tangiert. Aus diesem Grund bieten § 624 BGB bzw. § 15 Abs. 4 TzBfG, die dem Schutz der Kündigungsfreiheit dienen, keinen Anhaltspunkt für die maximal zulässige Verfallsdauer für die Fälle der Beendigung infolge betriebsbedingter Kündigung.

Ein Anhaltspunkt ist allerdings § 1b BetrAVG zu entnehmen. Im Zusammenhang mit der Unverfallbarkeit der Ansprüche auf die Leistungen aus der betrieblichen Altersversorgung ist das schutzwürdige Vertrauen des Arbeitnehmers ebenfalls betroffen. Denn er rechnet mit dem Erhalt der Leistung, wenn er seine Arbeitleistung weiterhin für das Unternehmen erbringt und auf eine Kündigung verzichtet. Die Regelung zeigt jedoch, dass der Gesetzgeber alle Arten der Beendigung gleich behandelt. Die Unverfallbarkeit tritt generell nach fünf Jahren ein, gleich ob die Beendigung durch den Arbeitnehmer oder den Arbeitgeber herbei geführt wird. Dieses Leitbild ist auf die Angemessenheitskontrolle nach § 307 Abs. 1, Abs. 2 BGB zu übertragen, so dass von einer maximalen Verfalldauer von fünf Jahren für alle Arten der Beendigung des Arbeitsverhältnisses einschließlich der betriebsbedingten Kündigung auszugehen ist.

(3) Meinungsstand in der Literatur zu Verfallklauseln bei betriebsbedingter Kündigung

Dies entspricht im Grundsatz der ganz überwiegenden Auffassung in der Literatur, die jedoch die maximale Verfallsdauer für die Fälle der arbeitgeberseitigen Kündigung nicht thematisiert. Man kommt vielmehr unter Berufung auf die Rechtsprechung zu den Stichtagsklauseln bei Sonderzahlungen zu dem Ergebnis, dass § 162 BGB der Wirksamkeit der Verfallklauseln im Fall der betriebsbedingten Beendigung des Arbeitsverhältnisses nicht grundsätzlich entgegen stehe.[200] Lediglich eine Auffassung sieht solche Klauseln unter Berufung auf die frühere BAG Rechtsprechung dann als rechtsmissbräuchlich an, wenn die Aktienoptionen bereits ausübbar sind.[201]

---

199 Für die Eigenkündigung vergl. § 11 VIII 3 b.

200 *Binder*, S. 182 ff. sowie S. 212 ff.; *Buhr/Radtke*, DB 2001, 1882, 1885; *Lembke*, BB 2001, 1469, 1473 f.; *Lingemann/Diller/Mengel*, NZA 2000, 1191, 1196; *Mechlem/Melms*, DB 2000, 1614, 1615; *Pulz*, Personalbindung, S. 123, 136 f.; *ders.*, BB 2004, 1107, 1113.

201 *Busch*, BB 2000, 1294, 1295.

(4) Ausnahme nach Ablauf der Wartefrist

Der zuletzt genannten Ansicht ist zuzugeben, dass die Gleichstellung der Beendigung durch Eigenkündigung und betriebsbedingter Kündigung nur so lange bedenkenlos möglich ist, wie die Wartezeit bis zur erstmaligen Ausübung der Optionen noch nicht abgelaufen ist. Ist dies hingegen der Fall, so wird man wie bei der Staffelung der Rückzahlungsverpflichtung bei den gemischten Sonderzahlungen den Vertrauensschutz des Arbeitnehmers im Rahmen der Inhaltskontrolle stärker berücksichtigen müssen. Denn nach dem Ablauf der Wartezeit hat der Arbeitnehmer die von ihm allein zu erfüllende Voraussetzung für den Bezug der Aktie erbracht. Sind zudem die Erfolgsziele ganz oder fast erreicht, liegt aber das nächste Ausübungsfenster zeitlich nach dem Beendigungszeitpunkt des Arbeitsverhältnisses, so kann der betroffene Mitarbeiter in dieser Situation allein wegen der zeitlichen begrenzten Ausübungsmöglichkeit den durch die Aktienoption verkörperten Vermögensvorteil nicht realisieren. In diesem Fall wird man aus den genannten Gründen weder die gerechtfertigte betriebsbedingte Kündigung noch die Verfallklauseln als treuwidrig i.S.v. § 162 BGB ansehen können.[202] Etwas anderes gilt nur, wenn der Arbeitgeber den Zeitpunkt der Kündigung vor dem Erreichen des Ausübungsfensters allein deshalb wählt, um die Optionsausübung durch den Arbeitnehmer zu verhindern. Daher ist die Ansicht, welche den Verfall infolge einer betriebsbedingten Beendigung generell nur bis zum Ablauf der Wartezeit für zulässig hält, abzulehnen.

Auf der anderen Seite ist jedoch zu berücksichtigen, dass der Arbeitnehmer die geforderte Betriebstreue mit dem Ablauf der Wartezeit in vollem Umfang erbracht hat. Außerdem ist die Vergütungsperiode bei Aktienoptionen im Vergleich mit dem Bezugszeitraum der gemischten Sonderzahlungen, die jährlich gewährt werden, regelmäßig länger. Daher ist das Vertrauen des Arbeitnehmers, dass er so „kurz vor dem Ziel" neben dem Verlust des Arbeitsplatzes auch noch um seine zusätzliche Vergütung gebracht wird, auf die er so lange hin gearbeitet hat, besonders schutzwürdig. Unter Berücksichtigung von § 307 Abs. 1, Abs. 2 BGB und entgegen der überwiegenden Auffassung in der Literatur ist vor diesem Hintergrund für vorformulierte Klauseln eine differenzierte Regelung zu fordern, wie sie sich z.B. im Programm der Vossloh AG findet. Danach ist der Arbeitnehmer nach Ablauf der Wartezeit noch berechtigt, die Optionen im nächsten Handelsfenster auszuüben.[203] Die Option verfällt also

---

202 Ebenso *Binder*, S. 182 ff., 187 ff.

203 Dies entspricht grundsätzlich auch der Ansicht von *Mechlem/Melms*, DB 2000, 1614, 1615; *Scheuer*, S. 112 ff.; *Tepass* in: Harrer, Mitarbeiterbeteiligungen, Rn. 394, die eine solche Regelung jedoch grundsätzlich für alle Formen der Beendigung, insbesondere auch die Eigenkündigung des Arbeitnehmers fordern, vergl. dazu § 11 III 2, VIII 3 b.

nicht sofort bei Beendigung, sondern erst nach diesem Zeitpunkt, sofern sie nicht ausgeübt wird oder mangels Erreichen der Erfolgsziele nicht ausgeübt werden kann.[204] Enthält ein Programm keine Ausübungsfenster, so kann die Ausübung alternativ auf einen Zeitraum von z.B. sechs bis zwölf Monaten nach Beendigung des Arbeitsverhältnisses beschränkt werden. Eine solche Regelung berücksichtigt sowohl das Interesse des Arbeitgebers, Mitarbeitern die keinen aktiven Beitrag mehr zur Steigerung des Aktienkurses leisten, von der Ausübung der Option bzw. dem Bezug der Aktien auszunehmen. Andererseits wird auch dem schutzwürdigen Vertrauen des betriebstreuen Arbeitnehmers ausreichend Rechnung getragen, der an seinem weiteren Beitrag bzw. an der Optionsausübung allein durch eine betriebsbedingte Kündigung des Arbeitgebers gehindert wird.

ee) Formulierungsvorschlag für den Verfall der Optionen bei betriebsbedingter Beendigungskündigung

Unter Berücksichtigung des in § 307 Abs. 1 S. 2 BGB normierten Transparenzgebots ist eine Verfallklausel, die sich auch auf die Beendigung des Arbeitsverhältnisses durch eine betriebsbedingte Kündigung erstreckt, entsprechend klar und eindeutig zu formulieren. Es bietet sich daher folgende Formulierung an:

> Die Bezugsrechte verfallen auch im Fall einer betriebsbedingten Kündigung grundsätzlich am Tag der Beendigung des Arbeitsverhältnisses. Nach Ablauf der Wartezeit verfallen sie jedoch erst, wenn der Teilnehmer sie nicht innerhalb des nächsten Handelsfensters ausübt oder die Erfolgsziele in diesem Zeitraum nicht erreicht werden.

b) Kontrollmaßstab für individuelle Verfallklauseln bei betriebsbedingter Beendigungskündigung

Für individuell vereinbarte Verfallklauseln bei Einräumung von Aktienoptionen als *nicht synallagmatische* Leistung ist wiederum § 305 Abs. 1 S. 3 BGB zu beachten. Fraglich ist somit, an Hand welches Maßstabs solche Klauseln für den Fall der betriebsbedingten Beendigung des Arbeitsverhältnisses zu überprüfen sind. Der arbeitsrechtliche Gleichbehandlungsgrundsatz und damit der Vergleich mit den im Betrieb verbleibenden Mitarbeitern scheidet bei Individualvereinbarungen als Kontrollmaßstab aus.[205] Die Aktienoptionen gewähren

[204] Vergl. § 1 II 8 a.

einen bedingten Anspruch auf den Erwerb der Aktien. Da die Norm für alle bedingten Ansprüche gilt und nicht auf die Inhaltskontrolle nach § 307 BGB beschränkt ist, stellt sich wiederum die Frage, ob durch die betriebsbedingte Kündigung der Bedingungseintritt für den Bezug der Aktien, nämlich das Erreichen der Erfolgsziele, i.S.v. § 162 Abs. 1 BGB treuwidrig vereitelt und die Beendigung des Arbeitsverhältnisses als auflösende Potestativbedingung[206] treuwidrig herbeigeführt wird.

Gegen eine treuwidrige Vereitelung spricht jedoch zum einen, dass nur eine wirksame betriebsbedingte Kündigung zum Verfall führt. Sie kann nur wirksam ausgesprochen werden, wenn ein Übergewicht der Arbeitgeberbelange dies rechtfertigt. Zum anderen ist der Verfall als solcher in dieser Konstellation nicht als treuwidrig einzuordnen, weil er der Sicherung eines legitimen Programmzwecks dient. Dieser besteht darin, dass nur denjenigen Mitarbeitern der durch die Aktienoption verkörperte Vermögensvorteil zufließen soll, die bis zur Ausübung einen aktiven Beitrag zur Unternehmenswertsteigerung leisten. Individuell vereinbarte Verfallklauseln sind folglich wie vorformulierte nur unwirksam, wenn besondere Umstände den Schluss darauf zulassen, dass der Arbeitgeber mit der Kündigung gezielt die Ausübung der Option vereiteln will. Dies stellt dann einen Verstoß gegen § 162 BGB dar und löst den Verfall nicht aus. Anders als bei der Inhaltskontrolle nach § 307 BGB sind bei der Prüfung des § 162 Abs. 1 BGB keine weiteren Vertrauensschutzgesichtspunkte oder andere gesetzliche Leitbilder zu berücksichtigen. Im Hinblick auf den schwächeren Kontrollmaßstab gilt daher weder die maximale fünfjährige Verfallfrist, noch sind weitere differenzierte Regelungen für den Zeitraum nach Ablauf der Wartefrist erforderlich.[207] Daher sind auch Verfallfristen für die gesamte Dauer des Aktienoptionsprogramms von sieben bis zehn Jahren als zulässig anzusehen.

c) Kontrollmaßstab für Verfallklauseln bei Beendigung des Arbeitsverhältnisses aus anderen Gründen

Es bleibt nun zu klären, ob die bislang entwickelten Grundsätze zur den Bindungs- und Verfallklauseln bei Einräumung der Aktienoptionen als *nicht synallagmatischer* Vergütungsbestandteil auf die übrigen möglichen Beendigungsgründe zu übertragen sind. Diese Frage stellt sich dann, wenn sich eine Verfallklausel auf jede Art der Beendigung bezieht. Letzteres ist wie für den Umfang der Rückzahlungsvorbehalte in der Leistungszusage einer Son-

[205] Vergl. § 6 IV 1 b.
[206] Zur Rechtsnatur der Verfallklausel bereits in der Einleitung zu § 11.
[207] Vergl. für die vorformulierten Klauseln § 11 VIII 7 a dd (2),(4).

derzahlung durch Auslegung zu ermitteln. Insoweit ist auf die Ergebnisse der Rechtsprechung zu diesen Fallgestaltungen zurückzugreifen.

Im Folgenden wird der strengere Kontrollmaßstab für vorformulierte einzelvertragliche Klauseln zugrunde gelegt. Soweit für Individualvereinbarungen etwas anderes gilt, wird dies besonders hervor gehoben werden. Anderenfalls gelten die Ergebnisse für beide Arten.

aa) Formulierung und Auslegung der Verfallklauseln

Löst eine Klausel die Rückzahlungspflicht bei „Beendigung des Arbeitsverhältnisses" oder bei „Ausscheiden aus dem Unternehmen" aus, so bezieht sich dies nach der Rechtsprechung auf jede Form der Beendigung einschließlich des Fristablaufs und des Abschlusses eines Aufhebungsvertrags.[208] Entsteht der Anspruch auf eine freiwillige Leistung des Arbeitgebers hingegen nur, wenn an einem bestimmten Stichtag ein ungekündigtes Arbeitsverhältnis besteht oder wird die Rückzahlung für den Fall der „Kündigung des Arbeitsverhältnisses" angeordnet, sollen vom Wortlaut her die vertragliche ebenso wie die gerichtliche Aufhebung des Arbeitsverhältnisses oder das Ende infolge Fristablaufs nicht erfasst sein.[209] Dies ergebe sich nicht nur aus dem Wortlaut der Klausel, sondern auch aus der unterschiedlichen Interessenlage bei Abschluss eines befristeten Vertrages oder eines Aufhebungsvertrages.[210] Zweifel bei der Auslegung sollen zu Lasten des Arbeitgebers gehen und führen dazu, dass die Rückzahlungspflicht nicht besteht.[211] Für vorformulierte Klauseln ergibt sich dies nunmehr ausdrücklich aus der Unklarheitenregelung in § 305 c Abs. 2 BGB.

Entsprechendes muss für die Aktienoptionsprogramme gelten. Ordnet eine Klausel den Verfall bei Beendigung des Arbeitsverhältnisses oder bei Ausscheiden aus dem Unternehmen an, so sind davon alle Beendigungsgründe einschließlich Aufhebungsvertrag und Fristablauf erfasst. Gleiches muss für den

---

208 Vergl. *BAG* v. 31.1.1979, AP Nr. 101 zu § 611 BGB Gratifikation unter 2; *LAG München* v. 25.10.1990, LAGE Nr. 4 zu § 611 BGB Gratifikation.

209 *BAG* v. 14.12.1993 AP Nr. 160 zu § 611 BGB Gratifikation unter II 4 c zu Befristung und Aufhebung; v. 7.10.1992, AP Nr. 146 zu § 611 BGB Gratifikation unter II 2 zum Aufhebungsvertrag. Ebenso *MünchArbR/Hanau*, § 69 Rn. 29.

210 *BAG* v. 10.7.1974, AP Nr. 83 zu § 611 BGB Gratifikation und v. 7.10.1992, AP Nr. 146 zu § 611 BGB Gratifikation unter II 2, zur Auslegung einer tarifvertraglichen Klausel. Als Grund für die unterschiedliche Behandlung wird die Gewähr der sozialen Rechtfertigung im Fall einer Kündigung angeführt, die bei anderen Beendigungstatbeständen nicht überprüft werden kann. Diese Überlegungen lassen sich auch auf entsprechende Regelungen in einem Einzelarbeitsvertrag bzw. einer Betriebsvereinbarung übertragen.

211 *Lipke/Vogt/Steinmeyer*, Rn. 179; *Röhsler*, AR-Blattei „Gratifikation" SD 820 Rn. 143 f.

Eintritt in den Ruhestand oder bei Tod des Arbeitnehmers gelten. Dagegen kann die Freistellungsphase in den sog. Blockmodellen bei Altersteilzeit, in denen das Arbeitsverhältnis ruht, aber das Entgelt weiter gewährt wird,[212] nicht mit der Beendigung gleichgestellt werden. Will man diese Fallgruppe in die Verfallklausel einbeziehen, so muss dies ausdrücklich geregelt werden.

Dürfen die Optionen hingegen nur ausgeübt werden, solange der Mitarbeiter in einem ungekündigten Arbeitsverhältnis steht, so bezieht sich diese Einschränkung nur auf die Beendigung infolge einer arbeitnehmer- oder arbeitgeberseitigen Kündigung. Zweifel bei der Auslegung einer Verfallklausel gehen generell zu Lasten des Arbeitgebers. Der ausgeschiedene Arbeitnehmer darf die Optionen in diesem Fall bis zum Ende ihrer Laufzeit ausüben.

Im Anschluss stellt sich nun die Frage, ob der Verfall der Aktienoptionen für die verschiedenen Beendigungsgründe zulässig vereinbart werden kann.

bb) Verfall bei Beendigung durch personen- und verhaltensbedingte Kündigung

Wird der Verfall bei Beendigung infolge einer Kündigung ausgelöst, so gilt dies grundsätzlich auch für die Fälle der personen- oder verhaltensbedingten Kündigung. Beide Gründe stammen aus der Sphäre des Arbeitnehmers. Sie unterscheiden sich dadurch, dass der Arbeitnehmer die Gründe, die zu einer verhaltensbedingten Kündigung führen, steuern kann. Bei der verhaltensbedingten Kündigung ist das Vertrauen des Arbeitnehmers darauf, die Leistung zu erhalten oder behalten zu dürfen, folglich nicht schutzwürdig und eine Verfallklausel für diesen Fall erst recht zulässig.

Die personenbedingten Kündigungsgründe kann der Arbeitnehmer dagegen i.d.R. nicht beeinflussen. Wird ihm etwa infolge dauerhafter Leistungseinschränkungen nach einem unverschuldeten Unfall gekündigt, so tragen weder Arbeitnehmer noch Arbeitgeber die Verantwortung für diesen Kündigungsgrund. Hier ist aber zu berücksichtigten, dass der Arbeitgeber den Bezug der Aktien und damit den Zufluss des vermögenswerten Vorteils zulässiger Weise vom Verbleib im Unternehmen und dem aktiven Beitrag zur Unternehmenswertsteigerung abhängig machen darf. Der Verfall tritt außerdem nur durch eine wirksame und i.d.R. nach § 1 KSchG gerechtfertigte Kündigung ein. Aus diesen Gründen kann dem Arbeitgeber in dieser Situation wie bei der betriebsbedingten Kündigung kein treuwidriges Arbeitgeberverhalten i.S.v. § 162 Abs. 1 BGB vorgeworfen werden,[213] so dass der Verfall bei Beendigung infolge einer personenbedingten Kündigung ebenfalls gerechtfertigt ist.

---

[212] Dazu bereits § 9 VI 1 d.

Für vorformulierte Klauseln ist im Rahmen der Inhaltskontrolle nach § 307 Abs. 1, Abs. 2 BGB wie bei der Beendigung durch eine betriebsbedingte Kündigung grundsätzlich das Leitbild von § 1b BetrAVG zu beachten, wonach die maximale Verfallsdauer fünf Jahre beträgt.[214] Da beide Beendigungsgründe der Sphäre des Arbeitnehmers zuzurechnen sind, bedarf es unter Vertrauensschutzgesichtspunkten keiner Sonderregelungen für die Zeit nach Ablauf der Wartezeit. Dies gründet sich darauf, dass der Arbeitnehmer anders als im Fall der betriebsbedingten Kündigung nicht allein durch eine Entscheidung des Arbeitgebers an der Erfüllung der weiteren Voraussetzungen gehindert wird.

cc) Verfall bei Berufsunfähigkeit, Ruhestand oder Tod

Mit Blick auf den legitimen Zweck der Leistung muss dies auch für die Beendigung infolge Berufsunfähigkeit, Ruhestands oder des Tods des Arbeitnehmers gelten. Der Begriff des Ruhestands ist insoweit umfassenden zu verstehen. Er bezieht sich auch auf die Fälle der Altersteilzeit in der Freistellungsphase[215] und die des Vorruhestands, in denen der Arbeitnehmer ebenfalls keinen aktiven Beitrag zur Aktienkursentwicklung mehr erbringen kann. Oftmals werden die betroffenen Arbeitnehmer in der Verfallklausel aber ausdrücklich ausgenommen, wie z.B. im Programm der Vossloh AG.[216] Sollen die Aktienoptionen im Todesfall nicht verfallen, so müssen sie allerdings vererbbar sein. Es empfiehlt sich daher ein entsprechender Hinweis, sofern die Verfügungsbefugnis wie im Regelfall ausgeschlossen ist.[217] Für vorformulierte Klauseln ist jedoch im Rahmen der Inhaltskontrolle nach § 307 Abs. 1, Abs. 2 BGB wie bei der Beendigung des Arbeitsverhältnisses durch eine betriebsbedingte Kündigung das Leitbild von § 1b BetrAVG zu beachten, wonach die maximale Verfallsdauer fünf Jahre beträgt.[218] Eine Sonderregelungen für die Zeit nach Ablauf der Wartezeit ist hingegen nicht erforderlich.

dd) Verfall bei Beendigung durch Aufhebungsvertrag und Fristablauf bzw. Zweckerreichung

Im Weiteren stellt sich die Frage, ob bei dem Verfall wegen der Beendigung des Arbeitsverhältnisses durch Abschluss eines Aufhebungsvertrages oder nach

---

[213] Im Ergebnis ebenso *Binder*, S. 197 ff.; *Lembke*, BB 2001, 1469, 1474; *Mechlem/Melms*, DB 2000, 1614, 1615; *Pulz*, Personalbindung, S. 136 f.; *ders.*, BB 2004, 1107, 1113.

[214] Vergl. § 11 VIII 7 a dd (2).

[215] Dazu bereits in § 9 VI 1 d.

[216] Vergl. § 1 II 8 a.

[217] Dazu bereits § 10 III.

[218] Vergl. § 11 VIII 7 a dd (2).

Fristablauf bzw. Zweckerreichung bei einem befristeten Arbeitsvertrag Besonderheiten zu beachten sind. Die einvernehmliche Beendigung des Arbeitsverhältnisses durch Aufhebungsvertrag ersetzt in der Regel die arbeitnehmer- bzw. arbeitgeberseitige Kündigung. Bei einvernehmlicher Aufhebung auf Initiative des Arbeitnehmers wird jener nicht schlechter gestellt, als wenn er selbst kündigen würde. Der Verfall ist daher in dieser Konstellation bedenkenlos zulässig.[219] Wie im Fall der Eigenkündigung ist die zulässige Verfalldauer für vorformulierte Klauseln auf fünf Jahre beschränkt.[220]

Nicht ganz so eindeutig ist hingegen die Interessenlage bei Abschluss eines Aufhebungsvertrages auf Betreiben des Arbeitgebers zu beurteilen. In dieser Konstellation wird ein treuwidriges Verhalten des Arbeitgebers nicht bereits dadurch verhindert, dass eine wirksame Beendigung des Arbeitsverhältnisses i.S.v. § 1 KSchG sozial gerechtfertigt sein muss. Ein solcher Vertrag wird vom Arbeitgeber in der Regel auch gerade deshalb geschlossen, um eine Kündigung, insbesondere einen unwägbaren Kündigungsschutzprozess zu vermeiden. Auf der anderen Seite ist aber zu bedenken, dass der Arbeitnehmer bei Abschluss eines Aufhebungsvertrags nicht rechtlos gestellt ist. Zum einen unterliegen Formularaufhebungsverträge nunmehr der Angemessenheitskontrolle nach den § 307 Abs. 1, Abs. 2. BGB,[221] zum anderen steht dem Arbeitnehmer bei Individualvereinbarungen das Anfechtungsrecht nach § 119 bzw. § 123 BGB zu. Schließlich ist zu berücksichtigen, dass in solchen Verträgen regelmäßig ein finanzieller Ausgleich für den Verlust des Arbeitsverhältnisses getroffen wird. Insoweit hat der Arbeitnehmer grundsätzlich die Möglichkeit, eine abweichende Vereinbarung oder einen finanziellen Ausgleich für den Verlust der Optionen auszuhandeln. Aus diesem Grund ist anders als bei der betriebsbedingten Kündigung keine Sonderregelung für den Zeitraum nach Ablauf der Wartezeit erforderlich.[222] Weigert sich der Arbeitgeber, die Interessen des Arbeitnehmers angemessen zu berücksichtigen, so hat jener immer die Möglichkeit, den Vertragsschluss abzulehnen und den Arbeitgeber auf den Weg der Kündigung zu verweisen. Bei wirksamer Beendigung durch die arbeitgeberseitige Kündigung würde die Verfallklausel ohnehin eingreifen. Aus diesen Gründen ist der Abschluss eines Aufhebungsvertrages auf Betreiben des Arbeitgebers nicht grundsätzlich als treuwidrig i.S.v. § 162 Abs. 1 BGB anzusehen. Außerdem wird der Verfall wiederum durch den Zweck der Leistung gerechtfertigt.[223]

---

[219] Für die insoweit vergleichbare Zulässigkeit der Rückzahlungsvorbehalte bei Sonderzahlungen *Lipke/Vogt/Steinmeyer*, Sonderleistungen im Arbeitsverhältnis, Rn. 179; *MünchArbR/Hanau*, § 69 Rn. 55; *Röhsler*, AR-Blattei „Gratifikation" SD 820 Rn. 143.

[220] Dazu bereits § 11 VIII 3.

[221] *Lingemann*, NZA 2002, 181, 183.

[222] Vergl. § 11 VIII 7 a dd (4).

[223] Im Ergebnis ebenso *Binder*, S. 212 f.; *Mechlem/Melms*, DB 2000, 1614, 1615.

Für vorformulierte Klauseln ist jedoch im Rahmen der Inhaltskontrolle nach § 307 Abs. 1, Abs. 2 BGB wie bei der Beendigung des Arbeitsverhältnisses durch eine betriebsbedingte Kündigung das Leitbild von § 1b BetrAVG zu beachten, wonach die maximale Verfallsdauer fünf Jahre beträgt.[224]

Gleiches gilt grundsätzlich auch für den Abschluss eines befristeten Arbeitsvertrages auf Betreiben des Arbeitgebers. Insoweit müssen stets die Regelungen in § 620 Abs. 3 BGB i.V.m. § 14 Abs. 1 TzBfG beachtet werden. Danach ist eine Befristung nur aus sachlichem Grund und nur in den Grenzen von § 14 Abs. 2 TzBfG möglich. Der Verfall bei Fristablauf bzw. nach Zweckerreichung beim befristeten Arbeitsvertrag ist allerdings mit Blick auf das Diskriminierungsverbot in § 4 Abs. 2 S. 1, 2 TzBfG nicht gänzlich unproblematisch. Wird der Verfall im Programm aber schlicht bei Beendigung des Arbeitsverhältnisses angeordnet, so werden die befristet beschäftigten Arbeitnehmer im Vergleich mit den unbefristet Beschäftigten gleich behandelt. Daher würde in diesem Fall kein Verstoß gegen das Diskriminierungsverbot vorliegen, so dass eine entsprechend allgemein gehaltene Verfallklausel für die Dauer von fünf Jahren im Ergebnis zulässig ist.

ee) Anforderungen des arbeitsrechtlichen Gleichbehandlungsgrundsatzes an die Verfallklauseln

Wird der Verfall der Aktienoptionen für die verschiedenen Beendigungsgründe unterschiedlich geregelt, so stellt sich die Frage, ob diese Ungleichbehandlung im Hinblick auf den arbeitsrechtlichen Gleichbehandlungsgrundsatz gerechtfertigt ist. Alle ausscheidenden Mitarbeiter können mit der Beendigung des Arbeitsverhältnisses weder einen Beitrag zur Steigerung des Unternehmenswertes erbringen noch sich weiter betriebstreu erweisen. Sie sind daher als eine Gruppe vergleichbarer Arbeitnehmer einzuordnen, auf die dieser Grundsatz anzuwenden ist.[225] Es stellt sich somit die Frage, ob diese Ungleichbehandlung mit Blick auf den Zweck der Leistung sachlich gerechtfertigt ist.

Betrifft die Ungleichbehandlung wie im Programm der Vossloh AG Mitarbeiter, die infolge Berufsunfähigkeit oder Eintritt in den Ruhestand ausscheiden oder deren Arbeitsverhältnis durch Tod endet, so spielen offensichtlich soziale Aspekte eine Rolle.[226] Im Gegensatz zu gekündigten Arbeitnehmern oder solchen, die infolge Fristablaufs oder vertraglicher Aufhebung ausscheiden und dem Arbeitsmarkt wieder zur Verfügung stehen, ist das Erwerbsleben dieser

[224] Vergl. § 11 VIII 7 a dd (2).
[225] Dazu bereits in § 6 IV 1.
[226] Vergl. dazu bereits § 3 II 4 b.

Personen beendet. Im Todesfall trifft der Verdienstausfall die Familie des verstorbenen Arbeitnehmers u.U. sehr empfindlich. Für Mitarbeiter, die in den Ruhestand gehen, soll neben der Belohnung der Betriebstreue darüber hinaus insbesondere ein Anreiz geschaffen werden, auch noch in der Phase vor dem Ausscheiden seinen Beitrag zur langfristigen Wertentwicklung des Unternehmens zu leisten, indem er für seine Leistungen über den Zeitpunkt seines Ausscheidens hinaus belohnt wird.[227]

Wenn das Unternehmen diese Aspekte bei der Auflegung der Aktienoptionsprogramme in besonderer Weise berücksichtigen will, so ist dies eine legitime und von der Vertragsfreiheit gedeckte Zielsetzung, die jedenfalls einen Rechtfertigungsgrund für die Ungleichbehandlung darstellt. Solche unterschiedlichen Regelungen in den Verfallklauseln sind daher zulässig.[228]

d) Ergebnisse zu den Verfallklauseln für Aktienoptionen als *nicht synallamgatische* Vergütung bei Beendigung des Arbeitsverhältnisses

Zusammenfassend ist also festzuhalten, dass die Vereinbarung von standardisierten Verfallklauseln bei der Gewährung der Aktienoptionen als *nicht synallagmatische* Vergütungsform grundsätzlich zulässig ist. Dies bezieht sich zum einen auf solche Klauseln, die den Verfall bei Beendigung des Arbeitsverhältnisses infolge einer Kündigung anordnen. Zulässig und gebräuchlich sind insbesondere allgemeine Klauseln, die den Verfall ohne Einschränkung bei Beendigung des Arbeitsverhältnisses und für alle Beendigungsformen anordnen.

Zulässig ist der Verfall infolge einer betriebsbedingten Kündigung, die grundsätzlich nicht als treuwidrige und damit nach § 162 BGB unwirksame Vereitelung der bedingten Ansprüche angesehen werden kann, die dem Arbeitnehmer durch die Aktienoption eingeräumt werden. Gleiches gilt für den Verfall bei Beendigung durch die arbeitgeberseitige betriebs-, verhaltens- oder personenbedingte Kündigung wie auch für die Beendigung durch Aufhebungsvertrag oder infolge Fristablaufs oder nach Zweckerreichung beim befristeten Arbeitsverhältnis. Vom Wortlaut einer allgemeinen Verfallklausel sind darüber hinaus die Beendigung durch Ruhestand und Altersteilzeit sowie den Tod des Arbeitnehmers erfasst. Für die zuletzt genannten Gründe können jedoch im Vergleich mit den anderen Beendigungsformen Sonderregelungen getroffen werden, ohne dass dies gegen den arbeitsrechtlichen Gleichbehandlungsgrundsatz verstoßen würde. Sofern es sich um eine vorformulierte Verfallklausel handelt,

---

[227] Vergl. dazu bereits § 3 II 4 a.

[228] Ebenso *Binder*, S. 193 f.

ist die maximale Verfallsfrist ebenso wie bei der Eigenkündigung auf fünf Jahre begrenzt. Alternativ sind Regelungen möglich, die keine Begrenzung der Verfalldauer vorsehen. Als Ausgleich muss allerdings eine Vereinbarung aufgenommen werden, die dem Arbeitnehmer die Möglichkeit eröffnet, die nach Ablauf der Wartezeit ausübbare Option noch im nächsten Handelsfenster oder innerhalb von sechs Monaten nach Beendigung des Arbeitsverhältnisses auszuüben. Im Hinblick auf das schutzwürdige Vertrauen des Arbeitnehmers sind solche Sonderregelungen für den Verfall infolge einer betriebsbedingten Kündigung für die Zeit nach Ablauf der Wartefrist, aber noch vor Ablauf der maximalen Verfallsdauer von fünf Jahren ebenfalls aufzunehmen.

Individuell vereinbarte Verfallklauseln sind an einem weniger strengen Kontrollmaßstab zu messen. Sie räumen den Arbeitsvertragsparteien einen weiteren Gestaltungsspielraum ein. Infolgedessen ist die Verfallsdauer nicht zwingend auf fünf Jahre zu begrenzen. Zudem müssen keine Ausgleichsregelungen für den Zeitraum nach Ablauf der Wartefrist getroffen werden.

8. Rechtsfolgen bei teilweiser Unzulässigkeit standardisierter Verfallklauseln

Als Ergebnis der Untersuchung ist trotz der Unterschiede im Detail festzuhalten, dass der Verfall der Aktienoptionen, die als *nicht synallagmatische* Vergütungsform zusätzlich zum Grundgehalt gewährt werden, innerhalb bestimmter Grenzen wirksam in einer vorformulierten Vertragsklausel festgelegt werden kann. Es stellt sich nun die Frage, welche Rechtsfolgen eintreten, wenn die Verfallklauseln in den Programmen den zuvor entwickelten Anforderungen nicht genügen.

Anders als bei den Rechtsfolgen für die Aktienoptionen als synallagmatische Vergütungsform geht es dann nicht nur um die Frage nach der Art und Weise des an sich zulässigen Verfalls, sondern um die Beibehaltung der Verfallklausel mit dem noch zulässigen Inhalt. Denn der Verfall, der sich bei der synallagmatischen Verknüpfung von Vergütung und Arbeitsleistung zumindest anteilig bereits nach den gesetzlichen Regelungen ergibt, tritt hier ohne ausdrückliche Vereinbarung einer Verfallklausel nicht ein. Der Arbeitnehmer könnte die Aktienoptionen vielmehr unabhängig vom Bestand des Arbeitsverhältnisses bis zum Ablauf des Programms ausüben. Daher geht es nicht nur um die ergänzende Vertragsauslegung für die Abwicklung bei Verfall, sondern um die Frage nach der Zulässigkeit der geltungserhaltenden Reduktion im Arbeitsrecht, die grundsätzlich nach § 306 Abs. 2 BGB für Formulararbeitsverträge verboten ist. Eine vom gesetzlichen Normalfall abweichende Regelung darf danach nicht insoweit aufrecht erhalten werden, wie sie gerade noch rechtlich zulässig ist.[229]

Mit Blick auf § 310 Abs. 4 S. 2 BGB wird jedoch nicht einheitlich beurteilt, ob dies für den Bereich des Arbeitsrechts ebenfalls uneingeschränkt anzunehmen ist. Hintergrund ist die Rechtsprechung zur bisherigen Rechtslage.

a) Meinungsstand zu den Rechtsfolgen unzulässiger Klauseln in Formulararbeitsverträgen vor und nach der Schuldrechtsreform

Wie bereits im Zusammenhang mit den Rechtsfolgen bei Unwirksamkeit der Verfallklauseln für Aktienoptionen als synallagmatischer Vergütungsbestandteil angedeutet,[230] hat das BAG für das Arbeitsrecht bislang anders entschieden und etwa Vertragsbedingungen mit überlanger Bindungsdauer auf das seiner Ansicht nach zulässige Maß zurückgeführt.[231]

Demgegenüber lehnt der BGH die Möglichkeit einer geltungserhaltenden Reduktion gesetzeswidriger AGB-Klauseln in ständiger Rechtsprechung ab.[232] Dies wird u.a. damit begründet, dass dem Verwender jegliches Risiko bei der Vorformulierung von Vertragswerken abgenommen werde, wenn die Formularklausel im Rahmen des gerade noch rechtlich Zulässigen aufrechterhalten werde. Zudem müsse es dem Vertragspartner jederzeit möglich sein, sich aus den vorformulierten Vertragsbedingungen über seine vertraglichen Rechte und Pflichten zu informieren. Daran hat der BGH auch bei Sachverhalten mit arbeitsrechtlichem Bezug festgehalten.[233] Dem hat sich das BAG jüngst in Bezug auf eine Rückzahlungsklausel für Fortbildungskosten für jede Art der Beendigung des Arbeitsverhältnisses angeschlossen.[234]

Die Position des BAG zur Rückführung überlanger Bindungsfristen auf das zulässige Maß ist bereits vor der Schuldrechtsreform kritisiert worden, weil sie dem Arbeitgeber bei der einseitigen Aufstellung von Vertragsbedingungen jedes Risiko abnehme. Die Klausel müsse vielmehr ersatzlos wegfallen.[235]

---

[229] Vergl. *LAG Köln* v. 01.02.2001, NZA-RR 2001, 461, 463; *Willemsen/Grau*, RdA 2003, 321, 324.

[230] Vergl. § 11 V 5.

[231] Vergl. § 11 V 5 b bb.

[232] Grundlegend *BGH* v. 17.05.1982, BGHZ 84, 109, 114 ff.; seither u.a. v. 01.02.1984, BGHZ 90, 69, 73; v. 10.10.1991, BGHZ 115, 324, 326; v. 03.11.1999, WM 2000, 629, 634.

[233] *BGH* v. 30.9.1998, BGHZ 139, 333, 339; v. 23.6.1999 zur Inhaltskontrolle einer Versorgungssatzung, NZA 1999, 1164 ff.; so auch *LG Karlsruhe* v. 9.3.2001, NJW 2001, 1655, 1657.

[234] *BAG* v. 11.4.2006, NZA 2006, 1043.

Dagegen wurde allerdings eingewandt, dass Vereinbarungen über freiwillige Leistungen u.U. unwirksam wären, weil das Festhalten daran für den Arbeitgeber eine unzumutbare Härte i.S.d. § 6 Abs. 3 AGBG a.F., jetzt § 306 Abs. 3 BGB bedeuten würde.[236] Nach der Änderung der Bereichsausnahme ist diese Streitfrage neu entbrannt.

Einige Autoren sind der Ansicht, die für das allgemeine Vertragsrecht entwickelte Lösung des „Alles oder Nichts-Prinzips" sei nicht ausnahmslos auf das Arbeitsrecht zu übertragen. Oftmals erforderten die typischen Interessen der Arbeitsvertragsparteien eine andere Lösung, um zu einem angemessenen Ausgleich zu gelangen. Zudem sei zu berücksichtigen, dass es im Arbeitsrecht oftmals an dispositivem Gesetzesrecht oder aber einer dem gleichstehenden gefestigten höchstrichterlichen Rechtsprechung fehle.[237] Das BAG hat mittlerweile eine differenzierende Position eingenommen. Es unterscheidet zwischen Arbeitsverträgen, die vor und nach dem 1.1.2002 geschlossen wurden. Für die Altverträge soll die unwirksame Klausel nicht ersatzlos wegfallen, sondern die Lücke soll stets im Wege der ergänzenden Vertragsauslegung geschlossen werden. Dies gebiete der Verhältnismäßigkeitsgrundsatz, da die durch die Gesetzeänderung für die Altverträge geltenden Formulierungsanforderungen auf eine echte Rückwirkung hinausliefen.[238] Für die Neuverträge wendet es den Grundsatz des Verbots der geltungserhaltenden Reduktion dagegen uneingeschränkt an.[239] Deutlicher sind demgegenüber die Ansicht, welche die Möglichkeit einer geltungserhaltenden Reduktion im Arbeitsrecht strikt ablehnen.[240]

---

235 Insbesondere *Fenn*, in: FS Söllner, S. 333., 363 f.; *Preis*, Vertragsgestaltung, S. 357 ff. Zustimmend *v. Hoyningen-Huene*, Anm. zu BAG v. 06.09.1995, AP Nr. 23 zu § 611 BGB Ausbildungsbeihilfen unter 3 für vorformulierte Arbeitsbedingungen; *Wolf*, RdA 1988, S. 270, 276.

236 *Hromadka* in: FS Dieterich, S. 251, 278.

237 *Henssler*, RdA 2002, 129, 137; *Hromadka*, NJW 2002, 2523, 2529; *Schnidtker/Grau*, BB 2002, 2120, 2126; *Söllner*, ZfA 2003, 145, 157 ff.; *Willemsen/Grau*, RdA 2003, 321, 324, 326 f. Noch weitergehend *Thüsing*, NZA 2002, 591, 594, der der Ansicht ist, das bisherige Richterrecht schaffe Besonderheiten des Arbeitsrechts, die eine Modifizierung der allgemeinen AGB-Regeln erforderten.

238 *BAG* v. 12.1.2005, NZA 2005, 465, 468 f. für einen unwirksamen Widerrufsvorbehalt. Zu einem anderen Ergebnis kam noch das *LAG Hamm*, NZA-RR 2005, 515 unter II 4, als Vorinstanz, das die Aufrechthaltung im Wege der ergänzenden Vertragsauslegung ablehnte.

239 *BAG* v. 4.3.2004, NZA 2004, 727, 734.

240 *LAG Hamm* v. 11.5.2004, NZA-RR 2004, 515, 519 f.; *ErfK/Preis*, §§ 305-310 BGB Rn. 100; *Gotthardt*, Schuldrechtsreform, Rn. 290; *Lindemann*, Arbeitsbedingungen, S. 240 ff.; *Lingemann*, NZA 2002, 181, 186; *Reinecke*, DB 2002, 583, 586.

b) Übertragung des Meinungsstands auf die Verfallklauseln in Aktienoptionsprogrammen

Die zulässige Bindungsdauer ist weder für die Rückzahlung der Sonderzuwendungen noch für den Verfall der Aktienoptionen gesetzlich geregelt. Es fehlt daher an dispositivem Gesetzesrecht, durch das die Lücke bei Wegfall der Bindungsklauseln angemessen ausgefüllt werden könnte. Andererseits ist aber zu berücksichtigen, dass die Betriebstreue neben der Arbeitsleistung die wesentliche Gegenleistung für die Gewährung der Sonderzahlung bzw. der Aktienoptionen als *nicht synallagmatischer* Vergütungsbestandteil ist. Die schlichte Streichung der unwirksamen Klausel stellt daher keine angemessene Lösung dar, weil sie dem typischen Interesse des Arbeitgebers in keiner Weise Rechnung trägt und den Arbeitnehmer einseitig bevorzugt. Mit dem Wegfall der Rückzahlungs- bzw. Verfallklausel würde der wesentliche Vertragszweck in Form der Bindung nicht erreicht werden können. In einer solchen Situation ist aber wie im allgemeinen Zivilrecht[241] auf das Instrument der ergänzenden Vertragsauslegung zurückzugreifen, um zu einer angemessenen und die Interessen beider Vertragsparteien berücksichtigenden Lösung zu gelangen.[242] Zu diesem Ergebnis ist auch das LAG Köln im Zusammenhang mit der Rückführung einer überlangen Bindungsklausel gelangt. Zwar hatte das Gericht auf der Grundlage von § 139 BGB zu entscheiden. Im Rahmen der Urteilsbegründung führte es jedoch aus, dass selbst § 6 Abs. 2 AGBG a.F. den ersatzlosen Wegfall einer Rückzahlungsklausel erfordere. In dieser Fallkonstellation komme eine ergänzende Vertragsauslegung in Betracht, weil die Unwirksamkeit der Bindungsklausel eine Lücke offenbare, die die beiderseitigen Interessen der Parteien ungeregelt lasse. Mangels einer gesetzlichen Regelung, die einen angemessenen Ausgleich für solche Fälle typisiere, könne auf die von der Rechtsprechung aufgestellten Grundsätze zurückgegriffen werden.[243] Diesen Weg hat jüngst auch das BAG - wenn auch vorerst ausdrücklich nur für Altverträge - eingeschlagen.[244]

Zu demselben Ergebnis kommen zudem diejenigen Autoren, welche das Instrument der geltungserhaltenden Reduktion für vorformulierte Klauseln nach der Schuldrechtsreform ablehnen. Sie betonen, dass in erster Linie die dogmatische Grundlage der Rechtsprechung überdacht werden müsse, deren Grundsätze als Ergebnis einer umfassenden Abwägung der Arbeitgeber- und Arbeitnehmerbelange jedoch weitgehend beibehalten werden könnten.[245]

241 Dazu bereits ausführlich in § 11 V 5 b bb.

242 Zu diesem Ergebnis kommen sowohl die Befürworter wie auch Kritiker der geltungserhaltenden Reduktion: *Gotthardt*, Schuldrechtsreform, Rn. 330; *Henssler*, RdA 2002, 129, 137; *Hromadka*, NJW 2002, 2523, 2529; *Willemsen/Grau*, RdA 2003, 321, 325.

243 *LAG Köln* v. 01.02.2001, NZA-RR 2001, 461, 463.

244 v. 12.1.2005, NZA 2005, 465, 468 f.

Auswirkungen hat dieser Streit aber nur, wenn es eine gesetzliche Regelung gibt, die gemäß der Anordnung in § 306 Abs. 2 BGB an die Stelle der unzulässigen Klausel treten könnte.[246] Für Verfallklauseln mit unzulässig langer Bindungsdauer bleibt daher festzuhalten, dass sie wie die Rückzahlungsklauseln im Wege der ergänzenden Vertragsauslegung anzupassen sind und nicht ersatzlos wegfallen.[247]

c) Anpassung der Verfallklauseln

Somit stellt sich im Zusammenhang mit den Verfallklauseln für Aktienoptionen als *nicht synallagmatischer* Vergütungsbestandteil ebenfalls die Frage, in welcher Weise die durch den Wegfall der Verfallklauseln entstandene Lücke zu schließen ist. Zulässig sind regelmäßig Verfallklauseln über einen Zeitraum bis zu fünf Jahren.[248] Bei der Vertragsanpassung im Wege der ergänzenden Vertragsauslegung sind jedoch in Abgrenzung zum Instrument der geltungserhaltenden Reduktion die Regeln der ständigen Rechtsprechung des BGH zu berücksichtigen. Danach ist an die Stelle der unzulässigen Klausel nicht eine solche zu setzen, die gerade noch zulässig ist und die der Verwender gewählt haben würde, wenn ihm die Unzulässigkeit der beanstandeten Klausel bekannt gewesen wäre. Der Verwender muss sich vielmehr mit der ungünstigeren Regelung begnügen, die gerade noch als angemessen anzusehen ist.[249] Daher kann an die Stelle der unwirksamen Verfalldauer nicht eine fünfjährige Frist treten. Andererseits ist aber der in § 193 Abs. 2 Nr. 4 AktG zum Ausdruck kommende gesetzgeberische Wille zu berücksichtigen, wonach die Optionen nicht vor Ablauf von zwei Jahren nach Ausgabe ausgeübt werden sollen. Darin kommt zugleich zum Ausdruck, in welchem Zeitraum die Teilnehmer mindestens einen Beitrag zur Kurssteigerung leisten und dementsprechend im Unternehmen verbleiben sollen. Außerdem nimmt die Wirkung der Bindungsfrist mit dem Ablauf der Wartezeit zu, da die Optionen erst ab diesem Zeitpunkt ausübbar sind. Vor diesem Hintergrund erscheint die Lückenschließung durch eine Verfallklausel angemessen, die den Verfall der Aktienoptionen bei Beendigung des Arbeitsverhältnisses grundsätzlich an die Dauer der Wartezeit anlehnt und da-

---

245 So *Annuß* BB 2002, 458, 461; *Gotthardt*, Schuldrechtsreform, Rn. 330; *Lindemann*, Arbeitsbedingungen, S. 242; *Lingemann*, NZA 2002, 181, 186 f.; *Schlodder*, S. 242 ff.

246 So deutlich *Gotthardt*, Schuldrechtsreform, Rn. 330; *Willemsen/Grau*, RdA 2003, 321, 326.

247 So im Ergebnis auch *Binder*, S. 143 f.; *Pulz*, Personalbindung, S. 132 f. i.V.m. S. 95 ff., *ders.*, BB 2004, 1107, 1112, der dies systematisch allerdings als geltungserhaltende Reduktion einordnet.

248 Vergl. § 11 VIII 3 a, VIII 7 a dd (2).

249 *BGH* v. 03.11.1999, NJW 2000, 1110, 1114 m.w.N.

her mindestens zwei Jahre beträgt. Ist eine längere Wartezeit vereinbart, so erhöht sich dementsprechend auch die Verfalldauer.[250]

Daneben können die Verfallklauseln insbesondere deshalb unwirksam sein, wenn sie keine Ausnahmen für bestimmte Beendigungsgründe vorsehen. Fehlen also solche Regelungen für den Fall der Beendigung infolge der Eigenkündigung wegen eines schuldhaft arbeitsvertragswidrigen Verhaltens des Arbeitgebers oder der betriebsbedingten Kündigung nach Ablauf der Wartezeit,[251] so entfallen die Verfallklauseln nicht ersatzlos. Sie sind vielmehr im Wege der ergänzenden Vertragsauslegung um die erforderlichen Ausnahmetatbestände zu ergänzen.

9. Rechtsfolgen bei teilweiser Unzulässigkeit individuell vereinbarter Verfallklauseln

Schließlich bleibt noch zu klären, inwieweit individuell vereinbarte Verfallklauseln angepasst werden dürfen, wenn die Aktienoptionen als *nicht synallagmatische* Vergütungsform gewährt werden. Dies kommt dann in Betracht, wenn sich eine Verfallklausel ohne zeitliche Begrenzung auf die Beendigung des Arbeitsverhältnisses durch eine Eigenkündigung bezieht. Zulässig sind lediglich solche Klauseln, die den Mitarbeitern nach Ablauf von fünf Jahren seit der Ausgabe die Möglichkeit einräumen, die Optionen im nächsten Ausübungsfenster oder, unter Anlehnung an die Kündigungsfrist in § 624 BGB, spätestens nach Ablauf von sechs Monaten auszuüben, bevor sie verfallen. Anderslautende Klauseln sind nicht zulässig. Die Rechtsfolgen richten sich dann wiederum nach § 139 BGB.[252] Demzufolge ist im Rahmen einer Abwägung zu ermitteln, ob das Rechtsgeschäft nach dem hypothetischen Willen der Parteien auch ohne den nichtigen Teil aufrecht erhalten bleiben soll. Der Arbeitgeber wollte mit der Gewährung der Aktienoptionen seine Mitarbeiter an das Unternehmen binden und die Optionsausübung bzw. den Zufluss des dadurch verkörperten vermögenswerten Vorteils vom Verbleib im Unternehmen abhängig machen. Unter Berücksichtigung dieses Zwecks hätte er die Aktienoptionen nicht ohne Verfallklauseln eingeräumt. Dem Willen des Arbeitnehmers entspräche es demgegenüber die Aktienoptionen ohne Verfallklauseln für den Fall der Beendigung des Arbeitsverhältnisses zu erlangen. Andererseits ist nicht anzunehmen, dass der Arbeitnehmer eher auf die Leistung verzichtet hätte als mit dem Arbeit-

---

250 Im Ergebnis offen *Binder*, S. 145, *Pulz*, Personalbindung, S. 132, nach deren Ansicht die Verfallklauseln auf eine angemessene Dauer zu reduzieren sind.

251 Dazu § 11 VIII 5, VIII 7 a dd (4).

252 Zum Anwendungsbereich der Vorschrift bereits in § 11 VII.

geber eine Vereinbarung zu treffen, die dessen Interessen angemessen berücksichtigt. Daher entspricht es dem hypothetischen Willen beider Parteien, die Verfallklausel mit der zulässigen Verfallfrist beizubehalten.

Ordnet also eine Klausel den Verfall der Aktienoptionen bei Beendigung des Arbeitsverhältnisses während der gesamten Laufzeit an, und können diese über einen längeren Zeitraum als fünf Jahre ausgeübt werden, so ist diese Klausel für die sonstigen Beendigungsgründe wirksam und für die Fälle der Eigenkündigung auf fünf Jahre zurückzuführen.

IX. Besonderheiten bei entgeltlicher Einräumung der Aktienoptionen

Für die Einräumung der Aktienoptionen sehen einige Programme einen finanziellen Eigenbeitrag vor, durch den die Motivationswirkung noch gesteigert werden soll.[253] Da die Einräumung der Aktienoptionen als synallagmatische variable Vergütungsform eine unmittelbare Gegenleistung für die Arbeitsleistung darstellt, ist diese Regelungsmöglichkeit auf Programme beschränkt, in denen die Optionen als zusätzliche Vergütung eingeräumt werden. Vor der Änderung der Gewerbeordnung ist diskutiert worden, ob Vereinbarungen, die eine zusätzliche Eigeninvestition in Form einer bestimmten Anzahl vom Arbeitnehmer zu erwerbender Aktien koppeln, eine unzulässige Lohnverwendungsabrede i.S.v. § 117 Abs. 2 GewO a.F. darstellen.[254] Mit der Streichung des § 117 Abs. 2 GewO ist diese Problematik allerdings hinfällig geworden.[255] Sofern der Beitrag wie bei der Vossloh AG im Erwerb unternehmenseigener Aktien besteht,[256] die dem Arbeitnehmer unabhängig vom Fortbestand des Arbeitsverhältnisses erhalten bleiben, ergeben sich für den Verfall der Aktienoptionen bei Beendigung keine weiteren Besonderheiten.

1. Zulässigkeit der Verfallklauseln bei Verlust der finanziellen Eigenbeteiligung

Nicht ganz so eindeutig stellt sich die Situation allerdings dar, wenn die Arbeitnehmer für die Option eine Bareinlage erbringen müssen. Bei Beendigung des

---

253 Vergl. § 3 II 7.
254 Dazu *Bauwens*, S. 82 f.; *Lembke*, BB 2001, 1469, 1476.
255 Durch Gesetz v. 24.8.2002, BGBl. I, S. 3412.
256 Vergl. § 1 II 2.

Arbeitsverhältnisses verfallen dann nicht nur Aktienoptionen und der durch sie verkörperte finanzielle Vorteil. Zusätzlich kommt es noch zum Verlust der Bareinlage, die nicht mehr durch einen möglichen Kursgewinn bei Ausübung kompensiert werden kann. Der drohende Verfall des Eigenanteils ist daher geeignet, den Kündigungsentschluss des Arbeitnehmers zu beeinflussen und ihn von der Kündigung seines Arbeitsverhältnisses abzuhalten. Der Verlust der Bareinlage würde folglich erst recht in die Kündigungsfreiheit des Arbeitnehmers eingreifen, und außerdem gegen das Verbot der einseitigen Kündigungsbeschränkung in § 622 Abs. 4 BGB verstoßen.[257] Wird das Arbeitsverhältnis durch eine arbeitgeberseitige Kündigung beendet, so ist damit ebenfalls der Verlust der Bareinlage verbunden. Im Vergleich mit der Verpflichtung zur Rückzahlung einer Sonderzahlung würde der Arbeitnehmer nicht nur einen finanziellen Vorteil, sondern den Einsatz aus seinem Privatvermögen verlieren. Dies käme einer Vertragsstrafe gleich. [258] Die Vertragsstrafe muss indes ausdrücklich vereinbart und als solche gekennzeichnet werden. Bei *vorformulierten* arbeitsvertraglichen Vergütungsabreden ergibt sich die Unwirksamkeit der Verfallklausel in dieser Situation bereits aus § 307 Abs. 1 S. 2 BGB, weil die Vertragsstrafe lediglich eine versteckte mittelbare Folge der Verfallklausel ist, deren Reichweite für den Arbeitnehmer als Vertragspartner des Verwenders nicht erkennbar ist.[259] Die Klausel ist daher insgesamt nicht klar und verständlich formuliert und stellt wegen der Nichteinhaltung des Transparenzgebots eine unangemessene Benachteiligung dar.

Bei *individuell* vereinbarten Verfallklauseln ist hingegen eine allgemeine Kontrolle auf der Grundlage von § 138 Abs. 1 BGB vorzunehmen. Eine Vertragsstrafe wird im Regelfall deshalb vereinbart, um den Schuldner zur gehörigen Erfüllung einer ihm obliegenden Verpflichtung anzuhalten oder von einem möglichen vertragswidrigen Verhalten abzuhalten.[260] Vor diesem Hintergrund ist eine Vereinbarung, die den Arbeitnehmer mit einer finanziellen Sanktion belastet, ohne dass er auf deren Eintritt wie im Fall der arbeitgeberseitigen betriebs- oder personenbedingten Kündigung Einfluss nehmen kann, als sittenwidrig i.S.v. § 138 Abs. 1 BGB anzusehen und damit unwirksam.

Gleiches gilt für den Verlust sonstiger vermögenswerter Vorteile wie etwa einer Pflicht zur Rückübertragung von unternehmenseigenen Aktien, die zunächst als Teilnahmevoraussetzung erworben werden mussten.

257 Dazu bereits § 11 V 4 a, VII.

258 Diesen Vergleich zieht auch *Pulz*, Personalbindung, S. 135; ähnlich *Bauwens*, der dies allerdings mit einer Rückzahlungsklausel vergleicht.

259 Vergl. *ErfK/Müller-Glöge*, § 345 BGB Rn. 13, der auf diese Fehlermöglichkeit bei Vereinbarung einer Vertragsstrafe gesondert hinweist.

260 Vergl. *ErfK/Müller-Glöge*, § 345 BGB Rn. 1, 9.

2. Rechtsfolgen unzulässiger Verfallklauseln

Soweit der Verfall des Eigenanteils in der Literatur angesprochen wird, nimmt man ohne nähere Begründung an, dass der Arbeitnehmer den investierten Betrag zurückerstattet bekommen müsse.[261]

Berücksichtigt man, dass die Zahlung des Arbeitnehmers die Gegenleistung für die Einräumung des Bezugsrechts ist, und dies mit der Beendigung des Arbeitsverhältnisses als auflösende Bedingung entfällt, so ergibt sich diese Rechtsfolge aus § 812 Abs. 1 S. 2, 2. Alt. BGB.[262] In diesem Fall hat der Arbeitgeber für den Eigenanteil des Arbeitnehmers gem. § 818 Abs. 2 BGB Wertersatz zu leisten und dem Arbeitnehmer folglich den investierten Betrag zu erstatten. Im Ergebnis ist daher der in der Literatur vertretenen Ansicht zuzustimmen.

X. Kontrolle der Bindungs- und Verfallklauseln in Betriebsvereinbarungen

Abschließend ist noch darauf einzugehen, dass der arbeitsrechtliche Anspruch auf Gewährung der Aktienoptionen nicht nur im Wege einer einzelvertraglichen Zusage, sondern auch durch den Abschluss einer Betriebsvereinbarung begründet werden kann. Dies bezieht sich auf die Einführung der Aktienoptionen als *synallagmatische* Vergütungsform wie auch als sonstige zusätzliche Vergütung. Für beide Vergütungsarten steht den Betriebspartnern die Regelungskompetenz auf der Grundlage von § 87 Abs. 1 Nr. 10 bzw. § 88 Nr. 3 BetrVG zum Abschluss einer Betriebsvereinbarung zu.[263] Die Einräumung selbst erfolgt auf der Grundlage des Gewährungsvertrages, in dem üblicherweise auf die Betriebsvereinbarung Bezug genommen wird. Sofern der Verfall der Aktienoptionen in der Betriebsvereinbarung ausdrücklich geregelt ist, stellt sich die Frage, ob diese Regelung in gleicher Weise der Inhaltskontrolle unterliegt wie eine individualvertragliche Vergütungsvereinbarung.

---

[261] *Baeck/Diller*, DB 1998, 1405, 1408; *Bauwens*, S. 99; *Buhr/Radtke*; DB 2001, 1882, 1886; *Legerlotz/Laber*, DStR 1999, 1658, 1664, *Lingemann/Diller/Mengel*, 2000, 1191, 1195; *Schanz*, NZA 2000, 624, 634. *Pulz*, Personalbindung, S. 135, mit Hinweis auf eine unzulässige Vertragsstrafe. Noch weitergehend *Jungen*, S. 224, die eine Ausgleichszahlung auch dann vorschlägt, wenn die Optionsrechte infolge einer arbeitgeberseitigen Kündigung verfallen.

[262] Vergl. *Palandt/Sprau*, § 812 Rn. 75.

[263] Dazu bereit § 6 V 1 a.

1. Kontrollmaßstab für die Verfallklauseln in Betriebsvereinbarungen

Nach § 310 Abs. 1 S. 1 BetrVG sind Betriebsvereinbarungen ausdrücklich von der Angemessenheitskontrolle nach den §§ 307 ff. ausgenommen.[264]

Über § 75 Abs. 1 S. 1 BetrVG sind die Betriebspartner allerdings mittelbar an die Grundrechte gebunden und haben das Verhältnismäßigkeitsprinzip zu beachten, soweit sie in grundrechtlich geschützte Positionen der Arbeitnehmer eingreifen.[265] Daher darf in grundrechtlich geschützte Positionen nur eingegriffen werden, wenn die Regelung zur Erreichung des angestrebten Zwecks geeignet sowie erforderlich ist und das angestrebte Mittel nicht außer Verhältnis zum angestrebten Zweck steht.[266] Daneben gehört u.a. der allgemeine arbeitsrechtliche Gleichbehandlungsgrundsatz zu den Grundsätzen des geltenden Rechts, auf die § 75 Abs. 1 S. 1 BetrVG verweist und der von den Betriebspartnern zu beachten ist.[267] Gleiches gilt für die zwingende Regelung in § 162 BGB. Dabei ist allerdings zu berücksichtigen, dass der Maßstab für die Rechtskontrolle von Betriebsvereinbarungen weniger streng ist, weil eine Angemessenheitskontrolle gerade nicht stattzufinden hat. Daher muss den Betriebspartnern ein größerer Gestaltungsspielraum zustehen.[268] Die gerichtliche Überprüfung muss sich folglich darauf beschränken, ob die Betriebspartner bei Ausübung der ihnen zustehenden Regelungsbefugnis Rechtsnormen, die ihnen Schranken setzen, nicht oder nicht richtig angewandt haben.[269]

Im Ergebnis sind die Verfallklauseln in Betriebsvereinbarungen im Rahmen einer gerichtlichen Rechtskontrolle somit daraufhin zu kontrollieren, ob sie gegen den allgemeinen arbeitsrechtlichen Gleichbehandlungsgrundsatz bzw. andere zwingende gesetzliche Vorschriften verstoßen oder einen unverhältnismäßigen Eingriff in die Grundrechtspositionen der betroffenen Arbeitnehmer darstellen. Wie bei der Kontrolle der Verfallklauseln in den Einzelverträgen ist für die verschiedenen Konstellationen zu untersuchen, ob die Betriebspartner die Schranken der jeweils betroffenen Rechtspositionen und insbesondere die Aus-

---

264 Zum möglichen Kontrollumfang, insbesondere der Billigkeitskontrolle bereits in § 8 II 4.

265 *Fitting*, BetrVG, § 77 Rn. 233; *Kreutz*, GK-BetrVG, § 77 Rn. 306 m.w.N.; *Richardi*, BetrVG, § 77 Rn. 125.

266 Vergl. *BAG*, AP Nr. 17 zu 77 BetrVG 1972 unter C II 5; *Kreutz*, GK-BetrVG, § 77 Rn. 306.

267 *Fitting*, § 77 Rn, 233; *Kreutz*, GK-BetrVG, § 77 Rn. 306 i.V.m. § 75 Rn. 36 m.w.N.

268 A.A. *Binder*, S. 157 ff., der denselben Maßstab wie im Rahmen der Angemessenheitskontrolle der Individualvereinbarungen anwendet; wie hier wohl *Pulz*, Personalbindung, S. 65, der jedoch im Weiteren einen einheitlichen Kontrollmaßstab verwendet, vergl. S. 125 ff.

269 *Richardi*, BetrVG, § 77 Rn. 125.

strahlungswirkung der Grundrechte beachtet haben. Da diese Aspekte auch im Rahmen der allgemeinen Inhaltskontrolle von Individualvereinbarungen zu beachten sind, lassen sich die dort gefundenen Grenzen auf die Verfallklauseln in Betriebsvereinbarungen übertragen.[270] Dies entspricht im Ergebnis zudem der bisherigen Rechtsprechung zur Zulässigkeit von Stichtagsklauseln, die den Fall der betriebsbedingten Kündigung einschließen. Bei der Kontrolle dieser Klauseln hat das BAG sowohl für Regelungen in Betriebsvereinbarungen als auch in Individualarbeitsverträgen auf die allgemeine Regelung in § 162 Abs. 1 BGB und damit auf einen einheitlichen Kontrollmaßstab zurückgegriffen.[271]

2. Ergebnisse für die verschiedenen Vergütungsformen und Beendigungsgründe

Werden die Aktienoptionen als *synallagmatische* Vergütungsform gewährt, so führt der Verfall der Optionen, für die die Arbeitsleistung bereits erbracht wurde, zum Eingriff in die Kündigungsfreiheit des Arbeitnehmers und stellt außerdem einen Verstoß gegen den arbeitsrechtlichen Gleichbehandlungsgrundsatz dar. Folglich ist lediglich eine Vereinbarung zulässig, die den Verfall nur insoweit anordnet, wie die Arbeitsleistung bis zum Ablauf der Vergütungsperiode noch nicht erbracht wurde.[272]

Werden die Aktienoptionen hingegen als zusätzliche Vergütungsleistung zum Grundgehalt eingeräumt, so kann der Verfall grundsätzlich für jede Form der Beendigung des Arbeitsverhältnisses angeordnet werden. Allerdings ist bei der Vereinbarung solcher Klauseln der Kündigungsfreiheit des Arbeitnehmers ausreichend Rechnung zu tragen. Dafür bieten sich Klauseln an, die bei der Eigenkündigung des Mitarbeiters nach Ablauf von fünf Jahren seit Einräumung der Option den Verfall nur anordnen, wenn die Optionen im nächsten Ausübungsfenster oder in Anlehnung an die Kündigungsfrist in § 624 BGB spätestens nach Ablauf von sechs Monaten nicht ausgeübt werden können.[273] Für die Beendigung des Arbeitsverhältnisses aus anderen Gründen, wie z.B. der arbeitgeberseitigen Kündigung, der einvernehmlichen Aufhebung durch Vertrag oder der Beendigung infolge Fristablaufs sind hingegen keine Ausnahmeregelungen erforderlich.[274]

---

[270] Vergl. § 11 VII 4, VIII 4, VIII 7 b,

[271] *BAG* v. 25.4.1991, AP Nr. 138 zu § 611 BGB Gratifikation unter II 3 d (Betriebsvereinbarung) und v. 19.11.1992, AP Nr. 147 zu § 611 BGB Gratifikation unter II 2 b (Einzelvertrag).

[272] Vergl. § 11 VII.

[273] Vergl. § 11 VIII 4.

[274] Vergl. § 11 VIII 7 b.

Wegen eines Verstoßes gegen § 626 Abs. 1 BGB bzw. Art. 12 Abs. 1 GG sind solche Klauseln unwirksam, die den Verfall auch bei einer außerordentlichen Kündigung des Arbeitnehmers anordnen. Für diese Fallgestaltung sind in die Betriebsvereinbarung Ausnahmeregelungen aufzunehmen.[275] Gleiches gilt mit Blick auf § 162 Abs. 2 BGB und § 612a BGB für den Fall, dass der Arbeitnehmer wegen eines schuldhaft pflichtwidrigen Verhaltens des Arbeitgebers nachvollziehbar ordentlich kündigt.[276]

3. Rechtsfolgen unwirksamer Klauseln in Betriebsvereinbarungen

Entsprechen die Verfallklauseln in einer Betriebsvereinbarung nicht den dargestellten Anforderungen, so stellt sich die Frage nach den daran geknüpften Rechtsfolgen. Es besteht im Ergebnis Einigkeit darüber, dass die vom Nichtigkeitsgrund nicht erfassten Teile der Betriebsvereinbarung regelmäßig wirksam bleiben, wenn der von der Unwirksamkeit nicht betroffene Teil noch eine in sich geschlossene und für sich allein handhabbare Regelung enthält.[277]

Die Verfallklauseln treffen nur eine Sonderregelung für den Fall der Beendigung des Arbeitsverhältnisses. Sofern in der Betriebsvereinbarung die übrigen Programmbedingungen geregelt oder zumindest auf das von der Hauptversammlung beschlossene Programm Bezug genommen wird, ist diese auch ohne die Verfallklausel als eine geschlossene und für sich allein handhabbare Regelung anzusehen. Mit Ausnahme der unwirksamen Verfallklausel bleiben daher die anderen Regelungen wirksam.

Da mit den Aktienoptionen als Vergütung die Bindung der Mitarbeiter an das Unternehmen bezweckt wird, und dieser Zweck insbesondere bei der Ausgabe als *nicht synallagmatische* Vergütungsform eine grundlegende Vorrausetzung für die Ausübung der Optionen bzw. den Erhalt der Aktien sein soll, ist dieses Ergebnis allerdings unbefriedigend. Man kann insoweit von einer planwidrigen Regelungslücke ausgehen. Für eine solche Fallgestaltung wird vorgeschlagen, zur Lückenfüllung auf das Instrument der ergänzenden Vertragsauslegung zurückzugreifen. Es müsse ermittelt werden, wie die Betriebspartner als vernünftige, redliche Partner die Lücke unter Berücksichtigung von Treu und Glauben geschlossen hätten. Da die Betriebsvereinbarung zudem nach

---

275 Vergl. § 11 VIII 5 a.

276 Vergl. § 11 VIII 5 b.

277 *BAG* v. 28.04.1981, AP Nr. 1 zu § 87 BetrVG Vorschlagswesen unter unter IV; *Fitting*, BetrVG, § 77 Rn. 30; *Kreutz*, GK-BetrVG, § 77 Rn. 61; *MünchArbR/Matthes*, § 328 Rn. 77; *Richardi*, BetrVG, § 77 Rn. 48.

§ 310 Abs. 4 S. 1 BGB gerade nicht der Inhaltskontrolle und dem in § 306 Abs. 2 BGB normierten Verbot der geltungserhaltenden Reduktion unterliegt, ist als Ergebnis der ergänzenden Vertragsauslegung grundsätzlich sogar eine Klausel möglich, deren Inhalt gerade noch rechtlich zulässig ist und über das gesetzliche Mindestmaß hinaus geht. Voraussetzung ist allerdings, dass dieses Ergebnis dem hypothetischen Parteiwillen der Betriebspartner entspricht.[278] Diese Lösung stimmt zudem mit der Rechtsprechung im Bereich unwirksamer Rückzahlungsklauseln überein. In solchen Fällen ersetzt das BAG eine unwirksame Klausel in einer Betriebsvereinbarung durch eine Regelung, die den von ihm aufgestellten Grundsätzen entspricht.[279]

Letztlich kann die Problematik der geltungserhaltenden Reduktion dahin stehen, weil die Betriebspartner hinsichtlich der Verfalldauer einen weiteren Gestaltungsspielraum haben als die Arbeitsvertragsparteien. Wahrscheinlicher ist, dass die Verfallklauseln in Betriebsvereinbarungen deshalb unwirksam sind, weil sie für die angeführten besonderen Beendigungsgründe keine Ausnahmeregelungen enthalten. In solchen Fällen kann die planwidrige Regelungslücke ohnehin nur durch die Aufnahme der bestimmten Ausnahmeregelungen gefüllt werden. Inhaltlich verbleibt in diesem Fall für die ergänzende Vertragsauslegung kein Gestaltungsraum.

4. Ergebnisse zu den Verfallklauseln in Betriebsvereinbarungen

Verfallklauseln in Betriebsvereinbarungen unterliegen der gerichtlichen Rechtskontrolle und werden daraufhin überprüft, ob sie einen unverhältnismäßigen Eingriff in die durch Art. 12 Abs. 1 GG geschützte Kündigungsfreiheit der betroffenen Arbeitnehmer, gegen den allgemeinen arbeitsrechtlichen Gleichbehandlungsgrundsatz bzw. andere zwingende gesetzliche Vorschriften wie § 162 BGB oder § 626 BGB verstoßen. Im Vergleich mit der Angemessenheitskontrolle vorformulierter Arbeitsverträge nach § 307 BGB ist der Kontrollmaßstab weniger streng und entspricht im Ergebnis dem für arbeitsvertraglich individuell vereinbarte Verfallklauseln. Unwirksame Vertragsklauseln in einer Betriebsvereinbarung sind im Wege der ergänzenden Vertragsauslegung zu ersetzen.

[278] So im Ergebnis wohl auch *Binder*, S. 160 f., der allerdings einen anderen Kontrollmaßstab zu Grunde legt und zur Lückenfüllung auf die Ergebnisse der Inhaltskontrolle der Einzelverträge verweist.

[279] Vergl. *BAG* v. 16.11.1967, AP Nr. 63 zu § 611 BGB Gratifikation; v. 9.10.1969, AP Nr. 68 zu § 611 BGB Gratifikation.

XI. Haltefristen und Rückübertragungspflichten für die bezogenen Aktien

Die Verfallklauseln für die Aktienoptionen lassen sich mit Haltefristen für die bezogenen Aktien kombinieren. So enthält etwa das Aktienoptionsprogramm der Herlitz AG von 1998 eine Regelung, nach der die Berechtigten verpflichtet sind, die Hälfte der bezogenen Aktien ein Jahr nach dem Bezugszeitpunkt nicht zu veräußern.[280] Durch die Aufnahme einer Verpflichtung zur Rückübertragung der bezogenen Aktien bei Ausscheiden aus dem Unternehmen können die Haltefristen noch verstärkt werden.

Haltefristen dienen primär der Entschärfung der Insiderproblematik. Sie sollen verhindern, dass der Mitarbeiter interne Informationen zum eignen Vorteil ausnutzen kann, indem er die Optionen vor Bekanntgabe negativer Unternehmensdaten ausübt und die bezogenen Aktien unmittelbar danach noch gewinnbringend veräußert. Es wird daher empfohlen, für den Verkauf der bezogenen Aktien Handelsfenster für solche Zeiträume festzulegen, in denen der Kapitalmarkt umfassend über den wirtschaftlichen Stand des Unternehmens informiert ist.[281]

Daneben soll durch die Einräumung von Unternehmensbeteiligungen eine stärkere Identifikation mit dem Unternehmen erreicht werden.[282] Da die Identifikation am intensivsten ist, solange die Arbeitnehmer Anteilseigner sind, sind die Haltefristen für die bezogenen Aktien geeignet, diese Zielsetzung zu unterstützen.

Rechtlich sind die Haltefristen für die bezogenen Aktien wie die Wartefristen für die Aktienoptionen als schuldrechtliche Veräußerungsbeschränkung einzuordnen. Sie berühren die wirksame Übertragung der Aktie als Verfügungsgeschäft nicht, sondern können bei Verstoß allein mit schuldrechtlichen Sanktionen belegt werden.[283] Als solche Sanktionen sind etwa eine Vertragsstrafe oder arbeitsrechtliche Maßnahmen denkbar.

Werden die Haltefristen zusätzlich mit einer Rückverkaufsverpflichtung für den Fall kombiniert, dass das Arbeitsverhältnis des Arbeitnehmers vor Fristablauf endet, so kann die Bindungswirkung über den Zeitpunkt der Optionsausübung

[280] *BAnz* v. 19.5.1998
[281] Dazu bereits in § 3 II 1 a.
[282] Vergl. § 4 V 1.
[283] Dazu bereit in § 3 II 1 b.

hinaus verstärkt werden. Solche Regelungen sind ebenfalls keine aktienrechtlichen Verfügungsbeschränkungen, sondern begründen eine rein schuldrechtliche Verpflichtung des Arbeitnehmeraktionärs. Sie verhindern indes nicht die wirksame Veräußerung und Übertragung der Aktie.[284]

Die mit der Vereinbarung der Haltefristen verfolgte Identifikationswirkung ist die typische Zielsetzung von Mitarbeiterkapitalbeteiligungsprogrammen.[285] Ebenso wie bei diesen Vergütungsformen sind die mit dieser Vertragskonstruktion verfolgten Zwecke grundsätzlich als legitime und von der Vertragsfreiheit gedeckte Zielsetzungen anzusehen. Zu überprüfen bleibt jedoch, ob arbeitsrechtliche Besonderheiten zu einer anderen Beurteilung führen.

1. Arbeitsrechtliche Zulässigkeit von Haltefristen

Wie die Wartefristen für Aktienoptionen führen die Haltefristen für die bezogenen Aktien dazu, dass der geldwerte Gegenwert dem Arbeitnehmer erst später zufließt. Vorher stellen die bezogenen Aktien einen vermögenswerten Vorteil dar, über den der Arbeitnehmer vor Ablauf der Haltefrist nicht verfügen darf. Anders als die Aktienoptionen verkörpern die Aktien bereits den Unternehmensanteil und stellen nicht lediglich einen bedingten Anspruch auf den Erwerb eines solchen Anteils dar. Sie sind daher als aktiver Vermögensposten einzuordnen. Im Gegensatz zu den Wartefristen für die Aktienoptionen führen die Haltefristen für die bezogenen Aktien zu einer noch weitgehenderen Einschränkung der finanziellen Dispositionsfreiheit des Arbeitnehmers. Denn für den Erwerb der Aktien muss der Arbeitnehmer den durch die Option vorgegebenen Basispreis aufbringen, während ihm die Aktienoptionen regelmäßig kostenlos oder zumindest zu einem erheblich geringeren Betrag überlassen werden. Die Haltefristen haben zur Folge, dass in einem erheblichen Maße Kapital des Arbeitnehmers gebunden wird. Während dieser Frist besteht die Gefahr, dass die Aktien infolge von Kursverlusten an Wert verlieren. Dem Arbeitnehmer droht trotz vertragstreuen Verhaltens nicht nur der Verlust seiner Vergütung, sondern zusätzlich der seines eingesetzten Kapitals. Diese größeren finanziellen Risiken werden bei der Beurteilung der Zulässigkeit der Haltefristen zu berücksichtigen sein.

[284] Dazu bereits § 3 II 3 b.
[285] Vergl. § 4 V 1.

a) Meinungsstand in der Literatur

Ob eine derartige Einschränkung der Verfügungsbefugnis zulässig ist, ist bislang kaum näher beleuchtet worden. Eine Auffassung in der Literatur geht davon aus, eine Haltefrist für die bezogenen Aktien begründe wie die Wartefristen für die Optionen kein Verlustrisiko, sondern bewirke ausschließlich eine Verzögerung, die bis zu einer Dauer von zehn Jahren zulässig sei. Dieser Zeitraum stelle allerdings eine Grenze dar. Warte- und Haltefristen dürften daher in der Summe zehn Jahre nicht überschreiten.[286] Eine andere Auffassung geht von der grundsätzlichen Zulässigkeit aus. Nur bei Aktienoptionen als Entgelt im engeren Sinne könne eine überlange Haltefrist im Einzelfall sittenwidrig sein.[287] Nach einer weiteren Ansicht sollen demgegenüber Verfügungsbeschränkungen mit Ausnahme der Wartezeiten für die Aktienoptionen generell unwirksam sein.[288]

b) Eigener Ansatz für vorformulierte Haltefristen im Zusammenhang mit Aktienoptionen als *synallagmatische* Vergütungsform

Die dargestellten Ansichten differenzieren weder danach, ob die ausgeübten Optionen unmittelbare Gegenleistung für die Arbeitsleistung sind, noch ob es sich um individuell ausgehandelte oder vorformulierte Klauseln handelt. Wie sich zeigen wird, sind diese Umstände jedoch bei der Beurteilung der Zulässigkeit solcher Haltefristen zu berücksichtigen.

aa) Gegenstand der Vergütung

Sofern Aktienoptionen als *synallagmatische* Vergütungsform eingeräumt werden, besteht die Vergütung in der Differenz zwischen dem Basispreis und dem Kurswert der Aktie nach Abzug von Abwicklungskosten und Steuern. Über diesen Geldbetrag kann der Arbeitnehmer, vom Sonderfall der Verpfändung der Aktien einmal abgesehen, erst verfügen, wenn er diese an der Börse veräußert. Durch die Haltefristen wird dem Arbeitnehmer daher im Ergebnis für einen weiteren Zeitraum untersagt, über seine Vergütung in beliebiger Weise zu verfügen. Statt dessen wird er vertraglich verpflichtet, diesen Vergütungsteil

286 *Pulz*, Personalbindung, S. 101 f., 157 f. Ähnlich *Küttner/Röller*, Personalbuch 2006, Aktienoptionen, Rn. 5, der Haltefristen von bis zu fünf Jahren für zulässig hält.

287 *Scheuer*, S. 146.

288 *Mechlem/Melms*, DB 2000, 1614, 1615 f.

für die Dauer der Haltefrist in Unternehmensanteilen zu binden und damit einem Kursrisiko auszusetzen.

Soweit es sich wie im Regelfall um vorformulierte Haltefristen für die bezogenen Aktien handelt, die für alle Teilnehmer des Programms gelten, sind solche Haltefristen im Rahmen der Angemessenheitskontrolle nach § 307 Abs. 1, Abs. 2 BGB zu kontrollieren.

bb) Angemessenheitskontrolle nach § 307 Abs. 1, Abs. 2 BGB

Der verspätete faktische Zufluss der Vergütung verstößt zwar grundsätzlich nicht gegen gesetzliche Vorschriften.[289] Bedenken gegen die Zulässigkeit ergeben sich jedoch deshalb, weil neben dem Vergütungsanteil des Arbeitsnehmers ein i.d.R. erheblicher Anteil seines sonstigen Vermögens gebunden und dem Kurs- bzw. Verlustrisiko ausgesetzt wird, obgleich er die wesentlichen Voraussetzungen für den Zufluss des Vergütungsanteils, nämlich seinen Beitrag zum Erreichen der Erfolgsziele und die Unternehmenszugehörigkeit bei Optionsausübung, erfüllt hat. Nach Erfüllung der wesentlichen Anspruchsvoraussetzungen bleibt damit weiterhin unsicher, ob und in welcher Höhe er die Vergütung für seine Arbeitsleistung erhält.

(1) Angemessenheitskontrolle von Haltefristen in Kombination mit einer Vertragsstrafe

Im Gegensatz zu der Situation bei den Wartefristen für die Aktienoptionen wird dieser Umstand nicht durch die Regelungen für Belegschaftsaktienprogramme in § 5 Abs. 2 Nr. 2 des 5. VermBG gerechtfertigt, für die der Gesetzgeber eine Sperrfrist von sechs Jahren trotz Verlustrisikos für zulässig hält. Das Gesetz betrifft den Zufluss einer zusätzlichen Vergütung und die langfristig angelegte Vermögensbildung. Gegen die Vergleichbarkeit spricht jedoch vor allem die Sanktion. Veräußert der Arbeitnehmer die Belegschaftsaktien vor Ablauf der Sperrfrist, so führt dies gem. § 13 Abs. 5 S. 2 Nr. 2 5. VermBG allein dazu, dass er die dafür erhaltene Arbeitnehmersparzulage und damit die staatliche Förderung zurückgewähren muss, die nach § 13 Abs. 2 5. VermBG maximal 72 Euro beträgt. Gem. § 13 Abs. 3 5. VermBG gilt die Arbeitnehmersparzulage nicht als Entgelt. Mögliche Kursgewinne sowie die zum Aktienerwerb vom Arbeitgebers verwendeten vermögenswirksamen Leistungen darf der Arbeitnehmer hingegen behalten.

[289] Vergl. § 10 II 1.

Demgegenüber führt die Veräußerung der bezogenen Aktien unabhängig von der spezifischen Ausgestaltung im Einzelfall zu einer schuldrechtlichen Sanktion. Sofern diese in einer Geldzahlung besteht, wird der Arbeitnehmer im Ergebnis dazu verpflichtet, einen Teil seines Kursgewinns und damit einen Teil der ihm zugeflossenen Vergütung wieder zurückzuzahlen.

Dies würde im Widerspruch zur höchstrichterlichen Rechtsprechung zu den Erfolgsbeteiligungen als *synallagmatische* Vergütungsform stehen, die hier als Orientierung herangezogen werden kann. Danach darf dem Arbeitnehmer der bereits erdiente Lohn nicht nachträglich durch eine Bindungsklausel wieder entzogen werden.[290] Haltefristen, die als Sanktion eine Vertragsstrafe vorsehen, sind mit diesen Grundsätzen nicht vereinbar. Der faktische Entzug von Vergütungsbestandteilen ist demnach dann als unzulässig anzusehen, wenn der Arbeitnehmer seine Arbeitsleistung bereits vollständig erbracht hat. Dies trifft allerdings nur auf die Fallgestaltungen zu, in denen der Arbeitnehmer die bezogenen Aktien nach Ablauf der Vergütungsperiode veräußert, für die die Aktienoptionen eingeräumt worden sind.[291]

Es stellt sich daher die Frage, ob eine andere Beurteilung der Zulässigkeit geboten ist, wenn der Arbeitnehmer die Aktienoptionen nach Ablauf der Wartefrist, aber vor dem Ende der Vergütungsperiode ausübt und die bezogenen Aktien im Anschluss sofort veräußert. Bei der Überprüfung der Verfallklauseln wurde bereits erläutert, dass die Vergütungsperiode den Zeitraum definiert, in dem die Aktienoptionen als Gegenleistung für die Arbeitsleistung gewährt werden. Dies führt bei vorzeitigem Ausscheiden dazu, dass die Aktienoptionen anteilig für den Zeitraum bis zum Ende der Vergütungsperiode verfallen, weil insoweit die Arbeitsleistung nicht mehr erbracht werden kann. Die Übertragung dieser Grundsätze hätte zur Folge, dass bei vorzeitigem Verkauf der bezogenen Aktien der dabei erzielte Kursgewinn ebenfalls anteilig für den Zeitraum zurückzugewähren wäre, in dem die Arbeitsleistung als Gegenleistung noch nicht erbracht wurde und auch nicht mehr erbracht werden kann.

Einer solchen Lösung stehen allerdings zwei Gesichtspunkte entgegen. Zum einen ist ein ratierlicher Anteil wegen der unsicheren Kursentwicklung bis zum Ablauf der Vergütungsperiode nur schwer zu berechnen. Ein sicheres Ergebnis könnte nur erzielt werden, wenn der Arbeitnehmer nach Ablauf dieses Zeitraums einen identischen Kursgewinn erzielen würde. Zum anderen kann für die Haltefristen im Gegensatz zu den Verfallklauseln nicht der zeitliche Aspekt der Arbeitsleistung entscheidend sein. Die Verfallklauseln sollen sicher stellen, dass der Arbeitnehmer seinen Anteil zur Kursentwicklung und damit zum

[290] Verl. § 11 V.
[291] Vergl. dazu § 11 V 4 b.

Erreichen der Erfolgsziele während der Vergütungsperiode im Unternehmen erbringt. Sind die Erfolgsziele erreicht worden, so besteht jedenfalls der Anschein, dass der Arbeitnehmer diesen Beitrag und damit den qualitativen Teil seiner Arbeitsleistung bereits erbracht hat. Sofern die Aktienoptionen als unmittelbare erfolgsorientierte Gegenleistung für die Arbeitsleistung gewährt werden, muss dieser Aspekt und nicht die Dauer der Vergütungsperiode oder gar die Betriebstreue im Vordergrund stehen. Folglich scheiden solche Lösung für den Fall der Veräußerung vor Ablauf der Haltefrist aus, die eine anteilige Vertragsstrafe in Geld für den noch nicht abgelaufenen Zeitraum der Vergütungsperiode vorsehen.

Werden also Aktien durch Ausübung solcher Aktienoptionen bezogen, die als *synallagmatische* Vergütung eingeräumt worden sind, so darf die Veräußerung vor Ablauf der Haltefrist generell nicht zu einer Kürzung der Vergütung in Form des erzielten Kursgewinns führen. Demzufolge sind Haltefristen kombiniert mit einer Vertragsstrafe für Aktienoptionen als *synallagmatische* Vergütungsform unzulässig.

(2) Angemessenheitskontrolle von Haltefristen in Kombination mit arbeitsrechtlichen Sanktionen

Diese Gesichtspunkte spielen allerdings nur dann eine Rolle, wenn eine finanzielle Sanktion bei Verstoß der Haltefrist vorgesehen ist. Ungeklärt bleibt hingegen, ob das Unternehmen an einen solchen Verstoß auch arbeitsrechtliche Sanktionen, z.B. eine Kündigung, knüpfen könnte, wie dies teilweise in der Literatur vorgeschlagen wird.[292] Es wird jedoch zu Recht angemerkt, dass einer solchen Vereinbarung die Rechtsprechung des BAG entgegensteht.[293] Danach ist eine Parteivereinbarung unzulässig, die vorsieht, dass bei Erfüllung bestimmter Tatbestände automatisch eine Kündigung ausgesprochen wird,[294] weil dies zu einer Umgehung von § 1 KSchG führen und die Abwägung im Einzelfall entbehrlich machen würde. Letztere ist aber wegen des im Kündigungsrecht geltenden Verhältnismäßigkeitsprinzips zwingend erforderlich. Da die Veräußerung vor Ablauf der Haltefrist nur den Tatbestand einer verhaltensbedingten Kündigung erfüllen könnte, wäre bei einem einmaligen Verstoß

---

[292] *Bauwens*, S. 89; *Buhr/Radtke*, DB 2001, 1882, 1885.

[293] *Pulz*, Personalbindung, S. 90, nach dessen Auffassung es für den Ausspruch einer hier nur in Betracht kommenden verhaltensbedingten Kündigung stets einer Abwägung im Einzelfall bedarf und insoweit kein Automatismus bestehe.

[294] Vergl. nur *BAG* v. 15.10.1992, EzA § 1 KSchG Nr. 45 Verhaltensbedingte Kündigung unter III 1 c.

zunächst eine Abmahnung erforderlich. Deren Zulässigkeit richtet sich wiederum nach den Umständen des Einzelfalls.[295] Veräußert der Arbeitnehmer die bezogenen Aktien vor Ablauf der Haltefrist, so kann dies z.B. dann nicht als abmahnungsrelevantes Fehlverhalten eingeordnet werden, wenn er bei stark fallenden Kursen nicht nur dem Verlust seiner Vergütung, sondern primär dem seines eingesetzten Vermögens entgegenwirken will. Vor diesem Hintergrund ist die pauschale Vereinbarung einer Kündigung oder eine Abmahnung als Sanktion bei Veräußerung der bezogenen Aktien vor Ablauf der Haltefrist als unangemessene Regelung i.S.v. § 307 Abs. 1, Abs. 2 BGB und damit als unzulässig einzuordnen. Eine entsprechende Regelung in einem Aktienoptionsprogramm ist folglich unwirksam.

(3) Angemessenheitskontrolle von isolierten Haltefristen ohne Sanktionsandrohung und Formulierungsvorschlag

Andererseits sind aber die legitimen Interessen der Unternehmen zu berücksichtigen. Soweit durch die Aufnahme der Haltefristen die Ausnutzung von Insiderwissen unterbunden wird, kann dieser Gefahr durch die Festlegung von Handelsfenstern ausreichend begegnet werden. Die Vereinbarung von Haltefristen ist daneben nicht zwingend erforderlich.

Ein legitimes Interesse des Unternehmens ist aber anzuerkennen, soweit es darum geht, die zulässige Bindungsdauer durch die Kombination von Warte und Haltefristen abzusichern. Hintergrund dafür ist die steuerliche Behandlung der Aktienoptionen, die nach der Praxis der Finanzämter bei Ausübung als Einkommen zu versteuern sind.[296] Für den betroffenen Mitarbeiter ist es daher bei einer zu erwartenden anhaltenden Kurssteigerung des Aktienkurses sinnvoll, die Option möglichst früh auszuüben und die Aktie im Anschluss zu halten. In diesem Fall muss er nur die Dividende als Kapitalertrag versteuern, sofern die Erträge seinen Sparerfreibetrag übersteigen. Veräußert er die Aktie nach Ablauf der Spekulationsfrist von einem Jahr, so sind die späteren Kursgewinne gem. § 23 Abs. 1 Nr. 2 EStG als Gewinne aus privaten Veräußerungsgeschäften steuerfrei. Würde er die Option hingegen erst später ausüben, so müsste er den infolge der Kurssteigerung höheren Differenzbetrag zwischen Basispreis und aktuellem Bezugskurs als Einkommen versteuern. Daher kann eine Kombination aus kurzer Wartefrist und sich daran anschließender Haltefrist zur Absicherung der Vergütungsperiode mit Blick auf die Steuerlast günstiger und durchaus im Interesse des Arbeitnehmers sein. Vor diesem Hintergrund

[295] In diesem Sinne auch *Pulz*, Personalbindung, S. 90, der stets eine Abwägung im Einzelfall für erforderlich hält.

[296] Dazu § 5 I.

erscheint es interessengerecht, dem Unternehmen eine solche vertragliche Gestaltungsmöglichkeit einzuräumen und durch die Einräumung der vorzeitigen Bezugsmöglichkeit innerhalb des zulässigen Bindungszeitraums zur Attraktivität seines Aktienoptionsprogramms beizutragen.

Für eine solche Regelung reicht es aus, dass die Parteien in der arbeitsvertraglichen Vereinbarung auf das geltende Aktienoptionsprogramm und damit auf Haltefristen für die bezogenen Aktien Bezug nehmen. Dadurch wird zum Ausdruck gebracht, dass den Arbeitnehmer die Pflicht trifft, die bezogenen Aktien nicht vor Fristablauf zu veräußern. Verstößt er gegen diese Nebenpflicht aus seiner Vergütungsvereinbarung, so besteht unabhängig von ausdrücklich vereinbarten Sanktionen die Möglichkeit, im Einzelfall festzustellen, ob die Verletzung arbeitsrechtliche Sanktionen, insbesondere eine Abmahnung rechtfertigt. Dies ist unter Berücksichtigung der bisherigen Ergebnisse regelmäßig nicht mehr der Fall, wenn die Aktien zur Vermeidung weiterer Kursverluste oder nach Ablauf der Vergütungsperiode veräußert werden. In diesen Fällen kann dem Arbeitnehmer kein pflichtwidriges Verhalten vorgeworfen werden. Demzufolge sind auch individualarbeitsrechtliche Maßnahmen nicht gerechtfertigt.

Werden die Aktienoptionen als *synallagmatische* Vergütungsform eingeräumt und die Wartefristen zur Absicherung der Vergütungsperiode mit Haltefristen für die bezogenen Aktien kombiniert, so darf der Zeitraum von Halte- und Wartefrist in der Summe die Vergütungsperiode nicht übersteigen. Denn nach Ablauf dieses Zeitraums hat der Arbeitnehmer seine Arbeitsleistung in quantitativer Hinsicht vollständig erbracht. In den Programmen bzw. in der arbeitsvertraglichen Vergütungszusage sollte aus diesem Grund festgelegt werden, für welchen Zeitraum die Aktienoptionen als unmittelbare Gegenleistung gewährt werden. Eine Haltefrist für die bezogenen Aktien kann etwa lauten:

> Die Aktienoptionen werden als Gegenleistung für den Zeitraum vom 1.1.2002 bis 31.12.2006 eingeräumt. Sie können erstmals nach Ablauf einer Wartefrist von zwei Jahren ausgeübt werden. Werden sie vor dem Ende der Vergütungsperiode ausgeübt, so dürfen die bezogenen Aktien nicht vor deren Ablauf veräußert werden (Haltefrist). Die Veräußerung darf nur in sog. Handelsfenstern in einem Zeitraum von zwei Wochen nach jedem Quartalsbericht sowie der jährlichen Bilanzpressekonferenz erfolgen.

Eine andere Auffassung hält demgegenüber eine Haltefrist von bis zu zehn Jahren für zulässig.[297] Für eine Beschränkung der Verfügungsbefugnis in die-

[297] *Pulz*, Personalbindung, S. 101 f.; 157 f.

sem Umfang gibt es allerdings keine gesetzlichen Anhaltspunkte. Diese Ansicht berücksichtigt außerdem nicht die Besonderheiten für solche Aktien, die über die Aktienoptionen als *synallagmatische* Vergütung eingeräumt werden und lässt die Bindung des zusätzlichen Kapitals außer acht, das der Arbeitnehmer für den Erwerb aufbringen musste. Sie ist daher abzulehnen.

Schließlich bleibt noch die Frage zu klären, welche Rechtsfolgen überlange Haltefristen nach sich ziehen. Unter Berücksichtigung der legitimen Interessen des arbeitgebenden Unternehmens an solchen Fristen, ist der ersatzlose Wegfall der Haltefristen wie bei den Wartefristen für die Aktienoptionen als unangemessen anzusehen.[298] Es empfiehlt sich daher ebenfalls der Weg über die ergänzende Vertragsauslegung und die Klausel insoweit aufrecht zu erhalten, wie sie zeitlich zulässig ist.

(4) Ergebnis

Die aufgeführten Aspekte führen im Ergebnis dazu, Haltefristen mit Sanktionsandrohung im Zusammenhang mit Aktienoptionen als *synallagmatische* Vergütungsform i.S.v. § 307 Abs. 1, Abs. 2 BGB als unzulässig anzusehen. Dies berührt allerdings gem. § 306 Abs. 1 BGB die Wirksamkeit der übrigen Regelungen nicht.

Zulässig sind dagegen Haltefristen ohne konkrete Sanktionsandrohung. Sie führen dazu, dass der Arbeitnehmer bei Veräußerung vor Ablauf der Wartefrist eine arbeitsvertragliche Nebenpflicht verletzt. Es ist dann unter Berücksichtigung der Umstände des Einzelfalls zu überprüfen, ob arbeitsrechtliche Maßnahmen wie z.B. eine Abmahnung gerechtfertigt sind. Letztere kann im Wiederholungsfall z.B. ein Änderungskündigung in Form des Entzugs dieses Vergütungsbestandteils und damit den Programmausschluß (im Regelfall allerdings nur gegen eine reine Geldzahlung als Ersatz) rechtfertigen. Die Dauer einer solchen Haltefrist ohne Sanktionsandrohung darf die Vergütungsperiode, für welche die Aktienoptionen als *synallagmatische* Vergütungsform eingeräumt wurden, nicht übersteigen.

cc) Eigener Ansatz für individuell ausgehandelte Klauseln

Werden Haltefristen für die bezogenen Aktien demgegenüber individuell ausgehandelt, so sind sie lediglich auf der Grundlage der allgemeinen Vorschriften zu kontrollieren. Solche Klauseln werden in der Praxis eher selten vorkommen, sind aber möglich. Denkbar ist, dass ein Aktienoptionsprogramm

[298] Zu den Rechtsfolgen überlanger Verfallfristen vergl. § 11 V 5 b.

keine Haltefristen für die bezogenen Aktien enthält, das Unternehmen bei bestimmten Arbeitnehmern jedoch ein besonderes Interesse daran hat, diese auch noch nach Ablauf der Wartezeit zur nachhaltigen Steigerung des Aktienkurses anzuhalten. Die Dauer der Haltefrist bzw. die Gesamtdauer der Verfügungsbeschränkung ist dann nicht an demselben strengen Maßstab zu messen, der im Rahmen der Angemessenheitskontrolle anzulegen ist. Die Grenze bilden die allgemeinen Vorschriften, insbesondere § 138 BGB. Danach kann die Verfügungsmöglichkeit über die Vergütung und das zusätzlich aufgebrachte Kapital des Arbeitnehmers allerdings ebenfalls nicht unbegrenzt eingeschränkt werden. Andererseits ist aber zu berücksichtigen, dass der Arbeitnehmer sich ohne ausgleichende Kompensation nicht auf eine solche Regelung einlassen wird. Daher spricht nichts dagegen, für solche Klauseln grundsätzlich einen Zeitraum bis zum Ende der Programmlaufzeit als zulässig anzusehen. Denkbar sind somit Zeiträume, die in der Summe mit den Wartefristen für die Aktienoptionen eine Dauer bis zu zehn Jahren erreichen. Eine solche Klausel kann etwa lauten:

> Nach Ablauf der Wartezeit ist der Teilnehmer verpflichtet, die bezogenen Aktien bis zum Ende der Laufzeit des Aktienoptionsprogramms zu halten. Veräußert er die bezogenen Aktien vor Ablauf der Haltefrist, so ist er verpflichtet, 50 % des erzielten Gewinns an das Unternehmen abzuführen. Der Gewinn ergibt sich aus der Differenz zwischen Basispreis und Verkaufskurs nach Abzug von Abwicklungskosten und Steuern.

Sofern solche Haltefristen in der Summe mit den Wartefristen den Zeitraum von zehn Jahren übersteigen, sind sie wie die Verfallklauseln nicht insgesamt unwirksam, sondern gem. § 139 BGB entsprechend zeitlich anzupassen.[299]

c) Haltefristen im Zusammenhang mit Aktienoptionen als *nicht synallagmatische* Vergütungsform

Werden die Aktien hingegen nach Ausübung der Aktienoptionen bezogen, die als *nicht synallagmatische* Vergütungsform zusätzlich zum Gehalt eingeräumt wurden, ergeben sich im Vergleich mit den vorangegangenen Erörterungen einige Unterschiede, die im Rahmen der Angemessenheitskontrolle zu beachten sind.

[299] Vergl. § 11 VII.

aa) Eigener Ansatz zur Angemessenheitskontrolle und Folgen unzulässiger Klauseln

Bei dieser Art der Vergütung erhält der Arbeitnehmer einen möglichen Kursgewinn als zusätzliche Vergütung, die neben der Arbeitsleistung die Betriebstreue und seinen Einsatz für das Unternehmen belohnen soll. Es besteht nicht die Gefahr, dass ein Teil seiner *synallagmatischen* variablen Vergütung wieder entzogen wird, sofern er eine Vertragsstrafe bei vorzeitiger Veräußerung der bezogenen Aktien zu zahlen hat. Er verliert lediglich eine zusätzliche finanzielle Leistung des Arbeitgebers. Daher ist die Situation in ihren finanziellen Auswirkungen für den Arbeitnehmer mit den Fällen der vorzeitigen Veräußerung der Aktien vergleichbar, die u.a. mit vermögenswirksamen Leistungen des Arbeitgebers erworben wurden. Dafür erhält der Arbeitnehmer Arbeitnehmersparzulage als staatliche Förderung. Bei Veräußerung vor Ablauf der in § 5 Abs. 2 Nr. 2 des 5. VermBG vorgesehenen Sperrfrist entfällt gem. § 13 Abs. 5 5.VermBG der Anspruch auf diese Zulage rückwirkend. Weil der Arbeitnehmer für diese Form des Aktienerwerbs i.d.R. zusätzliche finanzielle Eigenmittel aufbringen muss, ist der Regelung darüber hinaus zu entnehmen, dass der Gesetzgeber eine Verfügungsbeschränkung über die erworbenen Aktien und damit eine Vermögensbindung von bis zu sechs Jahren für zumutbar hält. Zieht man dieses Leitbild als Orientierung heran, so ist für die bezogenen Aktien ebenfalls von einer zulässigen Verfügungsbeschränkung für die Dauer von bis zu sechs Jahren auszugehen. Allerdings kann die Betrachtung nicht nur isoliert auf die Haltefristen beschränkt werden. Wie zu Recht angemerkt wird, wird der Arbeitnehmer in dieser Situation nach dem Ablauf der Wartefrist „zum zweiten Mal in die Warteschleife geschickt“.[300] Beide Fristen müssen daher zusammen betrachtet werden. Die Dauer der Verfügungsbeschränkungen darf demzufolge mit Blick auf § 5 Abs. 2 Nr. 2 des 5. VermBG in der Summe sechs Jahre nicht übersteigen. Andererseits können Halte- und Wartefrist zulässig in der Weise kombiniert werden, dass sie einer Veräußerung der bezogenen Aktien vor Ablauf von sechs Jahren nach Ausgabe der Optionen entgegen wirken.

Zur effektiven Absicherung der Haltefrist ist wie für die Sperrfrist der vermögenswirksamen Leistungen eine Sanktion erforderlich. Sie kann darin bestehen, dem Arbeitnehmer den durch die vorzeitige Veräußerung erlangten vermögenswirksamen Vorteil wieder abzuschöpfen. Rückzahlungsklauseln finden sich z.B. in vielen Programmen von US-Unternehmen, die die Arbeitnehmer bei Eintritt der vereinbarten Voraussetzungen zur Rückzahlung des Ausübungsgewinns an das Unternehmen verpflichten.[301] Es bestehen keine ar-

---

[300] So im Ergebnis auch *Pulz*, Personalbindung, S. 101 f.

beitsrechtlichen Bedenken gegen die Zulässigkeit solcher Klauseln, nach denen der Netto-Gewinn ganz oder teilweise an das Unternehmen zurückzuerstatten ist. Die Grenze ist dort zu ziehen, wo das Vermögen angegriffen wird. Veräußert der Arbeitnehmer die Aktien etwa mit Verlust, weil er dringend liquide Mittel benötigt, so darf er zusätzlich nicht noch mit einer Sanktion des Unternehmens belastet werden. Der Arbeitnehmer würde anderenfalls neben dem Kursrisiko finanziell zusätzlich belastet. Eine solche Reglung wäre unter Berücksichtigung der beiderseitigen Interessen nicht mehr als angemessen anzusehen.

Alternativ besteht daneben wie für Aktienoptionen als *synallagmatische* Vergütungsform die Möglichkeit, eine Haltefrist ohne ausdrückliche Sanktionsandrohung zu vereinbaren und diese allein als arbeitsvertragliche Nebenpflicht aus der Vergütungsvereinbarung einzuordnen. Bei einem Verstoß ist unter Berücksichtigung der Umstände des Einzelfalls wieder zu untersuchen, ob arbeitsrechtliche Maßnahmen wie eine Abmahnung oder gar eine Kündigung des Arbeitsverhältnisses gerechtfertigt sind.

Überschreitet eine Haltefrist für die bezogenen Aktien die zulässige Grenze von sechs Jahren, so bietet sich der Rückgriff auf das Instrument der ergänzenden Vertragsauslegung an, wonach die Fristen unter Berücksichtigung der Interessen beider Parteien im Rahmen des rechtlich Zulässigen aufrechtzuerhalten sind.[302] Auf Seiten des Arbeitgebers ist zu berücksichtigen, dass er an einer möglichst langen Bindung des Arbeitnehmers interessiert ist. Demgegenüber hat der Arbeitnehmer ein Interesse daran, in seiner Verfügungsbefugnis über sein Vermögen nicht eingeschränkt zu werden. Vor diesem Hintergrund ist eine maximale Frist von sechs Jahren angemessen, die Halte- und Wartefrist in der Summe nicht übersteigen dürfen. Folglich ist eine unwirksame Haltefrist in diesem Zeitraum aufrecht zu erhalten.

bb) Auseinandersetzung mit anderen Auffassungen in der Literatur

Sofern demgegenüber Haltefristen für zulässig gehalten werden, die in der Summe mit den Wartefristen bis zu zehn Jahre betragen, ist diese Auffassung als zu weitgehend abzulehnen. Sie berücksichtigt nicht ausreichend, dass der Arbeitnehmer wegen seines u.U. erheblichen zusätzlichen Kapitaleinsatzes nicht über einen zu langen Zeitraum gebunden und in seiner Verfügungsbefugnis eingeschränkt werden darf. Denn damit würde ihm über einen unzumutbar langen Zeitraum die Möglichkeit genommen, ohne Sanktion auf Kursschwankungen

[301] *Scheuer*, S. 156 m.w.N.
[302] Vergl. § 11 XI 1 b bb (3).

zur reagieren und über sein zusätzlich eingesetztes Kapital frei zu verfügen. Eine solche Lösung führt zu einer einseitigen Belastung des Arbeitnehmers und ist daher als unangemessene Behandlung einzuordnen.

Die Ansicht, die Haltefristen für die bezogenen Aktien generell ablehnt,[303] berücksichtigt demgegenüber die berechtigten Belange des Arbeitgebers für eine derartige vertragliche Ausgestaltung nicht und führt daher ebenfalls nicht zu einem angemessenen Ergebnis, das die Interessen beider Parteien berücksichtigt.

cc) Formulierungsvorschläge unter Berücksichtigung der Ergebnisse

Unter Berücksichtigung dieser Grundsätze kann eine mögliche Formulierung etwa lauten:

> Die Aktienoptionen haben eine Laufzeit von sechs Jahren. Sie können erstmals nach einer Wartefrist von drei Jahren ausgeübt werden. Nach Ausübung der Optionen ist der Berechtigte verpflichtet, die bezogenen Aktien mindestens drei Jahre lang nicht zu veräußern (Haltefrist). Dieser Zeitraum verkürzt sich insoweit, wie die Wartefrist von drei Jahren überschritten wird. Die Dauer von Warte- und Haltefrist darf insgesamt sechs Jahre nicht überschreiten.

Alternativ sind Klauseln denkbar, nach denen die Aktien nur in mehreren Tranchen veräußert werden dürfen, z.B. jedes Jahr 1/3 der bezogenen Aktien.

Eine mögliche Sanktionsandrohung kann etwa wie folgt lauten:

> Sofern der Teilnehmer die bezogenen Aktien vor Ablauf der Haltefrist veräußert und gemessen an dem für die Aktien aufgewendeten Kaufpreis nach Abzug von Steuern und Abwicklungskosten einen Kursgewinn erzielt, verpflichtet er sich den Netto-Gewinn an das Unternehmen zurückzuzahlen.

[303] *Mechlem/Melms*, DB 2000, 1614, 1615 f.

dd) Kontrolle von Individualvereinbarungen

Werden die Haltefristen individuell vereinbart, so ist nicht der strenge Maßstab für die Angemessenheitskontrolle nach § 307 Abs. 1, Abs. 2 BGB anzulegen. Demzufolge gilt die zeitliche Höchstgrenze von sechs Jahren nicht. Es sind daher Haltefristen zulässig, die sich bis an das Ende der Programmlaufzeit erstrecken. Aktienoptionsprogramme laufen regelmäßig nicht über einen längeren Zeitraum als zehn Jahre, weil die motivierende Wirkung bei einer noch längeren Laufzeit immer geringer wird. Dies bedeutet, dass Warte- und Haltefrist in der Summe regelmäßig nicht mehr als zehn Jahre betragen. In diesem zeitlichen Rahmen sind sogar individuell vereinbarte Verfügungsbeschränkungen für synallagmatische Vergütungsformen zulässig.[304] Daher ist eine solche Regelung im Zusammenhang mit der Gewährung der Aktienoptionen als *nicht synallagmatische* Vergütungsform gemessen an § 138 BGB erst Recht nicht als sittenwidrig anzusehen.

2. Arbeitsrechtliche Zulässigkeit von Rückübertragungsvereinbarungen für bezogene Aktien

Als besondere Rechtsfolge zur Sicherstellung der Bindungswirkung kommt zudem die Verpflichtung zur Rückübertragung der bezogenen Aktien bei Ausscheiden aus dem Unternehmen vor Ablauf der Haltefrist in Betracht. Eine solche Kombination ist dann sinnvoll, wenn das Unternehmen die Mitarbeiter über einen längeren Zeitraum als die Wartefrist binden möchte.[305] Wie bereits ausgeführt kann eine Kombination aus kürzerer Wartezeit und sich daran anschließender Haltefrist für die bezogenen Aktien aus steuerlichen Gründen für die Mitarbeiter günstiger sein und damit zur Attraktivität des Aktienoptionsprogramms beitragen. Gleichzeitig sichert das Unternehmen die Bindungs- und Identifikationswirkung des Programms über einen bestimmten Zeitraum.

a) Meinungsstand in der Literatur zur Zulässigkeit von Rückverkaufsverpflichtungen

Haltefristen in Kombination mit Rückkaufsverpflichtungen werden überwiegend für arbeitsrechtlich zulässig gehalten.[306] Begründet wird dies wie bei den

[304] Vergl. § 11 XI 1 b cc.

[305] Dazu bereits § 11 XI 1 b bb (3).

Verfallklauseln für die Aktienoptionen damit, dass die Belegschaftsaktien nur zukünftige Vorteile in Aussicht stellten und spätere Kursgewinne äußerst unsicher seien. Daher stehe der Zulässigkeit nicht die Rechtsprechung zu den Erfolgs- bzw. Ergebnisbeteiligung entgegen, nach der bereits erdientes Entgelt nicht mehr zurückgefordert werden könne. Die Fallgestaltung sei vielmehr mit einer zulässigen Rückzahlungsverpflichtung für Gratifikationen vergleichbar. Aus diesen Gründen seien Verfallklauseln in Mitarbeiterbeteiligungsprogrammen generell als zulässig anzusehen. Die Dauer der Rückkaufsverpflichtung sei in Anlehnung an § 624 BGB auf fünf Jahre begrenzt.[307] Teilweise wird dieses Ergebnis auf § 1b BetrAVG gestützt.[308]

Nach einer abweichenden Auffassung sind Rückkaufsverpflichtungen nicht zulässig, wenn die Kapitalbeteiligung unmittelbar im Austauschverhältnis mit der Arbeitsleistung steht. Eine solche dürfe nicht mit einer Bindungsklausel und demzufolge nicht mit einer Rückverkaufsverpflichtung belegt werden.[309] In diesem Sinne argumentiert auch eine weitere Ansicht, nach der gestaffelte Rückübertragungsverpflichtungen vereinbart werden müssen, wenn die Aktien ausnahmsweise als Entgelt im engeren Sinne einzuordnen seien.[310]

b) Meinungsstand in der Literatur zur Erstattung des gezahlten Kaufpreises

Nicht einheitlich wird demgegenüber beurteilt, in welcher Höhe der für die Aktien gezahlte Ausübungspreis zu erstatten ist.

Die überwiegende Meinung geht davon aus, dass der Arbeitnehmer mindestens den investierten Betrag zurückerhalten müsse.[311]

306 So *Baeck/Diller*, DB 1998, 1405 1408; *Binder*, S. 133 ff.; *Legerlotz/Laber*, DStR 1999, 1658, 1665; in diesem Sinne auch *Küttner/Röller*, Personalbuch 2006, Aktienoptionen, Rn. 6 sowie *Pulz*, Personalbindung, S. 140 f., der die arbeitsrechtliche Zulässigkeit als solche nicht weiter problematisiert. A.A. *Scheuer*, S. 148 f.

307 *Baeck/Diller*, DB 1998, 1405 1408; *Binder*, S. 133 ff.; *Pulz*, Personalbindung, S. 141; *Schanz*, NZA 2000, 626, 634. Für eine Frist von sechs Jahren unter Berufung auf die Sperrfrist in § 5 Abs. 2 Nr. 2 des 5. VermBG sowie 19a Abs. 1 S. 2 EStG a.F. plädiert hingegen *Jungen*, S. 155.

308 *Binder*, S. 133 ff. der allerdings für mittelständische, familiärstrukturierte Aktiengesellschaften wegen der besonderen Interessenlage bei der Zusammensetzung des Aktionärskreises eine längere Bindungsdauer für zulässig hält.

309 *Binder*, S. 235 ff, 249.

310 *Pulz*, Personalbindung, S. 142.

311 *Baeck/Diller*, DB 1998, 1405 1408; *Binder*, S. 137; *Küttner/Röller*, Personalbuch 2006, Aktienoptionen, Rn. 6; *Legerlotz/Laber*, DStR 1999, 1658, 1665.

Nach Auffassung einiger soll der Arbeitgeber zudem eine Klausel vereinbaren können, nach der der Arbeitnehmer verpflichtet ist, die Aktien zu einem niedrigeren als dem ursprünglichen Bezugskurs und dem aktuellen Börsenkurs zurückzuübertragen. Denn der Arbeitgeber könne für den geförderten Aktienkauf nicht verpflichtet werden, einen höheren Betrag als den Börsenkurs im Rückübertragungszeitpunkt zu erstatten.[312]

Eine andere Ansicht will dem Arbeitnehmer indes einen Anspruch auf die Erstattung eines Betrages einräumen, der dem Börsenkurs am Ausgabetag, mindestens aber dem investierten Betrag entspricht. Sofern der Arbeitnehmer einen niedrigeren Bezugskurs aufgewendet habe, sollen ihm der Kursgewinn sowie eine zwischenzeitlich gezahlte Dividende als Verzinsung erhalten bleiben.[313]

c) Eigener Ansatz zur Zulässigkeit von Rückkaufsverpflichtungen in Aktienoptionsprogrammen

Wie auch im Bereich der Verfallklauseln für Aktienoptionen wird bei der Frage nach der Zulässigkeit überwiegend nicht danach differenziert, ob die Rückverkaufsverpflichtung im Zusammenhang mit einer synallagmatischen Vergütungsart oder einem Mitarbeiterbeteiligungsprogramm entsteht.

Da die Klauseln regelmäßig einheitlich für alle Teilnehmer der Aktienoptionsprogramme gelten, ist im Folgenden zu untersuchen, ob Rückkaufsverpflichtungen in Aktienoptionsprogrammen einer Angemessenheitskontrolle i.S.v. § 307 Abs. 1, Abs. 2 BGB stand halten.[314]

aa) Angemessenheitskontrolle vorformulierter Rückverkaufsverpflichtungen für Aktienoptionen als *synallagmatische* Vergütungsart

Im Rahmen dieser Kontrolle sind zunächst die Auswirkungen der Rückverkaufsverpflichtung und die damit zusammenhängenden widerstreitenden Interessen von Arbeitgeber und Arbeitnehmer zu verdeutlichen.

[312] *Schanz*, NZA 2000, 626, 634; zustimmend *Pulz*, Personalbindung, S. 144.
[313] *Jungen*, S. 155.
[314] So grundsätzlich auch *Binder*, der die Klauseln einer Inhaltskontrolle nach § 307 Abs. 2 Nr. 2 BGB unterzieht (S. 85 ff., insbesondere S. 131 ff.) und danach unterscheidet, ob die Kapitalbeteiligung im Synallagma mit der Arbeitsleistung steht (S. 217 ff.).

(1) Interessenlage

Werden Aktienoptionen als *synallagmatische* Vergütungsart eingeräumt und ausgeübt, so erhält der Arbeitnehmer die bezogenen Aktien zunächst als aktiven Vermögensposten. Die eigentliche Vergütung fließt ihm erst zu, wenn er die bezogenen Aktien veräußert und dabei netto einen Kursgewinn erzielt. Ist der Arbeitnehmer nun einerseits durch eine Haltefrist verpflichtet, die Aktien, die er bei Ausübung der Option bezieht, vor Ablauf einer bestimmten Frist nicht zu veräußern, und wird diese Verpflichtung zusätzlich mit einer Rückübertragungspflicht für die bezogenen Aktien bei seinem Ausscheiden aus dem Unternehmen kombiniert, so verliert er bei Beendigung seines Arbeitsverhältnisses sowohl die Aktien als aktiven Vermögensposten wie auch die Aussicht auf einen möglichen Kursgewinn. Im Ergebnis wird ihm damit die Chance auf den Zufluss der eigentlichen Vergütung endgültig genommen. Sofern der Börsenkurs bereits über dem für die bezogenen Aktien aufgewendeten Basispreis liegt, ist die Klausel geeignet, den Kündigungsentschluss des Arbeitnehmers zu beeinflussen. In dieser Situation wird ein Arbeitnehmer auf eine Kündigung bis nach Ablauf der Haltefrist verzichten, um den endgültigen Vergütungszufluss nicht zu gefährden. Diese Steuerungswirkung ist in der Regel das Motiv des Arbeitgebers, solche Klauseln zu vereinbaren, obgleich die erfolgsorientierte Vergütung der Arbeitsleistung im Rahmen einer synallagmatischen Vergütungsvereinbarung im Vordergrund steht. Auf Seiten des Arbeitnehmers ist weiter zu berücksichtigen, dass er nach Ausübung der Optionen und Bezug der Aktien davon ausgeht, nach Ablauf der Haltefrist den Kursgewinn und damit seine Vergütung endgültig realisieren zu können, sofern er sich vertragsgemäß verhält und das Arbeitsverhältnis nicht selbst beendet. Dieses Vertrauen ist als besonders schutzwürdig einzuschätzen, weil seit der Einräumung der Optionen regelmäßig bereits ein Zeitraum von mindestens zwei Jahren vergangen ist, und der Arbeitnehmer mit dem Erreichen der Erfolgsziele bereits die wesentlichen Voraussetzungen erfüllt hat.

(2) Vergleich mit den Verfallklauseln für Aktienoptionen und den Haltefristen in Kombination mit einer Vertragsstrafe

Da der Erwerb der Aktien ein weiterer Zwischenschritt zum eigentlichen Vergütungszufluss ist, ist die von den Rückverkaufsverpflichtungen ausgehende Bindungswirkung zum einen mit der von Verfallklauseln für Aktienoptionen vergleichbar. Zum anderen dienen sie wie die Sanktionen bei Veräußerung der bezogenen Aktien vor Ablauf der Haltefrist als Instrument zur Absicherung der beabsichtigten Vergütungsperiode, indem statt einer Vertragsstrafe die

Rückübertragung der Aktien angeordnet wird. Die Rückverkaufsverpflichtung kombiniert also die Wirkungen und damit die Zielsetzungen beider Klauseln.

Im Vergleich mit den Verfallklauseln kann eine noch stärkere Bindungswirkung erzielt werden, weil der Vergütungszufluss näher gerückt ist und sich mit der Aktie bereits ein aktiver Posten im Vermögen des Arbeitnehmers befindet. Aus diesen Gründen sind die Auswirkungen auf die durch Art. 12 Abs. 1 GG bzw. § 622 Abs. 4 BGB geschützte Kündigungsfreiheit noch intensiver einzuschätzen.

Darüber hinaus trifft die durch die Rückübertragungsverpflichtung ausgelöste Sanktion den Arbeitnehmer im Vergleich mit der Veräußerung der Aktien vor Ablauf der Haltefrist noch härter. Denn sie führt dazu, dass der Arbeitnehmer im Ergebnis gar nichts erhält, obgleich er seine Arbeitsleistung für den Bezug bereits vollständig erbracht hat. Die schuldrechtlichen Sanktionen bei vorzeitiger Veräußerung können demgegenüber so ausgestaltet werden, dass dem Arbeitnehmer zumindest einen Teil des Veräußerungserlöses belassen wird.

(3) Übertragbarkeit der Ergebnisse und Rückschlüsse für die Zulässigkeit von Rückverkaufsverpflichtungen

Die Untersuchung vorformulierter Klauseln in Aktienoptionsprogrammen hat ergeben, dass Regelungen, die den vollständigen Verfall der als *synallagmatischer* Vergütungsbestandteil eingeräumten Aktienoptionen bei Beendigung des Arbeitsverhältnisses anordnen, nach § 307 Abs. 1, Abs. 2 BGB nicht zulässig sind. Einer Angemessenheitskontrolle halten nur solche Klauseln stand, die den Verfall für den Anteil der Aktienoptionen anordnen, für den die Arbeitsleistung bis zum Ablauf der Vergütungsperiode noch nicht erbracht wurde.[315] Weitergehende Klauseln würden den Arbeitnehmer nicht nur von einer Eigenkündigung abhalten und daher in seine durch Art. 12 Abs. 1 GG geschützte Kündigungsfreiheit eingreifen,[316] sondern ihm darüber hinaus seine bereits erdiente Gegenleistung wieder entziehen. Dies widerspricht den in § 326 Abs. 1 S. 1 und § 628 Abs. 1 S. 1 BGB zum Ausdruck kommenden Grundsätzen, wonach dem Arbeitnehmer bei der Beendigung des Arbeitsverhältnisses grundsätzlich eine seiner erbrachten Leistung entsprechende Vergütung zusteht.[317] Aus diesem Grund ist eine Verfallklausel für jede Form der Beendigung des Arbeitsverhältnisses insoweit unzulässig wie die Arbeitsleistung bereits erbracht wurde.

[315] Vergl. § 11 V 4 c, § 11 V 5 c.
[316] Dazu § 11 V 4 a.
[317] Dazu § 11 V 4 b.

Mit dem Bezug der Aktien hat der Arbeitnehmer den wesentlichen Beitrag für die Vergütungsleistung qualitativ erbracht, indem er mit seiner Arbeitsleistung zum Erreichen der Erfolgziele und zur Steigerung des Unternehmenswerts beigetragen hat. Da die bezogenen Aktien ein weiterer notwendiger Zwischenschritt zum eigentlichen Vergütungszufluss sind, würde dem Arbeitnehmer durch die Rückübertragung an die Aktiengesellschaft nicht nur ein aktiver Vermögensposten, sondern auch die Chance auf den endgültigen Zufluss in Geld genommen. Dies kommt dem Entzug der Vergütung trotz ordnungsgemäß erbrachter Arbeitsleistung gleich. Vor diesem Hintergrund ist diejenige Ansicht abzulehnen, die eine gestaffelte Rückgewähr der Aktien vorschlägt.[318] Eine solche Regelung würde nicht ausreichend berücksichtigen, dass die Arbeitsleistung in qualitativer Hinsicht bereits erbracht wurde, und zeitliche Aspekte demgegenüber zweitrangig sind. Rückübertragungsregelungen für Aktien sind daher als i.S.v. § 307 Abs. 1, Abs. 2 BGB unangemessen und damit unzulässig anzusehen. Dies gilt wie bei den Verfallklauseln für jede Art der Beendigung des Arbeitsverhältnisses, also für die arbeitnehmer- wie arbeitgeberseitige Kündigung sowie die Beendigung aus den übrigen Gründen wie den Eintritt in den Ruhestand oder Fristablauf.

(4) Ergebnis

Als Ergebnis ist festzuhalten, dass standardisierte Rückübertragungsverpflichtungen für die bezogenen Aktien im Zusammenhang mit der Einräumung von Aktienoptionen als *synallagmatische* Vergütungsform generell unzulässig sind.[319]

bb) Kontrollmaßstab für Individualvereinbarungen

Eine andere Beurteilung könnte sich für individuell vereinbarte Rückverkaufsverpflichtungen ergeben, deren Zulässigkeit nur anhand der allgemeinen Vorschriften und Grundsätze zu messen ist. Für die vergleichbaren Verfallklauseln ist allerdings festgestellt worden, dass der Verfall der Optionen dann gegen das in § 622 Abs. 6 BGB enthaltene Verbot der einseitigen Kündigungserschwerung zu Lasten des Arbeitnehmers wie auch das arbeitsrechtliche Gebot zur Gleichbehandlung verstoßen würde, wenn dem Arbeitnehmer synallagmatische Vergütungsbestandteile entzogen werden, für die er seine Arbeitsleistung

---

318 So im Ergebnis auch *Pulz*, Personalbindung, S. 142.

319 Im Ergebnis ebenso, *Binder*, S. 242 ff. insbesondere S. 249 sowie *Scheuer*, S. 149.

bereits erbracht hat.[320] Da der Arbeitnehmer bei Bezug der Aktien seine Arbeitsleistung in qualitativer Hinsicht bereits erbracht hat, muss gleiches auch für solche individuell ausgehandelten Klauseln gelten, die den Arbeitnehmer zur Rückgewähr der bezogenen Aktien im Zusammenhang mit der Einräumung der Aktienoptionen als *synallagmatischer* Vergütungsform verpflichten. Sie sind daher unzulässig.

cc) Angemessenheitskontrolle vorformulierter Rückverkaufsverpflichtungen in *nicht synallagmatischen* Vergütungsvereinbarungen

Auch in diesem Themenkomplex taucht die Frage auf, welche Unterschiede sich für die Beurteilung vorformulierter Rückverkaufsverpflichtungen ergeben, wenn sie im Zusammenhang mit Aktienoptionen als *nicht synallagmatische* Vergütungsform vereinbart werden. Die Untersuchung der verwandten Verfallklauseln bzw. der Haltefristen in Kombination mit einer Vertragsstrafe hat ergeben, dass diese Vereinbarungen für die Dauer von höchstens sechs Jahren seit Optionsausgabe den Anforderungen der Angemessenheitskontrolle genügen. Es stellt sich somit wieder die Frage, inwieweit diese Ergebnisse auf die Angemessenheitskontrolle der Rückverkaufsverpflichtungen zu übertragen sind, deren kündigungsbeschränkende Wirkung über die der Warte- bzw. Haltefristen hinausgeht.

(1) Grundsätzliche Zulässigkeit einer Rückverkaufsverpflichtung

Mit der Gewährung der Aktienoptionen als zusätzliche *nicht synallagmatische* Leistung steht weniger die erfolgsorientierte Vergütung der Arbeitsleistung, sondern vielmehr die Bindung der Mitarbeiter im Vordergrund. Die Bindung des Arbeitnehmers ist für das Unternehmen in zweierlei Hinsicht von Bedeutung. Zum einen wird auf diese Weise der Personalfluktuation vorgebeugt und zum anderen eine starke Identifizierung mit dem Unternehmen erreicht, von der gleichzeitig eine starke Motivationswirkung im Hinblick auf die Arbeitsleistung ausgeht. Beide Aspekte sind legitime zulässige Zielsetzungen. Die Haltefristen für die bezogenen Aktien dienen ebenfalls diesen Zwecken und stellen die Bindungs- und Motivationswirkung über den Zeitpunkt der Optionsausübung hinaus sicher. Sie sind geeignet, den Arbeitnehmer von der Eigenkündigung abzuhalten und führen zum Entzug der Unternehmensanteile, sofern der Leistungsanreiz bei Ausscheiden aus dem Unternehmen ins Leere geht. Aus diesen

---
[320] Vergl. § 11 VII.

Gründen ist davon auszugehen, dass Rückverkaufsverpflichtungen grundsätzlich eine zulässige Vertragsgestaltung darstellen.[321] Unter Berücksichtigung der Kündigungsfreiheit des Arbeitnehmers und seines schutzwürdigen Vertrauens, die Leistung bei vertragsgemäßem Verhalten behalten zu dürfen, können sie wie die Verfallklauseln und die Haltefristen in Kombination mit einer Vertragsstrafe indes nicht grenzenlos zulässig sein. Da Rückkaufsverpflichtungen wie die Wartefristen primär auf die Bindung des Arbeitnehmers zielen und nicht wie die Haltefristen lediglich die Verfügungsbefugnis beschränken sollen, sind sie unter Berücksichtigung der Wertung in § 624 BGB und § 1b BetrAVG nur angemessen, wenn sie sich maximal auf einen Zeitraum von fünf Jahren erstrecken.[322] Im Ergebnis ist daher der überwiegenden Ansicht zuzustimmen, die ebenfalls von diesem zeitlichen Rahmen ausgeht.[323] Auf der anderen Seite kann die Haltefrist mit Rückgewährverpflichtung nicht unabhängig von der Wartefrist beurteilt werden, die ebenfalls der Bindung des Mitarbeiters dient und seine Kündigungsfreiheit einschränkt. Da der Fünfjahreszeitraum die zeitliche Obergrenze der Bindung bildet, dürfen Warte- und Haltefrist mit Rückkaufsverpflichtung in der Summe fünf Jahre nicht übersteigen. Nach Ablauf dieses Zeitraums ist die Rückübertragungsverpflichtung bei Ausscheiden aus dem Unternehmen als unangemessene Benachteiligung des Arbeitnehmers anzusehen.[324] Wegen der engen Verwandtschaft mit den Verfallklauseln ist zudem die Ansicht abzulehnen, die in diesem Zusammenhang die sechsjährige Sperrfristen des 5. VermBG als zeitliche Obergrenze heran ziehen möchte.[325]

(2) Bedeutung der Rückerstattung des Kaufpreises für die bezogenen Aktien

Für die Angemessenheit der Rückkaufsverpflichtungen spielt zudem die Erstattung des Basispreises für die bezogenen Aktien eine Rolle, weil die Bindungswirkung noch intensiver ist, wenn dem Arbeitnehmer ein finanzieller Verlust droht. Letzteres ist der Fall, wenn er bei Rückübertragung weniger erstattet bekommt, als er ursprünglich für den Erwerb aus seinem Vermögen aufgebracht hat. Die Höhe der Rückerstattung wirkt sich daher maßgeblich auf den Kündigungsentschluss des Arbeitnehmers aus und berührt das schutzwürdige Vertrauen des Arbeitnehmers darauf, die Leistung bei vertragsgemäßen Verhalten

321 A.A. *Scheuer*, nach dessen Ansicht es sich um erdientes Entgelt handelt, das nicht mehr entzogen werden darf. Als Konsequenz dieser Auffassung wären allerdings Rückzahlungsklauseln für Sonderzahlungen ebenfalls grundsätzlich unzulässig.

322 Vergl. dazu § 11 VIII 3 a, § 11 VIII 7 a dd, § 11 VIII 7 c.

323 Vergl. § 11 XI 2 a.

324 So im Ergebnis auch *Pulz*, Personalbindung, S. 144.

325 So *Jungen*, S. 155 f.

behalten zu dürfen. Damit von der Rückkaufsverpflichtung keine benachteiligende Wirkung ausgeht, muss daher mindestens der investierte Kaufpreis für den Bezug der Aktien erstattet werden.[326] Demzufolge sind solche Regelungen von vornherein unzulässig, welche die Rückübertragung der Aktien ohne finanziellen Ausgleich anordnen. Diese kämen einer Vertragstrafe bei Beendigung des Arbeitsverhältnisses gleich und wären als unzulässige Kündigungserschwerung i.S.v. § 622 Abs. 4 BGB anzusehen.[327]

Zu klären bleibt indes, ob Rückübertragungsvereinbarungen zulässig sind, die einen Rückkauf zum Bezugskurs oder zum aktuellen Börsenkurs vorsehen, wenn dieser unter dem Basispreis liegt.[328] Für die Zulässigkeit wird vorgebracht, dass die ausscheidenden Arbeitnehmer anderenfalls gegenüber den im Unternehmen verbleibenden Arbeitnehmern begünstigt würden. Zudem berge der Aktienbesitz stets ein Verlustrisiko in sich. Außerdem könnten die Arbeitnehmer den erstatteten Betrag sofort wieder in die gleiche Anzahl an Aktien investieren.[329]

Diese Sichtweise vermag allerdings nicht zu überzeugen. Die ausscheidenden Arbeitnehmer werden im Vergleich mit den im Unternehmen verbleibenden nicht bevorzugt, weil ihnen die Möglichkeit abgeschnitten wird, die nächste Kurserholung abzuwarten und von weiteren Kursanstiegen zu profitieren. Der erzwungene Verlust kann auch nicht durch den sofortigen Kauf der Unternehmensaktien ausgeglichen werden,[330] weil der Aktienkauf an der Börse mit Transaktionskosten verbunden ist, die den zu investierenden Betrag schmälern. Der Verlust der Aktien als aktiver Vermögensposten und der darin verkörperten Chancen auf Vermögenszuwächse sind im Übrigen Nachteil und damit Bindungsanreiz genug. Einer darüber hinausgehenden Sanktion in der Form, dass der Arbeitnehmer Teile seines investierten Kapitals verliert, ist zur Sicherstellung der Bindungswirkung nicht erforderlich. Der Verlust käme vielmehr einer Vertragsstrafe wegen der Beendigung des Arbeitsverhältnisses gleich,[331] die nach den Ergebnissen der bisherigen Feststellungen nicht zulässig ist. Im Fall der Eigenkündigung des Arbeitnehmers wäre ein solches Ergebnis zudem kaum mit dem Maßregelungsverbot des § 612a BGB vereinbar, weil die Ausübung des durch Art. 12 Abs. 1 GG geschützten Kündigungsrechts des Arbeitnehmers in den Schutzbereich dieser Vorschrift fällt und daher nicht zu einer Benachteiligung führen darf.[332] Muss der Arbeitnehmer also die bezogenen Aktien bei

---

[326] Vergl. § 11 XI 2 b.
[327] So zu Recht die Einschätzung von *Pulz*, Personalbindung, S. 142 f.
[328] So *Schanz*, NZA 2000, 626, 634; *Pulz*, Personalbindung, S. 144.
[329] *Pulz*, Personalbindung, S. 144.
[330] So aber *Pulz*, Personalbindung, S. 144.
[331] In diesem Sinne auch *Binder*, S. 136.

Beendigung des Arbeitsverhältnisses durch Eigenkündigung zurück übertragen, so ist ihm das investierte Kapital zu erstatten.

Andererseits ist diejenige Auffassung als zu weitgehend abzulehnen, die davon ausgeht, dass das Unternehmen dem Arbeitnehmer mindestens den investierten Betrag oder alternativ den aktuellen Börsenkurs erstatten müsse, wenn dieser darüber liege.[333] Von solchen Vertragsgestaltungen geht aber keine Bindungswirkung aus, weil der Arbeitnehmer das Arbeitsverhältnis ohne Nachteil beenden kann. Außerdem wird der aktienkursorientierten Vergütung mit der Befreiung vom Kursrisiko die damit bezweckte Motivationswirkung genommen.[334]

(3) Übertragbarkeit der Ergebnisse auf die sonstigen Beendigungsgründe

Bei den bisherigen Erörterungen stand der Kündigungsentschluss des Arbeitnehmers im Mittelpunkt, der durch die Rückübertragungsverpflichtung stark betroffen ist. Im Anschluss ist zu untersuchen, ob die bislang gefundenen Ergebnisse nur für den Fall der Eigenkündigung des Arbeitnehmers gelten oder auf die übrigen Beendigungsgründe zu übertragen sind. Zur Klärung bietet sich zunächst der Vergleich mit den Verfallklauseln für die Aktienoptionen an. Bei der Frage nach deren Zulässigkeit ist festgestellt worden, dass die zeitliche Höchstgrenze von fünf Jahren grundsätzlich für alle Beendigungsformen gilt.[335] Bei der arbeitgeberseitigen Kündigung ist zu Gunsten des Arbeitnehmers neben Vertrauensschutzgesichtspunkten vor allen Dingen die in § 1b BetrAVG zum Ausdruck kommende gesetzliche Wertung zu beachten, nach der freiwillige Arbeitgeberleistungen nach fünfjähriger Unternehmenszugehörigkeit unverfallbar werden.[336] Gleiches gilt für die übrigen Beendigungsgründe wie den Eintritt in den Ruhestand oder den Fristablauf.[337] Diese Wertungen sind bei der Beurteilung der Rückübertragungspflichten ebenfalls zu beachten, so dass die für die Eigenkündigung entwickelten Grundsätze aus Vertrauensschutzgesichtspunkten auf die übrigen Beendigungsgründe zu übertragen sind. Demzufolge ist die Vereinbarung von Rückübertragungspflichten für alle Arten der

332 Vergl. dazu bereits § 11 VIII 5 b.

333 *Jungen*, S. 155.

334 So auch *Binder*, S. 137 f.; *Pulz*, Personalbindung, S. 143.

335 Vergl. § 11 VIII 1, § 11 VIII 7 a dd, § 11 VIII 7 c. Im Ergebnis ebenso für die arbeitgeberseitige Kündigung und den Aufhebungsvertrag bzw. Fristablauf *Binder*, S. 197 ff, 203 f., 212 f.; *Pulz*, Personalbindung, S. 145 und allgemein zu den Aktienoptionsprogrammen S. 158.

336 Vergl. § 11 VIII 7 a dd (3), § 11 VIII 7 c bb.

337 Vergl. § 11 VIII 7 c.

Beendigung des Arbeitsverhältnisses zulässig, sofern dem Arbeitnehmer der investierte Betrag erstattet wird.

(4) Ausnahmefälle, insbesondere betriebsbedingte Kündigung

Ausnahmen müssen wiederum in den Fällen gelten, in denen der Arbeitnehmer sein Arbeitsverhältnis als Reaktion auf ein vertragswidriges Verhalten des Arbeitgebers nachvollziehbar kündigt.[338] Aus dem treuwidrigen Verhalten des Arbeitgebers dürfen dem Arbeitnehmer keinerlei Nachteile erwachsen. Dementsprechend darf sich die Rückübertragungsverpflichtung für die bezogenen Aktien nicht auf diesen Tatbestand beziehen.

Zu klären bleibt schließlich noch, ob die Rückgewährverpflichtung die Fälle der betriebsbedingten Beendigung des Arbeitsverhältnisses zulässig einbeziehen kann, weil dem Arbeitnehmer in dieser Situation die Leistung entzogen wird, obgleich er sich vertragstreu verhält und auf die Beendigung keinen Einfluss hat. Im Zusammenhang mit der Rückgewähr von Belegschaftsaktien wird vertreten, dass eine solche Verpflichtung mit Stichtagsklauseln bei Gratifikationen vergleichbar sei und daher ebenfalls vereinbart werden könne.[339] Die Gegenauffassung beruft sich demgegenüber auf die ältere Rechtsprechung des BAG zu den Ausschlussklauseln für die gemischten Sonderzahlungen[340] und geht davon aus, dass es unbillig sei, wenn der Arbeitnehmer schuldlos seinen Arbeitsplatz verliere und zudem zur Rückgewähr seiner Aktien verpflichtet werde.[341]

Der zuletzt genannten Auffassung ist im Ergebnis zuzustimmen. Dafür spricht, dass der Arbeitnehmer bereits mit Ausübung der Option und dem Bezug der Aktien die wesentlichen qualitativen Voraussetzungen für den Erhalt der Leistung erbracht hat. Anders als bei Sonderzahlungen geht es bei der Rückübertragung der bezogenen Aktien nicht um die Rückgewähr von Zahlungen, die sich als Personalaufwendungen in der Unternehmensbilanz niederschlagen. Der Vorteil dieser Vergütungsform besteht für das Unternehmen gerade darin, dass sie liquiditätsschonend ist.[342] Aus diesem Grund spielt die wirtschaftliche Risikoverteilung anders als bei den Rückzahlungsklauseln für Gratifikationen hier keine Rolle.[343] Dann bleibt aber nur zu berücksichtigen, dass der Arbeitnehmer

---

338 Vergl. § 11 VIII 5. Im Ergebnis ebenso *Pulz*, Personalbindung, S. 145.
339 *Pulz*, Personalbindung, S. 145. Im Ergebnis ebenso *Binder*, S. 191 ff., 197.
340 Vergl. dazu § 9 X 2 b.
341 *Jungen*, S. 152.
342 Zu diesem Vorteil bereits § 1 I.
343 Vergl. dazu § 9 X 2 b cc).

mit dem Ablauf der Wartefrist bereits einen Teil der notwendigen Voraussetzungen in zeitlicher Hinsicht erbracht hat und nur durch die Kündigung des Arbeitgebers daran gehindert wird, sich weiterhin betriebs- bzw. vertragstreu zu verhalten. Unter Berücksichtigung des schützenswerten Vertrauens des Arbeitnehmers erscheint es unangemessen, ihn in dieser Situation noch zusätzlich mit der Rückgewähr der bezogenen Aktien zu belasten. Daher sind vorformulierte Rückgewährklauseln, die sich auf die Beendigung des Arbeitsverhältnisses bei betriebsbedingten Kündigungen beziehen, als unzulässig anzusehen.

(5) Ergebnis

Als Ergebnis der Angemessenheitskontrolle der Rückverkaufsverpflichtungen im Zusammenhang mit Aktienoptionen als *nicht synallagmatische* Vergütungsform nach § 307 Abs. 1, Abs. 2 BGB ist daher folgendes festzuhalten: Klauseln, welche die Rückübertragung der bezogenen Aktien bei Beendigung des Arbeitsverhältnisses vor Ablauf einer Haltefrist anordnen, sind grundsätzlich zulässig, sofern sie sich auf einen Zeitraum von längstens fünf Jahren nach Optionsausgabe beziehen. Die Haltefrist darf in der Summe mit der Wartefrist diese zeitliche Obergrenze nicht übersteigen. Ausgeschlossen sind die Rückübertragungspflichten für die Beendigung des Arbeitsverhältnisses durch den Arbeitnehmer als berechtigte Reaktion auf ein schuldhaft vertragwidriges Verhalten des Arbeitgebers sowie für die Fälle der betriebsbedingten Kündigungen. Bei Rückgewähr der bezogenen Aktien ist dem Arbeitnehmer der investierte Betrag in Höhe des Basispreises zurückzuerstatten. Sollte sich eine Rückverkaufsklausel in einem Aktienoptionsprogramm aus einem der genannten Gründe als unwirksam erweisen, so ist sie durch ergänzende Vertragsauslegung auf das rechtlich zulässige Maß anzupassen.[344] Darüber hinaus ist die Regelung in § 305 c Abs. 2 BGB zu beachten. Sofern nicht eindeutig formuliert ist, auf welche Beendigungsgründe sich eine Klausel bezieht, gehen Zweifel bei der Auslegung zu Lasten des Arbeitgebers als Verwender.

dd) Inhaltskontrolle individuell vereinbarter Rückverkaufsverpflichtungen

Eine andere Beurteilung könnte sich wiederum für individuell vereinbarte Rückverkaufsverpflichtungen ergeben, deren Zulässigkeit nur anhand der allgemeinen Vorschriften zu messen ist.

[344] Dazu § 11 VIII 8.

Bei den Verfallklauseln für die Aktienoptionen ist danach differenziert worden, ob es sich um die Beendigung infolge einer Eigenkündigung oder aus anderen Gründen handelt. Während die Verfallsdauer bei Eigenkündigung wegen der nachteiligen Wirkung auf die durch Art. 12 Abs. 1 GG geschützte Kündigungsfreiheit maximal fünf Jahre betragen darf,[345] gibt es bei den anderen Beendigungsgründen keine durchgreifenden Bedenken, einen längeren Verfallszeitraum für zulässig zu erachten.[346] Gleiches gilt grundsätzlich für die Haltefristen in Kombination mit einer Rückverkaufsverpflichtung für die bezogenen Aktien. In diesem Zusammenhang ist aber zu berücksichtigen, dass der Arbeitnehmer mit dem Bezug der Aktien die wesentlichen Voraussetzungen für den Erhalt der Leistung erfüllt hat. Aus diesem Grund ist sein Vertrauen darauf, die Leistung behalten zu dürfen im Vergleich mit dem Verfall der Aktienoptionen als schutzwürdiger anzusehen. Vor diesem Hintergrund erscheint eine Rückübertragungsverpflichtung für die bezogenen Aktien, die sich über einen Zeitraum von mehr als fünf Jahren erstreckt, als einseitig belastende und mit Blick auf § 162 Abs. 2 BGB treuwidrige Regelung. Es sind indes keine Gründe ersichtlich, die gegen die Vereinbarung des aktuellen Börsenkurses als Rücknahmekurs sprechen. Eine Ausnahme muss mit Blick auf § 612a BGB wiederum für die Fälle der vom Arbeitgeber verursachten Eigenkündigung gelten. Zulässig sind also Regelungen, welche die Rückgewähr der bezogenen Aktien bei Beendigung innerhalb von fünf Jahren nach Optionsausgabe zum aktuellen Börsenkurs vorsehen und die vom Arbeitgeber schuldhaft veranlasste Eigenkündigung nicht einbeziehen.

3. Zusammenfassung der Ergebnisse

Abschließend sind daher folgende Ergebnisse festzuhalten:

Sofern Aktienoptionen als zusätzliche Vergütung *außerhalb des Gegenseitigkeitsverhältnisses* eingeräumt werden, können in dem Aktienoptionsprogramm oder in den Vergütungsvereinbarungen für die bezogenen Aktien einheitlich Haltefristen vereinbart werden, die in der Summe mit den Wartefristen den Zeitraum von sechs Jahren nicht übersteigen dürfen. Längere unwirksame Haltefristen können im Wege der ergänzenden Vertragsauslegung im Rahmen des rechtlich Zulässigen aufrecht erhalten werden. Ein Verstoß gegen die Haltefrist ist als arbeitsvertragliche Nebenpflichtverletzung einzuordnen und kann im Einzelfall mit arbeitsrechtlichen Sanktionen belegt werden. Daneben sind

[345] Vergl. § 11 VIII 4.
[346] Vergl. § 11 VIII 4.

finanzielle Sanktionen zulässig, die eine teilweise Abschöpfung des Gewinns anordnen.

Werden die Klauseln *individuell* ausgehandelt, so können Haltefristen bis zum Ende der Programmlaufzeit vereinbart werden, die in der Summe mit den Wartefristen einen Zeitraum von mehr als zehn Jahren nicht übersteigen dürfen.

Sind die Aktienoptionen demgegenüber als *synallagmatische* Vergütungsform eingeräumt worden, so ist lediglich die Vereinbarung von Haltefristen ohne Sanktionsandrohung zulässig, die in der Summe mit der Wartezeit den Zeitraum der Vergütungsperiode nicht übersteigen dürfen. Es sind allerdings individuelle Vereinbarungen denkbar, die eine längere Haltefrist und bei vorzeitiger Veräußerung der bezogenen Aktien eine teilweise Gewinnabschöpfung vorsehen.

Zur Verstärkung der Bindungswirkung können die Haltefristen mit der Verpflichtung zur Rückgewähr der bezogenen Aktien bei Beendigung des Arbeitsverhältnisses kombiniert werden, sofern die Aktienoptionen als freiwillige *nicht synallagmatische* Zusatzleistung eingeräumt wurden. Die Haltefristen sind auf einen Zeitraum von fünf Jahren seit Optionsausgabe beschränkt. Bei Rückgewähr ist den Arbeitnehmern der investierte Betrag zurück zu erstatten. Daneben sind Individualvereinbarungen zulässig, welche die Rücknahme zum Börsenkurs am Beendigungstag vorsehen. Die Rückforderung der bezogenen Aktien ist indes ausgeschlossen, sofern die Beendigung auf einer betriebsbedingten Kündigung oder auf einem schuldhaft vertragswidrigen Verhalten des Arbeitgebers beruht. Gleiches gilt, wenn die Aktienoptionen als *synallagmatische* Vergütungsform eingeräumt wurden.

§ 12 Freiwilligkeits- und Widerrufsvorbehalte

I. Ausgangsfragestellungen

Zunächst stellt sich die Frage, ob Freiwilligkeits- oder Widerrufsvorbehalte im Zusammenhang mit Aktienoptionsprogrammen überhaupt sinnvoll eingesetzt werden können.

Sofern die Aktienoptionen als zusätzliche freiwillige Leistung des Unternehmens eingeräumt werden, besteht die Möglichkeit, dass die Arbeitnehmer bei mehrfacher Auflegung eines Aktienoptionsprogramms einen Anspruch auf Einräumung der Aktienoptionen erlangen. Daher wird empfohlen, in die Programmbedingungen einen Freiwilligkeitsvorbehalt aufzunehmen, aus dem hervor geht, dass es sich um eine Leistung handelt, aus der für die Zukunft keinerlei Rechtsansprüche abgeleitet werden können.[1]

Die beiden Instrumente können für die Unternehmen darüber hinaus in anderen Zusammenhängen interessant sein. Mit der Auflegung des Programms erlangen die Mitarbeiter einen Anspruch auf die Einräumung der Aktienoptionen zu den im Programm vorgesehenen Ausgabezeitpunkten, sofern sie die Teilnahmevoraussetzungen erfüllen. Kommt es während der Programmlaufzeit zu einer Änderung der wirtschaftlichen Eckdaten, so kann es erforderlich werden, die Erfolgsziele wegen der Kursentwicklung nach oben oder unten zu korrigieren, damit die mit dem Programm intendierte Zielsetzung noch erreicht werden kann. In dieser Situation ist es für das Unternehmen von Vorteil, wenn es einseitig und ohne Mitwirkung der Mitarbeiter eine Anpassung der Konditionen des Programms vornehmen kann. Ähnlicher Handlungsbedarf kann sich im Zusammenhang mit geplanten Unternehmensumstrukturierungen ergeben. Soll ein Unternehmensteil veräußert werden, entfällt zum einen der mit dem Programm verfolgte Zweck, weil die für den Betriebserwerber tätigen Mitarbeiter nicht mehr aktiv zur Kurssteigerung des ausgebenden Unternehmens

[1] Dazu bereits in § 6 III 1.

beitragen können. Zum anderen ist es dem Erwerber nur unter Schwierigkeiten und mit enormen finanziellem Aufwand möglich, die Pflichten aus dem laufenden Programm zu erfüllen.[2] In diesen Fallgestaltungen könnte es sinnvoll sein, für die noch nicht ausgegebenen Aktienoptionen einen Freiwilligkeits- oder Widerrufsvorbehalt zu vereinbaren, um auf diese Weise die Entstehung der Ansprüche auf die noch ausstehenden Tranchen auszuschließen bzw. wieder zu entziehen.[3]

Darüber hinaus ist zu untersuchen, ob sich das Unternehmen durch die Aufnahme eines Widerrufsvorbehalts in die Verträge die Möglichkeit vorbehalten kann, diese Vergütungsform etwa aus unternehmenspolitischen Gründen trotz vertraglicher Zusage später einseitig einzustellen. Um dies beurteilen zu können, sind zunächst Rechtsnatur und Unterschiede der beiden Vorbehalte aufzuzeigen.

II. Rechtsnatur der Vorbehalte

Durch die Aufnahme eines Freiwilligkeitsvorbehalts wird unterbunden, dass für die Zukunft sowie den laufenden Bezugszeitraum ein vertraglicher Anspruch auf die Leistung entsteht.[4] Der Arbeitgeber behält sich auf diese Weise vor, in jedem Jahr neu zu entscheiden, ob, in welcher Höhe und unter welchen Voraussetzungen er die Leistung erbringen will. Nach Ansicht des BAG verhindert diese Klausel die Entstehung eines Vertrauenstatbestands, da die Arbeitnehmer stets damit rechnen müssten, dass der Arbeitgeber die Leistung einstelle oder von neuen Bedingungen abhängig mache. Ein Anspruch auf die Zahlung werde regelmäßig erst durch die vorbehaltslose Zusage, die tatsächliche Zahlung oder aufgrund des Gleichbehandlungsgrundsatzes begründet.[5]

Vom Freiwilligkeitsvorbehalt ist der Widerrufsvorbehalt zu unterscheiden. Während durch den Freiwilligkeitsvorbehalt schon die Anspruchsentstehung

---

2 Zu diesem Problemkreis in § 13.

3 Auf diese Möglichkeit weisen *Willemsen/Müller-Bonanni*, ZIP 2003, 1177, 1184, hin.

4 Vergl. *BAG* v. 26.3.1997, AP Nr. 50 zu § 242 BGB Betriebliche Übung unter II 4; v. 5.6.1996, AP Nr. 193 zu § 611 BGB unter II 3; v. 11.4.2000, AP Nr. 227 zu § 611 BGB Gratifikation unter I 1 b; *Krauß*, S. 234 f.; *MünchArbR/Richardi*, § 13 Rn. 23; *Preis*, Der Arbeitsvertrag, II V 70 Rn. 90; *Richardt*, S. 101 f. m.w.N.

5 *BAG* v. 6.12.1995, AP Nr. 187 zu § 611 BGB unter II 1, 2 a; v. 5.6.1996, AP Nr. 193 zu § 611 Gratifikation unter II 1, 3; v. 12.1.2000, AP Nr. 223 zu § 611 BGB Gratifikation unter II 1; v. 11.4.2000, AP Nr. 227 zu § 611 BGB Gratifikation unter I 1 b. Zustimmend die Literatur: *ErfK/Preis*, §§ 305-310 BGB Rn. 68 f.; *Kania*, DB 1998, 2418; *Krauß*, S. 234 f.; *MünchArbR/Hanau*, § 62 Rn. 94; *MünchArbR/Richardi*, § 14 Rn. 79; *Preis*, Der Arbeitsvertrag, II V 70 Rn. 111; *Richardt*, S. 101 ff.

verhindert wird, gewährt der Widerrufsvorbehalt dem Arbeitgeber das Recht zum Widerruf eines bestehenden Rechtsanspruchs.[6] Die Ausübung des Widerrufsrechts ist ein einseitiger Gestaltungsakt des Arbeitgebers, der im Einzelfall nach billigem Ermessen i.S.v. § 315 BGB zu erfolgen hat.[7] Beide Instrumente ermöglichen dem Arbeitgeber, Arbeitsbedingungen einseitig abzuändern oder einzustellen und damit zu flexibilisieren.[8]

III. Zulässigkeit von Freiwilligkeitsvorbehalten für Aktienoptionen als *synallagmatische* Vergütung

Zunächst wird untersucht, ob ein Freiwilligkeitsvorbehalt in einem Aktienoptionsprogramm zulässiger Weise vereinbart werden kann, wenn die Einräumung der Aktienoptionen unmittelbar im Austauschverhältnis mit der Arbeitsleistung steht.

1. Allgemeine Grundsätze zur Zulässigkeit der Freiwilligkeitsvorbehalte für *synallagmatische* Leistungen

In der Literatur wird darauf hingewiesen, dass der Vorbehalt in einem Spannungsverhältnis zum Grundsatz der Vertragstreue („pacta sunt servanda") stehe, weil der Arbeitgeber im Vertrag klarstelle, dass er eine im Hinblick auf das Arbeitsverhältnis eingeräumte Leistung nicht als vertragliche erbringen, sondern der strikten synallagmatischen Verknüpfung entziehen wolle.[9] Deshalb

---

6 *MünchArbR/Hanau*, § 62 Fn. 106; *Preis*, Der Arbeitsvertrag, II V 70 Rn. 3, 5.

7 *BAG* v. 12.12.1984, AP Nr. 6 zu § 2 KSchG 1969 unter II 3 d cc; v. 13.5.1987, AP Nr. 4 zu § 305 BGB Billigkeitskontrolle unter II 2, 4; v. 28.5.1997, AP Nr. 36 zu § 611 BGB Arzt-Krankenhaus-Vertrag unter A II 1.

8 Z.B. *LAG Hamm* v. 5.6.1998, NZA-RR 1999, 315, 318, wonach Freiwilligkeits- und Widerrufsvorbehalt zu unterscheiden sind, weil die Anforderungen an die Ausübung der Vorbehalte bzw. an die Entscheidung des Arbeitgebers unterschiedlich sind.

9 *Kania*, DB 1998, 2418, 2419; *Lindemann*, Arbeitsbedingungen, S. 324 f.; *MünchArbR/Hanau*, § 62 Rn. 94; *MünchArbR/Richardi*, § 14 Rn. 79; *Preis*, Vertragsgestaltung, S. 415, *ders.*, Der Arbeitsvertrag, II V 70 Rn. 98.

wird überwiegend angenommen, dass eine im Gegenseitigkeitsverhältnis stehende Entgeltleistung nicht unter einem Freiwilligkeitsvorbehalt gewährt werden könne.[10] Dies widerspreche nicht nur dem Wesen des Arbeitsvertrages, aufgrund dessen sich der Arbeitnehmer zur Arbeitsleistung und der Arbeitgeber zur Entgeltzahlung verpflichte,[11] sondern auch der im Abschluss eines Arbeitsvertrages liegenden rechtsgeschäftlichen Bindung.[12]

Diese Sichtweise stimmt mit den Ergebnissen der Rechtsprechung im Zusammenhang mit dem Widerruf über- bzw. außertariflicher Leistungszulagen überein. Danach können Bestandteile der laufenden Vergütung nur nach billigem Ermessen widerrufen werden, weil mit der besonderen Schutzbedürftigkeit des Arbeitnehmers Regelungen unvereinbar seien, die dem Arbeitgeber entgegen § 315 BGB das Recht zum einseitigen Widerruf nach freiem Ermessen einräumten und ihm damit ermöglichten, das Gleichgewicht von Leistung und Gegenleistung unkontrolliert zu verändern.[13] In den entschiedenen Fällen ging es zum einen um den Widerruf einer außertariflichen Leistungszulage wegen einer schlechteren Leistungsbeurteilung[14] und zum anderen um den Entzug einer Zusatzfunktion, die gleichzeitig zum Wegfall einer außertariflichen Zulage führte.[15] Wenn aber Vergütungsbestandteile, die mit einer Verminderung des Umfangs oder der Qualität der Arbeitsleistung einhergehen, nur nach billigem Ermessen widerrufen werden können, so muss dies erst Recht gelten, wenn es um die Verringerung der Gegenleistung bei gleichbleibender Quantität und Qualität der Arbeitsleistung geht. Für die Wertung macht es dabei keinen Unterschied, dass durch die Ausübung des Widerrufsrechts ein bestehender Anspruch beendet wird, während sich der Arbeitgeber bei Vereinbarung eines

10 So wohl *Hromadka*, RdA 1992, S. 234, 241, nach dessen Ansicht das laufende Entgelt, zu dem auch das 13. Monatsgehalt gehört, nicht in das freie Ermessen des Arbeitgebers gestellt werden dürfe. Im Ergebnis ebenso *Kania*, DB 1998, 2418, 2419; *Krauß*, S. 235 i.V.m. S. 104 f., der im Gegenseitigkeitsverhältnis stehende Leistungen wie arbeitsleistungsbezogene Sonderzahlungen als Hauptleistungen einordnet, die nicht nach freiem Belieben oder Ermessen des Arbeitgebers widerrufen und damit auch nicht unter einen Freiwilligkeitsvorbehalt gestellt werden dürften; *Lembke*, BB 2001, 1469, 1470 im Hinblick auf arbeitsleistungsbezogene Sonderzahlungen; *MünchArbR/Richardi*, § 14 Rn. 79; *ErfK/Preis*, §§ 305-310 BGB Rn. 71; *ders.*, Der Arbeitsvertrag, II V 70 Rn. 101, 103. **A.A.** wohl *Richardt*, S. 138 ff., 144 f., 154; *MünchArbR/Hanau*, § 62 Rn. 101, 110, nach denen Freiwilligkeitsvorbehalte für Leistungen außerhalb des Kernbereichs vereinbart werden können, wobei sich die Bestimmung des Kernbereichs allein nach der Höhe der Leistung richtet.

11 *Preis*, Der Arbeitsvertrag, II V 70 Rn. 101.

12 So *MünchArbR/Richardi*, § 14 Rn. 79.

13 *BAG* v. 13.5.1987, AP Nr. 4 zu § 305 BGB Billigkeitskontrolle unter II 2 unter Bezugnahme auf *Bötticher*, Anm. zu BAG v. 9.6.1967, AP Nr. 5 zu § 611 BGB Lohnzuschläge.

14 *BAG* v. 13.5.1987, AP Nr. 4 zu § 305 BGB Billigkeitskontrolle unter II 4.

15 *BAG* v. 15.11.1995, AP Nr. 20 zu § 1 TVG Tarifverträge: Lufthansa unter II 4 a.

Freiwilligkeitsvorbehalts die Entscheidung über die Begründung des Anspruchs vorbehält. Entscheidend ist vielmehr, dass der Arbeitgeber die geschuldete Arbeitsleistung nur unter Berücksichtigung billigen Ermessens geringer vergüten darf und bei seiner Entscheidung die Interessen der Arbeitnehmer zwingend mit einzubeziehen hat.

Bei Ausübung des Freiwilligkeitsvorbehalts ist der Arbeitgeber nicht an die Grundsätze des billigen Ermessens gebunden.[16] Der Vorbehalt räumt dem Arbeitgeber vielmehr das Recht ein, allein unter Berücksichtigung seiner eigenen Interessen über die Entstehung des Anspruchs zu entscheiden. Auf diese Weise könnte er sich die Möglichkeit vorbehalten, die Vergütung i.S.v. § 612 Abs. 1, 2. Alt. BGB einseitig zu reduzieren. Unter Berücksichtigung der dargestellten Grundsätze der Rechtsprechung muss man zu dem Ergebnis kommen, dass es generell unzulässig ist, im Synallagma stehende Vergütungsbestandteile unter einem Freiwilligkeitsvorbehalt zu gewähren.[17]

Für dieses Ergebnis sprechen zudem die von der Literatur angeführten systematischen Erwägungen. Es widerspricht der finalen Verknüpfung von Arbeitsleistung und Vergütung und damit dem Wesen des Arbeitsvertrags als gegenseitigem Vertrag, wenn der Arbeitgeber im Einzelfall oder erst nach Leistungserbringung die Entscheidung darüber trifft, in welcher Höhe die Arbeitsleistung vergütet wird. Kennzeichnend für einen solchen Vertrag ist, dass die Leistung um der Gegenleistung willen erfolgt.[18] Die synallagmatische Verknüpfung setzt daher voraus, dass beide Leistungen von vornherein geschuldet sind und ihre wechselseitige Abhängigkeit von Anfang an zum Vertragsinhalt gehört.[19] Diese allgemeinen systematischen Grundsätze gelten für vorformulierte Arbeitsbedingungen wie auch Individualvereinbarungen.[20] Für *synallagmatische* Vergütungsbestandteile kann also kein Freiwilligkeitsvorbehalt vereinbart werden.[21]

[16] Dazu noch zugleich unter § 12 V 2.

[17] Im Ergebnis ebenso *ErfK/Preis*, §§ 305-310 BGB Rn. 71, unter Hinweis auf die restriktive Rechtsprechung des BAG zu den Widerrufsvorbehalten.

[18] *MünchKomm/Emmerich*, Vor § 320, Rn. 5; *Staudinger/Otto*, Vorbem. zu §§ 320-326, Rn. 1, 3 und zu den umstrittenen Konsequenzen der wechselseitigen Abhängigkeit Rn. 10 ff.

[19] *MünchKomm/Emmerich*, Vor § 320, Rn. 10.

[20] Unklar insoweit *ErfK/Preis*, §§ 305-310 BGB Rn. 71, der die Grundsätze der Rechtsprechung zu den Freiwilligkeitsvorbehalten nur im Zusammenhang mit der Inhaltskontrolle vorformulierter Vertragsbedingungen erwähnt.

[21] Im Ergebnis ebenso *Preis/Lindemann*, NZA 2006, 632, 634.

2. Übertragung der Grundsätze auf Aktienoptionen als *synallagmatische* Vergütung

Gleiches gilt somit auch für Aktienoptionen, die als variabler Vergütungsbestandteil oder als Ausgleich für ein niedriges Grundgehalt eingeräumt werden.[22]

In diesen Fällen kann sich das Unternehmen nicht die Entscheidung darüber vorbehalten, ob es dem Arbeitnehmer diese Leistung im Einzelfall gewährt oder nicht. Die Vereinbarung eines Freiwilligkeitsvorbehalts scheidet also als vertragliches Gestaltungsinstrument aus, wenn sich das Unternehmen die Möglichkeit vorbehalten will, ein laufendes Programm mit nicht mehr marktgerechten Konditionen einzustellen oder von dieser Vergütungsform generell Abstand zu nehmen. Dies gilt aus den o.g. systematischen Gründen sowohl für Aktienoptionen auf der Grundlage standardisierter wie auch individueller Vergütungsvereinbarungen.

IV. Zulässigkeit von Freiwilligkeitsvorbehalten für Aktienoptionen als *nicht synallagmatische* Vergütung

Demgegenüber ist die Vereinbarung eines Freiwilligkeitsvorbehalts für gemischte Sonderzahlungen und sonstige Leistungen des Arbeitgebers außerhalb des Gegenseitigkeitsverhältnisses nach allgemeiner Ansicht wegen des Grundsatzes der Vertragsfreiheit zulässig.[23] Während die Rechtsprechung dies bislang lediglich für gemischte Sonderzahlungen entschieden hat,[24] geht man in der Litera-

---

[22] So im Ergebnis auch *Lembke*, BB 2001, 1469, 1475. Ähnlich *Busch* BB 2000, 1294 f., nach dessen Ansicht Freiwilligkeitsvorbehalte nicht in den Kernbereich eingreifen dürfen, was aber bei einem Wegfall von bis zu 30 % der Vergütung nicht der Fall sei. Ob dies auch für synallagmatische Vergütungsanteile bei gleichbleibender Arbeitsleistung gilt, bleibt offen.

[23] *Krauß*, S. 234 f.; *MünchArbR/Hanau*, § 62 Rn. 93; *MünchArbR/Richardi*, § 14 Rn. 79; so ausdrücklich insbesondere *Preis*, Der Arbeitsvertrag, II V 70 Rn. 104, 110; *Richardt*, S. 104, 134 ff.

[24] Vergl. nur *BAG* v. 4.10.1956, AP Nr. 4 zu § 611 BGB Gratifikation unter 1; v. 6.12.1995, AP Nr. 187 zu § 611 BGB Gratifikation unter II 1; v. 28.2.1996, AP Nr. 192 zu § 611 BGB Gratifikation unter II 3; v. 5.6.1996, AP Nr. 193 zu § 611 BGB Gratifikation unter II 1, 3 v. 12.1.2000, AP Nr. 223 zu § 611 BGB Gratifikation unter II 1 a; ebenso die Analyse von *Kania*, DB 1998, 2418, 2419.

tur davon aus, dass eine solche Regelung auch für alle anderen *nicht synallagmatischen* Vergütungsarten getroffen werden kann.[25] Gleiches muss daher für Aktienoptionen als freiwillige Zusatzleistung gelten.

1. Allgemeine Anforderungen

Der Freiwilligkeitsvorbehalt muss eindeutig und unmissverständlich vereinbart werden. Diesen Anforderungen genügt etwa eine Klausel, wonach die Leistung freiwillig und ohne Anerkennung einer Rechtspflicht gewährt wird.[26] Es reicht hingegen nicht aus, die Zuwendungen lediglich als freiwillige Sozialleistungen im Arbeitsvertrag aufzulisten.[27] Nach der Schuldrechtsreform ergeben sich diese Anforderungen für vorformulierte Vorbehalte mit Blick auf das in § 307 Abs. 1 S. 2 normierte Transparenzgebot sowie § 305 c Abs. 2 BGB, wonach Unklarheiten zu Lasten des Arbeitgebers gehen. Bei unklar formulierten Vorbehalten wird entweder von einer vorbehaltslosen Zahlung oder im Zweifel eher von einem für den Arbeitnehmer günstigeren Widerrufsvorbehalt auszugehen sein. Letzterer führt dazu, dass der Arbeitnehmer zunächst einen Anspruch erwirbt, und die Ausübung des Widerrufsrechts an billiges Ermessen gebunden ist.[28]

Die Einstellung einer unter Freiwilligkeitsvorbehalt gewährten Leistung soll nach der bislang überwiegenden Auffassung von keinen weiteren Voraussetzungen abhängig sein und nicht der richterlichen Billigkeitskontrolle nach § 315 BGB unterliegen. Der Arbeitgeber hat bei seiner Entscheidung lediglich den allgemeinen arbeitsrechtlichen Gleichbehandlungsgrundsatz sowie die allgemeinen Vorschriften in den §§ 612 a, 611a BGB zu beachten.[29] Darüber hinaus

[25] *Krauß*, S. 234 f.,112 ff., wonach ein Freiwilligkeitsvorbehalt für alle sog. Neben- oder Sozialleistungen vereinbart werden kann. Allgemein auch *Lindemann*, Arbeitsbedingungen, S. 338, nach der gegen Freiwilligkeitsvorbehalte im Hinblick auf die Angemessenheit nach § 307 Abs. 1 BGB keine Bedenken bestehen; *MünchArbR/Hanau*, § 62 Rn. 93; *MünchArbR/Richardi*, § 14 Rn. 79 sowie *Preis*, Der Arbeitsvertrag, II V 70 Rn. 104, 110, wonach Leistungen, die der Arbeitgeber nicht für die Arbeitsleistung an sich zahlt, unter Freiwilligkeitsvorbehalt gestellt werden können; *Richardt*, S. 104, 134 ff., für Leistungen aus der Nebengruppe.

[26] *BAG* v. 28.2.1996, AP Nr. 192 zu § 611 BGB Gratifikation unter II 3; v. 11.4.2000; AP Nr. 227 zu § 611 BGB Gratifikation unter I 1 c bb; v. 28.4.2004, AP Nr. 174 zu § 4 TVG Ausschlussfristen unter II 1; *LAG Hamm* v. 5.6.1998, AP Nr. 11 zu § 1 TVG unter dem Gesichtspunkt des Bestimmtheitsgebot. So auch *Kania*, DB 1998, 2418, 2419; *Krauß*, S. 234 f.; *MünchArbR/Hanau*, § 62 Rn. 94; *Preis*, Vertragsgestaltung, S. 415 f.; *ders.*, Der Arbeitsvertrag, II V 70 Rn. 106.

[27] *BAG* v. 23.10.2002, AP Nr. 243 zu § 611 BGB Gratifikationen unter II 2 a m.w.N. zu der Vereinbarung eines Widerrufsvorbehalts.

[28] In diesem Sinne zur alten Rechtslage bereits *Krauß*, S. 234 f. und *Richardt*, S. 155 f.

wird teilweise die Ansicht vertreten, dass die Einstellung oder Kürzung einer unter Freiwilligkeitsvorbehalt gewährten Sonderzahlung zumindest bei vorformulierten Vertragsbedingungen nicht völlig unkontrolliert und ohne jeden sachlichen Grund, sondern nur aus willkürfreien nachvollziehbaren Gründen erfolgen können soll.[30] Nach der Änderung der Bereichsausnahme durch das Schuldrechtsmodernisierungsgesetz spricht die nunmehr notwendige Abgrenzung der allgemeinen Inhalts- zur Angemessenheitskontrolle nach § 307 BGB für diese Sichtweise. Allerdings sind kaum praktische Fallgestaltungen denkbar, in denen die Entscheidung des Arbeitgebers zur Einstellung der Leistung offensichtlich grundlos erfolgt und nicht gleichzeitig gegen die allgemeinen Vorschriften verstößt. Im Ergebnis ist somit festzuhalten, dass die Berufung auf den Freiwilligkeitsvorbehalt grundsätzlich nicht willkürlich oder diskriminierend erscheinen darf und daher aus nachvollziehbaren Gründen erfolgen muss.[31]

2. Übertragung der Grundsätze auf die Gewährung von Aktienoptionen und Formulierungsvorschläge

Unter Berücksichtigung dieser Grundsätze kann für die Aktienoptionen als freiwillige zusätzliche Leistung ein Freiwilligkeitsvorbehalt bedenkenlos vereinbart werden. Dadurch wird nicht nur die Entstehung einer betrieblichen Übung verhindert, sondern auch erreicht, dass bei mehrfacher Zuteilung in verschiedenen Tranchen die Ansprüche auf die Einräumung der Optionen für jede Tranche jeweils einzelnen begründet werden. Eine entsprechende Formulierung kann etwa lauten:

> Die Aktienoptionen werden in mehreren Tranchen jeweils am 2.1. in den nächsten drei Jahren ausgegeben. Die Ausgabe der Aktienoptionen in den einzelnen Tranchen stellt jeweils eine freiwillige Leistung des Unternehmens dar, durch die für die Zukunft und im Hinblick auf die noch auszugebenden Tranchen kein Anspruch begründet wird.

Auf diese Weise kann sich das Unternehmen die Einstellung des Programms bei negativer Kursentwicklung vorbehalten. Die Einstellung der Leistung wäre

[29] BAG v. 12.1.2000, AP Nr. 223 unter II 1 b; *Krauß*, S. 233 f., so im Ergebnis auch *MünchArbR/Hanau*, § 62 Rn. 103. Vergl. dazu im Übrigen I 3 f.

[30] *Kittner/Däubler/Zwanziger-Kittner*, § 2 KSch Rn. 89 b f.; *Preis*, Vertragsgestaltung, S. 414 ff., ders. *Preis*, Der Arbeitsvertrag, II V 70 Rn. 106.

[31] Im Ergebnis ebenso *Preis/Lindemann*, NZA 2006, 632, 637.

in diesem Fall begründet und vom Leistungszweck gedeckt, weil von den Aktienoptionen wegen der unerreichbaren Erfolgsziele keine motivierende Wirkung zur Steigerung des Unternehmenswerts mehr ausgeht. Ähnlicher Handlungsbedarf kann sich ergeben, wenn es zu einem ungeahnten Kursanstieg gekommen ist, und die Erfolgsziele infolgedessen viel zu niedrig angesetzt sind. In dieser Konstellation kann die mit den Aktienoptionen verfolgte Motivations- und vor allem Bindungswirkung nicht wie geplant realisiert werden. Daher kann es in diesen Situationen für das Unternehmen sinnvoll sein, das laufende Optionsprogramm einzustellen und ein neues Programm mit angepassten Bedingungen aufzulegen. Das Unternehmen behält sich darüber hinaus vor, von dieser Vergütungsform generell Abschied zu nehmen und verpflichtet sich zudem nicht zur Auflegung weiterer Programme.

Allgemein müssen für vorformulierte Freiwilligkeitsvorbehalte das Transparenzgebot in § 307 Abs. 1 S. 2 BGB sowie die Unklarheitenregelung in 305 c Abs. 2 BGB beachtet werden, weil der Vorbehalt sonst unwirksam ist. Die Klausel muss deutlich zum Ausdruck bringen, dass die Einräumung der Aktienoptionen eine freiwillige zusätzliche Leistung des Unternehmens darstellt, auf die in Zukunft auch bei mehrmaliger Einräumung der Bezugsrechte kein Rechtsanspruch besteht. Eine entsprechende Formulierung findet sich etwa im Aktienoptionsprogramm der Vossloh AG.[32]

V. Zulässigkeit von Widerrufsvorbehalten für Aktienoptionen als *synallagmatische* Vergütung

Im Weiteren ist der Frage nachzugehen, ob sich das Unternehmen bei Gewährung von Aktienoptionen als *synallagmatische* Vergütungsform den Widerruf dieser Leistung vorbehalten und damit den Anspruch der Arbeitnehmer auf diese Vergütungsleistung einseitig beenden kann. Die Bedeutung des Widerrufsvorbehalts besteht darin, dass der Arbeitgeber den Weg über den Änderungsvertrag bzw. die Änderungskündigung vermeiden könnte. Die Widerrufsvorbehalte sind ein Instrument, mit dem Entgeltleistungen einseitig flexibel gestaltet und die Personalkosten unter Vermeidung betriebsbedingter Kündigungen an die wirtschaftliche Situation des Unternehmens angepasst werden können.[33] Im Rahmen der Diskussion um die Flexibilisierung der Vergütung

32 Vergl. § 1 II 8 d.

33 *Preis*, Der Arbeitsvertrag, II V 70 Rn. 2.

setzt man sich daher intensiv mit der Frage auseinander, ob und in welchen Grenzen die Vereinbarung der Widerrufsrechte zulässig ist.

1. Grundlagen der Inhaltskontrolle von Widerrufsvorbehalten

Der Widerrufsvorbehalt ist als einseitiges Leistungsbestimmungsrecht des Arbeitsgebers einzuordnen.[34] Der Arbeitgeber behält sich auf diese Weise die Möglichkeit vor, eine zunächst unbefristet zugesagte freiwillige Leistung, insbesondere übertarifliche Zulagen oder sonstige Sonderzahlungen, durch Ausübung des Widerrufsrechts für die Zukunft einseitig zu mindern oder zu beenden.[35] Eine solche Vereinbarung ist nach allgemeiner Ansicht wegen des Grundsatzes der Vertragsfreiheit grundsätzlich zulässig,[36] steht aber in einem gewissen Spannungsverhältnis zum Grundsatz der Vertragstreue. Die Leistungsgewährung unter Widerrufsvorbehalt ist daher nur in gewissen Grenzen zulässig und bedarf einer ausdrücklichen Vereinbarung.[37]

Da der Widerrufsvorbehalt zu einer Durchbrechung des Grundsatzes pacta sunt servanda führt, ist er als eine von Rechtsvorschriften abweichende Regelung i.S.v. § 307 Abs. S. 1 BGB anzusehen.[38] Nach der Änderung der Bereichsausnahme in § 310 Abs. 4 S. 2 BGB durch das Schuldrechtsmodernisierungsgesetz unterliegen vorformulierte Widerrufsvorbehalte für Entgeltbestandteile somit der Angemessenheitskontrolle nach den § 307 f. Es wird allerdings nicht einheitlich beurteilt, ob diese als einseitige Leistungsbestimmungsrechte i.S.v. § 308 Nr. 4 BGB einzuordnen sind und auf der Grundlage dieser Vorschrift der Inhaltskontrolle unterliegen oder ob auf die Generalklausel in § 307 Abs. 1, Abs. 2 BGB abzustellen ist.[39] Die Rechtsprechung stützt die Kontrolle der

[34] So statt vieler z.B. *ErfK/Preis*, §§ 305-310 BGB Rn. 51.

[35] *BAG* v. 12.12.1984, AP Nr. 6 zu § 2 KSchG 1969 unter II 3 d; *ErfK/Preis*, §§ 305-310 BGB Rn. 56 *Kania*, DB 1998, 2418; *KR-Rost*, § 2 KSchG Rn. 47 f.; *MünchArbR/Hanau*, § 62 Rn. 106 f.; *Preis*, Der Arbeitsvertrag, II V 70 Rn. 10.

[36] *BAG* v. 9.6.1967, AP Nr. 5 zu § 611 BGB Lohnzuschläge unter 2 a; v. 7.10.1982, AP Nr. 5 zu § 620 BGB Teilkündigung unter III 1 b, v. 12.12.1984, AP Nr. 6 zu § 2 KSchG 1969 unter II 3 d; v. 15.11.1995, AP Nr. 20 zu § 1 TVG Tarifverträge: Lufthansa unter II 1; v. 12.1.2005, NZA 2004, 465, 467 *Henssler*, SAE 1988, 164; *Hromadka*, DB 1995, 1609; *KR-Rost*, § 2 KSchG Rn. 48 m.w.N.; *MünchArbR/Hanau*, § 62 Rn. 106; *Preis*, Der Arbeitsvertrag, II V 70 Rn. 3.

[37] *BAG* v. 16.7.1976, AP Nr. 7 zu § 611 BGB Lohnzuschläge unter 1; v. 14.11.1990, AP Nr. 25 zu § 611 BGB Arzt-Krankenhaus-Vertrag unter II 1; v. 28.4.2004, AP Nr. 174 zu § 4 TVG unter II 1 m.w.N.; *Preis*, Der Arbeitsvertrag, II V 70 Rn. 11, 39 ff.; *Richardt*, S. 113.

[38] *BAG* v. 12.1.2005, NZA 465, 467.

Vorbehalte auf § 308 Nr. 4 sowie § 307 BGB. Zwar sei § 308 Nr. 4 BGB die speziellere Norm, da sie jedoch § 307 BGB konkretisiere, seien auch die Wertung des § 307 BGB bei der Kontrolle heranzuziehen.[40] Dies dürfte im Ergebnis mit den genannten Ansätzen in der Literatur übereinstimmen, nach denen die Vorbehalte einer umfassenden Angemessenheitskontrolle zu unterziehen sind und die im Übrigen davon ausgehen, dass die Kontrollmaßstäbe ohnehin nahe beieinander liegen.[41] Daher wird die Inhaltskontrolle im Folgenden auf § 308 Nr. 4 und § 307 Abs. 1, Abs. 2 BGB gestützt.

Die Widerrufsvorbehalte sind nach einem zweistufigen Prüfungsverfahren zu kontrollieren. Dies entspricht der bisherigen Rechtsprechung und der nahezu einhelligen Ansicht in der arbeitsrechtlichen Literatur vor und nach Inkrafttreten des Schuldrechtsmodernisierungsgesetzes.[42] Die Vorgehensweise stimmt zudem mit der Rechtsprechung des BGH im Bereich der AGB-Kontrolle überein, der ebenfalls zwischen der Angemessenheitskontrolle der Klausel, die das Leistungsbestimmungsrecht einräumt, und der Ausübungskontrolle im konkreten Einzelfall unterscheidet.[43]

Bei den Widerrufsvorbehalten ist nach neuer Rechtslage weiterhin danach zu differenzieren, ob es sich um eine Individualvereinbarung oder eine vorformulierte Vertragsklausel handelt.[44] Erstere sind dann nach den allgemeinen Vorschriften, insbesondere an Hand des § 138 BGB zu kontrollieren.[45] Die

---

39 Für die Anwendung der Ausübungskontrolle nach § 308 Abs. 1 Nr. 4 für Widerrufsvorbehalte *Annuß*, BB 2002, 458, 462; *Däubler*, NZA 2001, 1329, 1336; *Henssler*, RdA 2002, 129, 138; *Lingemann*, NZA 2002, 181, 190; *Reinecke*, DB 2002, 583, 585; *Richardi*, NZA 2002, 1057, 1063; *Schlodder*, S. 230 ff.; *Schnittker/Grau*, BB 2002, 2120, 2122; *Sievers*, NZA 2002, 1182, 1184. A.A. *ErfK/Preis*, §§ 305-310 BGB Rn. 53; *Gotthardt*, ZIP 2002, 277, 285; ebenso *Lindemann*, AuR 2002, 81, 86; dies., S. 131 ff., die die Widerrufsvorbehalte der Angemessenheitskontrolle nach § 307 BGB unterziehen wollen.

40 *BAG* v. 12.1.2005, NZA 2005, 465, 467; *LAG Hamm* v. 11.3.2004, NZA-RR 2004, 515 unter II 2.

41 Vergl. *ErfK/Preis*, § 305-310 BGB Rn. 53; *Gotthardt*, Schuldrechtsreform, Rn. 293.

42 Bestätigt durch *BAG* v. 12.1.2005, NZA 2005, 465, 466 f., 469. Zur bisherigen Rechtslage bereits *BAG* v. 7.10.1982, AP Nr. 5 zu § 620 BGB Nr. 5 Teilkündigung Abs. III 1 b; v. 13.5.1987, AP Nr. 4 zu § 305 BGB unter II 2, 4; ebenso *Hromadka* in: FS Dieterich, S. 251, 263 ff.; *Kania*, DB 1998, 2418; *Krauß*, S. 74 ff. jeweils zur bisherigen Rechtslage; für die neue Rechtslage *Gotthard*, Rn. 316; *ErfK/Preis*, §§ 305-310 BGB Rn. 57; *Preis*, Der Arbeitsvertrag, II V Rn. 42 ff.; *Reichhold*, RdA 2002, 321, 331 f.
A.A. und für eine einstufige Prüfung *Söllner* in: Hromadka, Änderung von Arbeitsbedingungen, S. 21 f., 23, nach dessen Ansicht die Billigkeitskontrolle bei Ausübung ausreichend sei. Zustimmend *Leuchten*, NZA 1994, 721, 725. Dagegen überzeugend *Krauß*, S. 74 ff. Nach der Änderung der Bereichsausnahme und der Ausdehnung der AGB-Kontrolle auf Arbeitsverträge ist diese Ansicht ohnehin nicht mehr vertretbar.

43 So z.B. *BGH* v. 26.11.1984, BGHZ 93, 29, 34.

44 So bereits für die bisherige Rechtslage *Hromadka*, RdA 1992, 234, 240; *Krauß*, S. 77 ff., 87 ff.; *Preis*, Vertragsgestaltung, 418 ff.

Ausübung des Widerrufsrechts darf wie nach bisheriger Rechtslage nicht gegen die §§ 134, 138, 612a BGB oder den arbeitsrechtlichen Gleichbehandlungsgrundsatz verstoßen.[46]

Bei standardisierten Widerspruchsvorbehalten ist demgegenüber auf der ersten Stufe zu untersuchen, ob der Vorbehalt gegen § 308 Nr. 4 BGB verstößt oder zu einer unangemessenen Benachteiligung des betroffenen Arbeitnehmers i.S.v. § 307 Abs. 1, Abs. 2 BGB führt.[47] Auf der zweiten Stufe ist neben der Einhaltung der zuvor genannten allgemeinen Grundsätze zusätzlich zu kontrollieren, ob die konkrete Ausübung des Widerrufs im Einzelfall billigen Ermessen i.S.v. § 315 BGB entspricht.[48]

Die Rechtsprechung hatte im Gegensatz zur Literatur bislang nicht zwischen ausgehandelten und vorformulierten Widerspruchsvorbehalten differenziert, sondern die Klauseln allgemein daraufhin überprüft, ob sie zu einer Umgehung des Kündigungsschutzes nach § 2 Abs. 1 KSchG führen und daher gegen ein gesetzliches Verbot i.S.v. § 134 BGB verstoßen. Der Schwerpunkt der Prüfung lag zudem regelmäßig nicht auf der Kontrolle der vertraglichen Klausel, sondern auf der Billigkeitskontrolle nach § 315 BGB bei Ausübung des Widerrufsrechts im Einzelfall.[49] Nach der Gesetzesänderung verlagert sich der Schwerpunkt der Kontrolle auf die Überprüfung des Widerrufsvorbehalts und nicht erst dessen Ausübung.[50] Sie hat zudem künftig unabhängig von der Anwendbarkeit des Kündigungsschutzgesetzes zu erfolgen.[51]

---

45 So bereits für die bisherige Rechtslage *Hromadka*, RdA 1992, 234, 240; *Krauß*, S. 77 ff., 83 ff., der neben dem genannten Fall auch von einer unzulässigen Übertragung des Betriebs- und Wirtschaftsrisikos ausgeht, wenn sich der Arbeitgeber die Kürzung des Arbeitsentgelts bis unter den jeweilig geltenden Sozialhilfesatz vorbehält.

46 So *Krauß*, S. 175. Ähnlich *Preis*, Der Arbeitsvertrag, II V 70 Rn. 61. Zum Ausübungsmaßstab noch zugleich § 12 V 2 c dd.

47 Vergl. *BAG* v. 12.1.2005, NZA 2005, 465, 466 f. So bereits zur bisherigen Rechtslage *Hromadka* in: FS: Dieterich, S. 251, 254, der auf § 242 als Rechtsgrundlage unter Konkretisierung der Überlegung zur § 9 AGBG abstellte; *Krauß*, S. 87 ff., 117; *Preis*, Vertragsgestaltung, 237 ff., 249 ff.; 418 ff.; *ders.* in: FS Kissel, S. 879, 900, der die Wertungen von § 242 BGB unter arbeitsrechtsspezifischer Konkretisierung durch § 9 AGBG bei der Kontrolle vorformulierter Vertragsbedingungen heranzog.

48 Vergl. *BAG* v. 12.1.2005, NZA 2005, 465, 469. Ebenso *ErfK/Preis*, §§ 305-310 BGB Rn. 57, 61.

49 Ebenso *Gotthardt*, ZIP 2002, 277, 288; *Hromadka* in: FS Dieterich, S. 251, 264; *Lindemann*, AuR 2002, 81, 86; *Lingemann*, NZA 2002, 181, 191; *Preis*, Der Arbeitsvertrag, II V 70 Rn. 14, 30.

50 Vergl. *BAG* v. 12.1.2005, NZA 2005, 465, 466 ff., 469; *Preis*, Der Arbeitsvertrag, II V 70 Rn. 30, 38. In diesem Sinne auch *Annuß* BB 2002, 458, 462; *Schlodder*, S. 233 f.; *Sievers*, NZA 2002, 1182, 1184.

51 *Schnittker/Grau*, BB 2002, 2120, 2123. *Hromadka*, RdA 1992, 234, 239 f.; *ders.* in: Anm. zu BAG v. 15.11.1995, AP Nr. 20 zu § 1 TVG Tarifverträge: Lufthansa unter

2. Entwicklung eines Kontrollmaßstabs für die Überprüfung der Widerrufsvorbehalte

Die notwendige Unterscheidung zwischen standardisierten und individuell vereinbarten Klauseln muss sich bei der Kontrolle der Widerrufsvorbehalte auch auf den anzulegenden Maßstab auswirken. Obgleich die Rechtsprechung bei der Kontrolle bislang nicht zwischen vorformulierten und individuell ausgehandelten Widerrufsvorbehalten unterschieden hat, zieht das BAG nun die von ihm entwickelten Wertungen für die Angemessenheitskontrolle heran. In Übereinstimmung mit den Vertretern in der Literatur geht es zu Recht davon aus, dass bei der Verletzung des Kernbereichs des Arbeitsverhältnisses regelmäßig auch eine unangemessene Benachteiligung des Arbeitnehmers vorliegt.[52] Daher ist zunächst ein Blick auf die bislang von der Rechtsprechung entschiedenen Fallgestaltungen vorzunehmen.

a) Bisherige Kernbereichsrechtsprechung

Ein unzulässiger Eingriff in den Kernbereich liegt nach der Rechtsprechung immer dann vor, wenn wesentliche Elemente des Arbeitsvertrages einer einseitigen Änderung unterliegen, durch die das Gleichgewicht zwischen Leistung und Gegenleistung grundlegend gestört wird. Zum Kernbereich gehören insbesondere die Hauptleistungspflichten der Arbeitsvertragsparteien, also die Vergütungs- und Arbeitspflicht.[53] Ein unzulässiger Eingriff in den Kernbereich ist bei einer Vereinbarung angenommen worden, nach welcher der Arbeitgeber bei einer arbeitszeitabhängigen Vergütung berechtigt sein sollte, den zunächst festgelegten Umfang der Arbeitszeit und damit auch der Arbeitsleistung einseitig nach Bedarf zu reduzieren.[54] Die Ausübung des Widerrufs führe dazu, dass das Arbeitsverhältnis gleichsam als ganzes geändert und praktisch ein neues begründet werde. Eine solche Regelung verlagere die Bestandsschutz- und Beschäftigungsrisiken auf den Arbeitnehmer, die aber nach den zwingenden Vorschriften des Kündigungsschutzrechts in den §§ 1, 2 KSchG der Arbeitgeber zu tragen habe.[55]

II 1, hatte die Umgehungsrechtsprechung bislang bereits aus systematischen Gründen abgelehnt, weil nach seiner Auffassung § 2 KSchG nicht den Schutz des Inhalts des Arbeitsverhältnisses bezweckt.

52 *BAG* v. 12.1.2005, NZA 2005, 465, 467. So auch *ErfK/Preis*, §§ 305-310 BGB Rn. 57; in diesem Sinne auch *Schnittker/Grau*, BB 2002, 2120, 2123.

53 Vergl. § 12 V 1.

54 *BAG* v. 12.12.1984, AP Nr. 6 zu § 2 KSchG 1969 unter II 3 b.

55 *BAG* v. 12.12.1984, AP Nr. 6 zu § 2 KSchG 1969 unter II 3 d cc.

Demgegenüber ist die Vereinbarung eines Widerrufsrechts für zulässig erachtet worden, dessen Ausübung zum Entzug einer Zusatzaufgabe bei gleichzeitigem Wegfall einer dafür gezahlten tariflichen Zulage führte. Dies wurde u.a. damit begründet, dass die Zulage nur 15 % des Tarifgehalts betrage.[56] In einem ähnlich gelagerten Fall wurde die Wirksamkeit einer Widerrufsklausel bestätigt, nach der sich der Arbeitgeber die Änderung eines Verkaufsbezirks vorbehalten hatte und durch den Widerruf diesen Bezirk verkleinerte. Das BAG maß dieser Maßnahme keine wesentliche Bedeutung für die Einkommensverhältnisse des Klägers bei, weil der Provisionsanteil nur rund 20 % des Gesamteinkommens betrug.[57]

Eine weitere Differenzierung hat das BAG für Arbeitnehmer vorgenommen, deren Vergütung und Stellung in der betrieblichen Hierarchie im Vergleich mit anderen Beschäftigten herausgehoben ist. Gegenüber Arbeitnehmern in Spitzenpositionen und mit Spitzenverdiensten, die sich auf ein Mehrfaches der höchsten Tarifgehälter belaufen, könne sich der Arbeitgeber weitergehende einseitige Bestimmungsrechte vorbehalten.[58] So verneinte das BAG eine grundlegende Störung des Gleichgewichts zwischen Leistung und Gegenleistung in einem Fall, in dem eine Umstrukturierungsmaßnahme zu einer Reduzierung der dienstlichen Tätigkeit eines Chefarztes und damit einem Rückgang seiner Einnahmen auf ca. 75 % des bisherigen Verdienstes führte. Auch den gleichzeitig damit verbundenen Widerruf einer Nebentätigkeitsgenehmigung hielt das BAG für wirksam, obgleich sich der Jahresverdienst des Klägers infolge beider Maßnahmen auf nur noch rund 65 % seines bisherigen Verdienstes belief.[59]

b) Analyse der genannten Fallgruppen

Bei den dargestellten Entscheidungen fällt zunächst auf, dass das BAG Widerspruchsvorbehalte für Vergütungsbestandteile weniger streng bewertet als solche, welche die regelmäßige Arbeitszeit betreffen. Bestandteile der laufenden Vergütung sollen grundsätzlich nach freiem Ermessen widerrufen werden können.[60]

Darüber hinaus ist festzuhalten, dass den Arbeitnehmern in den entschiedenen Fällen nach Ausübung des Widerrufs die tarifliche bzw. sonstige Grundvergütung in voller Höhe verblieb. Die Entziehung der Zusatzaufgaben wie

---

56 *BAG* v. 15. 11.1995, AP Nr. 20 zu § 1 TVG Tarifverträge: Lufthansa unter II 5.

57 *BAG* v. 7.10.1982, AP Nr. 5 zu § 620 Teilkündigung unter IV 2 a.

58 *BAG* v. 28.5.1997, AP Nr. 36 zu § 611 BGB Arzt-Krankenhaus-Vertrag unter I 2 a.

59 *BAG* v. 28.5.1997, AP Nr. 36 zu § 611 BGB Arzt-Krankenhaus-Vertrag unter II 3 c.

60 *BAG* v. 12.12.1984, AP Nr. 6 zu § 2 KSchG 1969 unter II 3 b.

auch die Verkleinerung des Verkaufsbezirks führten zu einer Veränderung des Arbeitsumfangs, die den Wegfall der Zulage oder geringere Provisionseinnahmen und damit eine Verringerung der Vergütung zur Folge hatten. Ein Eingriff in das Synallagma von Leistung und Gegenleistung liegt daher vor. Die Rechtsprechung bewertet jedoch eine Verringerung der Gesamtbezüge bei gleichzeitiger Reduzierung des Tätigkeitsumfangs um bis zu 20 % bei Arbeitnehmern mit normalen Einkommen bzw. bis zu 35 % bei Spitzenverdienern regelmäßig nicht als Eingriff in den Kernbereich und damit nicht als grundlegende Störung des Gleichgewichts von Leistung und Gegenleistung. Im Fall der einseitigen Reduzierung der regelmäßigen Arbeitszeit, in dem der Widerrufsvorbehalt für unzulässig eingestuft wurde, wäre dem Arbeitnehmer die arbeitsvertragliche Grundvergütung hingegen nicht verblieben. Auf diese Wertungen wird im Folgenden bei der Entwicklung eines Kontrollmaßstabs zurückzukommen sein.

c) Entwicklung eines Kontrollmaßstabs für Widerrufsvorbehalte bei *synallagmatischen* Leistungen unter Berücksichtigung der bislang vertretenen Ansätze

Im Regelfall wird eine Leistung für alle Arbeitnehmer unter einheitlichen Bedingungen und insbesondere mit einem vorformulierten Widerrufsvorbehalt eingeräumt werden. Bei der Entwicklung eines Kontrollmaßstabs für derartige Klauseln bietet sich an, auf die Vorschläge in der Literatur zurückzugreifen und zunächst danach zu differenzieren, ob es sich um eine Leistung handelt, die im unmittelbaren Austauschverhältnis mit der Arbeitsleistung steht oder nicht.

aa) Zulässigkeit der Widerrufsvorbehalte auf der Grundlage der Zumutbarkeits- und Angemessenheitskontrolle

Vor der näheren Untersuchung kann zunächst als Ausgangspunkt festgehalten werden, dass die Vereinbarung eines Widerrufsvorbehalts für das sog. Entgelt im engeren Sinne[61] bzw. *synallagmatische* Leistungen[62] grundsätzlich für zulässig gehalten wird. Auch die bislang von der Rechtsprechung entschiedenen Fallgestaltungen bestätigen dies, weil den Entscheidungen jeweils Sachverhalte zugrunde lagen, in denen das Austauschverhältnis von Leistung und Gegenleistung betroffen war, und der Widerrufsvorbehalt nicht von vornherein als unzulässig angesehen wurde.

---

[61] So *Hromadka*, RdA 1992, 234, 241 f.

[62] In diesem Sinne *Preis*, Der Arbeitsvertrag, II V 70 Rn. 49 ff. und ähnlich *Krauß*, S. 105 ff.

Dieser Einschätzung ist auch mit Blick auf § 308 Nr. 4 bzw. § 307 Abs. 1, Abs. 2 BGB zuzustimmen. Die Vereinbarung eines Widerrufsvorbehalts widerspricht eigentlich dem Charakter des Arbeitsvertrags, wonach die Vergütung für die Arbeitsleistung für die gesamte Dauer vorbehaltlos vereinbart wird. Es wird jedoch zu Recht darauf hingewiesen, dass Dauerschuldverhältnisse wie der Arbeitsvertrag einer ständigen Anpassung bedürfen, weil bei Vertragsschluss nicht alle unwägbaren Entwicklungen vorweg genommen werden können. Wegen der zahlreichen und vielgestaltigen Einflussfaktoren auf das Arbeitsverhältnis ist die Vereinbarung angemessener Arbeitsbedingungen über den gesamten Zeitraum kaum möglich. Zudem kann eine einvernehmliche Anpassung durch Arbeitsvertrag nicht immer erreicht werden, und die Änderungskündigung ist nur in seltenen Ausnahmefällen möglich. Daher geht man zu Recht davon aus, dass wegen der konstanten Proportionsbeziehung zwischen Tätigkeit und Leistung das Bedürfnis besteht, das Verhältnis zwischen Leistung und Gegenleistung über die gesamte Vertragsdauer im Gleichgewicht zu halten, so dass Abänderungen im Entgeltbereich zulässig sein müssen.[63] Im Ergebnis ist die Vereinbarung eines Widerrufsvorbehalts für *synallagmatische* Vergütungsleistungen vor diesem Hintergrund nicht grundsätzlich als eine unangemessene Regelung i.S.v. § 307 Abs. 1, Abs. 2 BGB einzuordnen. Davon geht jetzt auch die Rechtsprechung aus, die die Vereinbarung eines Widerrufsrechts gem. § 308 Nr. 4 BGB für zumutbar hält, wenn der Widerruf wegen der unsicheren Entwicklung der Verhältnisse als Instrument zur Vertragsanpassung notwendig ist. Der Arbeitgeber habe wegen der Ungewissheit der wirtschaftlichen Entwicklung des Unternehmens und des Arbeitsverhältnisses ein anerkanntes Interesse daran, bestimmte Leistungen flexibel auszugestalten.[64]

bb) Generelle Anforderungen an Widerrufsvorbehalte

Fraglich bleibt daher nur, in welchem Umfang und unter welchen Voraussetzungen ein Widerrufsrecht vereinbart bzw. der Widerruf im Einzelfall ausgeübt werden kann, um den Anforderungen der Zumutbarkeit i.S.v. § 308 Nr. 4 BGB bzw. der Angemessenheit i.S.v. § 307 Abs. 1, Abs. 2 BGB zu genügen.

---

63 *Hanau/Hromadka*, NZA 2005, 73, 77; *Hromadka* in: FS Dieterich, S. 251, 266 f.; zustimmend *Gotthardt*, Schuldrechtsreform, Rn. 313; *Schnittker/Grau*, BB 2002, 2120, 2123; ähnlich *Lindemann*, Arbeitsbedingungen, S. 199 f., die ein Flexibilisierungsbedürfnis des Arbeitgebers wegen sich ändernder Rahmenbedingung anerkennt, das mit Blick auf die Erhaltung der Arbeitsplätze auch im Interesse der Arbeitnehmer liege. In diesem Sinne auch , *Reichhold*, RdA 2002, 321, 331 ff.

64 *BAG* v. 12.1.2005, NZA 2005, 465, 467; in diesem Sinne bereits die Vorinstanz *LAG Hamm*, NZA-RR 2004, 515, 517 f.

Als Ausgangspunkt ist festzuhalten, dass ein Widerrufsrecht nur in dem Umfang zulässig vereinbart werden kann, wie es sich auf einen bestimmten und bestimmbaren Vergütungsanteil bezieht. Das Abgrenzungskriterium bildet die vom Arbeitgeber mit dieser Leistung verfolgte besondere Zielsetzung, durch die sich der widerrufbare Anteil von der regelmäßig gezahlten Grund- bzw. Fixvergütung unterscheidet. Wegen des nunmehr nach § 307 Abs. 1 S. 2 BGB zu beachtenden Transparenzgebots muss sich aus der Formulierung des Widerrufsvorbehalts zudem klar und deutlich ergeben, auf welchen Vergütungsbestandteil er sich bezieht und unter welchen Voraussetzungen er ausgeübt werden kann.[65]

Darüber hinaus hat man sich an dem Grundsatz zu orientieren, dass die Kontrolle um so strenger sein muss, je intensiver in eine schützenswerte Rechtsposition eingegriffen wird. Da sich der Widerruf von Entgeltleistungen auf das synallagmatische Austauschverhältnis bzw. das Äquivalenz- und Ordnungsgefüge des Arbeitsverhältnisses bezieht,[66] ist bislang übereinstimmend angenommen worden, dass § 2 KSchG eine oberste Grenze der Inhaltskontrolle bildet und der Maßstab für die Widerrufsvorbehalte grundsätzlich weniger streng sein muss.[67] Davon geht auch das BAG für die neue Rechtslage aus und will daher die bisherige Rechtsprechung für die Kontrolle der Vorbehalte heranziehen.[68]

Die äußere Grenze für die Zulässigkeit der Widerrufsvorbehalte ist somit der bisherigen Rechtsprechung zum Eingriff in den Kernbereich zu entnehmen.[69] Das BAG stellt insoweit auf den Anteil des widerrufbaren Vergütungsanteils im Verhältnis zur Gesamtvergütung ab und hält einen Widerrufsvorbehalt bei normal verdienenden Arbeitnehmern noch dann für zulässig, wenn sich dadurch die Gesamtvergütung um 25 bis 30 % reduziert.[70] In einer späteren Entscheidung stellt das BAG allerdings klar, dass sich dieser Prozentsatz auf

65 So jetzt *BAG* v. 12.1.2005, NZA 2005, 465, 468; *LAG Hamm* v. 11.5.2004, NZA-RR 2004, 515, 517 f., für die neue Rechtslage; ebenso *ErfK/Preis*, §§ 305-310 BGB Rn. 59; in diesem Sinne bereits für die bisherige Rechtslage *Hromadka* in: FS Dieterich, S. 251, 272.

66 *Krauß*, S. 101 ff.; *Preis*, Vertragsgestaltung, S. 419 unter Bezugnahme auf *Otto*, Anm. zu BAG v. 13.6.1986, EzA § 620 BGB Nr. 85 unter 3; *ders.*, Der Arbeitsvertrag, II V 70 Rn. 47.

67 *Hanau/Hromadka*, NZA 2005, 73, 76 f.; *Hromadka*, RdA 1992, 234, 239 f.; *Krauß*, S. 103 und *Preis*, Vertragsgestaltung, S. 420 f.; *ders.*, Der Arbeitsvertrag, II V 70 Rn. 31.

68 *BAG* v. 12.1.2005, NZA 2005, 465, 467 f.

69 In diesem Sinne *ErfK/Preis*, §§ 305-310 BGB Rn. 57; *Schlodder*, S. 234.

70 So *BAG* v. 12.1.2005, NZA 2005, 465, 467, und für die bisherige Rechtslage bereits *Hormadka* in: FS Dieterich, S. 251, 271 f., nach dem für den zulässigen Änderungsumfang mit dem BAG auf die Höhe der Vergütung abzustellen ist. Der Arbeitnehmer dürfe jedenfalls nicht zum Mitunternehmer für schlechte Tage gemacht werden. In diesem Sinne für die neue Rechtslage wohl auch *ErfK/Preis*, §§ 305-310 BGB Rn. 60.

nicht im Gegenseitigkeitsverhältnis stehende Leistungen bezieht und schließt eine Verringerung einer im Gegenseitigkeitsverhältnis stehenden Verpflichtung von mehr als 20% aus.[71] Bei Arbeitnehmern, deren Gehälter ein Mehrfaches der höchsten Tarifstufe betrugen und damit erheblich über dem betrieblichen Durchschnittsgehalt lagen, hat man sogar einen Anteil von bis zu 35% als zulässig widerrufbar angesehen. Im Regelfall sind also etwa 70 78. Eine Grenze für den widerrufbaren Anteil bildet zudem die tarifliche Grundvergütung.[72] Bei nicht tarifgebundenen Arbeitnehmern ist dies alternativ die im Betrieb i.S.v. § 612 Abs. 2 BGB gezahlte Grundvergütung ohne die freiwilligen Leistungen des Arbeitgebers.[73]

cc) Widerrufsgründe und Transparenzgebot

Eine weitere Fragestellung betrifft die Anforderungen an die Ausübung des Widerrufsrechts. Hierbei geht es darum, welche Gründe den Arbeitgeber zum Widerruf von *synallagmatischen* Leistungen berechtigen, und ob er diese Gründe bereits in den Vorbehalt mit aufnehmen muss oder es ausreichend ist, wenn er seine Entscheidung von seinem billigen Ermessen abhängig macht.

Mit Blick auf das Transparenzgebot wurde bereits vor dem Inkrafttreten des Schuldrechtsmodernisierungsgesetzes gefordert, dass die wirksame Vereinbarung eines vorformulierten Widerrufsvorbehalts die Angabe der Widerrufsgründe sowie die möglichst konkrete Festlegung der Voraussetzungen für die Ausübung des Widerrufs enthalten müsse.[74] Nach der Normierung des Transparenzgebots in § 307 Abs. 1 S. 2 BGB geht diese Auffassung nunmehr davon aus, dass Widerrufsvorbehalte, die sich auf synallagmatische Pflichten aus dem Arbeitsverhältnis erstrecken und auf die der Arbeitnehmer keinen Einfluss hat, einen konkreten Widerrufsgrund enthalten müssen, der vor dem Hintergrund der Wertungen in § 2, 1 KSchG bestehen kann und daher die Qualität eines dringendenden betrieblichen Erfordernisses erlangen muss.[75] Ein Widerrufsgrund könne sich auch aus dem Zweck der Leistung ergeben, der daher so

---

71 *BAG* v. 7.12.2005, NZA 2006, 423, 428.

72 Vergl. jetzt *BAG* v. 12.1.2005, NZA 2005, 465, 467 f.

73 So *Krauß*, S. 111.

74 *Preis*, Vertragsgestaltung, S. 426 f. Grundsätzlich auch *Hromadka* in: Festschrift für Dieterich, S. 251, 272.

75 *ErfK/Preis*, §§ 305-310 BGB Rn. 60; *Gotthardt*, Schuldrechtsreform, Rn. 316; *Lindemann*, Arbeitsbedingungen, S. 200 ff., 326 f.; *Preis*, Der Arbeitsvertrag, II V 70 Rn. 49 ff. Weniger eng *Hormadka* in: FS Dieterich, S. 251, 273 ff., der wohl grundsätzlich den Widerruf aus sachlichen Gründen für eine ausreichende Formulierung hält und nur bei schwerwiegenden Änderungen, wie z.B. der Versetzung auf einen geringwertigeren Arbeitsplatz, das Vorliegen dringender persönlicher oder betrieblicher Gründe fordert. So jetzt auch *Hanau/Hromadka*, NZA 2005, 73, 77 f. für die neue Rechtslage unter Berück-

genau wie möglich angegeben werden solle. Genüge eine Klausel diesen Anforderungen nicht, so sei der Vorbehalt i.S.v. § 307 Abs. 2 Nr. 2 BGB unwirksam, weil durch eine solche Vertragsgestaltung die wesentlichen Rechte und Pflichten in vertragsgefährdender Weise eingeschränkt würden und der Arbeitnehmer unangemessen benachteiligt werde. Andererseits wird betont, dass an die Formulierung nicht all zu hohe Anforderungen gestellt werden dürften, weil der Arbeitgeber sonst Gefahr liefe, einen wichtigen Grund zu übersehen.[76] Als Widerrufsgründe sollen neben der wirtschaftlichen Lage des Betriebes, die Änderung der Tätigkeit, Gründe aus dem Leistungs- oder Verhaltensbereich oder die Änderung der Rechtsgrundlage in Betracht kommen. Der Widerruf sei zudem gerechtfertigt, wenn der Leistungszweck entfällt. Andererseits soll der Widerruf aus sachfremden Erwägungen regelmäßig nicht gerechtfertigt sein.[77] Nach der jüngsten Rechtsprechung sind die Widerrufsgründe zu konkretisieren. Danach ist es sogar erforderlich, den Grad der Störung wie etwa ein negatives wirtschaftliches Ergebnis oder die unterdurchschnittliche Leistung des Arbeitnehmers anzugeben.[78] Demnach kann z.B. eine allein auf die Arbeitsleistung bezogene Zulage nicht aus wirtschaftlichen Gründen widerrufen werden, wenn sich weder am Arbeitsumfang noch an der Qualität der Arbeitsleistung etwas ändert. Für die Einstellung der Leistung bleibt dann nur der Weg über die Änderungskündigung bzw. den Änderungsvertrag.

dd) Ausübungsübungsmaßstab für das Widerrufsrecht

Sofern der Widerrufsvorbehalt den oben beschriebenen Anforderungen genügt, muss die konkrete Ausübung des Widerrufsrechts bei *synallagmatischen* Leistungen nach allgemeiner Ansicht den Anforderungen des billigen Ermessens

sichtigung des Transparenzgebots. Ähnlich *Schnittker/Grau*, BB 2002, 2120, 2124, nach denen der Arbeitgeber keine konkreten Gründe für den Widerruf nennen muss, sowie *Däubler/Dorndorf*, § 308 Nr.4 BGB Rn. 34, 42, die den Widerruf an schwerwiegende oder triftige Gründe knüpfen, die als willkürfrei und nachvollziehbar definiert werden. In diesem Sinne auch *Schlodder*, S. 234 ff., nach deren Ansicht es ausreicht, wenn der Widerruf an einen sachlichen Grund geknüpft wird.

76 *ErfK/Preis*, §§ 305-310 BGB Rn. 59; *Hromadka* in: Festschrift für Dieterich, S. 251, 273 f.

77 *ErfK/Preis*, §§ 305-310 BGB Rn. 59 f.; *Lindemann*, Arbeitsbedingungen, S. 327 f.; *Preis*, Der Arbeitsvertrag, II V 70 Rn. 44, 49 ff.; ebenso *Gotthardt*, ZIP 2000, 277, 278. Enger noch *Däubler*, NZA 2001, 1329, 1339; *Reichhold*, RdA 2002, 321, 331, die triftige Gründe für den Widerruf verlangen. Demgegenüber wie hier bereits für die alte Rechtslage *Hromadka* in: Festschrift für Dieterich, S. 251, 273; *Krauß*, S. 104, 109 ff. So jetzt auch *BAG* v. 12.1.2005, NZA 2005, 465 467 f.

78 *BAG* v. 12.1.2005, NZA 2005, 465, 468; in diesem Sinne bereits *LAG Hamm* v. 11.5.2004, NZA-RR 2004, 515, 518 f.

genügen.[79] So betont die Rechtsprechung, dass ein Eingriff in den Kernbereich insbesondere dann vorliege, wenn Bestandteile der laufenden Vergütung nach freiem Ermessen widerrufen werden könnten.[80] Erforderlich ist, dass der Arbeitgeber bei Ausübung des Widerspruchsrechts die wesentlichen Umstände des Falles sowie die beiderseitigen Interessen angemessen berücksichtigt.[81] Anderenfalls ist der Widerrufsvorbehalt nicht zumutbar. Zudem soll in diesem Zusammenhang auch geprüft werden, ob die geltend gemachten sachlichen Gründe vorliegen. Daneben darf die Ausübung des Widerrufsrechts auch nicht gegen die allgemeinen Vorschriften und insbesondere den arbeitsrechtlichen Gleichbehandlungsgrundsatz verstoßen.

ee) Rechtsfolgen eines unangemessenen Widerrufsvorbehalts

Stellt ein Widerrufsvorbehalt für eine *synallagmatische* Leistung aus einem der aufgezeigten möglichen Gründe eine unangemessene Regelung i.S.v. § 307 BGB dar, so führt dies gem. § 306 Abs. 1 BGB dazu, dass die entsprechende Klausel unwirksam ist und die Leistungszusage im Übrigen wirksam bleibt.

Das BAG hat allerdings die Ausübung eines Widerrufs auf der Grundlage eines Vorbehalts, mit dem sich der Arbeitgeber bei *synallagmatischen* Leistungen den Widerruf nach freiem Ermessen vorbehalten hatte, nicht schon aus diesem Grund für unwirksam erklärt.[82] Zwar wäre die Vereinbarung des Widerrufsvorbehalts an sich schon unzulässig gewesen, dennoch hat das Gericht im Weiteren überprüft, ob die Ausübung den Grundsätzen des billigen Ermessens entsprach.[83]

In der Literatur wird diese Vorgehensweise als geltungserhaltende Reduktion kritisiert, die dem Arbeitgeber bei der Verwendung unangemessener Widerrufsvorbehalte jedes Risiko abnehme.[84] Mit Blick auf die Änderung der Bereichs-

[79] *BAG* v. 7.10.1982, AP Nr. 5 zu § 620 BGB Teilkündigung unter III 1 b; v. 13.5.1987, AP Nr. 4 zu § 305 BGB Billigkeitskontrolle unter II 2; v. 15.11.1995, AP Nr. 20 zu § 1 TVG Lufthansa: Tarifverträge unter II 1, 6; *Hromadka*, RdA 1992, 234, 241; *ders.* in: Festschrift Dieterich, S. 251, 275 f.; *Krauß*, S. 104 ff., 174 f. jeweils für die bisherige Rechtslage und *ErfK/Preis*, §§ 305-310 BGB Rn. 61; *ders.*, Der Arbeitsvertrag, II V 70 Rn. 61; *Reichhold*, RdA 2002, 321, 331 f. für die neue Rechtslage.

[80] *BAG* v. 12.12.1984, AP Nr. 6 zu § 2 KSchG 1969 unter II 3 b; bestätigt durch *BAG* v. 12.1.2005, NZA 2005, 465, 467 f.; ebenso *LAG Hamm* v. 11.5.2004, NZA-RR 2004, 515, 518 f.

[81] So z.B. *BAG* v. 12.12.1984, AP Nr. 6 zu § 2 KSchG 1969 unter II 3 d, v. 13.5.987, AP Nr. 4 zu § 305 BGB Billigkeitskontrolle unter II 4.

[82] *BAG* v. 13.5.1987, AP Nr. 4 zu § 305 BGB Billigkeitskontrolle unter II 2.

[83] A.a.O. unter II 3, 4.

[84] *Krauß*, S. 131 f.; *ErfK/Preis*, §§ 305-310 BGB Rn. 61.

ausnahme und der Rechtsprechung des BGH zur allgemeinen AGB-Kontrolle wird man diese Lösung künftig für vorformulierte Widerrufsvorbehalte ablehnen müssen,[85] wie es auch das *LAG Hamm* jüngst getan hat.[86] Bei dem Widerruf einer *synallagmatischen* Leistung geht es allein um die Einstellung der Zahlung. Eine solche Klausel ist jedenfalls nicht zwingend notwendig, um den mit der Leistung verfolgten Zweck zu erreichen. Sofern ein Widerrufsvorbehalt eine für den Arbeitnehmer unzumutbare bzw. unangemessene Regelung darstellt, ist der Vorbehalt bereits aus diesem Grund unwirksam, so dass es auf die Rechtmäßigkeit der Ausübung nicht mehr ankommt. Dieser Lösung hat sich das BAG allerdings nur teilweise angeschlossen. In seinem Urteil vom 12.1.2005 hat es danach differenziert, ob es sich um eine Regelung in einem Altvertrag handelt, der vor dem 1.1.2002 geschlossen wurde. Für einen solchen Altfall hat es sich wegen der echten Rückwirkung der Gesetzesänderung für die Anforderungen an die Formulierung der Klausel gegen deren vollständigen Wegfall und für eine Anpassung im Wege der ergänzenden Vertragsauslegung entschieden.[87] Unter Berücksichtigung der Entscheidung vom 4.3.2004 gilt für Verträge ab dem 1.1.2002 demgegenüber uneingeschränkt das Verbot der geltungserhaltenden Reduktion, so dass es zum ersatzlosen Wegfall des Vorbehalts kommen muss.[88]

d) Kontrollmaßstab für Widerrufsvorbehalte bei *nicht synallagmatischen* Leistungen unter Berücksichtigung der bislang vertretenen Ansätze

Für die übrigen freiwilligen Leistungen des Arbeitgebers mit Ausnahme der betrieblichen Altersversorgung,[89] die nicht im unmittelbaren Austauschverhältnis mit der Arbeitsleistung stehen, wird ein weniger strenger Kontrollmaßstab für erforderlich erachtet.[90] In diesen Fallgestaltungen könne sich der Arbeitgeber den Widerruf aus willkürfreien nachvollziehbaren Gründen vorbehalten, wobei in erster Linie nachteilige wirtschaftliche Entwicklungen in Betracht kämen.[91]

---

85 So im Ergebnis für die Widerrufsvorbehalte auch *Henssler*, RdA 2002, 129, 139; *Richardi*, NZA 2002, 1057, 1063. Allgemein zu dieser Problematik bereits § 11 VIII 8.

86 v. 11.4.2004, NZA-RR 2004, 515 unter II 4.

87 *BAG* v. 12.1.2005, NZA 2005, 465, 468 f.

88 *BAG*, NZA 2004, 727, 734.

89 So *Hromadka*, FS Dieterich, S. 251, 275; *Krauß*, S. 118 ff.; *Preis*, Vertragsgestaltung, S. 420 f. mit Hinweis auf die von der Rechtsprechung entwickelte Dreiteilung der Besitzstände und dem besonderen Vertrauensschutz im Bereich der betrieblichen Altersversorgung.

90 In diesem Sinne wohl auch *BAG* v. 12.1.2005, NZA 2005, 465, 467 f., nach dessen Ansicht der Vertrauensschutz für Leistungen außerhalb des Gegenseitigkeitsverhältnisses als gering anzusehen ist.

Ausgeschlossen sollen demgegenüber solche Vorbehalte sein, die dem Arbeitgeber aus offensichtlich unsachlichen Gründen ein Widerrufsrecht einräumen.[92]

Außerdem ist das Transparenzgebot zu beachten. Danach müss die widerrufliche Leistung der Art und Höhe nach erkennbar sein und die Widerrufsgründe genannt werden. Insoweit soll die allgemeine Formulierung, nach der sich der Arbeitnehmer den Widerruf aus wirtschaftlichen Gründen vorbehält, ausreichend sein.[93]

Zudem sei bei der Ausübung des Widerrufsrechts nicht zwingend § 315 BGB zu beachten. Zulässig sollen auch solche Vorbehalte sein, die dem Arbeitgeber jederzeit bzw. nach freiem Ermessen ein Widerrufsrecht einräumen.[94] Im Gegensatz zur Ausübung nach billigem Ermessen muss der Arbeitgeber in diesen Fällen zwar keine Interessenabwägung vornehmen,[95] er kann die Leistung aber auch nicht willkürlich, sondern nur aus den vorbehaltenen Gründen und in den Grenzen der allgemeinen Vorschriften, insbesondere unter Beachtung des allgemeinen arbeitsrechtlichen Gleichbehandlungsgrundsatzes widerrufen.

e) Kontrollmaßstab für Individualvereinbarungen

Gewährt der Arbeitgeber hingegen eine Leistung aufgrund einer mit dem Arbeitnehmer getroffenen einzelvertraglichen Absprache, so haben die Parteien einen größeren Gestaltungsspielraum. Solche Vereinbarungen sollen nur auf der Grundlage der allgemeinen Vorschriften zu kontrollieren sein.[96] Die Ausübung des Widerrufsrechts kann in diesen Situationen nach freiem Ermessen erfolgen.

91 So schon zur bisherigen Rechtslage *Hromadka*, RdA 1992, 234, 241 f.; ähnlich *Krauß*, S. 112 ff.; *Preis*, Vertragsgestaltung, S. 425 ff. und zur neuen Rechtslage *Hanau/Hromadka*, NZA 2005, 73, 77 f.; *ErfK/Preis*, §§ 305-310 BGB Rn. 61; *ders.*, Der Arbeitsvertrag, II V 70 Rn. 54. In diesem Sinne auch *Däubler/Dorndorf*, § 308 Nr. 4 BGB Rn. 42; *Gotthardt*, Schuldrechtsreform, Rn. 316; *Lindemann*, Arbeitsbedingungen, S. 206 f.; *Reichhold*, RdA 2002, 321, 331; *Schnittker/Grau*, BB 2002, 2120, 2123.

92 *Krauß*, S. 114 ff.

93 *Preis*, Der Arbeitsvertrag, II V 70, Rn. 13, 59. Ähnlich *Krauß*, S. 114 ff., nach dessen Ansicht der Widerrufsvorbehalt keine konkreten Widerrufsvoraussetzungen enthalten müsse.

94 So *Hromadka*, RdA 1992, 234, 241 f.; *Krauß*, S. 114 ff. In diesem Sinne wohl auch *Preis*, Der Arbeitsvertrag, II V 70 Rn. 19, der eine solche Vereinbarung für Leistungen für zulässig hält, die der Arbeitnehmer auch unter Freiwilligkeitsvorbehalt gewähren könnte.

95 Vergl. *Krauß*, S. 58 f., 163 f.

96 So schon zur bisherigen Rechtslage *Hromadka*, RdA 1992, 234, 241 f.; *Krauß*, S. 77 ff.; zur neuen Rechtslage *ErfK/Preis*, §§ 305-310 BGB Rn. 27; *ders.*, Der Arbeitsvertrag, II V 70 Rn. 42 f.

Die Grenzen bilden lediglich die guten Sitten und der Rechtsmissbrauch.[97] Sofern ein individualvertraglich vereinbarter Widerrufsvorbehalt unwirksam ist, ist die Regelung in § 139 BGB einschlägig. Da der Widerrufsvorbehalt aus Schutzgründen zu Gunsten des Arbeitnehmers unwirksam ist, beschränkt sich die Nichtigkeit nur darauf und erfasst grundsätzlich nicht die übrige Leistungszusage.[98] Die Leistung gilt als vorbehaltlos eingeräumt. Will der Arbeitgeber sie einstellen, so bleibt ihm nur der Weg über den Änderungsvertrag oder die Änderungskündigung.[99]

3. Kontrollmaßstab für Widerrufsvorbehalte in Aktienoptionsprogrammen

Nachdem nun die allgemeinen Grundsätze für die Kontrolle von Widerrufsvorbehalten nach der Schuldrechtsreform herausgearbeitet worden sind, ist wieder auf die Ausgangsfragestellung zurückzukommen. Es bleibt daher unter Berücksichtigung der herausgearbeiteten Ergebnisse zu untersuchen, ob ein Unternehmen die Ansprüche aus einem bestehenden Aktienoptionsprogramm widerrufen kann.

Insoweit ist wie bei den übrigen Arbeitgeberleistungen zunächst danach zu unterscheiden, ob es sich um Aktienoptionen als *synallagmatische* Vergütungsform handelt, und ob für die Vereinbarung über die Einräumung der Leistung seitens des Unternehmens vorformulierte Vertragsbedingungen verwendet werden oder mit dem Arbeitnehmer eine einzelvertragliche Regelung getroffen wird.

a) Widerruf von Ansprüchen auf Einräumung der Aktienoptionen als *synallagmatische* Vergütung bei vorformulierten Vertragsbedingungen

Werden die Aktienoptionen als unmittelbare Gegenleistung für die Arbeitsleistung durch eine standardisierte Vereinbarung eingeräumt, so unterliegt der Widerrufsvorbehalt der Zumutbarkeits- und Angemessenheitskontrolle nach § 308 Nr. 4 und § 307 Abs. 1, Abs. 2 BGB. Demzufolge darf der Vorbehalt für den begünstigten Arbeitnehmer nicht unzumutbar sein bzw. ihn nicht unangemessen benachteiligen. Da die Aktienoptionen an den Unternehmenserfolg

97 *Krauß*, S. 163 ff., ähnlich auch *Hromadka*, RdA 1992, 234, 241 f.
98 Zum Regelungsgehalt des § 139 BGB vergl. § 11 VII.
99 Ebenso *Krauß*, S. 130 f.

anknüpfen und die Arbeitnehmer auf die Wertentwicklung und damit auf die Höhe der Vergütung im Regelfall einen kaum messbaren Einfluss haben, ist dies nach den vorangegangenen Erörterungen bei *synallagmatischen* Leistungen nach der engsten Ansicht dann nicht der Fall, wenn der Widerrufsgrund die Qualität eines dringenden betrieblichen Erfordernisses hat. Bei den Aktienoptionen handelt es sich allerdings um eine Vergütungsform, welche die Liquidität des Unternehmens, abgesehen von den Programmkosten, nicht belasten, sondern bei Vereinbarung eines Eigenanteils für die Optionen und bei Bezug der Aktien zum Liquiditäts- und Eigenkapitalzufluss führen. Die Abschaffung der Aktienoptionen kann daher keinen geeigneten Beitrag zur Unternehmenssanierung darstellen, zumal sie häufig gerade zu diesem Zweck eingeführt werden. Vor diesem Hintergrund ist der klassische Rechtfertigungsgrund für ein dringendes betriebliches Erfordernis, nämlich wirtschaftliche Schwierigkeiten des Unternehmens, die eine Kürzung der Vergütung zur Vermeidung von betriebsbedingten Kündigungen erfordern, nicht denkbar.

Ein Widerrufsgrund kann allenfalls dem Leistungszweck entnommen werden. Stimmen Erfolgsziele und aktuelle Kursentwicklung nicht überein, so kann die bezweckte Motivations- und Anreizwirkung nicht im geplanten Umfang erreicht werden. Liegt etwa der Aktienkurs des Unternehmens infolge einer Hausse an den Börsen deutlich über den Erfolgszielen, so besteht keine Notwendigkeit mehr, auf dieses Ziel hinzuarbeiten. In dieser Situation entfällt die Anreizwirkung allerdings nicht vollständig. Da den Arbeitnehmer die Möglichkeit bleibt, ihre Ausübungsgewinne bei weiteren Kurssteigerungen noch mehr zu erhöhen, geht von den Aktienoptionen weiterhin eine Motivations- bzw. Anreizwirkung aus. Im umgekehrten Fall stark fallender Kurse entfällt hingegen diese Wirkung. Wenn der aktuelle Börsenkurs weit unter den vorgegebenen Erfolgszielen liegt und wegen der aktuellen Marktlage unerreichbar erscheint, entfalten die Aktienoptionen keine nennenswerte motivierende Wirkung.

Es ist dennoch zweifelhaft, ob fallende Kurse als zulässiger Widerrufsgrund angesehen werden können, der die Vereinbarung eines unter Berücksichtigung von § 308 Nr. 4 und § 307 Abs. 1, Abs. 2 BGB zulässigen Widerrufsvorbehalts für *synallagmatische* Leistungen rechtfertigt. Bei gleichbleibender Qualität und Quantität der Arbeitsleistung würde der Widerruf allein zum Wegfall der Leistung und damit im Ergebnis für den Arbeitgeber zu einer einseitigen Kürzungsmöglichkeit der Vergütung unter Umgehung der Anforderung für eine Änderungskündigung nach § 2, 1 KSchG führen. Ein Widerruf der Ansprüche ohne Ausgleich ist aber als unzumutbar und als unangemessene Benachteiligung des Arbeitnehmers i.S.v. § 308 Nr. 4 und § 307 Abs. 1, Abs. 2 BGB anzusehen, so dass ein entsprechender Vorbehalt der Inhaltskontrolle nicht stand halten würde. Im Ergebnis ist somit festzuhalten, dass vorformulierte

Widerrufsvorbehalte für Aktienoptionen als *synallagmatische* Vergütungsform unzulässig sind.[100] Der Widerrufsvorbehalt ist in dieser Konstellation kein geeignetes Instrument, um eine Anpassung der Erfolgsziele oder des Basispreises bei stark abweichenden Kursentwicklungen zu erreichen, weil er für den Arbeitgeber nicht mit der Verpflichtung verbunden ist, den Wegfall der Leistung durch Auflegung eines neuen Programms mit marktgerechten Konditionen auszugleichen. Gleiches gilt für die Einstellung dieser Leistung.

b) Widerrufsvorbehalte für Aktienoptionen als *synallagmatische* Vergütung in einer Individualvereinbarung

Im Rahmen individuell vereinbarter Vergütungsregelungen über Aktienoptionen als *synallagmatische* Vergütungsform steht den Arbeitsvertragsparteien ein größerer Handlungsspielraum zu, weil die Widerrufsvorbehalte nur den Anforderungen der allgemeinen Vorschriften, insbesondere denen des § 138 BGB genügen müssen. Zur Bestimmung des Umfangs des Widerrufsrechts ist auf die Grundsätze zur Zulässigkeit der Aktienoptionen als variabler Vergütungsbestandteil zurückgreifen.[101] Danach darf die Ausübung des Widerrufsrechts nicht dazu führen, dass die dem Arbeitnehmer verbleibende Grundvergütung unter 2/3 der üblichen Vergütung fällt, die am Wirtschaftsstandort in der in derselben Branche für eine vergleichbare Tätigkeit gezahlt wird. Eine solche Vereinbarung wäre als sittenwidrig i.S.v. § 138 BGB anzusehen. Zudem kann sich der Arbeitgeber die Ausübung des Widerrufsrechts nach freiem Ermessen oder jederzeit vorbehalten und muss nicht die Anforderungen des Transparenzgebots beachten. Die Grenzen bilden lediglich die guten Sitten, der Rechtsmissbrauch und insbesondere der arbeitsrechtliche Gleichbehandlungsgrundsatz. Anderenfalls ist die Ausübung unwirksam. Genügt hingegen schon der Widerrufsvorbehalt diesen Anforderungen nicht, so ist er unter Berücksichtigung von § 139 BGB als unwirksam anzusehen und führt dazu, dass die Aktienoptionen als vorbehaltlos zugesagt gelten.

c) Alternative Anpassungsmöglichkeiten

Das Unternehmen kann eine Anpassung allenfalls im Wege des Änderungsvertrages herbeiführen. Da die Änderungskündigung im Regelfall ausscheidet,[102]

[100] In diesem Sinne auch *Lembke*, BB 2001, 1469, 1475, der dies unter dem Aspekt eines Teilkündigungsrecht anspricht, das mit einem Widerrufsvorbehalt vergleichbar sei.
[101] Dazu im einzelnen § 8 II 2 b und 3 a, b.
[102] Vergl. § 6 I 2 b cc.

könnte man zudem an die Störung der Geschäftsgrundlage nach § 313 BGB als Grundlage für eine notwendige Vertragsanpassung denken. Nach § 313 Abs. 1 BGB a.E. ist dies nur möglich, wenn dem Arbeitgeber ein Festhalten am Vertrag aufgrund der vertraglichen oder gesetzlichen Risikoverteilung nicht zugemutet werden kann. Dabei ist aber zu Lasten des Arbeitgebers zu berücksichtigen, dass er eine hoch spekulative Vergütungsform gewählt und sich bei der Festsetzung der Erfolgsziele und des Basispreises verkalkuliert hat. Diese Vergütungsform bringt somit derartige Gefahren gerade mit sich. Daher kann man bei stark gestiegenen Kursen nicht annehmen, dass dem arbeitgebenden Unternehmen das Festhalten am Vertrag mit Blick auf die vertragliche Risikoverteilung unzumutbar ist.

Im Falle schlechter Kursentwicklung werden die Arbeitnehmer die wertlosen Optionen ohnehin verfallen lassen, so dass kein dringender Handlungsbedarf besteht. Daneben kann ohne weiteres ein neues Programm unter Mitwirkung der Hauptversammlung aufgelegt werden. Um sicher zu gehen, dass das vorherige Aktienoptionsprogramm tatsächlich endgültig eingestellt wird, kann in das neu aufzulegende Programm als Teilnahmevoraussetzung festgelegt werden, dass die neuen Aktienoptionen nur im Tausch gegen jene aus dem Vorgängerprogramm eingeräumt werden. Dieser Weg kann allerdings wegen der 10 %-Grenze in § 192 Abs. 3 S. 1 AktG versperrt sein, wenn das für beide Aktienoptionspläne bereit gestellte bedingte Kapital in der Summe 10 % des Grundkapitals überschreiten würde.[103] Wegen der Regelung in § 192 Abs. 4 AktG, wonach die ausgegebenen Bezugsrechte nicht angetastet werden dürfen, kann die Gesellschaft in dieser Situation das laufende Aktienoptionsprogramm per Hauptversammlungsbeschluss nur ablösen, wenn die begünstigten Arbeitnehmer zuvor auf ihre Rechte aus den Aktienoptionen verzichtet haben. Zu empfehlen ist daher eine Vereinbarung, auf deren Grundlage die Arbeitnehmer die eingeräumten Optionen zurückgewähren und im Gegenzug nach erneuter Beschlussfassung solche mit marktgerechten Konditionen erhalten. Bei einem Verzicht der Optionsinhaber kann die bedingte Kapitalerhöhung durch erneute Beschlussfassung rückgängig gemacht werden, ohne dass dies gegen § 192 Abs. 4 AktG verstößt.[104]

Daneben besteht zudem die Möglichkeit, den Basispreis im ursprünglichen Hauptversammlungsbeschluss durch einen weiteren Beschluss abzuändern. In diesem Fall können die ursprünglichen Optionsbedingungen unverändert beibehalten werden. Dies bedeutet insbesondere, dass die bis zu diesem Zeitpunkt

103 *Ackermann/Suchan*, BB 2001, 1497, 1501.

104 Vergl. *Bungeroth* in: Geßler/Hefermehl/Eckardt/Kropff, § 192 Rn. 58; *Frey* in: Großkomm AktG § 192 Rn. 150; *Hüffer*, AktG § 192 Rn. 26; *Krieger*/MünchHdb. GesR IV, § 57 Rn. 28; *Lutter* in: Kölner Kommentar zum AktG, § 192 Rn. 38.

verstrichene Wartezeit bis zur erst möglichen Ausübung der Bezugsrechte nicht erneut zu laufen beginnt.[105] Diese Alternative erfordert allerdings ebenfalls das Einverständnis der Optionsinhaber mit dieser Änderung und eine entsprechende Anpassung der arbeitsvertraglichen Zusage.

d) Widerruf von Ansprüchen auf Einräumung von Aktienoptionen als freiwillige Zusatzleistung durch vorformulierte Vertragsbedingungen

Werden die Aktienoptionen als *nicht synallagmatische* Vergütungsform vereinbart, so kann nach den genannten allgemeinen Grundsätzen in der arbeitsvertraglichen Zusage unproblematisch ein Widerrufsvorbehalt für die noch nicht eingeräumten Aktienoptionen vereinbart werden.[106] Ausgeschlossen ist die Vereinbarung eines Widerrufsvorbehalts wiederum für die bereits eingeräumten Aktienoptionen, weil bereits erdiente Leistungen, für die die Gegenleistung bereits erbracht wurde, grundsätzlich nicht widerrufen werden können.[107] Der Regelung dieses Sachverhalts dienen die Verfallklauseln.

Weil es sich bei den Aktienoptionen in dieser Konstellation um eine freiwillige zusätzliche Leistung handelt und die Grundvergütung unberührt bleibt, kann der Anspruch darauf in vollem Umfang aus willkürfreien und nachvollziehbaren Gründen widerrufen werden. Die Einführung von Aktienoptionen als *nicht synallagmatische* Vergütung dient neben der Bindung an das Unternehmen auch der Motivation der Mitarbeiter. Kann diese Anreizwirkung wegen einer ungewöhnlichen und so nicht prognostizierten Kursentwicklung nicht erreicht werden, stellt dies jedenfalls einen sachlichen Grund dar, der den Widerruf der Ansprüche auf die Einräumung weiterer Optionen aus dem laufenden Programm rechtfertigt. Bei einer für die Arbeitnehmer sehr günstigen Kursentwicklung ist zu beachten, dass das Unternehmen durch die Wahl der Aktienoptionen dieses Risiko gerade eingegangen ist. Dass die Arbeitnehmer bei entsprechender Kursentwicklung extrem hohe Ausübungsgewinne erzielen können, wenn die Erfolgsziele zu niedrig gewählt sind und dadurch die Anreizwirkung leidet, ist dieser Vergütungsart immanent. Könnte eine Hausse den Widerruf rechtfertigen, bestünde demnach die Gefahr, dass den Arbeitnehmern die besonderen Vorteile dieser Vergütungsform wieder genommen werden. Als weiterer Widerrufsgrund kommt die unternehmerische Entscheidung in Betracht, diese Vergütungsform abzuschaffen. Dies kann z.B. vor dem Hintergrund erfolgen, dass man auf eine anderes erfolgsorientiertes Vergütungs-

[105] Vergl. *Ackermann/Suchan*, BB 2002, 1497, 1502.
[106] In diesem Sinne auch *Lembke*, BB 2001, 1469, 1475.
[107] Vergl. *Krauß*, S. 167 f.

system umsteigen will, wie dies der Daimler Chrysler Konzern auf Druck der Hauptversammlung hin jüngst beschlossen hat.[108] Der Widerruf und damit die Einstellung der Leistung ist aber auch ohne Ausgleich möglich, wenn die Hauptversammlung etwa der Auflegung weiterer Programme und damit einer weiteren Verwässerung der Unternehmensanteile nicht zustimmt oder die Einstellung laufender Programme fordert. Als weiterer Widerrufsgrund kommt zudem der Widerruf der Ansprüche wegen des geplanten Verkaufs des Unternehmens oder Unternehmensteils in Betracht.

Eine für den Arbeitnehmer unangemessene und damit unwirksame Regelung kann sich nur im Hinblick auf das Transparenzgebot nach § 307 Abs. 1, Abs. 2 BGB ergeben. Zwar werden für den wirksamen Widerrufsvorbehalt allgemeine Formulierungen als ausreichend angesehen. Das Unternehmen sollte die Vorbehalte aus Akzeptanzgründen jedoch so ausgestalten, dass der Widerruf der Leistung für den Arbeitnehmer berechenbar und nachvollziehbar bleibt. Es empfiehlt sich vor diesem Hintergrund eine Regelung, die verdeutlicht, aus welchen der genannten Gründe sich das Unternehmen den Widerruf der Ansprüche auf Zuteilung der Aktienoptionen im Rahmen eines laufenden Programms vorbehält.

Unzumutbar i.S.v. § 308 Nr. 4 bzw. unangemessen i.S.v. § 307 Abs. 1, Abs. 2 BGB ist demgegenüber ein Vorbehalt, der den Widerruf aus sachfremden Erwägungen einräumen soll. Da es sich bei den Aktienoptionen um eine am Unternehmenserfolg orientierte Vergütungsform handelt, auf welche die Arbeitnehmer außerhalb der oberen Führungsebene keinen unmittelbaren Einfluss haben, wäre es grundsätzlich sachfremd, den Widerruf auf Gründe aus dem Leistungsbereich zu stützen. Gleiches gilt für wirtschaftliche Schwierigkeiten des Unternehmens, weil die Ausgabe von Aktienoptionen, abgesehen von den Programmkosten, die Liquidität des Unternehmens kaum belastet und bei Ausübung sogar zu Kapitalzuflüssen führt.

Für die zulässigen Widerrufsgründe kann sich das Unternehmen die Ausübung des Widerrufs jederzeit oder nach freiem Ermessen vorbehalten. Die Entscheidung über die Ausübung des Widerrufsrechts kann allein auf das Vorliegen des Widerrufsgrundes gestützt werden, ohne dass in einem weiteren Schritt noch eine umfassende Abwägung der widerstreitenden Interessen von Arbeitgeber und Arbeitnehmer vorzunehmen wäre. Die Ausübung darf wiederum nicht willkürlich oder rechtsmissbräuchlich sein und insbesondere nicht allein dazu dienen, dem Arbeitnehmer nur einen zunächst in Aussicht gestellten Vorteil zu entziehen. Zudem ist bei der Ausübung der arbeitsrechtliche Gleichbehand-

---

108 http://www.faz.net/s/Rub13C90B3A6F1F40798BDF78740221CDC/Doc~EB23C7C... [Stand: 10.6.2004]: „Daimler schafft Aktienoptionen ab".

lungsgrundsatz zu beachten. Im Rahmen der gerichtlichen Inhaltskontrolle werden sowohl die Klausel selbst wie auch das Vorliegen der geltend gemachten Widerrufsgründe überprüft.

e) Widerrufsvorbehalt für Aktienoptionen als *nicht synallagmatische* Leistung in einer Individualvereinbarung

Die Vereinbarung eines Widerrufsvorbehalts für Aktienoptionen als zusätzliche freiwillige Leistung in einer Individualvereinbarung ist lediglich auf der Grundlage der allgemeinen Vorschriften zu kontrollieren. Folglich ist die Vereinbarung eines Vorbehalts, der dem Arbeitgeber jederzeit bzw. nach freiem Ermessen ein Widerrufsrecht einräumt, erst Recht zulässig. Da in dieser Konstellation nicht die Gefahr besteht, dass nach Ausübung des Widerrufsrechts eine zu geringe und aus diesem Grund sittenwidrige Vergütung gezahlt wird, ist diese Art der Widerrufsvorbehalte primär an Hand des allgemeinen arbeitsrechtlichen Gleichbehandlungsgrundsatzes zu kontrollieren. Dies gilt für den Vorbehalt an sich wie auch die Ausübung im Einzelfall.

VI. Zusammenfassung

Abschließend ist festzuhalten, dass Freiwilligkeits- und Widerrufsvorbehalte im Rahmen von Aktienoptionsprogrammen von vornherein nur begrenzt eingesetzt werden können. So kann ein Freiwilligkeitsvorbehalt nur für die Einräumung von Aktienoptionen vereinbart werden, die als freiwillige zusätzlich Leistung einzuordnen sind und nicht im unmittelbaren Austauschverhältnis mit der Arbeitsleistung stehen. Vorformulierte Widerrufsvorbehalte sind in solchen Aktienoptionsprogrammen eine für den Arbeitnehmer unzumutbare und unangemessene und damit unzulässige Regelung, welche die Einräumung der Optionen als *synallagmatische* Vergütungsform vorsehen. Individuell vereinbarte Widerrufsvorbehalte sind demgegenüber in den Grenzen von § 138 BGB zulässig. Einer Inhaltskontrolle nach § 308 Nr. 4 und 307 Abs. 1 BGB halten zudem vorformulierte Widerrufsvorbehalte stand, die sich auf die Einräumung der Aktienoptionen als freiwillige Zusatzleistung beziehen, sofern sich das Unternehmen den Widerruf aus willkürfreien und nachvollziehbaren Gründen vorbehält und diese Gründe im Programm angibt. Die Ausübung ist an die allgemeinen Vorschriften und die Widerrufsgründe, nicht jedoch an billiges Ermessen gebunden. Individuell vereinbarte Widerrufsvorbehalte sind im Rahmen der allgemeinen Vorschriften ohne die Angabe der Widerrufsgründe zulässig.

§ 13 Arbeitsrechtliche Besonderheiten im Zusammenhang mit Aktienoptionsprogrammen bei Unternehmensumstrukturierungen

Im Folgenden wird ein Überblick über die arbeitsrechtlichen Fragestellungen und den Stand der kontroversen Diskussion im Zusammenhang mit Unternehmensumstrukturierungen gegeben. Angesichts der zwar nachlassenden, aber immer noch beträchtlichen Zahl von Verselbstständigung einzelner Unternehmensteile und dem anhaltenden Trend zu Unternehmenszusammenschlüssen sind die Fragen nach dem Schicksal der Aktienoptionen in diesen Situationen von hoher praktischer Relevanz.

Ein Betriebsübergang führt gem. § 613a Abs. 1 S. 1 BGB dazu, dass die Arbeitsverhältnisse auf den Erwerber übergehen und mit dem ursprünglichen Arbeitgeber beendet werden. Nur bei Widerspruch des betroffenen Arbeitnehmers bleibt das Arbeitsverhältnis mit dem Betriebsveräußerer bestehen.[1] Sofern das veräußernde Unternehmen ein Aktienoptionsprogramm aufgelegt hat, stellt sich die Frage nach dem Schicksal der daraus resultierenden Ansprüche. Wegen § 324 UmwG gilt dies auch für andere Unternehmensumstrukturierungen. Die Vorschrift stellt klar, dass auch bei Umwandlungen oder Spaltungen nach dem Umwandlungsgesetz § 613a BGB anzuwenden ist, obgleich es in diesen Fällen regelmäßig zur Gesamtrechtsnachfolge kommt und kein rechtsgeschäftlicher Übergang i.S.v. § 613a Abs. 1 S. 1 BGB stattfindet.[2]

Bei einem Betriebsübergang führt die Beendigung des Arbeitsverhältnisses mit dem ausgebenden Unternehmen zu Problemen für die weitere Durchführung eines Aktienoptionsprogramms. Denn dann kann der mit dem Programm verfolgte Zweck, einen Leistungsanreiz zur Beteiligung an der Wertsteigerung des ausgebenden Unternehmens zu bieten sowie die Bindung an dieses Unternehmen zu fördern, nicht mehr erreicht werden. Außerdem macht es aus Sicht des

---

1 Vergl. *ErfK/Preis*, § 613a BGB Rn. 66, 92.

2 Vergl. *Gaul*, Arbeitsrecht der Betriebs- und Unternehmensspaltungen, § 7 Rn. 52 ff.

Erwerbers wenig Sinn, den Arbeitnehmern eine Vergütung zu zahlen, die sich an der wirtschaftlichen Entwicklung eines anderen Unternehmens orientiert. Bei einem möglichen Übergang der Ansprüche aus dem Aktienoptionsplan des veräußernden Unternehmens auf den Erwerber ergeben sich darüber hinaus Abwicklungsprobleme, die aus der Pflicht zur Beschaffung der fremden Aktien resultieren.

Vor diesem Hintergrund wird diskutiert, ob die Aktienoptionen als übergangsfähige Rechte aus dem Arbeitsverhältnis i.S.v. § 613a BGB anzusehen sind und ob für den Fall des Betriebsübergangs eine Verfallklausel vereinbart werden kann. Keine Einigkeit besteht zudem darin, ob und in welcher Weise übergehende Ansprüche aus dem Aktienoptionsplan nach den Regeln der ergänzenden Vertragsauslegung oder wegen einer Störung der Geschäftsgrundlage nach § 313 BGB den Gegebenheiten im Erwerberunternehmen anzupassen sind.

Die Probleme sind allerdings auf die Optionsrechte beschränkt. Soweit sie der Arbeitnehmer bereits ausgeübt und Aktien des veräußernden Unternehmens bezogen hat, bleiben die daraus resultierenden Rechte und Pflichten von dem Betriebsübergang unberührt, weil es sich bei den Aktien um eine reine gesellschaftsrechtliche Beteiligung handelt.[3]

I. Aktienoptionen als Rechte aus dem Arbeitsverhältnis i.S.v. § 613a BGB

Hat ein Unternehmen für seine Mitarbeiter ein Aktienoptionsprogramm aufgelegt und wird später ein Teil oder das ganze Unternehmen veräußert, so stellt sich die Frage, ob der Erwerber Schuldner der daraus resultierenden Ansprüche der Arbeitnehmer wird. Insoweit lassen sich zunächst zwei Arten von Ansprüchen unterscheiden. Zum einen der Anspruch auf Einräumung der Aktienoptionen bzw. Abschluss eines Gewährungsvertrags, der aus der arbeitsvertraglichen Zusage resultiert, und zum anderen der Anspruch aus den Aktienoptionen zum Bezug der Aktien bzw. auf Abschluss eines Zeichnungsvertrages.

1. Meinungsstand

Ob diese Rechte der Arbeitnehmer übergangsfähig i.S.v. § 613a BGB sind, wird nicht einheitlich beurteilt.

3 *Schnittker/Grau*, BB 2002, 2497, 2498.

a) Den Übergang ablehnende Auffassung

Eine Auffassung geht davon aus, dass die Aktienoptionen keine durch das Arbeitsverhältnis begründeten Rechte darstellen. Ihre Übertragung beruhe auf einem kaufrechtlich zu qualifizierenden Gewährungsvertrag, der als gesondertes Rechtsverhältnis neben dem Arbeitsvertrag stehe. Sie seien mit der Prokura, Handlungsvollmacht oder anderen an den Veräußerer gebundenen Leistungen vergleichbar wie etwa produktbezogene Vergünstigungen, Werkswohnungen oder Firmenfahrzeuge. Rechtsverhältnisse, die nur im Zusammenhang mit dem Arbeitsverhältnis begründet wurden und auf einem gesonderten schuld- oder sachenrechtlichen Rechtsakt beruhen, gingen ebenfalls nicht auf den Erwerber über. Daher seien auch Aktienoptionen keine aus dem Arbeitsverhältnis begründeten und übergangsfähigen Rechte i.S.v. § 613a BGB.[4] Innerhalb dieser Auffassung wird die Übergangsfähigkeit teilweise bejaht, sofern die Gewährungsansprüche ausnahmsweise nicht in einem eigenständigen Options- bzw. Gewährungsvertrag, sondern im Arbeitsvertrag oder einer Betriebsvereinbarung geregelt sind.[5]

b) Dem Übergang zustimmende Auffassung

Demgegenüber geht die ganz überwiegende Ansicht im Grundsatz davon aus, dass die Aktienoptionen wegen ihrer Eigenschaft als Vergütungsbestandteil als Rechte aus dem Arbeitsverhältnis und damit übergangsfähige Rechte i.S.v. § 613a BGB zu qualifizieren sind.[6]

c) Differenzierende Ansichten

Teilweise wird einschränkend danach differenziert, ob die Aktienoptionen bereits ausübungsreif sind. Dieser Zustand tritt mit Ablauf der Wartezeit und dem Erreichen der Erfolgsziele ein. Übergangsfähig sollen allein nicht ausübungsreife Optionen sowie Ansprüche auf die zukünftige Begebung von Aktienoptionen sein,[7] während die Ansprüche im Zusammenhang mit

---

4 *Bauer/Göpfert/Steinau-Steinrück*, ZIP 2001, 1129, 1131; *Urban-Crell/Manger*, NJW 2004, 125, 127; *Willemsen/Müller-Bonanni*, ZIP 2003, 1177, 1180.

5 *Urban-Crell/Manger*, NJW 2004, 125, 127.

6 *Bauwens*, S. 147 allgemein für aktienkursorientierte Vergütungen; *Gaul*, Arbeitsrecht der Betriebs- und Unternehmensspaltung, § 13 Rn. 42; *Lembke*, BB 1469, 1474; *Lipinsky/Melms*, BB 2003, 150, 154; *Nehls/Sudmeyer*, ZIP 2002, 201, 202 f.; *Schnitter/Grau*, BB 2002, 2497, 2498; *Tappert*, NZA 2002, 1188, 1189, 1191 f. In diesem Sinne wohl auch *Mechlem/Melms*, DB 2000, 1614, 1616.

7 *Schnittker/Grau*, BB 2002, 2497, 2498.

ausübungsreifen Optionen als rein kaufrechtlich eingeordnet werden.[8] Schuldner dieser Ansprüche bleibe der Betriebsveräußerer, der mit der Einräumung der Optionen sein Vergütungsversprechen i.S.v. § 362 BGB erfüllt habe. Nach der Ausübungsreife hänge das Zustandekommen des Kaufvertrags über die Aktien nur noch von der Annahmeerklärung des begünstigten Arbeitnehmers ab. Die Option sei daher aus dem arbeitsrechtlichen Zusammenhang gelöst und bemesse sich allein nach kauf- bzw. aktienrechtlichen Regelungen.

Eine weitere Auffassung unterscheidet danach, ob die Ansprüche auf Gewährung der Aktienoptionen auf einer arbeitsvertraglichen Grundlage beruhen, weil nur letztere übergangsfähige Rechte i.S.v. § 613a BGB seien.[9] Die Situation stelle sich indes anders dar, wenn die Aktienoptionen dem Arbeitnehmer bereits durch einen Gewährungsvertrag eingeräumt worden seien. Die Rechte und Pflichten aus der Option sollen dann nicht nach § 613a BGB auf den Betriebserwerber übergehen, weil der Anspruch aus dem Arbeitsvertrag mit der Einräumung der Optionen erfüllt sei. Schuldner dieser Ansprüche bleibe der Veräußerer.[10]

2. Stellungnahme und Ergebnis

Für die Beurteilung der Übergangsfähigkeit kommt es entscheidend auf die Einordnung der Aktienoptionen an. Da sie einen Teil der Arbeitsvergütung bilden, sind sie unabhängig von der Einordnung als synallagmatische Vergütung oder freiwillige Zusatzleistung als Bestandteil der arbeitsvertraglichen Vergütungsabrede und damit als Teil des Arbeitsverhältnisses anzusehen.[11] Den Vergütungscharakter der Aktienoptionen erkennen grundsätzlich auch diejenigen an, die die Optionen als generell nicht übergangsfähiges Recht einordnen.[12] Wenn man aber die Aktienoptionen als Bestandteil der Vergütung für die Arbeitsleistung qualifiziert, ist nicht nachvollziehbar, warum die damit zusammenhängenden Rechte der Arbeitnehmer außerhalb des Arbeitsverhältnisses einzuordnen sein und bei einem Betriebsübergang nicht nach § 613a BGB übergehen sollen.[13] Soweit diese Auffassung als Begründung für ihr Ergebnis auf die Rechtsprechung des BAG zum Übergang der Aktienoptionen bei Ausgabe durch die Konzernobergesellschaft verweist,[14] kann dies nicht überzeugen.

8 *Schnittker/Grau*, BB 2002, 2497, 2499.

9 *Nehls/Sudmeyer*, ZIP 2002, 201, 202 ff. Ebenso *Scheuer*, S. 160 f.

10 *Nehls/Sudmeyer*, ZIP 2002, 201, 204. Ebenso *Scheuer*, S. 170 ff.

11 Dazu bereits § 1 IV 1 und 2 b bb.

12 *Bauer/Göpfert/Steinau-Steinrück*, ZIP 2001, 1129, 1130 f.; *Willemsen/Müller-Bonanni*, ZIP 2003, 1177, 1182.

13 In diesem Sinne auch *Schnittker/Grau*, BB 2002, 2497, 2498, die diese Sichtweise als inkonsequent bezeichnen.

Die Rechtsbeziehung zur Konzernobergesellschaft als Dritte kann nicht mit der Rechtsbeziehung zum Vertragsarbeitgeber gleichgestellt werden. Das BAG hat zu Recht darauf hingewiesen, dass die Konzernobergesellschaft mit der Vergabe der Aktienoptionen eigene und vom Arbeitsverhältnis mit der Konzerntochter unabhängige Ziele verfolge, und dass die Aktienoptionen grundsätzlich Vergütungsbestandteile sein können.[15] Diese Argumentation rechtfertigt daher nicht den Schluss, dass der Gewährungsvertrag stets als selbstständiges, neben dem Arbeitvertrag stehendes Rechtsverhältnis anzusehen ist, wenn die Optionen unmittelbar vom Arbeitgeber gewährt werden. Da die Optionen anders als bei der Einräumung durch die Konzernobergesellschaft in diesem Fall stets Teil der Vergütungsleistung sind, sind sie zwingend als Bestandteil des Arbeitsvertrages anzusehen. Die vertraglichen Beziehungen unterscheiden sich folglich grundlegend voneinander.

Außerdem kann allein die formalrechtliche Natur des Verfügungsgeschäfts in der Gestalt des Gewährungsvertrages[16] nicht dazu führen, dass der Vergütungscharakter und die damit zusammenhängenden arbeitsrechtlichen Fragestellungen in den Hintergrund treten. Anderenfalls könnte sich der Arbeitgeber durch die geschickte Wahl der Vergütungsform bzw. Vertragskonstruktion seiner arbeitsrechtlichen Verpflichtungen entledigen, obgleich es in der Sache um eine Vergütungsfrage geht. Der Entgeltcharakter ist das Hauptmotiv, das hinter allen Verträgen steht. Dies führt dazu, dass die schuldrechtliche Einordnung der einzelnen Verträge, die der Realisierung dieser Vergütungsform dienen, dahinter zurücktritt.[17]

Es ist außerdem kein Grund ersichtlich, warum man für die Beurteilung der Übergangsfähigkeit nach der Ausübungsreife der Aktienoptionen unterscheiden sollte. Der Ablauf der Wartefrist und das Erreichen der Erfolgsziele sind jeweils rein tatsächliche Entwicklungen, jedoch keine rechtlich systematischen Erwägungen. Der Zufluss der Vergütung, der in dem Optionsgewinn aus der Differenz zwischen dem aktuellen Aktienkurs und dem Basispreis liegt, erfolgt nach Ausübung der Aktienoptionen, weil der Arbeitnehmer erst ab diesen Zeitpunkt die Möglichkeit hat, den Gewinn durch den Verkauf der Aktien zu realisieren und damit über seine Vergütung zu verfügen. Das Ende der arbeitsvertraglichen Verknüpfung tritt somit erst nach Ausübung der Optionen oder dem zulässigen Verfall der Optionen ein, so dass die Einräumung der

---

14 So aber *Willemsen/Müller-Bonanni*, ZIP 2003, 1177, 1181.

15 *BAG* v. 12.02.2003, BB 2003, 1068, 1070.

16 Zu den vertraglichen Beziehungen und der Rechtsnatur des Gewährungsvertrages § 1 IV 2 b.

17 So zu Recht *Tappert*, NZA 2002, 1188, 1189. A.A. *Scheuer*, S. 169 ff., nach dessen Ansicht die kaufrechtliche Vertragskomponente überwiegt.

Aktienoptionen durch den Gewährungsvertrag nicht zum Ende der arbeitsvertraglichen Bindung führen kann. Solange der Zufluss des eigentlichen finanziellen Vorteils noch offen ist, sind alle Fragen, die zum arbeitgeberseitigen Entzug dieser Vergütungsart führen können, auf der Grundlage des Arbeitsrechts zu beurteilen. Dementsprechend wird man die Optionen bis dahin als übergangsfähige Rechte i.S.v. § 613a BGB ansehen müssen. Alle anderen Endpunkte mögen zwar wegen der noch aufzuzeigenden problematischen Rechtsfolgen nach Übergang praktisch vorteilhafter sein, sind aber systematisch und unter Wertungsgesichtspunkten nicht überzeugend zu begründen. Bei einer anderen Sichtweise wäre das Verhalten der Unternehmen außerdem als widersprüchlich einzuordnen, wenn es mit der Vereinbarung der üblichen Verfallklauseln bei Beendigung und der Betonung des Vergütungscharakters die Verbindung mit dem Arbeitsverhältnis zu Lasten des Arbeitnehmers einerseits herstellen, sich selbst aber der Verknüpfung unter Berufung auf die formal rechtliche Einordnung des Gewährungsvertrages entziehen will. Im Ergebnis ist daher der überwiegenden Ansicht zuzustimmen und festzuhalten, dass Aktienoptionen ohne Ausnahme als übergangsfähige Rechte i.S.v. § 613a BGB anzusehen sind.

3. Besonderheiten im Zusammenhang mit der Gewährung von Aktienoptionen durch eine Konzernobergesellschaft

In der Praxis finden sich vielfach Aktienoptionspläne, die von der Muttergesellschaft aufgelegt werden und in die neben den eigenen Mitarbeitern auch die der rechtlich selbstständigen Tochtergesellschaften einbezogen werden. Häufig legen international operierende Konzerne Programme auf, die den Mitarbeitern deutscher Tochtergesellschaften Aktienoptionen der im Ausland ansässigen Muttergesellschaft anbieten. Ob die Ansprüche im Zusammenhang mit den Aktienoptionsplänen als übergangsfähige Rechte i.S.v. § 613a BGB anzusehen sind, hängt in diesen Konstellationen davon ab, auf welche Weise die Optionen den Mitarbeitern innerhalb des Konzernverbunds eingeräumt werden. Werden sie vertraglich als Vergütung der Tochtergesellschaft bezeichnet und existiert daher eine arbeitsvertragliche Grundlage, so stellen sie eine Leistung eines Dritten i.S.v. § 267 BGB dar, aus der die Tochtergesellschaft als Arbeitgeberin verpflichtet ist.[18] In dieser Konstellation sind die Ansprüche im Zusammenhang mit den Aktienoptionen wegen ihres Entgeltcharakters Bestandteil des Arbeitsvertrages mit der Tochtergesellschaft und dementsprechend übergangsfähige Rechte i.S.v. § 613a BGB.[19] Zu einem anderen Ergebnis müssen

[18] Vergl. § 1 IV 2 a cc.

hingegen diejenigen Auffassungen kommen, die Aktienoptionen grundsätzlich nicht als übergangsfähige Rechte ansehen.

In der Praxis erfolgt die Teilnahme der Mitarbeiter an dem Programm der Konzernobergesellschaft regelmäßig unabhängig von und ohne Hinweis auf die arbeitsvertraglichen Beziehungen mit der Tochtergesellschaft. In solchen Konstellationen fehlt es einerseits an einer arbeitsvertraglichen Beziehung mit der Konzernobergesellschaft. Andererseits werden die Ansprüche aus dem Aktienoptionsplan nicht Bestandteil des Arbeitsverhältnisses mit der Tochtergesellschaft.[20] Die Folgen des Ausscheidens aus dem Konzernverbund richten sich dann allein nach den Regelungen des Programms der Konzernobergesellschaft. Die Aktienoptionen sind nicht Bestandteil des Arbeitsvertrages mit der Tochtergesellschaft und damit keine übergangsfähigen Rechte i.S.v. §§ 613a BGB.[21]

II. Verfallklauseln für den Fall des Betriebsübergangs

Da es beim Betriebsübergang zur Beendigung des Arbeitsverhältnisses mit dem Veräußerer als bisherigen Arbeitgeber kommt, stellt sich wie im Zusammenhang mit den übrigen Beendigungsgründen die Frage,[22] ob die Ansprüche derjenigen Mitarbeiter ersatzlos verfallen, deren Arbeitsverhältnisse auf den Erwerber übergehen. Ob Verfallklauseln für Ansprüche aus einem Aktienoptionsprogramm zulässig vereinbart werden können, oder ob es wegen des Fortfalls der mit den Programmen verfolgten Zwecke ohnehin zum automatischen Verfall der Aktienoptionen kommt, wird nicht einheitlich beurteilt.

[19] Im Ergebnis ebenso *Lipinsky/Melms*, BB 2003, 150, 154, die die Aktienoptionen allerdings generell und ohne Differenzierung als Bestandteil des Arbeitsvertrages mit der Tochtergesellschaft ansehen. Unklar *Annuß/Lembke*, BB 2003, 2230, 2232 ff., 2234, die die Aktienoptionen nur in Ausnahmefällen als Entgelt der Tochtergesellschaft ansehen und dementsprechend auch eine arbeitsvertragliche Verpflichtung der Tochtergesellschaft bezüglich der Ansprüche aus dem Aktienoptionsprogramm annehmen. Die Frage, ob in einer solchen Situation § 613a BGB zur Anwendung kommt, bleibt jedoch offen. Ebenso *Urban-Crell/Manger*, NJW 2004, 125, 126 f., die die Aktienoptionen bei der Gewährung durch Dritte nur im Ausnahmefall als Bestandteil des Arbeitsvertrages und dann als übergangsfähige Rechte i.S.v. § 613a BGB ansehen.

[20] Zu dieser Problematik bereits in § 1 IV 2 a cc.

[21] *BAG* v. 12.02.2003, BB 2003, 1068, 1070; *Annuß/Lembke*, BB 2003, 2230, 2231 f., 2234; *Gaul*, Arbeitsrecht und Unternehmensspaltung, § 13 Rn. 51; *Nehls/Sudmeyer*, ZIP 2002, 201, 204 f.; *Schnittker/Grau*, BB 2002, 2497, 2499; *Urban-Crell/Manger*, NJW 2004, 125, 126 f., *Willemsen/Müller-Bonanni*, ZIP 2003, 1177, 1180, 1184. A.A. *Lipinsky/Melms*, BB 2003, 150, 154; dagegen bereits in § 1 IV 2 b cc.

[22] Dazu bereits ausführlich in § 11.

1. Ansichten zum automatischen Verfall bei Betriebsübergang ohne ausdrückliche Regelung

Nach einer Auffassung kommt es beim Betriebsübergang auch ohne ausdrücklichen Vorbehalt im Aktienoptionsprogramm oder im Gewährungsvertrag stets zum ersatzlosen Verfall der Aktienoptionen. Dies wird damit begründet, dass die mit den Programmen verfolgte Zwecksetzung zwingend an den Fortbestand des Arbeitsverhältnisses im Unternehmen gebunden sei. Mit einem Inhaberwechsel entfalle daher die Geschäftsgrundlage. Aus den üblichen Verfallklauseln für den Fall der Beendigung des Arbeitsverhältnisses sei auf die Bedingung im Gewährungsvertrag zu schließen, dass das Arbeitsverhältnis mit dem ausgebenden Unternehmen im Ausübungszeitpunkt unverändert fortbestehen müsse. Unter Beachtung der Grundsätze der ergänzenden Vertragsauslegung schließe die Verfallklausel den Betriebsübergang ein.[23]

Nach anderer Ansicht gilt dies nur für den Betriebsübergang während der Wartezeit. Nach Ablauf der Wartezeit sei der Fall des Betriebsübergangs nicht mehr als Beendigung i.S.d. allgemeinen Verfallklauseln anzusehen.[24]

2. Stellungnahme zur Möglichkeit des Verfalls ohne Regelung

Ein ersatzloser Verfall der Aktienoptionen anlässlich des Betriebsübergangs ohne ausdrückliche Regelung ist allerdings für alle in Betracht kommenden Vergütungskonstellationen problematisch.

Unabhängig davon, ob die Aktienoptionen als synallagmatische Vergütungsform oder als freiwillige Zusatzleistung des Arbeitgebers eingeräumt werden, sind bei vorformulierten Verfallklauseln das Transparenzgebot in § 307 Abs. 1 S. 2 BGB sowie die Unklarheitenregelung in § 305c Abs. 2 BGB zu beachten. Damit eine Verfallklausel den Anforderungen des Transparenzgebots genügt und der Inhaltskontrolle Stand hält, ist eine eindeutige und klare Formulierung erforderlich. Aus ihr muss hinreichend deutlich hervor gehen, welche Arten der Beendigung von der Klausel umfasst sind. Entsprechend der Grundsätze zu den freiwilligen Sonderzahlungen müssen die Verfallklauseln wie die Kürzungs-, Stichtags- und Rückzahlungsklauseln ausdrücklich vereinbart werden und klar

23 *Bauer/Göpfert/Steinau-Steinrück*, ZIP 2001, 1129, 1131, die diese These allerdings nur hilfsweise aufstellen und im Übrigen davon ausgehen, dass die Optionen keine übergangsfähigen Rechte sind.

24 *Gaul*, Arbeitsrecht der Betriebs- und Unternehmensspaltung, § 13 Rn. 44; *Mechlem/Melms*, DB 2000, 1614, 1616.

erkennen lassen, in welchen Fallgestaltungen der Anspruch ausgeschlossen sein soll bzw. die Leistung zurückzugewähren ist.[25]

Sofern eine Klausel den ersatzlosen Verfall der Optionen bei Beendigung des Arbeitsverhältnisses anordnet, ist aber zweifelhaft, ob davon auch die Fälle des Betriebsübergangs erfasst sind. Das Arbeitverhältnis wird in dieser Situation nicht wie durch eine Kündigung endgültig beendet, sondern geht mit all seinen Rechten und Pflichten, einschließlich des sozialen Besitzstands sowie der Ansprüche auf freiwillige Arbeitgeberleistungen, auf den Betriebserwerber über.[26] Daher ist bereits fraglich, ob überhaupt der Tatbestand der Beendigung einschlägig ist[27] und wegen des Transparenzgebots nicht eine eindeutigere Regelung erforderlich ist. Jedenfalls wird wegen dieses entscheidenden Unterschieds zwischen der endgültigen Beendigung des Arbeitsverhältnisses durch eine Kündigung sowie vergleichbarer Fälle und der Beendigung infolge des Übergangs auf den Erwerber nicht hinreichend deutlich, ob eine allgemeine Verfallklausel beide Formen der Beendigung erfasst. Gem. § 305c Abs. 2 BGB gehen Zweifel bei der Auslegung der Klausel zu Lasten des Arbeitgebers als Verwender und damit des die Aktienoptionen ausgebenden Unternehmens. Aus diesem Grund ist der automatische Verfall ohne ausdrückliche Regelung auf der Grundlage allgemeiner Verfallklauseln für vorformulierte Klauseln generell abzulehnen.

Gleiches muss für Ansprüche auf Einräumung der Aktienoptionen gelten. Insoweit könnte man daran denken, dass die betroffenen Arbeitnehmer wegen des Betriebsübergangs nicht mehr zum begünstigten Arbeitnehmerkreis des Aktienoptionsprogramms gehören, weil im Ausgabezeitpunkt kein Arbeitsverhältnis mit dem Unternehmen mehr besteht. Da sich die Ausschlussklauseln jedoch auf die endgültige Beendigung infolge einer Kündigung oder aus anderen Gründen beziehen, können sie ebenfalls nicht auf den Fall des Betriebsübergangs ausgedehnt werden, bei dem es gerade nicht zur Beendigung des betroffenen Arbeitsverhältnisses kommt.

Für individuell vereinbarte Klauseln ergibt sich dieses Ergebnis bei konsequenter Anwendung der Grundsätze über die ergänzende Vertragsauslegung. Wie bereits an anderer Stelle herausgearbeitet, tritt bei der ergänzenden Vertragsauslegung an die Stelle einer unwirksamen Klausel eine angemessene Regelung, die die Interessen beider Parteien angemessen berücksichtigt und bei sachgerechter Abwägung der beiderseitigen Interessen der Parteien redlicher Weise vereinbart worden wäre.[28] Zum einen fehlt es in der Situation des Be-

---

[25] Vergl. dazu § 11 V 6 sowie § 4 IV 4 c aa.

[26] *ErfK/Preis*, § 613a BGB Rn. 73.

[27] Darauf weisen *Nehls/Sudmeyer*, ZIP 2002, 201, 205 zu Recht hin.

[28] Vergl. § 11 V 5 b bb.

triebsübergangs an einer vertraglichen Regelungslücke, die durch den Wegfall einer unwirksamen Klausel entstanden ist. Und zum anderen entspricht der ersatzlose Verfall der Aktienoptionen keinesfalls den Interessen der betroffenen Arbeitnehmer, die ohne Einflussmöglichkeiten aufgrund einer unternehmerischen Entscheidung ihres Arbeitgebers einen Teil ihrer Vergütungsansprüche verlieren sollen. Dieser Aspekt wird zwar von einem Teil der Gegenansicht ebenfalls eingeräumt. Denn es wird darauf hingewiesen, dass das Gebot der Angemessenheit, wie es in § 307 Abs. 1, Abs. 2 BGB zum Ausdruck komme, den Arbeitgeber wohl zu einem wirtschaftlichen Ausgleich verpflichte.[29] Dieser Umstand ist aber nicht nur bei vorformulierten Vertragsklauseln zu berücksichtigen, sondern steht der Ausdehnung der allgemeinen Verfallklauseln auf den Fall des Betriebsübergangs im Wege der ergänzenden Vertragsauslegung generell entgegen. Aus diesem Grund sind die zuvor dargestellten Ansichten, die bei Betriebsübergängen den automatischen ersatzlosen Verfall auch ohne ausdrückliche Regelung auf der Grundlage der allgemeinen Verfallklauseln für möglich halten, abzulehnen.[30]

III. Zulässigkeit der Vereinbarung von Verfallklauseln für den Fall des Betriebsübergangs

Damit ist aber noch die Frage beantwortet, ob Klauseln, die den ersatzlosen Verfall der Aktienoptionen beim Betriebsübergang anordnen, zulässiger Weise ausdrücklich vereinbart werden können oder generell unwirksam sind. Dies wird ebenfalls nicht einheitlich beurteilt.

1. Meinungsstand

Der Teil der Literatur, der schon den automatischen Verfall unterstellt, hält dies unproblematisch für zulässig.[31] Die Gegenansicht lehnt die Möglichkeit

29 So die Überlegung von *Gaul*, Arbeitsrecht der Betriebs- und Unternehmensspaltung, § 13 Rn. 43.

30 Im Ergebnis, wenn auch mit abweichender Begründung ebenso *Nehls/Sudmeyer*, ZIP 2002, S. 203 f.; *Schnittker/Grau*, BB 2002, 2497, 2498; *Tappert*, NZA 2002, 1188, 1190 f.

31 *Bauer/Göpfert/Steinau-Steinrück*, ZIP 2001, 1129, 1131, die diese These allerdings nur hilfsweise aufstellen und im Übrigen davon ausgehen, dass die Optionen keine übergangsfähigen Rechte sind.

einer solchen Vereinbarung demgegenüber unter Hinweis auf die Kontinuitätsfunktion bzw. eine drohende Umgehung von § 613a BGB generell ab.[32]

Andere schlagen differenzierte Lösungsansätze vor. Nach einer Auffassung ist zwischen ausübungsreifen und nicht ausübungsreifen Optionen zu differenzieren. So soll eine Verfallklausel für ausübungsreife Optionen nur vereinbart werden können, wenn dem Arbeitnehmer die Möglichkeit eingeräumt wird, die Optionen zum nächstmöglichen Termin noch auszuüben. Ein sofortiger ersatzloser Verfall sei demgegenüber unzulässig. Verfallklauseln für nicht ausübungsreife Optionen sollen demgegenüber ohne weitere Einschränkungen zulässig sein.[33]

Zu ähnlichen Ergebnissen kommen diejenigen, die allein auf die Wartezeit abstellen und die Vereinbarung einer Verfallklausel vor deren Ablauf für zulässig halten. Später sei diese Vereinbarung nur zulässig, wenn den Arbeitnehmern die Möglichkeit verbleibe, die Optionen im nächsten Ausübungsfenster auszuüben.[34]

Weitere Auffassungen differenzieren danach, ob es sich bei den Optionen um Entgelt im engeren oder weiteren Sinne handelt.[35] Für nicht ausübungsreife Aktienoptionen als Zusatzleistung könne der ersatzlose Verfall bei Betriebsübergang vereinbart werden, während dies für ausübungsreife Optionen gegen Werterstattung zulässig sei. Sofern die Aktienoptionen als Entgelt im engeren Sinne eingeräumt worden seien, könne der Verfall ebenfalls nur gegen finanziellen Ausgleich vereinbart werden.

2. Eigener Ansatz

Für die Beurteilung der Zulässigkeit der Klauseln, die den ersatzlosen Verfall bei Betriebsübergang anordnen, ist wie bei den Verfallklauseln für die übrigen Beendigungsgründe danach zu unterscheiden, ob es sich um eine synallagmatische Vergütungsform oder eine zusätzliche freiwillige Leistung handelt. Darüber hinaus sind die verschiedenen Kontrollansätze zu berücksichtigen, nach denen die Klausel der strengeren Angemessenheitskontrolle nach den § 307 Abs. 1, Abs. 2 BGB oder der Inhaltskontrolle nach den allgemeinen

[32] *Nehls/Sudmeyer*, ZIP 2002, 201, 205 f., *Lipinsky/Melms* BB 2003, 150, 154; *Tappert*, NZA 2002, 1188, 1192 f.

[33] *Willemsen/Müller-Bonanni*, ZIP 2003, 1177, 1181 f.; zustimmend *Urban-Crell/Manger*, NJW 2004, 125, 128. So wohl auch *Schnittker/Grau*, BB 2002, 2497, 2502 f.

[34] *Mechlem/Melms*, DB 2000, 1614, 1615. In diesem Sinne wohl auch *Gaul*, Arbeitsrecht der Betriebs- und Unternehmensspaltung, § 13 Rn. 43.

[35] *Lembke*, BB 2001, 1469, 1474. Ebenso *Scheuer*, S. 176.

Vorschriften unterliegt. Soweit demgegenüber vertreten wird, die Verfallklauseln unterlägen als Teil des Gewährungsvertrages nicht der arbeitsrechtlichen Kontrolle, ist dies aus den bereits genannten Gründen abzulehnen, weil der Vergütungscharakter allein wegen der formalen Vertragskonstruktion außer Acht gelassen wird.[36] Wie bei der Untersuchung der Zulässigkeit der Verfallklauseln bei Beendigung des Arbeitsverhältnisses ist daher wie folgt zu unterscheiden.

a) Kontrollmaßstab für vorformulierte Verfallklauseln bei Aktienoptionen als *synallagmatische* Vergütungsform

aa) Zulässigkeit des vollständigen Verfalls nach Beginn bzw. Ablauf der Vergütungsperiode

Sofern Aktienoptionen als *synallagmatische* Vergütungsform eingeräumt werden, ist wie bei Beendigung des Arbeitsverhältnisses eine Regelung unangemessen, die den ersatzlosen Verfall der Aktienoptionen bei Betriebsübergang anordnet, obgleich der Arbeitnehmer seine Arbeitsleistung für den Vergütungszeitraum ganz oder teilweise erbracht hat.[37] Solche Klauseln würden den Arbeitnehmer ihre bereits erdiente Gegenleistung teilweise entziehen. Dies widerspricht den in § 326 Abs. 1 S. 1 und § 628 Abs. 1 S. 1 BGB zum Ausdruck kommenden Grundsätzen, wonach dem Arbeitnehmer bei der Beendigung des Arbeitsverhältnisses grundsätzlich eine seiner erbrachten Leistung entsprechende Vergütung zusteht,[38] und gilt unabhängig von der Ausübungsreife der Optionen und dem Ablauf der Wartezeit. Entscheidend ist allein, dass der Arbeitnehmer seine Arbeitsleistung und damit seinen Beitrag für die künftige Unternehmensentwicklung bereits erbracht hat. Die Gegenauffassungen, die den Verfall für nicht ausübungsreife Optionen oder vor Ablauf der Wartezeit für zulässig halten, sind für diese Fallgestaltung aus diesem Grund abzulehnen.

bb) Verfall vor Gewährung der Aktienoptionen bzw. vor Ablauf der Vergütungsperiode

Vor Beginn der Vergütungsperiode bzw. vor Einräumung der Optionen steht die erbrachte Arbeitsleistung dem ersatzlosen Verfall allerdings nicht entgegen.

---

[36] Zu dieser Problematik bereits in § 1 IV 2 a cc.

[37] Zu den Verfallklauseln bei Beendigung vergl. § 11 V 4 d, V 5 c.

[38] Dazu § 11 V 4 b.

Gleiches gilt, wenn der Verfall nur für den Zeitraum der noch nicht abgelaufenen Vergütungsperiode vereinbart wird. In der ersten Konstellation würde der Arbeitnehmer bei Beendigung des Arbeitsverhältnisses nicht mehr zum anspruchsberechtigten Personenkreis gehören und hätte bereits aus diesem Grund keinen Anspruch auf die Gewährung der Aktienoptionen. In der zweiten Fallgestaltung könnte eine Verfallklausel für den Fall der Beendigung des Arbeitsverhältnisses zulässiger Weise vereinbart werden.[39] Es stellt sich folglich die Frage, ob die zuvor genannten Grundsätze auch für den Fall des Betriebsübergangs gelten. Anders als in den übrigen Beendigungsfällen gehen die Ansprüche der Arbeitnehmer in dieser Situation gem. § 613a Abs. 1 S. 1 BGB grundsätzlich und ohne Ausnahme auf den Betriebserwerber über.[40] Der Arbeitnehmer erbringt seine Arbeitsleistung weiterhin auf der Grundlage seines ursprünglich geschlossenen Arbeitsvertrages. Auf der anderen Seite wechselt lediglich der Arbeitgeber als Vertragspartner. Im Gegensatz zur Beendigung des Arbeitsverhältnisses aus anderen Gründen kann der Arbeitnehmer seine Arbeitsleistung also noch bis zum Ablauf der Vergütungsperiode erbringen, für welche die Aktienoptionen gewährt wurden bzw. eingeräumt werden sollen. Der ersatzlose Verfall würde daher zum Entzug eines Vergütungsbestandteils und zur Gehaltskürzung führen.

Eine solche Änderung der arbeitvertraglichen Vergütungsvereinbarung ist im Regelfall nur im Wege des einvernehmlichen Änderungsvertrages oder der Änderungskündigung nach § 2 KSchG möglich. Ob eine Änderungskündigung in dieser Situation zulässig wäre, ist mit Blick auf das Kündigungsverbot in § 613a Abs. 4 S. 1 BGB zweifelhaft. Danach ist eine Kündigung durch den Erwerber oder Veräußerer wegen des Betriebsübergangs gerade ausgeschlossen. Das Verbot erstreckt sich auch auf andere Beendigungstatbestände, wenn sie darauf abzielen, den Schutz des § 613a BGB zu umgehen.[41] Dazu zählen insbesondere auflösende Bedingungen.[42] Auf der anderen Seite ist aber die Regelung in § 613 Abs. 4 S. 2 BGB zu beachten. Wegen dieser Vorschrift ist stets zu prüfen, ob es neben dem Betriebsübergang einen sachlichen Grund gibt, der die Kündigung zu rechtfertigen vermag, und der Betriebsübergang daher nur der äußere Anlass und nicht der tragende Grund für die Kündigung ist.[43] Gleiches muss für die anderen Beendigungsgründe gelten. Sie sind ebenfalls

[39] Vergl. § 11 V 5 b, V 6.

[40] Dazu oben in § 13 I 2.

[41] *BAG* v. 15.02.1994, AP Nr. 166 zu § 620 BGB Befristeter Arbeitsvertrag unter II 2; *ErfK/Preis*, § 613a BGB Rn. 153.

[42] *BAG* v. 28.04.1987, AP Nr. 5 zu § 1 BetrAVG Betriebsveräußerung unter II 2; v. 10.12.1998, AP Nr. 185 zu § 613a BGB unter B II.

[43] *BAG* v. 26.05.1994, AP Nr. 105 zu § 613a BGB unter II 2 a; zuletzt v. 16.05.2002, NZA 2003, 93, 99.

wirksam, wenn es für ihre Vereinbarung einen sachlichen Grund gibt und eine Umgehung des Kündigungsverbots ausgeschlossen ist.[44]

Eine Verfallklausel als auflösende Bedingung i.S.v. § 158 Abs. 2 BGB[45] wäre daher unter Berücksichtigung von § 613a Abs. 4 BGB nur wirksam, wenn die Änderung aus anderen Gründen gerechtfertigt wäre und der Betriebsübergang nicht der tragende Grund für den Verfall der Optionen wäre. Als sachlicher Grund wird zum einen der Wegfall des mit der Leistung verfolgten Zwecks genannt. Mit dem Übergang des Arbeitsverhältnisses könnten die vom ausgebenden Unternehmen verfolgte Honorierung der Arbeitsleistung und Bindung an das Unternehmen nicht mehr erreicht werden. Die Einräumung der gesellschaftsrechtlichen Beteiligung am Unternehmen des Veräußerers sei daher an den Fortbestand des Arbeitsverhältnisses gebunden.[46]

Dieser Grund vermag den ersatzlosen Verfall des synallagmatischen Vergütungsbestandteils nicht zu rechtfertigen. In dieser Konstellation werden Aktienoptionen als Gegenleistung für die Arbeitsleistung eingeräumt. Die Anreiz- und Bindungswirkung machen zwar diese besondere Vergütungsform aus, sind aber neben der unmittelbaren Vergütung der Arbeitsleistung als zweitrangig anzusehen. Sofern die Aktienoptionen als Gegenleistung für die Arbeitsleistung vereinbart werden, kann der Fortfall von Nebenzwecken jedenfalls nicht dazu führen, dass dieser Hauptzweck der Leistung unbeachtlich ist. Ein vollständiger und ersatzloser Verfall der Vergütung bei gleichbleibender Arbeitsleistung ist somit allein wegen des Betriebsübergangs nicht gerechtfertigt. Zu diesem Ergebnis kommen auch diejenigen Vertreter in der Literatur, die die mögliche Vereinbarung der Verfallklauseln für den Fall des Betriebsübergangs ablehnen. Sie stützen ihr Ergebnis auf die Umgehung des § 613a BGB, allerdings unter dem Gesichtspunkt des unzulässigen Verzichts auf betriebliche Sozialleistungen aus Anlass des Betriebsübergangs.[47]

Als Ergebnis ist festzuhalten, dass vorformulierte Klauseln, die den Verfall der Aktienoptionen im Falle des Betriebsübergangs anordnen, die als unmittelbare Gegenleistung für die Arbeitsleistung gewährt worden sind oder eingeräumt werden sollen, wegen der Umgehung von § 613a BGB eine unangemessene Regelung i.S.v. § 307 Abs. 1, Abs. 2 BGB darstellen und wegen des zwingenden Charakters dieser Vorschrift[48] gem. § 613a Abs. 4 S. 1 BGB nichtig sind.

---

44 Ebenso *ErfK/Preis*, § 613a BGB Rn. 154 f.

45 Vergl. § 11.

46 *Bauer/Göpfert/v. Steinau-Steinrück*, ZIP 2001, 1129, 1131.

47 *Nehls/Sudmeyer*, ZIP 2002, 201, 205. Zu diesem Aspekt noch in § 13 III 2 d bb.

48 *ErfK/Preis*, § 613a BGB Rn. 82 m.w.N.

b) Kontrollmaßstab für individuell vereinbarte Verfallklauseln bei Aktienoptionen als *synallagmatische* Vergütungsform

Dies gilt auch für individuell vereinbarte ersatzlose Verfallklauseln. Grundsätzlich haben die Parteien bei solchen Vereinbarungen zwar einen größeren Handlungsspielraum. Die Grenze bilden allerdings die allgemeinen Vorschriften, zu denen § 613a Abs. 4 S. 1 BGB gehört.[49]

c) Kontrollmaßstab für vorformulierte Verfallklauseln bei Aktienoptionen als *nicht synallagmatische* Zusatzleistung

Es bleibt zu untersuchen, ob Verfallklauseln der Angemessenheitskontrolle nach § 307 Abs. 1, Abs. 2 BGB stand halten, wenn sie sich auf Aktienoptionen außerhalb des unmittelbaren Austauschverhältnisses von Arbeitsleistung und Vergütung beziehen. In diesen Fallgestaltungen stehen die Bindung und die Identifikation mit dem Unternehmen sowie die Honorierung der Betriebstreue im Vordergrund. Da die Optionen die Arbeitsleistung zusätzlich vergüten, spielen Motivations- und Anreizwirkung demgegenüber eine untergeordnete Rolle. Beim Betriebsübergang gehen die Ansprüche im Zusammenhang mit den Aktienoptionsprogrammen wie alle betrieblichen freiwilligen Leistungen auf das Erwerberunternehmen über. Mit dem Ausscheiden aus dem Unternehmen des Veräußerers leisten die betroffenen Arbeitnehmer aber weder einen weiteren Beitrag zur Steigerung des Unternehmenswerts, noch erweisen sie sich weiterhin betriebstreu, so dass der mit dem Optionsplan ursprünglich verfolgte Zweck ins Leere läuft. Es stellt sich daher die Frage, ob der Verfall in dieser Konstellation als Umgehung der in § 613a BGB normierten Grundsätze einzuordnen ist oder ob der Zweckfortfall den Verfall rechtfertigt.

aa) Zulässigkeit der Verfallklauseln für die Ansprüche auf Gewährung der Optionen

Der Zweckfortfall führt allerdings nicht automatisch zum Erlöschen der Ansprüche. Er stellt lediglich einen sachlichen Grund dar, der dem Arbeitgeber die Möglichkeit eröffnet, sich von dieser Verpflichtung für die Zukunft zu lösen, weil sich der Arbeitgeber aus diesem Grund, wie zuvor festgestellt, den Widerruf der Leistung vorbehalten kann. [50] Dies gilt allerdings nur für die An-

[49] Vergl. § 11 VII für die allgemeinen Verfallklauseln.

[50] Allgemein zu den zulässigen Widerrufsgründen § 12 V 2 c bb und speziell zu den Aktienoptionen als *nicht synallagmatische* Vergütungsform § 12 V 3 d.

sprüche auf die Gewährung der Optionen, während Ansprüche aus eingeräumten Optionen nicht mehr widerrufen werden können.[51] Wenn aber der Widerruf für Ansprüche auf Einräumung der Optionen in dieser Situation möglich ist, ohne dass dies eine unangemessene Regelung i.S.v. § 307 Abs. 1, Abs. 2 BGB darstellt, so muss auch eine Verfallklausel zulässig sein, die zu demselben Ergebnis führt. Anders als bei Aktienoptionen, die als *synallagmatische* Vergütungsform eingeräumt werden sollen, führt der Verfall nicht zu einer Umgehung der allgemeinen Kontinuitätsfunktion oder des Kündigungsverbots in § 613a Abs. 4 BGB,[52] weil der Wegfall der Ansprüche nicht nur im Wege einer Änderungskündigung, sondern auch durch Widerruf erreicht werden kann.[53] Der Verfall ist daher infolge des Zweckfortfalls als sachlichen Grund gerechtfertigt. In einer solchen Regelung ist zudem kein unzulässiger Verzicht auf betriebliche Sozialleistungen und damit auf Rechte aus § 613a S. 1 BGB zu sehen.[54] Soweit in diesem Zusammenhang auf die strenge Rechtsprechung des BAG hingewiesen wird, vermag dies nicht zu überzeugen. Das BAG hält zwar den Verzicht auf betriebliche Sozialleistungen bei einem Betriebsübergang nur dann für wirksam, wenn dafür sachliche Gründe wie die Erhaltung von Arbeitsplätzen vorliegen,[55] hat aber auf der anderen Seite die Rechtmäßigkeit des Verzichts auf Versorgungsanwartschaften an den Voraussetzungen für den Widerruf der Leistung gemessen.[56] Überträgt man diese Grundsätze auf Aktienoptionen als *nicht synallagmatische* Zusatzleistung, so muss der Verzicht auf die Gewährung der Optionen ebenfalls zulässig sein, wenn der Widerruf zulässig wäre. Letzteres trifft aber zu, so dass eine unzulässiger Verzicht auf Rechte aus § 613a BGB zu verneinen ist.

Aus all diesen Gründen sind Verfallklauseln für die Ansprüche auf die Einräumung der Aktienoptionen als freiwillige Zusatzleistung bei Betriebsübergang

[51] Dazu bereits § 12 V 3 d.

[52] So aber generell *Tappert*, NZA 2002, 1188, 1192 f. Unklar *Schnittker/Grau*, BB 2002, 2497, 2498, 2502 f., die Gewährungsansprüche mit nicht ausübungsreifen Optionen gleichsetzen, Verfallklauseln wegen einer möglichen Umgehung von § 613a BGB aber ausdrücklich nur für letztere unzulässig halten.

[53] Ebenso *Nehls/Sudmeyer*, ZIP 2002, 201, 206, Fn. 43. Weitergehender *Willemsen/Müller-Bonanni*, die dem Programm einen solchen Widerrufsvorbehalt allerdings im Wege der ergänzenden Vertragsauslegung entnehmen wollen, auf den sich der Erwerber unabhängig von der Art der Leistung stets berufen könne. Diese Auffassung widerspricht den Grundsätzen zur Vereinbarung von Widerrufsvorbehalten (vergl. § 12 V 1.) und ist daher abzulehnen.

[54] So aber *Tappert*, NZA 2002, 1188, 1193, der Verfallklauseln aus diesem Grund gem. § 134 BGB für nichtig hält. Ähnlich *Nehls/Sudmeyer*, ZIP 2002, 201, 205.

[55] *BAG* v. 18.8.1976, AP Nr. 4 zu § 613a BGB unter 2 c; v. 17.1.1980, AP Nr. 18 zu § 613a BGB unter IV 2 b; v. 12.5.1992, AP Nr. 14 zu § 1 BetrAVG Betriebsveräußerung unter II 2.

[56] Vergl. *BAG* v. 12.5.1992, AP Nr. 14 zu § 1 BetrAVG Betriebsveräußerung unter II 3.

nicht als unangemessen anzusehen. Es ist daher zulässig, Verfallklauseln für den Fall des Betriebsübergangs einheitlich in allen Vergütungsvereinbarungen oder im Aktienoptionsprogramm zu vereinbaren.

bb) Zulässigkeit der Verfallklauseln für bereits eingeräumte Aktienoptionen

Anders ist die Situation für bereits eingeräumte Aktienoptionen zu beurteilen, weil für sie ein Widerrufsvorbehalt als einseitige Änderungs- bzw. Beendigungsmöglichkeit nicht vereinbart werden kann.[57]

Zu prüfen bleibt aber, ob die Arbeitnehmer anlässlich eines Betriebsübergangs auf diese Ansprüche ersatzlos verzichten können. Dann müsste die Vereinbarung einer entsprechenden Verfallklausel, die zu demselben Ergebnis führen würde, ebenfalls zulässig sein. Der Verzicht auf Sozialleistungen anlässlich eines Betriebsübergangs ist aber nach der Rechtsprechung nur auf der Grundlage einer für den konkreten Übergang getroffenen Vereinbarung zulässig. Die Vereinbarung einer Verfallklausel, durch die der Verzicht auf Teile der Vergütung ohne konkreten Betriebsübergang im Voraus erklärt wird, genügt folglich diesen Anforderungen nicht.[58] Die Gegenansicht, die den Zweckfortfall bei Übergang pauschal als sachlichen Grund ansieht,[59] überzeugt nicht, weil sie nicht näher auf die besonderen Voraussetzungen eingeht, die für einen Verzicht unter Berücksichtigung der zwingenden Kontinuitätsfunktion des § 613a BGB vorliegen müssen. Gleiches gilt für die Auffassung, die die Verfallklauseln für den Fall des Betriebsübergangs mit denen anlässlich einer betriebsbedingten Kündigung gleichstellt und aus diesem Grund für zulässig hält.[60] Zum einen ist der Übergang des Arbeitsverhältnisses nicht mit der vollständigen Beendigung infolge einer betriebsbedingten Kündigung vergleichbar, und zum anderen wird dabei außer Acht gelassen, dass die betriebsbedingte Kündigung im Regelfall die strengen Anforderungen des Kündigungsschutzgesetzes erfüllen muss, während der Betriebsübergang keiner besonderen Kontrolle unterliegt. Die beiden Fallgestaltungen sind demnach nicht miteinander vergleichbar.[61]

Im Ergebnis ist daher festzuhalten, dass die Vereinbarung einer Klausel, die bei Betriebsübergang den ersatzlosen Verfall der Aktienoptionen als *nicht syn-*

---

57 Vergl. § 12 V 3 d.

58 So auch *Nehls/Sudmeyer*, ZIP 2002. 201, 205; *Tappert*, NZA 2002, 1188, 1193.

59 *Willemsen/Müller-Bonanni*, ZIP 2003, 1177, 1182, die den Verfall noch nicht ausübungsreifer Optionen aus diesem Grund für zulässig halten.

60 *Bauer/Göpfert/von Steinau-Steinrück*, ZIP 2001, 1129, 1130.

61 So zu Recht *Nehls/Sudmeyer*, ZIP 2002. 201, 205.

allagmatische Leistung anordnet, wegen der Schutzfunktion des § 613a Abs. 1 S. 1 BGB unzulässig ist.

d) Kontrollmaßstab für individuell ausgehandelte Verfallklauseln bei Aktienoptionen als freiwillige Zusatzleistung

Da es sich bei § 613a BGB um eine zwingende Vorschrift handelt, die weder abbedungen noch umgangen werden darf, muss gleiches auch für individuell vereinbarte Verfallklauseln für den Fall des Betriebsübergangs gelten, die zum ersatzlosen Wegfall der Aktienoptionen führen würden. Diese sind folglich nach § 613a Abs. 4 S. 1 BGB nichtig und damit ebenfalls als unzulässig anzusehen.

IV. Folgen für die Ansprüche aus Aktienoptionsprogrammen bzw. eingeräumten Aktienoptionen bei Betriebsübergang

Sofern die Ansprüche auf Gewährung der Aktienoptionen bzw. die Ansprüche aus den bereits eingeräumten Optionen durch den Betriebsübergang auf den Erwerber übergehen, ist dieser als Schuldner der Ansprüche[62] bei Optionsausübung zur Einräumung der unternehmensfremden Aktien zum zugesagten Basispreis und damit zur Beschaffung verpflichtet. Es bleibt daher zu klären, in welcher Form diese Ansprüche zu erfüllen sind.

1. Praktische Schwierigkeiten und Interessenlage bei der Abwicklung der übergegangenen Aktienoptionen

Haben Erwerber und Veräußerer keine gesonderte Regelung für die übergegangenen Ansprüche aus dem Aktienoptionsprogramm getroffen, so ist der Erwerber bei marktgängigen Aktien zu deren Beschaffung an der Börse oder vom Veräußerer verpflichtet. Dies ist mit einem erheblichen Liquiditätsverlust und mit hohen Kursrisiken verbunden.[63] Zudem hat das Erwerberunternehmen

62 Vergl. *Mechlem/Melms*, BB 2003, 150, 154; *Schnittker/Grau*, BB 2003, 2497, 2500 (nur für für nicht ausübungsreife Optionen); *Tappert*, NZA 2002, 1188, 1193 f.

63 *Tappert*, NZA 2002, 1188, 1193; *Willemsen/Müller-Bonanni*, ZIP 2003, 1177.1182 f.

kein Interesse an der Beibehaltung einer Vergütungsform, die an den wirtschaftlichen Erfolg eines anderen Unternehmens anknüpft.[64] Das veräußernde Unternehmen hat ebenfalls kein Interesse an der Einräumung der Aktien an seine ehemaligen Mitarbeiter, weil die ursprünglich mit der Auflage des Optionsprogramms verfolgte Bindungs- und Anreizwirkung nicht mehr erreicht werden kann.[65]

2. Beschaffungspflicht des Erwerbers

Wegen der geschilderten Schwierigkeiten wird teilweise bereits die Beschaffungspflicht abgelehnt. Sofern die Aktien nicht an der Börse gehandelt würden, sei dem Erwerber die Erfüllung der Optionszusage subjektiv unmöglich. Seine Beschaffungspflicht erlösche daher nach § 275 Abs. 1 BGB.[66]

Ein Fall subjektiver Unmöglichkeit ist aber abzulehnen, weil Betriebsveräußerer und -erwerber die Möglichkeit haben, im Rahmen der Verhandlungen über den Betriebsübergang eine Regelung zu treffen, nach der die Aktien dem Betriebserwerber zur Bedienung der Optionen bzw. zur Weiterleitung an die begünstigten Mitarbeiter eingeräumt werden.[67]

Dem Erwerber kann allenfalls ein Leistungsverweigerungsrecht i.S.v. § 275 Abs. 2 BGB zustehen, auf das er sich im Einzelfall berufen muss, um seine Leistungspflicht auszuschließen.[68] Denkbare Gründe für den Ausschluss der Leistungspflicht sind die enormen Kosten für den Ankauf der Aktien an der Börse oder vom veräußernden Unternehmen.[69] Das Leistungsverweigerungsrecht setzt voraus, dass die Leistungserbringung für den Schuldner unzumutbar ist.[70] Bei dieser Prüfung ist allerdings zu berücksichtigen, das der Betriebserwerber im Rahmen der Übernahmeverhandlungen die Möglichkeit hat, für die Beschaffung vorzusorgen. So kann er den Abschluss des Übernahmevertrags davon abhängig machen, dass ihm der Betriebsveräußerer bei Ausübung der Optionen durch die übergegangenen Mitarbeiter die zur Bedienung erforderlichen Aktien einräumt. Zudem kann er einen Abzug vom Kaufpreis in Höhe der Kosten geltend machen, die beim Ankauf der Optionen an der Börse drohen

---

64 *Schnittker/Grau,* ZIP 2002, 2497, 2500.
65 *Nehls/Sudmeyer*, ZIP 2002, 201, 206; *Schnittker/Grau,* ZIP 2002, 2497, 2500; *Tappert,* NZA 2002, 1188, 1194.
66 *Schnittker/Grau*, BB 2003, 2497, 2500. In diesem Sinne auch *Bauer/Göpfert/v. Steinau-Steinrück*, ZIP 2001, 1129, 1131 und *Tappert*, NZA 2002, 1188, 1190.
67 Darauf weisen *Nehls/Sudmeyer*, ZIP 2002, 201, 208 ebenfalls hin.
68 Vergl. *Staudinger/Löwisch*, § 275 Rn. 73, 93; *Staudinger/Otto*, § 283 Rn. 34, 37.
69 Vergl. 275 Rn. 80
70 *Staudinger/Löwisch*, § 275 Rn. 70 ff.; *Staudinger/Otto*, § 283 Rn. 35.

und somit einen Ausgleich für die Lasten vereinbaren, die ihm bei der Abwicklung des Aktienoptionsprogramms entstehen. Demzufolge scheiden das Leistungsverweigerungsrecht und die Befreiung von der Beschaffungspflicht nach § 275 Abs. 2 BGB regelmäßig aus.[71] Im Ergebnis ist somit von einer Beschaffungspflicht des Erwerbers auszugehen.[72]

3. Lösungsvorschläge in der Literatur

In der Literatur werden verschiedene Lösungsvorschläge diskutiert, die teilweise, wie bereits angesprochen, schon den Übergang der Optionen verhindern wollen sind.[73] Weitere Vorschläge werden im Folgenden dargestellt.

a) Möglichkeit der Änderungskündigung mit Stellungnahme

Nach einer Auffassung kann sich der Erwerber nach Betriebsübergang nur durch Ausspruch einer Änderungskündigung von den vertraglichen Verpflichtungen aus dem Aktienoptionsprogramm befreien.[74] Der Erwerber könne die Kündigung auf den organisatorischen und finanziellen Aufwand stützen, der mit der Durchführung des fremden Aktienoptionsprogramms verbunden sei. Noch weiter geht eine Auffassung, die das dringende betriebliche Erfordernis allein wegen der Orientierung am Aktienkurs eines anderen Unternehmen annimmt.[75] Diese Ansätze sind allerdings wegen § 613a Abs. 4 BGB abzulehnen. Für den organisatorischen und finanziellen Aufwand ist allein der Betriebsübergang ursächlich. Daher würde eine Änderungskündigung allein wegen des Betriebsübergangs ausgesprochen und wäre folglich gem. § 613a Abs. 4 S. 1 BGB nichtig.

b) Wegfall der Geschäftsgrundlage als Ausgangspunkt

Die Mehrheit der Autoren geht im Falle eines Betriebsübergangs vom Wegfall der dem Aktienoptionsprogramm zugrunde liegenden Geschäftsgrundlage aus

71 Im Ergebnis ebenso *Nehls/Sudmeyer*, ZIP 2002, 201, 203; die von einer nicht konkretisierten Gattungsschuld ausgehen; *Tappert*, NZA 2002, 1188, 1192, nach dessen Ansicht die § 275 allerdings durch den Anwendungsvorrang des auf europäischem Recht basierenden § 613a durchbrochen wird.

72 Im Ergebnis *Bauwens*, S. 149, ohne Hinweis auf § 275 BGB.

73 Vergl. § 13 III 1.

74 *Nehls/Sudmeyer*, ZIP 2002, 201, 207.

75 *Bauwens*, S. 150 f. Ebenso *Scheuer*, S. 165 ff.

und befürwortet unter Heranziehung von § 313 Abs. 1 BGB eine Vertragsanpassung.[76] Der Wegfall der Geschäftsgrundlage wird überzeugend damit begründet, dass die optionsausgebende Gesellschaft den Gewährungsvertrages nur im Hinblick auf das mit ihr bestehende Arbeitsverhältnis abschließe, weil dies der mit der Leistung verfolgte Zweck voraussetzte.[77] Dieser Umstand sei zur Grundlage der Vereinbarung zwischen Arbeitnehmern und veräußerndem Unternehmen geworden. Demzufolge sei von einer schwerwiegenden Veränderung dieser Umstände auszugehen, wenn diese Ziele infolge des Betriebsübergangs nicht mehr erreicht werden können, und die ursprünglich verfolgte Anreiz und Bindungswirkung ins Leere gehe. Außerdem hätte sich der Arbeitgeber nicht auf eine solche Vereinbarung eingelassen, wenn er den Betriebsübergang bereits bei Vertragsschluss vorausgesehen und bedacht hätte. Unter Berücksichtigung aller Umstände, insbesondere der Risikoverteilung, könne dem erwerbenden Unternehmen das Festhalten am unveränderten Vertrag nicht zugemutet werden, weil der Fortbestand der Leistungspflichten im Verhältnis zwischen Arbeitnehmer und Arbeitgeber dem ursprünglichen Zweck der Zusage nicht mehr gerecht werde. Es sei für das übernehmende Unternehmen daher nicht zumutbar, den Arbeitnehmern als Vergütung ihrer Arbeitsleistung und ihres Einsatzes für das Unternehmen eine Beteiligung am Vermögen eines Fremdunternehmens zu gewähren. Wegen der Erfüllung der Tatbestandsvoraussetzungen von § 313 Abs. 1 BGB wird ganz überwiegend nicht der ersatzlose Verfall der Optionen befürwortet, sondern eine Vertragsanpassung für erforderlich gehalten.[78]

c) Meinungsstand zu den möglichen Vertragsanpassungen

Die Vorschläge, in welcher Weise die Ansprüche aus den Aktienoptionsprogrammen bzw. aus den Aktienoptionen bei Betriebsübergang angepasst werden, setzen auf verschiedenen Ebenen an.

---

76 *Gaul*, Arbeitsrecht der Betriebs- und Unternehmensspaltungen, § 13 Rn. 42, 44 ff.; *Schnittker/Grau*, ZIP 2002, 2497, 2500; *Tappert*, NZA 2002, 1188, 1194 f.; *Willemsen* in: Willemsen/Hohenstatt/Schweibert/Seibt, G Rn. 195; *Willemsen/Müller-Bonanni*, ZIP 2003, 1177.1182 f.; *Urban-Crell/Manger*, NJW 2004, 125, 128. A.A. *Bauwens*, der das Risiko dem Betriebsübernehmer zuweist, der den Betriebsübergang verursacht habe und eine Änderung gar nicht in Betracht zieht. Zustimmend *Scheuer*, S. 163 f.

77 *Gaul*, Arbeitsrecht der Betriebs- und Unternehmensspaltungen, § 13 Rn. 44 f.; *Tappert*, NZA 2002, 1188, 1194 f.

78 *Gaul*, Arbeitsrecht der Betriebs- und Unternehmensspaltungen, § 13 Rn. 49; *Schnittker/Grau*, BB 2002, 2497, 2500; grundsätzlich wohl auch *Tappert*, NZA 2002, 1188, 1195; in diesem Sinne auch *Willemsen/Müller-Bonanni*, ZIP 2003, 1177, 1182 f. allerdings nur für die arbeitsvertragliche Vergütungszusage.

aa) Anpassung der Wartezeiten mit Stellungnahme

Teilweise wird vorgeschlagen, die von der Hauptversammlung nach § 193 Abs. 2 Nr. 4 AktG vorgegebene Wartefrist, die länger als zwei Jahre beträgt, auf diese Mindestfrist herabzusetzen und die Ausübung der Optionen bei Erreichen der Erfolgsziele im Verhältnis zu ihrer Laufzeit anteilig zuzulassen.[79] Dieser Lösungsvorschlag widerspricht jedoch der aktienrechtlichen Kompetenzverteilung, nach der die Festlegung der Wartezeit exklusiv in die Zuständigkeit der Hauptversammlung fällt. Sie ist aus diesem Grund abzulehnen.

bb) Rücktrittsrecht des Erwerbers nach § 313 Abs. 3 BGB mit Stellungnahme

Eine Auffassung kommt zu dem Ergebnis, dass der Betriebserwerber nach § 313 Abs. 3 BGB von der arbeitsvertraglichen Zusage und vom Gewährungsvertrag zurücktreten könne, wenn die Aktienoptionen noch nicht eingeräumt oder die Erfolgsziele für die Ausübung noch nicht erreicht seien. Nach dem Rücktritt müssten die betroffenen Arbeitnehmer die Aktien nach den §§ 812 ff. zurückübertragen, ohne dass de lege lata eine angemessene und billige Ausgleichspflicht des Erwerbers bestehe.[80] Diese Auffassung ist jedoch abzulehnen, weil bei der Vertragsanpassung die gesetzliche Risikoverteilung zu berücksichtigen ist. Es ist aber mit dem Gesetzeszweck von § 613a BGB nicht vereinbar, wenn die Vertragsanpassung zum ersatzlosen Wegfall der übergangsfähigen Ansprüche führt.

cc) Umwandlung in Rechte auf Einräumung von Unternehmensbeteiligungen des Erwerberunternehmens und Abfindungsansprüche

Als mögliche Vertragsanpassung wird teilweise vorgeschlagen, die Optionen in Rechte an einem vergleichbaren Mitarbeiterbeteiligungsplan des Erwerberunternehmens umzuwandeln.[81] Dies sei aber nur möglich, wenn ein solches Programm bereits beim Erwerber bestehe oder er es freiwillig auflege, weil der übernehmende Rechtsträger zu einer solchen Umwandlung bzw. zur Einräumung eigener Unternehmensbeteiligungen mit Blick auf Art. 14 GG nicht ver-

---

79 *Tappert*, NZA 2002, 1188, 1196.

80 *Tappert*, NZA 2002, 1188, 1196 f.

81 *Gaul*, Arbeitsrecht der Betriebs- und Unternehmensspaltungen, § 13 Rn. 49; *Schnittker/Grau*, BB 2002, 2497, 2501.

pflichtet sei. Darüber hinaus werden Abfindungsansprüche der betroffenen Arbeitnehmer vorgeschlagen.[82] Soweit lediglich die Ansprüche auf Einräumung der Aktienoptionen betroffen sind, soll statt einer Abfindung die Umwandlung in einen anderen variablen Gehaltsbestandteil möglich sein.[83] Möglich sei zudem die Zahlung einer Abfindung, die man z.B. nach der sog. Black/Scholes-Formel berechnen könne.[84]

d) Stellungnahme zur Umwandlung und den Abfindungsansprüchen

Die Umwandlung der Rechte aus den Aktienoptionen in solche auf die Teilnahme an einem Programm des Erwerberunternehmens, das die Einräumung einer Mitarbeiterkapitalbeteiligung vorsieht,[85] ist für das übernehmende Unternehmen eine mögliche, wenn auch nicht unproblematische Option. Eine Benachteiligung der übergehenden Arbeitnehmer kann nur ausgeschlossen werden, wenn es sich um eine wertgleiche Beteiligungsform handelt.[86] Ob dies der Fall ist, wird sich im Einzelfall nicht mit absoluter Sicherheit ermitteln lassen, weil die Wertentwicklung der ausgegebenen Optionen bzw. der zugesagten Ansprüche auf deren Einräumung wegen der ungewissen Akteinkursentwicklung nicht feststellbar ist. Mit Hilfe der Black/Scholes-Formel kann allenfalls der aktuelle Optionswert und nicht ihr voraussichtlicher Wert am Ende ihrer Laufzeit berechnet werden. Soweit demgegenüber im Rahmen der vertraglichen Anpassung durch Umwandlung eine Verschlechterung zum Nachteil des Arbeitnehmers für zulässig erachtet wird,[87] ist diese generelle Aussage mit Blick auf die nicht abdingbare Schutzfunktion des § 613a BGB problematisch. Eine ausgewogene Vertragsanpassung wird daher regelmäßig durch die Zahlung einer Abfindung erreicht, deren Höhe etwa mit Hilfe o.g. Formel mathematisch am Tag des

82 *Gaul*, Arbeitsrecht der Betriebs- und Unternehmensspaltungen, § 13 Rn. 49; *Lembke*, BB 2001, 1469, 1474 (allerdings ohne Hinweis auf den Wegfall der Geschäftsgrundlage); *Schnittker/Grau*, BB 2002, 2497, 2501; *Tappert*, NZA 2002, 1188, 1197 f.: de lege ferenda für Aktienoptionen als zusätzliche Leistung und im Wege der Vertragsanpassung nach § 313 Abs. 1 BGB für synallagamatische Leistungen. In diesem Sinne wohl auch *Willemsen/Müller-Bonanni*, ZIP 2003, 1177, 1182 f., die das übernehmende Unternehmen allerdings nur zum Ausgleich verpflichtet halten, wenn die verfallenden Aktienoptionen einen wesentlichen Teil der Gesamtvergütung i.S.d. Kernbereichs-Rechtsprechung in Höhe von 25 % ausmachen.

83 *Schnittker/Grau*, BB 2002, 2497, 2502.

84 Vergl. § 2 III 2 e bb.

85 Dafür *Bauwens*, S. 149, der dies problemlos für möglich hält; *Schnittker/Grau*, BB 2002, 2497, 2501.

86 Dies räumen *Schnittker/Grau*, BB 2002, 2497, 2501, ebenfalls ein.

87 *Gaul*, Arbeitsrecht der Betriebs- und Unternehmensspaltungen, § 13 Rn. 49.

Betriebsübergangs zu ermitteln ist. Diese Lösung ist allerdings nicht geeignet, sofern die Aktienoptionen als Ausgleich für eine geringere Grundvergütung gewährt wurden, und die Entschädigung für den Verfall der Optionen nicht in einer einmaligen Zahlung besteht. In diesem Fall besteht die Möglichkeit, die niedrigere Grundvergütung i.S.v. § 612 Abs. 2 BGB anzuheben. Die Höhe der Anhebung kann sich nach Regelungen des einschlägigen Tarifvertrages oder nach der für eine vergleichbare Tätigkeit in der Branche gezahlten ortsübliche Vergütung richten.[88] Als Ausgleich wird nicht nur eine einmalige Zahlung geleistet, sondern die Fixvergütung dauerhaft angehoben, so dass diese Lösung primär die Arbeitnehmerinteressen berücksichtigt. Da die dauerhafte Wertentwicklung des variablen Vergütungsbestandteils nicht ermittelbar ist, käme aus Sicht des Unternehmens als Ersatz nur die Einräumung eines wertgleichen variablen Vergütungsbestandteils als Ausgleich in Betracht. Weil eine ausgewogene Regelung Arbeitnehmer- wie Arbeitsgeberinteressen gleichermaßen Rechnung zu tragen hat, muss dem übernehmenden Unternehmen im Rahmen der Vertragsanpassung die Wahlmöglichkeit eingeräumt werden, die Fixvergütung der übergehenden Arbeitnehmern anzuheben oder alternativ einen wertgleichen variablen Vergütungsbestandteil einzuräumen.[89]

Abschließend ist noch anzumerken, dass diese Arten der Vertragsanpassung wegen der finanziellen und organisatorischen Belastungen nicht zu einer unangemessenen Benachteiligung des erwerbenden Unternehmens führen, weil der Betriebserwerber bei den Vertragsverhandlungen eine entsprechende Vereinbarung über einen finanziellen Ausgleich für die zusätzlichen Kosten aushandeln kann, die durch die Abwicklung des Aktienoptionsprogramms entstehen.[90]

4. Vertragliche Regelungsmöglichkeiten in den Programmen für den Fall des Betriebsübergangs

Wegen der Abwicklungsprobleme wird allgemein empfohlen, für den Fall des Betriebsübergangs Regelungen in das Aktienoptionsprogramm aufzunehmen. Für diesen Bereich hat sich ebenfalls ein breites Meinungsspektrum in der Literatur herausgebildet.

88 Im Ergebnis ebenso *Tappert*, NZA 2002, 1188, 1198 f. Zur Höhe der üblichen Vergütung vergl. § 8 II 2 d dd.

89 So zu Recht *Schnittker/Grau*, BB 2002, 2497, 2502.

90 Vergl. *Nehls/Sudmeyer*, ZIP 2002, 201, 208.

a) Vereinbarung von Verfallklauseln

Soweit die Vereinbarung der Verfallklauseln ohne Wertausgleich für zulässig gehalten wird, ist dies aus den bereits genannten Gründen grundsätzlich abzulehnen. Diese Klauseln können nur für die Ansprüche auf die Gewährung der Aktienoptionen als *nicht synallagmatische* Zusatzleistung zulässig getroffen werden. Sie sind demgegenüber unzulässig, wenn die Aktienoptionen als *synallagmatische* Vergütung eingeräumt werden sollen oder wenn sie die Ansprüche aus den Optionen betreffen.[91]

Eine andere Auffassung differenziert danach, ob die Wartezeit abgelaufen ist und die Erfolgsziele erreicht sind. Für ausübungsreife Optionen könne der sofortige und ersatzlose Verfall bei Betriebsübergang nicht angeordnet werden, weil dies eine unangemessene Benachteiligung i.S.v. § 307 Abs. 1 BGB darstelle.[92] Zulässig seien aber Regelungen, welche die Ausübungsfrist auf bestimmte Termine nach dem Übergang beschränkten. Die Verkürzung müsse dabei in einem angemessenen Verhältnis zur ursprünglichen Dauer der Ausübungsfrist stehen. Für nicht ausübungsreife Optionen wird die Vereinbarung von Verfallklauseln hingegen als zulässig angesehen.[93] Dies wird teilweise damit begründet, dass nicht ausübungsreife Optionen als nicht übergangsfähige Rechte einzuordnen seien und daher nicht in den Schutzbereich des § 613a BGB fielen.[94] Andere stützen diese Sichtweise darauf, dass in den Plan Ausübungshürden eingebaut werden könnten, die nach Betriebsübergang faktisch nicht mehr erfüllbar seien, ohne dass dies eine treuwidrige Vereitelung des Bedingungseintritts i.S.v. § 162 BGB darstelle. Folglich sei auch die Vereinbarung von Verfallklauseln zulässig, die zu demselben Ergebnis führe.[95]

Wegen des Vergütungscharakters wird teilweise eine Ausgleichspflicht des übernehmenden Arbeitgebers angenommen, sofern durch den Verfall in den Kernbereich des Arbeitsverhältnisses eingegriffen wird. Letzteres soll in Anlehnung an die Rechtsprechung zu den Widerrufsvorbehalten bei einem Verfall von 25 % der Grundvergütung der Fall sein. Gestützt wird dieses Ergebnis auf die arbeitsrechtliche Vergütungszusage, die durch den Fortfall der Aktienoptionen lückenhaft werde. Daher sei die Geschäftsgrundlage der Vergütung gestört. Infolgedessen müsse es unter Berücksichtigung von § 313 Abs. 1 BGB zu einer

---

[91] Vergl. oben § 13 III.

[92] *Willemsen/Müller-Bonanni*, ZIP 2003, 1177, 1181 f. In diesem Sinne auch *Schnittker/Grau*, BB 2002, 2497, 2499, 2502, die diese Rechte nicht für übergangsfähig halten.

[93] *Willemsen/Müller-Bonanni*, ZIP 2003, 1177, 1181 f. In diesem Sinne auch *Schnittker/Grau*, BB 2002, 2497, 2502 f.

[94] *Willemsen/Müller-Bonanni*, ZIP 2003, 1177, 1182.

[95] *Schnittker/Grau*, BB 2002, 2497, 2502 f.

Vertragsanpassung kommen. Die Schwierigkeiten bei der Fortsetzung des Programms und der Fortfall der damit verfolgten Zwecke rechtfertigten den Verfall im Rahmen der Vertragsanpassung.[96]

Eine weitere ähnliche Ansicht geht ebenfalls davon aus, dass für ausübungsreife Optionen der Verfall nur gegen Wertersatz vereinbart werden könne. Bei Aktienoptionen, die Entgelt im engeren Sinne darstellten, sei der Wegfall allerdings durch einen entsprechenden Vergütungsbestandteil, wie z.B. die Erhöhung der Barbezüge auszugleichen.[97]

b) Verzichts- bzw. Aufhebungserklärungen

Als weitere Lösung wird vorgeschlagen, in den Optionsplan solche Regelungen aufzunehmen, nach denen der Übergang der Aktienoptionen auf den Betriebserwerber ausdrücklich ausgeschlossen oder ein Verzicht des Begünstigten vorgesehen wird. Dafür müsse man nach der Ausübungsreife der Aktienoptionen differenzieren. Weil die Ansprüche aus ausübungsreifen Optionen ohnehin nicht auf den Erwerber übergingen, sei eine solche Regelung zulässig und sinnvoll.[98] Für nicht ausübungsreife Optionen sei der pauschale Ausschluss hingegen unzulässig, weil eine Umgehung der zwingenden Grundsätze des § 613a BGB drohe. Dies könne allerdings durch die Aufnahme einer Regelung vermieden werden, nach der die Optionen bei Betriebsübergang vorzeitig ausübungsreif gestellt würden.[99]

c) Verzichtserklärungen gegen Abfindungsvereinbarungen

Als weitere Gestaltungsmöglichkeit für die Verträge bzw. die Aktienoptionsprogramme wird vorgeschlagen, eine Klausel zu vereinbaren, nach der die Arbeitnehmer im Fall des Betriebsübergangs den Verzicht auf ihre Optionsrechte bzw. die Ansprüche aus dem Gewährungsvertrag erklärten und im Gegenzug eine angemessene Abfindung erhalten.[100] Teilweise wird diese Regelungsmöglichkeit nur für nicht ausübungsreife Aktienoptionen für erforderlich gehalten.

---

96 *Willemsen/Müller-Bonanni*, ZIP 2003, 1177, 1182 f.

97 *Lembke*, BB 2001, 1469, 1474.

98 *Schnittker/Grau*, BB 2002, 2497, 2503.

99 *Schnittker/Grau*, BB 2002, 2497, 2503.

100 *Nehls/Sudmeyer*, ZIP 2002, 201, 206 f.; *Schnittker/Grau*, BB 2002, 2497, 2503 nur für die übergangsfähigen nicht ausübungsreifen Optionen; *Tappert*, NZA 2002, 1188, 1198;

d) Eigener Lösungsansatz

Die Aufnahme der vorgeschlagenen Klauseln in die Aktienoptionsprogramme muss neben den Anforderungen des § 613a BGB der Angemessenheitskontrolle nach § 307 Abs. 1, Abs. 2 BGB Stand halten. Da alle Ansprüche im Zusammenhang mit einem Aktienoptionsprogramm bei Betriebsübergangs übergehen, ist die Differenzierung nach der Ausübungsreife der Optionen oder danach, ob es sich um Ansprüche auf Gewährung oder aus den bereits eingeräumten Optionen handelt, abzulehnen und entbehrlich.[101]

aa) Ausgleichspflichtige Verfallklauseln für die Gewährungsansprüche

Im Rahmen der Angemessenheitskontrolle sind vorgesehene Ausgleichszahlungen mit in die Abwägung einzubeziehen. Unter Berücksichtigung der Interessen von Arbeitnehmer und Arbeitgeber spricht zunächst nichts gegen die Zulässigkeit solche Klauseln, die den Verfall der Ansprüche auf die Gewährung von Aktienoptionen gegen eine wertgleiche Ausgleichszahlung vorsehen. Dies gilt für Aktienoptionen als *nicht synallagmatische* Zusatzleistung wie auch für solche, die als *synallagmatische* Vergütungsform eingeräumt werden. Im letzteren Fall beschränkt sich der finanzielle Ausgleich nicht auf eine einmalige Ausgleichszahlung. Wie in der Literatur vorgeschlagen, muss hier der Ausgleich durch Anhebung der Grundvergütung oder durch eine wertgleiche variable Vergütung erfolgen. Da die Vergütungshöhe gem. § 307 Abs. 3 S. 1 BGB nicht der Inhaltskontrolle unterliegt, ist den Parteien bei der Beurteilung der Wertgleichheit ein Ermessenspielraum zuzugestehen.

Soweit andere Auffassungen den ersatzlosen Verfall oder Verzicht auf die Ansprüche als vertragliche Regelungsmöglichkeit vorschlagen, ist dies zum einen als unangemessene Regelung i.S.v. § 307 Abs. 1, Abs. 2 BGB einzuordnen[102] und zum anderen der Vorschlag wegen der offensichtlichen Umgehung der Rechtsfolgenanordnung des § 613a BGB, die sich auf alle Ansprüche im Zusammenhang mit einem Aktienoptionsprogramm bezieht, abzulehnen. Dies gilt insbesondere für die Auffassung, die eine Verkürzung der Wartezeit für noch nicht ausübungsreife Optionen zulassen will, um sie auf diese Weise dem Schutzbereich des § 613a BGB zu entziehen.[103] Da es sich bei § 613a BGB um eine allgemeine Vorschrift handelt, deren Umgehung nach § 134 BGB zur Nich-

[101] Vergl. § 13 I 2.
[102] Dazu oben in § 13 III 2 a und c.
[103] Vergl. *Schnittker/Grau*, BB 2002, 2497, 2503.

tigkeit der Regelung führt, gilt dies gleichermaßen für vorformulierte Klauseln wie Individualvereinbarungen.

bb) Verzichtserklärung gegen Abfindungsansprüche

Soweit es sich um Aktienoptionen handelt, die als *synallagmatische* Vergütungsform eingeräumt werden, oder um die Ansprüche aus den Aktienoptionen, die als freiwillige Zusatzleistung eingeräumt worden sind, kommen allenfalls vertragliche Konstruktionen in Betracht, die den Grundsätzen der Vertragsanpassung nach § 313 Abs. 1 BGB entsprechen. Zulässig müssen jedenfalls solche Vereinbarungen sein, durch welche die Vertragsanpassung nach Maßgabe dieser Vorschrift und unter Beachtung der beiderseitigen Interessen geregelt und damit vorweggenommen wird.[104] Aus diesem Grund können in die Programme Klauseln aufgenommen werden, die eine Verzichtserklärung des Arbeitnehmers bzw. den Abschluss eines Aufhebungsvertrags über die Aktienoptionen gegen eine Abfindungszahlung vorsehen. Diese Vereinbarung muss grundsätzlich mit jedem Arbeitnehmer einzeln geschlossen werden.[105] Für Aktienoptionen als *synallagmatische* Leistung ist statt einer Abfindungszahlung eine wertgleiche Anhebung der Grundvergütung gemessen an der üblichen Vergütung i.S.v. § 612 Abs. 2 BGB oder die Umwandlung einen wertgleichen variablen Anteil vorzusehen.

Fraglich ist allerdings, ob diese Regelung nicht zum Verzicht auf die Ansprüche aus § 613a BGB führt, an den die Rechtsprechung die aufgezeigten strengen Voraussetzungen stellt und für den sie insbesondere einen sachlichen Grund verlangt.[106] Bei der Beantwortung dieser Frage ist zum einen zu berücksichtigen, dass diese strengen Anforderungen für den ersatzlosen Verzicht auf Sozialleistungen gelten. Bei der Beurteilung des sachlichen Grundes sind zudem die gesamten Umstände einzubeziehen, zu denen neben dem Zweckfortfall insbesondere Ausgleichzahlungen zählen.[107] Mit dieser Konstruktion wird der Kontinuitätsfunktion unter zwingender Beteiligung der Arbeitnehmer gerade Rechnung getragen,[108] so dass sie insgesamt nicht als unzulässiger Verzicht anzusehen ist.

104 Ebenso *Schnittker/Grau*, BB 2002, 2497, 2503.

105 *Nehls/Sudmeyer*, ZIP 2002, 201, 207.

106 Dazu bereits in § 13 III 2 c aa.

107 In diesem Sinne auch *Nehls/Sudmeyer*, ZIP 2002, 201, 206, nach dessen Auffassung an den sachlichen Grund um so geringere Anforderungen zu stellen sind, je mehr die Verluste ausgeglichen werden.

108 Im Ergebnis ebenso *Tappert*, NZA 2002, 1188, 1198.

Neben der Verzichtserklärung bzw. dem Aufhebungsvertrags bedarf es gegebenenfalls noch einer ausdrücklichen einvernehmlichen Änderung der arbeitsvertraglichen Vergütungsvereinbarung. Bei unternehmenseinheitlicher Regelung sind bei der Formulierung der entsprechenden Klausel und der damit verbundenen Verträge im Fall des Betriebsübergangs das Transparenzgebot nach § 307 Abs. 1 S. 2 BGB sowie die Unklarheitenregelung in § 305c Abs. 2 BGB zu beachten.

cc) Formulierungsvorschläge

Entsprechende Formulierungen in den Programmen können für Aktienoptionen als *nicht synallagmatische* Zusatzleistung wie folgt lauten:

> Im Fall eines Betriebsübergangs wird dem Mitarbeiter gegen eine Erklärung auf den Verzicht der Rechte aus dem Optionsvertrag oder des Rechts auf die Programmteilnahme gegen Abschluss einer entsprechenden Auflösungsvereinbarung eine Abfindung in Höhe des Wertes der Optionen am Übergangstag gezahlt, der nach der Black/Scholes-Formel zu berechnen ist.

Um dem Transparenzgebot zu genügen, ist die Berechnungsformel anzufügen.

Bei Einräumung von Aktienoptionen als *synallagmatische* Vergütungsform kann die Klausel hingegen wie folgt lauten:

> Im Fall eines Betriebsübergangs wird dem Mitarbeiter gegen die Erklärung auf den Verzicht der Rechte aus dem Optionsvertrag bzw. des Rechts auf die Programmteilnahme die Fixvergütung in Höhe des Wertes der Optionen am Übergangstag aufgestockt oder nach Wahl des Betriebserwerber ein wertgleicher variabler Vergütungsbestandteil eingeräumt.

V. Lösungswege bei der Anspruchsgewährung auf der Grundlage einer Betriebsvereinbarung

Sofern die Ansprüche der Arbeitnehmer im Zusammenhang mit einem Aktienoptionsprogramm in einer Betriebsvereinbarung geregelt worden sind, stellt sich ebenfalls die Frage nach dem Schicksal dieser Ansprüche im Fall des Betriebsübergangs. Als Ausgangspunkt ist festzuhalten, dass die Ansprüche im Zusammenhang mit einem Aktienoptionsprogramm gem. § 613a Abs. 1 S. 2 bis 4 BGB ebenfalls auf den Erwerber übergehen.

1. Individualrechtliche Weitergeltung

Gelten die Optionen nach § 613a Abs. 1 S. 2 BGB auf individualrechtlicher Grundlage als Inhalt des Arbeitsverhältnisses weiter,[109] so gelten die zuvor entwickelten Grundsätze. Demnach muss es grundsätzlich zur Vertragsanpassung nach § 313 Abs. 1 BGB kommen.

Daneben wird die Möglichkeit der Anpassung oder Ablösung der übergehenden Optionsrechte durch eine ablösende Betriebsvereinbarung gem. § 613a Abs. 2 S. 3 BGB genannt. Diese könne die Einstellung der Leistung oder gänzlich andere Leistungsbedingungen vorsehen, weil das Günstigkeitsprinzip in diesem Verhältnis nicht gelte.[110] Dieser Sichtweise ist zuzustimmen, weil sie mit den Grundsätzen zum Vorrang neuer Kollektivverträge nach § 613a Abs. 1 S. 3 BGB übereinstimmt, wonach eine ablösende Kollektivvereinbarung im Betrieb des Erwerbers vor und auch noch nach dem Betriebsübergang abgeschlossen werden kann.[111] Zur Ablösung kommt es allerdings nur, wenn durch die Betriebsvereinbarung derselbe Regelungsgegenstand betroffen ist.[112] Ist die Regelungsmaterie identisch, so gelten die neuen Kollektivverträge auch, wenn sie schlechtere Arbeitsbedingungen vorsehen.[113] Daher können bestehenden Optionsprogramme durch beim Erwerber bestehende oder neu aufzulegende, vergleichbare Mitarbeiterkapitalbeteiligungsprogramme auch im Wege einer verschlechternden, ablösenden Betriebsvereinbarung nach § 613a Abs. 1 S. 3 BGB geändert und angepasst werden. Dies gilt für Aktienoptionen als freiwillige Zusatzleistung wie auch als synallagmatische Vergütungsform.[114]

---

109 Im Ergebnis ebenso *Nehls/Sudmeyer*, ZIP 2002, 201, 204; *Schnittker/Grau*, BB 2002, 2498, 2502.

110 *Schnittker/Grau*, BB 2002, 2498, 2502.

111 Vergl. *BAG* v. 20.4.1994, AP Nr. 108 zu § 613a BGB unter IV 2 c; *ErfK/Preis*, § 613a BGB Rn. 121.

112 *BAG* a.a.O. unter IV 3 b; *ErfK/Preis*, § 613a BGB Rn. 121.

113 *BAG* a.a.O. unter IV 3 a; *ErfK/Preis*, § 613a BGB Rn. 121.

114 Zur Möglichkeit der ablösenden Betriebsvereinbarung zum Nachteil der Arbeitnehmer bereits in § 6 V 2 a bb, cc.

2. Kollektivrechtliche Weitergeltung

Daneben kann die Betriebsvereinbarung nach Betriebsübergang kollektivrechtlich weitergelten. In diesem Fall tritt der Erwerber in die betriebsverfassungsrechtlichen Pflichten des ehemaligen Betriebsinhabers ein.[115] Zur kollektivrechtlichen Fortgeltung kommt es nach allgemeiner Auffassung, wenn die Betriebsidentität im wesentlichen bei dem neuen Inhaber erhalten bleibt.[116] Eine Fortgeltung kommt nach Ansicht des BAG auch beim Übergang einzelner Betriebsteile in Betracht, sofern sie beim Erwerber eigenständig fortgeführt werden.[117] Gleiches soll nach umstrittener Auffassung für Gesamt- und Konzernbetriebsvereinbarungen gelten.[118] Bei dieser Sichtweise entfällt die kollektivrechtliche Fortgeltung nur, wenn der übernommene Betrieb mit dem aufnehmenden Betrieb des Erwerbers organisatorisch vereinigt wird, der übernommene Betrieb nicht mehr dem Betriebsverfassungsgesetz unterfällt oder ein Rechtsformwechsel der Arbeitnehmervertretung stattfindet.[119] Im Regelfall ist daher von der kollektivrechtlichen Fortgeltung auszugehen.

Bei kollektivrechtlicher Weitergeltung kommt es ebenfalls zum Übergang aller mit dem Aktienoptionsprogramm zusammen hängenden Ansprüche, weil der Betriebserwerber aus der Betriebsvereinbarung verpflichtet ist.[120] Anders als bei der individualrechtlichen Fortgeltung kann sie aber nach § 77 Abs. 5 BetrVG grundsätzlich fristgerecht vor dem Betriebsübergang gekündigt werden, ohne dass es eines sachlichen Grundes bedarf.[121] Es wird allerdings diskutiert, ob die Kündigung der Inhaltsnormen wie Zulagen und freiwilligen Sonderzahlungen nicht einem gewissen Kündigungsschutz unterliegen und das Kündigungsrecht an gewisse Voraussetzung gebunden sein muss.[122] Das BAG lehnt den besonderen Kündigungsschutz für Betriebsvereinbarungen ab, weil dieses Erfordernis angesichts der klaren und eindeutigen Fassung des § 77 Abs. 5 BetrVG nicht zu begründen ist. Es wird zu Recht darauf hingewiesen, dass anderenfalls die grundsätzlichen Unterschiede zwischen individualrechtlichem Vertragsrecht und dem kollektiven Recht der Betriebsvereinbarung verwischt

---

[115] *APS/Steffan*, § 613a Rn. 120.

[116] *BAG* v. 27.7.1994 AP Nr. 118 zu § 613a BGB unter I 2 c; *ErfK/Preis* § 613a BGB Rn. 110.

[117] *BAG* v. 18.9.2002, NZA 2003, 670.

[118] BAG v. 18.9.2003, NZA 2003, 670. A.A. die überwiegende Ansicht in der Literatur vergl. nur *APS/Steffan* § 613 a BGB Rn. 121 f. m.w.N. sowie *ErfK/Preis*, § 613a BGB Rn. 111.

[119] *ErfK/Preis*, § 613a BGB Rn. 112.

[120] *Nehls/Sudmeyer*, ZIP 2002, 201, 204; im Ergebnis auch *Schnittker/Grau*, BB 2002, 2498, 2502.

[121] *BAG* v. 26.4.1990, AP Nr. 4 zu § 77 BetrVG 1972 Nachwirkung unter II 2; *Fitting*, § 77 Rn. 146 m.w.N.; *Richardi*, BetrVG § 77 Rn. 200.

[122] In diesem Sinne *Schaub*, BB 1990, 289 ff.; *Hanau/Preis*, NZA 1991, 81 ff.

würden, und es den Betriebspartnern außerdem freistehe, besondere Regelungen für die Kündigung zu treffen und ihren eigenen Kündigungsschutz zu schaffen.[123] Daher ist mit dieser Ansicht davon auszugehen, dass die Kündigung einer Betriebsvereinbarung grundsätzlich sachlich nicht gerechtfertigt sein muss, wenn nicht die Betriebspartner besondere Voraussetzung für diesen Fall vereinbart haben. Gleiches gilt demzufolge für die Kündigung solcher Betriebsvereinbarungen, in denen die Gewährung der Aktienoptionen an die Mitarbeiter geregelt ist.[124]

Da die Aktienoptionen regelmäßig auf der Grundlage einer freiwilligen Betriebsvereinbarung i.S.v. § 88 Nr. 3 BetrVG eingeräumt werden,[125] entfaltet die gekündigte Betriebsvereinbarung unter Berücksichtigung des § 77 Abs. 6 BetrVG keine Nachwirkung.[126] Das Recht zur Kündigung besteht auch für den Erwerber, weil sich die Sperre des § 613a Abs. 2 S. 2 BGB nur auf individualrechtlich fortgeltende Betriebsvereinbarungen bezieht.[127] Die Kündigungsmöglichkeit kann sich aber nach zutreffender Ansicht nur auf die Ansprüche auf Gewährung der Aktienoptionen beziehen,[128] weil die Betriebsvereinbarung lediglich Anspruchsgrundlage für die Einräumung ist. Für die anderen Fallgestaltungen bleibt es bei den zuvor erläuterten individualrechtlichen Abänderungsmöglichkeiten.

VI. Besonderheiten bei Unternehmensumstrukturierungen nach dem Umwandlungsgesetz

Die im Zusammenhang mit § 613a BGB entwickelten Grundsätze sind wegen § 324 UmwG auch dann anzuwenden, wenn die Unternehmensumstrukturierung nach den Regelungen des Umwandlungsgesetzes erfolgt. Nach ganz überwiegender Auffassung handelt es sich dabei um eine Rechtsgrundverweisung, so dass im Einzelfall immer zu prüfen ist, ob ein Betriebsübergang i.S.v. § 613a BGB vorliegt.[129] Der Übergang muss lediglich nicht durch Rechtsgeschäft erfolgen.

[123] *BAG* v. 11.5.1999, AP Nr. 6 zu § 1 BetrAVG Betriebsvereinbarung unter 1 b, c. Zustimmend *Fitting*, § 77 Rn. 148; *Richardi*, BetrVG, § 77 Rn. 200.

[124] Im Ergebnis ebenso *Schnittker/Grau*, BB 2002, 2498, 2502.

[125] Vergl. § 6 V 1 a bb.

[126] *Schnittker/Grau*, BB 2002, 2498, 2499, Fn. 50.

[127] *Nehls/Sudmeyer*, ZIP 2002, 201, 207; *Schnittker/Grau*, BB 2002, 2498, 2502.

[128] *Nehls/Sudmeyer*, ZIP 2002, 201, 207; *Schnittker/Grau*, BB 2002, 2498, 2502.

[129] Vergl. *BAG* v. 25.5.2000, AP Nr. 209 zu § 613a BGB unter II 1 c bb, wonach die

Die Vorschrift erfasst die Fälle der Verschmelzung i.S.v. § 2 UmwG, der Spaltung i.S.v. § 123 UmwG sowie der Vermögensübertragung i.S.v. § 174 UmwG. Dabei ergeben sich allerdings für die Verschmelzungen wegen der Regelung in § 20 Abs. 1 Nr. 2 UmwG Besonderheiten, weil der übertragende Rechtsträger mit dem Wirksamwerden der Verschmelzung erlischt und folglich nicht mehr Träger der vertraglichen Rechte und Pflichten sein kann. Aus diesem Grund wird der übernehmende Rechtsträger nach § 23 UmwG verpflichtet, den Inhabern stimmrechtsloser Sonderrechte des übertragenden Rechtsträgers, zu denen auch die Aktienoptionen zählen,[130] gleichwertige Rechte im übernehmenden Unternehmen einzuräumen.[131] Dies bedeutet, dass der übernehmende Rechtsträger, sofern er in der Rechtsform einer Aktiengesellschaft bzw. Kommanditgesellschaft auf Aktien besteht, zur Bedienung der Optionen eine Absicherung zu schaffen und demzufolge eine bedingte Kapitalerhöhung oder den Rückkauf eigener Aktien durchzuführen hat,[132] um die Aktien bei Ausübung einräumen zu können. Ist der übernehmende Rechtsträger eine GmbH, so hat er die erforderlichen Geschäftsanteile zu schaffen.[133]

Eine andere Ansicht übersieht demgegenüber § 23 UmwG und gesteht den betroffenen Arbeitnehmer statt dessen einen Schadensersatzanspruch nach § 280 Abs. 1 BGB a.F. bzw. §§ 280, 283 BGB zu. Das erforderliche Verschulden des Erwerbers wird damit begründet, dass er die Umwandlung in die Wege geleitet habe.[134] Man kann zwar in solchen Fällen eine Pflichtverletzung in Form der Unmöglichkeit nach § 275 Abs. 1 BGB annehmen, weil die aus den Optionen geschuldeten Aktien mit dem Erlöschen des veräußernden Unternehmens nicht mehr geleistet werden können.[135] Der Erwerber wird sich dafür allerdings regelmäßig i.S.v. § 280 Abs. 1 S. 2 BGB entlasten können, weil man allein die zulässig und rechtmäßige Unternehmensumstrukturierung

Voraussetzungen des § 613a BGB auch im Umwandlungsfall zu prüfen sind; *Joost* in: Lutter, UmwG, § 324 Rn. 3.; *Willemsen* in: Willemsen/Hohenstatt/Schweibert/Seibt, G Rn. 195 m.w.N.

130 *Kallmeyer-Willemsen*; § 23 R. 5; in diesem Sinne *Semler*/Stengel-*Kals*, UmwG, § 23 Rn. 5.

131 Ebenso *Nehls/Sudmeyer*, ZIP 2002, 201, 205. *Willemsen/Müller-Bonanni*, ZIP 2003, 1177, 1180 f.

132 Zun des gesellschaftsrechtlichen Möglichkeiten der Beschaffung der Aktien § 2 III, IV.

133 *Kallmeyer-Willemsen*; § 23 R. 11; *Krieger*/MünchHdb. GesR IV, § 63 Rn. 21; *Semler/Stengel-Kals*, UmwG, § 23 Rn. 14. Differenzierend *Grunewald* in: in Lutter, UmwG, § 23 Rn. 11 f., 13, der bei der Übernahme durch eine GmbH die Möglichkeit zum sofortigen Umtausch bzw. Bezug einräumen will und wahlweise ein Abfindungsangebot nach § 29 UmwG zulassen will. A.A. *Bauwens*, S. 154 f.

134 *Bauwens*, S. 149; ebenso *Scheuer*, S. 185.

135 Zur Pflichtverletzung bei Unmöglichkeit der Leistung vergl. *Staudinger/Otto*, § 280 Rn. C 7 f.

nicht als schuldhaftes Verhalten einordnen kann. Ein Schadensersatzanspruch setzt jedoch die Verantwortlichkeit des Schuldners nach § 276 BGB voraus. Die Pflichtverletzung in Form der Unmöglichkeit muss daher vom Schuldner schuldhaft herbeigeführt worden sein.[136] Etwas anderes wäre nur anzunehmen, wenn die Verschmelzung allein aus dem Grund erfolgte, um den Arbeitnehmern die Ansprüche aus den Optionen zu vereiteln. Aus diesem Grund vermag diese Auffassung nicht zu überzeugen.

VII. Zusammenfassung der Ergebnisse

Abschließend sind für den Fall des Betriebsübergangs bei bestehendem Aktienoptionsprogramm folgende Ergebnisse festzuhalten:

Mit dem Betriebsübergang gehen gem. § 613a Abs. 1 S. 2 BGB die Verpflichtungen zur Einräumung der Optionen wie auch aus den Optionen auf den Betriebserwerber über. Der Übergang kann nur für die Ansprüche auf Gewährung von Aktienoptionen als *nicht synallagmatische* Leistung durch die Vereinbarung einer Verfallklausel verhindert werden.

Für die Ansprüche aus bereits gewährten Aktienoptionen können wegen einer drohenden Umgehung der Grundsätze des § 613a BGB keine Verfallklauseln vereinbart werden. Die Vereinbarung der Verfallklauseln ist zudem für Aktienoptionen als *synallagmatische* Vergütungsleistung unzulässig.

Der Übergang führt zum Wegfall des mit der Einräumung der Aktienoptionen verfolgten Zwecks. Mit dem Übergang kann der Anreiz zur Erbringung eines Leistungsbeitrags zur Steigerung des Unternehmenswerts des veräußernden Betriebes sowie die Bindung an dieses Unternehmen nicht mehr erreicht werden. Der Erwerber geriete anderenfalls in die ungünstige Situation, den übergegangenen Mitarbeitern eine Vergütung zahlen zu müssen, die sich am Erfolg eines fremden Unternehmens orientiert. Aus diesem Grund ist vom Wegfall der Geschäftsgrundlage für die Gewährung der Aktienoptionen auszugehen und gem. § 313 Abs. 1 BGB eine Vertragsanpassung vorzunehmen.

Sofern die Aktienoptionen als *nicht synallagmatische* Zusatzleistung eingeräumt werden, ist eine Verzichtserklärung bzw. ein Auflösungsvertrag gegen die Zahlung einer Abfindung zu vereinbaren. Die Höhe der Abfindung ist z.B. nach der Black/Scholes-Formel zu berechnen. Sind die Aktienoptionen als *synallagmatische* Vergütungsform gewährt worden, kann der Wegfall nach Wahl des übernehmenden Unternehmens entweder durch eine wertgleiche Erhöhung

[136] *Staudinger/Otto*, § 280 Rn. 8; § 283 Rn. 49.

der fixen Vergütung oder durch die Einräumung eines wertgleichen variablen Vergütungsbestandteils ausgeglichen werden. Entsprechende Regelungen, die diese Folgen vorsehen, können bereits in die arbeitsvertragliche Zusage oder in die Aktienoptionsprogramme aufgenommen werden. Beruht die Einräumung der Aktienoptionen als *nicht synallagmatische* Leistung auf einer freiwilligen Betriebsvereinbarung i.S.v. § 88 Nr. 3 BetrVG, so gelten diese Grundsätze ebenfalls, wenn die Rechte aus der Betriebsvereinbarung individualrechtlich i.S.v. § 613 Abs. 1 S. 2 BGB weitergelten. Die Betriebsvereinbarung kann nach § 613a Abs. 1 S. 3 BGB durch eine neue Betriebsvereinbarung im Erwerberunternehmen abgelöst werden, welche die Einbeziehung der übergegangenen Mitarbeiter in ein neu aufzulegendes oder gleichwertiges Mitarbeiterkapitalbeteiligungsprogramm des Erwerberunternehmens zum Gegenstand hat. Wird die Identität des übergehenden Betriebes gewahrt, so gilt die Betriebsvereinbarung auf kollektivrechtlicher Ebene fort. Erwerber wie Veräußerer haben dann die Möglichkeit, die Betriebsvereinbarung und damit die Ansprüche auf die Einräumung von Aktienoptionen unter Beachtung der in § 77 Abs. 5 BetrVG vorgegebenen Frist zu kündigen.

Die dargestellten Grundsätze gelten wegen § 324 UmwG grundsätzlich für die Formen der Unternehmensumstrukturierung nach dem Umwandlungsgesetz. Im Fall einer Verschmelzung bleiben die Aktienoptionen allerdings als stimmrechtslose Sonderrechte unverändert bestehen. Das aufnehmende Unternehmen ist dann zur Bedienung der Optionen und zur Beschaffung der Aktien verpflichtet.

Fünfter Teil

Zusammenfassung und Schlussbetrachtung

§ 14 Zusammenfassung der wesentlichen Ergebnisse

Sofern ein Unternehmen in der Rechtsform der Aktiengesellschaft für alle Mitarbeiter oder für einen breiten Mitarbeiterkreis unterhalb der obersten Führungsebene die Wahl trifft, Aktienoptionen als Vergütungselement einzuführen, sind die im Folgenden zusammengefassten arbeitsrechtlichen Grundsätze zu beachten:

1. Aktienoptionen werden als Teil der synallagmatischen Vergütung oder als freiwillige zusätzliche Leistungen eingeräumt. Wegen des Entgeltscharakters der Aktienoptionen sind die typischen Bedingungen in den Aktienoptionsprogrammen Teil der arbeitsrechtlichen Vergütungsvereinbarung und unterliegen daher der arbeitsrechtlichen Kontrolle. Dies gilt unabhängig davon, ob über die Einräumung der Aktienoptionen eine besondere Vergütungsvereinbarung oder lediglich ein Gewährungsvertrag geschlossen wird, durch den das Recht zum Bezug der Aktien auf den Arbeitnehmer übertragen wird.[1]

2. Sofern die Aktienoptionen innerhalb eines Konzernverbunds nicht direkt vom arbeitgebenden Unternehmen, sondern unmittelbar von der ausländischen oder inländischen Muttergesellschaft eingeräumt werden, sind sie nur dann als Entgeltleistung des Tochterunternehmens anzusehen, wenn in einer arbeitsvertraglichen Vereinbarung zwischen der Toch-

---

[1] Vergl. § 1 IV 2 a bb und b bb.

tergesellschaft und dem betroffenen Mitarbeiter auf den Aktienoptionsplan der Muttergesellschaft Bezug genommen wird. In diesem Fall sind die Aktienoptionen als Entgeltleistung eines Dritten i.S.v. § 267 BGB anzusehen. Ohne entsprechende Hinweise handelt es sich um einen rechtlich selbständigen Gewährungsvertrag mit der Konzerobergesellschaft, aus dem keinerlei rechtliche Verpflichtungen der Tochtergesellschaft als Arbeitgeberin resultieren.[2]

3. Die Einräumung der Aktienoptionen erfolgt als synallagmatische erfolgsorientierte Vergütungsform, wenn sie nach der arbeitsvertraglichen Zusage als variabler Teil der regulären Vergütung neben einem fixen Bestandteil gewährt werden. Letzteres ist regelmäßig anzunehmen, wenn das fixe Gehalt weit unter der üblicher Weise in der Branche gezahlten Vergütung für die Tätigkeit liegt oder die Ausübung der Optionen neben dem Aktienkurs zusätzlich an die Erreichung persönlicher Zielvorgaben geknüpft wird. Aus dieser rechtlichen Einordnung folgt, dass der Anspruch auf die Einräumung der Aktienoptionen für Zeiten ohne Arbeitsleistung nicht entfällt, wenn der Arbeitgeber aufgrund gesetzlicher, tariflicher oder sonstigen Vorschriften zur Entgeltfortzahlung verpflichtet ist und anderenfalls der Grundsatz „Ohne Arbeit kein Lohn" gilt.[3]

4. In der Regel ist die Gewährung der Aktienoptionen als gemischte Sonderzahlung außerhalb des Synallagmas einzuordnen, weil mit der Ausgabe neben der Vergütung der Arbeitsleistung auch die Bindung an das Unternehmen bezweckt wird.[4] Da die Aktienoptionen das Recht zum Bezug einer Unternehmensbeteiligung einräumen, stellen sie zudem eine Form der Mitarbeiterbeteiligung dar. Gegenüber den traditionellen Mitarbeiterkapitalbeteiligungsformen haben sie den Vorteil, dass die Mitarbeiter ohne bzw. mit nur geringem Kapitaleinsatz an den Kurssteigerungen der Aktie teilnehmen, und dass die Anreizwirkung durch die Gestaltungsmöglichkeiten bei den Erfolgszielen, insbesondere der Vorgabe individueller Leistungsziele, genauer gesteuert werden kann.[5] Systematisch sind beide Vergütungsformen als freiwillige zusätzliche Leistung des Unternehmens außerhalb des Synallagmas einzuordnen und nach denselben rechtlichen Grundsätzen zu beurteilen. Demzufolge führen Zeiten ohne Arbeitsleistung nur dann zu einer anteiligen Kürzung der Ansprüche auf die Einräumung der Optionen, wenn dies in der vertraglichen Zusage vereinbart wurde. Dies gilt insbesondere für Fehlzeiten infolge langandau-

---

2 Vergl. § 1 IV 2 a cc.
3 Vergl. § 4 III.
4 Vergl. § 4 IV.
5 Vergl. § 4 V.

ernder Erkrankungen, der Elternzeit, des Zivil- oder Wehrdienstes sowie der Teilnahme an einem Arbeitskampf. Ausgenommen sind unter Berücksichtigung der EuGH-Rechtsprechung Fehlzeiten infolge der Beschäftigungsverbote nach dem MuSchG, die Beschäftigungszeiten gleichzustellen sind und daher nicht zu einer Kürzung der Ansprüche führen dürfen.[6]

5. Die Einräumung der Aktienoptionen ist als steuer- und sozialversicherungspflichtiges Entgelt einzuordnen. Die Steuer- bzw. Sozialversicherungspflicht entsteht für die gängigen nicht handelbaren Optionen mit der Ausübung. Die Bemessungsgrundlage bildet die Differenz zwischen dem aktuellen Aktienkurs und dem Basispreis und damit der Gewinn. Der Wert der Aktienoptionen ist außerdem bei der Berechnung des Krankengeldes sowie einer Abfindung nach dem Kündigungsschutzgesetz zu berücksichtigen.

6. Sofern die Aktienoptionen als synallagmatische erfolgsorientierte Vergütungsform eingeräumt und einen Bestandteil der fixen Vergütung ersetzen sollen, ist dies unter Berücksichtigung von § 4 Abs. 3 TVG und § 77 Abs. 3 BetrVG nur zulässig, wenn die Vergütung nicht tarifvertraglich oder in einer Betriebsvereinbarung geregelt ist oder eine entsprechende Öffnungsklausel existiert.[7] Wegen des mit den Aktienoptionen verbundenen Verlustrisikos und des zeitlich verzögerten Vergütungszuflusses ist eine variable Vergütung in Aktienoptionen im Vergleich mit der fixen Vergütung keine günstigere Regelung.

7. Anspruchsgrundlagen können die einzelvertragliche Vereinbarung als individuelle oder arbeitsvertragliche Einheitsregelung, die Gesamtzusage oder der arbeitsvertragliche Gleichbehandlungsgrundsatz sein.[8] Daneben kommen Betriebsvereinbarung, Firmentarifvertrag oder unternehmensbezogener Verbandstarifvertrag als Anspruchsgrundlagen in Betracht. Durch sie kann nur die Verpflichtung des Unternehmens begründet werden, den Arbeitnehmern auf deren Verlangen Aktienoptionen einzuräumen.[9] Die Regelungskompetenz der Betriebspartner ergibt sich aus § 87 Abs. 1 Nr. 10 BetrVG wie auch aus § 88 Nr. 3 BetrVG.[10] Regelungen, nach denen die Aktienoptionen den Arbeitnehmern unmittelbar durch die kollektivrechtlichen Verträge eingeräumt werden, sind als Eingriff in

[6] Vergl. § 4 IV 5 c.
[7] Vergl. § 8 II 1.
[8] Vergl. § 6 I, II, IV.
[9] Vergl. § 6 V, VI.
[10] Vergl. § 6 V 1.

die Vertragsfreiheit des Arbeitnehmers sowie als unzulässige Lohnverwendungsabrede anzusehen, die wegen der mittelbaren Grundrechtsbindung der Tarifvertragsparten bzw. wegen eines Verstoßes gegen § 75 BetrVG i.V.m. Art. 2 Abs. 1 GG unzulässig sind.[11]

Bei der Einführung der Aktienoptionen als freiwillige zusätzliche Leistung oder Maßnahme zur Förderung der Vermögensbildung tauchen im Zusammenhang mit den genannten individual- und kollektivrechtlichen Anspruchsgrundlagen keine besonderen Probleme auf. Bestehende tarifliche Regelungen über andere freiwillige Leistungen stehen einer solchen Vereinbarung auf individualrechtlicher Grundlage oder durch eine Betriebsvereinbarung regelmäßig nicht entgegen, weil es sich bei den Aktienoptionen im Vergleich mit den bislang üblichen Vergütungen um einen anderen Regelungsgegenstand handelt. Daher ist die Regelungssperre in § 87 Abs. 1 Eingangssatz BetrVG regelmäßig nicht einschlägig.[12]

Sollen die Aktienoptionen dagegen in Abänderung des bestehenden Vergütungssystems als synallagmatischer variabler Vergütungsbestandteil eingeräumt werden und einen Bestandteil der fixen Vergütung ersetzen, so ist die Rechtslage nicht ganz so eindeutig. Einseitige Maßnahmen des Arbeitgebers wie eine Änderungskündigung sind regelmäßig nur in Ausnahmesituationen gerechtfertigt.[13] Einvernehmlichen einzelvertraglichen Regelungen stehen regelmäßig Vergütungsvereinbarungen in Tarifverträgen oder Betriebsvereinbarungen ohne entsprechende Öffnungsklausel entgegen. Gleiches gilt wegen § 77 Abs. 3 BetrVG bzw. § 87 Abs. 1 Eingangssatz BetrVG für die Einführung durch Betriebsvereinbarungen. Da eine solche Regelung für den Arbeitnehmer im Vergleich mit seinen bisherigen Arbeitsbedingungen eine ungünstigere Vereinbarung darstellt, sind entsprechende Regelungen nicht durch das Günstigkeitsprinzip gerechtfertigt.

8. Die vertragliche Zusage auf Einräumung der Aktienoptionen als variabler erfolgsorientierter Vergütungsbestandteil oder als freiwillige Zusatzleistung unterliegt der Inhaltskontrolle. Insoweit ist zwischen individuell ausgehandelten und vorformulierten Vereinbarungen zu unterscheiden. Erstere sind anhand der allgemeinen Vorschriften, insbesondere nach § 138 BGB zu kontrollieren, während vorformulierte Vereinbarungen der Inhaltskontrolle nach § 307 BGB unterliegen.[14]

---

11 Vergl. § 6 V 3, VI 2 b.

12 Vergl. § 6 V 2.

13 Vergl. § 6 I 2.

14 Vergl. § 8 II 2.

Da die Aktienoptionen nicht als Preisnebenabreden einzuordnen sind, bezieht sich die Inhaltskontrolle wegen § 307 Abs. 3 S. 1 BGB nicht auf die Vergütungshöhe. Entgegen einer Auffassung im Schrifttum sind insbesondere nicht die einschlägigen Tariflöhne Maßstab für die Inhaltskontrolle. Anknüpfungspunkt der Angemessenheitskontrolle nach § 307 Abs. 2 Nr. 2 BGB ist unter Berücksichtigung der Leitbildfunktion des § 615 S. 1, 3 BGB die Verlagerung des Betriebs- und Wirtschafsrisikos. Diese Kontrolle bezieht sich bei der Einräumung von Aktienoptionen durch eine vorformulierte Vergütungsvereinbarung auf das zulässige Verhältnis von Fixum zu erfolgsorientiertem variablem Bestandteil. Bei der Abwägung sind eine Reihe verschiedener Faktoren wie die Vergütungshöhe im Vergleich zu den übrigen Mitarbeitern, besondere Unternehmenssituationen wie Start- oder Sanierungsphasen, der Einfluss des Mitarbeiters auf den Aktienkurs sowie Ausgleichszahlungen bei Verfall der Aktienoptionen zu berücksichtigen. In der Regel können mit Spitzenverdienern Vereinbarungen getroffen werden, nach denen der Anteil der Aktienoptionen als variabler synallagmatischer Vergütungsbestandteil bis zu 35 % ihrer Gesamtvergütung beträgt. Bei den übrigen Arbeitnehmern ist lediglich ein Anteil von 15 bis 20 % zulässig. Bei Verstößen hat der betroffene Arbeitnehmer gem. § 306 Abs. 2 i.V.m. § 612 Abs. 2 BGB einen Anspruch auf Nachzahlung in Höhe des Differenzbetrages zu der regional branchenüblichen Vergütung für eine vergleichbare Tätigkeit.

Sofern es sich um individuell ausgehandelte Vergütungsvereinbarung handelt, ist das Verhältnis von Fixum zu variablem Anteil nach § 138 BGB zu kontrollieren. Sittenwidrigkeit liegt danach vor, wenn ein objektiv auffälliges Missverhältnis zwischen Leistung und Gegenleistung besteht. Dies ist der Fall, wenn die Vergütung um mehr als 1/3 unter der Vergütung liegt, die am Wirtschaftsstandort für eine vergleichbare Tätigkeit in der Branche gezahlt wird. In die Berechnung ist der Wert der Aktienoptionen bei Ausgabe einzustellen. Die Sittenwidrigkeit der Vergütungsvereinbarung kann sich auch am Ende der Laufzeit herausstellen, wenn die Aktienoptionen verfallen. Die Berechnungsgrundlage bildet dann die während der Laufzeit gezahlte durchschnittliche Vergütung.[15] Gleiches gilt wegen § 75 BetrVG i.V.m. § 138 BGB für entsprechende Regelungen in Betriebsvereinbarungen.[16] In diesen Fällen hat der Arbeitnehmer ebenfalls einen Anspruch nach § 612 Abs. 2 BGB.

Sofern die Aktienoptionen als freiwillige zusätzliche Leistung eingeräumt werden, sind sie unproblematisch zulässig.[17]

---

[15] Vergl. § 8 II 3.

[16] Vergl. § 8 II 4.

9. Bei der Einführung der Aktienoptionen hat der Betriebsrat mitzubestimmen. Werden die Aktienoptionen unternehmens- bzw. konzernweit als Vergütungselement eingeführt, so ist grundsätzlich ein zwingendes sachliches Erfordernis für eine unternehmens- bzw. konzerneinheitliche Regelung anzuerkennen. Daher ist der Gesamtbetriebsrat nach § 50 Abs. 1 S. 1 BetrVG bzw. der Konzernbetriebsrat nach § 58 Abs. 1 S. 1 BetrVG zuständig und Verhandlungspartner der Unternehmens- bzw. der Konzernleitung.[18]

10. Bei der Einführung von Aktienoptionen besteht generell ein Mitbestimmungsrecht des Betriebsrats nach § 87 Abs. 1 Nr. 10 BetrVG, das allerdings unter Berücksichtigung der unternehmerischen Entscheidungsfreiheit beschränkt ist. Zu den mitbestimmungsfreien Vorgaben gehören die Festlegung des Begünstigtenkreises, des Ausübungspreises, der Erfolgsziele, der Wartefristen, der Erwerbs- und Ausübungszeiträume sowie des Höchstbetrags und die Art der Kapitalerhöhung. Mitbestimmungspflichtig sind hingegen die Verteilung der Aktienoptionen im Rahmen des von der Hauptversammlung vorgegebenen Begünstigtenkreises, die Verfallklauseln sowie die Verfallsdauer über den Ablauf der Wartezeit hinaus, die Veräußerungs- und Verpfändungssperren, die Haltefristen für die bezogenen Aktien sowie damit zusammenhängende Sanktionen. Gleiches gilt für die technische Abwicklung der Programme sowie persönliche Zielvorgaben im Rahmen kombinierter Erfolgsziele. Bei der Einführung von Aktienoptionen als variable synallagmatische Vergütungsform als Ersatz für einen fixen Anteil besteht das Mitbestimmungsrecht darüber hinaus für das Verhältnis vom variablem zu fixem Vergütungsbestandteil. § 87 Abs. 1 Eingangssatz BetrVG steht dem Mitbestimmungsrecht wegen nicht existierender tarifvertraglicher Regelungen regelmäßig nicht entgegen.

11. Ein Verstoß gegen die Mitbestimmungsrechte begründet auf der kollektivrechtlichen Ebene einen Unterlassungs- bzw. Beseitigungsanspruch des Betriebsrats, aufgrund dessen er die Einführung bzw. weitere Durchführung des Aktienoptionsprogramms gerichtlich untersagen lassen kann. Auf der individualrechtlichen Ebene führt die Verletzung des Mitbestimmungsrechts dazu, dass die Vereinbarungen mit den Arbeitnehmern über die Einführung der Aktienoptionen unwirksam sind. Da dies nicht zum Vorteil des Arbeitgebers gereichen darf, müssen als zusätzliche Leistung bereits zugesagte Optionen dennoch eingeräumt werden. Bereits

[17] Vergl. § 8 I.

[18] Vergl. § 9 I.

eingeräumte Optionen können nicht zurück gefordert werden. Sofern der Vorstand das Mitbestimmungsrecht missachtet hat und Nachverhandlungen zur Sprengung des Dotierungsrahmens führen, ist die Hauptversammlung nicht verpflichtet, die zur Bedienung der zusätzlich benötigten Aktienoptionen erforderlichen Beschlüsse zu verabschieden. Diese Pflicht besteht nur, wenn das Mitbestimmungsrecht durch den Hauptversammlungsbeschluss verletzt worden ist.

12. Zählen leitende Angestellte zu den begünstigten Arbeitnehmern, so stehen einem existierenden Sprecherausschuss bei der Einführung von Aktienoptionsprogrammen Unterrichtungs- und Beratungsrechte nach § 30 SprAuG zu. Es besteht aber lediglich die Pflicht des Arbeitgebers, die Vorstellung des Sprecherausschusses bei geplanten Änderungen in sozialen und personellen Angelegenheiten einzubeziehen und ihn bereits vor der Entscheidung zu beteiligen. Die Verletzung von Mitwirkungsrechten des Sprecherausschusses führt nicht zu einem Unterlassungsanspruch und verhindert die Einführung des Programms nicht.

13. Sofern die Aktienoptionen von der ausländischen Konzernobergesellschaft den Mitarbeitern des deutschen Tochterunternehmens eingeräumt werden sollen und die Tochtergesellschaft – wie üblicher Weise – lediglich die zu begünstigenden Mitarbeiter vorschlägt, steht dem deutschen Betriebsrat nur in dem Umfang ein Mitbestimmungsrecht zu, wie der Tochtergesellschaft als Arbeitgeberin ein Gestaltungsspielraum verbleibt. Das Mitbestimmungsrecht ist nur erweitert, wenn die Tochtergesellschaft bei der Festlegung der sonstigen mitbestimmungspflichtigen Konditionen ein Mitspracherecht hat.

14. In dem Aktienoptionsplan wird der Begünstigtenkreis festgelegt. Dieser kann ohne Verstoß gegen den Gleichbehandlungsgrundsatz auf bestimmte Hierarchieebenen innerhalb des Unternehmens oder des Betriebes begrenzt werden. Bei der Aufteilung innerhalb der Gruppen ist der Gleichbehandlungsgrundsatz zu beachten. Dies gilt auch bei Auflegung eines Aktienoptionsprogramms innerhalb eines Konzerns, wenn die Konzernspitze die Verteilungskompetenz in Anspruch nimmt und entsprechende Weisungen an ihre Töchter erteilt.[19]

    Will das Unternehmen nur vollzeitbeschäftigte Arbeitnehmer in den Teilnehmerkreis aufnehmen, so ist dies wegen § 4 Abs. 1 TzBfG nur aus arbeitsleistungsbezogenen sachlichen Gründen möglich. Anderenfalls steht

[19] Vergl. § 9 I bis V.

den Teilzeitbeschäftigten einschließlich der geringfügig beschäftigten Arbeitnehmer und solchen in Altersteilzeit gem. § 4 Abs. 1 S. 2 TzBfG ein anteiliger Anspruch auf Einräumung der Aktienoptionen zu, der sich nach dem Umfang der Arbeitszeit im Vergleich mit der vollzeitbeschäftigter Arbeitnehmer bemisst.[20] Ähnliches gilt wegen § 4 Abs. 2 TzBfG für befristet beschäftigte Arbeitnehmer. Werden die Optionen als synallagmatische Vergütungsform gewährt, so steht ihnen ein anteiliger Anspruch auf die Optionsgewährung zu, der sich nach der Dauer ihres Beschäftigungsverhältnisses im Vergleich mit der Vergütungsperiode bemisst. Bei Aktienoptionen als freiwillige Zusatzleistung fallen die befristet Beschäftigten regelmäßig bereits wegen der typischen Stichtags- und Bindungsklauseln i.V.m. den Verfallklauseln aus dem Kreis der Begünstigten heraus, ohne dass dies nach § 4 Abs. 2 S. 2 TzBfG zu beanstanden wäre. Endet die Befristung erst nach Ablauf der Wartezeit, ist der Ausschluss dieser Beschäftigten allein wegen der Befristung nicht zulässig.[21]

Der Ausschluss der Arbeitnehmer in ruhenden Arbeitsverhältnissen ist zulässig. Dies ergibt sich für Aktienoptionen als synallagmatische Leistung bereits nach dem Grundsatz „ohne Arbeit kein Lohn". Bei der Einräumung der Optionen als freiwillige Zusatzleistung ist eine Vereinbarung zulässig, nach der die betroffenen Arbeitnehmer während der Dauer der Suspendierung von der Programmteilnahme ausgeschlossen sind. Fehlt eine entsprechende Klausel oder hält sie den Anforderungen des § 305 c Abs. 2 BGB nicht stand, besteht der Anspruch dieser Mitarbeiter auf Zuteilung der Optionen in voller Höhe. Der Ausschluss wegen der Teilnahme am rechtmäßigen Arbeitskampf ist unzulässig.[22]

Von der Programmteilnahme können zudem langfristig erkrankte Arbeitnehmer nach Ablauf der sechswöchigen Entgeltfortzahlungspflicht ausgeschlossen werden. Bei der Einräumung der Aktienoptionen als freiwillige Zusatzleistung sind die Grenzen von § 4a S. 2 EFZG zu beachten. Arbeitnehmerinnen, die infolge der Beschäftigungsverbote nach dem MuSchG nicht beschäftigt werden, dürfen nicht ausgeschlossen werden.[23]

Es ist zulässig, die Programmteilnahme von Stichtagen abhängig zu machen und die Anspruchsentstehung an eine gewisse Beschäftigungsdauer und den Fortbestand eines ungekündigten Arbeitsverhältnisses zu knüpfen. Dies gilt für alle Beendigungsgründe einschließlich der betriebsbedingten Kündigungen. Für Aktienoptionen, die als synallagmatische

[20] Vergl. § 9 VI 1.
[21] Vergl. § 9 VI 2.
[22] Vergl. § 9 VII.
[23] Vergl. § 9 VIII, IX.

Vergütungsleistung für die bereits erbrachte Arbeitsleistung eingeräumt werden, ist die Vereinbarung von Stichtagsklauseln unzulässig.[24]

Verstöße gegen die Verteilungsgrundsätze führen regelmäßig zu Ansprüchen aufgrund des arbeitsrechtlichen Gleichbehandlungsgrundsatzes. Dies gilt wegen § 75 BetrVG auch für die Regelungen in einer Betriebsvereinbarung.[25] Können diese Ansprüche nicht mehr erfüllt werden, weil das Kontingent der von der Hauptversammlung beschlossenen Aktienoptionen erschöpft ist, so besteht nur eine Nachschusspflicht der Hauptversammlung, wenn die arbeitsrechtlichen Grundsätze durch ihren Beschluss bei der Programmeinführung verletzt wurden. Sind die Verstöße hingegen die Folge der Verteilungsentscheidung der zuständigen Vergütungsorgane, so ist die Aktiengesellschaft als Arbeitgeberin allein zum Wertersatz verpflichtet.[26]

15. In den Programmen bzw. vorformulierten Vertragsklauseln können bis zur erstmaligen Ausübungsmöglichkeit der Optionen Wartezeiten von bis zu sechs Jahren festgelegt werden. Längere Wartezeiten sind nach § 306 Abs. 1 BGB unwirksam. An deren Stelle tritt nach § 306 Abs. 2 BGB das dispositive Gesetzesrecht und somit § 193 Abs. 2 Nr. 4 AktG, wonach eine zweijährige Wartefrist bis zu erstmaligen Ausübung der Optionen gilt. Zwar können im Wege einer Individualvereinbarung längere Wartezeiten vereinbart werden, diese entfalten allerdings nur eine geringe Motivationswirkung.[27]

16. In den Programmen werden die Wartefristen regelmäßig mit schuldrechtlichen Verfügungsbeschränkungen über die Aktienoptionen kombiniert. Verfügungsbeschränkungen dienen der effektiven Absicherung der Wartezeit und der sonstigen Ausübungsbeschränkungen, wie etwa der Festlegung der Ausübungszeiträume für die Aktienoptionen und sind daher zulässig.[28]

17. Zum Zweck der Bindung der Arbeitnehmer können bei der Einräumung der Aktienoptionen Klauseln zulässig vereinbart werden, die den Verfall der Optionen bei Beendigung des Arbeitsverhältnisses anordnen. Sofern Aktienoptionen als variabler synallagmatischer Vergütungsbestandteil eingeräumt werden, ist aber die Vereinbarung solcher Klauseln nach

[24] Vergl. § 9 X.
[25] Vergl. § 9 XI.
[26] Vergl. § 9 XII i.V.m. § 6 IV 2, 3.
[27] Vergl. § 10 II.
[28] Vergl. § 10 III.

§ 307 Abs. 1, Abs. 2 BGB unzulässig, die bei Beendigung des Arbeitsverhältnisses den vollständigen Verfall der Optionen anordnen, obgleich der Arbeitnehmer bereits einen Teil seiner Arbeitsleistung während des Vergütungszeitraums erbracht hat. Zulässig sind lediglich solche Regelungen, die diesen Umstand berücksichtigen und nur einen anteiligen Verfall vorsehen. Verfallklauseln, die diesen Anforderungen nicht genügen, sind im Weg der ergänzenden Vertragsauslegung entsprechend anzupassen.[29] Gleiches gilt wegen § 622 Abs. 4 über § 139 BGB auch für individuell vereinbarte Verfallklauseln.[30]

18. Sofern die Aktienoptionen als freiwillige zusätzliche Leistung außerhalb des Synallagmas eingeräumt werden, kann für den Fall der Eigenkündigung eine maximale Verfallfrist von fünf Jahren in den Programmen oder in den vorformulierten Vergütungsvereinbarungen vorgesehen werden. Daher sind die Verfallklauseln entweder auf fünf Jahre zu begrenzen oder als Alternative Regelungen aufzunehmen, nach denen die Optionen nach Ablauf der Wartefrist noch innerhalb eines bestimmten Zeitraums, etwa sechs oder zwölf Monate nach Beendigung, ausgeübt werden können.[31] Die Anordnung des Verfalls ist unzulässig, wenn der Arbeitnehmer wegen eines schuldhaft vertragswidrigen Verhaltens des Arbeitgebers zu einer außerordentlichen Kündigung berechtigt ist, oder dadurch nachvollziehbar zur ordentlichen Kündigung veranlasst wird.[32]

    Bei individuell vereinbarten Klauseln kann eine längere als die 5-jährige Verfallsdauer vorgesehen werden, die mit Blick auf § 138 BGB i.V.m. Art. 12 Abs. 1 GG nicht grenzenlos sein kann. Als Ausgleich für die Kündigungsbeschränkung des Arbeitnehmers ist eine Regelung aufzunehmen, die dem Mitarbeiter die Möglichkeit einräumt, die Option im nächsten Ausübungsfenster oder spätestens innerhalb von sechs Monate nach Beendigung des Arbeitsverhältnisses noch auszuüben.[33]

19. Daneben ist die Vereinbarung standardisierter Verfallklauseln bei der Gewährung der Aktienoptionen als freiwillige Zusatzleistung auch für andere Formen der Beendigung des Arbeitsverhältnisses, insbesondere für den Fall der arbeitgeberseitigen Kündigung einschließlich der betriebsbedingten Kündigung zulässig. Zulässig und gebräuchlich sind allgemeine Klauseln, die den Verfall ohne Einschränkung bei Beendigung des Arbeitsverhältnisses und für alle Beendigungsformen anordnen. Sofern es

[29] Vergl. § 11 IV 1.
[30] Vergl. § 11 VII.
[31] Vergl. § 11 VIII 1.
[32] Vergl. § 11 VIII 5.
[33] Vergl. § 11 VIII 4.

sich um eine vorformulierte Verfallklausel handelt, ist die maximale Verfallsfrist ebenfalls auf fünf Jahre begrenzt. Alternativ sind Regelungen möglich, die keine Begrenzung der Verfalldauer vorsehen jedoch dem Arbeitnehmer als Ausgleich die Möglichkeit eröffnen, die nach Ablauf der Wartezeit ausübbare Option noch im nächsten Handelsfenster oder innerhalb von sechs Monaten nach Beendigung des Arbeitsverhältnisses auszuüben.[34]

Im Hinblick auf das schutzwürdige Vertrauen des Arbeitnehmers sind diese Sonderregelungen für den Fall des Verfalls infolge einer betriebsbedingten Kündigung nach Ablauf der Wartefrist, aber noch vor Ablauf der maximalen Verfallsdauer von fünf Jahren ebenfalls aufzunehmen.[35]

Individuell vereinbarte Klauseln unterliegen einem weniger strengen Kontrollmaßstab. Die Parteien können daher längere Verfallklausen vereinbaren.

Überlange Verfallklauseln sind im Wege der ergänzenden Vertragsauslegung in der Weise anzupassen, dass der Verfall nach Ablauf der festgelegten Wartezeit nicht mehr eintritt.[36] Individuell vereinbarte Klauseln sind nach § 139 BGB auf fünf Jahre zurückzuführen, sofern sie den Verfall bei Eigenkündigung über einen längeren Zeitraum als fünf Jahre anordnen.[37]

Sofern der Arbeitnehmer für die Aktienoptionen einen finanziellen Beitrag erbringen musste, ist ihm dieser bei Verfall zu erstatten.[38]

Für Regelungen in Betriebsvereinbarungen gelten die gleichen Kontrollmaßstäbe wie für individuell vereinbarte Verfallklauseln.[39]

20. Die Bindungswirkung kann durch die Vereinbarung von Haltefristen für die bezogenen Aktien noch verstärkt werden. Sofern Aktienoptionen als zusätzliche freiwillige Leistung eingeräumt werden, können in dem Aktienoptionsprogramm oder in den Vergütungsvereinbarungen für die bezogenen Aktien einheitlich Haltefristen vereinbart werden, die in der Summe mit den Wartefristen den Zeitraum von sechs Jahren nicht übersteigen dürfen. Längere unwirksame Haltefristen sind im Weg der ergänzenden Vertragsauslegung im Rahmen des rechtlich Zulässigen aufrecht zu erhalten. Ein Verstoß gegen die Haltefrist ist als arbeitsvertragliche Nebenpflichtverletzung einzuordnen und kann mit arbeitsrechtlichen oder

[34] Vergl. § 11 VIII 7 a.
[35] Vergl. § 7 III 5 b aa.
[36] Vergl. § 11 VIII 8.
[37] Vergl. § 11 VIII 9.
[38] Vergl. § 11 IX.
[39] Vergl. § 11 X.

finanziellen Sanktionen belegt werden. Individuell können Haltefristen bis zum Ende der Programmlaufzeit vereinbart werden, die in der Summe mit den Wartefristen einen Zeitraum von mehr als zehn Jahren nicht übersteigen dürfen.

Bei Einräumung der Aktienoptionen als synallagmatische Vergütungsform ist lediglich die Vereinbarung von Haltefristen ohne Sanktionsandrohung zulässig, die in der Summe mit der Wartezeit den Zeitraum der Vergütungsperiode nicht übersteigen dürfen. Individuelle Vereinbarungen können längere Haltefristen und bei vorzeitiger Veräußerung der bezogenen Aktien eine teilweise Gewinnabschöpfung vorsehen.

21. Bei Ausgabe von Aktienoptionen können zur Verstärkung der Bindungswirkung Haltefristen mit der Verpflichtung zur Rückgewähr der bezogenen Aktien bei Beendigung des Arbeitsverhältnisses kombiniert werden. Die Haltefristen sind auf einen Zeitraum von fünf Jahren seit Optionsausgabe beschränkt. Bei Rückgewähr ist den Arbeitnehmern der investierte Betrag zurückzuerstatten. Daneben sind Individualvereinbarungen zulässig, welche die Rücknahme zum Börsenkurs am Beendigungstag vorsehen. Die Rückforderung der bezogenen Aktien ist ausgeschlossen, sofern die Beendigung auf einer betriebsbedingten Kündigung oder auf einem schuldhaft vertragswidrigen Verhalten des Arbeitgebers beruht oder die Aktienoptionen als synallagmatische Vergütungsform eingeräumt wurden.[40]

22. Die Einräumung der Aktienoptionen als freiwillige Zusatzleistung kann unter dem Vorbehalt der Freiwilligkeit erfolgen. Vorformulierte Widerrufsvorbehalte stellen in Aktienoptionsprogrammen eine unangemessene und damit unzulässige Regelung dar, welche die Einräumung der Optionen als synallagmatische Vergütungsform vorsehen. Individuell vereinbarte Widerrufsvorbehalte sind in den Grenzen von § 138 BGB zulässig. Einer Inhaltskontrolle nach § 308 Nr. 4 bzw. § 307 Abs. 1 BGB halten vorformulierte Widerrufsvorbehalte nur stand, die sich auf die Einräumung der Aktienoptionen als freiwillige Zusatzleistung beziehen, sofern sich das Unternehmen den Widerruf aus willkürfreien und nachvollziehbaren Gründen vorbehält und diese Gründe im Programm angibt. Die Ausübung ist an die allgemeinen Vorschriften und die Widerrufsgründe, nicht jedoch an billiges Ermessen gebunden. Individuell vereinbarte Widerrufsvorbehalte sind im Rahmen der allgemeinen Vorschriften ohne die Angabe von Widerrufsgründen zulässig.[41]

[40] Vergl. § 11 XI.
[41] Vergl. § 12.

23. Im Falle eines Betriebsübergangs gehen gem. § 613a Abs. 1 S. 2 BGB die Gewährungsansprüche wie auch die Ansprüche aus den Optionen zu Lasten des Betriebserwerbers über.[42] Sofern die Aktienoptionen als freiwillige zusätzliche Leistung eingeräumt werden, kann der Übergang der Ansprüche auf die Gewährung der Aktienoptionen durch die Vereinbarung einer Verfallklausel verhindert werden.

Für die Ansprüche aus bereits gewährten Aktienoptionen können wegen einer drohenden Umgehung der Grundsätze des § 613a BGB keine Verfallklauseln vereinbart werden. Verfallklauseln sind auch unzulässig, wenn die Aktienoptionen als synallagmatische Vergütungsleistung gewährt werden.[43]

Der Übergang führt zum Wegfall des mit der Einräumung der Aktienoptionen verfolgten Zwecks und daher zum Wegfall der Geschäftsgrundlage, so dass gem. § 313 Abs. 1 BGB eine Vertragsanpassung vorzunehmen ist.[44]

Sofern die Aktienoptionen als freiwillige Zusatzleistung eingeräumt werden, ist eine Verzichtserklärung bzw. ein Auflösungsvertrag gegen die Zahlung einer Abfindung zu vereinbaren. Sind die Aktienoptionen als synallagmatische Vergütungsform gewährt worden, kann der Wegfall nach Wahl des übernehmenden Unternehmens entweder durch eine wertgleiche Erhöhung der fixen Vergütung oder durch die Einräumung eines wertgleichen variablen Vergütungsbestandteils ausgeglichen werden. Alternativ können solche Regelungen bereits in die arbeitsvertragliche Zusage oder in die Aktienoptionsprogramme aufgenommen werden.[45]

Beruht die Einräumung der Aktienoptionen als zusätzliche freiwillige Leistung auf einer freiwilligen Betriebsvereinbarung i.S.v. § 88 Nr. 3 BetrVG, so gelten diese Grundsätze ebenfalls, wenn die Rechte aus der Betriebsvereinbarung individualrechtlich i.S.v. § 613 Abs. 1 S. 2 BGB weitergelten. Die Betriebsvereinbarung kann nach § 613a Abs. 1 S. 3 BGB durch eine neue Betriebsvereinbarung im Erwerberunternehmen abgelöst werden, die die Einbeziehung der übergegangenen Mitarbeiter in ein neu aufzulegendes oder gleichwertiges Mitarbeiterkapitalbeteiligungsprogramm des Erwerberunternehmens zum Gegenstand hat. Wird die Identität des übergehenden Betriebes gewahrt, so gilt die Betriebsvereinbarung auf kollektivrechtlicher Ebene fort. Erwerber wie Veräußerer haben dann die Möglichkeit, die Betriebsvereinbarung und damit die Ansprüche auf die

[42] Vergl. § 13 I.
[43] Vergl. § 13 II, III.
[44] Vergl. § 13 IV.
[45] Vergl. § 13 IV 4.

Einräumung von Aktienoptionen unter Beachtung der in § 77 Abs. 5 BetrVG vorgegebenen Frist zu kündigen.[46]

Die dargestellten Grundsätze gelten wegen § 324 UmwG grundsätzlich für die Formen der Unternehmensumstrukturierung nach dem Umwandlungsgesetz. Im Fall einer Verschmelzung bleiben die Aktienoptionen allerdings als stimmrechtslose Sonderrechte unverändert bestehen. Das aufnehmende Unternehmen ist dann zur Bedienung der Optionen und zur Beschaffung der Aktien verpflichtet.[47]

---

46 Vergl. § 13 VI.

47 Vergl. § 13 VIII.

§ 15 Schlussbetrachtung

Die Untersuchung hat gezeigt, dass es sich bei den Aktienoptionen um eine moderne Vergütungsform handelt, die für die Mitarbeiter und die Unternehmen eine Menge Chancen, aber auch Risiken in sich birgt. Für die Unternehmen besteht der Vorteil darin, eine liquiditätsschonende und auf die spezifischen Bedürfnisse abgestimmte Vergütungsform anbieten zu können, die für den begünstigten Mitarbeiter mit hohen Renditechancen verbunden ist und im Gegensatz zu den traditionellen Belegschaftsaktien keinen hohen Kapitaleinsatz erfordert. Durch die Kombination der aktienkursorientierten Erfolgsziele mit persönlichen Zielvorgaben kann eine hohe Anreizwirkung erzielt werden, die durch die Warte- und Verfallfristen mit einer Bindung an das Unternehmen verbunden wird. Auf der anderen Seite besteht allerdings das Risiko, dass diese Zielsetzungen durch eine negative Aktienkursentwicklung völlig konterkariert werden.

Die Einführung der Aktienoptionen ist in rechtlicher Hinsicht mit erheblichen Anforderungen verbunden. Bei der Vertragsgestaltung sind wegen der seit der Schuldrechtsmodernisierung vorzunehmenden Angemessenheitskontrolle zahlreiche Grundsätze und Regelungen zu beachten, die sich auf den gesamten Bereich des Individualarbeitsrechts beziehen. Deren Verletzung kann zu Ansprüchen der Mitarbeiter und zu zusätzlichen finanziellen Belastungen des Unternehmens führen. Daneben sind die Mitbestimmungsrechte des Betriebsrats zu beachten, die notfalls im Wege des Unterlassungsanspruchs durchgesetzt werden können. Die Einführung der Aktienoptionen als Vergütungselement ist wegen der dabei zu beachtenden gesellschaftsrechtlichen, arbeitsrechtlichen und steuerrechtlichen Vorschriften sowie der dabei zu konzipierenden zahlreichen Vertragsbeziehungen eine interdisziplinäre Herausforderung.

Literaturverzeichnis

Ackermann, Ulrich, *Suchan*, Wilhelm, Repricing von Stock Options – aktienrechtliche Zulässigkeit und bilanzielle Behandlung, BB 2002, 1497 ff.

Adams, Michael, Stellungnahme zur Aktienrechtsreform 1997, AG Sonderheft 08/1997, S. 9 ff.

Ders., Aktienoptionspläne und Vorstandsvergütungen, ZIP 2002, 1325 ff.

Aha, Christoph, Ausgewählte Gestaltungsmöglichkeiten bei Aktienoptionsplänen, BB 1997, 2225 ff.

Ahlers, Elke, *Trautwein-Kalms*, Gudrun, Gründungs-Nachhholbedarf, Mitbestimmung 6/2001, 46 f.

Annuß, Georg, AGB-Kontrolle im Arbeitsrecht: Wo geht die Reise hin?, BB 2002, 458 ff.

Annuß Georg, *Lembke*, Mark, Aktienoptionen der Konzernmutter und arbeitsrechtliche Bindung, BB 2003, 2230 ff.

Ascheid, Reiner, *Preis*, Ulrich, *Schmidt*, Ingrid, Großkommentar zum Kündigungsrecht, 2. Auflage, München 2004.

Bahnmüller, Reinhard, Trends betrieblicher Entgelt und Leistungsregulierung, Mitbestimmung 01/02/1999, 17 ff.

Bauer, Jobst Hubertus, *Diller*, Martin, Indirekte Wettbewerbsverbote, DB 1995, 426 ff.

Bauer, Jobst-Hubertus, *Göpfert*, Burkhard, *Steinau-Steinrück*, Robert v., Aktienoptionen bei Betriebsübergang, NZA 2001, 1129 ff.

Bauer, Jobst-Hubertus, *Kock*, Martin, Arbeitsrechtliche Auswirkungen des neuen Verbraucherschutzrechts, DB 2002, 42 ff.

Bauer, Jobst-Hubertus, *Opolony*, Bernhard, Arbeitsrechtliche Änderungen in der Gewerbeordnung, BB 2002, 1590 ff.

Baumbach, Adolf (Begr.), *Hueck*, Alfred, *Fastrich*, Lorenz, GmbH Gesetz: Gesetz betreffend die Gesellschaften mit beschränkter Haftung, 17. Aufl. München 2000.

Baumgärtl, Gottfried, Beweislastpraxis im Privatrecht, Köln u.a. 1996. (zitiert: Baumgärtl, Beweislastpraxis).

Baums, Theodor, Aktienoptionen für Vorstandsmitglieder, in: Festschrift für Carsten Peter Claussen, hrsgg. v. Martens, Claus-Peter; Westermann, Harm Peter, Zöllner, Wolfgang, Köln u.a. 1997, S. 3 ff., (zitiert: Baums in: FS Claussen).

Ders., Stellungnahme zur Aktienrechtsreform 1997, AG Sonderheft 08/1997, 26 ff.

Bauwens, Henrik, Aktienkursorientierte Vergütung im arbeitsrechtlichen Regelungssystem, Berlin 2001.

Becker, Friedrich, *Etzel*, Gerhard, *Fischermeier*, Ernst, u.a. (Hrsg.) Gemeinschaftskommentar zum Kündigungsschutzgesetz und zu sonstigen kündigungsschutzrechtlichen Vorschriften, 7. Aufl. Neuwied, Kriftel 2004.

Becker-Schaffner, Reinhard, Die Rechtsprechung zur Gewinnbeteiligung, AuR 1991, 304 ff.

Bernhardt, Wolfgang, *Witt*, Peter, Stock Options und Shareholder Value, ZfB 1997, 85 ff.

Berkowsky, Wilfried, Was ändert die Reform im Arbeitsrecht?, AuA 2002, 11 ff.

Binder, Thomas, Bindungs- und Verfallklauseln in der Mitarbeiterkapitalbeteiligung, Osnabrück 2003.

Blomeyer, Wolfgang, *Otto*, Klaus, Gesetz zur Verbesserung der betrieblichen Altersversorgung: Kommentar, 3. Aufl. München 2004.

Boemke, Burkhard, Gewerbeordnung: Kommentar zu den §§ 105 – 110, Heidelberg 2003. (zitiert: *Boemke*, GewO)

Ders., Privatautonomie im Arbeitsvertragsrecht, NZA 1993, 537 f.

Boes, Andreas, *Baukrowitz*, Andrea, Arbeitsbeziehungen in der IT-Industrie, Berlin, 2002.

Bredow, Günther M., Mustervereinbarung zu Aktienoptionsplänen für das Management und leitende Angestellte (stock optionplans), DStR 1998, 380 ff.

Brunn-Hagen, Hennerkes, *Schröder*, Matthias, Mitarbeiterbeteiligung und Familienunternehmen, Chance oder Irrweg?, DB 1995, 2153 ff.

Buchner, Herbert, Keine Entgeltänderung mittels Änderungskündigung?, in: Festschrift *Kraft*, Hrsg. *Hönn*, *Günther* u.a., Neuwied, Kriftel 1998, S. 23 ff. (zitiert: Buchner in: FS Kraft).

Bühner, Rolf, Der Shareholder-Value-Report, Landsberg/Lech 1994 (zitiert: Bühner, Shareholder-Value-Report).

Ders., Möglichkeiten der unternehmerischen Gehaltsvereinbarung für das Top-Management, DB 1998, 2181 ff.

Buhr, Martina, *Radtke*, Stefanie, Internationale Aktienoptionspläne und deren arbeitsrechtliche Behandlung in Deutschland, DB 2001, 1882 ff.

Busch, Ralf, Aktienoptionspläne, arbeitsrechtliche Fragen, BB 2002, 1294 ff.

Busse v. Colbe, Walther, Was ist und was bedeutet Shareholder Value aus betriebswirtschaftlicher Sicht?, ZGR 1997, 271 ff.

Claussen, Carsten P., Wie ändert das KonTraG das Aktiengesetz?, DB 1998, 177 ff.

Ders., Aktienoptionen – eine Bereicherung des Kapitalmarktrechts, WM 1997, 1825 ff.

Däubler, Wolfgang, Das Arbeitsrecht 2, 11. Aufl. Hamburg 1998

Ders., Das geplante Teilzeit- und Befristungsgesetz, ZIP 2000, 1961 ff.

Ders., Das neue Teilzeit- und Befristungsgesetz, ZIP 2001, 217 ff.

Ders., Die Auswirkungen der Schuldrechtsmodernisierung auf das Arbeitsrecht, NZA 2001, 1329 ff.

Däubler, Wolfgang, *Dorndorf*, Eberhard, AGB-Kontrolle im Arbeitsrecht: Kommentierung zu den §§ 305 bis 310 BGB, München 2004, (zitiert: Däubler/Dorndorf).

Däubler, Wolfgang, *Kittner*, Michael, *Klebe*, Thomas, Betriebsverfassungsgesetz mit Wahlordnung, §§ 121–128 InsO und EBR-Gesetz, 10. Aufl. Frankfurt am Main 2006, (zitiert: Beabeiter in: Däubler/Kittner/Lörcher).

Däubler, Wolfgang, *Kittner*, Michael, *Lörcher*, Klaus, Internationale Arbeits- und Sozialordnung, 2. Aufl. Köln 1994

Dieterich, Thomas, Grundgesetz und Privatautonomie, RdA 1995, 129 ff.

Ders., (Hrsg.), Erfurter Kommentar zum Arbeitsrecht, 7. Aufl. München 2006.

Einem, Christoph v., Eine aktuelle Gestaltungsform der Mitarbeiterbeteiligung für Wachstumsunternehmen, in: Gestaltung und Analyse in der Rechts-,

Wirtschafts- und Steuerberatung von Unternehmen, Hrsgg. Haarmann, Hemmelrath & Partner, München u.a. 1998. (zitiert: *v. Einem* in: Haarmann, Hemmelrath & Partner).

Fabricius, Fritz (Hrsg.), *Kraft*, Alfons, *Wiese*, Günther, *Kreutz*, Peter, *Oetker*, Hartmut u.a. Betriebsverfassungsgesetz, Band I: §§ 1 – 73 b mit Wahlordnungen, Gemeinschaftskommentar, 7. Aufl. Neuwied, Kriftel 2002.

Dies., Betriebsverfassungsgesetz, Band II: §§ 74 – 132 mit Kommentierung des BetrVG 1952, Gemeinschaftskommentar, 7. Aufl. Neuwied, Kriftel 2002.

Fastrich, Lorenz, Richterliche Inhaltskontrolle im Privatrecht, München 1992.

Feddersen, Dieter, Aktienoptionsprogramme für Führungskräfte aus kapitalmarktrechtlicher und steuerrechtlicher Sicht, ZHR 161 (1997), 269 ff.

Feddersen, Dieter, *Pohl*, Markus Die Praxis der Mitarbeiterbeteiligung seit Einführung des KonTraG, AG 2001, 26 ff.

Fitting, Karl (Begr.), *Engels*, Gerd, *Schmidt*, Ingrid, *Trebinger*, Yvonne, *Linsenmaier*, Wolfgang, Betriebsverfassungsgesetz, 23. Aufl. München 2006.

Friedrichsen, Sönke, Aktienoptionen für Führungskräfte, Köln 2000.

Fuchs, Andreas, Selbständige Optionsscheine als Finanzierungsinstrument der Aktiengesellschaft, AG 1995, 433 ff.

Ders., Anmerkung zu LG Frankfurt v. 10.2.1997 - 3/1 0119/96 - , WuB II A. § 221 AktG 1.97, 553 ff

Ders., Aktienoptionen für Führungskräfte und bedingte Kapitalerhöhung – Anmerkung zur geplanten Neuregelung nach dem Referentenentwurf zur Änderung des Aktiengesetzes („KonTraG"), DB 1997, 661 ff.

Ders., Anmerkung zu BGH v. 16.2.2004 - II ZR 316/02, JZ 2004, 1185 ff.

Gaul, Björn, Anm. zu BAG v. 24.3.1993 – 10 AZR 160/92-, EzA zu § 611 BGB Gratifikation, Prämie Nr. 102.

Ders., Sonderleistungen und Fehlzeiten: Zulässigkeit und Grenzen einer Kürzung von arbeitgeberseitigen Sonderleistungen bei Fehlzeiten des Arbeitnehmers, Heidelberg 1994, (zitiert: Gaul, Sonderleistungen und Fehlzeiten).

Ders., Der Zweck von Sonderzahlungen, Erster Teil: Die Zweckbestimmung, BB 1994, 495 ff.

Ders., Zweck von Sonderzahlungen, Zweiter Teil: Kürzungsmöglichkeiten bei Fehlzeiten, BB 1994, 565 ff.

Ders., Die Änderungskündigung zur Absenkung oder Flexibilisierung von Arbeitszeit und/oder Arbeitsentgelt, DB 1998, 1913 ff.

Ders., Das Arbeitsrecht der Betriebs- und Unternehmensspaltung, Köln 2002, (zitiert: Gaul, Arbeitsrecht der Betriebs- und Unternehmensspaltungen).

Geßler, Ernst, *Hefermehl*, Wolfgang, *Eckardt*, Ulrich, *Kropff*, Bruno, Aktiengesetz, Band II, §§ 1 – 75, München 1983 §§ 53a – 75.

Dies., Aktiengesetz, Band IV, §§ 179 – 240, München 1989 §§ 179 – 191; 1993 §§ 192 – 206; 1994 §§ 207 – 220; 1994 §§ 221 – 240.

Götz, Heinrich, Rechtsfolgen des teilweisen Verstoßes einer Klausel gegen das AGB-Gesetz, NJW 1978, 2223 ff.

Gotthardt, Michael, Der Arbeitsvertrag auf dem AGB-rechtlichen Prüfstand, ZIP 2002, 277 ff.

Ders., Arbeitsrecht nach der Schuldrechtsreform, 2. Aufl. München 2003, (zitiert: Gotthard, Schuldrechtsreform).

Groh, Manfred, Shareholder Value und Aktienrecht, DB 2000, 2153 ff.

Guski, Hans Günter, *Schneider*, Hans J., Mitarbeiterbeteiligung MAB, Handbuch für die Praxis, Band 1: Stand Dezember 2002, Band 2. Stand Dezember 2002, (zitiert: Bearbeiter in: Guski/Schneider, MAB, Ordnungsnummer, Rn.).

Hanau, Peter, Arbeitsrechtliche Probleme der Vermögensbeteiligung der Arbeitnehmer, in: Laßmann Gert, Schwark Eberhard (Hrsg.), Beteiligung der Arbeitnehmer am Produktivvermögen, Berlin, New York 1985. (zitiert: Hanau in: Laßmann/Schwark, ZGR 1985,)

Ders., Gebremster Schub im Arbeitsrecht, NJW 2002, 1240 ff.

Ders., Anmerkung zu BAG v. 23.5.2001 - 5 AZR 527/99, EWiR 2002, 419, 420.

Hanau, Peter, *Hromadka*, Wolfgang, Richterliche Kontrolle flexibler Entgeltregelungen in Allgemeinen Arbeitsbedingungen, NZA 2005, 73 ff.

Hanau, Peter, *Preis*, Ulrich, Die Kündigung von Betriebsvereinbarungen, NZA 1991, 81 ff.

Hanau, Peter, *Vossen*, Reinhard Die Kürzung von Jahressonderzahlungen aufgrund fehlender Arbeitsleistung, DB 1992, 213 ff.

Harrer, Herbert, Mitarbeiterbeteiligung und Stock-Options-Pläne, München 2000, (zitiert Bearbeiter in: Harrer, MAB, Rn.)

Hebig, Michael, *Zacharias*, Erwin, Handbuch der betrieblichen Vermögensbildung, München 1991, (Zitiert: Bearbeiter, Vermögensbildung).

Henssler, Martin, Anmerkung zu BAG v. 13.5.1987 5 AZR 125/86, SAE 1988, 164 ff.

Ders., Gemeinsame Anmerkung zu BAG v. 25.4.1991 - 6 AZR 183/90 -, EzA Gratifikation, Prämie Nr. 85 und 85.

Ders., Arbeitsrecht und Schuldrechtsreform, RdA 2002, 129 ff.

Henze, Hartwig, Treuepflichten der Gesellschafter im Kapital- und Gesellschaftsrecht, ZHR 162 (1998), S. 186 ff.

Hess, Harald, *Schlochauer*, Ursula, *Worzalla*, Michael, *Glock*, Dirk, Kommentar zum Betriebverfassungsgesetz, 6. Aufl. 2003.

Hoffmann-Becking, Michael (Hrsg.), Münchener Handbuch des Gesellschaftsrechts; Bd. 4, Aktiengesellschaft, 2. Aufl. München 1999.

Wiedemann, Herbert, *Hopt*, Klaus J. (Hrsg.), AktG: Großkommentar, Lfg. 18: §§ 192 – 206, 4. Aufl. Berlin New York 2001.

Hoyningen-Huene, Gerrick v., Die Billigkeit im Arbeitsrecht, München 1978, (zitiert: v. Hoyningen-Huene, Billigkeit).

Ders., Anmerkung zu BAG v. 6.9.1995 – 5 AZR 241/94, AP Nr. 23 zu § 611 BGB Ausbildungsbeihilfe.

Ders., Betriebsverfassungsrecht, 5. Aufl. München 2002, (zitiert: Hoyningen-Huene, BetrVG).

Hromadka, Wolfgang, Sprecherausschussgesetz, Kommentar, Neuwied, 1991.

Ders., Änderung von Arbeitsbedingungen, RdA 1992, 234 ff.

Ders., Das Leistungsbestimmungsrecht des Arbeitgebers, DB 1995, 1609 ff.

Ders., Grenzen und Möglichkeiten der Änderungskündigung, NZA 1996, 1 ff.

Ders., Inhaltskontrolle von Arbeitsverträgen, in: Festschrift für Thomas Dieterich zum 65. Geburtstag, Hrsg. Hanau, Peter u.a., München 1999. (zitiert: Hromadka in: FS Dieterich).

Ders., Befristete und bedingte Arbeitsverhältnisse neu geregelt, BB 2001, 674 ff.

Ders., Schuldrechtsmodernisierung und Vertragskontrolle im Arbeitsrecht, NJW 2002, 2523 ff.

Hueck, Alfred, *Canaris*, Wilhelm, Recht der Wertpapiere, 12. Aufl. München 1986.

Hüffer, Uwe, Aktienbezugsrechte als Bestandteil der Vergütung von Vorstandsmitgliedern und Mitarbeitern – gesellschaftsrechtliche Analyse, ZHR 161 (1997), S. 214 ff.

Ders., Aktiengesetz, 6. Aufl. München 2004.

Hunold, Wolf Ausgewählte Rechtsprechung zur Vertragskontrolle im Arbeitsverhältnis, NZA-RR 2002, 225 ff.

Hüttemann, Rainer, Internationalisierung des deutschen Handelsbilanzrechts im Entwurf des Bilanzrechtsreformgesetzes, BB 2004, 203 ff.

Jäger, Axel, Aktienoptionspläne in Recht und Praxis – eine Zwischenbilanz, DStR 1999, 28 ff.

Joussen, Jacob, Arbeitsrecht und Schuldrechtsreform, NZA 2001, 745 ff.

Jungen, Elke, Mitarbeiterbeteiligung, Gesellschafts- und arbeitsrechtliche Probleme im Zusammenhang mit Belegschaftsaktien und Aktienoptionen, München 2000.

Junker, Abbo, Grundkurs Arbeitsrecht, 3. Aufl. München 2004, (zitiert: Junker, Arbeitsrecht).

Kallmeyer, Harald, Aktienoptionspläne für Führungskräfte im Konzern, AG 1999, 97 ff.

Ders., Umwandlungsgesetz, 2. Aufl., Köln 2001.

Kania, Thomas, Flexible Vergütungsgestaltung, DB 1998, 2418 ff.

Kasseler Kommentar zum Sozialversicherungsrecht *Niesel*, Klaus (Gesamtredaktion), Bearbeiter *Gürtner*, Klaus, *Hess*, Rainer u.a., Band 1, Stand: September 2006, München

Kau, Wolfgang, *Kukat*, Klaus, Aktienoptionspläne und Mitbestimmung des Betriebsrats, BB 1999, 2505 ff.

Kau, Wolfgang, *Leverenz*, Niklas, Mitarbeiterbeteiligung und leistungsgerechte Vergütung durch Aktien-Options-Pläne, BB 1998, 2269 ff.

Kittner, Michael, *Däubler*, Wolfgang, *Zwanziger*, Michael, Kündigungsschutzrecht, 6. Aufl. Frankfurt/Main 2004.

Klahold, Christoph, Aktienoptionen als Vergütungselement für Führungskräfte, Frankfurt am Main 1999.

Kleindiek, Detlef, *Krempe*, Thomas, Die Auswahl von berechtigten Mitarbeitern sowie die Schaffung von Qualifikationsbedingungen im Gesellschafts- und Arbeitsrecht, in: JbFSt 1998/99, 571 ff.

Knepper, Karl Heinz, Die Belegschaftsaktie in Theorie und Praxis, ZGR 1985, 419 ff.

Knoll, Leonard, Der Wert von Bezugsrechten und die materielle Rechtfertigung des Bezugsrechtsausschlusses bei Wandelschuldverschreibungen, ZIP 1998, 413 ff.

Kohler, Ingo, *Roth*, Wulf-Henning, *Morck*, Winfried, Handelsgesetzbuch Kommentar, 4. Aufl. München 2003.

Kohler, Klaus, Stock Options für Führungskräfte aus der Sicht der Praxis, ZHR 161 (1997), S. 246 ff.

Köppen, Martina, Rechtliche Wirkungen arbeitsrechtlicher Zielvereinbarungen, DB 2002, 374 ff.

Krause, Rüdiger, Die Änderungskündigung zum Zweck der Entgeltreduzierung, DB 1995, 574 ff.

Ders., Anmerkung zu BAG v. 28.3.2000 – 1 AZR – 366/99, EzA § 77 BetrVG Ablösung Nr. 1.

Krauß, Michael, Der Widerruf von Arbeitgeberleistungen, Berlin 1997.

Kühnberg, Manfred, *Kessler*, Jürgen, Stock option incentives – betriebswirtschaftliche und rechtliche Probleme eines anreizkompatiblen Vergütungssystems, AG 1999, 453 ff.

Kurdelbusch, Antje, Variable Vergütung bedeutet Wettbewerb und Risiko, Mitbestimmung 6/2001, 22 ff.

Lakies, Thomas, Inhaltskontrolle von Vergütungsvereinbarungen im Arbeitsrecht, NZA-RR 2002, 337 ff.

Legerlotz, Christoph, *Laber*, Jörg, Arbeitsrechtliche Grundlagen bei betrieblichen Arbeitnehmerbeteiligungen durch Aktienoptionen und Belegschaftsaktien, DStR 1999, 1658 ff.

Leinemann, Wolfgang, Änderungen einzelvertraglicher Ansprüche durch Betriebsvereinbarung, DB 1985, 1394 ff.

Ders. (Hrsg.), Kasseler Handbuch zum Arbeitsrecht, Band 1, Arbeitsverhältnis, Inhalt des Arbeitsverhältnisses, und Arbeitsverhältnisse mit erhöhtem Schutz, 2. Aufl. Neuwied u.a. 2000.

Lembke, Mark, Die Ausgestaltung von Aktienoptionsplänen in arbeitsrechtlicher Hinsicht, BB 2001, 1469 ff.

Ders., Kommentar zu BAG v. 12.2.2003 - 10 AZR 299/01 -, BB 2003, 1071 ff.

Lenenbach, Markus, Anmerkung zu BGH v. 10.2.2004 - II ZR 316/02 -, EwiR 2004, 231 f.

Leuchten, Alexius, Widerrufsvorbehalt und Befristung von Arbeitsvertragsbedingungen insbesondere Provisionsordnungen, NZA 1994, 721 ff.

Lieb, Manfred, Regelungszuständigkeit des Betriebsrats für die Vergütung von AT-Angestellten, ZfA 1978, 179 ff.

Lindemann, Viola, Neuerungen im Arbeitsrecht durch die Schuldrechtsreform, AuR 2002, 81 ff.

Dies., Flexible Gestaltung von Arbeitsbedingungen nach der Schuldrechtsreform, Köln 2003, (zitiert: Lindemann, Arbeitsbedingungen).

Lingemann, Stefan, Allgemeine Geschäftsbedingungen und Arbeitsvertrag, NZA 2002, 181 ff.

Lingemann, Stefan, *Diller*, Martin, *Mengel*, Anja, Aktienoptionen im internationalen Konzern – ein arbeitsrechtsfreier Raum?, NZA 2000, 1191 ff.

Lingemann, Stefan, *Wasmann*, Dirk, Mehr Kontrolle und Transparenz im Aktienrecht. Das KonTraG tritt in Kraft., BB 1998, 853 ff.

Lipinski, Wolfgang, *Melm*, Christopher, Die Gewährung von Aktienoptionen durch Dritte, z.B. einer Konzernmutter – von Dritten geleistetes Arbeitsentgelt?, BB 2003, 150 ff.

Lipke, Gert-Albert, Gratifikationen, Tantieme, Sonderzulagen, Neuwied, Darmstadt, 1982 (zitiert: Lipke, Gratifikationen).

Ders., Handbuch zum Arbeitsrecht, Gruppe 3 Gratifikationen/Sonderzahlungen, Stand: Juli 2000.

Lipke, Gert-Albert, *Vogt*, Norbert, *Steinmeyer*, Horst, Sonderleistungen im Arbeitsverhältnis, Neuwied u.a. 1995.

Löwe, Walter, Anm. zu OLG Düsseldorf v. 16.9.1983 - 25 U 110/83 -, BB 1983, 2014 ff.

Löwisch, Manfred, Sprecherausschussgesetz, 2. Aufl. Heidelberg 1994.

Ders., Zweifelhafte Folgen des geplanten Leistungsstörungsrechts für das Arbeitsvertragsrecht, NZA 2001, 465 ff.

Löwisch, Manfred, *Rieble*, Volker, Tarifvertragsgesetz, 2. Aufl. München 2004.

Loritz, Karl-Georg, Betriebliche Arbeitnehmerbeteiligungen in Tarifverträgen und Betriebsvereinbarungen, DB 1985 ff.

Ders., Investitionsmodelle und Arbeitsrecht, in: Festschrift für Otto Rudolf Kissel zum 65. Geburtstag, Hrsg.: *Heinze*, Meinhard, *Söllner*, Alfred, München 1994. (zitiert: Loritz in: FS Kissel).

Ders., Koppelung der Arbeitsentgelte an den Unternehmenserfolg, RdA 1998, 257 ff.

Ders., Stock-Options und sonstige Mitarbeiterbeteiligungen aus arbeitsrechtlicher Sicht, ZRT 2002, 258 ff.

Luhmann, Ulrich, *Zach*, Georg M., Sämtliche Sonderzuwendungen an den Arbeitnehmer und ihre Auswirkungen auf das Unternehmen aus arbeitsrechtlicher, steuerrechtlicher und betrieblicher Sicht: von der Anwesenheitsprämie bis zur Weihnachtsgratifikation, 2. Aufl. Kissing 1980,

Lutter, Marcus, Aktienoptionen für Führungskräfte – de lege lata und de lege ferenda, ZIP 1997, 1 ff.

Ders., Umwandlungsgesetz, Band I §§ 1 – 151, 2. Aufl., Köln 2000.

Ders., Umwandlungsgesetz, Band II §§ 152 – 325, 2. Aufl., Köln 2000.

Martens, Klaus-Peter, Die mit Optionsrechten gekoppelte Aktienemission, AG 1989, 69 ff.

Ders., Erwerb und Veräußerung eigener Aktien im Börsenhandel – Überlegungen de lege ferenda, AG 1996, 337 ff.

Ders., Eigene Aktien und Stock-Options in der Reform, AG Sonderheft 08/1997, S. 83 ff.

Maunz, Theodor, *Dürig*, Günter, Grundgesetz Kommentar, Bd. 1, GG-Text – Art. 11, Stand: Oktober 2002.

Mechlem, Hans-Peter, *Melms*, Christopher, Verfall- und Rückzahlungsklauseln bei Aktienoptionsplänen, DB 2000, 1614 ff.

Meinel, Gernod, *Heyn*, Judith, *Heims*, Sascha, Teilzeit- und Befristungsgesetz Kommentar, 2. Aufl. München 2004.

Menichetti, Marco J., Aktien-Optionsprogramme für das Top-Management, DB 1996, 1688 ff.

Meyer, Justus, *Sören*, Ludwig, Aktienoptionen für Aufsichtsräte ade?, ZIP 2004, 940 ff.

Mülbert, Peter O., Shareholder Value aus rechtlicher Sicht, ZGR 1997, 129 ff.

Natzel, Ivo, Schutz des Arbeitnehmers als Verbraucher, NZA 2002, 595 ff.

Nehls, Albrecht, *Sudmeyer*, Jan, Zum Schicksal von Aktienoptionen bei Betriebsübergang, ZIP 2002, 201 ff.

Nielebock, Helga, Die neuen gesetzlichen Regelungen zur befristeten Beschäftigung, AiB 2001, 75 ff.

Oetker, Hartmut, Hauptversammlungsautonomie und Mitbestimmung des Betriebsrats bei Aktienoptionsplänen, in: 50 Jahre Bundesarbeitsgericht, hrsgg. v. *Oetker*, Hartmut; *Preis*, Ulrich; *Rieble*, Volker, München 2004, (zitiert: Oetker in: FS BAG).

Otto, Hansjörg, Personale Freiheit und soziale Bindung, München 1978, (zitiert: Otto, Personale Freiheit).

Ders., Anmerkung zu BAG v. 13.6.1986 – 7 AZR 650/84 -, EzA § 620 BGB Nr. 85.

Ders., Anmerkung zu BAG v. 16.9.1986 – 1 ABR 75/88 -, EzA § 77 BetrVG 1972 Nr. 17.

Ders., Anmerkung zur BAG v. 21.9.1989 – GS 1/82 -, EzA § 77 BetrVG 1972 Nr. 33.

Ders., Mitbestimmung des Betriebsrats bei der Reglung von Dauer und Lage der Arbeitszeit, NZA 1992, 97 ff.

Ders., Die Änderung von Entlohnungssystemen – Kollektiv- und individualvertragliche Aspekte -, in: Festschrift zum 70. Geburtstag von Eugen Stahlhacke, Hrsg.: *Farthmann*, Friedhelm u.a., Neuwied u.a. 1995, (zitiert: Otto in: FS Stahlhacke).

Ders., Arbeitsrecht, 3. Aufl. Berlin 2003, (zitiert: Otto, ArbR).

Paulusch, Bernd-Arthur, Vorformulierte Leistungsbestimmungsrechte des Verwenders in: Zehn Jahre AGB-Gesetz, S. 55 ff. Hrsg.: Heinrichs, Helmut u.a., Köln 1987, (zitiert: Paulusch in: FS Zehn Jahre AGBG).

Palandt, Otto (Begr.), Bürgerliches Gesetzbuch, 64. Aufl. München 2005.

Peez, Christoph, Die Problematik der Mitarbeiterbeteiligung durch Belegschaftsaktien, Frankfurt 1983, (zitiert: Peez, Belegschaftsaktien).

Pellens, Bernhard, *Crasselt*, Nils, Bilanzierung von Stock Options, DB 1998, 217 ff.

Pellens, Bernhard, *Crasselt*, Nils, *Rockholtz*, Carsten, Wertorientierte Entlohnungssysteme für Führungskräfte, in: Unternehmenswertorientierte Entlohnungssysteme, S. 3 ff., Hrsg.: *Pellens*, Bernhard, Stuttgart 1998, (zitiert: Bearbeiter in: Pellens, Entlohnungssysteme).

Peltzer, Martin, Steuer- und Rechtsfragen bei der Mitarbeiterbeteiligung und der Einräumung von Aktienoptionen (Stockoptions), AG 1996, 307 ff.

Portner, Rosemarie, Mitarbeiter – Optionen (Stock Options): Gesellschaftsrechtliche Grundlagen und Besteuerung, DStR 1997, 786 ff.

Dies., Lohnsteuerliche Behandlung der Gewährung von Stock Options durch die ausländische Muttergesellschaft, DStR 1997, 1876 ff.

Preis, Ulrich, Grundfragen der Vertragsgestaltung, Neuwied u.a. 1993, (zitiert: Preis, Vertragsgestaltung).

Ders., Anrechnung und Widerruf über- und außertariflicher Entgelte – vertragsrechtlich betrachtet, in: Festschrift für Otto Rudolf Kissel, Arbeitsrecht in der Bewährung, Hrsg.: Heinze Meinhard, Söllner, Alfred, München 1994. (zitiert: Preis in: FS Kissel).

Ders., Der Arbeitsvertrag, Handbuch der Vertragspraxis und -gestaltung, 2. Aufl. Köln 2005, (zitiert: Preis, Der Arbeitsvertrag).

Ders., Widerrufsvorbehalte auf dem höchstrichterlichen Prüfstand, NZA 2004, 1014 ff.

Pulz, Fabian, Personalbindung durch aktienkursorientierte Vergütung, Heidelberg 2003, (zitiert: Pulz, Personalbindung).

Ders., Personalbindung mit Aktienoptionen, BB 2004, 1077 ff.

Preis, Ulrich, *Lindemann*, Viola, Änderungsvorbehalte – Das BAG durchschlägt den gordischen Knoten, NZA 2006, 632.

Rebmann, Kurt, *Säcker*, Franz Jürgen (Hrsg.), Münchener Kommentar zum BGB, Bd. 1, Allgemeiner Teil §§ 1 – 240, 5. Aufl. München 2006.

Dies., Münchener Kommentar zum BGB, Bd. 2a, Schuldrecht Allgemeiner Teil §§ 241 – 432, 4. Aufl. München 2003.

Ders., Münchener Kommentar zum BGB, Bd. 4, Schuldrecht Besonderer Teil II, §§ 611 – 704, 4. Aufl. München 2005.

Ders., Münchener Kommentar zum BGB, Bd. 5, Schuldrecht Besonderer Teil III, §§ 705–853, 4. Aufl. München 2004.

Reichold, Hermann, Vom Bleibegeld zur Stillegungsprämie, DB 1988, 498 ff.

Ders., Grundlagen und Grenzen der Flexibilisierung im Arbeitsvertrag, RdA 2002, 321 ff.

Ders., Anmerkungen zum Arbeitsrecht im neuen BGB, ZTR 2002, 202 ff.

Reinecke, Gerhard, Vertragskontrolle im Arbeitsverhältnis, NZA 2000, 23 ff.

Ders., Kontrolle Allgemeiner Arbeitsbedingungen nach dem Schuldrechtsmodernisierungsgesetz, DB 2002, 583 ff.

Ders., Vertragskontrolle im Arbeitsrecht nach der Schuldrechtsreform, Sonderbeilage zu NZA 18/2004, 27 ff.

Reuter, Dieter, Das Verhältnis von Individualautonomie, Betriebsautonomie und Tarifautonomie, RdA 1991, 193 ff.

Richardi, Reinhard, Gestaltung der Arbeitsverträge durch AGB nach dem Schuldrechtsmodernisierungsgesetz, NZA 2002, 1057 ff.

Ders. (Hrsg.), Betriebsverfassungsgesetz mit Wahlordnung, 10. Aufl. 2006.

Richardi, Reinhard, *Annuß*, Georg, Gesetzliche Neuregelung von Teilzeitarbeit und Befristung, BB 2000, 2201 ff.

Richardi, Reinhard, *Wlotzke*, Otfried, Münchener Handbuch zum Arbeitsrecht, Band 1, Individualarbeitsrecht I, 2. Aufl. München 2000.

Dies., Münchener Handbuch zum Arbeitsrecht, Band 1, Individualarbeitsrecht II, 2. Aufl. München 2000.

Dies., Münchener Handbuch zum Arbeitsrecht, Band 3, Kollektives Arbeitsrecht, 2. Aufl. München 2000.

Richardt, Winfried, Arbeitsvertragliche Flexibilisierung von Entgeltbedingungen, Köln 1988.

Rieble, Volker, Flexible Gestaltung Entgelt und Arbeitszeit im Arbeitsvertrag, Sonderbeilage zu NZA 3/2000, S. 34 ff.

Rieble, Volker, *Gutzeit*, Martin, Individualrechtliche Kontrolle erfolgsabhängiger Vergütungsformen, JbArbR, Bd. 37, 41 ff.

Röder, Gerhard, Die Beteiligung von Arbeitnehmern am Unternehmen, NZA 1987, 799 ff.

Röder, Gerhard, *Göpfert*, Burkhard, Aktien statt Gehalt, BB 2001, 2002 ff.

Rolfs, Christian, Teilzeit- und Befristungsgesetz, München 2002.

Rosen, Rüdiger v., Aktienkursorientierte Vergütungssysteme, in: Banken in globalen Umbruchsituationen, Festschrift für Johann Heinrich v. Stein zum 60. Geburtstag, Hrsg.: Hummel, Detlev u.a., Stuttgart 1997, (zitiert: v. Rosen in: FS v. Stein).

Sachs, Michael, Grundgesetz Kommentar, 3. Aufl. München 2003.

Schaefer, Hans, Aktuelle Probleme der Mitarbeiterbeteiligung nach Inkrafttreten des KonTraG, NZG 1999, 531 ff.

Schanz, Kay-Michael, Mitarbeiterbeteiligungsprogramme, NZA 2000, 626 ff.

Schaub, Günter, Änderungskündigung und Kündigungsschutz bei Betriebsvereinbarungen, BB 1990, 289 ff.

Ders., Aktuelle Rechtsfragen der Sonderzuwendungen des Arbeitgebers, ZIP 1994, 921 ff.

Ders., Arbeitsrechts-Handbuch: systematische Darstellung und Nachschlagewerk für die Praxis, 10. Aufl. München 2002, (zitiert: Schaub, Arbeitsrecht).

Scheuer, Steffen, Aktienoptionen als Bestandteil der Arbeitnehmervergütung in den USA und der BRD, Berlin 2004.

Schiefer, Bernd, Die schwierige Handhabung der Jahressonderzahlungen, NZA 1993, 1015 ff.

Ders., Die schwierige Handhabung der Jahressonderzahlungen, NZA-RR 2000, 561 ff.

Schilling, Wolf Ulrich, Shareholder Value und Aktiengesetz, BB 1997, 373 ff.

Schimann, Rudolf, *Frauenkron*, Karl-Peter, Arbeitsrechtliche Aspekte einer betrieblichen Regelung der Vermögensbildung durch Gewinn- und Kapitalbeteiligung, DB 1980, 445 ff.

Schlodder, Antje, Der Arbeitsvertrag im neuen Schuldrecht, Heidelberg 2004.

Schneider, Uwe H., Aktienoptionen als Bestandteil der Vergütung von Vorstandsmitgliedern, ZIP 1996, 1769 ff.

Schnittker, Elmar, *Grau*, Timon, Klauselkontrolle im Arbeitsvertrag, BB 2002, 2120 ff.

Dies., Übergang und Anpassung von Rechten aus Aktienoptionsprogrammen bei Betriebsübergang nach § 613a BGB, BB 2002, 2497 ff.

Schmidt, Reinhard M., *Spindler*, Gerald, Shareholder-Value zwischen Ökonomie und Recht, in: Wirtschafts- und Medienrecht in der offenen Demokratie: Freundesgabe für Friedrich Kübler zum 65. Geburtstag, Hrsg.: Assmann, Heinz-Dieter u.a., S. 517 ff., Heidelberg 1997, (zitiert: Schmidt/Spindler in: FS: Kübler).

Schwalbach, Joachim, *Graßhoff*, Ulricke, Managervergütung und Unternehmenserfolg, ZfB 1997, 203 ff.

Schwarz, Eckhard, Sonderzahlungen: Ausfall und Kürzung bei Fehlzeiten, NZA 1996, 571 ff.

Schwarz, Günter Christian, *Michel*, Jörg, Aktienoptionspläne: Reformvorhaben in Deutschland – Erfahrungsvorsprung in Frankreich, BB 1998, 489 ff.

Seibert, Ulrich, Stock Options für Führungskräfte – zur Regelung im Kontrolle- und Transparenzgesetz (KonTraG), in: Pellens, Bernhard (Hrsg.), Unternehmenswertorientierte Entlohnungssysteme, Stuttgart 1997, (zitiert: Seibert in: Pellens Entlohnungssysteme).

Ders., Kontrolle und Transparenz im Unternehmensbereich (KonTraG) – Der Referenten-Entwurf zur Aktienrechtsnovelle -, WM 1997, 1 ff.

Semler, Johannes, Rechnungslegung im Wandel, in: Festschrift für Dieter Budde, Hrsg.: Försche, Gerhart u.a., München 1995, (zitiert: Semler in: FS Budde).

Sievers, Jochen, Individualrechtliche Möglichkeiten und Grenzen einer Entgeltreduzierung, NZA 2002, 1182 ff.

Simons, Dirk, *Knoll*, Leonhard, *Portner*, Rosemarie, Die Steuerbemessungsgrundlage bei der Überlassung von Stock Options, Erwiderung und Replik, DB 2002, 2070 ff.

Söllner, Alfred, Die Änderung von Arbeitsbedingungen durch Weisung, in: Änderung von Arbeitsbedingungen, Hrsg.: *Hromadka*, Wolfgang, S. 13 ff., Heidelberg 1990, (zitiert: Söllner in: Hromadka, Änderung von Arbeitsbedingungen).

Soergel, Hans Theodor, *Siebert*, Wolfgang, Bürgerliches Gesetzbuch mit Einführungsgesetzen und Nebengesetzen, Allgemeiner Teil, Band 1 (§§ 1 – 240), 12. Aufl. Stuttgart u.a. 1987.

Sowka, Hans-Harald, Die Kürzung von Sonderzuwendungen wegen Fehlzeiten, NZA 1993, 783 ff.

Spenner, Elke, Aktienoptionen als Bestandteil der Vergütung von Vorstandsmitgliedern, Göttingen, 1999.

Staudinger, Julius v. (Begr.), Kommentar zum Bürgerlichen Gesetzbuch mit Einführungsgesetz und Nebengesetzen, Buch 1, Allgemeiner Teil, §§ 134 – 163 l, 14. Aufl. Berlin 2003.

Ders., Kommentar zum Bürgerlichen Gesetzbuch mit Einführungsgesetz und Nebengesetzen, Buch 2, Recht der Schuldverhältnisse, §§ 255 – 304 (Leistungsstörungsrecht I), 14. Aufl. Berlin 2004.

Ders., Kommentar zum Bürgerlichen Gesetzbuch mit Einführungsgesetz und Nebengesetzen, Buch 2, Recht der Schuldverhältnisse, §§ 315 – 326 (Leistungsstörungsrecht II), 14. Aufl. Berlin 2004.

Ders., Kommentar zum Bürgerlichen Gesetzbuch mit Einführungsgesetz und Nebengesetzen, Zweites Buch, Recht der Schuldverhältnisse, §§ 611 – 615, 13. Aufl. Berlin 1999.

Ders., Kommentar zum Bürgerlichen Gesetzbuch mit Einführungsgesetz und Nebengesetzen, Gesetz zur Regelung des Rechts der Allgemeinen Geschäftsbedingungen (AGBG) 13. Aufl. Berlin 1998.

Steiner, Klaus, Zulässigkeit der Begebung von Optionsrechten auf Aktien ohne Optionsschuldverschreibung (nacked warrants), WM 1990 1776 ff.

Stoffels, Markus, AGB-Recht, München 2003.

Tappert, Markus, Auswirkungen eines Betriebsübergangs auf die Aktienoptionsrechten von Arbeitnehmern, NZA 2002, 1188 ff.

Thüsing, Gregor, Was sind die Besonderheiten des Arbeitsrechts?, NZA 2002, 591 ff.

Ders., Inhaltskontrolle von Formulararbeitsverträgen nach neuem Recht, BB 2002, 2666 ff.

Ders., Das Verbot der Diskriminierung wegen Fehlzeit und Befristung nach § 4 TzBfG, ZfA 2002, 249 ff.

Ders., Gedanken zur Vertragsautonomie im Arbeitsrecht, in: Festschrift Wiedemann, 2002, 559 ff.

Trinkner, Reinhold, Anmerkung zu BGH v. 19.9.1983 – VIII ZR 84/82 -, BB 1983, 1874 ff.

Ulmer, Peter, AGB-Gesetz: Kommentar zur Regelung des Rechts der Allgemeinen Geschäftsbedingungen, 9. Aufl. Köln 2001.

Umnuß, Karsten, *Ehle*, Thorsten Ludwig, Aktienoptionsprogramme für Arbeitnehmer auf der Basis von § 71 I Nr. 2 AktG, BB 2002, 1042 ff.

Urban-Crell, Sandra, *Manger*, Robert, Konzernweite Aktienoptionsprogramme und Betriebsübergang, NJW 2004, 125 ff.

Vollmer, Lothar, Die Entwicklung partnerschaftlicher Unternehmensverfassungen, Köln ua. 1976.

Wagner, Klaus-R., Ergebnisorientierte variable Vergütungen, BB 1997, 150 ff.

Ders., Kapitalbeteiligung von Mitarbeitern und Führungskräften, Heidelberg 1999, (zitiert: Wagner, Kapitalbeteiligung).

Ders., Mitarbeiterbeteiligung in Deutschland – ein Überblick, NJW 2003, 3081 ff.

Wank, Rolf, Anmerkung zu BAG 19.1.2000 – 4 AZR 814/98, RdA 2002, 112 ff.

Weiß, Daniel, Aktienoptionspläne für Führungskräfte, Köln 1999, (zitiert: Weiß, Aktienoptionspläne).

Ders., Aktienoptionsprogramme nach dem KonTraG, WM 1999, 353 ff.

Werder, Axel v., Shareholder Value-Ansatz als (einzige) Richtschnur des Vorstandshandeln?, ZGR 1998, 69 ff.

Westermann, Harm Peter (Hrsg.), Ermann, Bürgerliches Gesetzbuch, 11. Aufl. Köln 2004.

Wiechers, Heiko, Anmerkung zu BGH v. 16.2.2004 - II ZR 316/02 -, BB 2004, 698 ff.

Wilken, Frauke, Regelungsgehalt des Maßregelungsverbots gem. § 612a BGB, Berlin 2001.

Willemsen, Heinz Josef, *Grau*, Timo, Geltungserhaltende Reduktion und „Besonderheiten den Arbeitsrechts“, RdA 2003, 321 ff.

Willemsen, Heinz Josef, *Hohenstatt*, Klaus-Stefan, *Schweinert*, Ulrike, *Seibt*, Christoph, Umstrukturierung und Übertragung von Unternehmen, 2. Aufl. München 2003, (zitiert: Bearbeiter in: Willemsen/Hohenstatt/Schweibert/Seibt).

Willemsen, Heinz Josef, *Müller-Bonanni*, Thomas, Aktienoptionen beim Betriebsübergang, ZIP 2003, 1177 ff.

Windbichler, Christine, Anmerkung zu BAG v. 28.11.1989 – 3 AZR 118/88 -, SAE 1991, 294 ff.

Wöhe, Günter, Einführung in die Allgemeine Betriebswirtschaftslehre, 20. Aufl, München 2000.

Wohlfarth, Jürgen, *Brause*, Christian, Die Emission kursorientierter Wertpapiere auf eigene Aktien – zur Auslegung des § 221 AktG, WM 1997, 397 ff.

Wolf, Manfred, *Horn*, Norbert, *Lindacher*, Walter F., AGB-Gesetz, 4. Aufl. München 1999.

Zeidler, Finn, Aktienoptionspläne – nicht nur für Führungskräfte – im Lichte neuester Rechtsprechung, NZG 1998, 799 ff.

Zitzewitz, Jens, Stock Options, Frankfurt/Main o.a. 2003

Zöller, Wolfgang, Wertpapierrecht, 14. Aufl. München 1987.

Ders. (Hrsg.), Kölner Kommentar zum Aktiengesetz: Bd. 2, §§ 76–117 AktG und Mitbestimmung im Aufsichtsrat, 2. Aufl. Köln u.a. 1996.

Ders. (Hrsg.), Kölner Kommentar zum Aktiengesetz: Bd. 5/1, §§ 179–240 AktG: mit Nachtrag zum Gesetz v. 2. August 1994, 2. Aufl. Köln u.a. 1991.

Zoellner, Klaus-Peter, Leistung durch Zielvereinbarung, AuA 1992, 216 ff.

Zöllner, Wolfgang, Immanente Grenzen arbeitsvertraglicher Regelungen, RdA 1989, S. 152 ff.

Sachverzeichnis

Schriften zum Wirtschafts- und Medienrecht, Steuerrecht und Zivilprozeßrecht

Herausgegeben von Jürgen Costede und Gerald Spindler

Band 1 Reiner Fu: Die stille Gesellschaft im internationalen Steuerrecht aus deutscher Sicht. 1997.

Band 2 Kirsten Forsblad: Restschuldbefreiung und Verbraucherinsolvenz im künftigen deutschen Insolvenzrecht. 1997.

Band 3 Vassilios Tountopoulos: Die Reichweite der registerrechtlichen Gründungsprüfung einer AG. Eine Untersuchung unter rechtsvergleichendem Aspekt. 1998.

Band 4 Franc Pfahl: Die Maßgeblichkeit der Handelsbilanz, ein dem Steuerbilanzrecht vorgegebenes Grundprinzip? Von der Notwendigkeit einer steuerrechtlichen Begründung der durch § 5 Abs. 1 EStG in das Steuerrecht übernommenen handelsrechtlichen Vorschriften der Gewinnermittlung. 1999.

Band 5 Michael Schröder: Die Wertpapierhandelsaufsicht nach dem Zweiten Finanzmarktförderungsgesetz. 1998.

Band 6 Daniela Hasche: Die Sachgründung der GmbH. 1999.

Band 7 Oliver Wendt: Die rechtliche Problematik von Strahlenschäden. Rechtliche und rechtstatsächliche Aspekte der Haftung für Strahlenschäden unter Einbeziehung der Vorfälle in der strahlentherapeutischen Abteilung des Universitäts-Krankenhauses Eppendorf. 2000.

Band 8 Susanne Matussek: Zum Werbungskostenbegriff im Einkommensteuerrecht. 2000.

Band 9 Klaas Ziervogel: Rufausbeutung im Rahmen vergleichender Werbung. Veränderungen im Zuge der gesetzlichen Regelung vergleichender Werbung. 2002.

Band 10 Sven Wortberg: Lösungsklauseln und Insolvenz. 2003.

Band 11 Eva Ullrich: Die Zurechnung von Buchgutschriften. Zufluß und Leistungsfähigkeit im Einkommensteuerrecht. 2004.

Band 12 Carmen Werner: Einkommensteuerrechtliche Zurechnungen bei mittelbaren Beteiligungen an Personengesellschaften. 2003.

Band 13 Ulf Andreas Nissen: Die Online-Videokonferenz im Zivilprozess. 2004.

Band 14 Oliver Wiegmann: Grund, Grenzen und Wirkungsweise des § 105 InsO. 2004.

Band 15 Holger Seidler: Eigene Aktien. Eine Analyse des Aktien-, Handelsbilanz- und Kapitalmarktrechts zur Ermittlung von Deregulierungspotential und Regulierungsbedarf. 2004.

Band 16 Stefan Eck: Providerhaftung von Konzernunternehmen. Rechtliche Zusammenschau von Konzernunternehmen bei der Verbreitung rechtsverletzender Informationen im Internet. 2004.

Band 17 Frauke Fasold: Die einkommensteuerliche Problematik der Buchwertfortführung. Übertragung stiller Reserven und Gewinnrealisierung im Einkommensteuerrecht. 2005.

Band 18 Thomas Linke: Selbstregulierte Streitlösung für deutsche Domains. 2005.

Band 19 Malte Abel: Pfändungsschutz nach § 851 ZPO. Speziell die Pfändung zweckgebundener Forderungen. 2005.

Band 20 Harriet Eidam: Typische Risiken des elektronischen Rechtsgeschäftsverkehrs. 2005.

Band 21 Katharina Schmitz: Haftung für Links. Zur Verantwortlichkeit des Hyperlinksetzers und Suchmaschinenbetreibers unter besonderer Berücksichtigung von Verkehrs- und Garantenpflichten. 2006.

Band 22 Thomas Miserre: Rundfunk-, Multimedia- und Telekommunikationsrecht. Abgrenzung der Anwendungsbereiche von Art. 5 I 2 GG, Rundfunkstaatsvertrag, Teledienstegesetz, Mediendienstestaatsvertrag und Telekommunikationsgesetz. 2006.

Band 23 Mona Bandehzadeh: Jugendschutz im Rundfunk und in den Telemedien. Eine Würdigung des Staatsvertrages über den Schutz der Menschenwürde und den Jugendschutz in Rundfunk und Telemedien unter verfassungsrechtlichen Aspekten. 2007.

Band 24 Judith Volkmann: Mediation im Zivilprozess. Rechtliche Rahmenbedingungen für ein gerichtsinternes Mediationsangebot. 2006.

Band 25 Tino Grattenthaler: Die Vergütung von Vorstandsmitgliedern in Aktiengesellschaften. Eine grundlegende Betrachtung mit ausgesuchten Schwerpunkten aus rechtswissenschaftlicher Sicht. 2007.

Band 26 Till Dunckel: Online-Auktionen und Wettbewerbsrecht. 2007.

Band 27 Lena Katharina Landsmann: Die stille Gesellschaft in der Insolvenz. 2007.

Band 28 Jan Riebeling: Der Einsatz von Informations- und Kommunikationstechnologie im Insolvenzverfahren. 2007.

Band 29 Daniela Stiegel: Aktienoptionen als Vergütungselement aus arbeitsrechtlicher Sicht. Eine Vergütungsform an der Schnittstelle von Arbeits- und Gesellschaftsrecht. 2007.

FSC
www.fsc.org
MIX
Papier | Fördert gute Waldnutzung
FSC® C083411

Kolibri 360 GmbH
Ferdinand-Jühlke-Straße 7
99095 Erfurt, Deutschland
produktsicherheit@kolibri360.de

Druck:
CPI Druckdienstleistungen GmbH
im Auftrag der
Kolibri 360 GmbH
Ferdinand-Jühlke-Str. 7
99095 Erfurt